Zweit- und Mehrfachinsolvenzen

Schriften zum Zivilverfahrensrecht
und Insolvenzrecht

Herausgegeben von Martin Ahrens

Band 14

Marc Popovic

Zweit- und Mehrfachinsolvenzen

PETER LANG

Berlin - Bruxelles - Chennai - Lausanne - New York - Oxford

Bibliografische Information der Deutschen Nationalbibliothek
Die Deutsche Nationalbibliothek verzeichnet diese Publikation in der Deutschen Nationalbibliografie; detaillierte bibliografische Daten sind im Internet über http://dnb.d-nb.de abrufbar.

Zugl.: Göttingen, Univ., Diss., 2023

D 7
ISSN 2192-4953
ISBN 978-3-631-91513-4 (Print)
E-ISBN 978-3-631-91520-2 (E-PDF)
E-ISBN 978-3-631-91521-9 (E-PUB)
DOI 10.3726/b21590

Verlegt durch:
Peter Lang GmbH, Berlin, Deutschland

info@peterlang.com- www.peterlang.com

Diese Publikation wurde begutachtet.

Inhalt

Inhaltsverzeichnis

Vorwort

Die vorliegende Arbeit wurde von der Juristischen Fakultät der Georg-August-Universität Göttingen im Sommersemester 2023 als Dissertation angenommen. Für die Veröffentlichung wurden Rechtsprechung und Literatur bis einschließlich November 2023 berücksichtigt.

Mein besonderer Dank gilt an erster Stelle meinem Doktorvater, Herrn Professor Dr. Dr. h.c. Martin Ahrens. Er hat dieses Thema angeregt und die Entstehung dieser Arbeit von Beginn an durch wertvolle Ratschläge gefördert. Dankbar bin ich ihm auch für die ersten Einblicke in das Insolvenzrecht, die ich als studentische Hilfskraft an seinem Lehrstuhl erhielt und die mein Interesse daran maßgeblich geprägt haben, sowie für die Aufnahme in seine Schriftenreihe. Herrn Professor Dr. Dr. h.c. Volker Lipp danke ich für die zügige Erstellung des Zweitgutachtens.

Bei meiner Ehefrau, Ulrike Tschiedel, bedanke ich mich von ganzem Herzen für den bedingungslosen und liebevollen Rückhalt für dieses Vorhaben und in allen Lebenslagen. Bedanken möchte ich mich auch bei meiner Schwester, Mona Künnemann, und meinen Freunden Hendrik Pfaff und Marius Tauchmann, die mich begleitet und unterstützt haben. Meinen Eltern, Petar und Carmen Popovic, gilt mein größter Dank für die uneingeschränkte Unterstützung auf meinem gesamten Lebensweg.

München, im April 2024 — Marc Popovic

Abkürzungsverzeichnis

a.A.	andere Ansicht
ABl.	Amtsblatt der Europäischen Union
Abs.	Absatz
a.F.	alte Fassung
AG	Amtsgericht
Alt.	Alternative
Anm.	Anmerkung
AnwZert InsR	AnwaltZertifikatOnline – Insolvenzrecht
Art.	Artikel
Aufl.	Auflage
BAG	Bundesarbeitsgericht
BÄO	Bundesärzteordnung
BGBl.	Bundesgesetzblatt
BeckRS	Beck-Rechtsprechung
Begr.	Begründung (*innerhalb von Fußnoten*)
	Begründer (*innerhalb des Literaturverzeichnisses*)
Beschl.	Beschluss
BFH	Bundesfinanzhof
BGB	Bürgerliches Gesetzbuch
BGBl.	Bundesgesetzblatt
BGH	Bundesgerichtshof
BGHZ	Entscheidungen des Bundesgerichtshofs in Zivilsachen
BNotO	Bundesnotarordnung
BRAO	Bundesrechtsanwaltsordnung
BSG	Bundessozialgericht
BT-Drucks.	Bundestagsdrucksache
BVerfG	Bundesverfassungsgericht
bzw.	beziehungsweise
ders.	derselbe
d.h.	das heißt
dies.	dieselbe
DIHK	Deutsche Industrie- und Handelskammer
Diss.	Dissertation

DRZ	Deutsche Rechts-Zeitschrift
DStR	Deutsches Steuerrecht
DZWIR	Deutsche Zeitschrift für Wirtschaft- und Insolvenzrecht
EGInsO	Einführungsgesetz zur Insolvenzordnung
Einl.	Einleitung
EstG	Einkommenssteuergesetz
EU	Europäische Union
EUR	Euro
e.V.	eingetragener Verein
EWiR	Entscheidungen zum Wirtschaftsrecht
f.; ff.	folgende
Fn.	Fußnote
FS	Festschrift
GastG	Gaststättengesetz
ggf.	gegebenenfalls
GewO	Gewerbeordnung
GesO	Gesamtvollstreckungsordnung
gem.	gemäß
GewArch	Gewerbearchiv Zeitschrift für Wirtschaftsverwaltungsrecht
GewO	Gewerbeordnung
GG	Grundgesetz
GlRStG	Gesetz zur Verkürzung des Restschuldbefreiungsverfahrens und zur Stärkung der Gläubigerrechte
HGB	Handelsgesetzbuch
Hrsg.	Herausgeber
Hs.	Halbsatz
INDat Report	Fachmagazin für Restrukturierung, Sanierung und Insolvenz
InsbürO	Zeitschrift für Insolvenzbüro
InsO	Insolvenzordnung
InSOAnfRSVG	Gesetz zur Verbesserung bei Anfechtungen nach der Insolvenzordnung und nach dem Anfechtungsgesetz
i.d.F.	in der Fassung
i.S.d.	im Sinne des
i.V.m.	in Verbindung mit
jurisPR-InsR	Juris PraxisReport Insolvenzrecht
JuS	Juristische Schulung

JZ	JuristenZeitung
Kap.	Kapitel
KO	Konkursordnung
krit.	kritisch
KSI	Krisen-, Sanierungs- und Insolvenzberatung
KSzW	Kölner Schrift zum Wirtschaftsrecht
KTS	Zeitschrift für Insolvenzrecht
LAG	Landesarbeitsgericht
LG	Landgericht
lit.	littera
LMK	Lindenmaier-Möhring Kommentierte BGH-Rechtsprechung
LSG	Landessozialgericht
MDR	Monatsschrift für Deutsches Recht
m.w.N.	mit weiteren Nachweisen
ND	Nachdruck
n.F.	neue Fassung
NJW	Neue Juristische Wochenschrift
NJW-RR	NJW Rechtsprechungsreport
NJW-Spezial	Neue Juristische Wochenschrift Spezial
Nr.	Nummer
NZI	Neue Zeitschrift für das Recht der Insolvenz und Sanierung
NZI aktuell	Neue Zeitschrift für das Recht der Insolvenz und Sanierung aktuell
OLG	Oberlandesgericht
PartGG	Partnerschaftsgesellschaftsgesetz
RdA	Recht der Arbeit
RegE	Regierungsentwurf
RG	Reichsgericht
RGZ	Entscheidungen des Reichsgericht in Zivilsachen
RL	Richtlinie
Rn.	Randnummer
RNotZ	Rheinische Notar-Zeitschrift
Rpfleger	Der Deutsche Rechtspfleger
S.	Satz (innerhalb von Normenbezeichnungen) Seite (innerhalb von Fundstellennachweisen)

SanInsFoG	Gesetz zur Fortentwicklung des Sanierungs- und Insolvenzrechts
SGB	Sozialgesetzbuch
sog.	sogenannte
StBerG	Steuerberatungsgesetz
StenBer	Stenografischer Bericht/ Plenarprotokoll
Ulp.	Ulpian
Urt.	Urteil
v.	vom
VDuG	Gesetz zur gebündelten Durchsetzung von Verbraucherrechten
VerglO	Vergleichsordnung
VerschG	Verschollenheitsgesetz
VG	Verwaltungsgericht
vgl.	vergleiche
VIA	Verbraucherinsolvenz aktuell
VID	Verband Insolvenzverwalter und Sachwalter Deutschlands e.V.
WaffG	Waffengesetz
WM	Wertpapier-Mitteilungen
WPO	Wirtschaftsprüferordnung
WuB	Entscheidungssammlung zum Wirtschafts- und Bankrecht
z.B.	zum Beispiel
ZInsO	Zeitschrift für das gesamte Insolvenzrecht
ZIP	Zeitschrift für Wirtschaftsrecht
ZPO	Zivilprozessordnung
ZRP	Zeitschrift für Rechtspolitik
ZVI	Zeitschrift für Verbraucher- und Privat-Insolvenzrecht
ZZP	Zeitschrift für Zivilprozess

Für weitere Abkürzungen wird verwiesen auf die Bedeutung bei: *Hildebert Kirchner*, Abkürzungsverzeichnis der Rechtssprache, 10. Auf., Berlin 2021.

Einleitung

A. Problemstellung

Die erfolgreiche Beendigung der Insolvenz ermöglicht dem Schuldner einen wirtschaftlichen Neuanfang. Im Unterschied zu insolventen Unternehmen, die saniert oder liquidiert und aufgelöst werden, erstreckt sich der rechtliche Wirkungsrahmen natürlicher Personen zunächst auf eine menschliche Lebensdauer. Im Leben nach der Insolvenz muss ein angemessenes Wirtschaften möglich sein, weshalb der Gesetzgeber die Perspektive auf Befreiung von nicht bedienten Verbindlichkeiten geschaffen hat.[1] Vor einer Neuverschuldung nach dem abgeschlossenen Insolvenzverfahren, aber auch während dieses noch andauert, ist der Schuldner nicht geschützt. Häufig führen gerade bei selbstständig tätigen Schuldnern dieselben Gründe, die vor der Insolvenz für eine Verschuldung ursächlich waren, nach oder sogar im Insolvenzverfahren zu einer Neuverschuldung.[2] Die Erfahrung einer Insolvenz muss somit für natürliche Personen kein einmaliges Vorkommnis bedeuten. Vielmehr kann die Aussicht, im eröffneten Insolvenzverfahren Vollstreckungsschutz auch vor Vollstreckungen von Neugläubigern zu erhalten und langfristig eine Befreiung von Restschulden zu erlangen, Schuldner motivieren, neue Insolvenzanträge zu stellen.[3]

Gleichzeitig soll die Insolvenz kein zyklischer Zustand sein. Im besten Fall ist die materielle Insolvenz nach der Durchführung eines Insolvenzverfahrens

---

1 K.Schmidt/*K.Schmidt*, InsO § 1 Rn. 13.

2 Tagungsbericht des 9. Deutschen Privatinsolvenztags (DPIT), in: *Huber*, INDat Report 2018, S. 58 (60). Das Entstehen neuer Verbindlichkeiten hat verschiedene Ursachen und geschieht teilweise unvermeidlich, wie beispielsweise durch Unterhaltsforderungen, eine wirtschaftlich gescheiterte Selbstständigkeit oder Belastungen aus freigegebenem Grundbesitz, da das Schuldnervermögen infolge der Verwertung im Erstverfahren aufgebraucht wurde und schon kleinste Impulse ausreichen, um die durch das Vorverfahren geschaffene, empfindliche Stabilität zu gefährden, vgl. *Schmerbach*, ZInsO 2009, S. 2078 (2079).

3 AGR-InsO/*Ahrens*, § 35 Rn. 177; FK-InsO/*Schmerbach*, 9. Aufl. 2018, § 13 Rn. 113 sowie FK-InsO/*Schmerbach*, 8. Aufl. 2015, § 13 Rn. 83. Die Möglichkeit einer erneuten Restschuldbefreiung sieht das Gesetz mit der Erweiterung des § 287a InsO um Abs. 2 S. 2 Hs. 1 nunmehr mit einer um zwei Jahre verlängerten Abtretungsfrist von insgesamt fünf Jahren vor.

überwunden. Eine weitere Verschuldung schon im laufenden Verfahren ist in der Praxis jedoch kein Einzelfall. In der Folge dehnt sich die wirtschaftliche Krise des Insolvenzschuldners zum Dauerzustand aus.

Mehrfachinsolvenzen existieren in diesem Zusammenhang in verschiedenen Erscheinungsformen. Die Varianten von Zweitverfahren unterscheiden sich in ihrem Anwendungsbereich und ihrer verfahrensrechtlichen Gestaltung. Für eine Unterteilung ist nach zwei Gesichtspunkten zu systematisieren: Zum einen kann eine Differenzierung anhand der zeitlichen Dimension vorgenommen werden. Zum anderen ist auf eine Zuweisung von Vermögensmassen und deren Rechtsbeziehung zum Schuldner abzustellen. Die zeitliche Einordnung ist von Bedeutung, da das Entstehen neuen Vermögens dieser Gesetzlichkeit folgt und einen neuen Haftungszugriff erst ermöglicht. Dabei ist zwischen aufeinanderfolgenden – nachgeschalteten – und parallel stattfindenden neuen Verfahren – parallelen Zweitverfahren – zu unterscheiden.

Als Grundkonstellation sind in einer linearen Struktur hintereinander stattfindende Insolvenzen einer natürlichen Person und ihres gesamten gem. § 11 Abs. 1 S. 1 InsO erfassten Vermögens von Bedeutung.[4] Aufgrund der Regelung des § 35 Abs. 1 InsO, die während des Verfahrens entstehendes Vermögen der Insolvenzmasse zuordnet, ist ein weiteres Insolvenzverfahren erst nach Aufhebung des Erstverfahrens zulässig.[5] Nach einem beendeten Insolvenzverfahren ist die Eröffnung eines neuen Verfahrens über das Vermögen eines Schuldners möglich, wenn neues Vermögen eine Haftungsgrundlage für eine neue Gesamtvollstreckung bietet. Ein neues Verfahren kann eröffnet werden, wenn eine neue Forderung und ein Eröffnungsgrund vorliegen.[6] Vor dem Hintergrund der gesetzlichen Konzeption, die einen neuen Antrag auf Restschuldbefreiung und damit einhergehend einen neuen Antrag auf Eröffnung eines Insolvenzverfahrens als zwingende Voraussetzung vorsieht, sind nachgeschaltete Zweitinsolvenzen als Wiederholungsverfahren grundsätzlich zulässig.[7]

Daneben tritt die besondere Verfahrenskonstellation, die Ausfluss der Freigabemöglichkeit einer selbstständigen Tätigkeit durch den Insolvenzverwalter gem. § 35 Abs. 2 InsO ist. Aufgrund einer Freigabe durch

---

4 Zur Begriffsklärung von Folgeinsolvenzverfahren abseits des Privatinsolvenzrechts: *Frind*, ZInsO 2023, S. 1733 (1733).

5 Hierzu das 2. Kapitel.

6 FK-InsO/*Schmerbach*, 9. Aufl. 2018, § 13 Rn. 2, 7; *ders.*, ZInsO 2009, S. 2078 (2086).

7 Vgl. Gottwald/*Ahrens*, § 75 Rn. 26. Hierzu unter: 2. Kapitel D. II.

Negativerklärung fällt das neuerworbene Vermögen, abweichend vom Grundsatz des § 35 Abs. 1 InsO, nicht länger in die Insolvenzmasse.[8] Erfolgt eine Neuverschuldung noch während des laufenden Insolvenzverfahrens, kann ein zusätzliches paralleles Insolvenzverfahren über den insolvenzfreien Neuerwerb des Schuldners eröffnet werden, wenn der Insolvenzverwalter zuvor erklärt hat, dass das Vermögen der Selbstständigkeit nicht Teil der Erstinsolvenzmasse ist. Der Regelungsrahmen der Insolvenzordnung bietet dann bei überholenden Insolvenzereignissen schon vorzeitig Raum für ein zusätzliches Insolvenzverfahren von personenidentischem Schuldner und dessen Teilvermögen. Erst für die seit dem 01.07.2007 eröffneten Insolvenzverfahren ist eine Freigabe der selbstständigen Tätigkeit vorgesehen, sodass der Thematik seit den ersten in der Praxis auftretenden Fällen vermehrt Aufmerksamkeit geschenkt worden ist. Da grundsätzlich sämtliches pfändbares Vermögen des Schuldners gem. § 35 Abs. 1 InsO in die Insolvenzmasse fällt, fehlte in der jungen Insolvenzordnung zuvor ein entsprechender haftungsrechtlicher Ansatzpunkt.[9]

Mit der Geschäftsfreigabe des § 35 Abs. 2 InsO ist der Verwaltungspraxis ein einfaches Konzept für die außerinsolvenzliche Sanierung von defizitären Einzelunternehmen an die Hand gegeben worden, das sich mittlerweile zur bevorzugten Wahl eines beschleunigten Masseschutzes entwickelt hat. Ein eiliger Ausschluss der selbstständigen Schuldnertätigkeit aus dem Verfahren beruht oft auf der unzureichenden Planbarkeit des wirtschaftlichen Nutzens der Tätigkeit, ermöglicht dem Insolvenzverwalter die masseschonende Verwaltung und dient in vielen Fällen nicht zuletzt der eigenen Enthaftung.[10] Tatsächlich werden auf dieser gesetzlichen Grundlage schon allzu oft die Voraussetzungen für die nächste Insolvenz geschaffen.

Nach der Erweiterung des § 35 InsO um einen zweiten und dritten Absatz setzten sich Rechtsprechung und Literatur mit der Thematik der Zweitinsolvenzen

8 Die Bezeichnung als Freigabe ist ungenau und wurde abweichend vom Ausdrucksgehalt einer echten Freigabe in der Literatur unterschiedlich bewertet, vgl. *v. Gleichenstein*, ZVI 2013, S. 409 ff. Nunmehr wird der Begriff vom Gesetzgeber in § 35 Abs. 3 S. 2 InsO verwendet.

9 BGH, Beschl. v. 20.03.2003 – IX ZB 388/02, in: NZI 2003, S. 389. Die anfängliche Vermutung, dass der Geschäftsverkehr durch die öffentliche Bekanntmachung der Erstinsolvenz sowie der Freigabe der selbstständigen Tätigkeit in dem Verfahren ausreichend gewarnt sein könnte, und damit das Bedürfnis für ein Zweitinsolvenzverfahren entfiele, hat sich nicht erfüllt, vgl. *Pape*, NZI 2007, S. 481 (482).

10 HambK/*Lüdtke*, § 35 Rn. 270.

auseinander.[11] Die höchstrichterliche Leitentscheidung[12] zur parallelen Zweitinsolvenz, die sich als dogmatische Erweiterung der bisherigen Rechtsprechung erwies, stellte eine Grundsatzentscheidung dar, die auch das Schrifttum positiv aufnahm, da der dort überwiegend vertretene Standpunkt rezipiert wurde. Die Entscheidung markierte wiederum einen Neubeginn in der juristischen Auseinandersetzung mit dem Stoff. Der Austausch erneuerte die nie vollständig angestaubte – obwohl zuletzt zu Zeiten der Konkursordnung lebhaft geführte – Diskussion[13] um die Frage der Voraussetzungen und der Einzelheiten der Durchführung eines neuen Verfahrens.

Heute sind die geänderten Bestimmungen zur Insolvenzmasse allgemein als Grundstock für zusätzliche Verfahren anerkannt. Deshalb hat sich der Fokus der theoretischen Aufbereitung weg von der Zulässigkeit hin zum inhaltlichen Zuschnitt von Zweitverfahren über freigegebene Selbstständigkeiten verschoben. Daher stehen die Besonderheiten von Zweitinsolvenzen nach wie vor auf dem Prüfstand.

Mittlerweile ist die Zulässigkeit der Durchführung eines Insolvenzverfahrens über das freigegebene Vermögen aus dem Geschäftsbetrieb eines selbstständig tätigen Schuldners parallel zum bereits eröffneten Insolvenzverfahren oder während der noch andauernden Treuhandperiode des Erstverfahrens allgemein anerkannt.[14] Zu der Möglichkeit, über diese Vermögensmasse ein

---

11 AG Göttingen, Beschl. v. 12.10.2007, 74 IN 304/07, in: ZVI 2007, S. 571 Rn. 15; AG Hamburg, Beschl. v. 18.06.2008 – 67g IN 37/08, in: ZInsO 2008, S. 680; *Berger*, ZInsO 2008, S. 1101; *Holzer*, ZVI 2007, S. 289; *Schmerbach*, ZInsO 2009, S. 2078; *Zipperer*, ZVI 2007, S. 541.

12 Der Bundesgerichtshof schloss sich 2011 der Ansicht an, dass über gem. § 35 Abs. 2 InsO freigegebenes Vermögen des Schuldners ein zusätzliches Insolvenzverfahren eröffnet werden kann, *Klinck*, KTS 2015, S. 351 (355). Hierzu das 3. Kapitel.

13 Schon früh zur Rechtslage unter Geltung der InsO allein: *Bremen*, ZInsO 2002, S. 1 (7).

14 BGH, Urt. v. 06.06.2019 – IX ZR 272/17, in: NZI 2019, S. 745 Rn. 48; BGH, Beschl. v. 09.06.2011 – IX ZR 175/10, in: NZI 2011, S. 633 Rn. 7; AG Göttingen, Beschl. v. 16.09.2011 – 71 IN 89/11, in: NZI 2011, S. 862; AG Hamburg, Beschl. v. 18.06.2008 – 67g IN 37/08, in: ZInsO 2008, S. 680; AG Köln Beschl. v. 07.06.2010 – 71 IN 509/09, in: ZVI 2010, S. 424; AG Trier, Beschl. v. 21.09.2009 – 23 IN 91/09 AG, in: ZInsO 2009, S. 1967; AG Wetzlar, Beschl. v. 07.11.2013 - 3 IN 172/13, in: BeckRS 2014, 49; A/G/R-*Ahrens*, § 35 Rn. 172; FK-InsO/*Bornemann*, 9. Aufl. 2018, § 35 Rn. 60; Graf-Schlicker/*Graf-Schlicker/Kexel*, § 35 Rn. 42; BeckRA-HdB/*Hamm*, § 46 Rn. 139; KK-InsO/*Hess*, §§ 35, 36 Rn. 104; Uhlenbruck/*Hirte/Praß*, § 35 Rn. 107; KPB/*Holzer*, § 35 Rn. 116b; Obermüller/*Huber*, Rn. 5.852; PrivatInsRK/*Köster*, 1. Aufl. 2019, § 35 Rn. 99; Andres/Leithaus/*Leithaus*, InsO, § 35 Rn. 14; HambK-InsO/*Montag*, § 35 Rn. 280; *ders.*, ZVI 2013, S. 453 (453); *Müller*, in: Jaeger, InsO, § 35 Rn. 180; KPB/*Pape*, § 14 Rn. 84;

Insolvenzverfahren zu eröffnen, hat sich mittlerweile eine gefestigte Rechtsprechung herausgebildet, nach der ein zweites Insolvenzverfahren dazu dienen kann, das unternehmerische Scheitern einer selbstständigen Tätigkeit abzuwickeln.[15] Zweitinsolvenzverfahren werden als etablierte Verfahrenskategorie betrachtet und die Notwendigkeit, ihren strukturellen Rahmen abzustecken, rührt aus dem Alltag der Rechtspraxis her.[16]

Die entstandene Debatte über die verfahrensrechtliche Abwicklung von Zweitinsolvenzverfahren vor und nach Beendigung des Erstverfahrens hat Antworten auf grundsätzliche Fragen zum Zweck von zusätzlichen Verfahren gegeben. Die Anspruchsverwirklichung der Neugläubiger ist zum Leitmotiv von Zweitinsolvenzen gewählt worden.[17] Unvollständig gelöst und Gegenstand fortlaufender Untersuchung bleibt die Strukturierung von Parallelinsolvenzverfahren. Die Möglichkeit, im Insolvenzverfahren anhaltenden Vollstreckungsschutz zu erhalten, kann für Schuldner attraktiv sein.[18] Es werden dann die Voraussetzungen

---

MüKoInsO/*Peters*, § 35 Rn. 89; BeckOK SozR/*Plössner*, SGB III § 165 Rn. 25a; *Frege/Keller/Riedel*, Insolvenzrecht, Teil 3 Rn. 729; *Runkel*, in: Runkel/Schmidt, § 19 Rn. 94; Pape/Uhlenbruck/Voigt-Saulus/*Sietz*, Kap. 18 Rn. 38; Braun/*Sorg*, § 14 Rn. 11; Bork/Hölzle/*Zimmer* Kap. 6 Rn. 365; *Frind*, Privatinsolvenz, Rn. 125; wohl auch: Gottwald/*Wimmer*, § 24 Rn. 9; *Gehrlein*, NZI 2020, S. 503 (504); *Hackenberg*, VIA 2022, S. 89 (91); *Hackenberg/Altstädt*, InsbürO 2021, S. 471 (471 f.); *Holzer*, ZVI 2007, S. 289 (292); *Kreft*, AnwZert InsR 17/2011 Anm 2; *Kuleisa*, ZVI 2021, S. 93 (97); *Kutscher*, Die Erklärung des Insolvenzverwalters nach § 35 Abs. 2 InsO, S. 190; *Martini*, jurisPR-InsR 9/2012 Anm. 6; *Meyer*, Die Freigabe der selbstständigen Tätigkeit, S. 173 ff.; *Pape/Pape*, Insbüro 2011, S. 319 (320); KPB/*Prütting*, § 11 Rn. 51; *Schmerbach*, ZInsO 2009, S. 2078 (2086); *Schmücker*, jurisPR-InsR 20/2011 Anm. 1; *K.Schmidt*, JuS 2017, S. 809 (815); *Undritz*, in: FS Runkel 2009, S. 449 (470); *Wischemeyer*, ZInsO 2009, S. 2121 (2129); *Zipperer*, ZVI 2007, S. 541 (542); **a.A.** LG Dresden, Beschl. v. 14.03.2011 – 5 T 74/11, in: ZVI 2011, S. 179; AG Dresden, Beschl. v. 19.03.2009 – 531 IN 459/09, in: ZVI 2009, S. 289; *Tetzlaff*, WuB 2011, S. 675 (678).

15 BGH, Urt. v. 09.02.2012 – IX ZR 75/11, in: BGHZ 192, 322; BGH, Beschl. v. 09.06.2011 – IX ZR 175/10, in: NZI 2011, S. 633 Rn. 7; BGH, Beschl. v. 03.07.2008 – IX ZB 182/07, in: ZInsO 2008, S. 924; AG Göttingen, Beschl. v. 27.05.2016 – 74 IN 93/16, in: NZI 2016, S. 849; AG Göttingen, Beschl. v. 26.02.2008 – 74 IN 304/07, in: NZI 2008, S. 313 ff.

16 *Frind*, ZInsO 2009, S. 1135 (1137 f.); eine insolvenzstatistische Erfassung erfolgt nicht, *Frind*, ZInsO 2023, S. 1733 (1733); *Schmerbach*, ZInsO 2009, S. 2078 (2078).

17 BGH, Urt. v. 26.09.2013, IX ZR 3/13, in: NZI 2014, S. 119 Rn. 16; BGH, Beschl. v. 09.06.2011 – IX ZR 175/10, in: NZI 2011, S. 633 Rn. 7.

18 A/G/R-*Ahrens*, § 35 InsO Rn. 177. Diese Arbeit behandelt die Inanspruchnahme der rechtsstaatlichen Gesamtvollstreckungs- und Schuldenbereinigungsverfahren. Für die rechtliche Betrachtung des physischen Entkommens, der Flucht des *fallitus fugitivus*

für Drittverfahren[19] und weitere Verfahrenshäufungen geschaffen.[20] Das birgt die Gefahr eines vielfach kritisierten Zustands von Dauerinsolvenzverfahren[21], der eine Anspruchsrealisierung der Gläubiger fortlaufend vereitelt.[22]

In diesem Zusammenhang darf jedoch nicht in Vergessenheit geraten, dass das Insolvenzrecht als soziales Privatrecht darauf abzielt, für natürliche Personen mit dem Insolvenzverfahren die Voraussetzungen einer angemessenen Lebensgrundlage zu schaffen.[23] Diese Zielsetzung muss ebenso in Zweitinsolvenzverfahren verfahrensmitbestimmend sein und ein Gegengewicht zu einer Tabuisierung von Dauerinsolvenzen bilden. Allgemein geht es dabei vor allem darum, dass zusätzliche Insolvenzverfahren wichtige Verbesserungschancen in Bezug auf die ökonomischen Grundlagen des Schuldners bereithalten können.[24] Diese Arbeit beschäftigt sich daher mit der Zulässigkeit und Koordinierung zusätzlicher Insolvenzverfahren.

B. Ziel und Gang der Untersuchung

Das Ziel der Untersuchung ist es, aufbauend auf der Analyse der gesetzlichen Systematik wiederholter und zusätzlicher Insolvenzverfahren, ein Gesamtkonzept zu Zweitinsolvenzen zu entwickeln. Im Mittelpunkt steht das parallele Zweitverfahren über die freigegebene Selbstständigkeit eines Schuldners.

Ein vollständiger Entwurf zur inhaltlichen Auseinandersetzung mit Zweitinsolvenzen fehlt bislang.[25] Die existierenden Diskussionsansätze sollen überprüft

---

vor den tatsächlichen Wirkungen dieser Verfahren, vgl. die Arbeit von *Streuber*, Die Flucht des Schuldners und die Reaktionstechniken eines Gesamtvollstreckungsrechts, S. 250 ff.

19 A/G/R-*Ahrens*, § 35 Rn. 177; FK-InsO/*Schmerbach*, 9. Aufl. 2018, § 13 Rn. 128.

20 Hierzu das 6. Kapitel.

21 Dazu schon: LG Köln Beschl. v. 19.08.1983 - 19 T 239/83, in: KTS 1984, S. 154 (156); *Hackländer*, ZInsO 2008, S. 1308 (1309); *Schmerbach*, ZInsO 2009, S. 2078 (2096); *Busching/Klersy*, ZInsO 2015, S. 1601 (1601): sprechen von einem *„Perpetuum mobile“*; FK-InsO/*Schmerbach*, 9. Aufl. 2018, § 13 Rn. 176, weist im Zusammenhang mit der Rücknahme von Restschuldbefreiungsanträgen auf die *„Möglichkeit/Gefahr eines „immerwährenden“ Insolvenzverfahrens“* hin; *Wischemeyer*, ZInsO 2009, S. 2121 (2129).

22 A/G/R-*Ahrens*, § 35 InsO Rn. 177.

23 Gottwald/*Ahrens*, § 74 Rn. 1 f., 31; *ders.*, ZZP 2009, S. 133 (138).

24 Vgl. Gottwald/*Ahrens*, § 74 Rn. 31.

25 Vgl. Gottwald/*Ahrens*, § 74 Rn. 31; *Ahrens*, ZZP 2009, S. 133 (151 ff.).

und die bestehenden Fragen beantwortet werden. Damit soll ein Beitrag zur Klarstellung aktueller Streitfragen geleistet werden.

Die Arbeit ist in insgesamt sechs Kapitel unterteilt. Die Untersuchung erstreckt sich auf die Gesamtsystematik zusätzlicher Insolvenzverfahren und auf aktuelle Probleme der gegenwärtigen Diskussion, die das Nebeneinander mehrerer Insolvenzverfahren berühren.

Deshalb wird zuerst auf die Diskussion zu Zweitkonkursverfahren unter Geltung der Konkursordnung Bezug genommen (1. Kapitel). An dieser Stelle wird das erste Muster zusätzlicher Verfahren vorgestellt und die Bedeutung konkursrechtlicher Lösungsansätze für das neue Recht bewertet.

Im folgenden Kapitel wird die für Zweitinsolvenzen entscheidende gesetzliche Konzeption der Insolvenzordnung analysiert (2. Kapitel). Zu Beginn wird erläutert, unter welchen Voraussetzungen im Recht der Insolvenzordnung neue Verfahren zulässig sind. Die Untersuchung wird fortgesetzt, indem die existierenden gesetzlichen Anknüpfungspunkte aufgezeigt und die Zulässigkeit von Zweitverfahren auf die Ordnungsprinzipien der Insolvenzordnung zurückgeführt werden. Eine Abgrenzung zu Sonderinsolvenzverfahren wird vorgenommen und die gesetzliche Ausgangslage für die Zulässigkeit von Zweitverfahren anhand der möglichen Antragskonstellationen aufbereitet.

Sodann wird darauf aufbauend das Insolvenzverfahren über Selbstständigkeiten analysiert (3. Kapitel). In diesem Kernstück der Arbeit werden die Strukturmerkmale paralleler Zweitinsolvenzen erarbeitet, auf dem das weitere Vorgehen aufbaut. Die Streitfrage, ob es sich bei der Parallelinsolvenz um ein allgemeines Insolvenzverfahren oder ein Sonderinsolvenzverfahren handelt, wird beantwortet. Daraufhin werden zulässige Eröffnungskonstellationen eines parallelen Insolvenzverfahrens erörtert.

In diesem Zusammenhang wird die verfahrensrechtliche Ausgestaltung beleuchtet und der Masseumfang bestimmt. Die Untersuchung beinhaltet eine abschließende Zusammenschau der Überschneidungspunkte verfahrensrechtlicher Linien von Erst- und von Zweitinsolvenzverfahren. Den Problemschwerpunkt dieses Abschnitts bildet die Erörterung der angemessenen Reaktion auf Wirkungen des Erstverfahrens. Diskutiert wird unter anderem, wie Abführungsbeträge im Zweitverfahren zu behandeln sind und welche Anfechtungspositionen bestehen. Schließlich werden die Auswirkungen der (teilweisen) Beendigung der Selbstständigkeit im Verfahren behandelt.

Es schließen sich Vorschläge (4. Kapitel) für die Anwendung der besonderen Verfahrensformen der vorläufigen Eigenverwaltung, Schutzschirmverfahren, Eigenverwaltung und Insolvenzplan im parallelen Zweitverfahren an.

Das nächste Kapitel (5. Kapitel) behandelt die im Zusammenhang mit der Restschuldbefreiung im nachgeschalteten und parallelen Zweitverfahren auftretenden Fragestellungen.

Im letzten Kapitel (6. Kapitel) wird die Zulässigkeit von Drittinsolvenzverfahren analysiert. Dabei werden Zulässigkeit und Folgen einer erneuten Geschäftsfreigabe diskutiert. Abschließend werden Verfahrenshäufungen aufgrund der Besonderheiten der Nachlassinsolvenz betrachtet.

Am Ende der Arbeit werden die wichtigsten Ergebnisse der Untersuchung zusammengefasst.

1. Kapitel: Der Zweitkonkurs unter Geltung der Konkursordnung

A. Zulässigkeit und Natur des Zweitkonkurses des Gemeinschuldners

I. Bedeutung der historischen Diskussion für das geltende Recht

Zweitverfahren sind nicht isoliert im geltenden Recht, sondern in ihrer bis in die Konkursordnung zurückreichenden Tradition zu betrachten. Schon nach alter Rechtslage hat die konkursrechtliche Grundlagenforschung das praktische Bedürfnis und theoretische Potenzial der Neugläubigerbefriedigung in einem zusätzlichen Verfahren erkannt und Erklärungsangebote ausgearbeitet. Aus diesem Anlass wurden wertvolle dogmatische Ansätze zur Verfahrensbeteiligung entwickelt.

Während der Literatur zu Zeiten der Konkursordnung nichts anderes übrig blieb, als die Problematik abstrakt zu lösen, existiert mit der Zweitinsolvenz über eine freigegebene Selbstständigkeit wohl erstmals ein praktischer Nutzen für die Überlegungen. Abgesehen von einer aufgrund des Rechtswechsels verursachten kurzzeitigen Überbrückungsperiode zwischen den Jahren um die Jahrtausendwende bestand für die Thematik zunächst kein Anwendungsbereich, da die Neuzuordnung des im Verfahren erwirtschafteten Neuerwerbs weitere Insolvenzverfahren zunächst nicht zuließ.

Im Hinblick auf aktuelle Streitfragen liegt fraglos in der Auseinandersetzung mit den Ursprüngen der Gesamtthematik ein Erkenntnisgewinn. Insgesamt ist die Betrachtung der gewachsenen Erklärungsmuster und die Einordnung derselben in den Kontext der Insolvenzordnung daher ein wichtiger Schritt, um den aktuellen Regelungsbedarf zu überblicken und stimmige Empfehlungen abzugeben.

II. Streitfrage der Altgläubigerbeteiligung

Deshalb liegt es nahe, zu Vergleichszwecken an die Bewertung von erneuten Insolvenzen unter der Geltung der Konkursordnung[26] anzuknüpf-

26 Die Insolvenzordnung vom 05.10.1994, in Kraft getreten am 01.01.1999, hat die Konkursordnung vom 10.02.1877, die Vergleichsordnung vom 26.02.1935 und die für das

en.[27] Im Rahmen der Konkursordnung fiel neues Vermögen des Gemeinschuldners von vornherein nicht in die Konkursmasse und es herrschte weitestgehend Einigkeit darüber, dass bei neu hervorgerufener Zahlungsunfähigkeit oder Überschuldung gem. § 102 KO vor Beendigung des Erstkonkurses ein zweites Verfahren über neues Vermögen des Gemeinschuldners möglich sein soll.[28] Als gesetzlicher Regelfall war nach § 1 KO das gesamte zum Zeitpunkt der Verfahrenseröffnung der Zwangsvollstreckung unterliegende Vermögen des Gemeinschuldners im Sinne einer Gesamtvollstreckung vom Konkurs umfasst.[29] Für einen Zweitkonkurs stand eine neue Konkursmasse zur Verfügung, welche das vollstreckungsfreie Vermögen, den nach Eröffnung des Erstkonkurses entstandenen Neuerwerb und das aus diesem Verfahren freigegebene Vermögen umfasste.[30]

Der in dieser Hinsicht offene Wortlaut der § 1 Abs. 1 KO und des § 14 KO sind dahingehend ausgelegt worden, einen Zweitkonkurs zuzulassen und Neugläubigern das Abwarten der Beendigung eines vorangegangenen Verfahrens zu ersparen.[31]

Zu Einzelheiten der Abgrenzung der Verfahren schwieg das Gesetz und überließ die Beantwortung von Detailfragen der juristischen Diskussion. So blieb der Umfang der Teilnahme von Altgläubigern – Gläubiger, die zum Zeitpunkt des Eröffnungsantrags eine Forderung gegen den Schuldner haben[32] – am neuen Verfahren fortwährend und bis zum Außerkrafttreten der Konkursordnung umstritten. Einigkeit bestand grundsätzlich darüber, dass jedenfalls

---

Bundesgebiet der ehemaligen Deutschen Demokratischen Republik geltende Gesamtvollstreckungsordnung i.d.F. vom 23.05.1991 abgelöst.

27 Unter Hinweis auf die Möglichkeit neuer Konkursanträge schon: FK-InsO/*Ahrens*, § 287 Rn. 110.

28 Vgl. RG, Urt. v. 08.07.1930, in: RGZ 129, S. 390 (391); Jaeger/*Henckel/Müller*, KO, § 35 Rn. 140; vgl. Jaeger/*Henckel*, KO, § 1 Rn. 147, § 14 Rn. 18; Hess/*Hess*, KO, § 1 Rn. 8; *Bremen*, ZInsO 2002, S. 1 (4); *Kneser*, KTS 1958, S. 135 (135); **a.A.** Kuhn/*Uhlenbruck*, KO, § 1 Rn. 9, 108, sofern der Zweitkonkurs ausschließlich den Interessen der Altgläubiger dienen soll.

29 Hess/*Hess*, KO, § 1 Rn. 5; vgl. *K.Schmidt/Schulz*, ZIP 1982, S. 1015 (1016). Zur Fortführung einer selbstständigen Tätigkeit des Gemeinschuldners im Konkursverfahren: *Schick*, NJW 1990, S. 2359 ff.

30 Kuhn/*Uhlenbruck*, KO, § 1 Rn. 4, 9, 108; Ausführlich zum konkursfreien Vermögen: *Kalter*, KTS 1975, S. 1 ff.

31 Jaeger/*Henckel*, KO, § 1 Rn. 147, § 14 Rn. 34; Kuhn/*Uhlenbruck*, KO, § 1 Rn. 9, 108.

32 AG Göttingen, Beschl. v. 16. 12. 2010 – 71 IN 107/10 NOM, in: ZInsO 2011, S. 347.

Neugläubiger die Eröffnung des Zweitkonkurses beantragen und an diesem teilnehmen konnten.[33]

Über die an die Antragsberechtigung und die Teilnahme von Altgläubigern am Zweitkonkursverfahren zu stellenden Anforderungen existierten unterschiedliche Auffassungen.

1. Möglichkeit des Teilnahmeverzichts

Nach allgemeiner Ansicht konnten Konkursgläubiger, die sich gegen eine Befriedigung aus der Konkursmasse entschieden und Forderungen nicht zur Tabelle anmeldeten trotz des eröffneten Konkursverfahrens grundsätzlich klageweise gegen den Gemeinschuldner vorgehen.[34] Begründet wurde die Alternative damit, dass Gläubiger gerade nicht, wie von § 12 KO vorausgesetzt, die Befriedigung einer bestimmten Forderung aus der Konkursmasse suchten.[35] Auf den Zeitpunkt der Klageerhebung sollte es nicht ankommen, entscheidend war, ob ein eindeutiger Verzicht des Gläubigers vorlag.[36] Anhängige Rechtsstreitigkeiten wurden zwar bei Konkurseröffnung unterbrochen, allerdings endete mit Erklärung des Verzichts an der Verfahrensteilnahme die Beziehung der Forderung zur Konkursmasse und die Streitigkeit konnte wieder aufgenommen werden.[37] Eine Vollstreckung war hiernach für die gesamte Dauer des Konkursverfahrens ausgeschlossen.[38] Bei erfolgreichem Beschreiten des Klagewegs konnten Gläubiger nach Aufhebung des Konkursverfahrens auf Grundlage des erlangten Titels gegen den Gemeinschuldner vorgehen. Dies galt jedoch nicht, wenn ein

---

33 Kuhn/*Uhlenbruck*, KO, § 1 Rn. 9, 108; Auch für die Rechtslage unter Geltung der Gesamtvollstreckungsordnung waren Zweitverfahren anerkannt, *Pape/Wenzel*, ZInsO 2008, S. 287 (288) m.w.N.

34 RG, Urt. v. 03.05.1915 – VI. 665/14, in: RGZ 86, 394; BGH, Urt. v. 24.10.1978 – VI ZR 67/77, BGHZ 72, 234; BGH, Urt. v. 24.10.1957 – VII ZR 429/56, BGHZ 25, 395; LAG Düsseldorf, Urt. v. 12.08.1980 – 5, (4) Sa 517/80, in: ZIP 1980, S. 747; OLG Frankfurt, Beschl. v. 30.04.1980 – 22 W 10/80, ZIP 1980, S. 629 lässt auch die bloße Unkenntnis des Gläubigers vom Insolvenzverfahren für eine Prozessführungsbefugnis genügen; Jaeger/*Lent*, KO, § 12 Rn. 3; *Kilger/K.Schmidt*, KO, § 12 Rn. 2; Kuhn/*Uhlenbruck*, KO, § 12 Rn. 4; **a.A.** LG Hamburg, Beschl. v. 25.04.1968 – 75 O 130/65, in: NJW 1968, S. 1528; *Bernhardt*, NJW 1961, S. 808 (810).

35 BGH, Urt. v. 24.10.1957 – VII ZR 429/56, BGHZ 25, 395 Rn. 12.

36 BGH, Urt. v. 24.10.1978 – VI ZR 67/77, BGHZ 72, 234 Rn. 14.

37 Kuhn/*Uhlenbruck*, KO, § 12 Rn. 5.

38 BGH, Urt. v. 24.10.1957 – VII ZR 429/56, BGHZ 25, 395 Rn. 23.

Zwangsvergleich gem. § 193 KO zustande kam. Ein solcher band gleichermaßen Konkursgläubiger, die auf die Teilnahme am Verfahren verzichtet hatten.[39]

2. *Fortwirkungstheorie*

Eine in Rechtsprechung und Teilen der Literatur vertretene Ansicht wollte ausschließlich Gläubigern, deren Forderungen nach Eröffnung des ersten Konkurses entstanden sind, ein Antragsrecht und eine vollumfängliche Teilnahme am parallel zum Erstkonkurs ablaufenden Zweitkonkurs erlauben.[40] Hervor trat insbesondere der Standpunkt von *Uhlenbruck*, der mit der Zielsetzung argumentierte, dem Gemeinschuldner schon während des laufenden Verfahrens die Möglichkeit zu geben, sich eine neue wirtschaftliche Existenz aufzubauen.[41] *Uhlenbruck* vertrat den Standpunkt, dass es mit den §§ 1, 3 und 14 KO nicht vereinbar gewesen sei, wenn man Altgläubiger mit ihren Ausfällen in einem neuen Verfahren beteiligte ohne das vorausgegangene zum Abschluss gebracht zu haben, da der Gemeinschuldner unter Umständen alle paar Jahre wiederholt einem Konkursverfahren ausgesetzt sei.[42] Darüber hinaus müssten Neugläubiger geschützt werden, indem der Neuerwerb ihnen als Kreditsicherheit diente.[43]

Insgesamt stellten sich die Autoren dieser Ansicht auf den Standpunkt, dass Altgläubiger in einem neuen Konkursverfahren Einschränkungen unterworfen wären und unterschieden dabei zwischen der Antragsberechtigung und der bloßen Teilhabe an der Vermögensverteilung im Zweitkonkurs.[44] Einerseits sollten Altgläubiger die Eröffnung eines neuen Konkursverfahrens nur beantragen dürfen, wenn sie auf ihre Beteiligung am ersten Konkursverfahren verzichteten oder dieses ohnehin beendet wäre.[45] Während eines laufenden ersten Konkursverfahrens bliebe ihnen die Antragstellung verwehrt.[46] Dies gälte insbesondere

---

39 Kuhn/*Uhlenbruck*, KO, § 12 Rn. 5.

40 LG Köln Beschl. v. 19.08.1983 – 19 T 239/83, in: KTS 1984, S. 154; Hess/*Hess*, KO, § 1 Rn. 8.

41 LG Köln Beschl. v. 19.08.1983 – 19 T 239/83, in: KTS 1984, S. 154 (155); Kuhn/*Uhlenbruck*, KO, § 1 Rn. 9.

42 LG Köln, Beschl. v. 19.08.1983 – 19 T 239/83, in: KTS 1984, S. 154 (155).

43 LG Köln, Beschl. v. 19.08.1983 – 19 T 239/83, in: KTS 1984, S. 154 (155).

44 Hess/*Hess*, KO, § 1 Rn. 8; *Kilger/K.Schmidt*, KO, § 1 Anm. 3 b; Kuhn/*Uhlenbruck*, KO, § 1 Rn. 9.

45 Hess/*Hess*, KO, § 1 Rn. 8; Jaeger/*Henckel*, KO, § 1 Rn. 147; Kuhn/*Uhlenbruck*, KO, § 1 Rn. 9, 108.

46 LG Köln Beschl. v. 19.08.1983 – 19 T 239/83, in: KTS 1984, S. 154; Kuhn/*Uhlenbruck*, KO, § 1 Rn. 9; Baur/Stürner II § 13 Rn. 13.25.

deshalb, weil sie ihre Forderungen zuvor im Altverfahren angemeldet hätten und damit die geltend gemachten Ansprüche bis zur Beendigung mit dem laufenden Verfahren verbunden wären.[47]

Andererseits wäre eine Beteiligung am Zweitkonkurs denkbar, wenn der Zweitkonkurs auf Grundlage von Neugläubigeranträgen erfolgte: Dann sollte die Beteiligung von Altgläubigern gem. § 164 Abs. 1 KO auf ihren Ausfall im Erstverfahren begrenzt und nur solche Gläubiger sollten mit der vollen Höhe ihrer Forderung uneingeschränkt zum Zweitkonkurs zugelassen werden, die von einer Teilnahme am Erstkonkurs Abstand genommen hätten.[48] Begründet wurde diese Rechtsauffassung mit einer strengen Differenzierung zwischen den Vermögensmassen des Erst- sowie Zweitkonkurses, die zum Schutz der Neugläubiger nicht unterlaufen werden dürfte. Die Forderungen der Altgläubiger richteten sich gegen die Masse des Erstverfahrens. Diese bestünde aus dem zur Eröffnung des Erstkonkurses vorhanden Vermögen und die Beschlagswirkung könnte nicht über diesen Zeitpunkt hinaus ausgedehnt werden.[49] Begründet wurde dies damit, dass ansonsten die Rechtsposition der Neugläubiger unangemessen geschwächt würde, da diesen der Neuerwerb haftungsmäßig zugewiesen wäre und sich die Grenze zwischen den Konkursmassen und die Bindung des schuldnerischen Vermögens im Altkonkurs entgegen der gesetzmäßigen Zugriffsverteilung zugunsten der Altgläubiger verschöbe.[50]

---

47 LG Köln Beschl. v. 19.08.1983 – 19 T 239/83, in: KTS 1984, S. 154 (155); Baur/Stürner II § 13 Rn. 13.25.

48 So *Kilger/K.Schmidt*, KO, § 1 Anm. 3 b; vgl. *Pape/Wenzel*, ZInsO 2008, S. 287 (288); **a.A.** Hess/*Hess*, KO, § 1 Rn. 8, der keine Abwicklungsmöglichkeit eines Erst- vor dem Zweitkonkurs sieht, da Überschüsse und Ausfälle im Erstkonkurses auf die Zweitkonkursmasse wirkten.

49 Vgl. Kuhn/*Uhlenbruck*, KO, § 1 Rn. 9.

50 Hess/*Hess*, KO, § 1 Rn. 8; Kuhn/*Uhlenbruck*, KO, § 1 Rn. 108 mit Hinweis auf: *Hahn*, Die gesammten Materialien zur KO, S. 49: „*Dem Gemeinschuldner muß die Kreditfähigkeit wieder eröffnet werden. Das ist nur möglich, wenn während der Dauer des Konkurses der neue Erwerb den Angriffen der Konkursgläubiger entzogen wird.* […] *Je länger aber das Verfahren dauert, desto unbilliger würde es gegen Gemeinschuldner sein, ihm allen Erwerb zu nehmen und je öfter ein neuer Erwerb zur Masse gezogen würde, desto unabsehbarer verlängerte sich die Dauer des Verfahrens. Diese Übel sind größer, als die Möglichkeit, daß neben dem alten Konkurse auf Antrag der neuen Gläubiger gleichzeitig ein zweiter Konkurs eröffnet werden könnte.*“

3. *Modell der Ersatzfunktion des Zweitkonkurses*

Eine weiterreichende Literaturmeinung, begründet von *Jaeger* und *Lent* sowie *Mentzel* und *Kuhn*, ging einen Schritt weiter und sprach Altgläubigern ein erweitertes Antragsrecht für einen Neukonkurs auch während eines in Abwicklung befindlichen Altkonkursverfahrens mit der Begründung zu, dass die gesetzliche Ausgestaltung gerade einer gleichbehandelnden gemeinschaftlichen Befriedigung aller Gläubiger den Vorzug gäbe.[51] Diese Position knüpfte an die Argumentation zur Zuweisung der Vermögensmassen zum Alt- und Neuverfahren an. Zunächst wurde angeführt, dass der Neuerwerb nicht gesetzlich den Neugläubigern zugewiesen wäre. Insbesondere sollte § 14 KO nur einzelne Gläubiger von der Vollstreckung in Neuvermögen ausschließen, verkörperte aber ebenso wie § 3 KO gerade den Gedanken der Gläubigergleichbehandlung.[52] Außerdem wären die Konkursmassen in Alt- und Neuverfahren jeweils durch unterschiedliche Teilungs- und Schuldenmassen klar definiert.[53] Einem Antragsrecht der Altgläubiger stünde damit nichts im Wege.

Kneser sah eine Lösung jedenfalls in der Teilnahme der Altgläubiger im neuen Konkursverfahren parallel zum Erstkonkurs, indem er auf die Gefahr hinwies, dass Altgläubiger auf eine schnelle Beendigung des Erstkonkurses drängen könnten, sobald neues Vermögen vorhanden wäre, um sich anteilig am nächsten Konkursverfahren beteiligen zu können.[54] Dabei könnten Vermögenswerte übereilt aufgebraucht werden, wodurch die Vermögensinteressen aller Beteiligten litten.[55]

Eine Auflösung des Spannungsverhältnisses zwischen Alt- und Neugläubigern war diesen Auffassungen folgend ausschließlich in der materiellen Auseinandersetzung im Zweitkonkursverfahren zu berücksichtigen. Diese Ansicht stieß in der Literatur hinsichtlich einer Beteiligung der Altgläubiger im Zweitkonkurs unter betragsmäßiger Begrenzung auf die Forderungshöhe des Ausfalls oder Verzichts des ersten Konkursverfahrens auf Zustimmung.[56]

---

51 Jaeger/*Henckel*, KO, § 1 Rn. 147; Jaeger/*Lent*, KO, 8. Aufl., § 1 Rn. 63; *Jaeger*, Lehrbuch des Deutschen Konkursrechts, S. 91 Fn. 21; Mentzel/*Kuhn*, KO, 6. Aufl., § 1 Rn. 8; vgl. den Hinweis bei: *Kneser*, KTS 1958, S. 135 (135).

52 Vgl. Jaeger/*Henckel*, KO, § 1 Rn. 147, § 14 Rn. 34.

53 Jaeger/*Henckel*, KO, § 1 Rn. 147.

54 *Kneser*, KTS 1958, S. 135 (135).

55 *Kneser*, KTS 1958, S. 135 (135).

56 Jaeger/*Henckel*, KO, § 1 Rn. 147, § 14 Rn. 34; *Kilger/K.Schmidt*, KO, § 1 Anm. 3 b.

4. *Bewertung*

Alle Ansichten erkannten die Schutzfunktion des Verbots der Einzelvollstreckung aus § 14 KO für das neue Vermögen und die Neugläubiger an. Allerdings wurden daraus unterschiedliche Schlussfolgerungen für die mögliche Inklusion von Altgläubigern gezogen. Die Ansicht von *Jaeger/Lent* und *Mentzel/Kuhn*, die in einem Zweitkonkurs eine Ersatzfunktion für den Erstkonkurs sehen wollte, begründete dies mit einem fehlenden Hinweis auf den ausschließlichen Zugriff auf Neuerwerb durch Neugläubiger im Gesetz. Allerdings überdehnte sie beim Versuch, ein Antragsrecht aus Massezuweisungen herleiten zu wollen, den Begriff der Gläubigergleichbehandlung. Eine solche wurde gerade verhindert, wenn es in der Hand der im Erstkonkursverfahren beteiligten Gläubiger lag, die Verfahrenseröffnung über neues Vermögen anzustrengen, sobald dieses entstand. Dies stand auch im eindeutigen Widerspruch zum im § 3 KO verankerten Entstehungszeitpunkt des Konkursbeschlags ab Verfahrenseröffnung.

Eine rechtssichere Einbeziehung war demnach im Zweitkonkursverfahren über den Forderungsausfall zu suchen. Allein auf diese Weise wurde dem Grundsatz der freien Nachforderung gem. § 164 Abs. 1 KO entsprochen. Im Zweitkonkurs konnte dieser nur zur Umsetzung kommen, wenn die Ausfallhöhe der Altgläubiger feststand, der erste Konkurs also abgeschlossen war. Altgläubigern darüber hinaus ein eigenes Antragsrecht zuzugestehen, hätte jedoch die Gefahr einer beliebigen Teilnahme am Erst- oder Zweitkonkurs bedeutet.

Diese Sichtweise wird dadurch gestützt, dass ein Teilnahmeverzicht am Erstverfahren für Gläubiger keineswegs eine Verschlechterung bedeuten musste. Konkursgläubiger konnten sich – wie oben dargestellt – nämlich weitestgehend von den Wirkungen des Konkursverfahrens lossagen.

Auch aus der Möglichkeit eines Zwangsvergleichs lässt sich nicht ableiten, dass ein solcher Gläubiger bei Nichtteilnahme besonders beschwert gewesen wäre. Immerhin erstreckte sich die Wirkung eines Zwangsvergleichs ebenso auf Gläubiger, die eine Forderungsanmeldung bewusst unterließen, ohne eigenständig zu klagen, auf Gläubiger, die zwar teilnahmen, deren konkrete Forderungshöhe aber nicht feststand und sogar auf gänzlich unbekannte Gläubiger.[57] Das Risiko des verzichtenden Konkursgläubigers war einzig, dass ohne eigenes Zutun ein Zwangsvergleich zustande kam. Da diese Wirkung unabhängig von der Gläubigerentscheidung zum Teilnahmeverzicht eintrat, wenn die Voraussetzungen des

57 Kuhn/*Uhlenbruck*, KO, § 193 Rn. 1a.

§ 193 KO erfüllt waren, bedeutete eine prozessuale Geltendmachung der Einzelforderung kein zusätzliches Ausfallrisiko für den Konkursgläubiger.

Über einen Teilnahmeverzicht konnten Gläubiger ihre Forderungen grundsätzlich in ein mögliches Zweitkonkursverfahren hinüberretten und gleichzeitig die Gelegenheit des Klageweges und der Einzelvollstreckung für sich nutzen. Mit Blick auf die fehlenden dahingehenden Prognosemöglichkeiten wird dieser positive Aspekt des Teilnahmeverzichts allerdings relativiert.

Insgesamt sollten Altgläubiger nicht direkt ein neues Verfahren einleiten dürfen. Das Recht der Konkursordnung wurde nicht weniger als das geltende Recht vom Ziel der gemeinschaftlichen Gläubigerbefriedigung getragen. Dieses Maß an gläubigerfreundlicher Ausgestaltung wäre für den Gemeinschuldner allerdings auf erdrückende Weise potenziert worden, hätten Altgläubiger zu jedem Zeitpunkt ein neues Konkursverfahren anstrengen können. Schuldner sollten nicht der Willkür der Gläubiger ausgesetzt werden, sondern auf die Verfahrenswirkungen vertrauen können. Die gesetzliche Wertung überließ die Wahl zum Zweitkonkurs den Neugläubigern.

B. Der Sonderkonkurs als gesetzliche Abweichung vom Gesamtkonkurs

I. Besondere Stellung im Ordnungsrahmen

Vom Gesamtkonkurs war der Sonderkonkurs zu unterscheiden. Die Konkursordnung war nach dem Prinzip des Universalkonkurses ausgerichtet und kannte unabhängig vom wirtschaftlichen Status des Schuldners vornehmlich ein Verfahren über das Vermögen einer konkursfähigen natürlichen Person.[58] Neben dem Gesamtkonkurs als Erst- oder Zweitkonkurs sah die Konkursordnung für andere Sachverhalte den Weg eines Sonderkonkurses vor. Als Sonderkonkurs im Sinne der Konkursordnung galt dabei der in gesetzlich festgelegten Fällen zulässige Konkurs über eine mindestens begrenzbare Teilmasse eines Vermögens einer natürlichen oder juristischen Person, die einer bestimmten Gruppe von persönlichen Gläubigern allein oder vorrangig haftet.[59] Im Unterschied zum gesetzlichen Regelfall bildete der Sonderkonkurs immer einen Partikularkonkurs über Vermögensteile, die dem Gemeinschuldner als Rechtssubjekt zugeordnet waren.[60] Insofern zeichnete sich dieser Verfahrenstyp dadurch aus, dass

58 MüKoInsO/*Vuia*, § 304 Rn. 5.
59 *Baur*, DRZ 1950, S. 9 (11).
60 Vgl. Jaeger/*Henckel*, KO, § 1 Rn. 149; Kuhn/*Uhlenbruck*, KO, § 1 Rn. 8e.

das restliche Schuldnervermögen nicht betroffen war, weshalb der Schuldner diesbezüglich nicht Gemeinschuldner war und seine Verfügungsmacht insoweit beibehielt.[61]

II. Anwendungsbereich

Gesetzlich geregelt waren die Sonderkonkurse betreffend das Sondervermögen einer offenen Handelsgesellschaft oder Kommanditgesellschaft, §§ 209–212 KO, über einen Nachlass, §§ 214 ff. KO, das Gesamtgut einer fortgesetzten Gütergemeinschaft, § 236 KO, und betreffend das von beiden Ehegatten gemeinschaftlich verwaltete Gesamtgut der Gütergemeinschaft, § 2 Abs. 2, § 236a KO.[62] Teilweise wurde darüber hinaus ein Sonderkonkurs für Fälle als zulässig erachtet, in denen einer begrenzten Vermögensmasse gesetzlich eine besondere Haftung auferlegt wurde.[63] Darunter waren der Konkurs über das Vermögen einer errichteten, aber noch nicht eingetragenen Kapitalgesellschaft, der Konkurs über das Vermögen einer Aktiengesellschaft nach übertragender Umwandlung sowie über das Gesamtgut der Gütergemeinschaft in Liquidation zu fassen.[64] Parallelkonkurse bei je einem im In- und einem im Ausland eröffneten Konkursverfahren waren Sonderkonkurse, die – im Hinblick auf ihre ortsbezogene Universalwirkung – als Gesamtkonkurs durchzuführen waren.[65]

---

61 Vgl. Jaeger/*Henckel*, KO, § 1 Rn. 157.

62 In der Vergleichsordnung (VglO) fanden sich mit dem Nachlassvergleichsverfahren (§ 113 VglO) sowie dem Vergleichsverfahren über das Gesamtgut einer fortgesetzten Gütergemeinschaft (§ 114 VglO) und über das Gesamtgut der Gütergemeinschaft in gemeinschaftlicher Verwaltung (§114a) die jeweiligen Entsprechungen.

63 Jaeger/*Henckel*, KO, § 1 Rn. 149; Hess/*Hess*, KO, § 1 Rn. 5; Kuhn/*Uhlenbruck*, KO, § 1 Rn. 8; **a.A.** vgl. *Baur*, DRZ 1950, S. 9 (11) und *Kilger/K.Schmidt*, KO, § 1 Anm. 1 A d, die auf das Kriterium der gesetzlichen Haftungsbeschränkung verzichteten und einen Sonderkonkurs in zusätzlichen Fällen für zulässig hielten.

64 Jaeger/*Henckel*, KO, § 1 Rn. 152.

65 Vgl. Kuhn/*Uhlenbruck*, KO, § 237, 238 Rn. 44; vgl. *Hanisch*, in: FS Bosch 1976, S. 381 (358 f.). Der gegenständlich beschränkte Inlandskonkurs gem. § 238 Abs. 1 KO sollte auch bei einem sehr weiten Begriffsverständnis keinen Sonderkonkurs darstellen, da lediglich ein Teil des schuldnerischen Vermögens vom Verfahren umfasst wurde, aber alle persönlichen Gläubiger in unmittelbarer Konkurrenz zueinanderstanden, Kuhn/*Uhlenbruck*, KO, §§ 237, 238 Rn. 95.

III. Abgrenzung zum Zweitkonkurs

Eine Abgrenzung zum Zweitkonkurs ließ sich zweifellos anhand der gegensätzlichen Zwecksetzung der beiden Verfahrensarten vornehmen. Wie unter Bezugnahme auf die gesetzlichen und durch Rechtsfortbildung entwickelten Regelungen festgestellt wurde, diente ein Sonderkonkurs dazu, eine Haftungsbeschränkung vorzunehmen, indem einerseits die in Haftung zu nehmende Masse und andererseits der Gläubigerbezug eingeschränkt wurden. Damit wurde nur ein Ausschnitt des Gläubigerkreises miteinbezogen. Gleichzeitig wurden die Interessen der übrigen Gläubiger geschützt, denen der gemeinschaftliche Zugriff auf das übrige Vermögen erhalten blieb. Zwar bediente ein Zweitkonkurs ebenso Gläubigerinteressen. Allerdings geschah das der Prämisse folgend, ein neues Verfahren in Gang zu setzen, um neu entstandenes Vermögen zu verwerten. Wurde während eines andauernden Gesamtkonkursverfahrens ein zweiter Konkurs über den Neuerwerb eröffnet, umfasste das erste Verfahren weiterhin das bei Konkurseröffnung gem. § 1, § 3 KO vorhandene gesamte Vermögen.[66] Entsprechendes galt für das – nach abgeschlossenem Erstkonkurs stattfindende – Zweitkonkursverfahren über den Neuerwerb. Dieses war ein Gesamtkonkurs über das zum Zeitpunkt der Eröffnung bestehende Gesamtvermögen einschließlich etwaiger Vermögensreste aus dem Erstkonkurs und kein Sonderkonkurs, an dem sowohl Alt- als auch Neugläubiger teilnehmen können.[67]

C. Ergebnisse

Ungeachtet der Frage der tatsächlichen Rolle von Zweitkonkursverfahren in der früheren Rechtspraxis, ist entscheidend für die folgende Erörterung der Grundzüge von Zweitinsolvenzen, dass Grundmuster nicht erst dem jüngeren rechtlichen Diskurs entspringen, sondern Wertungen im neuen Recht fortentwickelt wurden.[68] Vor dem Hintergrund der vergangenen Diskussionen wird in

---

66 Jaeger/*Henckel*, KO, § 1 Rn. 153.

67 Jaeger/*Henckel*, KO, § 1 Rn. 153.

68 Es ist fraglich, ob diese Verfahren praktisch eine bedeutende Rolle spielten, da eine Verfahrenseröffnung nur bei ausreichender Kostendeckung erfolgte, § 107 KO, dazu: Jaeger/*Henckel*, KO, § 1 Rn. 147; vgl. *Kranenberg*, NZI 2009, S. 156 (157). Schließlich sind mehr als 74 Prozent aller Konkursverfahren aufgrund von Massearmut nicht eröffnet worden oder aber eingestellt worden, vgl. Gottwald/*Gottwald/Haas* § 1 Rn. 22 unter Bezug auf: Statistisches Bundesamt, Statistisches Jahrbuch 1998, S. 138. *Schmerbach* weist darauf hin, dass Zweitverfahren praktisch nicht vorkamen, *Schmerbach*, ZInsO 2009, S. 2078 (2079). Entscheidungen mit thematischem Bezug

den folgenden Kapiteln der gegenwärtige Entwicklungszustand nach aktueller Rechtslage herausgearbeitet. Dabei ist der Gedanke der Altgläubigerbeteiligung dadurch begrenzt, dass unter Geltung der Insolvenzordnung die Wertungen des § 35 Abs. 1, Abs. 2, § 38, §§ 286 ff. InsO greifen. Insoweit können die genannten Lösungsvorschläge unter den veränderten Rahmenbedingungen einbezogen werden. Insbesondere wird deutlich, dass sich die im Gefüge der Insolvenzordnung erscheinenden Formen von wiederholten Insolvenzereignissen in ihrer Ausrichtung vom Zweitkonkurs dadurch unterscheiden, dass im Zweitverfahren nicht zwangsläufig der gesamte Neuerwerb dem Insolvenzbeschlag unterliegt.[69]

---

sind beispielsweise: RG, Urt. v. 08.07.1930, in: RGZ 129, S. 390; LG Köln Beschl. v. 19.08.1983 – 19 T 239/83, in: KTS 1984, S. 154.

69 Hierzu die Ausführungen im 3. Kapitel.

2. Kapitel: Nachgeschaltete Zweitinsolvenzverfahren als gesetzlicher Regelfall der Insolvenzordnung

A. Überblick und Einordnung

I. Ausgangspunkt: Haftungsrechtliches Gerüst des Gesetzes

Das Privatinsolvenzrecht kennt zwei Verfahrenstypen der Zweitinsolvenz: die nachgeschaltete Zweitinsolvenz und die parallele Zweitinsolvenz.

Neben der zeitlichen Abfolge kann eine Abgrenzung zwischen Erst- und Zweitinsolvenzverfahren durch die Maßstäbe des verfahrensrechtlichen Rahmens erfolgen. Zu unterscheiden ist zwischen Antragstellung und Interessenverwirklichung durch den Schuldner selbst sowie zwischen Gläubigern des Erstverfahrens, den Altgläubigern und den Neugläubigern. Die Zuordnung des neuerworbenen Vermögens zur jeweiligen Insolvenzmasse des Erst- oder Zweitverfahrens und die Wirkungsgrade der insolvenzrechtlichen Mechanismen in Folgeverfahren verändern die Bedingungen für diese Beteiligten, unter denen sie Verfahrensziele erreichen können. Ausgangspunkt aller Überlegungen zu Parallelinsolvenzen muss daher der gesetzliche Regelfall des nachgeschalteten Insolvenzverfahrens sein.

II. Nachgeschaltete Zweitverfahren

Schmerbach bezeichnet als nachgeschaltetes Insolvenzverfahren den Fall, dass *„das Erstverfahren nicht eröffnet oder aufgehoben bzw. nach Entscheidung über die Erteilung der Restschuldbefreiung beendet ist“*.[70] Nur das nachgeschaltete Verfahren entspricht dem Konzept der Universalinsolvenz, die auf der Grundregel von einem Insolvenzverfahren pro Person und Vermögen aufbaut. Diese Variante ist zunächst dadurch gekennzeichnet, dass es sich um den bloßen Fall handelt, dass nach Aufhebung eines ersten Insolvenzverfahrens ein neuer Insolvenzgrund besteht und eine neue Haftungsmasse vorliegt. Die Zweitinsolvenz als Wiederholungsverfahren betrifft den erneuten Anlauf zur insolvenzlichen Auseinandersetzung des Schuldnervermögens nach einem vollständig durchlaufenen Insolvenzverfahren. Dabei ist eine Kongruenz zwischen Erst- und

70 *Schmerbach*, ZInsO 2009, S. 2078 (2080); FK-InsO/*ders.*, 9. Aufl. 2018, § 13 Rn. 115.

Zweitverfahren im Hinblick auf die Reichweite der Haftung des Schuldners zu erkennen. Die Zweitinsolvenz als Wiederholungsinsolvenz deckt sich in Bezug auf den vorbestimmten Haftungsradius mit dem Erstverfahren. Aus diesem Grund kann eine solche Zweitinsolvenz immer nur zeitlich auf ein Erstverfahren folgen und existiert somit im nachgeschalteten Zweitinsolvenzverfahren als eine Art Grundinsolvenzmodell eingefasst im Regelungsrahmen der Insolvenzordnung. Dies ist mittelbar in § 287a Abs. 2 Nr. 1 Alt. 1 InsO und § 287 Abs. 2 S. 2 InsO[71] geregelt, indem die Zulässigkeitsvoraussetzungen für den erneuten Zugang zum Restschuldbefreiungsverfahren erwähnt werden, denn dieser setzt denknotwendig den erneuten Zugang zum Insolvenzverfahren voraus, da für das Restschuldbefreiungsverfahren das Insolvenzverfahren zu durchlaufen ist.[72]

III. Abgrenzung zu parallelen Zweitverfahren

Die parallele Zweitinsolvenz ist einem engeren Begriffsverständnis unterworfen. Als Produkt der Rechtsfortentwicklung schließt diese Form eine für die Befriedigung der Gesamtgläubigerschaft bedeutsame Haftungslücke, deren Ursprung in der Neugestaltung des § 35 InsO liegt.[73] In der Insolvenzordnung finden sich keine ausdrücklichen gesetzlichen Anhaltspunkte, denen Wertungen zum gesamtvollstreckungsrechtlichen Zugriff auf freigegebene Selbstständigkeiten entnommen werden könnten. Sie reiht sich daher den gesetzlich nicht geregelten Phänomenen paralleler Insolvenzen an und wird ebenso wie diese anhand der strukturellen Prägung des Gesetzes insgesamt im Zusammenspiel mit einzelnen Vorschriften skaliert.

B. Zwecksetzung von Zweitverfahren

Zweitinsolvenzverfahren folgen der der Insolvenzordnung zugrunde liegenden Zwecksetzung. Die Durchführung des Insolvenzverfahrens ist auf die in § 1 S. 1 InsO benannte optimale gemeinschaftliche Befriedigung aller Insolvenzgläubiger gerichtet. Dabei sind sowohl die Verfahren über das Vermögen natürlicher

---

71 Eingefügt aufgrund des Gesetzes zur weiteren Verkürzung des Restschuldbefreiungsverfahrens und zur Anpassung pandemiebedingter Vorschriften im Gesellschafts-, Genossenschafts-, Vereins- und Stiftungsrecht sowie im Miet- und Pachtrecht (Gesetz zur weiteren Verkürzung des Restschuldbefreiungsverfahrens) vom 22.12.2020, in Kraft getreten mit Wirkung vom 01.10.2020.

72 Hierzu unter: 5. Kapitel A.

73 Näher hierzu unter: 3. Kapitel A. II. 1.

Personen als auch Unternehmensinsolvenzen gleichermaßen vom Grundsatz getragen, dass pro Rechtssubjekt ein Verfahren das gesamte schuldnerische Vermögen vollumfänglich umfasst und nur einmal verteilt werden kann.[74] Auf diesem Wege steht das pfändbare Vermögen als Haftungsmasse allen Gläubigern im Sinne einer Gläubigergleichbehandlung zur Verfügung und diese können daraus gemeinschaftlich und anteilig Befriedigung erlangen.

Eine bestmögliche Gläubigerbefriedigung wird erst im Insolvenzverfahren angestrebt und löst das außerhalb des Verfahrens geltende Prioritätsprinzip der Einzelvollstreckung ab. Inhaltlich ergibt sich diese Schlussfolgerung aus § 89 Abs. 1 InsO, der einzelne Zwangsvollstreckungsakte während des laufenden Insolvenzverfahrens in das nicht als Insolvenzmasse in das Verfahren involvierte Vermögen ausschließt. Daraus folgt zweierlei: Zunächst kann eine Insolvenzeröffnung nur erfolgen, wenn ohnehin wieder eine Zwangsvollstreckung in freies Vermögen des Schuldners möglich ist.[75] Erst dann kann das gem. § 14 Abs. 1 S. 1 InsO erforderliche Rechtsschutzbedürfnis bestehen.[76] Dies beruht auf der Entscheidungsalternative der Gläubiger. Gläubigern bleibt es nämlich überlassen entweder per Einzelvollstreckung gegen den Schuldner vorzugehen oder die Gesamtvollstreckung des Insolvenzverfahrens zu wählen.[77] Als Voraussetzung hierfür muss freies Vermögen abseits der Insolvenzmasse vorhanden sein.[78] Darüber hinaus muss ein Insolvenzgrund vorliegen, der einen gemeinschaftlichen Zugriff der Gläubiger auf dieses Vermögen rechtfertigt. Die Notwendigkeit für den Übergang zur Gesamtvollstreckung kann erst nach Aufhebung eines Insolvenzverfahrens oder auch vorher im noch andauernden Verfahren entstehen.

Den Formen der Zweitinsolvenz ist gemeinsam, dass der Zweck der gemeinschaftlichen bestmöglichen Gläubigerbefriedigung im jeweils frühestmöglichen Stadium verfolgt wird. Der Anknüpfungszeitpunkt entsteht dabei zufällig je nach wirtschaftlicher Leistungsfähigkeit des Schuldners, sobald auf neues Vermögen zugegriffen werden kann. Jedes zusätzliche Insolvenzverfahren bildet den Ordnungsrahmen, der mit der Auflösung der Vermögensintegrität des Schuldners die Gläubigerinteressen ins Gleichgewicht bringen soll.

---

74 Vgl. MüKoInsO/*Stephan*, § 287 Rn. 83.

75 Vgl. Uhlenbruck/*Mock*, § 89 Rn. 12; vgl. HK-InsO/*Waltenberger*, § 294 Rn. 4 f.

76 HambK-InsO/*Pannen*, § 14 Rn. 42.

77 Gottwald/*Vuia*, § 4 Rn. 5. Stellt ein Gläubiger Insolvenzantrag, steht es dem Rechtsschutzinteresse nicht entgegen, wenn kein Einzelzwangsvollstreckungsversuch unternommen worden ist, Uhlenbruck/*Wegener*, § 14 Rn. 70.

78 HK-InsO/*Ries*, § 35 Rn. 41.

Anders als bei parallelen Zweitverfahren unterliegen nachgeschaltete Verfahren keiner Zweckanpassung, da hier nach Abschluss des Erstverfahrens der Erfolg des vorausgehenden Verfahrens nicht mehr gefährdet werden kann. In Bezug auf das Verfahrensziel der Entschuldung gem. § 1 S. 2 InsO gelten die Sperrfristen des § 287a Abs. 2 S. 1 InsO.[79]

C. Zuordnung des Neuerwerbs in der Insolvenzordnung

I. Neuerwerb als Teil der Insolvenzmasse

Mit Inkrafttreten der Insolvenzordnung wandelte sich die gesetzliche Zuteilung des Neuerwerbs. Im Unterschied zur Regelung des § 1 KO zählt Vermögen, das der Schuldner seit Eröffnung und während des Insolvenzverfahrens erlangt, gemäß der Legaldefinition des § 35 Abs. 1 InsO zur Insolvenzmasse.[80] Der Insolvenzordnung liegt damit ein dynamischer Begriff der Insolvenzmasse zugrunde.[81] Mit der Neuordnung des Vollstreckungsregimes soll der Schuldner sich im laufenden Verfahren eine neue Existenz aufbauen können. Dem trägt das Institut der Restschuldbefreiung Rechnung, indem der Neuerwerb in die Insolvenzmasse einbezogen wird und einen Ausgleich zur Erlangung der Schuldenfreiheit darstellt.[82] Das freie Nachforderungsrecht der Konkursordnung verhinderte einen derartigen Neuanfang. Abhilfe schaffen konnte allein ein Zwangsvergleich gem. § 173 KO, der allerdings nur bei ausreichend vorhandener Masse zustande kam.[83]

Weitere Veränderungen betreffen die gesetzliche Zugriffsordnung der Gläubigergruppierungen. Ein Insolvenzverfahren wird mit der Aufhebung des Verfahrens durch das Insolvenzgericht gem. § 200 Abs. 1 InsO beendet, sobald die Schlussverteilung vollzogen ist.[84] Daher endet der Insolvenzbeschlag mit dem

---

79 Hierzu unter: 5. Kapitel A. II.

80 Begr. RegE InsO, BT-Drs. 12/2443, S. 122. Maßgeblich zur Bestimmung des Umfangs der Insolvenzmasse ist der Eröffnungszeitpunkt, KPB/*Holzer*, § 35 Rn. 16.

81 Uhlenbruck/*Hirte*/*Praß*, § 35 Rn. 12.

82 Vgl. *Runkel*, in: FS Uhlenbruck 2000, S. 316; vgl. Nerlich/Römermann/*Andres*, § 35 Rn. 2.

83 An die Stelle des Zwangsvergleichs der Konkursordnung sowie die Vergleichsverfahren der Vergleichsordnung (VerglO) und der Gesamtvollstreckungsordnung (GesO) trat im neuen Insolvenzrecht der InsO das auf Grundlage der Privatautonomie der Beteiligten beruhende Insolvenzplanverfahren nach §§ 217 ff. InsO, hierzu Begr. RegE InsO, BT-Drs. 12/2443, S. 194.

84 Nach § 203 Abs. 2 InsO steht die Anordnung einer Nachtragsverteilung der Aufhebung des Verfahrens nicht entgegen. Der Insolvenzbeschlag ist dann beendet.

Verfahrensende. Im Anschluss erworbenes Vermögen ist freies Vermögen, in das Altgläubiger in Höhe ihrer Restforderung und Neugläubiger gleichermaßen vollstrecken können.[85] Zwar besteht das freie Nachforderungsrecht nach wie vor gem. § 201 Abs. 1 InsO fort und Altgläubiger können nach der Aufhebung des Insolvenzverfahrens ihre restlichen unbefriedigten Forderungen gegen den Schuldner geltend machen. Allerdings wird dies durch das Mittel der Restschuldbefreiung gem. § 201 Abs. 3, §§ 286 ff. InsO in der Wirkung beschränkt, wenn Restschuldbefreiung erteilt wird.[86]

Von besonderer Bedeutung ist, dass sich mit diesem Systemwechsel gleichzeitig die haftungsrechtliche Zuordnung des Neuerwerbs zulasten der Neugläubiger, also Gläubigern, deren Rechtserwerb nach Verfahrenseröffnung stattfindet, verschoben hat.[87] Während die fortgesetzte Haftung des Schuldners eingeschränkt wurde, sind die Zugriffsmöglichkeiten für Alt- und Neugläubiger umgebildet worden. Die Insolvenzmasse soll an dem während des Verfahrens erworbenen Nettovermögen und damit an der wirtschaftlichen Verbesserung des Schuldners als natürlicher Person partizipieren.[88] Dies äußert sich darin, dass Einkünfte aus unselbstständiger sowie selbstständiger Tätigkeit, Erbschaften und Schenkungen oder Lotteriegewinne nicht mehr den Neugläubigern zugewiesen sind.[89]

Insgesamt kann der unterschiedliche Haftungszugriff für Alt- und Neugläubiger damit begründet werden, dass die Forderungen der Insolvenzgläubiger der Wirkung der Restschuldbefreiung unterliegen können, während für die Neugläubiger nach Aufhebung des Insolvenzverfahrens die Vollstreckung in das Vermögen des Schuldners möglich ist.[90]

---

85 Vgl. Uhlenbruck/*Wegener*, § 200 Rn. 16.

86 Zudem kann eine gesetzlich vorgesehene Entschuldung des Insolvenzschuldners durch Insolvenzplan gem. § 227 InsO erreicht werden. Hierzu unter: 3. Kapitel D. VI. 4. b) und 4. Kapitel C. und E.

87 Nerlich/Römermann/*Andres*, § 35 Rn. 91; *Diekmann*, in: Insolvenzrecht im Umbruch, S. 127. Der das deutsche Konkursrecht der Konkursordnung seit dem 10.02.1877 beherrschende Grundsatz der Konkursfreiheit des Neuerwerbs ist damit aufgegeben worden, *Bremen*, ZInsO 2002, S. 1 (3). Zur Auseinandersetzung mit der Verfassungsmäßigkeit der Einbeziehung des Neuerwerbs in die Insolvenzmasse siehe: *Roellenbleg*, NZI 2004, S. 176 (178 f.).

88 KK-InsO/*Hess*, §§ 35, 36 Rn. 16.

89 Begr. RegE InsO, BT-Drs. 12/2443, S. 122; vgl. Nerlich/Römermann/*Andres*, § 35 Rn. 90, 91; vgl. KK-InsO/*Hess*, § 35, 36 Rn. 1.

90 *Voigt/Gerke*, ZInsO 2002, S. 1054 (1060).

Zusätzlich sind die Neugläubiger durch die Bekanntmachung des eröffneten Insolvenzverfahrens schon mit der wirtschaftlichen Situation ihres Vertragspartners vertraut und können auf eine Vorleistung oder Leistung Zug um Zug bestehen und sind deshalb weniger schutzbedürftig.[91] Bei der Verteilung des Schuldnervermögens sind nach dem Willen des Gesetzgebers jene Gläubiger, die am Insolvenzverfahren teilnehmen, gegenüber den Neugläubigern bevorzugt.[92] Der im Einzelvollstreckungsrecht geltende Prioritätsgrundsatz kann für die Neugläubiger abseits des Verfahrens seine Wirkung entfalten. Endet das Insolvenzverfahren ohne Erteilung der Restschuldbefreiung konkurrieren Alt- und Neugläubiger wie auch nach alter Rechtslage nebeneinander um das Schuldnervermögen.

II. Haftungsumfang

1. Neuerwerb

Es ist einerseits zwischen dem haftenden Gesamtvermögen des Schuldners, der Insolvenzmasse gem. § 35 Abs. 1 InsO, und andererseits dem Vermögen, das nicht dem Insolvenzbeschlag unterliegt, dem insolvenzfreien Vermögen, zu unterscheiden.[93] Neben der gesetzlichen Ausnahme des § 36 Abs. 1 InsO von nicht der Zwangsvollstreckung unterliegenden Gegenständen des § 811 ZPO und vor Pfändung geschütztem Einkommen der §§ 850 ff. ZPO kann der Insolvenzverwalter einzelne Gegenstände und Einkünfte des Schuldners von der Zugehörigkeit zur Masse lösen und diese freigeben, wodurch diese der Insolvenzmasse entzogen werden und der Schuldner seine Verfügungsmacht diesbezüglich im insolvenzfreien Bereich zurückerlangt.[94]

2. Anfechtungspositionen

a) Offene Anfechtungsansprüche des Erstverfahrens

Die im Erstverfahren entstandenen und vom Verwalter nicht geltend gemachten Ansprüche können im nachgeschalteten Zweitverfahren aktiviert werden, wenn eine Gläubigerbenachteiligung vorliegt.[95] Anfechtungsansprüche entstehen in

---

91 *Voigt/Gerke*, ZInsO 2002, S. 1054 (1060).

92 *Voigt/Gerke*, ZInsO 2002, S. 1054 (1060).

93 HK-InsO/*Ries*, § 35 Rn. 43.

94 HK-InsO/*Ries*, § 35 Rn. 43; KPB/*Holzer*, § 35 Rn. 30.

95 *Frind*, InsO 2020, S. 390 (393) nennt sie „*liegengelassene Anfechtungsansprüche*"; *Wischemeyer/Dimassi*, ZIP 2017, S. 593 (596 f.) unterscheiden zwischen originären und derivativen Ansprüchen.

jedem Insolvenzverfahren neu und sind nicht mit solchen eines früheren Verfahrens identisch, weil unterschiedliche Massen und Gläubiger betroffen sind.[96]

b) Neue Anfechtungsansprüche

Anfechtungsansprüche im Zweitverfahren können sich auf Zahlungen des Schuldners im Erstverfahren beziehen. Ein zeitlicher Abstand zwischen den Verfahren kann nach *Kuleisa* durch eine analoge Anwendung des § 139 Abs. 2 S. 2 InsO überwunden werden, indem im Zweitverfahren auf den ersten relevanten Antrag des Erstverfahrens abgestellt wird.[97] Angeknüpft wird an die Wertung, dass zu Anfechtungszwecken auf einen früheren, zur Abweisung mangels Masse gem. § 26 InsO führenden Insolvenzantrag Bezug genommen werden kann, weil ein einheitliches Insolvenzereignis vorliegt.[98] Ist dem Schuldner keine Restschuldbefreiung erteilt oder eine Schuldenbefreiung mittels Insolvenzplan erreicht worden, liegt bei nachgeschalteten Zweitverfahren ein einheitliches Insolvenzereignis zugrunde.[99] In diesen Fällen ist dann eine Anfechtung gem. §§ 129 ff. InsO zulässig, wobei im Hinblick auf zeitlich große Abstände unter Anwendung des § 133 InsO nur an Schuldnerhandlungen angeknüpft werden kann.[100]

3. Passiva

Zu den Verbindlichkeiten des nachgeschalteten Zweitverfahrens zählen auch die Kosten, die aufgrund eines vorangegangenen Eröffnungsverfahrens entstanden sind.[101]

---

96 BGH, Urt. v. 11.04.2013 – IX ZR 268/12, in: NZI 2013, S. 537 Rn. 8; LG Düsseldorf, Urt. v. 02.05.2011 - 2b O 13/10, in: ZInsO 2011, S. 1156; *Frind*, InsO 2020, S. 390 (393); *Kuleisa*, ZVI 2021, S. 93 (94). Für die Anfechtung im Rahmen nachgeschalteter Zweitverfahren unter: 2. Kapitel C. II. 2.

97 *Kuleisa*, ZVI 2021, S. 52 (54 f.); BeckOK InsO/*Schoon*, § 139 Rn. 12; zur analogen Anwendung von § 139 Abs. 2 S. 2 InsO bei rechtskräftigem, aber nicht mehr durchführbaren Insolvenzplan: *Greeve*, ZVI 2023, S. 151 (153).

98 *Kuleisa*, ZVI 2021, S. 52 (54 f.).

99 *Kuleisa*, ZVI 2021, S. 52 (54 f., 57).

100 *Kuleisa*, ZVI 2021, S. 52 (55).

101 Vgl. FK-InsO/*Schmerbach*, 9. Aufl. 2018, § 13 Rn. 176.

III. Eingeschränkte Vergleichbarkeit zur Haftungslage nach Konkursordnung

Obwohl der Neuerwerb im Rahmen der Insolvenzordnung prinzipiell mit der Insolvenzmasse verbunden ist, kann dieser durch Entkopplung einer selbstständigen Tätigkeit des Schuldners von der Zugehörigkeit zur Insolvenzmasse durch Negativerklärung des Insolvenzverwalters der Masse entzogen und damit ein der Konkursordnung vergleichbarer Zustand geschaffen werden.[102] Insoweit besteht eine eingeschränkte Vergleichbarkeit im Hinblick auf diese Teilumkehrung der Haftungslage.

Allerdings muss für das nachgeschaltete Insolvenzverfahren und das parallele Zweitverfahren über eine freigegebene Selbstständigkeit aufgrund der strukturellen Neuordnung des Neuerwerbs im Vergleich zur Konkursordnung die Trennung der Vermögensmassen und die sich daraus ergebende zwingende Aufteilung in Alt- und Neugläubiger durchgehalten werden. Demnach sind zeitlich aufeinanderfolgende oder sich teilweise materiell überlagernde Insolvenzverfahren unter Aufrechterhaltung der Massentrennung von der Priorität der Befriedigung älterer Gläubiger getragen und aufgrund dieses Maßstabs in Bezug auf Zweitverfahren materiell dergestalt eingeschränkt, dass Altgläubiger an neuen Verfahren nicht teilnehmen können.[103]

IV. Zweitinsolvenzverfahren bei vorausgegangenem Konkursverfahren

1. *Aufeinandertreffen der Regelungssysteme von Konkurs- und Insolvenzordnung*

Kurz nach der Einführung des neuen Insolvenzrechts kam in der Literatur mangels gesetzlicher Regelung und aufgrund praktischer Bedürfnisse[104] die Frage auf, ob neben einem unter dem Regime der Konkursordnung beantragten Konkursverfahren aufgrund der veränderten Zuordnung des Neuerwerbs parallel ein Insolvenzverfahren nach den Regeln der Insolvenzordnung durchgeführt werden könnte. Der Problemkreis betraf in zeitlicher Hinsicht die Übergangsphase von noch vor dem 01.01.1999 beantragten Konkursverfahren, für die Art. 103 EGInsO anordnete, dass auf noch vor dem Stichtag beantragte

---

102 Vgl. MüKoInsO/*Peters*, § 35 Rn. 82.

103 Zu diesem Geltungsvorrang unter: 3. Kapitel A. IV. 2. Zur Teilnahme unter 3. Kapitel B. I. 1.

104 *Bremen*, ZInsO 2002, S. 1 (1).

Konkursverfahren und deren Wirkungen weiterhin die bisherigen gesetzlichen Vorschriften der Konkursordnung anzuwenden seien.[105] Inhaltlich ging es um die Abgrenzung der unterschiedlichen Anwendungsbereiche und Verfahrensziele[106] und zudem um den Versuch der rechtlichen und tatsächlichen Vereinbarkeit von sich dogmatisch unterscheidenden Verfahrensstrukturen. Nach prozessualen Gesichtspunkten war die diskussionswürdige Überleitung von anhängigen Anträgen und eröffneten Verfahren betroffen.[107] Insgesamt wurde die Frage, ob zwei parallele Gesamtvollstreckungsverfahren auf unterschiedlicher haftungsrechtlicher Grundlage nebeneinander ablaufen konnten, behandelt.

2. *Lösungsansätze zur Harmonisierung des kodifikatorischen Übergangs*

a) *Streng formelle Auffassung*

Ein früher erster Ansatz zielte mit der Begründung der Rechtssicherheit und Rechtsklarheit darauf ab, die Übergangsphase zwischen den beiden Gesetzen möglichst kurz zu befristen. Danach wurde ein Zweitverfahren gemäß den Regeln der Insolvenzordnung zwar als theoretisch möglich erkannt, mit Hinweis auf die fehlende Haftungsgrundlage aber als nicht durchführbar abgelehnt.[108] Da noch nicht feststünde, mit welchem Ausfall Altgläubiger im Konkursverfahren zu rechnen hätten, könnte schon eine Bestimmung der Forderungen im

---

105 Gemäß Art. 103 EGInsO fand das bisherige Recht jeweils für Konkurs-, Vergleichs-, Gesamtvollstreckungsverfahren sowie für Anschlußkonkursverfahren Anwendung, sofern die jeweiligen Anträge noch vor dem 01.01.1999 gestellt wurden. Zu parallelen Konkurs- und Insolvenzanträgen: OLG Celle, Beschl. v. 29.03.1999 – 2 W 26/99, in: NZI 1999, S. 196, das den Zeitpunkt der Antragstellung als maßgeblich für die Frage der Rechtsanwendung erachtete; OLG Düsseldorf, Beschl. v. 06.09.1999 – 3 W 205/99, in: NJW-RR 2000, S. 501; LG Lüneburg, Beschl. v. 01.03.1999 – 3 T 7/99; *Mankowski*, in: Jaeger, InsO, Art. 103 Rn. 5, 7; *Hermann*, DZWIR 1999, S. 277 (277 f.); **a.A.** LG Duisburg, Beschl. v. 01.07.1999 – 24 T 89/99, in: NZI 1999, S. 366, das einen Vorrang des Insolvenzverfahrens vertrat; so auch: AG Magdeburg, Beschl. v. 26.01.1999 - 37 N 1016/98, in: NZI 1999, S. 163; *Schmahl*, Rpfleger 1998, S. 493 (495).

106 Aus Anlass der Rechtsumstellung zum 01.01.1999 war früh wesentlicher Teil der Überlegungen, dem Gemeinschuldner nicht aufgrund der strikten Trennung von altem und neuem Recht eine Restschuldbefreiung nach den Regeln der Insolvenzordnung vorenthalten zu müssen, *Vallender/Rey*, NZI 1999, S. 1 (4).

107 Dazu: *Henning*, DZWIR 1999, S. 277 ff.

108 *Vallender/Rey*, NZI 1999, S. 1 (4 f.).

Insolvenzverfahren nicht gelingen.[109] Unklar wäre weiterhin, ob nach Aufhebung des Konkursverfahrens noch ein Insolvenzgrund vorläge.[110]

b) Formell-haftungsorientierter Ansatz

Daneben wurde der Standpunkt vertreten, dass ein Zweitantrag nach Insolvenzordnung nur solange gestellt werden könnte, wie noch nicht über einen schon anhängigen Konkursantrag entschieden wäre.[111] Bis zu diesem Zeitpunkt könnten ein Konkurs- bzw. ein Insolvenzeröffnungsverfahren parallel anhängig sein.[112]

In Erweiterung dieser frühen Ansicht wurde auf einen Vergleich zu grenzüberschreitenden Parallelverfahren über in mehreren Ländern belegenem Vermögen des Schuldners abgestellt: auch dort seien die Haftungsmassen voneinander abgrenzbar.[113] Da mit der Eröffnung eines Verfahrens eine Entscheidung zugunsten einer Rechtsgrundlage fiele, könnte ein Insolvenzverfahren ausschließlich anstelle eines Konkursverfahrens und nur bis zur Eröffnung aufgrund des parallelen Insolvenzantrags erfolgen.[114]

c) Haftungsrechtliche Lösung

Schließlich vertrat *Bremen*, dass sogar bei laufendem Konkursverfahren ein nachfolgendes Insolvenzverfahren nach dem Recht der Insolvenzordnung über den Neuerwerb des Schuldners eröffnet werden könnte.[115] Danach sollte nicht nur im Stadium des anhängigen Konkurseröffnungsverfahrens der Wechsel zum Insolvenzeröffnungsverfahren möglich sein, sondern ein eigenständiges Insolvenzverfahren über das Vermögen, das nicht dem Beschlag des Konkursverfahrens unterfiel, eröffnet werden können.[116] Dies sei möglich gewesen, da eine Vermischung der Haftungsregeln ausbliebe, wenn Anträge und Abgrenzung der Massen nach jeweiligem Recht erfolgten.[117] Für ein Zweitverfahren dürfte

---

109 *Vallender/Rey*, NZI 1999, S. 1 (4).

110 *Vallender/Rey*, NZI 1999, S. 1 (4).

111 *Bremen*, ZInsO 2002, S. 1 (5).

112 *Bremen*, ZInsO 2002, S. 1 (5).

113 *Bremen*, ZInsO 2002, S. 1 (5).

114 *Bremen*, ZInsO 2002, S. 1 (5).

115 *Henckel*, in: Jaeger, InsO, 1. Aufl. 2004, § 35 Rn. 143; *Bremen*, ZInsO 2002, S. 1 (5); so auch: MüKoInsO/*Busch*, § 359 Rn. 36.

116 *Bremen*, ZInsO 2002, S. 1 (6).

117 *Bremen*, ZInsO 2002, S. 1 (6).

es demnach keine umfassende Gläubigergesamtheit auf Grundlage der Insolvenzordnung geben.[118] Der Wortlaut des § 38 InsO umfasste Altgläubiger mit ihren Forderungen erst nach Aufhebung des Konkursverfahrens.[119] Die Haftung nach den alten Regeln der Konkursordnung berührte das Vorliegen eines neuen Insolvenzgrundes und die Zulässigkeit eines Insolvenzeröffnungsantrags nicht, da die Wirkungen des Konkursverfahrens nur die Konkursgläubiger bänden.[120] Vorgeschlagen wurde, Altgläubiger mit ihren im Konkursverfahren ausgefallenen Forderungen – vergleichbar mit absonderungsberechtigten Gläubigern – in Höhe des Ausfalls an einem zusätzlichen Insolvenzverfahren, das nicht das vom Konkursbeschlag umfasste Vermögen beinhaltete und nicht der Verwaltungs- und Verfügungsbefugnis des Konkursverwalters unterläge, teilnehmen zu lassen, sofern sie den Nachweis des Ausfalls gem. § 190 Abs. 1 InsO erbrachten.[121]

3. *Einordnung*

Die während der Umbruchphase zwischen den insolvenzrechtlichen Ordnungen geführte Diskussion betraf nicht nur die gesamtvollstreckungsrechtliche Abwicklung in der Übergangszeit eingeleiteter Verfahren, sondern auch die grundlegenden Fragen der Vermögenshaftung gegenüber Altgläubigern und der Auslegung des § 38 InsO, die ins neue Recht hineinwirken und hat deshalb eine Verbindung zwischen der konkursrechtlichen Untersuchung von Zweitverfahren und der Thematisierung im neuen Recht hergestellt. Für eine lückenlose Aufschlüsselung der Haftungsabgrenzung und Teilnahmerechte war es richtig, die Beteiligung von Konkursgläubigern von einer stichtagsbezogenen Bindung der Rechtsverwirklichung zu lösen und gleichzeitig die Abwicklung der Verfahren auf die jeweilige dogmatische Grundlage zu stellen.

Das gilt auch für das Ziel der Restschuldbefreiung, das nur vom Regelungsrahmen der Insolvenzordnung umfasst ist und im Anwendungsbereich der Insolvenzordnung für ehemalige Teilnehmer eines Konkursverfahrens gelten konnte, soweit Restforderungen der Altgläubiger betroffen waren. Eine Teilnahme mit einer Insolvenzforderung in ausgefallender Forderungshöhe war mit Subsumtion unter § 38 InsO konsequent.

Obwohl dadurch eine verlängerte Übergangsphase verursacht wurde, diente dies der Rechtssicherheit: Einerseits bestand mit der Durchführung bereits

---

118 *Bremen*, ZInsO 2002, S. 1 (6).
119 *Bremen*, ZInsO 2002, S. 1 (6 f.).
120 *Bremen*, ZInsO 2002, S. 1 (5).
121 *Bremen*, ZInsO 2002, S. 1 (7); MüKoInsO/*Busch*, § 359 Rn. 36.

begonnener Konkursverfahren ein klarer Erwartungshorizont. Andererseits boten die neuen Regeln der Insolvenzordnung eindeutige Zuweisungsmaßstäbe, welche die in ein junges System transportierten Interessen von Konkursgläubigern und Gemeinschuldnern in Ausgleich brachten. Die Beteiligten konnten unter bestmöglicher Beibehaltung der bei Konkursverfahrensbeginn bestehenden Wertungen vom neuen Haftungssystem profitieren: Gläubiger konnten die Erfüllung ihrer Forderungen verfolgen und – wie im alten Recht – ein neues Verfahren anstrengen. Schuldner mussten damit rechnen, dass eine Neuverschuldung zu einem neuen Insolvenzverfahren führen könnte. Im Recht der Insolvenzordnung wurde ihnen darüber hinaus der Weg eröffnet, sich ihrer Altschulden systemgerecht zu entledigen.

Im Ergebnis brachte die theoretische Zulässigkeit eines parallelen Insolvenzverfahrens über schuldnerischen Neuerwerb damit unter Anwendung des neuen Rechts die aufgrund der Haftungsumbildung des Rechtsübergangs entstehenden Wertungswidersprüche für die Beteiligten bestmöglich in Einklang. Solche Parallelverfahren waren mit der Systematik der Insolvenzordnung kompatibel.[122] Allerdings handelte es sich um eine theoretisch mögliche Fallgruppe, der aufgrund des engen Zeitfensters praktisch keine Bedeutung zukam.[123]

D. Die nachgeschaltete Insolvenz als Wiederholungsinsolvenz

Zu einem erneuten Insolvenzverfahren über das Vermögen eines wiederholt zahlungsunfähig gewordenen Schuldners oder bei dessen drohender Zahlungsunfähigkeit enthält das Gesetz keine explizite Regelung. Allein deswegen ist eine Zulässigkeit jedoch nicht abzulehnen. Dass diese Möglichkeit bestehen muss, ergibt sich vielmehr anhand der Bewertung der gesetzlichen Systematik der Insolvenzordnung.[124]

---

122 MüKoInsO/*Busch*, § 359 Rn. 36; Uhlenbruck/*Hirte/Praß*, § 35 Rn. 63; KPB/*Holzer*, § 35 Rn. 14b; **a.A.** LG Duisburg, Beschl. v. 13.09.1999 - 24 T 123/99, in: NZI 2000, S. 29 (29), das ein neues Verfahren nach der Schlussverteilung im Konkursverfahren als zulässig erachtete.

123 Uhlenbruck/*Hirte/Praß*, § 35 Rn. 63.

124 Hierzu oben unter: 2. Kapitel A. I. Richtig ist es, die allgemeinen Zulässigkeitskriterien für nachgeschaltete und parallele Insolvenzverfahren anzuwenden, KPB/*Pape*, § 14 Rn. 56, 76, 82; so auch: FK-InsO/*Schmerbach*, 9. Aufl. 2018, § 13 Rn. 119, 125.

I. Fehlen einer expliziten Regelung

Eine eindeutige, auf wiederholte Insolvenzverfahren bezogene Regelung fehlt in der Insolvenzordnung. Allein mit § 287a Abs. 2 S. 1 InsO und nunmehr auch § 287 Abs. 2 S. 2 Hs. 1 InsO finden sich gesetzliche Vorschriften, die Anhaltspunkte für Zweitverfahren enthalten.[125]

II. Auswertung der gesetzlichen Regelungstechnik

1. Unzulässigkeit gem. § 287a Abs. 2 S. 1 InsO

Unter systematischen Gesichtspunkten ist die Reglung des § 287a Abs. 2 S. 1 InsO aufzugreifen. Diese kennzeichnet die Grenze der Zulässigkeit eines erneuten Restschuldbefreiungsantrags. Explizit geschieht dies, wenn der Wortlaut des § 287a Abs. 2 S. 1 Nr. 1, 2 InsO an die wiederholte Stellung eines Insolvenzantrags anknüpft, um den zeitlichen Abstand zur erteilten Restschuldbefreiung zu bestimmen, um damit die Unzulässigkeit eines wiederholten Restschuldbefreiungsantrags zu definieren. Ist einem Schuldner innerhalb der letzten elf Jahre vor dem erneuten Insolvenzantrag schon in einem vorherigen Verfahren Restschuldbefreiung erteilt oder nach diesem Antrag gem. § 297 InsO versagt worden, ist sein erneuter Antrag auf Restschuldbefreiung gem. § 287a Abs. 2 S. 1 Nr. 1 InsO unzulässig. Ebenfalls unzulässig ist ein erneuter Restschuldbefreiungsantrag gem. § 287a Abs. 2 S. 1 Nr. 2 InsO drei Jahre vor erneuter Stellung eines Insolvenzantrags, wenn aufgrund der in den § 290 Abs. 1 Nr. 5, 6 oder 7, § 296, § 297a i.V.m. § 290 Abs. 1 Nr. 5, 6 oder 7 InsO genannten Gründe die Restschuldbefreiung versagt worden ist.

2. Verlängerte Abtretungsfrist gem. § 287 Abs. 2 S. 2 InsO

Die Zulässigkeit neuer Insolvenzverfahren hat sich in der Änderung des § 287 Abs. 2 InsO niedergeschlagen. Mit der Umsetzung der Richtlinie über Restrukturierung und Insolvenz wurde das Restschuldbefreiungsverfahren auf grundsätzlich drei Jahre verkürzt.[126] Damit wurde Art. 20 Abs. 1 der Richtlinie umgesetzt,

---

125 Vgl. A/G/R-*Ahrens*, § 35 InsO Rn. 172; vgl. *Greiner*, ZInsO 2022, S. 284 (284). Hierzu oben unter: 2. Kapitel A. I.

126 RL (EU) 2019/1023 des Europäischen Parlaments und des Rates vom 20. Juni 2019 über präventive Restrukturierungsrahmen, über Entschuldung und über Tätigkeitsverbote sowie über Maßnahmen zur Steigerung der Effizienz von Restrukturierungs-, Insolvenz- und Entschuldungsverfahren und zur Änderung der Richtlinie (EU) 2017/1132 (Richtlinie über Restrukturierung und Insolvenz), in Kraft getreten am 16.07.2019, ABl. 2019 L 172, 18. Die Richtlinie wurde im Wesentlichen in nationales

wonach die Mitgliedstaaten sicherstellen, dass insolvente Unternehmer Zugang zu mindestens einem Verfahren haben, das zu einer vollen Entschuldung führen kann.[127]

Die Neuregelung des § 287 Abs. 2 S. 2 InsO regelt wiederholte Restschuldbefreiungsverfahren. Die Norm legt fest, dass in Wiederholungsverfahren die Abtretungsfrist fünf statt drei Jahre beträgt. Der mit dem Gesetz zur weiteren Verkürzung des Restschuldbefreiungsverfahrens vom 22.12.2020[128] neu gefasste Wortlaut spricht eindeutig von „*bereits einmal* [Restschuldbefreiung erteilt worden]" und „[in] *einem erneuten Verfahren*".[129]

Der Gesetzgeber hat diese Möglichkeit wiederholter Restschuldbefreiungsverfahren im Rahmen der Umsetzung der Restrukturierungsrichtlinie auch explizit adressiert, denn die Änderung wird damit begründet, dass durch die verlängerte Abtretungsfrist und damit das verlängerte Restschuldbefreiungsverfahren „*verhindert werden* [soll], *dass die Verkürzung des regulären Restschuldbefreiungsververfahren*[s] *auf drei Jahre Fehlanreize für eine leichtfertige Verschuldung setzt*".[130] Die Gesetzesbegründung des Gesetzentwurfs der Bundesregierung benennt den Anwendungsbereich für verlängerte Restschuldbefreiungsverfahren als „*Wiederholungsfälle*".[131] Vorgegeben ist, dass gem. § 287 Abs. 2 S. 1 InsO nur die erste Abtretungsfrist drei Jahre dauert und diese in Wiederholungsverfahren um zwei

---

Recht umgesetzt mit dem Gesetz zur Fortentwicklung des Sanierungs- und Insolvenzrechts (SanInsFoG), in Kraft getreten am 01.01.2021.

127 Am Ende des Gesetzgebungsprozesses stand eine einheitliche Regelung zur Restschuldbefreiung, die auch nicht unternehmerisch tätige natürliche Personen umfasst. Zum Ganzen: *Ahrens*, NJW 2021, S. 577 ff.

128 BT-Drs. 19/25251, S. 5.

129 Die Fassung geht zurück auf die Beschlussempfehlung des Ausschusses für Recht und Verbraucherschutz (6. Ausschuss) vom 15.12.2020, BT-Drs. 19/25251, S. 5. Damit soll klargestellt werden, dass die verlängerte fünfjährige Abtretungsfrist nur für ein erneutes Restschuldbefreiungsverfahren gilt, Bericht des Ausschusses für Recht und Verbraucherschutz (6. Ausschuss) vom 16.12.2020, BT-Drs. 19/25322, S. 15. Der Bundesrat hatte in seiner Stellungnahme vom 23.09.2020 auf diese Klarstellung hingewirkt, Entwurf eines Gesetzes zur weiteren Verkürzung des Restschuldbefreiungsverfahrens – BT-Drs. 19/21981 – Stellungnahme des Bundesrates und Gegenäußerung der Bundesregierung, BT-Drs. 19/22773 (zu BT-Drs. 19/21981), S. 1.

130 Gesetzentwurf der Bundesregierung: Entwurf eines Gesetzes zur weiteren Verkürzung des Restschuldbefreiungsverfahrens vom 31.08.2020, BT-Drs. 19/21981, S. 19.

131 Dies erfolgt im Rahmen der Änderung von § 287a InsO, Gesetzentwurf der Bundesregierung: Entwurf eines Gesetzes zur weiteren Verkürzung des Restschuldbefreiungsverfahrens vom 31.08.2020, BT-Drs. 19/21981, S. 19 f.

Jahre verlängert ist. Damit wird vorausgesetzt, dass die wiederholte Möglichkeit der Restschuldbefreiung besteht. Dies setzt voraus, dass der Zugang zum Insolvenzverfahren nicht limitiert ist. Dem Gesetzgeber war dies bei der Neuregelung bewusst, wie sich aus der Verwendung des Begriffs der „*Zweitverfahren*" in den Gesetzgebungsmaterialien ergibt.[132]

3. *Bewertung*

Der prozessualen Chronologie folgend setzt die Zulässigkeit eines Restschuldbefreiungsantrags voraus, dass ein Insolvenzverfahren durchlaufen wird. Nach § 287 Abs. 1 S. 1 InsO soll der Restschuldbefreiungsantrag mit dem Antrag auf Eröffnung des Insolvenzverfahrens verbunden werden. Dass überhaupt ein Insolvenzantrag gestellt worden ist, setzt die Norm ihrem eindeutigen Wortlaut nach schon voraus.

Gleichzeitig stellt die Insolvenzantragstellung im Restschuldbefreiungsverfahren eine Zulässigkeitsvoraussetzung dar, so dass ein Insolvenzantrag einem Restschuldbefreiungsantrag stets vorausgeht oder zeitgleich eingereicht wird.[133] Die Möglichkeit der wiederholten Antragstellung auf Insolvenzeröffnung und damit die Möglichkeit eines erneuten Insolvenzverfahrens ist mithin, wenn auch nicht ausdrücklich so benannt, gleichwohl in der Insolvenzordnung angelegt. Diese Konsequenz ist daraus herzuleiten, dass das Gesetz keine zahlenmäßige Beschränkung aufeinanderfolgender Insolvenzanträge kennt.[134] Denn im Rahmen der Zulässigkeitsprüfung des Eröffnungsantrags durch das Insolvenzgericht im Zulassungsverfahren vor dem Hauptprüfungsverfahren besteht die einzige hinreichende Hürde darin, den Erfolg von neuen Anträgen zu bewerten.[135]

---

132 Bericht des Ausschusses für Recht und Verbraucherschutz (6. Ausschuss) vom 16.12.2020, BT-Drs. 19/25322, S. 4.

133 Für das Verbraucherinsolvenzverfahren beinhaltet § 305 Abs. 1 Nr. 2 InsO diese Regel ausdrücklich für den Eröffnungsantrag des Schuldners. Bevor es im Prüfungsablauf zur richterlichen Zulässigkeitsprüfung des Restschuldbefreiungsantrags kommen kann, findet die Feststellung der örtlichen Zuständigkeit, der Vollständigkeit des Insolvenzantrags sowie des Restschuldbefreiungsantrags und schließlich der richtigen Verfahrensart statt, K.Schmidt/*Henning*, InsO § 287a Rn. 3.

134 Vgl. Nerlich/Römermann/*Mönning*, § 13 Rn. 8 f.

135 *Fritsche*, DZWIR 2003, S. 234 (236).

III. Heranziehung der insolvenzrechtlichen Zwecksetzungen, der verfassungsrechtlichen Würdigung und der europarechtlichen Vorgaben

1. Insolvenzrechtliche Verfahrensziele

Erscheint die inhärente Möglichkeit eines erneuten Insolvenzverfahrens nach der Insolvenzordnung zunächst trivial, ist sie indessen Ausdruck der Insolvenzzwecke unter Berücksichtigung verfassungsrechtlicher Wertungen. In erster Linie rührt sie von den Besonderheiten der Privatinsolvenz – dem Weiterwirtschaften im Leben während und nach der Insolvenz – her. Da eine eindeutige gesetzliche Regelung nicht existiert, ist der programmatische Bezug zu den Zwecken des Insolvenzverfahrens herzustellen, um eine systemgerechte Einordnung durchzuführen.[136] Dabei dienen die in § 1 InsO beschriebenen Ziele als Interpretationshilfe.[137] Die Wiederholungsinsolvenz übernimmt hinsichtlich Zweck und Funktion sowie Ausgestaltung die grundsätzlichen Leitlinien.

a) Gemeinschaftliche Befriedigung der Gläubiger gem. § 1 S. 1 InsO

Im Vordergrund jedes Insolvenzverfahrens steht die gemeinschaftliche Befriedigung der Gläubiger. Diese ist im Kontext von wiederholten Insolvenzverfahren als fortgesetztes Ziel eines jeden neuen Insolvenzverfahrens desselben Schuldners zu verstehen. Doch kann dieses in seiner Anwendung nicht auf eine begrenzte Anzahl von Übungen limitiert sein, weil die Rechtsdurchsetzung naturgemäß abstrakt zugesichert wird und eine solche Notwendigkeit tatsächlich häufig besteht. Damit ist bei Vorliegen der einfachgesetzlichen Voraussetzungen die Durchführung eines Insolvenzverfahrens als Gesamtvollstreckungsverfahren in zweiter, dritter, sprich unbegrenzter Wiederholung, geboten und verfassungsrechtlich geschützt. Aus diesem Grund kann der vom Grundsatz der Gleichbehandlung der Gläubiger (*par conditio creditorum*)[138] beanspruchten Geltung

---

136 Graf-Schlicker/*Kexel*, § 1 Rn. 1; Braun/*Ludwig*, § 1 Rn. 1.

137 K.Schmidt/*K.Schmidt*, InsO § 1 Rn. 2.

138 D 42, 8, 6, 7 (Ulp.): *Par condicio creditorum facta esset*. Der Grundsatz der Gleichbehandlung der Gläubiger ist in §§ 1, 38 InsO festgeschrieben und steht im Zentrum des Insolvenzrechts, *Bork*, Einführung in das Insolvenzrecht § 1 Rn. 2. Unter Geltung der Konkursordnung war der Grundsatz einer nur anteilsmäßigen Befriedigung als „*Konkursprinzip*" ebenfalls Kernstück des Gesamtvollstreckungsverfahrens, Kuhn/*Uhlenbruck*, KO, § 3 Rn. 3.

durch mehrmalige verfahrensmäßige Abwicklung auch in tatsächlicher Hinsicht genüge getan werden.

b) Finanzieller Neuanfang des Schuldners gem. § 1 S. 2 InsO

Darüber hinaus ist von Bedeutung, dass ein erneutes Insolvenzverfahren Bedingung für die Erfüllung des in § 1 S. 2 InsO niedergelegten Zwecks der Entschuldung des redlichen Schuldners sein kann. Die Restschuldbefreiung ist nach Jahre andauernden Diskussionen erstmals als Ziel des Insolvenzverfahrens in der Insolvenzordnung festgelegt und in seinem Bedeutungsgehalt fortwährend unterstrichen worden.[139]. Wenn also die Eröffnung eines Insolvenzverfahrens Grundlage zur Aussicht auf Entschuldung ist, muss diese Regel genauso für die Wiederholungsinsolvenz gelten, das als allgemeines Insolvenzverfahren an diesem Zweck ausgerichtet ist.

Insoweit kann eine Wiederholungsinsolvenz aus schuldnerischer Perspektive zweifellos nicht als beliebig einzufordernde Offerte zur Erlangung der Restschuldbefreiung betrachtet werden. Jedoch bedeutet das Bekenntnis des Gesetzgebers zur Möglichkeit der vollständigen Entschuldung, dass der Schuldner die rechtlichen Möglichkeiten ausschöpfen kann, soweit sie einem wirtschaftlichen Neuanfang dienen. Indem dieser Zugang auf dem Insolvenzverfahren aufbaut, müssen die Grundsätze bei jedem erneuten Zugang zum Insolvenzverfahren zweifellos immer berücksichtigt werden. Es ist deshalb unentbehrlich, bei einer Beurteilung der Zugänglichkeit des Insolvenzverfahrens für jedes durchzuführende Insolvenzverfahren auch auf das Entschuldungsziel Bezug zu nehmen.[140]

2. Verfassungsrechtliche Vorgaben

Ihre verfassungsrechtliche Legitimation finden die Schlussfolgerungen zur Gläubigergleichbehandlung in der Institutsgarantie des Insolvenzverfahrens im Grundgesetz, aus dem sich eine gleichmäßige Teilhabe der Gläubiger am Schuldnervermögen ableiten lässt. Aus den Grundrechten des Eigentums gem. Art. 14 Abs. 1 GG und der allgemeinen Handlungsfreiheit gem. Art. 2 Abs. 1 GG i.V.m. dem Rechtsstaatsprinzip, genauer dem Selbsthilfeverbot und dem staatlichen Gewaltmonopol, ergibt sich zunächst die Gewährleistung

---

139 K.Schmidt/*K.Schmidt*, InsO § 1 Rn. 10; Uhlenbruck/*Pape*, § 1 Rn. 15; *Grote/Pape*, ZInsO 2013, S. 1433 (1433). Vgl. auch Fn. 1168.

140 Zum Zugang zum Restschuldbefreiungsverfahren bei der Parallelinsolvenz unter: 5. Kapitel B. I.

effektiven Rechtsschutzes[141], die auch die Rechtsdurchsetzung durch Vollstreckung umfasst.[142] Gleichwohl kann das Prioritätsprinzip der Einzelvollstreckung dann nicht mehr zur Anwendung kommen,[143] wenn das Schuldnervermögen nicht zur Befriedigung aller Gläubiger ausreicht und unter Beachtung des Gleichheitssatzes des Art. 3 Abs. 1 GG und des Sozialstaatsprinzips ein Gesamtverfahren eine willkürliche Vermögensverteilung verhindern kann.[144] Somit ist ein Verfahren, das alle Gläubiger gleichmäßig beteiligt, verfassungsrechtlich verankert und als Institut gewährleistet.[145] Auf diese Art wird dem Grundsatz der Gläubigergleichbehandlung entsprochen, indem der Rechtsfrieden und der soziale Frieden in Übereinstimmung mit den grundlegenden Wertentscheidungen gesichert werden.[146]

Daneben könnte eine staatliche Pflicht, ein Entschuldungsverfahren sicherzustellen, als Widerspruch zur Eigentumsgarantie des Art. 14 Abs. 1 GG verstanden werden und ist deshalb jedenfalls diskussionswürdig.[147] Allerdings stellt die Restschuldbefreiung als verfahrensrechtliches Institut eine verfassungskonforme Inhalts- und Schrankenbestimmung des Art. 14 Abs. 1 S. 2 GG dar.[148]

3. *Europarechtliche Vorgaben*

Darüber hinaus lässt sich das Bedürfnis für zusätzliche Verfahren den Zielsetzungen der Richtlinie über Restrukturierung und Insolvenz entnehmen. Nach Erwägungsgrund 1 der Restrukturierungsrichtlinie soll „*sichergestellt* [werden], *dass bestandsfähige Unternehmen und Unternehmer, die in finanziellen Schwierigkeiten*

---

141 BVerfG, Beschl. v. 03.07.1973 – 1 BvR 153/69-, BVerfGE 35, 348, 361; BVerfG, Beschl. v. 08.11.1988 – 1 BvR 1527/87 –, BVerfGE 79, 80, 84; BVerfG, Beschl. v. 12.02.1992 – 1 BvL 1/89-, BVerfGE 85, 337, 345; BVerfG, Beschl. v. 02.03.1993 – 1 BvR 249/92-, BVerfGE 88, 118, 123; BVerfG, Beschl. v. 20.06.1995 – 1 BvR 166/93-, BVerfGE 93, 99, 107.

142 Vgl. MüKoInsO/*Stürner*, Einl. Rn. 77; vgl. *Stürner*, in: FS Baur 1981, S. 647 (649).

143 Nach § 804 Abs. 3 ZPO werden mehrere Pfändungen an einem Gegenstand priorisiert. Dabei orientiert sich die Befriedigung aus dem Erlös an der Reihenfolge des Zugriffs, sodass das zeitlich frühere Pfandrecht Vorrang genießt, siehe: Anders/Gehle/*Vogt-Beheim*, § 804 Rn. 1, 16; PG/*Schmaltz* § 804 Rn. 7.

144 MüKoInsO/*Stürner*, Einl. Rn. 77.

145 Vgl. schon für das Konkursrecht: Baur/Stürner II § 6 Rn. 6.2 f.; vgl. MüKoInsO/*Stürner*, Einl. Rn. 77, 95.

146 Begr. RegE InsO, BT-Drs. 12/2443, S. 108; PrivatInsRK/*Lüdtke*, § 1 Rn. 22.

147 *Pape*, in: Mohrbutter/Ringstmeier, Insolvenzverwaltung, Kap. 18 Rn. 6.

148 BT-Drs. 12/7302, S. 153; A/G/R-*Fischer*, § 286 InsO Rn. 3 m.w.N.

sind, Zugang zu wirksamen nationalen präventiven Restrukturierungsrahmen haben, die es ihnen ermöglichen, ihren Betrieb fortzusetzen, dass redliche insolvente oder überschuldete Unternehmer nach einer angemessenen Frist in den Genuss einer vollen Entschuldung kommen und dadurch eine zweite Chance erhalten können".[149] Hiervon umfasst sind natürliche Personen als Unternehmer, vgl. Art. 2 Abs. 1 Nr. 9 Restrukturierungsrichtlinie.

Die Richtlinie stellt Unternehmern Maßnahmen zur Verfügung, um ihnen das Ziel der zweiten Chance zu ermöglichen, nämlich eine zügige Entschuldung und einen geschäftlichen Neustart.[150] Insgesamt dient dies der Zwecksetzung Unternehmertum in der Europäischen Union zu fördern.[151] Unter diesem Betrachtungswinkel muss jedenfalls die nachgeschaltete Zweitinsolvenz als von diesem Zweck umfasst, verstanden werden, weil die ganzheitliche verfahrensrechtliche Wirkung betroffen ist. Gleichzeitig ist allerdings ebenfalls das Verfahren über Vermögen ausschließlich der Selbstständigkeit von der Zielrichtung umfasst, denn Erwägungsgrund 84 der Restrukturierungsrichtlinie sieht explizit vor, dass ein neues Verfahren über Vermögen eines Unternehmers, der seine Tätigkeit während des Insolvenzverfahrens auf eigene Rechnung fortführt, eröffnet werden darf.[152]

IV. Grundzüge der Zweitantragskonstellationen

1. *Vorbemerkung zur Fallgruppenbildung*

Für Zweitverfahren sind verschiedene Stufen zu unterscheiden, die das Gesamtvermögen des Schuldners in zeitlichem Nacheinander betreffen. Das Insolvenzverfahren ist ein Antragsverfahren.[153] Demgemäß hängen Prozessentscheidungen von verfahrensleitenden Anträgen ab.[154] Die Eröffnung eines neuen Insolvenzverfahrens durch das Insolvenzgericht nach § 27 InsO folgt auf das Insolvenzeröffnungs- bzw. Insolvenzantragsverfahren.[155]

Eine neue Antragstellung kann sowohl für Altgläubiger, Neugläubiger als auch den Schuldner selbst von Interesse sein und bildet damit die Einstiegsvoraussetzung für Zweitverfahren. Ob ein Antrag zulässig ist, richtet sich in Abhängigkeit vom Verfahrensfortschritt des Erstverfahrens nach den allgemeinen Vorschriften, sodass

149 ABl. 2019 L 172, 18.
150 ABl. 2019 L 172, 18.
151 ABl. 2019 L 172, 18.
152 ABl. 2019 L 172, 18.
153 Buth/Hermanns/*Schmidt* RSI, § 26 Rn. 15.
154 Buth/Hermanns/*Schmidt* RSI, § 24 Rn. 15.
155 Beck/Depré/Ampferl Insolvenz/*Heilmaier*, § 4 Rn. 40.

eine abgeschlossene Anzahl von Fallgruppen für ein nachgeschaltetes Verfahren existiert.[156] Für eine systematisierende Differenzierung wird nach Verfahrens- bzw. Zeitabschnitten untergliedert.

2. *Insolvenzeröffnungsverfahren*

a) *Allgemeine Voraussetzungen*

Eröffnungsanträge können ein neues Verfahren einleiten, wenn die verfahrensrechtlichen Wirkungen des Erstverfahrens beendet sind. Dies ist Ausfluss der verfahrensleitenden Funktion der Insolvenzzwecke.[157] Für die Zulässigkeit des Antrags selbst müssen die Voraussetzungen des § 14 Abs. 1 S. 1 InsO erfüllt sein, deren Vorliegen das Insolvenzgericht gem. § 5 InsO von Amts wegen ermittelt.[158] Zwingende Voraussetzung für die Eröffnung eines neuen Verfahrens ist zudem die Deckung der Verfahrenskosten gem. § 26 Abs. 1 InsO.[159]

b) *Gläubigerantrag*

aa) *Verbraucherinsolvenzverfahren*

Für den Fall, dass ein Insolvenzeröffnungsverfahren durch Gläubigerantrag initiiert wird, hat das Insolvenzgericht vor der Entscheidung über die Eröffnung dem Schuldner gem. § 306 Abs. 3 S. 1 InsO Gelegenheit zu geben, einen Eigenantrag gem. § 305 InsO zu stellen. Der Schuldner hat dazu die in § 305 Abs. 5 InsO genannten Formulare vollständig ausgefüllt abzugeben, § 305 Abs. 3 S. 1 InsO.[160] Das Insolvenzgericht ermittelt von Amts wegen, ob es sich beim Schuldner um einen Verbraucher i.S.d. § 304 Abs. 1 S. 1 InsO handelt und ermöglicht diesem, einen Einigungsversuch zu unternehmen und einen Restschuldbefreiungsantrag zu stellen.[161] Verstreicht die Monatsfrist zur Einreichung der Unterlagen, gilt ein gestellter Eigenantrag nach der gesetzlichen Rücknahmefiktion des § 305 Abs. 3 S. 2 InsO als zurückgenommen. Stellt der Schuldner bei Vorliegen eines Gläubigerantrags und

156 Vgl. A/G/R-*Ahrens*, § 35 InsO Rn. 172; FK-InsO/*Schmerbach*, 9. Aufl. 2018, § 13 Rn. 115, 117 ff.

157 K.Schmidt/*K.Schmidt*, InsO § 1 Rn. 2.

158 Gottwald/*Vuia*, § 4 Rn. 5.

159 FK-InsO/*Schmerbach*, 9. Aufl. 2018, § 13 Rn. 120. Können die Kosten des Verfahrens nicht durch die Insolvenzmasse getragen werden, kann einer Finanzierung durch Kostenstundung oder ein Kostenvorschuss gem. § 26 Abs. 1 S. 2 InsO erreicht werden. Hierzu unter: 5. Kapitel A. II. 5. und 5. Kapitel B. III.

160 Braun/*Buck*, § 305 Rn. 27.

161 K.Schmidt/*Stephan*, InsO § 306 Rn. 12.

erfolgtem gerichtlichem Hinweis auf die Möglichkeit eines Eigenantrags keinen Antrag, kann das Insolvenzverfahren über den Gläubigerantrag eröffnet werden.[162] Allerdings ist ein sofortiger neuer Eigenantrag des Schuldners zulässig.[163] Für nach dem 30.06.2014 gestellte Insolvenzanträge existiert in Bezug auf die Rücknahmefiktion keine Sperrfrist.[164]

bb) Regelinsolvenzverfahren

(1) Zulässigkeitsanforderungen

Ein neuer Gläubigerantrag ist zulässig, wenn eine neue Forderung gegen den Schuldner gerichtet ist und ein Insolvenzgrund vorliegt.[165] Werden eine Forderung und der Eröffnungsgrund glaubhaft gemacht, ist grundsätzlich davon auszugehen, dass ein rechtliches Interesse an der Verfahrenseröffnung besteht.[166] Von diesem gesetzlichen Regelfall des § 14 Abs. 1 S. 1 InsO wird nur abgewichen, wenn weitere Umstände hinzutreten, die ein schutzwürdiges Anliegen des Antragstellers infrage stellen.[167]

(2) Zulässigkeit von Mehrfachanträgen

Bei anhängigen Gläubigeranträgen sind weitere Gläubigeranträge, sogenannte Mehrfachanträge, zulässig.[168] Zulässig sind ebenfalls parallellaufende Gläubigeranträge neben einem Schuldnerantrag.[169]

---

162 Braun/*Buck*, § 13 Rn. 13. Stellt der Schuldner den Antrag ruht das Verfahren für bis zu drei Monate bis zur Entscheidung über den Schuldenbereinigungsplan, § 306 Abs. 3 S. 3 i.V.m. Abs. 1 S. 1, InsO, A/G/R-*Kadenbach*, § 13 InsO Rn. 30.

163 *Grote/Lackmann* in: Kohte/Ahrens/Grote/Busch/Lackmann, § 305 Rn. 74; *Pape/Pape*, ZInsO 2017, S. 793 (797). Das frühere Erfordernis der Glaubhaftmachung eines erfolglosen Antrags des § 14 Abs. 1 S. 2, 3 InsO entfiel mit dem Gesetz zur Verbesserung bei Anfechtungen nach der Insolvenzordnung und nach dem Anfechtungsgesetz (InSOAnfRSVG) vom 29.03.2017, in Kraft getreten am 05.04.2017.

164 Mit dem Gesetz zur Verkürzung des Restschuldbefreiungsverfahrens und zur Stärkung der Gläubigerrechte (GlRStG) vom 15.07.2013, in Kraft getreten am 01.07.2014, wurden die Sperrfristen in § 287a abschließend geregelt, A/G/R-*Kadenbach*, § 13 InsO Rn. 30, 60; PrivatInsRK/*Butenob*, § 305 Rn. 91; *Pape/Pape*, ZInsO 2015, S. 1869 (1879 ff.). Zu diesem Themenkomplex unter: 5. Kapitel A. II. 1.

165 FK-InsO/*Schmerbach*, 9. Aufl. 2018, § 13 Rn. 2, 7; *ders.*, ZInsO 2009, S. 2078 (2086).

166 BGH, Beschl. v. 29.06.2006 – IX ZB 245/05, in: NJW-RR 2006, S. 1482; *Bäuerle* in: Lissner/Knauft, Handbuch Insolvenzrecht, S. 30 Rn. 114; *Bäuerle*, in: ZinsO 2006, S. 824 f.

167 MükoInsO/*Vuia*, § 14 Rn. 19.

168 Nerlich/Römermann/*Mönning*, § 14 Rn. 37.

169 Uhlenbruck/*Wegener*, § 13 Rn. 87; HambK-InsO/*Linker*, § 13 Rn. 18.

(3) Keine Rechtshängigkeitsbindung

Eine Rechtshängigkeitsbindung i.S.d. § 261 ZPO besteht für Anträge verschiedener Gläubiger nicht.[170] Die Vorschrift findet im Insolvenzverfahren keine entsprechende Anwendung, da ein Gläubigerantrag dem Schuldner nicht vom Gericht zugestellt wird und die Anwendbarkeit insoweit mit der besonderen Natur des Insolvenzverfahrens unvereinbar[171] ist.[172] Im Hinblick auf die Wirkung des § 261 Abs. 3 ZPO trifft § 3 InsO eine speziellere Regelung, die eine entsprechende Anwendung verhindert.[173] Maßgebliches Kriterium für Zweitverfahren bleibt daher allein das rechtliche Interesse i.S.d. § 14 Abs. 1 S. 1 InsO.[174]

c) Schuldnerantrag

Bei Eigenanträgen des Schuldners ergeben sich Besonderheiten in Bezug auf die Kopplung mit einem Restschuldbefreiungsantrag. Dem Schuldner steht es im Fall eines Fremdantrags zu, bis zur Verfahrenseröffnung einen eigenen Insolvenzantrag zu stellen, um die Voraussetzungen des § 287 Abs. 1 S. 1 InsO zu erfüllen und das Restschuldbefreiungsverfahren einleiten zu können, für das ein Eigenantrag die Voraussetzung bildet.[175] Auf diese Möglichkeit weist das Insolvenzgericht hin.[176] Der Schuldnerantrag kann dann parallel zum Gläubigerantrag gestellt

---

170 A/G/R-*Ahrens*, § 4 Rn. 3, 40; HambK-InsO/*Rüther*, § 4 Rn. 61; HK-InsO/*Laroche*, § 27 Rn. 10.

171 BGH Urt. v. 11.07.1961 - VI ZR 208/60, in: NJW 1961, S. 2016. Dieser Grundsatz findet sich in § 4 InsO.

172 A/G/R-*Ahrens*, § 4 Rn. 3, 40; HambK-InsO/*Rüther*, § 3 Rn. 7; **a.A.** Braun/*Baumert*, § 4 Rn. 38.

173 A/G/R-*Ahrens*, § 4 Rn. 3, 40; vgl. Graf-Schlicker/*Kexel* § 4 Rn. 2 f.; **a.A.** mit Ausnahme der Geltung für den Eigenantrag: OLG Düsseldorf, Beschl. v. 02.01.2004 – I-19 Sa 111/03, in: ZInsO 2004, S. 507.

174 A/G/R-*Ahrens*, § 4 Rn. 40 mit Hinweis auf: BGH, Beschl. v. 18.05.2004 – IX ZB 189/03, in: ZInsO 2004, S. 739.

175 BGH, Beschl. v. 25.09.2008 – IX ZB 1/08, in: ZInsO 2008, S. 1138; FK-InsO/*Schmerbach*, 9. Aufl. 2018, § 13 Rn. 169, 172.

176 BGH, Beschl. v. 17.02.2005 – IX ZB 176/03, in: BGHZ 162, 181 (183). Bei mehreren Insolvenzanträgen gegen denselben Schuldner werden jeweils eigenständige Insolvenzeröffnungsverfahren in Gang gesetzt, für die gesonderte Akten angelegt und jeweils Zulässigkeitsprüfungen durchgeführt werden. Kommt es zur Eröffnung des Verfahrens können die Anträge durch Beschluss gem. § 4 InsO i.V.m § 147 ZPO miteinander verbunden werden. Die Verbindung ist jedoch lediglich bis zur Eröffnung zulässig und ein entsprechender Beschluss ist nicht anfechtbar, KPB/*Pape*, § 13 Rn. 150, 152. Zur Verfahrensverbindung unter: 6. Kapitel C. I. 1. b)

werden.[177] Der Schuldner kann auch einen neuen Antrag stellen, wenn sein Antrag als in der gewählten Verfahrensart unstatthaft zurückgewiesen wurde.[178]

d) Keine entgegenstehende Rechtskraft

aa) Weites Begriffsverständnis von Zweitverfahren

Die Fallgestaltung der Zweitverfahren nach nicht eröffnetem Erstverfahren kann für den Arbeitsbegriff der Zweitinsolvenz hinzugezählt werden. Ist eine Eröffnung des Erstinsolvenzverfahrens nicht erfolgt, stellt ein folgendes Insolvenzverfahren kein Zweitverfahren im engen Wortsinn dar. Jedoch sind solche Erstverfahren vom Insolvenzantrag als der zeitlich frühesten und richtungsweisenden Komponente des Insolvenzverfahrens getragen. Deshalb muss bei einem weiten Begriffsverständnis konsequenterweise die Einordnung in die Gattung der Zweitverfahren erfolgen.[179] Die Antragstellung ist schon eine Prozesshandlung.[180] Es ist deshalb nicht erst an die Verfahrenseröffnung gem. § 27 InsO als funktionalen Bezugspunkt anzuknüpfen. Die Nichteröffnung nach einem zulässigen Insolvenzantrag erzeugt zwar nicht den Status des formalen Insolvenzverfahrens. Allerdings folgt auch diese durch gerichtlichen Abweisungsbeschluss, der das Insolvenzeröffnungsverfahren beendet.

bb) Antragsrücknahme oder -erledigung

In all diesen Fällen steht einer neuen Beantragung nicht die Rechtskraft vorheriger prozessualer Entscheidungen gem. § 4 InsO i.V.m. § 322 Abs. 1 ZPO entgegen.[181]

Der Antrag kann vom Schuldner gem. § 13 Abs. 2, § 4 InsO i.V.m. § 269 Abs. 3 S. 1 Hs. 1 ZPO bis zur Wirksamkeit des Eröffnungsbeschlusses zurückgenommen werden und das Verfahren ist als nicht anhängig anzusehen[182]

---

177 HambK-InsO/*Linker*, § 13 Rn. 18.

178 Graf-Schlicker/*Kexel*, § 13 Rn. 50.

179 Vgl. Gottwald/*Ahrens*, § 75 Rn. 27; vgl. *Schmerbach*, ZInsO 2009, S. 2078 (2081).

180 HambK-InsO/*Pannen*, § 14 Rn. 3.

181 A/G/R-*Kadenbach*, § 13 InsO Rn. 60; *Schmerbach*, ZInsO 2009, S. 2078 (2081). Die Vorschrift des § 322 ZPO zur Rechtskraftwirkung gilt entsprechend auch in der Insolvenzordnung, KPB/*Prütting*, § 4 Rn. 20.

182 Bis zum Zeitpunkt, in dem der Beschluss aus dem Inneren des Gerichts herausgegeben wird, MüKoInsO/*Vuia*, § 13 Rn. 119. Bei Abweisung des Antrags ist die Rücknahme bis Rechtskraft des Abweisungsbeschlusses möglich, Andres/Leithaus/*Leithaus*, InsO, § 13 Rn. 14.

Im Verbraucherinsolvenzverfahren verhindert die Fiktion der Antragsrücknahme gem. § 305 Abs. 3 S. 2 InsO nicht die erneute Antragstellung, da insoweit keine Rechtskraft geschaffen wird.[183]

Nach Erledigungserklärung erfolgt keine gerichtliche Entscheidung, die in Bezug auf Zweitverfahren in Rechtskraft erwachsen könnte. Bei einseitiger Erledigungserklärung des Gläubigers – der Schuldner schließt sich der Erledigungserklärung nicht an oder schweigt – findet keine Entscheidung über die Eröffnung des Insolvenzverfahrens mehr statt, sondern allein über die Feststellung der Erledigung.[184] Bei übereinstimmender Erledigungserklärung gem. § 4 InsO i.V.m. § 91a ist der Antrag nicht mehr anhängig.[185]

cc) Nach Antragsabweisung

Beschlüsse sind der materiellen Rechtskraft fähig, wenn sie formell rechtskräftig sind und eine sachliche Entscheidung enthalten, der Rechtskraftfähigkeit zukommt. Dazu muss ein Beschluss eine materiellrechtliche Beziehung zwischen den Verfahrensbeteiligten statuieren oder materiell-rechtliche Ansprüche festlegen.[186] Aus § 34 Abs. 1, Abs. 2, § 6 Abs. 3 S. 1 InsO folgt, dass es sich allein bei dem Eröffnungsbeschluss um eine der Rechtskraft fähige Entscheidungen handelt, sobald die Entscheidung mit ordentlichen Rechtsmitteln nicht mehr angegriffen werden kann.[187] Eine materielle Rechtskraft, die eine erneute Antragstellung und Entscheidung über die Eröffnung verhinderte, folgt daraus allerdings nicht.[188] Materielle Rechtskraft meint, dass der Inhalt einer Entscheidung des Gerichts bindend ist und in einem neuen Verfahren um denselben prozessualen Anspruch nicht anders entschieden werden darf.[189] Da das Insolvenzgericht allein über die Rechtmäßigkeit von Maßnahmen der Verfahrensabwicklung entscheidet, sind dessen Entscheidungen nur der formellen, nicht aber der materiellen, Rechtskraft fähig.[190]

---

183 A/G/R-*Kadenbach*, § 13 InsO Rn. 60.

184 Uhlenbruck/*Wegener*, § 14 Rn. 177.

185 Uhlenbruck/*Wegener*, § 14 Rn. 173.

186 Uhlenbruck/*Pape*, § 6 Rn. 22; KPB/*Prütting*, § 7 Rn. 37.

187 *Schilken*, in: Jaeger, 1. Aufl. 2004, InsO § 27 Rn. 47; K.Schmidt/*Keller*, InsO § 27 Rn. 66.

188 BGH, Beschl. v. 19.04.2007 – IX ZB 176/06, in: BeckRS 2007, 9174; A/G/R-*Kadenbach*, § 13 InsO Rn. 60; MüKoInsO/*Ganter/Bruns*, § 4 Rn. 80b, 80c; K.Schmidt/*Stephan*, InsO § 6 Rn. 55.

189 Hk-ZPO/*Saenger*, § 322 Rn. 8; Zöller/*G. Vollkommer*, Vorbem. zu § 322, Rn. 3.

190 BGH, Urt. v. 17.10.1985 – III ZR 105/84, in: ZIP 1986, S. 319 (322); Graf-Schlicker/*Kexel*, § 6 Rn. 42, der darauf hinweist, dass sich die Wirkung des formell rechtskräftigen

Die Abweisungsentscheidung des Eröffnungsantrags als unzulässig – Fehlen einer Zulässigkeitsvoraussetzung –, sowie als unbegründet – kein Vorliegen eines Insolvenzgrundes oder fehlende richterliche Überzeugung darüber – führen nicht zu einer formellen Rechtskraft.[191]

dd) Nach Abweisung mangels Masse

(1) Gläubigeranträge

Bei der Abweisung mangels Masse kann ebenfalls von einem Zweitinsolvenzverfahren im weiteren Sinne gesprochen werden. Mithin handelt es sich bei Folgeanträgen nach Nichteröffnung – als Form der Erstverfahrensbeendigung – um neue Insolvenzanträge, die auch als unechte Zweitanträge bezeichnet werden.[192] Diese Betrachtung deckt sich auch mit der Wertung der gesetzlichen Definition des § 165 Abs. 1 S. 2 Nr. 2 SGB III, der die Abweisung des Antrags auf Eröffnung des Insolvenzverfahrens mangels Masse als Insolvenzereignis festlegt. Denn die Abweisung mangels Masse setzt ebenso wie die Insolvenzeröffnung die Prüfung der Begründetheit des Eröffnungsantrags voraus, für die wiederum die richterliche Überzeugung vom Vorliegen eines Insolvenzgrundes eine Voraussetzung bildet.[193] Abgesehen von der Massekostendeckung liegt also schon die materielle Insolvenz vor, auf die verfahrensrechtlich reagiert wird und bei der die darauf bezogene Entscheidung in formeller Rechtskraft ergeht.[194]

Ergeht ein Abweisungsbeschluss gem. § 26 Abs. 1 InsO in Rechtskraft hindert dies nicht die erneute Antragstellung, da dadurch keine Sperrwirkung für die Neubeantragung herbeigeführt wird.[195] Vielmehr steht allein fest, dass zum Entscheidungszeitpunkt die Kosten des Verfahrens, § 54 InsO, nicht aus der

---

Eröffnungsbeschlusses im Hinblick auf Heilung aller Mängel der Eröffnungsvoraussetzungen der materiellen Rechtskraft annähert; ebenso: FK-InsO/*Schmerbach*, 9. Aufl. 2018, § 7 Rn. 85. Der materiellen Rechtskraft fähig sind Kostenfestsetzungsbeschlüsse und Entscheidungen zu Vergütung und Auslagen von Insolvenzverwaltern, KPB/*Prütting*, § 7 Rn. 37.

191 *Gerhardt*, in: Jaeger, 1. Aufl. 2004, InsO § 13 Rn. 35.

192 Vgl. MüKoInsO/*Vuia*, § 13 Rn. 88; Gottwald/*Vuia*, § 11 Rn. 4, § 12 Rn. 14. Näher auch in Fn. 227.

193 BGH, Urt. v. 27.04.2010 – IX ZR 122/09, in: ZInsO 2010, S. 1091; BGH, Beschl. v. 14.01.2010 – IX ZB 177/09, in: ZInsO 2010, S. 331; BGH, Beschl. v. 29.06.2006 – IX ZB 245/05, in: ZInsO 2006, S. 824; HambK-InsO/*Pannen*, § 14 Rn. 69.

194 KPB/*Pape*, § 26 Rn. 184; MüKoInsO/*Haarmeyer/Schildt*, § 26 Abs. 32.

195 K.Schmidt/*Keller* InsO § 26 Rn. 65.

Insolvenzmasse finanziert werden können.[196] Die gesetzliche Wertung erlaubt dabei eine wiederholte Antragstellung. Insbesondere sind § 11 InsO und § 26 InsO ihrem offenen Wortlaut nach dahingehend zu verstehen, dass sich neue Gläubigeranträge anschließen können.[197]

Grundsätzlich kann eine Antragstellung zur Eröffnung eines neuen Verfahrens über das Vermögen des Schuldners gem. § 13 Abs. 1 S. 2 InsO sowohl von Schuldner- als auch von Gläubigerseite aus erfolgen.

Beim wiederholten Gläubigerantrag bestehen grundsätzlich keine erhöhten Anforderungen an das rechtliche Interesse an einer Insolvenzeröffnung gem. § 14 InsO.[198] Ist ein Antrag bereits mangels Masse abgewiesen worden, ist auch bei erneuter Antragstellung durch einen bisher nicht am Verfahren beteiligten Gläubiger gem. § 294 ZPO glaubhaft zu machen, dass mittlerweile ausreichendes Vermögen zur Verfügung steht bzw. ein Kostenvorschuss anzubieten.[199]

(2) Schuldneranträge

Die vorherige Abweisung eines Gläubigerantrags mangels Masse lässt nicht das rechtliche Interesse des Schuldners an einer Verfahrenseröffnung entfallen.[200] Schlussendlich soll dem Schuldner nicht von vornherein der Weg in das Restschuldbefreiungsverfahren versperrt werden, wenn er die Kostendeckung für das Insolvenzverfahren sicherstellen kann.[201]

---

196 Vgl. K.Schmidt/*Keller*, InsO § 26 Rn. 3, 65. Bei natürlichen Personen als Schuldnern erfolgt die Eintragung in das Schuldnerverzeichnis gem. § 26 Abs. 2 S. 1 InsO. Daneben können berufs- bzw. gewerberechtliche Folgen drohen. Hierzu grundsätzlich unter: 3. Kapitel D. VI.

197 Vgl. Beck/Depré/Ampferl Insolvenz/*Heilmaier*, § 4 Rn. 325; MüKoInsO/*Ganter/Bruns*, § 4 Rn. 80d.

198 Uhlenbruck/*Wegener*, § 14 Rn. 92; Beck/Depré/Ampferl Insolvenz/*Heilmaier*, § 4 Rn. 151, 325; MüKoInsO/ *Haarmeyer/Schildt*, § 26 Rn. 55.

199 BGH, Beschl. v. 05.08.0 2002 – IX ZB 51/02, in: NJW-RR 2002, S. 1571; Uhlenbruck/*Wegener*, § 14 Rn. 92; HambK-InsO/*Pannen*, § 14 Rn. 56.

200 BGH, Beschl. v. 17.07.2014 – IX ZB 86/13, in: InsO 2005, S. 144.

201 BGH, Beschl. vom 01.12.2005 – IX ZB 186/05, in: NJW-RR 2006, S. 551.

3. *Das eröffnete Insolvenzverfahren*

a) *Bindung der Gläubiger an den Verfahrensmodus*

aa) *Keine Nichtteilnahme am Insolvenzverfahren*

Mit der Insolvenzordnung wurde die Gläubigerbeteiligung im Insolvenzverfahren neu geregelt. Für Konkursgläubiger war es noch möglich, auf die Teilnahme am Konkurs zu verzichten und stattdessen gegen den Gemeinschuldner zu klagen und nach aufgehobenem Konkursverfahren die Einzelvollstreckung zu betreiben.[202] Ein solches Vorgehen ist durch die Vorschrift des § 87 InsO nun ausgeschlossen. Danach können Insolvenzgläubiger ihre Forderungen nur nach den Vorschriften über das Insolvenzverfahren verfolgen.[203] Dem liegt zugrunde, dass eine gleichmäßige Befriedigung der Insolvenzgläubiger nur erreicht werden kann, wenn alle Gläubiger gleichermaßen an den einheitlichen Handlungsrahmen der Insolvenzordnung gebunden sind.[204] Ist das Insolvenzverfahren eröffnet, sind Insolvenzgläubiger zur Teilnahme mit ihrer Forderung an der Gesamtvollstreckung in das Vermögen des Schuldners berechtigt und ebenso darauf beschränkt. Deswegen unterscheidet § 38 InsO nicht zwischen einer Antrags- und Teilnahmeberechtigung, sondern setzt eine Gesamtwirkung zur gemeinschaftlichen Befriedigung voraus.[205] Eine Rechtsverfolgung durch klageweises Vorgehen gegen den Schuldner selbst verbietet § 87 InsO.[206] Die Vorschrift des § 89 InsO untersagt zusätzlich die Einzelvollstreckung während der Dauer des Verfahrens.

bb) *Keine Umgehung durch Teilnahmeverzicht*

Der Zugang zum Insolvenzverfahren erfolgt gem. § 13, § 14 InsO für alle Gläubiger i.S.d. § 38 InsO über den Insolvenzantrag. Auf das Recht, einen Insolvenzantrag zu stellen, kann ein Gläubiger verzichten.[207] Dass ein Insolvenzgläubiger auf seine Teilnahme verzichtet im Sinne einer Nichtteilnahme am Gesamtvollstreckungsverfahren und neben dem Insolvenzverfahren gegen den Schuldner vorgeht, ist unter der geltenden Rechtslage explizit nicht vorgesehen.[208] Der

202 Hierzu oben unter: 1. Kapitel B. II.

203 Der Bindungswirkung unterliegen ebenfalls die Gläubiger, die ihre Anmeldung im Erstverfahren zurückgenommen haben, vgl. *Gerhardt* in: Jaeger, InsO, § 174 Rn. 99.

204 HK-InsO/*Kayser*, § 87 Rn. 1; Uhlenbruck/*Mock*, § 87 Rn. 1.

205 Uhlenbruck/*Sinz*, § 38 Rn. 1.

206 MüKoInsO/*Breuer/Flöther*, § 87 Rn. 15, 26.

207 Uhlenbruck/*Wegener*, § 13 Rn. 175.

208 MüKoInsO/*Breuer/Flöther*, § 87 Rn. 2, 17; K.Schmidt/*Sternal*, InsO § 87 Rn. 25.

Gesetzgeber hat diese Möglichkeit bewusst abgeschafft.[209] Insolvenzgläubiger können ausschließlich über die Forderungsanmeldung gem. § 38 InsO und die Feststellungsklage gem. § 184 InsO gegen die Insolvenzmasse, nicht aber klageweise gegen den Schuldner vorgehen.[210] Nach Verfahrensaufhebung, kann gem. § 201 InsO jeder Gläubiger seine Restforderung gegen den Schuldner geltend machen. Während der Treuhandperiode ist dies ebenfalls durch § 294 Abs. 1 InsO untersagt.

Ein Verzicht auf die Teilnahme am Insolvenzverfahren ist im Fall einer Befreiung von Restschulden für den Insolvenzgläubiger insoweit wirkungsgleich. Wird dem Schuldner am Ende einer folgenden Treuhandperiode die Restschuldbefreiung erteilt, wirkt diese gem. § 301 Abs. 1 S. 1 InsO gegenüber allen Insolvenzgläubigern.[211] Einer Zustimmung der Insolvenzgläubiger bedarf es gerade nicht.[212] Davon betroffen sind gem. § 301 Abs. 1 S. 2 InsO ebenfalls solche Insolvenzgläubiger, die mit ihrer Forderung überhaupt nicht am Insolvenzverfahren teilgenommen haben.

Folgt dem Insolvenzverfahren keine Treuhandperiode oder bleibt eine Befreiung von Restschulden aus, kann wieder gegen den Schuldner direkt vorgegangen werden. Für diesen Fall des Erstverfahrens ohne anschließendes Restschuldbefreiungsverfahren wirkt sich die Teilnahme eines Altgläubigers am Erstverfahren demgemäß auf die Höhe seiner Teilhabe im Zweitverfahren aus: Altgläubiger, die nicht am Erstverfahren teilgenommen haben, sind mit ihren Forderungen im Zweitverfahren in voller Höhe teilnahmeberechtigt.[213] Andererseits können Altgläubiger bei Teilnahme am Erstverfahren mit ihrer Forderung im Zweitverfahren in Höhe des vorangegangenen Ausfalls partizipieren.

---

209 Begr. RegE, BR-Drs. 1/92 S. 137.

210 Nach § 240 ZPO unterbrochene Prozesse kann ein Insolvenzgläubiger erst nach Anmeldung seiner Forderung zur Insolvenztabelle und erfolgtem Widerspruch durch entweder den Insolvenzverwalter oder einen anderen Gläubiger gem. §§ 179, 180 InsO aufnehmen. Nimmt der Gläubiger den unterbrochenen Rechtsstreit auf, ist der Klageantrag auf Feststellung des Anspruchs zur Insolvenztabelle zu ändern, Braun/*Kroth*, § 87 Rn. 1, 6; Andres/Leithaus/*Leithaus*, InsO, § 87 Rn. 3.

211 Dieselbe Wirkung hat gem. § 227 InsO ein Insolvenzplan, sofern keine abweichende Vereinbarung getroffen wurde.

212 MüKoInsO/*Ganter/Bruns*, § 1 Rn. 103.

213 Vgl. die Differenzierung bei *Frind*, Privatinsolvenz-HdB, Rn. 130, 593.

b) Unzulässigkeit zusätzlicher Anträge

aa) Gläubigeranträge

(1) Altgläubiger

Ist das Verfahren aufgrund eines Insolvenzantrags eröffnet, sind zusätzliche Gläubigeranträge über das insolvenzbefangene Vermögen unzulässig.[214] Altgläubigern fehlt das rechtliche Interesse, da sie gem. § 38, § 174 Abs. 1 InsO am Erstverfahren teilnehmen müssen.[215] Insoweit sind für die Teilnahme von Altgläubigern an einem neuen Verfahren die Erörterungen zur Rechtslage unter Geltung der Konkursordnung fortzuführen: Nach neuen insolvenzrechtlichen Grundsätzen sind neue Anträge unter Berücksichtigung des Erfordernisses des Vorhandenseins eines rechtlichen Interesses[216] sowie entgegenstehender Rechtskraft unzulässig.[217] Aufgrund der formellen Rechtskraft des Eröffnungsbeschlusses kann die Zulässigkeit des Insolvenzeröffnungsbeschlusses nicht infrage gestellt werden.[218] Ein weiteres Verfahren anzustreben, steht dieser Gültigkeit aber entgegen, weil Altgläubiger am Erstverfahren teilnehmen.[219]

(2) Neugläubiger

Neugläubigeranträge sind im Stadium des eröffneten Insolvenzverfahrens grundsätzlich nicht zulässig.[220] Ist bereits ein Verfahren über das Schuldnervermögen eröffnet, besteht bei solchen parallelen Eröffnungsanträgen, die auch als

---

214 BGH, Beschl. v. 03.07.2008 – IX ZB 182/07, in: ZInsO 2008, S. 924 Rn. 12.

215 BGH, Beschl. v. 03.07.2008 – IX ZB 182/07, in: ZInsO 2008, S. 924 Rn. 13.

216 Insbesondere ergibt sich diese Erwägung daraus, dass der Gesetzgeber mit dem Erfordernis eines rechtlichen Interesses gem. § 14 InsO an die frühere Rechtslage anknüpfte, um eine zur Konkursordnung vergleichbare Beschränkung von Gläubigeranträgen zu erreichen, Braun/*Bußhardt*, § 13 Rn. 6; vgl. *Delhaes*, in: Kölner Schrift zur Insolvenzordnung, S. 142 Rn. 3, der aufzeigt, dass *„jeder Gläubiger"* und nicht nur ein Insolvenzgläubiger i.S.d. § 38 InsO einen Eröffnungsantrag stellen dürfen soll; *Balz/Landfermann*, Die neuen Insolvenzgesetze, S. 220 f.; HambK-InsO/*Linker*, § 13 Rn. 32, sieht neben der Anwendung des § 14 InsO auch die Möglichkeit einer teleologischen Reduktion des generellen Antragsrechts dahingehend, dass nur Gläubiger, die gleichzeitig Inhaber eines persönlichen vermögensrechtlichen oder in Geldwert umrechenbaren Anspruchs antragsberechtigt seien.

217 Vgl. *Schmerbach*, ZInsO 2009, S. 2078 (2080).

218 Uhlenbruck/*Pape*, § 6 Rn. 22.

219 Vgl. FK-InsO/*Schmerbach*, 9. Aufl. 2018, § 13 Rn. 119, § 14 Rn. 45.

220 Allgemein zum Begriff des Neugläubigers: *Eckardt*, in: Jaeger, InsO, § 89 Rn. 25.

echte Zweitanträge[221] bezeichnet werden, kein rechtliches Interesse i.S.d. § 14 Abs. 1 S. 1 InsO für eine weitere Antragstellung.[222] Das Erstverfahren betrifft das gesamte Vermögen des Schuldners gem. § 35 Abs. 1 InsO und bindet es an dieses Verfahren.[223] Für ein neues Verfahren ist damit keine Insolvenzmasse verfügbar.[224] Die Rechtskraftwirkung des Erstverfahrens hindert hingegen nicht das rechtliche Interesse, weil Neugläubiger nicht am Erstverfahren teilnehmen.[225]

bb) Schuldnerantrag

Nach Verfahrenseröffnung aufgrund eines Gläubigerantrags fehlt einem Eigenantrag des Schuldners ebenfalls das rechtliche Interesse.[226] Sofern der Schuldner Restschuldbefreiung begehrt, ist er entweder zuvor gem. § 20 Abs. 2 InsO auf die Möglichkeit eines Eigenantrags und Restschuldbefreiungsantrags hingewiesen[227] worden und dem nicht nachgekommen oder kann bei Eröffnung durch

---

221 Die von verschiedenen Autoren vorgenommene Differenzierung zwischen echten und unechten Zweitanträgen greift sprachlich einerseits das kumulative Vorliegen von Eröffnungsanträgen (Zweitanträge) im Hinblick auf parallele Verfahren auf. Gleichzeitig wird linear im Verhältnis zum durch den Erstantrag eröffneten Verfahren der echte Zweitantrag inhaltlich scharf von einem unechten Zweitantrag nach Beendigung des Erstverfahrens unterschieden, vgl. Gottwald/*Vuia*, § 11 Rn. 3 f., § 12 Rn. 13; vgl. MüKoInsO/*Vuia*, § 13 Rn. 87 f.

222 BGH, Beschl. v. 18.05.2004 – IX ZB 189/03, in: ZInsO 2004, S. 739 (739); BGH, Beschl. v. 03.07.2008 – IX ZB 182/07, in: ZInsO 2008, S. 924 Rn. 14. Diese höchstrichterliche Rechtsprechung zur alten Fassung des § 35 InsO vor dem 01.07.2014 gilt bzgl. nachgeschalteter Zweitverfahren fort. Eine Verfahrensverbindung scheidet aufgrund der unterschiedlichen Verfahrensstände aus und der Antrag kann auch nicht in eine Forderungsanmeldung umgedeutet werden, AG Duisburg, Beschl. v. 05.12.2002 – 60 IN 255/02, in: NZI 2003, S. 159.

223 Vgl. HambK-InsO/*Lüdtke*, § 35 Rn. 14. In Bezug auf selbstständig tätige Schuldner untermauerte der Bundesgerichtshof diese gesetzliche Vermögenszuweisung in seiner „Psychologinnenentscheidung" damit, dass im eröffneten Insolvenzverfahren vom Schuldner aus selbstständiger Tätigkeit erwirtschaftete Einkünfte im vollen Umfang zur Insolvenzmasse gehören („*Bruttobeschlagsprinzip*"), BGH, Beschl. v. 20.03.2003 – IX ZB 388/02, in: NZI 2003, S. 389.

224 KPB/*Pape*, § 14 Rn. 76.

225 FK-InsO/*Schmerbach*, 9. Aufl. 2018, § 13 Rn. 119, § 14 Rn. 45.

226 BGH, Beschl. v. 03.07.2008 – IX ZB 182/07, in: ZInsO 2008, S. 924 Rn. 8.

227 Stellt ein Gläubiger den Insolvenzantrag, sieht § 287 Abs. 1 S. 2 InsO vor, dass der Schuldner einen Restschuldbefreiungsantrag innerhalb von zwei Wochen nach dem gerichtlichen Hinweis auf die Möglichkeit der Restschuldbefreiung gem. § 20 Abs. 2

Gläubigerantrag und fehlendem gerichtlichen Hinweis einen isolierten Restschuldbefreiungsantrag stellen.[228]

4. *Treuhandperiode des Restschuldbefreiungsverfahrens*

a) *Voraussetzung: Vorhandensein neuen Vermögens*

Im Fall der Aufhebung des Insolvenzverfahrens oder der Einstellung wegen Masseunzulänglichkeit mit Verteilung gem. § 208, § 211 InsO knüpft gem. § 289 InsO die Treuhandperiode des Restschuldbefreiungsverfahrens an das beendete Erstverfahren an.[229] Obwohl dann noch Zahlungen an den Treuhänder fließen, bleibt dem Schuldner der Neuerwerb jenseits der abzuführenden Einkommensanteile erhalten, sodass grundsätzlich freies Vermögen für ein neues Insolvenzverfahren zur Verfügung stehen kann.[230] Darüber hinaus kann zusätzliches insolvenzfreies Vermögen durch hälftigen Zuwachs durch Erwerb von Todes wegen oder mit Rücksicht auf ein künftiges Erbrecht oder durch Schenkung, vgl. § 287 Abs. 2, § 295 S. 1 Nr. 2 InsO entstehen.[231] Unter diesen Voraussetzungen besteht ein Ansatz für ein nachgeschaltetes Insolvenzverfahren, wobei sich nach

---

InsO stellen kann. Hierzu näher unter: 3. Kapitel B. I. 1. d) bb) und 5. Kapitel A. II. 5. sowie 5. Kapitel B. III.

228 BGH, Beschl. v. 25.09.2008 – IX ZB 1/08, in: ZInsO 2008, S. 1138; FK-InsO/*Ahrens*, § 287 Rn. 59, 62 f., 170; Gottwald/*Vuia*, § 11 Rn. 4; KPB/*Pape*, § 14 Rn 88. Eine gegen den Eröffnungsbeschluss gerichtete Beschwerde kann mangels aufschiebender Wirkung die Zulässigkeit nicht herstellen, A/G/R-*Kadenbach*, § 13 Rn. 30.

229 Das Restschuldbefreiungsverfahren gem. §§ 286 ff. InsO stellt ein eigenständiges Verfahren dar, FK-InsO/*Ahrens*, § 286 Rn. 64. Hierzu unter: 5. Kapitel A. I.

230 AG Göttingen, Beschl. v. 05.10.2007 – 74 IN 295/07, in: NZI 2008, S. 56 (57); MüKo-InsO/*Stephan*, § 295 Rn. 148; *Grote*, ZInsO 2004, S. 1105 (1109 f.); *Schmerbach*, ZVI 2003, S. 256 (263).

231 Aufgrund der abschließenden gesetzlichen Regelungen ist der Schuldner, anders als bei Erbschaften, bei weitestgehend zufälligem Vermögensanfall wie Schenkungen privilegiert und kann über dieses Vermögen frei verfügen, vgl. *Ahrens* in: Kohte/Ahrens/Grote/Busch/Lackmann, § 295 Rn. 102; *Kesseler*, RNotZ 2003, S. 557 (558). In bis zum 30.09.2020 beantragten Verfahren waren Spielgewinne nur hälftig herauszugeben. Diese Privilegierung betrifft nach der Änderung durch das Gesetz zur weiteren Verkürzung des Restschuldbefreiungsverfahrens nun nur noch gebräuchliche Gelegenheitsgeschenke und Gewinne von geringem Wert, § 295 S. 1 Nr. 2 letzter Hs. InsO. In bis zum 30.06.2014 beantragten Verfahren konnte neues freies Vermögen in diesem Verfahrensabschnitt auch durch Motivationsrabatt gem. § 292 Abs. 1 S. 4 InsO a.F. vorhanden sein. Der Motivationsrabatt ist im Zuge der Insolvenzrechtsreform mit dem GlRStG vom 15.07.2013 entfallen, BGBl. I 2013, S. 2379.

praktischen Gesichtspunkten in vielen Fällen die Frage nach der Werthaltigkeit junger Vermögensmassen stellt.[232]

b) Altgläubigeranträge

Insolvenzanträge von Altgläubigern sind im Verfahrensabschnitt der Treuhandperiode unzulässig. Die schuldrechtliche Grundlage der Forderungen, auf die Insolvenzanträge von Altgläubigern während der Treuhandperiode gestützt sind, fällt in den Zeitraum vor Eröffnung des Erstinsolvenzverfahrens.[233] *Pape* weist darauf hin, dass eine Antragstellung von Altgläubigern während der Treuhandperiode zwar nicht gegen das Verbot des § 87 InsO, allerdings gegen den Grundsatz der Gleichbehandlung von Gläubigern verstößt.[234] Zunächst sind solche Altgläubiger, die ihre Forderung zur Insolvenztabelle angemeldet haben, am aufgehobenen Insolvenzverfahren beteiligt gewesen und ihre Restforderungen unterliegen der Restschuldbefreiung, § 301 Abs. 1 InsO. Altgläubiger, die ihre Forderung nicht angemeldet haben oder keine Kenntnis vom Insolvenzverfahren hatten, können während der Treuhandperiode keinen zulässigen Insolvenzantrag stellen bis nicht rechtskräftig über den Restschuldbefreiungsantrag entschieden worden ist, da ein solcher unter das Vollstreckungsverbot des § 294 Abs. 1, § 201 Abs. 3 InsO fällt.[235]

Darüber hinaus besteht aufgrund der lückenlosen Vermögenszuweisung mangels verfügbarer Vermögensmasse kein Anknüpfungspunkt für einen Antrag. Das abtretbare neue Vermögen des Schuldners unterliegt zum einen der Abtretungserklärung des § 287 Abs. 2 InsO und ist im Fall der Selbstständigkeit zum anderen gem. § 295a Abs. 1 InsO an den Treuhänder herauszugeben und der weitere Neuerwerb verbleibt während der Treuhandperiode beim Schuldner.[236] Wird dem Schuldner die Restschuldbefreiung erteilt, entfaltet diese gem. § 301 Abs. 1 S. 1, 2 InsO auch gegenüber Altgläubigern Wirkung, die ihre Forderung

232 *Ries*, RdA 2012, S. 366 (366 f.).

233 BGH, Beschl. v. 22.09.2011 – IX ZB 121/11, in: ZVI 2011, S. 408 Rn. 3; Gottwald/*Vuia*, § 12 Rn. 14; *Lange*, ZVI 2018, S. 9 (9).

234 *Pape*, ZVI 2011, S. 353 (354).

235 AG Göttingen, Beschl. v. 29. 12. 2011 – 74 IN 224/11, in: ZVI 2012, S. 107; KPB/*Pape*, § 14 Rn. 78; Insbesondere kommt es nicht auf die Gründe an, aufgrund der ein Altgläubiger keine Anmeldung seiner Forderung zur Insolvenztabelle vorgenommen hat, *Pape*, ZVI 2011, S. 353 (355).

236 Begr. zu § 243 RegE-InsO, BT-Drs. 12/2443, S. 191 f.; BGH, Beschl. v. 13.07.2006 – IX ZB 288/03, in: ZVI 2006, S. 403 Rn. 9; BGH, Urt. v. 21.07.2005 – IX ZR 115/04, in: BGHZ 163, 391 (396); KPB/*Pape*, § 14 Rn. 78.

nicht im Insolvenzverfahren angemeldet haben, sodass deren Forderungen gem. § 286 InsO erlöschen.[237] Insgesamt besteht damit weder das Bedürfnis noch Raum für eine Antragstellung durch Altgläubiger. Demnach entfällt für Altgläubiger die Befugnis zur Stellung eines weiteren Insolvenzantrags und sie sind auf eine Teilnahme am Erstverfahren beschränkt.[238]

c) Neugläubigeranträge

Demgegenüber unterliegen von Neugläubigern initiierte Insolvenzeröffnungsanträge nicht solchen Beschränkungen, da diese mit ihrer Forderung weder am Erstinsolvenzverfahren noch am Restschuldbefreiungsverfahren beteiligt waren. Das Vollstreckungsverbot des § 294 Abs. 1 InsO gilt nach Aufhebung des Insolvenzverfahrens nicht für Neugläubiger und diese können die Zwangsvollstreckung in das freie Vermögen des Schuldners betreiben.[239] Alternativ können sie einen Insolvenzantrag stellen.[240] Der Wertung des § 294 Abs. 1 InsO ist dementsprechend die gesetzliche Haftungszuweisung zu entnehmen, dass nach Erstinsolvenzeröffnung entstehendes Vermögen grundsätzlich für Neugläubiger reserviert ist. Dieses kann dann eine neue Insolvenzmasse gem. § 35 Abs. 1 InsO bilden.

Neue Anträge sind zulässig, ohne dass es den Neugläubigern obliegt das Vorhandensein neuen Vermögens glaubhaft zu machen.[241] Das rechtliche Interesse besteht unabhängig davon, ob tatsächlich eine Befriedigung zu erreichen ist.[242]

---

237 Ausschließlich Verbindlichkeiten gegenüber Altgläubigern, die aus einer vorsätzlich begangenen unerlaubten Handlung herrühren, sind gem. § 302 Nr. 1 InsO von der Erteilung einer Restschuldbefreiung ausgenommen. Ausführlich zu den verfahrens- und schadensersatzrechtlichen Möglichkeiten von nicht am Insolvenzverfahren beteiligten Altgläubigern: *Ahrens*, NZI 2013, S. 721 ff.

238 AG Göttingen, Beschl. v. 16. 12. 2010 – 71 IN 107/10 NOM, in: ZInsO 2011, S. 347.

239 AG Dortmund, Beschl. v. 08.11.2016 – 257 IN36/13, in: ZInsO 2017, S. 723; Uhlenbruck/*Sternal*, § 294 Rn. 20; HambK-InsO/*Streck* § 294 Rn. 4.

240 AG Göttingen, Beschl. v. 16. 12. 2010 – 71 IN 107/10 NOM, in: ZInsO 2011, S. 347; *A.Schmidt*, Privatinsolvenz, § 5 Rn. 88. Für das Rechtsschutzbedürfnis kommt es auch nicht darauf an, ob tatsächlich eine teilweise Befriedigung zu erwarten ist, weshalb ebenso Anträge nachrangiger Gläubiger zulässig sind, BGH, Beschl. v. 23.09.2010 – IX ZB 282/09, in: NZI 2011, S. 58; dazu: *Gundlach/Müller*, EWiR 2010, S. 819 f.

241 KPB/*Pape*, § 14 Rn. 82, lehnt die Argumentation an die zu parallelen Zweitinsolvenzen entwickelten Grundsätze an. Hierzu unter: 3. Kapitel B. I. 1. c) dd) (2).

242 KPB/*Pape*, § 14 Rn. 82. Ein Antrag ist dann ggf. gem. § 26 Abs. 1 S. 1 InsO mangels Masse abzuweisen, AG Göttingen, Beschl. v. 12.10.2007, 74 IN 304/07, in: ZVI 2007, S. 571 Rn. 15.

d) Schuldnerantrag

Bei einem Eigenantrag des Schuldners ist die Einleitung eines Zweitverfahrens durch Eigenantrag unter dem Gesichtspunkt des Rechtsschutzbedürfnisses eingeschränkt.[243] Das Insolvenzgericht überprüft im Rahmen des rechtlichen Interesses der Zulässigkeitsprüfung, ob der Antrag überhaupt auf eine Neugläubigerbefriedigung abzielt.[244] Dabei ist auch das Restschuldbefreiungsinteresse des Schuldners zu berücksichtigen.[245] Ist das Erstverfahren aufgehoben und die Treuhandperiode eingeleitet, wurde bereits ein Restschuldbefreiungsantrag des Schuldners gestellt, sodass andere Beweggründe neben dem Eigeninteresse des Schuldners an einer Neugläubigerbefriedigung jedenfalls nicht mit einer Befreiung von Restschulden zugunsten des Schuldners gerechtfertigt werden können. Zwar mag die Erreichung der Restschuldbefreiung grundsätzlich geeignet sein, andere, an der Grenze zum insolvenzwidrigen Antragsverhalten liegende, Gründe zu verdrängen.[246] Dies trifft jedoch nicht zu, solange die Erteilung der Restschuldbefreiung in einem früheren Restschuldbefreiungsverfahren noch möglich ist. Kommt es dem Schuldner darauf an, das Insolvenzverfahren für insolvenzfremde Zwecke zu nutzen, um sich beispielsweise von als lästig empfundenen Schuldverhältnissen zu befreien und würde dieses Verhalten bei einem Gläubigerantrag als unzulässig gewertet werden, so kann bei einem Schuldnerantrag teilweise noch das Rechtsschutzinteresse bestehen, wenn die Aussicht auf Restschuldbefreiung überwiegend motivierend war.[247] Bei einem Antrag auf Eröffnung eines Zweitverfahrens bei anhängigem Restschuldbefreiungsantrag im Erstverfahren kann diese Wertung nicht gelten, denn es können keine zwei Restschuldbefreiungsverfahren nebeneinander bestehen.[248] Die Befreiung von Restschulden ist auf dasjenige Vermögen einer natürlichen Person bezogen, das der Nachhaftung unterliegt, mithin auf das dem Insolvenzverfahren zugeordnete Gesamtvermögen des Schuldners.[249] Der Schuldner kann deshalb nicht mehr als

---

243 Beck/Depré/Ampferl Insolvenz/*Heilmaier*, § 4 Rn. 147.

244 A/G/R-*Kadenbach*, § 13 InsO Rn. 7.

245 Graf-Schlicker/*Kexel* § 13 Rn. 31.

246 K.Schmidt/*Gundlach*, InsO § 13 Rn. 20.

247 K.Schmidt/*Gundlach*, InsO § 13 Rn. 20.

248 FK-InsO/*Ahrens*, § 287 Rn. 112; *Frind*, Privatinsolvenz-HdB, Rn. 131b; vgl. FK-InsO/*Schmerbach*, 9. Aufl. 2018, § 13 Rn. 161; Beck/Depré/Ampferl Insolvenz/*Heilmaier*, § 4 Rn. 150.

249 *Ahrens* in: Kohte/Ahrens/Grote/Busch/Lackmann, § 286 Rn. 108; *Pape*, in: Mohrbutter/Ringstmeier, Insolvenzverwaltung, Kap. 18 Rn. 55.

ein Schuldenbefreiungsverfahren gleichzeitig durchlaufen.[250] Dafür spricht zum einen, dass nur eine Abtretung gem. § 287 Abs. 2 S. 1 InsO erfolgen kann, weil diese sich auf das anhängige Erstverfahren bezieht und der Schuldner in der Treuhandperiode auch nur einmal seinen Obliegenheiten aus § 295 InsO nachkommen kann.[251] Zum anderen kann mit dem Gedanken der Rechtshängigkeit argumentiert werden, weil schon ein Befreiungsverfahren in Gang gesetzt ist.[252] Zulässig ist allerdings die Rücknahme des Restschuldbefreiungsantrags im Erstverfahren und Neubeantragung im Rahmen eines neuen Verfahrens.[253] Dann kann ein Rechtsschutzbedürfnis für den Insolvenzantrag bestehen.

5. *Anschließender Zeitraum*

a) *Unzulässige Zweitanträge*

Im Fall der Restschuldbefreiung sind Forderungen von Altgläubigern von der Erteilung gem. § 301 Abs. 1 InsO umfasst, sodass die vor Insolvenzeröffnung begründeten Forderungen nicht mehr durchsetzbar sind.[254] Ein auf solche Altforderungen bezogener Antrag ist unzulässig.[255]

b) *Zulässige Zweitanträge*

aa) *Nach Einstellung mangels Masse*

Wird das Verfahren gem. § 207 InsO eingestellt, weil sich herausstellt, dass die Masse nicht einmal die Kosten des Verfahrens i.S.d. § 55 InsO deckt, ist eine erneute Antragstellung und Eröffnung nach Beendigung des Verfahrens

---

250 KPB/*Wenzel*, § 287 Rn. 13. Hierzu unter: 5. Kapitel B. I. 3.

251 BGH, Beschl. v. 18.12.2014 – IX ZB 22/13, in: ZVI 2015, S. 172 Rn. 13; *Pape*, in: FS Ganter, S. 315 (327 f.); FK-InsO/*Ahrens*, § 287 Rn. 112; FK-InsO/*Schmerbach*, 9. Aufl. 2018, § 13 Rn. 173; KPB/*Wenzel*, § 287 Rn. 13; *Büttner*, ZInsO 2017, S. 1057 (1067); dafür spricht auch die Wertung des § 287 Abs. 3 InsO, *Lange*, ZVI 2018, S. 9 (15).

252 KPB/*Wenzel*, § 287 Rn. 13.

253 Hierzu unter: 5. Kapitel A. II. 1.

254 Durch die rechtskräftige Erteilung der Restschuldbefreiung wird der Schuldner von den nicht erfüllten Verbindlichkeiten der Insolvenzgläubiger befreit, wobei die Insolvenzforderungen gem. § 301 Abs. 3 InsO als unvollkommene Verbindlichkeiten bestehen bleiben und damit erfüllbar aber nicht erzwingbar sind, RegE InsO, BT-Drs. 12/2443, S. 194; Uhlenbruck/*Sternal*, § 301 Rn. 16.

255 Anträge von personenidentischen Altgläubigern mit nach Eröffnung des Erstverfahrens entstandener Forderung sind zulässig, *Schmerbach*, ZInsO 2009, S. 2078 (2082). Hierzu sogleich unter: 2. Kapitel D. IV. 5. b) cc) (2) (a).

möglich. Eine Bindungswirkung folgt aus der Einstellungsentscheidung nicht, da diese nicht in materieller Rechtskraft ergeht.[256]

Ein anschließender Übergang in eine Treuhandperiode scheidet aus, da die Restschuldbefreiung ein abgeschlossenes Insolvenzverfahren voraussetzt, bei dem jedenfalls eine Verteilung von Vermögen an Insolvenzgläubiger erfolgt ist.[257] Somit können Insolvenzgläubiger und Neugläubiger ihre Forderungen gem. § 215 Abs. 2 S. 2 i.V.m. § 201 InsO erneut unbeschränkt geltend machen und somit direkt gegen den Schuldner vorgehen, nachdem dieser nach der Einstellung wieder verfügungsbefugt ist.[258] Die Haftungsmasse des Schuldners besteht somit aus dem ehemals insolvenzbefangenen Vermögen sowie dem Neuvermögen, gegen das ebenfalls Forderungen aus nicht erfüllten Masseverbindlichkeiten des Erstverfahrens gerichtet sind.[259]

bb) Nach sonstiger Einstellung des Verfahrens

Im Zeitraum nach einer Einstellung nach Anzeige der Masseunzulänglichkeit gem. § 208 i.V.m. § 211 Abs. 1 InsO, wegen Fortfalls des Eröffnungsgrunds gem. § 212 InsO oder nach einer Einstellung mit Zustimmung der Gläubiger gem. § 213 InsO ist die Neubeantragung zulässig.[260] Für Altgläubiger gilt das freie Nachforderungsrecht.[261]

---

256 Allerdings ist der Prozessrichter aufgrund der formellen Rechtskraft an die Wirksamkeit der Entscheidung gebunden, MüKoInsO/*Ganter/Bruns*, § 4 Rn. 80d. Hierzu oben unter: 2. Kapitel D. IV. 5. b) aa) (1).

257 Einen Anknüpfungspunkt bietet die Aufhebung nach Anzeige der Masseunzulänglichkeit gem. §§ 208 ff. InsO. Hierzu unter: 5. Kapitel A. I.

258 Hinsichtlich der Nachhaftung des Schuldners aus dem Erstverfahren wird generell angenommen, dass sich die durch insolvenzverwalterische Tätigkeit hervorgerufenen unbefriedigten Masseansprüche lediglich auf die Höhe des vormals dem Insolvenzbeschlag unterfallenden Vermögens beziehen können, da der Schuldner nur insoweit durch den Insolvenzverwalter verpflichtet werden kann, MüKoInsO/*Hefermehl*, § 207 Rn. 73, 76; Gottwald/*Wimmer*, § 58 Rn. 18.

259 Braun/*Ludwig*, § 207 Rn. 34.

260 *Schmerbach*, ZInsO 2009, S. 2078 (2082).

261 Es gelten insoweit die Grundsätze zu § 207 InsO, Uhlenbruck/*Ries*, § 211 Rn. 12, 16, 19.

cc) Nach Verfahrensaufhebung

(1) Rechtskraftwirkung im Erstverfahren festgestellter Forderungen

Zweitanträgen steht keine Rechtskraftwirkung gerichtlicher Entscheidungen des Erstverfahrens entgegen. Die Regelung des § 173 Abs. 3 InsO ordnet an, dass die Eintragung in die Insolvenztabelle für die festgestellten Insolvenzforderungen ihrem Betrag und ihrem Rang nach wie ein rechtskräftiges Urteil gegenüber dem Insolvenzverwalter und allen Insolvenzgläubigern, also auch den nicht am Verfahren teilnehmenden Gläubigern, wirkt.[262] Hat der Schuldner nicht widersprochen, wirkt diese Rechtskraft auch gegenüber ihm.[263] Gegenüber Dritten wirkt die Eintragung nicht.[264] Die Eintragung ergeht hinsichtlich der Rechtsfolgenentscheidung dementsprechend gem. § 4 InsO i.V.m. § 322 Abs. 1 ZPO gegenüber den Beteiligten in materieller Rechtskraft.[265] Nach Aufhebung des Erstverfahrens kann mittels vollstreckbarer Ausfertigung dieser Eintragung gegen den Schuldner vollstreckt werden.[266]

Die Aufhebung des Insolvenzverfahrens ergeht – genau wie die Einstellung – nicht in materieller Rechtskraft, da das Gericht allein über die Rechtmäßigkeit der Verfahrensmaßnahme entscheidet und steht einem neuen Antrag nicht entgegen.[267]

(2) Gläubigeranträge

(a) Altgläubiger

Wurde das Insolvenzverfahren erfolgreich durchlaufen und gem. § 200 Abs. 1 InsO aufgehoben, endet der Insolvenzbeschlag ex nunc mit der Entscheidung über die Aufhebung.[268] Die Vollstreckungsverbote der § 89, § 90 InsO enden mit der Verfahrensaufhebung gem. § 200 InsO.[269] Personenidentische Altgläubiger

---

262 Insoweit kann eine zugrunde liegende Rechtshandlung nicht mehr angefochten werden, RG, Urt. v. 13.03.1891 – Rep. II. 6/91, RGZ 27, 91; BeckOK InsO/*Zenker*, § 178 Rn. 24; K.Schmidt/*Jungmann*, InsO § 178 Rn. 24. Näher hierzu unter: 3. Kapitel C. II. 4. b).

263 MüKoInsO/*Ganter/Bruns*, § 4 Rn. 80.

264 Andres/Leithaus/*Leithaus*, InsO, § 178 Rn. 8.

265 BGH, Urt. v. 05.11. 2009 – IX ZR 239/07, in: NJW 2010, S. 2210 Rn. 9 f.; BGH, Urt. v. 15. 11. 2012 – IX ZR 103/11, in: NJW-RR 2013, S. 757 (758).

266 MüKoInsO/*Stephan*, § 302 Rn. 79.

267 Vgl. MüKoInsO/*Ganter/Bruns*, § 4 Rn. 80d. Hierzu oben unter: 2. Kapitel D. IV. 2. d) bb) sowie unter 2. Kapitel D. IV. 5. b) bb).

268 Uhlenbruck/*Wegener*, § 200 Rn. 16.

269 HambK-InsO/*Preß*, § 200 Rn. 16.

können auf Grundlage von Neuforderungen, die erst nach Eröffnung des Erstverfahrens entstanden sind, die Eröffnung eines neuen Verfahrens beantragen.[270]

In Bezug auf Altforderungen ist die Antragstellung zulässig, sofern Forderungen gem. § 302 InsO, die nicht von einer Restschuldbefreiung erfasst sind, geltend gemacht werden.[271] Während auch für ausgenommene Forderungen i.S.d. § 302 InsO für die Dauer des Restschuldbefreiungsverfahrens eine Vollstreckung gem. § 294 InsO untersagt ist, wird die Vollstreckung nach Beendigung des Restschuldbefreiungsverfahrens durch rechtskräftige Versagung oder Erteilung gem. § 300, § 301 Abs. 1 InsO zulässig.[272] Dann sind Altgläubiger – eingeschränkt vergleichbar mit der Situation unter Geltung der Konkursordnung[273] – berechtigt, ein neues Verfahren in Gang zu setzen und mit ihrer nach Abschluss des Erstverfahrens bestehenden Restforderung am neuen Verfahren teilzunehmen.[274] Dies folgt aus dem freien Nachforderungsrecht der Gläubiger gem. § 201 Abs. 1 InsO.

Wurde eine ausgenommene Forderung gem. § 302 Nr. 1 Hs. 2, § 174 Abs. 2 InsO im Erstverfahren zur Insolvenztabelle angemeldet, bleibt diese unwidersprochen und erhält der Gläubiger einen vollstreckbaren Tabellenauszug gem. § 201 Abs. 2 InsO, kann eine Geltendmachung als Attributsforderung[275] im Zweitverfahren erfolgen.[276] Im eröffneten Zweitverfahren ist die Forderung erneut zur Insolvenztabelle anzumelden.[277] Nach Belehrung des Schuldners und

---

270 *Schmerbach*, ZInsO 2009, S. 2078 (2082).

271 HambK-InsO/*Streck*, § 302 Rn. 11. Ggf. besteht die Forderung anteilig, sofern der Gläubiger mit ihr am Erstverfahren teilgenommen hat. Bei einer titulierten Forderung, die nicht zur Insolvenztabelle angemeldet wurde, ist die uneingeschränkte Vollstreckung möglich, MüKoInsO/*Stephan*, § 302 Rn. 79. Hat ein Altgläubiger seine Forderung nicht angemeldet, besteht diese betragsmäßig in voller Höhe fort, weil diese nicht durch Quotenzahlung befriedigt wurde, vgl. MüKoInsO/*Hintzen*, § 201 Rn. 7.

272 FK-InsO/*Ahrens*, § 302 Rn. 139; MüKoInsO/*Stephan*, § 302 Rn. 79.

273 Hierzu oben unter: 1. Kapitel A. II.

274 Neben den in § 302 InsO aufgeführten Forderungen sind auch Neuverbindlichkeiten des Schuldners, die nach Eröffnung des Erstverfahrens im laufenden Insolvenzverfahren und während der Treuhandperiode entstehen, ebenfalls von der Restschuldbefreiung im Erstverfahren ausgenommen, denn es handelt sich nicht um Insolvenzforderungen, BeckOK InsO/*Riedel*, § 302 Rn. 24.

275 Der Forderung haftet das Attribut der vorsätzlich begangenen unerlaubten Handlung an, KPB/*Pape/Schaltke*, § 184 Rn. 11; KPB/*Wenzel*, § 302 Rn. 21.

276 PrivatInsRK/*Schinkel*, § 302 Rn. 36, 39, 50.

277 PrivatInsRK/*Schinkel*, § 302 Rn. 50.

Hinweis auf einen Widerspruch gem. § 175 Abs. 2 InsO, kann der Schuldner dem Rechtsgrund widersprechen.[278]

Ob dem widersprechenden Schuldner im Zweitverfahren die Feststellungslast obliegt, dass es sich bei dem Tabellenauszug nicht um einen vollstreckbaren Schuldtitel i.S.d. § 184 Abs. 2 InsO handelt, wird nicht einheitlich beantwortet.[279] Dies hängt davon ab, ob der der Attributsforderung zugrundeliegende Rechtsgrund gem. § 178 Abs. 3 InsO in Rechtskraft ergeht, soweit die Eintragung wie ein rechtskräftiges Urteil wirkt.[280] Obwohl insoweit keine richterliche Schlüssigkeitsprüfung stattgefunden hat, wird teilweise vorgetragen, der Schuldner sei vor den Folgen der Feststellung durch die erfolgte Belehrung ausreichend geschützt.[281] Überzeugender ist es allerdings der fehlenden richterlichen Schlüssigkeitsprüfung ein höheres Gewicht zuzumessen, da im Unterschied zur diskutierten Vergleichskonstellation der Vollstreckung gem. § 850f Abs. 2 ZPO[282] weder eine gerichtliche Entscheidung noch eine Zustimmung des Schuldners erfolgt, die zu einer Bindungswirkung führen könnte.[283]

(b) Neugläubiger

Im Zeitraum nach Aufhebung des Erstverfahrens sind neue Anträge von Neugläubigern zulässig, da die Anforderungen an ein Rechtsschutzinteresse erfüllt sind.[284] Mangels Beteiligung am Erstverfahren bleiben Neugläubiger von der Rechtskraft von Eintragungen in die Insolvenztabelle im Erstverfahren unberührt.[285] Sobald der Schuldner mit Ende des Insolvenzbeschlags seine Verfügungsbefugnis zurückerhält, steht der erwirtschaftete Neuerwerb nicht länger als Haftungsmasse den Insolvenzgläubigern zur Verfügung und kann als Haftungsvermögen ebenfalls die materielle Grundlage eines neuen Verfahrens bilden.[286]

---

278 PrivatInsRK/*Schinkel*, § 302 Rn. 50.

279 So PrivatInsRK/*Schinkel*, § 302 Rn. 50; *Sengl*, NZI 2009, S. 31 (32 f.); **a.A.** FK-InsO/*Ahrens*, § 302 Rn. 89; *Schmerbach*, VIA 2010, S. 18 (19).

280 HambK-InsO/*Streck*, § 302 Rn. 12; MüKoInsO/*Schumacher*, § 184 Rn. 8c.

281 PrivatInsRK/*Schinkel*, § 302 Rn. 50; *Sengl*, NZI 2009, S. 31 (32 f.).

282 Dazu: LG Düsseldorf, Beschl. v. 25.07.2008 - 25 T 512/08, in: ZInsO 2009, S. 1542.

283 *Schmerbach*, VIA 2010, S. 18 (19) mit Bezug auf: BGH, Beschl. v. 26.09.2002 – IX ZB 180/02, in: NJW 2003, S. 515. Näher hierzu: FK-InsO/*Ahrens*, § 302 Rn. 89, 139.

284 *Schmerbach*, ZInsO 2009, S. 2078 (2082).

285 *Schmerbach*, ZInsO 2009, S. 2078 (2082). Hierzu oben unter: 2. Kapitel D. IV. 5. b) aa) (1).

286 FK-InsO/*Schmerbach*, 9. Aufl. 2018, § 13 Rn. 119, 174.

Forderungen, die nach Eröffnung des Erstverfahrens entstanden sind, können dann zur Grundlage neuer Anträge gemacht werden.[287]

Schließlich steht der Zulässigkeit eines neuen Eröffnungsantrags ebenfalls nicht ein Nachtragsverteilungsverfahren eines Erstverfahrens entgegen. Das rechtliche Interesse des Gläubigers entfällt nicht, weil die beschränkte Beschlagswirkung der Nachtragsverteilung auf ein Teilvermögen nicht mit der des § 35 Abs. 1 InsO vergleichbar ist.[288]

(3) Schuldnerantrag

Schließt sich an die Aufhebung des Erstverfahrens kein Restschuldbefreiungsverfahren an, ist ein neuer Eröffnungsantrag grundsätzlich zulässig.[289]

Wurde das Erstverfahren aufgrund eines Eigenantrags des Schuldners eröffnet und in diesem Verfahren ein Restschuldbefreiungsantrag gestellt, ist ein neuer Eigenantrag grundsätzlich zulässig.[290] Eine Sperrfrist nach § 287a Abs. 2 S. 1 InsO ist dabei ausschließlich über das Rechtsschutzinteresse hinsichtlich des Eigenantrags zu berücksichtigen. Die Sperrfrist des Restschuldbefreiungsverfahrens führt dabei nicht automatisch zu einem Verlust des Interesses am Eigenantrag, weil die Sperrfrist des Restschuldbefreiungsverfahrens keine Auswirkung auf die Zulässigkeit des Insolvenzantrags hat.[291] Es handelt sich um zwei eigenständige Verfahren, was auch aus der Rücknahmemöglichkeit des Restschuldbefreiungsantrags gem. § 287a Abs. 2 S. 2 InsO folgt.[292]

Für den vom Bundesgerichtshof entschiedenen Fall, dass es dem Schuldner ausschließlich auf eine Befreiung von einer von der Restschuldbefreiung im Erstverfahren ausgenommenen Forderung i.S.d. § 302 InsO geht, fehlt das

---

287 AG Göttingen, Beschl. v. 16. 12. 2010 – 71 IN 107/10 NOM, in: ZInsO 2011, S. 347 (348).

288 Etwas anderes kann nur gelten, wenn das Gesamtvermögen der Nachtragsverteilung unterliegt, KPB/*Pape*, § 14 Rn. 92.

289 *Schmerbach*, ZInsO 2009, S. 2078 (2082).

290 *Ahrens* in: Kohte/Ahrens/Grote/Busch/Lackmann, § 287 Rn. 102; FK-InsO/*Ahrens*, § 287 Rn. 114; **a.A.** *Frind*, Privatinsolvenz-HdB, Rn. 124a; A/G/R-*Kadenbach*, § 13 InsO Rn. 61.

291 *Ahrens* in: Kohte/Ahrens/Grote/Busch/Lackmann, § 287 Rn. 102; FK-InsO/*Ahrens*, § 287 Rn. 114.

292 *Ahrens* in: Kohte/Ahrens/Grote/Busch/Lackmann, § 287 Rn. 102; FK-InsO/*Ahrens*, § 287 Rn. 114.

Rechtsschutzinteresse.[293] Damit wird die Eröffnung eines Verfahrens verhindert, wenn der Eigenantrag auf die Erteilung der Restschuldbefreiung abzielt, die Voraussetzungen einer Sperre vorliegen und die Versagung der Restschuldbefreiung schon hinreichend vorhersehbar ist.[294] Dementsprechend sind auch – die jeweils eigenständigen – auf Kostenstundung und Restschuldbefreiung gerichteten Anträge unzulässig.[295]

Für die Unterscheidung zwischen den Zulässigkeitsvoraussetzungen der unterschiedlichen Verfahren spricht der Wortlaut des § 287a Abs. 2 S. 1 InsO, der von der Zulässigkeit des Restschuldbefreiungsantrags spricht. Zudem muss unter systematischen Gesichtspunkten die Regelungszuordnung der Sperrfrist innerhalb des Aufbaus der Insolvenzordnung hinzugezogen werden: Die Sperre des § 287a Abs. 2 S. 1 InsO ist eine Regelung des 9. Teils und damit ausschließlich des Restschuldbefreiungsverfahrens.[296] Insoweit besteht im Fall einer Sperre kein Automatismus zu einem fehlenden Rechtsschutzbedürfnis für einen neuen Eigenantrag. Vielmehr stellt die Sperre einen Faktor dar, den es im Rahmen des Rechtsschutzbedürfnisses des Eigenantrags zu berücksichtigen gilt. Dies steht im Einklang mit den Anforderungen an das Rechtschutzbedürfnis des Schuldners gem. § 13 InsO, wonach der Antrag ernsthaft auf die Eröffnung des Insolvenzverfahrens und die Befriedigung der Gläubiger gerichtet sein muss und nicht der Verfolgung sachfremder Zwecke dient.[297]

V. Konnex zur Verfahrenskostenstundung

Dass ein Eigenantrag mit einem Antrag auf Restschuldbefreiung zur Erlangung derselben verbunden werden kann, wird bejaht, wenn im Erstverfahren kein Restschuldbefreiungsantrag gestellt oder dieser mittlerweile zurückgenommen wurde.[298] Da das Insolvenzverfahren – anders als das Restschuldbefreiungsverfahren – keine fixen zeitlichen Sperren kennt und die Zulässigkeit

---

293 BGH, Beschl. v. 04.02.2016 – IX ZB 71/15, in: NZI 2016, S. 316 Rn. 15, der sich auf § 290 Abs. 1 Nr. 3 InsO a.F. bezog. Zur Berücksichtigung im Rahmen der Kostenstundung unter: 5. Kapitel A. II. 5. e).

294 BGH, Beschl. v. 04.02.2016 – IX ZB 71/15, in: NZI 2016, S. 316 Rn. 15.

295 A/G/R-*Ahrens*, § 35 InsO Rn. 173.

296 Hierzu oben unter: 2. Kapitel D. II.

297 BGH, Beschl. v. 12.12.2002 – IX ZB 426/02, in: NJW 2003, S. 1187.

298 BGH, Beschl. v. 15.07.2010 – IX ZB 269/09, in: ZInsO 2010, S. 1496; FK-InsO/*Schmerbach*, 9. Aufl. 2018, § 13 Rn. 176. Ansonsten ist ein Restschuldbefreiungsantrag außerhalb der Sperrfristen des § 287a Abs. 2 InsO zulässig. Hierzu unter: 5. Kapitel A. II.

eines Insolvenzantrags einzig über das Kriterium des Rechtsschutzbedürfnisses gesteuert wird, ist ein neuer Antrag schon unmittelbar bei Vorliegen der sachlichen Antragsvoraussetzungen vorgesehen.

1. Unabhängigkeit der Verfahrensanträge

Gläubigern soll die Beantragung der Insolvenzeröffnung ermöglichen, in einem geordneten Verfahren das vorhandene Schuldnervermögen zur gemeinschaftlichen Befriedigung haftbar zu machen. Mag es Schuldner geben, denen es bei der Eigenantragstellung ebenfalls darauf ankommt eine gemeinschaftliche Befriedigung aller Gläubiger herbeizuführen, wird das zur Antragstellung motivierende Motiv überwiegend in der Aussicht bestehen, im Anschluss eine Erteilung der Restschuldbefreiung erhalten zu können.[299] Liegen ein Schuldnerantrag und die Voraussetzungen des § 4a InsO vor, kommt eine Stundung der Verfahrenskosten auch in nachgeschalteten Zweitinsolvenzverfahren in Betracht, wenn es möglich erscheint, dass ein ansonsten mittelloser Schuldner in einem Restschuldbefreiungsverfahren damit die Befreiung von seinen Restschulden erreichen kann.[300]

Im Zweitverfahren wird im Rahmen der Kostenstundung an einen zulässigen Restschuldbefreiungsantrag angeknüpft. Das Insolvenzgericht prüft daher neben und in zeitlicher Nähe zur Eingangsentscheidung schon vor der Eröffnung des Insolvenzverfahrens inzident jedenfalls die Zulässigkeit des Restschuldbefreiungsantrags in der Kostenstundungsentscheidung.[301] Die Zulässigkeit einer Kostenstundung hängt somit von der Zulässigkeit eines Restschuldbefreiungsantrags im Zweitinsolvenzverfahren ab.[302] Führt nun einer der in § 287a Abs. 2 S. 1 InsO aufgeführten Gründe zu einer gesetzlichen Sperrfrist, welche die Unzulässigkeit eines Restschuldbefreiungsantrags für einen Zeitraum von elf bzw. fünf, § 287a Abs. 2 Nr. 1 InsO, oder drei Jahren, § 287a Abs. 2 Nr. 2 InsO,

---

299 *Ahrens*, ZVI 2011, S. 273 (273 f.). Zur strafrechtlichen Bewertung einer vorsätzlich herbeigeführten Insolvenz mit dem Ziel der Restschuldbefreiung im Verbraucherinsolvenzverfahren: *Schulte*, ZInsO 2002, S. 265 ff.

300 Zum Gesetzeszweck: Gesetzesbegründung des RegE, in: BT- Drs. 14/5680, S. 11 f.; vgl. AG Göttingen, Beschl. v. 26.02.2008 – 74 IN 304/07, in: NZI 2008, S. 313 (314); Uhlenbruck/*Mock*, § 4a Rn. 42, 44. Zur Restschuldbefreiung in nachgeschalteten Zweitverfahren unter: 5. Kapitel A.

301 Zu den Prüfungsanforderungen von Kostenstundung und Zulässigkeit des Restschuldbefreiungsantrags: *Ahrens*, Aktuelles Privatinsolvenzrecht, Rn. 694; *Frege/Keller/Riedel*, Insolvenzrecht, Teil 1 Rn. 235 f.

302 Vgl. BGH, Beschl. v. 20.03.2014 – IX ZB 17/13, in: NZI 2014, S. 416 Rn. 10.

anordnet, vereitelt das die Deckung der Verfahrenskosten durch Stundung. Die zeitliche Sperre beginnt im Zeitpunkt der rechtskräftigen Versagungsentscheidung.[303] In diesen Fällen lehnt das Insolvenzgericht den Stundungsantrag ab. Sind die Verfahrenskosten nicht gedeckt, erfolgt bei einem ansonsten zulässigen Eigenantrag gem. § 26 Abs. 1 S. 1 InsO eine Abweisung mangels Masse. Die Zulässigkeit des Insolvenzantrags berührt das darüber hinaus nicht. Für den Fall der Antragsrücknahme und Neubeantragung der Restschuldbefreiung ist ebenfalls eine Kostenstundung zulässig.[304]

2. Gerichtliche Hinweispflicht

Für den Eröffnungsantrag eines nachgeschaltetes Zweitverfahrens ist eine Stundungsbewilligung möglich. Dementsprechend trifft das Insolvenzgericht eine Hinweispflicht gem. § 20 Abs. 2, § 287 Abs. 1 S. 2 InsO. Dem Schuldner ist im Fall eines Fremdantrags durch einen Gläubiger zu eröffnen, dass er einen Eigenantrag verbunden mit einem Restschuldbefreiungsantrag oder nur einen isolierten Restschuldbefreiungsantrag stellen kann. Nur dann ist ein (erneutes) Stundungsverfahren zugänglich.

E. Ergebnisse

Auf der Basis gesetzlicher Anhaltspunkte wird deutlich, dass das nachgeschaltete Zweitinsolvenzverfahren als Grundmodell von Zweitinsolvenzen in der Konzeption der Insolvenzordnung angelegt ist und bei Vorliegen der Eröffnungsvoraussetzungen als Wiederholungsinsolvenz angeregt werden kann. Im Unterschied zu den unter Geltung der Konkursordnung entwickelten Diskussionsansätzen ist eine strikte verfahrensrechtliche Grenze gezogen. Nachgeschaltete Zweitinsolvenzverfahren über das haftende Gesamtvermögen sind zulässig, sobald ein vorausgehendes Insolvenzverfahren beendet ist, sodass eine unbegrenzte Aneinanderreihung von Folgeverfahren durchgeführt werden kann. Insgesamt sind während der noch nicht abgeschlossenen Treuhandperiode Gläubiger mit erst nach Erstinsolvenzeröffnung entstandenen, neuen Forderungen antragsbefugt. Nach Beendigung der Treuhandperiode sind Eigen- und Fremdanträge zulässig, wenn die zugrundeliegenden Forderungen nicht der Wirkung einer vorausgegangenen Restschuldbefreiung unterliegen.

---

303 AGR-InsO/*Ahrens*, § 287 a.F. Rn. 19.

304 Nerlich/Römermann/*Becker*, § 4a Rn. 17; Uhlenbruck/*Sternal*, § 287a Rn. 34

3. Kapitel: Die parallele Zweitinsolvenz über Vermögen der freigegebenen Selbstständigkeit

A. Nach der Negativerklärung eintretende Insolvenz

I. Zweitverfahren und Selbstständigkeit

Die Zulässigkeit und verfahrensrechtliche Abwicklung des Sonderfalls eines Insolvenzverfahrens über eine im Erstverfahren freigegebene wirtschaftlich selbstständige Tätigkeit des Schuldners weisen strukturelle Besonderheiten auf, die auch ohne eindeutige Regelungen in Einklang mit den Grundsätzen der Insolvenzordnung stehen. Durch entweder einen schon beschränkten Insolvenzeröffnungsantrag oder die Auslegung des gestellten unspezifizierten Antrags ergibt sich, dass ein Insolvenzverfahren lediglich über vom Erstverfahren getrenntes Vermögen einer freigegebenen selbstständigen Tätigkeit eröffnet wird.[305] Durchführbar ist eine Zweitinsolvenz dann einerseits während des laufenden Erstverfahrens[306] oder nach der Aufhebung des Erstverfahrens während der Treuhandperiode.[307] Bei einer Eröffnung eines zusätzlichen Verfahrens zeitgleich zu einem Erstverfahren kann aufgrund der zeitweisen Simultanität verfahrensrechtlicher Wirkungen von einem Parallelinsolvenzverfahren gesprochen werden.[308]

Relevanz gewinnen Zweitinsolvenzen durch die Neuverschuldung vor und nach Beendigung eines ersten Insolvenzverfahrens im Zusammenhang mit der Ausübung selbstständiger Tätigkeiten.[309] Problematisch ist, dass das gesamte

---

305 KPB/*Pape*, § 14 Rn. 56; FK-InsO/*Schmerbach*, 9. Aufl. 2018, § 14 Rn. 15. Erstmals zum Begriff des Parallelinsolvenzverfahrens wohl: AG Göttingen, Beschl. v. 26.02.2008 – 74 IN 304/07, in: NZI 2008, S. 313 (314); davor schon der frühere Hinweis auf gesetzliche Regelungen zu parallelen Verfahren: AG Göttingen, Beschl. v. 05.10.2007 – 74 IN 295/07, in: NZI 2008, S. 56 (57). Inhaltlich früh: *Bremen*, ZInsO 2002, S. 1 (7); siehe FK-InsO/*Schmerbach*, 9. Aufl. 2018, § 13 Rn. 114.

306 *Ahrens* in: Kohte/Ahrens/Grote/Busch/Lackmann, § 287 Rn. 97.

307 KK-InsO/*Hess*, §§ 35, 36 Rn. 107.

308 Gottwald/*Vuia*, § 11 Rn. 4 Fn. 6; *Schmerbach*, ZInsO 2009, S. 2078 (2085).

309 Selbstverständlich können außerhalb der Einflusssphäre des Schuldners liegende Faktoren des Marktgeschehens gleichermaßen eine Rolle spielen und einen Zuwachs des Aktivvermögens verhindern. Wirtschaftlich gescheiterte Existenzgründungen können oft auf teils mangelnde Vorbereitung und mangelnde Kenntnisse der Existenzgründer

Vermögen im ersten Insolvenzverfahren verwertet worden ist und nun schon das Ausbleiben von Einkünften Zahlungsunfähigkeit hervorrufen kann.[310] Ihre praktische Bedeutung erlangen Verfahren über freigegebene Selbstständigkeiten[311] aufgrund der ausgeprägten Kultur des (Klein-)Unternehmertums und Berufen mit nichtangestellter Arbeit. So ist ein Kernanteil[312] aller Erwerbstätigen in der Bundesrepublik Deutschland aufgrund der gesetzlichen Organisationsform der jeweiligen Berufsgruppen selbstständig tätig: die Angehörigen der freien Berufe[313] und sonst freiberuflich Tätigen, etwa Handwerker, Kaufleute[314], Landwirte, Kleinunternehmer und Gewerbetreibende[315].[316]

---

sowie Finanzierungsmängel und Kündigungen von Krediten zurückgeführt werden, MüKoInsO/*Vuia*, § 304 Rn. 37.

310 *Zipperer*, ZVI 2007, S. 541 (542). Umgekehrt kann ein vorausgesehener Misserfolg bei unvollständiger oder fehlerhafter Prognose oder dem Hinzutreten nicht vorhersehbarer Umstände ausbleiben und sich die Tätigkeit vorteilhaft entwickeln.

311 Natürliche Personen sind rechtlich selbstständig, wenn und soweit sie planmäßig und entgeltlich Leistungen anbieten und keine Arbeitnehmer sind (arbeitsrechtlicher Begriff) und ein unternehmerisches Risiko tragen (gewerberechtlicher Begriff), MüKoHGB/*Karsten Schmidt*, § 1 Rn. 23, 27.

312 Für die Entwicklung der freien Berufe seit 2015: vgl. Statistisches Bundesamt, Statistisches Jahrbuch 2019, S. 365.

313 Vgl. die in § 18, Abs. 1. Nr. 1 S. 2 EstG aufgezählten Katalogberufe: „*Zu der freiberuflichen Tätigkeit gehören die selbstständig ausgeübte wissenschaftliche, künstlerische, schriftstellerische, unterrichtende oder erzieherische Tätigkeit, die selbstständige Berufstätigkeit der Ärzte, Zahnärzte, Tierärzte, Rechtsanwälte, Notare, Patentanwälte, Vermessungsingenieure, Ingenieure, Architekten, Handelschemiker, Wirtschaftsprüfer, Steuerberater, beratenden Volks- und Betriebswirte, vereidigten Buchprüfer, Steuerbevollmächtigten, Heilpraktiker, Dentisten, Krankengymnasten, Journalisten, Bildberichterstatter, Dolmetscher, Übersetzer, Lotsen und ähnlicher Berufe*“ und die zusätzlichen Berufsbilder des § 1 Abs. 2 S. 2 PartGG: Diplom-Psychologe, Heilmasseur, Hebamme, hauptberuflicher Sachverständiger.

314 Vgl. § 1 Abs. 2 HGB.

315 Voraussetzung ist ein eine planmäßige, auf Dauer angelegte und der Gewinnerzielung dienende Tätigkeit am Markt, BAG, Urt. v. 17.02.1987 – 3 AZR 197/85, in: NJW 1988, S. 222 (223); BGH, Urt. v. 02.07.1985 – X ZR 77/84, in: NJW 1985, S. 3063 (3063); BGH, Urt. v. 07.07.1960 – VIII ZR 215/59, in: NJW 1961, 725 (726); MüKoInsO/*Vuia*, § 304 Rn. 63.

316 Vgl. die in Abgrenzung zu § 15 Abs. 2 S. 1 EstG und § 19 i. V. m. § 1 LStDV geltende und auch in das Insolvenzrecht übertragbare Definition zur Bewertung von Tätigkeiten von Brandis/Heuermann/*Hutter*, § 18 EStG Rn. 19: „*Selbstständige Arbeit ist die Tätigkeit, mit der ein* […] [Steuerpflichtiger] *auf eigene Rechnung und Gefahr und*

II. Zusammenhang zwischen § 35 Abs. 2 InsO und zusätzlichen Verfahren

1. *Freigabe der Selbstständigkeit als Vorbedingung für ein Zweitverfahren*

Zur Eröffnung eines zweiten Insolvenzverfahrens ist das Vorhandensein einer neuen Haftungsmasse eine notwendige Voraussetzung.[317] Mit dem am 01.07.2007 in Kraft getretenen Gesetz zur Vereinfachung des Insolvenzverfahrens ist die Vorschrift des § 35 InsO neugestaltet und durch die Absätze 2 und 3 erweitert worden.[318] Dadurch wurde die Vorbedingung zur Begründung einer neuen Masse geschaffen.[319] Erklärt der Insolvenzverwalter gem. § 35 Abs. 2 S. 1 InsO gegenüber dem Schuldner, dass Vermögen aus der selbstständigen Tätigkeit nicht der Insolvenzmasse zugehörig sein soll, gibt er also eine Negativerklärung ab, wird der aus der Tätigkeit erzeugte Neuerwerb nicht mehr der Insolvenzmasse zugerechnet und die Insolvenzmasse wird zugleich nicht durch Verbindlichkeiten aus der Tätigkeit belastet.[320] Vielmehr stellt der Neuerwerb eine eigene Vermögensmasse dar, die Neugläubigern im Rahmen eines neuen Insolvenzverfahrens gesondert haften kann.

---

ohne Weisungsabhängigkeit von anderen vorwiegend durch […] [persönlichen] *Arbeitseinsatz nachhaltig (dauernd oder vorübergehend) Gewinn erzielen will*".

317 BGH, Beschl. v. 09.06.2011 – IX ZR 175/10, NZI 2011, in: S. 633 Rn. 7; K.Schmidt/*Büteröwe*, InsO § 35 Rn. 45.

318 Gesetz zur Vereinfachung des Insolvenzverfahrens vom 13. April 2007, BGBl. I, S. 509. Die Neuregelung geht auf den Referentenentwurf zur Änderung der Insolvenzordnung, des Kreditwesengesetzes und anderer Gesetze vom 16.09.2004, NZI 2004, S. 549 (562), zurück. Ausführlich zur Gesetzgebungsgeschichte: *Holzer*, ZVI 2007, S. 289 ff. und für einen Überblick zu den auftretenden Fragestellungen bzgl. der Neuregelung: *Zipperer*, ZRI 2022, S. 885 (889). Gem. 103c EGInsO gilt für die bis zum 30.06.2007 eröffneten Verfahren die alte Rechtslage.

319 Für *Dahl*, VIA 2010, S. 79 (79) ist die Möglichkeit eines Zweitinsolvenzverfahrens die *„logische Folge*" der in § 35 Abs. 2, 3 InsO normierten Freigabemöglichkeit.

320 KK-InsO/*Hess*, §§ 35, 36 Rn. 48, 88; *Gehrlein*, ZInsO 2017, S. 1352 (1353); *Zipperer*, ZVI 2007, S. 541 (541). Entscheidet sich der Insolvenzverwalter für eine Freigabe, wird die Erklärung mit Zugang beim Schuldner wirksam und ist gem. § 35 Abs. 3 S. 1 InsO dem Insolvenzgericht anzuzeigen, welches die Erklärung öffentlich bekannt macht, Uhlenbruck/*Hirte/Praß*, § 35 Rn. 95. Da es sich bei der Veröffentlichung nicht um eine Wirksamkeitsvoraussetzung handelt, besteht für Neugläubiger ab dem Zugangszeitpunkt die Gewissheit über den Haftungszugriff, vgl. *Menn*, ZVI 2011, S. 197 (198).

Zwar werden Zweitverfahren in der Praxis in vergleichsweise geringer Anzahl eröffnet, da die meisten Verfahren entweder durch Erledigungserklärung nach Forderungsbegleichung oder aufgrund einer Abweisung mangels Masse gem. § 26 InsO schon mit dem Insolvenzeröffnungsverfahren enden.[321] Dennoch stellt sich die Frage nach der formalen und inhaltlichen Ausgestaltung von Zweitverfahren allein aufgrund der Möglichkeit der Eröffnung. Durch die Restrukturierungsrichtlinie wird der Zusammenhang zwischen einer Geschäftsfreigabe und einem Zweitverfahren über das freigegebene Vermögen nicht infrage gestellt, denn Art. 24 Restrukturierungsrichtlinie sieht vor, dass *„nicht sinnvoll trennbare Schulden"* in einem eigenständigen Verfahren abgewickelt werden dürfen.[322]

2. Leitentscheidung des Bundesgerichtshofs

Im Rahmen der Nachprüfung zur Bewertung eines unzulässigen Antrags auf Eröffnung eines zweiten Insolvenzverfahrens über das im Erstverfahren freigegebene Vermögen eines selbstständigen Steuerberaters erhielt der Bundesgerichtshof im Jahr 2011 die Möglichkeit, über die Zulässigkeit eines parallelen Zweitverfahrens zu entscheiden.[323] Mit der Entscheidung zum Sonderfall der nach § 35 Abs. 2 InsO freigegebenen Selbstständigkeit *„ein gesondertes zweites Insolvenzverfahren, das nur der Befriedigung der Neugläubiger dient"*, zuzulassen, schloss sich der Bundesgerichtshof der in Literatur und Rechtsprechung überwiegend vertretenen Auffassung an und eröffnete damit die Möglichkeit, ein paralleles Insolvenzverfahren durchzuführen.[324]

Mit Blick auf die insolvenzrechtliche Fortentwicklung bedeutete die Entscheidung einen Umbruch. Ein zusätzliches Insolvenzverfahren bei andauerndem Erstverfahren lehnte der Bundesgerichtshof zuvor nach seiner gefestigten Rechtsprechung mangels eines rechtlich geschützten Interesses i.S.d. § 14 Abs. 1 S. 1 InsO der Neugläubiger grundsätzlich ab.[325] Begründet wurde dies damit, dass das nach Eröffnung des Insolvenzverfahrens entstehende Vermögen auch im Fall

---

321 Vgl. FK-InsO/*Schmerbach*, 9. Aufl. 2018, § 13 Rn. 128.

322 *Preuß*, in: Jaeger, InsO, Vorb. zu § 286 Rn. 28; ABl. 2019 L 172, 18.

323 BGH, Beschl. v. 09.06.2011 – IX ZR 175/10, in: NZI 2011, S. 633 f.

324 BGH, Beschl. v. 09.06.2011 – IX ZR 175/10, in: NZI 2011, S. 633 Rn. 12.

325 BGH, Beschl. v. 18.05.2004 – IX ZB 189/03, in: ZInsO 2004, S. 739; ebenso: AG Oldenburg, Beschl. v. 03.08.2004 – 60 IN 97/04, in: ZVI 2005, S. 44; **a.A.** AG Göttingen, Beschl. v. 12.10.2007, 74 IN 304/07, in: ZVI 2007, S. 571 Rn. 15; AG Göttingen, Beschl. v. 05.10.2007 – 74 IN 295/07, in: NZI 2008, S. 56. Hierzu oben unter: 2. Kapitel D. IV. 3. b) aa) (2).

einer selbstständigen Tätigkeit Teil der Insolvenzmasse des § 35 Abs. 1 InsO sei und das unpfändbare Vermögen gem. § 36 InsO keine ausreichende Grundlage für ein Insolvenzverfahren biete.[326] In einem Sonderfall ist allerdings ein Zweitinsolvenzverahren zulässig: Mit der Freigabe des Geschäftsbetriebs nach § 35 Abs. 2 InsO entstehe eine insolvenzfreie Haftungsmasse, die dem Zugriff der Neugläubiger in einem neuen Insolvenzverfahren ausgesetzt sei und für dessen Eröffnung ein Rechtsschutzinteresse der Neugläubiger bestehen könne.[327]

Der Bundesgerichtshof führte an, dass das Vollstreckungsverbot des § 89 Abs. 1 InsO einem Zweitinsolvenzverfahren nicht entgegenstehe, weil die Norm nur die Zwangsvollstreckung einzelner Insolvenzgläubiger während der Verfahrensdauer verbietet.[328] Zwar stelle das vom Insolvenzverwalter freigegebene Vermögen „*sonstiges Vermögen*" im Sinne der Norm dar.[329] Allerdings sei erstens die Eröffnung eines neuen Verfahrens nicht als Zwangsvollstreckung zugunsten einzelner Gläubiger zu werten und zweitens erfolge das Gesamtvollstreckungsverfahren zugunsten der Neugläubiger, deren Forderungen nach Insolvenzeröffnung entstanden sind und die deshalb nicht am Insolvenzverfahren teilgenommen haben.[330]

---

326 BGH, Beschl. v. 09.06.2011 - IX ZR 175/10, in: NZI 2011, S. 633 Rn. 10.

327 BGH, Beschl. v. 09.06.2011 - IX ZR 175/10, in: NZI 2011, S. 633 Rn. 12; anders noch: BGH, Beschl. v. 18.05.2004 - IX ZB 189/03, in: ZInsO 2004, S. 739 (739); BGH, Beschl. v. 03.07.2008 - IX ZB 182/07, in: ZInsO 2008, S. 924 Rn. 12.

328 BGH, Beschl. v. 09.06.2011 - IX ZR 175/10, in: NZI 2011, S. 633 Rn. 15. Dass das Vollstreckungsverbot des § 89 InsO für Altgläubiger auch hinsichtlich aus der Insolvenzmasse freigegebener Gegenstände greift, weil diese zum sonstigen Vermögen des Schuldners gehören, ist ständige Rechtsprechung des Bundesgerichtshofs und herrschende Meinung: BGH, Urt. v. 09.02.2012 - IX ZR 75/11, BGHZ 192, 322 Rn. 28; BGH, Beschl. v. 12.02.2009 - IX ZB 112/06, in: NZI 2009, S. 382 Rn. 12; AG Göttingen, Beschl. v. 29. 12. 2011 - 74 IN 224/11, in: ZVI 2012, S. 107; HK- Gottwald/*Eckardt*, § 33 Rn. 102; *Eckardt*, in: Jaeger, InsO, § 89 Rn. 7, 29; HK-InsO/*Kayser*, § 89 Rn. 14, 16; Nerlich/Römermann/*Kruth*, § 89 Rn. 4; KPB/*Lüke*, § 89 Rn. 14; Uhlenbruck/*Mock*, § 89 Rn. 6. Neugläubiger können allerdings darauf zugreifen: BGH, Urt. v. 09.02. 2012 - IX ZR 75/11, BGHZ 192, 322 Rn. 28; OLG Hamm, Beschl. v. 25.01.2011 - I 15 W 674/10, in: FGPrax 2011, S. 169; AG Braunschweig 25.02.2014 - 118 C 3210/13, in: NZI 2014, S. 659; AG Göttingen, Beschl. v. 02.10.2007 - 71 IN 227/03, in: DZWIR 2008, S. 260; HK-InsO/*Kayser*, § 89 Rn. 14; Uhlenbruck/*Mock*, § 89 Rn. 6.

329 BGH, Beschl. v. 09.06.2011 - IX ZR 175/10, in: NZI 2011, S. 633 Rn. 15; so schon: BGH, Beschl. v. 12.02.2009 - IX ZB 112/06, in: NZI 2009, S. 382 Rn. 8.

330 BGH, Beschl. v. 09.06.2011 - IX ZR 175/10, in: NZI 2011, S. 633 Rn. 15.

Schließlich stellte der Bundesgerichtshof fest, dass die Abweichung von mehr als einem Verfahren pro Person und Vermögen durchaus mit den Vorgaben der Insolvenzordnung harmoniere, da diese Sonderinsolvenzverfahren über Vermögensmassen regelt, die nicht allen Gläubigern gleichermaßen haften.[331]

III. Rechtsnatur des Parallelinsolvenzverfahrens

Ziel dieses Abschnitts ist es, das Insolvenzverfahren über den prominenten Anwendungsfall des Neuerwerbs aus einer freigegebenen selbstständigen Tätigkeit noch vor der Aufhebung des Erstverfahrens, an die passende Stelle im Koordinatensystem der Regelverfahren und der Sonderinsolvenzen einzuordnen. Anders als bei einem neuen Insolvenzverfahren über das gesamte schuldnerische Vermögen bezieht sich die Zweitinsolvenz in ihrer Ausprägung als parallel ablaufendes Verfahren auf einen abgegrenzten Teil des Schuldnervermögens zusätzlich zu einer bereits im Ablauf befindlichen Gesamtvollstreckung über älteres Vermögen. Dabei wird das Verfahren häufig als Sonderinsolvenzverfahren bezeichnet.[332] In seiner Entscheidung, die der Zweitinsolvenz über einen freigegebenen Geschäftsbetrieb den Weg eröffnete, bezeichnete der Bundesgerichtshof das Verfahren unverfänglich als *„gesondertes zweites Insolvenzverfahren“*[333]. Ob das Parallelinsolvenzverfahren dieser Bezeichnung dem inhaltlichen Zuschnitt nach gerecht werden kann, wird unterschiedlich beantwortet.

1. *Diskussion um die Einordnung als Sonderinsolvenzverfahren i.S.d. § 11 Abs. 2 InsO*

a) Bedeutung und Auswirkungen

Nicht abschließend geklärt ist, ob es sich bei der Parallelinsolvenz um ein Sonderinsolvenzverfahren vergleichbar den in § 11 Abs. 2 InsO geregelten Fällen handelt. Im Unterschied zur regulären Gesamtvollstreckung weichen Sonderinsolvenzen in ihrer strukturellen Ausrichtung und somit in ihren Folgen hinsichtlich der rechtlichen Handhabe für den Schuldner ab. Eine Einordnung ist damit in zweifacher Hinsicht bedeutsam: einerseits für eine abstrakt die Verfahrenssystematik und -funktion betreffende, ordnende Perspektive und andererseits für die sich daraus ergebenden Verfahrensbesonderheiten in der Anwendung.

---

331 BGH, Beschl. v. 09.06.2011 – IX ZR 175/10, in: NZI 2011, S. 633 Rn. 16; *Müller*, in: Jaeger, InsO, § 35 Rn. 168. Dazu sogleich unter: 3. Kapitel A. III.

332 Hierzu sogleich unter: 3. Kapitel A. III. 2. und 3.

333 BGH, Beschl. v. 09.06.2011 – IX ZR 175/10, in: NZI 2011, S. 633 Rn. 7.

b) Konsens

Zwar besteht Einigkeit darüber, dass der aus freigegebener Selbstständigkeit generierte Neuerwerb jedenfalls in Abgrenzung zur Insolvenzmasse des laufenden Erstverfahrens als Sondervermögen qualifiziert werden kann.[334] Zu der Frage, ob dieses eigenständig insolvenzfähig ist und welche Folgen sich daraus ableiten lassen, besteht kein einheitliches Stimmungsbild. Die vertretenen Meinungen bilden dabei die größtmögliche Bandbreite ab: von Stimmen, welche die Voraussetzungen für ein neues Gesamtinsolvenzverfahren als erfüllt ansehen bis hin zu solchen Standpunkten, die eine Bindung zum Schuldner abstreiten.

c) Streitpunkt Sondervermögen

Der Bundesgerichtshof wies darauf hin, dass die *„Insolvenzordnung* [...] *durchaus Sonderinsolvenzverfahren über Vermögensmassen* [kennt], *die nicht allen Gläubigern gleichermaßen haften“* und nennt *„insbesondere die Fälle des § 11 Abs. 2 Nr. 2 InsO“*.[335] Zwar wird diese Stellungnahme überwiegend so verstanden, dass eine analoge Anwendung der Vorschrift auf den Neuerwerb bejaht werden kann, da das mit der Freigabe entstehende Sondervermögen insolvenzfähig sei.[336] Teilweise wird eine Rechtsfähigkeit des Sondervermögens jedoch bestritten.[337] Überdies besteht zwischen den bejahenden Stimmen Uneinigkeit über die Folgen einer Rechtsfähigkeit des Sondervermögens für den Umfang der Zweitverfahrensmasse sowie der Anwendbarkeit der insolvenzverfahrensrechtlichen Institute.

d) Unterschiedliche Rechtsfolgen

Die Differenzen zwischen den Auffassungen wirken sich unmittelbar aus, denn die Zuordnung zu einer Verfahrensform führt dazu, dass sich unterschiedliche Voraussetzungen zur Verfahrenseröffnung und zur weiteren inhaltlichen Ausgestaltung des Zweitinsolvenzverfahrens ergeben können.[338] Bedeutung erlangt die Frage der Zuordnung an unterschiedlichen Anknüpfungspunkten im Verfahren: So ist zu überlegen, ob der Anfall neuen Vermögens, beispielsweise

---

334 Hierzu sogleich unter: 3. Kapitel A. III. 4.

335 BGH, Beschl. v. 09.06.2011 – IX ZR 175/10, in: NZI 2011, S. 633 Rn. 11.

336 Nerlich/Römermann/*Mönning/E. Mönning*, § 11 Rn. 110; mit Berufung auf die Gesetzessystematik: *Weiß/Rußwurm*, EWiR 2011, S. 751 (752); zurückhaltender: KK-InsO/*Hess*, §§ 35, 36 Rn. 111.

337 Hierzu sogleich unter: 3. Kapitel A. III. 3. a).

338 Vgl. *Müller*, in: Jaeger, InsO, § 35 Rn. 175.

durch Erbschaft, während zweier parallel ablaufender Verfahren dem später eröffneten Verfahren überhaupt zugerechnet werden kann. Dies ist bei einem Verständnis der Parallelinsolvenz als Sonderinsolvenz von vornherein ausgeschlossen, da aufgrund der spezifischen Vermögensabgrenzung neues Vermögen ausschließlich in die Insolvenzmasse des Erstverfahrens fallen kann.[339] Es gilt der Prioritätsgedanke des § 35 Abs. 1 InsO, der den Befriedigungsvorrang der Insolvenzgläubiger des Erstverfahrens festlegt.[340]

Darüber hinaus kommt in einem neuen Verfahren eine erneute Freigabe der selbstständigen Tätigkeit nur in Betracht, wenn diese dem Schuldner als Rechtssubjekt zugeordnet ist und nicht verselbstständigt und ohne die Notwendigkeit einer festen Bindung zu einem Rechtsträger den Verfahrensgegenstand bildet.[341]

Ebenfalls kann eine Restschuldbefreiung gem. § 286 InsO ausschließlich für natürliche Personen als Schuldner infrage kommen.[342] Unter der Annahme einer strikten Trennung eines Sondervermögens von der Person des Schuldners und der Zuschreibung einer Schuldnereigenschaft zum Sondervermögen selbst wäre dieser Weg jedenfalls versperrt. Dies wäre bei einem Verfahren über Sondervermögen grundsätzlich überflüssig, da eine Beschränkung des Haftungsumfangs auf die Masse naturgemäß schon angelegt ist. Zusätzlich wäre eine Anwendung des Restschuldbefreiungsverfahrens zweckwidrig, denn eine Unterbrechung des freien Nachforderungsrechts unter Korrektur der Schuld setzt auf Schuldnerseite ein Individuum voraus.[343] In sachlicher und persönlicher Hinsicht wäre eine Anwendbarkeit der Regeln zur Restschuldbefreiung ausgeschlossen.[344]

---

339 Ähnlich *Gotter*, Die selbstständige Tätigkeit im Insolvenzverfahren, S. 164; So etwa: *Nawroth/Steinbach*, ZInsO 2018, S. 700 (700).

340 Vgl. *Ahrens* in: Kohte/Ahrens/Grote/Busch/Lackmann, § 286 Rn. 20; vgl. A/G/R-*Ahrens*, § 1 InsO Rn. 32.

341 Vgl. *Nawroth/Steinbach*, ZInsO 2018, S. 700 (700).

342 *Ahrens* in: Kohte/Ahrens/Grote/Busch/Lackmann, § 286 Rn. 83.

343 *Ahrens* in: Kohte/Ahrens/Grote/Busch/Lackmann, § 286 Rn. 75, 77; *Pape*, in: Mohrbutter/Ringstmeier, Insolvenzverwaltung, § 18 Rn. 55.

344 *Gotter*, Die selbstständige Tätigkeit im Insolvenzverfahren, S. 164, lehnt die Anwendbarkeit der Regelungen zur Restschuldbefreiung auch bei einer Anwendung des § 11 Abs. 2 InsO ab.

2. *Vergleichbarkeit zu Sonderinsolvenzen*

a) *Anwendungsbereich und Zwecksetzung*

Zusätzlich zum Regel- und Verbraucherinsolvenzverfahren sowie den besonderen Verfahrensarten ergänzen Sonderinsolvenzverfahren über separates Vermögen die rechtliche Bandbreite an Verfahrensoptionen. Im Unterschied zu den regulären Verfahren[345], die auf eine Gesamtvollstreckung in das gesamte Schuldnervermögen abzielen, bezwecken sie eine Beschränkung der Haftung auf einen eng umgrenzten Teil einer verfahrensfähigen Vermögensmasse eines Rechtsträgers, der Gegenstand eines eigenständigen Insolvenzverfahrens sein kann.[346] Damit kann die Formel aufgestellt werden, dass ein Sonderinsolvenzverfahren vorliegt, wenn von der Grundregel von einem Insolvenzverfahren pro Person und Vermögen abgewichen wird.[347] Gemeinsames Merkmal aller Sonderinsolvenzverfahren ist dabei die Ausnahme von einer umfassenden Haftung mit dem gesamten Vermögen. Demnach besteht der Anwendungsbereich von Sonderinsolvenzverfahren, wenn spezielle Vermögenszuweisungen bestehen und verselbstständigte Vermögensteile verwertet werden, welche die allgemeinen Verfahren nicht abbilden.[348] Dass sie in ihrer Reichweite begrenzt sind, ist der Zwecksetzung geschuldet, aus der Sonderinsolvenzmasse nur eine bestimmte Gruppe von Gläubigern, jedoch nicht alle Gläubiger, zu befriedigen.[349]

b) *Gesetzliche Regelung*

Eine allgemeingültige Regelung zu Massebildungen für Verfahrensgegenstände abseits des § 35 Abs. 1 InsO hat die Insolvenzordnung nicht erfahren.[350] Zulässig

---

345 Das Regel- und das Verbraucherinsolvenzverfahren können mit einem Insolvenzplan gem. § 217 InsO kombiniert werden, das Regelinsolvenzverfahren kann zudem in Eigenverwaltung durch den Schuldner durchgeführt werden, vgl. § 270 Abs. 1 S. 3 InsO.

346 MüKoInsO/*Breuer/Flöther*, § 89 Rn 23; MüKoInsO/*Vuia*, § 11 Rn. 9.

347 Uhlenbruck/*Hirte/Praß*, § 35 Rn. 53, 61.

348 Davon abzugrenzen ist die Bildung einer Sondermasse als Teil der Insolvenzmasse innerhalb desselben Insolvenzverfahrens, die eine Gruppe von Gläubigern haftungsrechtlich bevorzugt, ohne über die Sondermasse ein eigenständiges Insolvenz- bzw. Sonderinsolvenzverfahren durchzuführen, BGH, Urt. v. 10. 5. 1978 – VIII ZR 32/77, in: NJW 1978, S. 1525; Uhlenbruck/*Hirte/Praß*, § 35 Rn. 55; zur Konkursordnung schon: Kuhn/*Uhlenbruck*, KO, § 1 Rn. 8a.

349 Vgl. *Müller*, in: Jaeger, InsO, § 35 Rn. 169.

350 Vgl. *Windel*, ZIP 2019, S. 441 (443).

sind Sonderinsolvenzverfahren im Allgemeinen, wenn sie gesetzlich vorgesehen sind. In der Insolvenzordnung sind solche Fälle normiert, die aufgrund der besonderen Konstellation von Vermögenszuordnungen ein separates Verfahren über besonderes Vermögen abseits des allgemeinen Insolvenzbeschlags des § 11 Abs. 1 InsO – dem Grundsatz der InsO – zulassen. Das sind gem. § 11 Abs. 2 Nr. 2 InsO namentlich das Insolvenzverfahren über einen Nachlass gem. §§ 315 ff. InsO, über das Gesamtgut einer fortgesetzten Gütergemeinschaft gem. § 332 InsO oder das gemeinschaftlich verwaltete Gesamtgut einer Gütergemeinschaft von Ehegatten oder Lebenspartnern gem. § 333 InsO. Diese Verfahren orientieren sich an den explizit für sie geschaffenen gesetzlichen Regelungen.[351]

c) Fallgruppen analoger Anwendung

Der § 11 Abs. 2 Nr. 2 InsO findet nur auf die in der Vorschrift genannten Fallgruppen eine direkte Anwendung. Die gesetzlich geregelten Fallgruppen bilden richtigerweise jedoch keinen numerus clausus, sodass sich daneben wenige weitere etabliert haben.[352] Eine analoge Anwendung der §§ 315 ff. InsO wird für Sondervermögen in der Insolvenz der Personengesellschaft diskutiert: Verbleibt das ehemalige Gesellschaftsvermögen einer KG nach Ausscheiden des Komplementärs beim einzig verbleibenden Gesellschafter, ist eine Partikularinsolvenz über das übergegangene Vermögen akzeptiert.[353] Dasselbe gilt, wenn einer GmbH & Co. KG kein Kommanditist erhalten bleibt und es zu einer Doppelinsolvenz von KG und Komplementär-GmbH kommt. Das übergegangene Sondervermögen kann als Teilvermögen Gegenstand eines Partikularinsolvenzverfahrens sein.[354]

Auch eine territoriale Zuordnung von Vermögensmassen kann Zweitverfahren zugrunde liegen und führt dazu, dass parallel ablaufende Insolvenzverfahren auftreten. Gesetzlich geregelt ist ein Partikularinsolvenzverfahren als Sonderinsolvenzverfahren bei grenzüberschreitenden Insolvenzen in §§ 354–358 InsO und Art. 27–38 EuInsVO. Danach kann neben der Anerkennung eines

---

351 In den §§ 315-331 InsO finden sich Regelungen für das Nachlassinsolvenzverfahren. Der gesetzlichen Regelungstechnik nach ordnet § 332 Abs. 1 InsO für das Insolvenzverfahren über das Gesamtgut einer fortgesetzten Gütergemeinschaft eine entsprechende Anwendung dieser Sonderinsolvenzvorschriften an.

352 KK-InsO/*Hess*, § 35, 36 Rn. 69. So *Hess* ebenfalls schon für den Sonderkonkurs unter Geltung der Konkursordnung, Hess/*Hess*, KO, § 1 Rn. 5.

353 K.Schmidt/*K.Schmidt*, InsO § 11 Rn. 26.

354 Braun/*Bußhardt*, § 11 Rn. 10 bezeichnet das über das beim Kommanditisten angefallene Vermögen der ehemaligen KG als „*Sonderinsolvenzverfahren eigener Art*“; MüKoInsO/*Vuia* § 11 Rn. 26.

ausländischen Insolvenzverfahrens gem. § 356 InsO ein Sekundärinsolvenzverfahren über inländisches Vermögen eröffnet werden. Ebenso ist ein isoliertes Partikularinsolvenzverfahren über in Deutschland belegenes Vermögen gem. § 354 InsO möglich, wobei dann die territoriale Verteilung von Vermögen das Kriterium ist, um separates Vermögen zu unterscheiden.

Keine Fallgruppe analoger Anwendung des § 11 Abs. 2 Nr. 2 InsO ist die Verteilung der nach § 38 Abs. 3 S. 2 VDuG zu bildenden Sondermasse im Verbandsklageverfahren.[355] Für den Fall des § 38 Abs. 3 S. 1 VDuG, in welchem im Verfahrensabschnitt des Umsetzungsverfahrens über das Vermögen des Unternehmers, gegen den sich eine Verbandsklage richtet, das Insolvenzverfahren eröffnet wird und in welchem Zahlungen auf den kollektiven Gesamtbetrag anfechtungsfest aus dem Vermögen des Unternehmers ausgeschieden sind, sieht § 38 Abs. 3 S. 2 VDuG vor, dass der Sachwalter zum Sonderinsolvenzverwalter zur Verwaltung und Verteilung der Sondermasse bestellt wird, die sich aus dem auf den kollektiven Gesamtbetrag entfallenden Teil der gem. § 38 Abs. 2 VDuG an die Insolvenzmasse zurückgewährten Zahlungen zusammensetzt. Nach dem Willen des Gesetzgebers ist diese Sondermasse als Haftungsmasse bereits abschließend den an der Verbandsklage teilnehmenden Verbrauchern mit berechtigten Zahlungsansprüchen zugewiesen.[356] Diese Verbraucher sind aufgrund dieser gesetzlichen Sonderzuweisung damit haftungsrechtlich privilegiert.[357] Ausweislich der Gesetzesbegründung soll die Verteilung der auf den

355 Mit dem Gesetz zur gebündelten Durchsetzung von Verbraucherrechten (VDuG), das am 13.10.2023 in Kraft getreten ist, wurden Verbandsklagen eingeführt, die Ansprüche und Rechtsverhältnisse einer Vielzahl von Verbrauchern gegen einen Unternehmer betreffen und von klageberechtigten Stellen erhoben werden können. Dabei kommt einem Sachwalter unter anderem die Aufgabe zu, für den Fall der Verurteilung des Unternehmers zur Zahlung eines kollektiven Gesamtbetrags diesen Betrag und ggf. dessen Erhöhung sowie den festgesetzten Kostenbetrag in einen Umsetzungsfonds einzuzahlen, der getrennt vom Vermögen des Sachwalters zu führen ist, vgl. § 25 Abs. 1, Abs. 2 VDuG. Berechtigte Ansprüche von Verbrauchern auf Zahlung erfüllt der Sachwalter unmittelbar durch Zahlung aus dem Umsetzungsfonds im Rahmen des Umsetzungsverfahrens der Verbandsklage, § 25 Abs. 3 S. 1 VDuG.

356 RegE zu VRUG, in: BT-Drucks. 20/6520, S. 96.

357 Vgl. zur Sondermassenbildung aufgrund gesetzlicher Sonderzuweisung und der damit einhergehenden Durchbrechung des Gläubigergleichbehandlungsgrundsatzes: Uhlenbruck/*Hirte/Praß*, § 35 Rn. 55; *Müller*, in: Jaeger, InsO, § 35 Rn. 178. Kritisch zur Frage des sachlichen Differenzierungsgrunds in Bezug auf Verbraucher i.S.d. § 38 Abs. 3 S. 1 VDuG: VID, Stellungnahme vom 15.05.2023, S. 4f.; DIHK, Stellungnahme vom 05.05.2023, S. 7.

kollektiven Gesamtbetrag entfallenden Beträge im Rahmen des Insolvenzverfahrens bzgl. des Unternehmers stattfinden, weshalb die Rückzahlung an die Insolvenzmasse erfolgen und die Anrechnung auf den kollektiven Gesamtbetrag entsprechend der fiktiven Tilgungsbestimmung des § 38 Abs. 2 S. 2 VDuG umgesetzt werden soll, um sodann eine Sondermasse zu bilden.[358] Aus diesem Grund und auch dem Wortlaut des § 38 Abs. 3 S. 2 VDuG nach, handelt es sich um die Fallgestaltung der Sonderinsolvenzverwaltung bzgl. einer Sondermasse innerhalb des Insolvenzverfahrens bzgl. des Unternehmers und nicht um eine Verfahrenshäufung.[359]

d) Bewertung

Allen Sonderinsolvenzen ist mithin gemeinsam, dass ein Verfahren über eine besondere Vermögensmasse eines Rechtsträgers eröffnet wird, wobei diesem weitere, anderes Vermögen betreffende, Verfahren gleichzeitig zugeordnet sein können. Bemerkenswert ist, dass mitunter parallel stattfindende Insolvenzverfahren über Sondervermögen keine systemfremde Erscheinung im Insolvenzrecht darstellen. Dass eine zusätzliche Vermögensmasse Gegenstand eines eigenständigen Insolvenzverfahrens sein kann, weicht dennoch von der Leitidee eines Verfahrens pro Insolvenzsubjekt und seinem Vermögen ab.[360] Zwar wird auch die Legitimation von Verfahren über Vermögen aus Erbschaftsanfall während der Treuhandperiode diskutiert.[361] Rechtsprechung und Literatur beschäftigt aber vor allem die Konturierung des Insolvenzverfahrens über den Neuerwerb aus dem Geschäftsbetrieb einer freigegebenen Selbstständigkeit. Insbesondere geht es um die Frage, ob das durch die Negativerklärung des Insolvenzverwalters freigegebene Vermögen „*gesondert insolvenzfähig*" ist.[362] Die Diskussion leitet sich daraus ab, dass die Zulässigkeit eines neuen Insolvenzverfahrens über vom Insolvenzverwalter aus der Insolvenzmasse freigegebene – und eine unerwartete

358 RegE zu VRUG, in: BT-Drucks. 20/6520, S. 96. Gem. § 38 Abs. 3 S. 1 Hs. 2 VDuG wird keine Sondermasse gebildet, wenn die Zahlungen nicht der Anfechtung unterliegen.

359 Vgl. *Thönissen*, ZInsO 2023, S. 1570 (1574). Siehe zu dieser Fallgestaltung oben Fn. 361 und bzgl. der Sonderinsolvenzverwaltung in dieser Fallgestaltung 3. Kapitel B. III. 1. a).

360 Vgl. BGH, Beschl. v. 09.06.2011 – IX ZR 175/10, in: NZI 2011, S. 633 Rn. 11; vgl. *Müller*, in: Jaeger, InsO, § 35 Rn. 169; ausführlich zur rechtstheoretischen Entwicklung des Vermögensbegriffs: *Dawe*, Der Sonderkonkurs des deutschen Internationalen Insolvenzrechts, S. 3 ff.

361 FK-InsO/*Schmerbach*, 9. Aufl. 2018, § 11 Rn. 17, § 13 Rn. 124.

362 Nerlich/Römermann/*Mönning/E. Mönning*, § 11 Rn. 110.

Wertsteigerung erfahrende – Einzelvermögensgegenstände anerkannt ist.[363] Da die wortgetreue Anwendung der Fälle des § 11 InsO ausscheidet, wird eine analoge Anwendung des § 11 Abs. 2 Nr. 2 InsO für den aus dem Insolvenzbeschlag des Erstverfahrens ausgeschiedenen Neuerwerb aus einer freigegebenen selbstständigen Tätigkeit diskutiert.[364] Um Wertungswidersprüche zu vermeiden ist zur Beantwortung der diskutierten Frage im Hinblick auf den Regelungscharakter der Vorschrift gleichzeitig zu klären, in welcher Beziehung die Zweitinsolvenzmasse zum Schuldner steht.

3. *Meinungsstand*

a) *Neues Verfahren über Schuldnervermögen*

aa) *Darstellung*

Nach der Auffassung, der ein weites Verständnis der vollstreckungsrechtlichen Bedeutung des Zweitinsolvenzverfahrens über eine freigegebene Selbstständigkeit zugrunde liegt, verbietet sich eine Einordnung als Sonderinsolvenz. Zur Begründung wird auf den Schuldnerbegriff abgestellt. Das Verfahrenssubjekt des Zweitinsolvenzverfahrens sei nicht die Masse, sondern erneut der Schuldner des Erstverfahrens, sodass das durch die selbstständige Tätigkeit erwirtschaftete Neuvermögen nicht als insolvenzfähiges Sondervermögen i.S.d. § 11 Abs. 2 InsO zu bewerten sei.[365] Teilweise wird nur die Notwendigkeit einer Nähe zu § 11 Abs. 2 InsO infrage gestellt.[366] Diese Position wird erweitert, wenn gleichzeitig auf die Defizite der Konstruktion eines Sondervermögens hingewiesen wird.[367] Zustimmung verdiene der Zweck, die Vermögensmassen von Erst- und Zweitverfahren abzugrenzen.[368] Jedoch folge aus einer Verengung der Masse des Zweitverfahrens auf ein Sondervermögen eine Benachteiligung der Neugläubiger, weil nicht von der Freigabe erfasster Neuerwerb, beispielsweise die zuvor genannte Erbschaft, demnach nämlich nur in die Masse des Erstverfahrens fiele,

---

363 AG Göttingen, Beschl. v. 26.02.2008 – 74 IN 304/07, in: NZI 2008, S. 313 (314); AG Göttingen, Beschl. v. 02.10.2007 – 71 IN 227/03, in: DZWIR 2008, S. 260; MüKoInsO/*Peters*, § 35 Rn. 89; *Müller*, in: Jaeger, InsO, § 35 Rn. 180; *Berger*, ZInsO 2008, S. 1101 (1106); *Bremen*, ZInsO 2002, S. 1 (7); *Montag*, ZVI 2013, S. 453 (454).

364 Nerlich/Römermann/*Mönning/E. Mönning*, § 11 Rn. 110.

365 *Berger*, ZInsO 2008, S. 1101 (1106 f.); *Hirte*, ZInsO 2011, S. 447 (455).

366 KK-InsO/*Hess*, §§ 35, 36 Rn. 111.

367 *Wischemeyer*, ZInsO 2009, S. 2121 (2129).

368 *Wischemeyer*, ZInsO 2009, S. 2121 (2129).

obwohl ebenso Neugläubiger davon profitieren können sollten.[369] Umgekehrt solle eine Schenkung zum Erhalt der freigegebenen Tätigkeit nicht ausschließlich Gläubigern des Zweitverfahrens zukommen, wie es sich bei einem Sonderinsolvenzverfahren aber darstellen müsste.[370]

In eine ähnliche Richtung geht das Verständnis, das Neugläubigern im Zweitverfahren zugewiesene Vermögen als Haftungsmasse im vollstreckungsrechtlichen Sinne zu deuten. Das darüber durchzuführende Verfahren sei, sofern es in der Treuhandperiode stattfindet, funktional und formell eine Art Folgeverfahren und damit sei der Rechtszustand wie unter Geltung der Konkursordnung wiederhergestellt.[371] Erst- und Zweitverfahren seien formell selbstständige Verfahren, die aber über die Abführungsbeträge des § 295a Abs. 1 S. 1 InsO trotz unterschiedlicher Insolvenzmassen zu einer materiellen Verfahrenseinheit miteinander verbunden seien, sollten sie auf demselben fortdauernden Insolvenzereignis beruhen.[372]

Eine gleichzustellende, von *Gotter* vertretene, Position beschäftigt sich mit der Anwendung von § 11 Abs. 2 InsO auf Fälle des Parallelinsolvenzverfahrens und lehnt diese ab. Danach falle insolvenzfreies Vermögen nach einer Negativerklärung nicht unter den Wortlaut der Vorschrift, sodass kein Raum für eine direkte Anwendbarkeit bleibe.[373] Für eine analoge Anwendbarkeit sei schon das Kriterium einer planwidrigen Regelungslücke nicht erfüllt. Aus den Gesetzgebungsmaterialien gehe die Möglichkeit hervor, Verfahren über aus der Insolvenzmasse des Erstverfahrens freigegebene Gegenstände sowie Neuerwerb aus selbstständiger Tätigkeit zu eröffnen.[374] Allerdings werde diese jedenfalls nicht dem § 11 Abs. 2 InsO zugeordnet, was eine mittelbare gesetzgeberische Entscheidung gegen eine Sonderinsolvenz im Rahmen des § 11 Abs. 2 InsO darstelle.[375] Insbesondere verhindere ein solcher, dass im Parallelinsolvenzverfahren eine

---

369 *Wischemeyer*, ZInsO 2009, S. 2121 (2129).

370 *Wischemeyer*, ZInsO 2009, S. 2121 (2129).

371 *Zipperer*, ZVI 2011, S. 541 (543), dort insbesondere Fn. 31.

372 *Zipperer*, ZVI 2011, S. 541 (543).

373 *Gotter*, Die selbstständige Tätigkeit im Insolvenzverfahren, S. 164.

374 *Gotter*, Die selbstständige Tätigkeit im Insolvenzverfahren, S. 164 f.: *Gotter* bezieht sich auf die Begründung zum Vorschlag für einen nicht umgesetzten § 290 Abs. 1 Nr. 3a InsO-E im Rahmen des Entwurfs eines Gesetzes zur Entschuldung mittelloser Personen, zur Stärkung der Gläubigerrechte sowie zur Regelung der Insolvenzfestigkeit von Lizenzen, Begr. RegE, BT-Drs. 16/7416, S. 35.

375 *Gotter*, Die selbstständige Tätigkeit im Insolvenzverfahren, S. 164 f.

Restschuldbefreiung angestrebt werden kann, was der durch den Gesetzgeber vorgegebenen Zielrichtung zuwiderlaufe.[376]

bb) Bewertung

(1) Haftungstrennung durch Negativerklärung

Dieser Ansatz verkennt, dass ein während des laufenden Erstverfahrens oder dessen Treuhandperiode eröffnetes Parallelinsolvenzverfahren seinem Charakter nach ein Insolvenzverfahren über das Vermögen der Selbstständigkeit des Schuldners ist.[377] Es handelt sich gerade nicht um ein Insolvenzverfahren über das gesamte Vermögen des selbstständig tätigen Schuldners. Das Parallelinsolvenzverfahren wird nämlich über Vermögen eröffnet, das aus der Erstinsolvenzmasse ausgeschieden ist, weil es der Selbstständigkeit zugehört.[378] Dem kann auch nicht entgegengehalten werden, dass eine natürliche Person als Schuldner für die eingegangenen Verpflichtungen mit dem gesamten haftbaren Vermögen haftet. Richtigerweise findet beim Insolvenzverfahren über das Vermögen einer unternehmerisch tätigen Einzelperson grundsätzlich keine Aufspaltung zwischen privaten und beruflichem Vermögen statt, da eine solche nicht vom Wortlaut des § 35 Abs. 1 gedeckt ist.[379] Eine Trennung ist aber ausnahmsweise auf Grundlage des § 35 Abs. 2 InsO mit der Negativerklärung des Erstinsolvenzverwalters gesetzlich vorgesehen. Mit Aufhebung des Erstverfahrens ist der durch die in diesem Verfahren geäußerte Negativerklärung statuierte Zweck nicht entfallen, da dieser nicht lediglich rückwärtsgewandt im Verhältnis zur Erstinsolvenzmasse wirkt.

Die Regelung des § 35 Abs. 2 InsO beinhaltet gerade einen Sonderfall der Haftungstrennung, der durch die bloße Aufhebung des Erstverfahrens nicht außer Kraft gesetzt wird. Für eine Verschmelzung des insolvenzfreien privaten Vermögens mit dem der Selbstständigkeit zugeordneten Vermögen durch bloße Erstverfahrensaufhebung sind keine Gründe ersichtlich. Vielmehr legt der Wortlaut des § 35 Abs. 2 InsO fest, dass die grundsätzliche Zuordnung von Neuerwerb durch § 35 Abs. 1 InsO nicht berührt wird. Mit der Formulierung „*Vermögen aus der selbstständigen Tätigkeit und* […] *Ansprüche aus dieser Tätigkeit*" wird lediglich für einen Ausschnitt des gesamten Neuerwerbs der direkte insolvenzliche Haftungszugriff des Erstverfahrens ausgeschlossen.

---

376 *Gotter*, Die selbstständige Tätigkeit im Insolvenzverfahren, S. 165.

377 Vgl. KK-InsO/*Hess*, §§ 35, 36 Rn. 107.

378 Ähnlich schon: *Gotter*, Die selbstständige Tätigkeit im Insolvenzverfahren, S. 150.

379 Vgl. HambK-InsO/*Linker*, § 11 Rn. 2; *Hackländer*, KSI 2006, S. 149 (149).

(2) Subsumtion unter § 11 Abs. 2 Nr. 2 InsO

(a) Konzeption und Analogiefähigkeit des § 11 Abs. 2 Nr. 2 InsO

Die Ansicht, die das parallele Zweitverfahren als erneutes Insolvenzverfahren über das Schuldnervermögen begreift, führt in weiten Teilen die Beiträge nicht auf das der Insolvenzordnung zugrundeliegende konzeptionelle Gerüst von Insolvenzrechtsfähigkeit und Zulässigkeit von Sondervermögensinsolvenzen zurück. Die gesetzlichen Vorgaben bieten aber eine hinlängliche Lösung, die sich aus der konsequenten Einordnung in die existierende Regelungssystematik ergibt. Die Regelung des § 11 InsO enthält keine abschließende Aufzählung zur Insolvenzfähigkeit und ist analogiefähig.[380] Die Formulierung des § 11 InsO dokumentiert die gesetzgeberische Sichtweise, dass sich das Insolvenzverfahren in erster Linie auf eine haftungsrechtlich zugeordnete Vermögensmasse bezieht.[381] Dieser vermögensbezogene Ansatz lag schon der Gesamtvollstreckung unter Geltung der Konkursordnung zugrunde und charakterisiert die Insolvenzfähigkeit zunächst als haftungsrechtliche Abgrenzung.[382] Die Bedeutung eines personenbezogenen Elements im Insolvenzverfahren beschränkt sich allein darauf, der Vermögensmasse einen Rechtsträger zuzuordnen.[383] Im Unterschied zur Konkursordnung existiert mit der Vorschrift des § 11 Abs. 2 InsO eine eindeutige gesetzliche Klarstellung, dass sich die Idee der Insolvenzfähigkeit nicht in der passiven Parteifähigkeit des Zivilprozesses erschöpft, sondern darüber hinaus gesonderte Vermögensmassen die Rolle des Schuldners annehmen können.[384] Für die Insolvenzordnung kommt dem Grundsatz eines

---

380 Vgl. Braun/*Bußhardt*, § 11 Rn. 13; KK-InsO/*Hess*, § 35, 36 Rn. 69; HambK-InsO/*Linker*, § 11 Rn. 52; vgl. auch: PrivatInsRK/*Köster/Berner*, § 35 Abs. 1 Rn. 52; wohl auch: KPB/*Prütting*, § 11 Rn. 51; K.Schmidt/*K.Schmidt*, InsO § 11 Rn. 5, 26 f.; vgl. MüKoInsO/*Vuia* § 12 Rn. 18; *Lissner* in: Lissner/Knauft, Handbuch Insolvenzrecht, S. 20 Rn. 64; *Bork*, ZInsO 2005, S. 1067 ff.; *Fischer*, NZI 2005, S. 586 ff.; *Gundlach/Frenzel/Schmidt*, NZI 2000, S. 561 (565); **a.A.** Beck/Depré/Ampferl Insolvenz/*Depré/Lambert*, § 45 Rn. 27.

381 Gottwald/*Gundlach*, § 5 Rn. 1.

382 Gottwald/*Gundlach*, § 5 Rn. 1.

383 Gottwald/*Gundlach*, § 5 Rn. 2; K.Schmidt/*K.Schmidt*, InsO § 1 Rn. 1 betrachtet einen insolvenzrechtsfähigen Schuldner als notwendigen Anknüpfungspunkt für die Sondervermögensinsolvenz, wenn ein *„juristisch nicht personifiziertes Sondervermögen"* nicht allein insolvenzrechtsfähig ist. Das Konzept der Insolvenzrechtsfähigkeit von Rechtssubjekten sei streng von der Zulässigkeit eines Insolvenzverfahrens über Sondervermögen zu unterscheiden.

384 Gottwald/*Gundlach*, § 5 Rn. 1, 3;

Insolvenzverfahrens pro Person damit insoweit Geltung zu, als dass den Schulden einer Person das gesamte Vermögen haftungsrechtlich zugewiesen ist.[385]

Eine Definition vom Begriff der Insolvenzfähigkeit findet sich in der Insolvenzordnung dagegen nicht. Vielmehr wird dieser in § 11 InsO vorausgesetzt.[386] Bei der Aufzählung in § 11 Abs. 2 Nr. 2 InsO werden nicht einzelne insolvenzfähige Rechtsträger festgelegt, sondern selbstständig insolvenzfähige Vermögensmassen genannt, denen diese Stellung aus Praktikabilitätsgründen zugewiesen ist und die den Verfahrensgegenstand bilden können.[387] Die analoge Anwendbarkeit des § 11 InsO erstreckt sich mithin ebenfalls auf das Teilvermögen eines Schuldners, ohne dass die Vermögensmasse rechtsfähig sein muss.[388] Zur Begründung kann einerseits die vom Gesetzgeber in der Norm festgeschriebene vermögensmäßige Perspektive von Insolvenzverfahren und andererseits die schon in der Konkursordnung angelegte Unterscheidung von Gesamt- und Sonderkonkurs angeführt werden[389]: Über gesonderte Vermögensmassen, die ein Teilvermögen des Schuldners darstellen und dem Schuldner als Rechtssubjekt zugeordnet sind, wird ein eigenständiges Gesamtvollstreckungsverfahren durchgeführt, wo die Befriedigung nur eines Teils der Gläubiger das ausschlaggebende Kriterium für eine Subsumtion unter § 11 Abs. 2 InsO bildet.[390]

(b) Vergleichbare Interessenlage

Nachdem feststeht, dass § 11 Abs. 2 Nr. 2 InsO grundsätzlich analogiefähig ist, müssen zudem die Voraussetzungen einer vergleichbaren Interessenlage bei Vorliegen einer planwidrigen Regelungslücke vorliegen, um eine inhaltliche Erweiterung durch Rechtsfortbildung der Vorschrift zu rechtfertigen. Die Regelung des § 11 Abs. 2 Nr. 2 InsO stellt eine von mehreren oben genannten gesetzlichen Regelungen dar, die ein zusätzliches paralleles Verfahren ermöglichen. Daneben

---

385 Gottwald/*Gundlach*, § 5 Rn. 1; unter Berufung auf die vermögensrechtlichen Sphären kritisch zum Grundsatz: *Ries*, ZinsO 2005, S. 298 (302); HambK-InsO/*Lüdtke*, § 35 Rn. 5 betont, dass die Insolvenzmasse immer Sondervermögen des Schuldners ist. Bei den Ausnahmen des § 11 Abs. 2 InsO handelt es sich um Abweichungen von der Haftung mit dem Gesamtvermögen des Schuldners.

386 KPB/*Prütting*, § 11 Rn. 5; im Recht der Konkursordnung wurde die Konkursfähigkeit über § 72 KO aus § 50 ZPO hergeleitet, K.Schmidt/*K.Schmidt*, InsO § 11 Rn. 1, 5.

387 KPB/*Prütting*, § 11 Rn. 5; K.Schmidt/*K.Schmidt*, InsO § 11 Rn. 5.

388 Gottwald/*Gundlach*, § 5 Rn. 26, 27.

389 Vgl. Gottwald/*Gundlach*, § 5 Rn. 26; *Kilger/K.Schmidt*, KO, § 1 Anm. 1 A d; vgl. Baur/Stürner II S. 84 f.

390 Gottwald/*Gundlach*, § 5 Rn. 2.

enthält die Vorschrift den Gedanken über eine Teilmasse des schuldnerischen Vermögens ein separates Insolvenzverfahren zu eröffnen. Dieser Gedanke ist auf das Parallelinsolvenzverfahren übertragbar. Bei der Insolvenzmasse des Parallelverfahrens handelt es sich um einen abgegrenzten Teil des Schuldnervermögens. Auch hier soll eine Haftungsbeschränkung auf (neues) Teilvermögen des Schuldners – das Vermögen der Selbstständigkeit – erreicht werden.[391] Der Vermögensbezug einer freigegebenen Selbstständigkeit ähnelt darin den in § 11 Abs. 2 Nr. 2 InsO erwähnten Konstellationen.

(c) Vorliegen einer planwidrigen Regelungslücke

Die Argumentation, dass von einer analogen Anwendung des § 11 Abs. 2 InsO mangels zufälliger Regelungslücke Abstand genommen werden müsste, greift zu kurz. Richtigerweise besteht eine Regelungslücke nicht allein, weil der Fall eines Insolvenzverfahrens über eine freigegebene Selbstständigkeit nicht direkt unter den Wortlaut des § 11 Abs. 2 Nr. 2 InsO subsumierbar ist. Zu den Voraussetzungen einer Rechtsfortbildung durch Analogie bedarf es zusätzlich einer Unvollständigkeit des Gesetzes, die über ein bloßes Schweigen hinausgeht.[392] Ob eine Unvollständigkeit auch eine Lücke darstellt, ist vom Standpunkt des Gesetzes und der ihm zugrunde liegenden Regelungsabsicht zu beurteilen, wobei die vom Gesetzgeber nicht beabsichtigte Lücke aufgrund konkreter Umstände positiv festgestellt werden muss, damit nicht jedes Schweigen als Lücke interpretiert wird.[393] Die Insolvenzordnung verhält sich nicht dazu, wie Insolvenzverfahren über eine freigegebene Selbstständigkeit einzuordnen sind. Obwohl die Erweiterung des § 35 InsO die Option einer Haftungstrennung eingeführt hat, ist eine Beantwortung dieser Folgefrage ausgeblieben.[394] Auf welcher Grundlage ein gemeinschaftlicher Haftungszugriff der Neugläubiger durchgeführt werden kann, bleibt ohne gesetzliche Lösung. Dem Gesetzgeber kann auch nicht unterstellt werden, der Annahme vertraut zu haben, die Rechtspraxis werde die

---

391 Vgl. Beck/Depré/Ampferl Insolvenz/*Ampferl/Kilper*, § 2 Rn. 16; vgl. *Sinz/Hiebert/Wegener*, Rn. 876.

392 BGH, Beschl. v. 04.05.2017 – IX ZB 92/16, in: NZI 2017, S. 627 (628) Rn. 14; BGH, Beschl. v. 20.11.2014 – IX ZB 16/14, in: NZI 2015, S. 128 (130) Rn. 16; BGH, Urt. v. 02.10.1951 – V ZR 77/50, in: NJW 1952, S. 20; *Canaris*, Die Feststellung von Lücken im Gesetz, S. 39 ff.; *Larenz*, Methodenlehre der Rechtswissenschaften, S. 370; Wiedemann, NJW 2014, S. 2407 (2408 f.).

393 BGH, Beschl. v. 04.05.2017 – IX ZB 92/16, in: NZI 2017, S. 627 (628) Rn. 14; BGH, Beschl. v. 20.11.2014 – IX ZB 16/14, in: NZI 2015, S. 128 (130) Rn. 16.

394 Zur Erweiterung der Vorschrift schon oben unter: 3. Kapitel A. II. 1.

allgemeinen Regeln anwenden. Eine Regelung zu gesonderten Insolvenzverfahren enthält aber § 11 Abs. 2 InsO. Eine vergleichbare eigenständige Regelung für das freie Vermögen aus § 35 Abs. 2 InsO enthält die Insolvenzordnung nicht.[395]

Offen bleibt, ob diese Regelungslücke planwidrig ist, also durch ein Versehen des Gesetzgebers nicht geschlossen worden ist.[396] Wenn angeführt wird, es bestünde jedenfalls ein mittelbares gesetzgeberisches Bekenntnis zu einem allgemeinen Insolvenzverfahren[397], werden dem Gesetzgeber Schlussfolgerungen zugeschrieben, die er in dieser Form nicht gezogen hat: Bei der Schaffung der Regelung des § 11 InsO stellte sich die Frage nach einer parallelen Insolvenz über Neuerwerb nicht, da jeglicher Neuerwerb in die Insolvenzmasse fiel. Erst mit der Erweiterung des § 35 InsO durch den zweiten und dritten Absatz durch das Gesetz zur Vereinfachung des Insolvenzverfahrens vom 13.04.2007 konnte dies im Zusammenhang mit § 11 Abs. 2 Nr. 2 InsO Bedeutung erlangen. Fraglich ist, ob Überlegungen zu Zweitinsolvenzen hinsichtlich des Neuerwerbs bei freigegebener selbstständiger Tätigkeit den Gesetzgeber auf den Plan hätten rufen müssen. Da die Gesetzesänderung die Möglichkeit eines zusätzlichen Verfahrens entstehen lässt, ist zu klären, ob der Gesetzgeber die Möglichkeit eines neuen Insolvenzverfahrens über eine freigegebene Selbstständigkeit schlicht übersehen hat oder ob er sich nicht veranlasst sah, eine Erweiterung des § 11 Abs. 2 InsO oder eine anderweitige zusätzliche Regelung zu schaffen. Maßgeblich muss also das gesetzgeberische Bewusstsein zum Zeitpunkt des Gesetzgebungsakts sein, mit dem die Herauslösung des Neuerwerbs aus der Insolvenzmasse überhaupt erst besteht.

Zunächst kann auf den Gesetzentwurf der Bundesregierung zum Gesetz zur Vereinfachung des Insolvenzverfahrens vom 02.11.2006 Bezug genommen werden. Dort findet sich die Formulierung:

> *„Den Neugläubigern, also den Gläubigern, die nach Eröffnung des Verfahrens mit dem Schuldner kontrahiert haben, stehen, sofern eine entsprechende Erklärung des Verwalters vorliegt, als Haftungsmasse die durch die selbstständige Tätigkeit erzielten Einkünfte zur Verfügung.“*[398]

Daraus geht hervor, dass das Gesetzesvorhaben in der Annahme initiiert wurde, dass der Neuerwerb aus der freigegebenen Selbstständigkeit Neug-

---

395 Vgl. KPB/*Prütting*, § 11 Rn. 51.

396 Vgl. *Canaris*, Die Feststellung von Lücken im Gesetz, S. 31.

397 Vgl. Gotter, Die selbstständige Tätigkeit im Insolvenzverfahren, S. 164. Siehe dazu oben Fn. 389.

398 BT-Drs. 16/3227, S. 17.

läubigern Gelegenheit zu Vollstreckungshandlungen bietet. Angesichts des offenen Wortlauts ist darauf zu schließen, dass sowohl die Möglichkeit einfacher Zwangsvollstreckungsmaßnahmen einzelner Gläubiger als auch ein Gesamtvollstreckungsverfahren zugunsten der Gesamtheit von Neugläubigern vorausgesehen worden sind. Eine Stellungnahme oder Indizien, die Interpretationsspielraum hinsichtlich des passenden Formats zulassen, fehlen.

Nicht unberücksichtigt bleiben darf jedoch, dass die dogmatische Auseinandersetzung mit Zweitinsolvenzverfahren erst mit den ersten in der Praxis vorkommenden Fällen anlief. Nicht zuletzt setzten Entscheidungen des Amtsgerichts Göttingen und des Amtsgerichts Hamburg die Diskussion in Gang.[399] Vor der Gesetzesänderung nahm der Bundesgerichtshof zwar schon Stellung zur Möglichkeit von Zweitinsolvenzverfahren bei noch nicht aufgehobenem Erstverfahren und verknüpfte das rechtliche Interesse des Gläubigerantrags mit dem Vorhandensein neuen Vermögens.[400] Allein erwuchs daraus zu keiner Zeit eine Diskussion über die Rechtsnatur von Zweitverfahren, die darauf schließen ließe, dass der Gesetzgeber bewusst keine Regelung getroffen hätte. Dass die Einführung des § 35 Abs. 2 InsO zu entsprechenden Anpassungsbedürfnissen führen würde, war zum Zeitpunkt der Schaffung der Vorschrift nicht von vornherein ausgeschlossen. Darüber, ob die bis dahin bestehenden gesetzlichen Regeln als ausreichend angesehen wurden und deshalb daneben keine erweiternde Regelung zu Zweitverfahren getroffen oder die Streitfrage nicht einmal erkannt wurde, schweigt der Entwurf.

Anlass zu der Vermutung eines gesetzgeberischen Bewusstseins kann weiterhin geben, dass im Entwurf der Bundesregierung eines Gesetzes zur Entschuldung mittelloser Personen, zur Stärkung der Gläubigerrechte sowie zur Regelung der Insolvenzfestigkeit von Lizenzen vom 02.12.2007 die Zulässigkeit von zusätzlichen Insolvenzverfahren im Rahmen der Überlegungen zur Schaffung eines neuen § 290 Abs. 1 Nr. 3 InsO-E ausdrücklich genannt wird:

> „*Nummer 3a* [des § 290 Abs. 1 InsO] *ist im Übrigen an den Wortlaut der Nummer 3 angeglichen; erfasst werden damit auch Insolvenzverfahren, die freigegebene Massegegenstände aus einem früheren Insolvenzverfahren oder Neuerwerb des Schuldners zum Gegenstand haben und in denen die Entscheidung über die Restschuldbefreiung zeitlich nach Stellung*

399 AG Göttingen, Beschl. v. 26.02.2008 – 74 IN 304/07, in: NZI 2008, S. 313; AG Hamburg, Beschl. v. 18.06.2008 – 67g IN 37/08, in: ZinsO 2008, S. 680.

400 BGH, Beschl. v. 18.05.2004 – IX ZB 189/03, in: ZinsO 2004, S. 739 (739).

des Antrags auf Eröffnung des Insolvenzverfahrens getroffen wird, in dem Nummer 3a zur Anwendung kommt".[401]

Berücksichtigt man die zeitliche Nähe zur Erweiterung des § 35 InsO drängt sich auf, dass der Gesetzgeber Zweitverfahren über Selbstständigkeiten möglicherweise schon wenige Monate zuvor in dem anderen, früheren Gesetzgebungsprozess erkannt haben muss. Jedenfalls lässt sich aus der Formulierung im Entwurf eines Gesetzes zur Entschuldung mittelloser Personen, der nur kurze Zeit nach der Änderung des § 35 InsO später veröffentlicht wurde und zum damaligen Zeitpunkt als einziges gesetzgeberisches Dokument Anhaltspunkte für Zweitinsolvenzen enthielt, ebenso wenig das Gegenteil entnehmen. Auf einen angeblichen gesetzgeberischen Willen kann deshalb nicht geschlossen werden. Den Gesetzesmaterialien lässt sich lediglich eine Aussage darüber entnehmen, dass es grundsätzlich zu Zweitinsolvenzen kommen kann. Ein Bezug zu Insolvenzen über freigegebene Selbstständigkeiten wird weder erwähnt noch lässt sich ein solcher über das Wort „*Neuerwerb*" hineinlesen. Von einer mittelbaren Stellungnahme des Gesetzgebers auszugehen ist irreführend. Eine Entscheidung gegen eine Zuordnung zu § 11 Abs. 2 InsO geht aus der Formulierung nicht hervor. Dies wird besonders deutlich, wenn die gegenteilige Ansicht ihre Position damit begründet, dass das gesetzgeberische Bekenntnis im Zusammenhang mit der Neuregelung der Vorschriften über das Restschuldbefreiungsverfahren erfolgt sei.[402] Eine Restschuldbefreiung soll in diesen Verfahren möglich sein, denn die Stichworte zu zusätzlichen Insolvenzverfahren fallen nur im Zuge des Entwurfs zur Neuregelung der Restschuldbefreiung.[403] Eine Anwendung der Vorschriften über die Sonderinsolvenzverfahren sei jedoch abzulehnen, da sich

---

401 Begr. RegE, BT-Drs. 16/7416, S. 35. Der Gesetzentwurf sah vor, bei mittelosen Schuldnern ein vereinfachtes Entschuldungsverfahren durchzuführen, bei welchem anstelle eines aufwändigen Insolvenzverfahrens bei einer Abweisung mangels Masse das Eröffnungsverfahren direkt in ein Restschuldbefreiungsverfahren übergeleitet werden sollte. Der Schuldner sollte von Beginn an durch einen vorläufigen Treuhänder unterstützt werden. Damit blieben Schuldner und Gläubigern ergebnislose Insolvenzverfahren erspart und die Verfahrensökonomie bei Verbraucherinsolvenzen würde gestärkt. Die Anhörung von Sachverständigen im Rechtsausschuss des Deutschen Bundestages am 09.04.2008 konnte die Notwendigkeit einer Änderung der geltenden Vorschriften nicht bekräftigen. Das Gesetzgebungsverfahren endete aufgrund von Diskontinuität in der 16. Legislaturperiode, Uhlenbruck/*Sternal*, Vorbem. Zu §§ 304-314 Rn. 9 ff.

402 So aber: *Gotter*, Die selbstständige Tätigkeit im Insolvenzverfahren, S. 164.

403 *Gotter*, Die selbstständige Tätigkeit im Insolvenzverfahren, S. 164.

ein anschließendes Restschuldbefreiungsverfahren im Rahmen eines Sonderinsolvenzverfahrens nach § 11 Abs. 2 InsO verbiete.[404]

Diese Argumentation geht fälschlicherweise davon aus, dass eine Einordnung unter die Vorschrift nur erfolgen könne, wenn es sich um eine entpersonalisierte Vermögensmasse handelt. Diese Einordnung ist jedoch schief, denn Vermögensmassen sind nicht autonom rechtsfähig.[405] Daneben missversteht die Gegenansicht auch das Verhältnis von besonderen Vorschriften bezüglich Sonderinsolvenzen zu den allgemeinen insolvenzrechtlichen Vorschriften. Die existierenden Vorschriften zu Sonderinsolvenzen haben abseits der spezifischen Abänderungen allgemeiner Regeln keine ausschließende Wirkung, sondern enthalten Teilregelungen. So ersetzen im Fall des Nachlassinsolvenzverfahrens die Vorschriften der §§ 315–334 InsO, auf die § 11 Abs. 2 Nr. 2 InsO verweist, die allgemeinen Regeln nur insoweit, wie eigene formelle und materielle Regelungsinhalte geschaffen werden.[406] Daneben gelten die allgemeinen Regeln der Insolvenzordnung fort, sofern sie den Zweck des Sonderinsolvenzverfahrens nicht torpedieren.[407] Auch für die Regeln des Restschuldbefreiungsverfahrens muss eine Anwendbarkeit damit in dieser Hinsicht nicht grundsätzlich ausgeschlossen werden.[408] Deshalb lässt sich auf diese Weise kein entsprechendes Bewusstsein des Gesetzgebers herleiten, das eine Planwidrigkeit widerlegen könnte. Es finden sich keine Anhaltspunkte, dass der Gesetzgeber die Regelungslücke zwar erkannt hat und gleichwohl der Rechtsfortbildung die Erarbeitung einer Lösung überlassen wollte. Es steht vielmehr fest, dass die Regelungslücke planwidrig ist und damit alle Voraussetzungen für eine Analogie vorliegen.

---

404 *Gotter*, Die selbstständige Tätigkeit im Insolvenzverfahren, S. 164.

405 Hierzu sogleich unter: 3. Kapitel A. III. 3. B) bb) (1).

406 HambK-InsO/*Linker*, § 11 Rn. 43.

407 Graf-Schlicker/*Graf-Schlicker/Kexel*, § 35 Rn. 43, weist ausdrücklich auf die Anwendbarkeit der allgemeinen Regeln hinsichtlich der Antragstellung und Eröffnung hin, betrachtet allerdings das Sondervermögen selbst für den Schuldner.

408 In den gesetzlich geregelten Fällen widerspricht eine Restschuldbefreiung allerdings grundsätzlich den Verfahrenszwecken. Die Begründung ist so banal wie wichtig: So kann ein Nachlassinsolvenzverfahren keine Grundlage für ein Restschuldbefreiungsverfahren bilden, da einem Nachlass kein wirtschaftlicher Neuanfang ermöglicht werden muss und dieser keinen sinnvollen Anknüpfungspunkt für ein Entschuldungsverfahren bietet, MüKoInsO/*Siegmann/Scheuing*, Vorbem. Vor §§ 315-331 Rn. 7; Hierzu näher unter: 5. Kapitel A. I. und 5. Kapitel B. I. 5.

(d) Ergebnis

Die Parallelinsolvenz muss somit unter analoger Anwendung des § 11 Abs. 2 Nr. 2 InsO als Sonderinsolvenzverfahren verstanden werden. Für die Abwicklung im Rahmen des § 11 Abs. 2 Nr. 2 InsO ist das Sondervermögen der Selbstständigkeit insolvenzverfahrensfähig.[409]

(3) Ausnahmecharakter von Sonderinsolvenzen kraft gesetzlicher Wertung

Die Einordnung als Sonderinsolvenz kann überdies mit Wertungen der gesetzlichen Systematik begründet werden. Die Sonderinsolvenzverfahren des § 11 Abs. Nr. 2 InsO treten im Zusammenhang mit einem Regelverfahren auf.[410] Dementsprechend konsequent ist die Schlussfolgerung, dass in Abgrenzung zum Erstverfahren als Regelverfahren eine Sonderinsolvenz vorliegt. Dies muss umso mehr gelten, wenn der Grundsatz eines Verfahrens pro Person beherzigt werden soll. Die explizite Regelung der Sonderinsolvenz zeigt, dass Verfahren über besondere Massen Ausnahmecharakter besitzen.[411] Die Gesamtvollstreckung über sämtliches Schuldnervermögen stellt den Regelfall dar.[412] Wenn man parallele Verfahren zulässt, müssen diesem Verständnis nach zeitlich später eröffnete und noch dazu parallel stattfindende Gesamtvollstreckungsverfahren Sonderinsolvenzen darstellen.

(4) Grundsätzliches zum Masseumfang

Der Insolvenzbeschlag des Zweitverfahrens umfasst sämtliches nicht dem Pfändungsschutz unterfallende Vermögen der Selbstständigkeit. Richtigerweise ist vom Zweitinsolvenzbeschlag das freigegebene Sondervermögen, das sich

---

409 Bevorzugt wird an den von *Henckel*, ZIP 2000, S. 2045 (2046) vorgeschlagenen und von *Frege/Keller/Riedel*, Insolvenzrecht, Teil 2 Rn. 37 aufgegriffenen, als Alternative zum Ausdruck „*Insolvenzfähigkeit*“ vorgeschlagenen Begriff „*Insolvenzverfahrensfähigkeit*“ angeknüpft. Insbesondere in Bezug auf Parallelverfahren wird diese Bezeichnung der Systematik des § 11 InsO gerecht und bringt die Schuldnerrolle und Rechtsbeziehung des Insolvenzschuldners zum Sondervermögen und der potenziellen Sonderinsolvenzmasse zum Ausdruck.

410 So z.B. bei der Doppelinsolvenz von Erben und Nachlass. Hierzu unter: 6. Kapitel D. II. 3.

411 A/G/R-*Kadenbach*, § 11 InsO Rn. 32: § 11 Abs. 2 Nr. 2 InsO ist entsprechend eng auszulegen.

412 *Müller*, in: Jaeger, InsO, § 35 Rn. 175.

aus den Bruttoeinkünften des Schuldners aus der Selbstständigkeit sowie dem pfändbaren Betriebsvermögen zusammensetzt, umfasst.[413]

Eine während der Treuhandperiode des Erstverfahrens anfallende Erbschaft kann nicht in die Masse des Parallelinsolvenzverfahrens fallen, denn sie betrifft nicht die besondere Vermögensmasse der Selbstständigkeit.[414]

Durch Einzelfreigabe aus der Insolvenzmasse herausgelöstes Vermögen unterfällt nicht dem Beschlag des Zweitverfahrens, denn solches Vermögen ist nicht in gleicher Weise infolge der Negativerklärung zweckgebunden. Durch echte Freigabe aus dem Erstverfahren gelöstes Vermögen ist nicht der Selbstständigkeit zugeordnet, sondern Teil des insolvenzfreien Privatvermögens des Schuldners.[415] Die echte Freigabe führt nicht dieselben Folgen herbei wie die Negativerklärung.[416]

b) Isoliertes Verfahren über insolvenzfähiges Sondervermögen mit rein prozessualem Schuldnerbezug

aa) Darstellung

Teilweise wird vertreten, dass es sich bei einem zusätzlichen Verfahren über das Vermögen einer freigegebenen Selbstständigkeit um ein nicht subjektbezogenes Sonderinsolvenzverfahren handelt. Für den Fall, dass der gesamte Geschäftsbetrieb ohne Einschränkungen im ersten Verfahren freigegeben worden ist, wird der freigegebene Geschäftsbetrieb als ein *„als Haftungsmasse abgrenzbares Vermögenskonglomerat"* und damit als ein insolvenzfähiges Sondervermögen i.S.d. § 11 Abs. 2 InsO betrachtet.[417] Für dieses trete der Betriebsinhaber und Schuldner des ersten Insolvenzverfahrens im Zweitverfahren als Verfahrensvertreter auf.[418] Dieser Ansatz erfährt eine Erweiterung, soweit der Schuldner als bloßes Zuordnungssubjekt eines Sondervermögens charakterisiert wird.[419] So wird

413 HambK-InsO/*Lüdtke*, § 35 Rn. 280; vgl. Obermüller/*Obermüller*, Rn. 1.110.

414 Es gilt der oben genannte Prioritätsgedanke: 3. Kapitel A. III. 1. D). Hierzu näher unter: 3. Kapitel A. IV.

415 Vgl. PrivatInsRK/*Montag*, § 35 Abs. 2 bis 5 Rn. 294. Hierzu unter: 3. Kapitel C. II.

416 A/G/R-*Ahrens*, § 35 InsO Rn. 165. Die Freigabe weiterer Einzelgegenstände bleibt aber möglich. Zur Zweckerklärung durch Negativerklärung sogleich unter: 3. Kapitel A. III. 3. B) bb) (2) und 3. Kapitel A. III. 3. C) bb) (2) sowie 3. Kapitel A. III. 4. B) bb) (3).

417 AG Hamburg, Beschl. v. 18.06.2008 – 67g IN 37/08, in: ZinsO 2008, S. 680 (681); KK-InsO/*Hess*, § 35, 36 Rn. 109; *Frind*, Privatinsolvenz-HdB, Rn. 129.

418 AG Hamburg, Beschl. v. 18.06.2008 – 67g IN 37/08, in: ZinsO 2008, S. 680 (681); PrivatInsRK/*Montag*, § 35 Abs. 2 bis 4 Rn. 336.

419 *Montag*, ZVI 2013, S. 453 (455).

vorgebracht, bei dem Insolvenzverfahren über das Sondervermögen aus freigegebenem Geschäftsbetrieb handele es sich *„nicht um ein Insolvenzverfahren über das Vermögen einer natürlichen Person“*.[420] Die strengste Strömung innerhalb dieser Betrachtungsweise betrachtet das aus einer selbstständigen Tätigkeit generierte Vermögen als Sondermasse, die vom Schuldner als natürlicher Person entkoppelt sei, und kommt im Zuge dessen zu dem Schluss, dass ein Verfahren über dieses entsprechend nicht zu einer Restschuldbefreiung führen könne.[421] Indem das Sondervermögen zugleich Objekt und Schuldner des Insolvenzverfahrens sei, wird das Sonderinsolvenzverfahren als reines Vermögensverwertungsverfahren betrachtet.[422] Daneben könne als Konsequenz der Gleichsetzung mit den Fällen der § 11 Abs. 2 Nr. 2 InsO über das Privatvermögen des am Sondervermögen beteiligten Schuldners ein gesondertes Insolvenzverfahren durchgeführt werden.[423]

bb) Bewertung

(1) Keine Rechtssubjektivität des Sondervermögens

Dieser Ansicht ist entgegenzuhalten, dass das Vermögen der Selbstständigkeit nicht an sich insolvenzverfahrensfähig ist. Über die Zweckbindung durch Negativerklärung wird keine rechtssubjektivierte Verselbstständigung über die Eigenschaft als Sondervermögen hinaus bewirkt.[424] Der Zweck der Negativerklärung beschränkt sich in der Auslagerung des wirtschaftlichen Risikos der Tätigkeit für die Insolvenzmasse und wirkt ausschließlich vermögensbezogen. Das wird besonders veranschaulicht, wenn man die gewerberechtliche Sicht hinzuzieht: Eine Gewerbeuntersagung gem. § 12 GewO soll auch nach erfolgter Freigabe der Selbstständigkeit möglich sein, da lediglich Vermögen aus der Insolvenzmasse ausgegliedert wird, die selbstständige Tätigkeit aber, verknüpft über die Ausgleichspflicht des § 35 Abs. 2 S. 2 InsO, Teil des Insolvenzverfahrens bleibt.[425] Dies verdeutlicht die enge Verbindung des Sondervermögens zum Schuldner.

---

420 Ausdrücklich *Montag*, ZVI 2013, S. 453 (455).

421 *Frind*, ZinsO 2012, S. 668 (671); in diese Richtung wohl auch: *Meyer*, Die Freigabe der selbstständigen Tätigkeit, S. 175.

422 Graf-Schlicker/*Kexel* § 11 Rn. 16, 20, § 35 Rn. 42; HK-InsO/*Sternal*, § 11 Rn. 22.

423 Graf-Schlicker/*Kexel*, § 11 Rn. 16.

424 Vgl. *Dawe*, Der Sonderkonkurs, S. 13 f.

425 Vgl. KK-InsO/*Hess*, § 35, 36 Rn. 78. Zur Gewerbeuntersagung unter: 3. Kapitel D. VI.

Das auf den Schuldnerbetrieb bezogene Vermögen ist aufgrund der engen Bindung zum Schuldner nicht teilrechtsfähig, sondern steht als Rechtsobjekt in dessen Eigentum und ist haftungsrechtlich abgesondert.[426] Es kann nicht rechtssubjektiviert werden, da der Vermögensträger verpflichtet wird und eine Teilrechtsfähigkeit sich nicht mit der Zweckbindung deckt. Bei teilrechtsfähigen Sondervermögen bedarf es einer positiven Rechtfertigung für eine Mitverpflichtung des Schuldners, da ansonsten nur das rechtssubjektivierte Vermögen verpflichtet werden kann.[427] Das Vermögen aus Selbstständigkeit ist jedoch nicht in einem solchen Sinne autonom und deshalb nicht teilrechtsfähig, denn Vermögen an sich ist nicht teilrechtsfähig, weil nur Rechtsträger Schuldner eines Insolvenzverfahrens sein können.[428] Zudem bildet die Verpflichtung des Schuldners gerade die Voraussetzung für das Entstehen von insolvenzfreiem Vermögen der Selbstständigkeit.

(2) Vermögensbezogene Neuausrichtung durch Geschäftsfreigabe

Der nach der Freigabe aus der Masse des Erstverfahrens aus der wirtschaftlich selbstständigen Tätigkeit generierte Neuerwerb und das dieser zugeordnete Vermögen, die nicht vom Erstinsolvenzbeschlag umfasst sind, bilden eine gesonderte Masse, über die ein eigenständiges Verfahren eröffnet wird.[429] In Bezug auf das durch Erklärung des Insolvenzverwalters geschaffene Vermögen besteht in der Hinsicht ein qualitativer Unterschied zu den in § 11 Abs. 2 InsO genannten Vermögensmassen, dass der Umfang des Vermögens durch die vorgeschaltete Zweckerklärung durch den Verwalter vorbestimmt wird.[430] In den in § 11 Abs. 2 InsO aufgeführten Fällen bestimmt allein das Schuldnerverhalten den Masseumfang. Dieser Unterschied wird jedoch dadurch relativiert, dass es sich auch in diesen Fällen um zweckgebundenes Vermögen handelt, dem zu einem früheren Zeitpunkt eine Zuordnung vorausging. Insoweit wird aufgrund der ex nunc-Wirkung der Negativerklärung allein ein auszufüllender Haftungsrahmen für die Schuldnertätigkeit festgelegt.[431] Da der Insolvenzverwalter bei der

---

426 Vgl. KPB/*Prütting*, § 11 Rn. 51 und KPB/*Holzer*, § 35 Rn. 9.

427 *Dauner-Lieb*, Unternehmen in Sondervermögen, S. 58. Hierzu näher unter: 3. Kapitel A. III. 4. B) bb).

428 Vgl. KPB/*Prütting*, § 11 Rn. 6.

429 AG Köln Beschl. v. 07.06.2010 – 71 IN 509/09, in: ZVI 2010, S. 424; *Dahl*, VIA 2010, S. 743 (743).

430 Hierzu sogleich unter: 3. Kapitel A. III. 4. B) bb (3).

431 Hierzu näher unter: 3. Kapitel C. I. 2.

Negativerklärung nur eine Gesamtfreigabe vornehmen darf und die materielle Reichweite der Erklärung nicht bestimmen darf, findet ausschließlich über das haftungsumgrenzende „ob" eine Vorbestimmung statt.[432]

Dieses Sondervermögen ist allerdings nicht vollkommen verselbstständigt, da es sich nicht abschließend auf eine Zusammenfassung von Gesamtvermögen bezieht, sondern in Ausübung der Tätigkeit Vermögenszu- und -abflüssen ausgesetzt ist, die vom Wirtschaften des Erstverfahrensschuldners abhängen. Der Schuldner ist nicht nur Vermögensträger oder Vertreter der Masse, sondern Subjekt unternehmerischer Entscheidungsprozesse über ein vom Erstverfahren entkoppeltes Vermögenskonglomerat in gesondertem Haftungsverbund. Wird über dieses bei unternehmerischem Scheitern ein Sonderinsolvenzverfahren eröffnet, ergibt sich daraus keine Benachteiligung der Altgläubiger, da den Neugläubigern von Anfang an sämtliches mit der Tätigkeit im Zusammenhang stehendes Vermögen zugewiesen ist. Auch sind der Erstinsolvenzmasse bis zu diesem Zeitpunkt die Abführungsbeträge zugeflossen. Eine Haftungstrennung war schon weit vor der Zweitinsolvenzeröffnung abgeschlossen.

Hinsichtlich der Insolvenzmasse des Parallelverfahrens ist zu bedenken, dass es sich bei dieser Insolvenzmasse zwar formell um eine haftungsrechtlich abgegrenzte, besondere Masse handelt, diese jedoch materiell kein statisches Vermögen bildet. Fasst der Schuldner beispielsweise den Entschluss, seine Tätigkeit im Zweitverfahren einzustellen, wirkt sich diese Entscheidung auf die Werthaltigkeit der Masse des zweiten Verfahrens aus.[433] Ob diese wächst oder schrumpft, hängt von unternehmerischen Entscheidungen des Schuldners ab. Diese Risikoverteilung besteht tatsächlich schon mit der Negativerklärung und ist damit eindeutig zu Lasten einer möglichen zweiten Masse festgelegt, da § 35 Abs. 2 S. 1 InsO auf den Schutz der Insolvenzmasse eines zeitlich früheren Verfahrens abzielt.[434] Diese Sichtweise findet ihre Legitimation in der Gesetzesbegründung, die betont, dass dem Schuldner ein wirtschaftlicher Neuanfang ermöglicht werden soll.[435] Direkten Einfluss hat dies auf die Befriedigungsaussichten der Neugläubiger in einem Zweitverfahren, denn das Verhalten des Schuldners wirkt sich direkt auf das ökonomische Potential des Neuerwerbs aus.

---

432 BGH, Urt. V. 21.02.2019 – IX ZR 246/17, in: ZIP 2019, S. 577 Rn. 23; A/G/R-*Ahrens*, § 35 InsO Rn. 165a.

433 Hierzu unter: 3. Kapitel D. II. und 3.Kapitel D. III.

434 *Zipperer*, ZVI 2007, S. 541 (543).

435 BT-Drs. 16/3227, S. 17.

c) Gesondertes Verfahren über Schuldnervermögen aus freigegebener Selbstständigkeit

aa) Darstellung

Auf der anderen Seite existieren solche Standpunkte, die ein zusätzliches Insolvenzverfahren als Sonderinsolvenz über besonderes Vermögen des Schuldners betrachten. Der Bundesgerichtshof bezeichnet die Rechtsnatur eines zweiten Insolvenzverfahrens über das Vermögen einer freigegebenen Selbstständigkeit als „*Zweitverfahren über das gem. § 35 Abs. 2 InsO insolvenzfreie Vermögen eines Verfahrensschuldners*".[436] In der Literatur trifft diese Bewertung auf breite Zustimmung. Die Standpunkte orientieren sich dabei überwiegend am Motiv der Haftungsverwirklichung für Neugläubiger.[437] Das Merkmal, Neugläubigern eine eigenständige Haftungsmasse zuzuweisen, wird in den Fokus gerückt.[438] Gegenständlich sei ein zweites Insolvenzverfahren auf das freigegebene Vermögen zu beschränken.[439] Andere Autoren sprechen in diesem Zusammenhang terminologisch spezieller von einem Sonderinsolvenzmasseverfahren.[440] Teilweise wird auch eindeutig auf die Bildung eines zusätzlichen Sondervermögens abgestellt.[441]

Weiterführend geht es um die rechtliche Bewertung der Haftungsmasse und deren Rückwirkung auf das Verfahrensgerüst. Nach einer zwischen insolvenzbeschlagenem und insolvenzfreiem Vermögen unterscheidenden Perspektive wird die freigegebene Vermögensmasse als insolvenzfähiges Sondervermögen in dem Sinne aufgefasst, dass der Schuldner darüber abseits des Insolvenzbeschlags des Erstverfahrens gesondert verfügen könne.[442] Dieser Schluss wird aus der Gegenüberstellung der Parallelinsolvenz mit der Eröffnung eines zweiten

---

436 BGH, Beschl. v. 09.06.2011 – IX ZR 175/10, in: NZI 2011, S. 633 Rn. 8.

437 KK-InsO/*Hess*, §§ 35, 36 Rn. 104; *Bäuerle* in: Lissner/Knauft, Handbuch Insolvenzrecht, S. 31 Rn. 115.

438 *Gehrlein*, ZinsO 2017, S. 1352 (1354).

439 Braun/*Bäuerle*, § 35 Rn. 132; Braun/*Bußhardt*, § 11 Rn. 13, § 14 Rn. 13 ff.; *Büttner*, ZinsO 2017, S. 1057 (1057); *Ehlers*, ZinsO 2014, S. 53 (54); *Pape/Pape*, Insbüro 2011, S. 319 (320); wohl auch: *Priebe*, ZinsO 2015, S. 936 (939); BeckOK InsO/*Wolfer*, § 11 Rn. 10.

440 *Busching/Klersy*, ZinsO 2015, S. 1601 (1601).

441 *Frind*, Privatinsolvenz-HdB, Rn. 129, 131a, 572a, 596: Sondervermögen sui generis; *Undritz*, in: FS Runkel 2009, S. 449 (460); *Kampf*, ZVI 2018, S. 3 (3 f.); K.Schmidt/*K.Schmidt*, InsO § 11 Rn. 5, 27; *Wipperfürth*, ZInsO 2019, S. 977 (984).

442 Vgl. *Schmerbach*, ZInsO 2008, S. 2078 (2088) mit Bezug auf AG Hamburg, Beschl. v. 18.06.2008 – 67g IN 37/08, in: ZInsO 2008, S. 680 (681).

Insolvenzverfahrens nach Aufhebung des Erstverfahrens mit anschließender Treuhandperiode gezogen, wobei die Wiedererlangung des Verwaltungs- und Verfügungsrechts als Gradmesser diene. Weil dem Schuldner im Erstverfahren gem. § 80 InsO die Kontrolle über sein Vermögen entzogen ist, müsse sich der Zustand, in dem dieser die Kontrolle über den freigegebenen Geschäftsbetrieb wieder innehat, auf eine Vermögensmasse beziehen, die der Schuldner beherrschen kann.[443] Über diese könne zur Befriedigung der Neugläubiger ein zweites gesondertes Insolvenzverfahren eröffnet werden.[444] Folgerichtig werde dem Schuldner dann partiell die Verfügungsbefugnis entzogen.

In eine ähnliche Richtung weist die Auffassung, nach der die Fallgruppe der Zweitinsolvenz einerseits ein Verfahren über ein Sondervermögen bzw. eine besondere Vermögensmasse darstellt und andererseits betont wird, dass es sich bei dem Verfahren um eine erneute Insolvenz handelt.[445] Materiell sei der Selbstständigkeit gewidmetes Vermögen ebenfalls Teil der Zweitinsolvenzmasse.[446] Bei einer erneuten Freigabe der selbstständigen Tätigkeit im Parallelverfahren ergebe sich, dass eine Drittinsolvenz und weitere Folgeinsolvenzen nachfolgen können.[447]

Schließlich wird zur Begründung das Verhältnis des Schuldners zur Insolvenzmasse thematisiert. Teilweise wird bei einem zweiten Insolvenzverfahren über Schuldnervermögen aus freigegebener Tätigkeit unter der Bezeichnung als Sonderinsolvenzverfahren oder Partikularverfahren[448] über das freigegebene Sondervermögen oder die „*massefreien Gegenstände*“[449] der Bezug der Vermögensmasse zum Schuldner betont. Der Schuldner sei Träger des Sondervermögens, über das er seine Verwaltungs- und Verfügungsbefugnis nach Freigabe der Selbstständigkeit zurückerhalten hat und über das ein eigenständiges Partikularinsolvenzverfahren eröffnet werden könne.[450] Andere heben weiter hervor,

443 Vgl. *Schmerbach*, ZInsO 2008, S. 2078 (2088).

444 FK-InsO/*Schmerbach*, 9. Aufl. 2018, § 13 Rn. 113.

445 A/G/R-*Ahrens*, § 35 InsO Rn. 175 f.; PrivatInsRK/*Köster/Berner*, § 35 Abs. 1 Rn. 52.

446 A/G/R-*Ahrens*, § 35 InsO Rn. 175; HambK-InsO/*Lüdtke*, § 35 Rn. 258, 270: „*Bruttoeinkünfte des Schuldners* [...] *nebst sonstigem pfändbaren Betriebsvermögen*“; ähnlich: FK-InsO/*Schmerbach*, 9. Aufl. 2018, § 11 Rn. 17, der „*die freigegebene Vermögensmasse*“ als Verfahrensgegenstand benennt; *Büttner*, ZInsO 2017, S. 1057 (1069); PrivatInsRK/*Montag*, § 35 Abs. 2 bis 4 Rn. 337.

447 A/G/R-*Ahrens*, § 35 InsO Rn. 177; so auch FK-InsO/*Schmerbach*, 9. Aufl. 2018, § 13 Rn. 128.

448 KPB/*Pape*, § 14 Rn. 56; wohl auch: HK-InsO/*Sternal*, § 11 Rn. 22.

449 MüKoInsO/*Peters*, § 35 Rn. 89.

450 *Büttner*, ZInsO 2017, S. 1057 (1065, 1069).

dass das Verfahren über Vermögen der selbstständigen Tätigkeit *„kein Insolvenzverfahren über das gesamte Vermögen einer natürlichen Person"* darstelle.[451] Das Verfahren beziehe sich ausschließlich auf das freigegebene Sondervermögen aus der selbstständigen Tätigkeit, weshalb neu hinzutretendes Vermögen nicht der Insolvenzmasse des zweiten Verfahrens zufallen könne.[452]

Schließlich wird das Verfahren über Vermögen der freigegebenen Selbstständigkeit in Unterscheidung zum nachgeschalteten Insolvenzverfahren als *„isoliertes Zweitinsolvenzverfahren"* bzw. als *„Sonderinsolvenzverfahren über das zur selbstständigen Nutzung freigegebene Vermögen"* verstanden und die abgrenzbaren Vermögensmassen von Erst- und Zweitverfahren hervorgehoben.[453] Auch nach diesem Verständnis sei das Zweitinsolvenzverfahren als Gesamtvollstreckungsmaßnahme zur Befriedigung der Neugläubiger zu verstehen, die stattfinden könne, sobald der Schuldner die Verwaltungs- und Verfügungsbefugnis über sein Vermögen zurückerhalten hat und in dem der Schuldner Restschuldbefreiung erlangen könne.[454]

Nur zum Teil wird im Hinblick auf die Möglichkeit der Restschuldbefreiung darauf hingewiesen, es sei im Einklang mit der Formulierung des Bundesgerichtshofs zu berücksichtigen, dass es sich um ein Zweitverfahren über das insolvenzfreie Vermögen des Schuldners handele, sodass dieser eine Restschuldbefreiung in einem zweiten Verfahren grundsätzlich anstreben könne.[455] Diese sei dem Umfang nach entsprechend der Reichweite des Insolvenzantrags auf die auf das Sondervermögen bezogenen Forderungen der Neugläubiger begrenzt.[456]

---

451 A/G/R-*Kadenbach* § 11 Rn. 32; Obermüller/*Obermüller*, Rn. 1.110; K.Schmidt/*K.Schmidt*, InsO § 11 Rn. 5: *„nicht* [...] *das (pfändbare) Gesamtvermögen des Schuldners* [...], *sondern* [...] *eine separat abzuwickelnde Vermögensmasse"*; PrivatInsRK/*Köster*, 1. Aufl. 2019, § 35 Rn. 47; PrivatInsRK/*Montag*, § 35 Abs. 2 bis 4 Rn. 336; *Nawroth/Steinbach*, ZInsO 2018, S. 700 (700); *Priebe*, ZInsO 2015, S. 936 (938), *Roth*, KTS 2014, S. 443 (460).

452 *Nawroth/Steinbach*, ZInsO 2018, S. 700 (700); **a.A.** *v. Gleichenstein*, ZVI 2013, S. 409 (418).

453 *Lange*, ZVI 2018, S. 9 (9 f., 12).

454 *Lange*, ZVI 2018, S. 9 (10, 13, 15).

455 *Büttner*, ZInsO 2017, S. 1057 (1073) sieht die Möglichkeit einer beschränkten Restschuldbefreiung. Anknüpfend an die Schuldnerstellung eine Restschuldbefreiung insoweit grundsätzlich befürwortend: *Nawroth/Steinbach*, ZInsO 2018, S. 700 (702). Näher hierzu unter: 5. Kapitel B.

456 *Büttner*, ZInsO 2017, S. 1057 (1075).

bb) Bewertung

(1) Materielle Haftungsbeschränkung auf gesondertes Vermögen

Diesem Verständnis der Zweitinsolvenz über das Vermögen der freigegebenen Selbstständigkeit ist im Wesentlichen zuzustimmen – wenn sie auch den Zusammenhang zu § 11 Abs. 2 InsO nicht ausdrücklich freigelegt hat. Die zeitliche Abfolge erlaubt eine neue Gesamtvollstreckung in das neue und zeitlich später entstandene Vermögen zur gemeinschaftlichen Befriedigung der jeweiligen Neugläubiger, auch wenn das Erstverfahren noch nicht aufgehoben ist. Unter analoger Anwendung des § 11 Abs. 2 InsO findet eine Gesamtvollstreckung mit materieller Beschränkung auf diesen Vermögensteil des Schuldners statt. Insofern handelt es sich nicht um eine verbotene Teilinsolvenz über unselbstständige Vermögensteile eines Schuldners als willkürliche Ausnahme von der Gesamtinsolvenz.[457]

(2) Aufspaltung nach vermögensrechtlichen Sphären

Um das Verständnis der Wirkungsrichtungen der Parallelinsolvenz vollständig zu erfassen, ist die Rolle des Schuldners zu den Insolvenzmassen von Erst- und Zweitverfahren zu definieren. Dafür muss man sich in Erinnerung rufen, dass in Unterscheidung zum freien Vermögen eines Rechtssubjekts die Insolvenzmasse als Sondervermögen aus der Summe der einzelnen Vermögensgegenstände eines Rechtssubjekts geformt wird.[458] Bezogen auf die Entlassung des Vermögens der selbstständigen Tätigkeit aus der Insolvenzmasse des Erstverfahrens ist daraus zu schließen, dass eine Trennung vom Schuldner als Rechtssubjekt nicht stattfindet, sondern die Selbstständigkeit vom Erstinsolvenzbeschlag getrennt und das Wirtschaften in den Bereich des freien Vermögens verschoben wird.[459] Diesbezüglich ist es sachgerecht, an die Wiedererlangung des Verwaltungs- und Verfügungsrechts anzuknüpfen. Das Schuldnervermögen besteht dann einerseits aus der ersten Sondermasse, nämlich dem Sondervermögen der Erstinsolvenzmasse, und andererseits aus der insolvenzfreien Masse, die das pfändungsfreie Vermögen des Schuldners sowie das Vermögen der Selbstständigkeit umfasst.[460]

---

457 Vgl. Nerlich/Römermann/*Andres*, § 35 Rn. 14; vgl. KK-InsO/*Hess*, §§ 35, 36 Rn. 14.

458 Uhlenbruck/*Hirte/Praß*, § 35 Rn. 1.

459 Uhlenbruck/*Hirte/Praß*, § 35 Rn. 1.

460 Zu den Sphären und der Bedeutung des insolvenzrechtlichen Kriteriums der Verfügungsmacht schon: *Ries*, ZInsO 2009, S. 2030 (2033) und *Ries*, ZInsO 2005, S. 298 (300 f.). Zur Bedeutung von Vermögenssphären zur Neugläubigerbefriedigung im Drei-Personen-Verhältnis: *Ahrens*, ZZP 2009, S. 133 (148).

Das Erschaffen einer eigenen neuen Kontrollsphäre für den Schuldner beschreibt die Rückgabe des Geschäftsbetriebs im Rahmen des § 35 Abs. 2 InsO an den Schuldner jedoch nicht erschöpfend. Die für die haftungsrechtliche Zuordnung wegweisende Bedeutung besteht vielmehr darin, dass sich mit dem Entlassen des Schuldnerbetriebs neben der tatsächlichen Einflussmöglichkeit – die niemals unterbrochen wurde – die Zuordnung des Neuerwerbs mit der rechtssubjektbezogenen Trägerschaft wieder in der Person des Schuldners vereint. Zwar erhält der Schuldner nicht seine allgemeine Verwaltungs- und Verfügungsbefugnis zurück[461]: Die Regelung des § 80 InsO findet auf den Neuerwerb keine Anwendung.[462] Eher stellt die Wiedererlangung der Befugnisse eine notwendige Bedingung dar, um die vermögens- und haftungsrechtliche Neuzuordnung gem. § 35 Abs. 2 S. 1 InsO durchzuführen.[463] Die Enthaftung bedeutet eine Loslösung vom Massebeschlag und Verschiebung des Vermögens der Selbstständigkeit in die insolvenzfreie Vermögenssphäre des Schuldners. Die Bewertung des Verfahrensgegenstands muss sich mithin an der Wirkung der Freigabe der Selbstständigkeit durch Negativerklärung messen lassen, die die Haftungsgrenze zwischen insolvenzbefangenem und insolvenzfreiem Vermögen zieht. Unabhängig von der haftungsrechtlichen Beschränkung auf das besondere Vermögen, werden Verpflichtungen aus dem Geschäftsbetrieb dem Schuldner zugerechnet, der seine Arbeitskraft[464] aufwendet und wirtschaftliche Entscheidungen trifft. Beim freigegebenen Schuldnerbetrieb handelt es sich nicht um einen undifferenzierten Vermögensblock, der sich von der Person des Schuldners trennen lässt.[465] Anzuknüpfen ist dabei an die schon vom Bundesgerichtshof festgestellte Eigenschaft des Vermögens der selbstständigen Tätigkeit insgesamt als *„insolvenzfreies Vermögen eines Verfahrensschuldners“*.[466]

---

461 *Berger*, ZInsO 2008, S. 1101 (1106).

462 *Berger*, ZInsO 2008, S. 1101 (1106).

463 Ähnlich: Uhlenbruck/*Hirte/Praß*, § 35 Rn. 1.

464 Die Arbeitskraft des Schuldners ist insolvenzfrei, den insolvenzrechtlichen Bezug erhält sie mit ihrem Einsatz, der sich auf die daraus erwirtschafteten pfändbaren Entgelte als Neuerwerb auswirkt, MüKoInsO/*Peters*, § 35 Rn. 496; HambK-InsO/*Lüdtke*, § 35 Rn. 36; *Wischemeyer*, ZInsO 2009, S. 2121 (2122).

465 Ähnlich zu diesem Verhältnis, allerdings in Bezug auf die dogmatische Einordnung der Freigabeerklärung gem. § 35 Abs. 2 S. 1 InsO: *v. Gleichenstein*, ZVI 2013, S. 409 (410).

466 BGH, Beschl. v. 09.06.2011 – IX ZR 175/10, in: NZI 2011, S. 633 Rn. 8.

(3) Keine auf Vermögensteile beschränkte Restschuldbefreiung

Nach diesem Verständnis muss eine auf das Sondervermögen der Selbstständigkeit bezogene Restschuldbefreiung ausscheiden. Für die Anwendbarkeit der Restschuldbefreiungsregeln spricht zwar grundsätzlich, dass die Regeln der §§ 286 ff. InsO sich auf den Schuldner als Rechtsträger und natürliche Person beziehen.[467] Allerdings ist der Zweck der Restschuldbefreiung, eine umfassende Entschuldung zu ermöglichen, nicht zu erreichen: Zum einen kann kein zusätzliches paralleles Entschuldungsverfahren initiiert werden.[468] Zum anderen steht zur Beendigung der Nachhaftung nicht das schuldnerische Gesamtvermögen gegenüber.[469]

4. *Entwicklung eines weitergehenden Ansatzes: Modell einer geschichteten Vermögensverantwortlichkeit*

a) Entstehung der Zweitinsolvenzmasse der beruflichen Sphäre

Die Zweitinsolvenz über eine freigegebene Selbstständigkeit ist als Sonderinsolvenzverfahren strukturiert, das auf eine Gesamtvollstreckung über eine eigene Sondervermögensmasse abseits des insolvenzbeschlagenen persönlichen Vermögens des Erstverfahrens abzielt. Die bei jeder Insolvenzeröffnung eines allgemeinen oder besonderen Verfahrens stattfindende Etikettierung von Vermögenswerten wiederholt sich bei der Eröffnung des Verfahrens über eine Selbstständigkeit: Ehemals insolvenzfreies Vermögen des Schuldners unterfällt dem Insolvenzbeschlag des zusätzlichen Insolvenzverfahrens. Diese Insolvenzmasse umfasst ausschließlich das gesamte pfändbare Vermögen aus der freigegebenen Selbstständigkeit: den Neuerwerb sowie der Tätigkeit gewidmete Vermögensgegenstände, die über die Negativerklärung aus der Erstinsolvenzmasse ausgeschieden wurden.[470]

Die im Erstinsolvenzverfahren stattfindende Trennung der Selbstständigkeit vom Haftungsverband der Insolvenzmasse durch Negativerklärung des Insolvenzverwalters ist davon unabhängig zu betrachten und wirkt in Bezug zum zeitlich früheren Erstverfahren. Das Erstinsolvenzverfahren erfasst das gesamte Vermögen des Schuldners, weshalb durch die Freigabe der Selbstständigkeit ein

---

467 Ausführlich hierzu unter: 5. Kapitel B. I.

468 Hierzu oben unter: 2. Kapitel D. IV. 4. D) sowie unten unter: 5. Kapitel B. I.

469 A/G/R-*Ahrens*, § 35 InsO Rn. 179.

470 A/G/R-*Ahrens*, § 35 InsO Rn. 175; HambK-InsO/*Lüdtke*, § 35 Rn. 280; *Gotter*, Die selbstständige Tätigkeit im Insolvenzverfahren, S. 150.

Sondervermögen gebildet wird.[471] Dort veranlasst die Negativerklärung einen Übergang von Vermögenswerten ins insolvenzfreie Vermögen des Schuldners.[472] In Bezug zu einer zeitlich späteren Insolvenzeröffnung wandelt es sich zur Zweitinsolvenzmasse. Das Parallelinsolvenzverfahren ist demnach ein Gesamtvollstreckungsverfahren, welches durch die auf Grundlage des § 35 Abs. 2 InsO durchgeführten Zäsur materiell auf durch Neuerwerb hervorgebrachtes und entsprechende Widmung übergehendes Vermögen begrenzt ist. Dieses Vermögen ist im Verhältnis zum Erstverfahren insolvenzfreies Vermögen des Schuldners, in Abgrenzung zur Erstinsolvenzmasse in dieser Hinsicht ein Sondervermögen und für das Zweitverfahren Insolvenzmasse. Das ab dem Zeitpunkt der Eröffnung des Zweitverfahrens bestehende Vermögen ist demzufolge flächendeckend zugeordnet und ist entweder Teil der Erst- oder Zweitinsolvenzverfahrensmasse oder insolvenzfrei.

Dementsprechend teilt sich bei einer Kategorisierung in persönliches und dem Sondervermögen zugeordnetes Vermögen das persönliche Vermögen nach Freigabe in solches, das Teil der Erstinsolvenzmasse ist (Insolvenzmasse ohne Vermögen der Selbstständigkeit), und solches, das freies Vermögen des Schuldners ist (insolvenzfreies Vermögen aufgrund Pfändungsfreiheit), auf. Das Vermögen der selbstständigen Tätigkeit ist ebenfalls Teil des insolvenzfreien Vermögens, wird allerdings ausschließlich dem mit Negativerklärung geschaffenen Sondervermögen zugerechnet.[473]

b) Mehrstufige Haftungssonderung

Diese Aufteilung lässt sich weiter begründen. Aus einem weiten Blickwinkel betrachtet kann mit Eröffnung eines Insolvenzverfahrens das Vermögen des Schuldners in eine insolvenzfreie und eine dem Insolvenzbeschlag unterfallende Vermögenssphäre des Schuldners unterteilt werden. Die Insolvenzmasse eines jeden Verfahrens ist stets Sondervermögen im Verhältnis zum insolvenzfreien Vermögen des Schuldners, das mit Verfahrenseröffnung entsteht.[474] Das

---

471 A/G/R-*Ahrens*, § 35 Rn. 167; KPB/*Prütting*, § 11 Rn. 51.

472 A/G/R-*Ahrens*, § 35 Rn. 165, 175.

473 Aus diesem Grund trifft die von *v. Gleichenstein*, ZVI 2013, S. 409 (418) aufgestellte Vermutung, der Bundesgerichtshof hätte in seinem Beschluss zur Zulässigkeit von Parallelverfahren nicht nur auf Vermögen der Selbstständigkeit als Insolvenzmasse abgestellt, nicht zu.

474 A/G/R-*Gehrlein*, § 143 Rn. 3; Uhlenbruck/*Hirte/Praß*, § 35 Rn. 1; HK-InsO/*Ries*, § 35 Rn. 42 ff; vgl. HambK-InsO/*Leptien*, § 143 Rn. 4; *Larenz*, Allgemeiner Teil, § 21 Rn. 34.

insolvenzfreie Vermögen des Erstverfahrens ist bei der Fallgruppe der Parallelinsolvenz regelmäßig mit dem nach § 35 Abs. 2 InsO freigegebenen Vermögen identisch. Wird das Zweitinsolvenzverfahren über das insolvenzfreie Vermögen eröffnet, gehört das nicht dem Pfändungsschutz unterfallende ehemals insolvenzfreie Vermögen zum Zweitverfahren soweit es der beruflichen Sphäre angehört. Innerhalb der Zweitinsolvenzmasse erfolgt keine erneute Aufteilung in Sondermassen für der Berufs- oder Privatsphäre zuzuordnende Vermögenswerte, da sich diese Sphären bei natürlichen Personen als Schuldner grundsätzlich vereinen.[475] Dies kann sich allerdings durch erneute Freigabe der Selbstständigkeit ändern.[476]

Der auf schuldrechtliche Verpflichtungen bezogene Grundsatz der unbeschränkten Vermögenshaftung („*Wer schuldet, haftet auch*")[477] findet für das Parallelinsolvenzverfahren entsprechend ein kleineres inhaltliches Anwendungsfeld.[478] Der Schuldner ist in gleichem Maße Vermögensträger des Vermögens, das in der Insolvenzmasse des Erstinsolvenzverfahrens gebunden ist und dort verwertet wird. Bis zur Fassung des Aufhebungsbeschlusses bleibt der Schuldner in seiner darauf bezogenen Verwaltungs- und Verfügungsbefugnis eingeschränkt.[479] Eine Haftung mit dem gesamten Vermögen scheidet im Zweitverfahren daher aus. Diese Wertung stimmt damit überein, dass eine Haftung des Schuldners mit dem gesamten ihm rechtlich zugeordneten Vermögen auch in der Insolvenzordnung nicht vorgesehen ist. Eine unbeschränkte Vermögenshaftung wird im Rahmen der insolvenzrechtlichen Abwicklung durch das Prinzip der haftungsrechtlichen Zuweisung begrenzt. Danach ist Gläubigern das gesamte haftende Vermögen eines Rechtsträgers zugewiesen.[480] Dies gilt nicht, wenn die Haftung des Schuldners auf ein Sondervermögen beschränkt ist.[481] Der Schuldner haftet dann allein in dem materiell beschränkten Umfang.[482]

---

475 Vgl. HambK-InsO/*Linker*, § 11 Rn. 2.

476 Hierzu unter: 6. Kapitel C. III.

477 *Larenz*, Schuldrecht AT I, § 2 IV, S. 23.

478 Dazu und zur Gegenüberstellung der Sonderhaftung durch Sondervermögen: vgl. *Dawe*, Der Sonderkonkurs des deutschen Internationalen Insolvenzrechts, S. 20 ff.; *Dawe* ordnet die Haftungsbeschränkung auf Sondervermögen dogmatisch zwischen der allgemeinen Vermögenshaftung und der Haftung einzelner Vermögensgegenstände durch Pfandrecht ein, S. 22.

479 BGH, Beschl. v. 15.07.2010 – IX ZB 229/07, in: NZI 2010, S. 741; MüKoInsO/*Hintzen*, § 200 Rn. 32.

480 Uhlenbruck/*Hirte/Praß*, § 35 Rn. 7.

481 HambK-InsO/*Linker*, § 11 Rn. 2.

482 *Larenz*, Schuldrecht AT I, § 2 IV, S. 22.

Dementsprechend haftet der Schuldner für neu eingegangene Verbindlichkeiten im parallelen Zweitverfahren persönlich mit seinem gesamten der Zwangsvollstreckung unterliegenden Vermögen bezogen auf den freigegebenen Vermögensteil, da dieser einerseits frei vom Erstinsolvenzbeschlag ist und der Schuldner andererseits beliebig über diesen verfügen kann. Der Schuldner kann lediglich diesen freien Vermögensteil verpflichten und Neugläubigern als Haftungsgrundlage zur Verfügung stellen. Für die Erschließung der Verbindung von Insolvenzmasse und Schuldner im Parallelinsolvenzverfahren ist auf die Rechtsbeziehungen zu Sondervermögen zurückzugreifen.[483] Für die durch Rechtsfortbildung entwickelte Fallgruppe gelten nämlich dieselben Regeln zu Sonderinsolvenzen, die für das mit Verfahrenseröffnung automatisch entstehende Sondervermögen der Insolvenzmasse entwickelt worden sind.

aa) Rechtsträgerschaft des Schuldners über das Sondervermögen

Aus diesem Grund ist das begriffliche Verständnis des Sondervermögens Ausgangspunkt weiterer Konkretisierungen. Unter einem Sondervermögen ist ein vom Haupt- bzw. Regelvermögen eines Schuldners getrenntes Vermögen zu verstehen.[484] Nach *J. Schröder* zeichnet sich ein Sondervermögen dadurch aus, dass Rechte und Pflichten einem Vermögensträger zugerechnet werden und dieser als Rechtssubjekt für mehrere Rechtsbeziehungen zu Vermögensmassen funktioniert.[485] Die selbstständigen Rechtsbeziehungen zu Hauptvermögen und Sondervermögen können wiederum zu einer Verpflichtung des Vermögensträgers „*mit sich selbst*" führen.[486] Da sich dieser in einer mehrfachen Subjektsrolle befinde, können Haupt- und Sondervermögen des Vermögensträgers wie die Vermögen verschiedener Personen behandelt werden.[487] Dies könne dazu führen, dass Schuldner- und Gläubigerstellung sich in der Person des Vermögensträgers vereinigen.[488]

Für den Fall der Parallelinsolvenz über eine freigegebene Selbstständigkeit trifft dieses Bild zu. Der Schuldner ist Rechtsträger seines gesamten Vermögens,

---

483 So Uhlenbruck/*Hirte/Praß*, § 35 Rn. 1.

484 *Giebel*, Der Erbschaftskauf, S. 46; Ausführlich zur Herleitung von Sondervermögen: *Dawe*, Der Sonderkonkurs des deutschen Internationalen Insolvenzrechts, S. 4 ff; *Larenz*, Allgemeiner Teil, § 21 Rn. 31 ff.; *Larenz*, Schuldrecht AT I, § 2 IV, S. 21 ff.

485 *Schröder*, JZ 1978, S. 379 (383).

486 *Schröder*, JZ 1978, S. 379 (383); *Dauner-Lieb*, Unternehmen in Sondervermögen, S. 41.

487 *Schröder*, JZ 1978, S. 379 (382 f.); *Dauner-Lieb*, Unternehmen in Sondervermögen, S. 41, 51; dazu kritisch: *Jacoby*, Das private Amt, S. 26, dort Fn. 102.

488 *Dauner-Lieb*, Unternehmen in Sondervermögen, S. 41.

das sich aus Erstinsolvenz- und Zweitinsolvenzmasse sowie dem pfändungs- und daher insolvenzfreien Vermögensteil zusammensetzt. Während der Schuldner einerseits noch im Erstinsolvenzverfahren verhaftet ist und die Erstinsolvenzmasse durch Zahlungen nach § 35 Abs. 2 S. 2, § 295a Abs. 1 S. 1 InsO bedient, muss diese Abführungspflicht im Zweitverfahren berücksichtigt werden.[489] Im Zweitverfahren ist der Schuldner, um seiner Verpflichtung aus dem Erstverfahren nachzukommen, einerseits Schuldner der Abführungsbeträge. Im Erstverfahren übernimmt er hinsichtlich derselben Verpflichtung jedenfalls in seiner Stellung als Verpflichteter ebenfalls die Rolle des Gläubigers, der gegenüber sich selbst Zahlung beansprucht. Der Schuldner verharrt damit bis zur Aufhebung des Erstverfahrens in einer Gläubigerposition im weiten Sinne gegen sich selbst als Schuldner.

bb) Zweckbindung und Haftungssonderung durch Negativerklärung

(1) Allgemeine Kriterien zur Sondervermögensbildung

Um den Begriff des Sondervermögens in Abgrenzung zum Hauptvermögen auszufüllen, muss noch eine weitere Voraussetzung verwirklicht sein. Nach *Coing* können einem Rechtsträger ein persönliches Vermögen und ein Sondervermögen formell zugeordnet sein, wobei der Schuldner nur über das persönliche Vermögen frei verfügen kann und das Sondervermögen einer bestimmten Zweckbindung unterliegt.[490] Nach den von *Dauner-Lieb* aufgestellten Kriterien unterliegen Vermögenssonderungen einer von den Individualinteressen des Vermögensträgers losgelösten Zweckbindung.[491] Gleichzeitig könne es die Zweckbindung erfordern, den Rechtsträger in seinem freien Umgang mit dem Sondervermögen einzuschränken, sodass ein Zweckvermögen geschaffen wird.[492] Solch eine Zweckbindung könne in Anlehnung an *Larenz* die gesonderte Haftung für eine bestimmte Gläubigergruppe sein.[493] Diese könne durch eine Haftungssonderung erreicht werden, damit der Vermögensträger das Sondervermögen nicht zweckwidrig als Haftungsgrundlage verwendet.[494]

---

489 Hierzu unter: 3. Kapitel C. II. 3.

490 In Bezug auf die Treuhand: *Coing*, Die Treuhand kraft privaten Rechtsgeschäfts, S. 86; *Dauner-Lieb*, Unternehmen in Sondervermögen, S. 41 m.w.N.

491 *Dauner-Lieb*, Unternehmen in Sondervermögen, S. 41, 46, 59, dort Fn. 299.

492 Uhlenbruck/*Hirte*/*Praß*, § 35 Rn. 1; *Dauner-Lieb*, Unternehmen in Sondervermögen, S. 41, 59, dort Fn. 299.

493 *Dauner-Lieb*, Unternehmen in Sondervermögen, S. 42; *Larenz*, Allgemeiner Teil, § 21 Rn. 33.

494 *Dauner-Lieb*, Unternehmen in Sondervermögen, S. 46, 50 f.

(2) Anwendung der Kriterien auf Neuerwerb aus Selbstständigkeit

Für Zweitinsolvenzverfahren sind diese Grundsätze in einer abstrahierten Form anzuwenden. Die Aufteilung in persönliches Vermögen und Sondervermögen ersetzt nicht die Kategorien von Insolvenzbeschlag und insolvenzfreiem Vermögen. Vielmehr kann sie als ein unterstützendes Raster kleinere Muster der gesetzlichen Haftungssphären schärfer konturieren. Die obigen Voraussetzungen liegen in Hinblick auf die Zweitinsolvenzmasse vor. Mit der Eröffnung des Erstverfahrens verliert der Schuldner gem. § 80 InsO seine Zugriffsbefugnis auf den in die Erstinsolvenzmasse übergehenden Vermögensteil an den Insolvenzverwalter. Sämtliches Vermögen bleibt dem Schuldner als Rechtsträger dinglich zugeordnet, dieser kann jedoch nicht mehr über diesen Teil seines Vermögens bestimmen.[495] Für die Dauer des Erstverfahrens übernimmt der Insolvenzverwalter anstelle des Schuldners die tatsächliche Rechtsausübung und ist in dieser Hinsicht Funktionsträger der Masse.[496] Die Zweckbindung des Sondervermögens der freigegebenen Selbstständigkeit ergibt sich aus der zugrundliegenden Wertung des § 35 Abs. 2 S. 1 InsO: Die Vermögenssonderung erfolgt in der Zielrichtung aus dem insolvenzbeschlagenen ins insolvenzfreie Vermögen.[497] Im Kern soll die Freigabe der Gläubigerbefriedigung im Erstverfahren dienen. Eine Haftungssonderung erfolgt somit zum Schutz der Altgläubiger. Mit dieser kann das betreffende Vermögen dem Schuldner erst wieder als Haftungsgrundlage dienen. Eine Haftungssonderung findet dementsprechend zwar zum Schutz der Gläubiger, denen das Vermögen haftungsrechtlich zugewiesen ist, statt, erfolgt jedoch gerade spiegelbildlich in den Verfügungsraum des Schuldners hinein.

(3) Zwecksetzung durch Zweckerklärung des § 35 Abs. 2 S. 1 InsO

Dies zugrunde gelegt, liegen auch die Voraussetzungen für eine Zweckbindung vor. Dabei kommt der Regelung des § 35 Abs. 2 S. 1 InsO die vermögensrechtliche Funktion zu, die Rechtsbeziehung zwischen der Insolvenzmasse und dem zur selbstständigen Tätigkeit gehörenden Vermögen zu beenden.[498] Die

---

495 A/G/R-*Ahrens*, § 35 Rn. 8.

496 Vgl. Uhlenbruck/*Hirte/Praß*, § 35 Rn. 1.

497 Schon *Undritz*, in: FS Runkel 2009, S. 449 (460, 472) klassifizierte insolvenzfreies Vermögen: neben dem „*einfachen*" insolvenzfreien Vermögen wird weiteres Sondervermögen gebildet. Ihm möglicherweise folgend, wies *Roth* auf die Idee einer „*Art gespaltenen Rechtsträgerschaft in der Person des Schuldners*" hin, wobei er auf eine gespaltene virtuelle Rechtsträgerschaft des Schuldners als Rechtssubjekt abstellte, *Roth*, KTS 2014, S. 443 (460 f.).

498 KPB/*Holzer*, § 35 Rn. 114; *Ahrens*, NZI 2007, S. 622 (623).

Erklärung, dass Vermögen aus beruflicher Tätigkeit nicht mehr zur Insolvenzmasse gehört, ist damit einerseits im Sinne einer (Ent-)Haftungserklärung zu verstehen.[499] Die Vorschrift erfüllt damit einen rückwärtsgewandten Zweck in Bezug zur Erstinsolvenzmasse. Damit einher geht mit der Freigabe allerdings eine neue Vermögenszuordnung[500] zum insolvenzfreien Vermögen und dort zum Sondervermögen der Selbstständigkeit. Zusätzlich wird der Bezugspunkt zur neuen Gesamtvollstreckung hergestellt. Entgegengesetzt zur Enthaftung der Insolvenzmasse stellt die Erklärung deshalb ebenso eine vorwärts gerichtete Zweckerklärung dar.[501] Aus dem Normzweck des § 35 Abs. 2 InsO kann demgemäß in Bezug auf das Sondervermögen eine durch Negativerklärung erfolgende Zweckbindung extrahiert werden.

Nach erfolgter Freigabe kann der Schuldner die Insolvenzmasse nicht mehr durch die selbstständige Tätigkeit verpflichten. Damit wird ein Schutz der Werthaltigkeit der Insolvenzmasse und damit der Insolvenzgläubiger – d.h. der Altgläubiger – erreicht. Der Neuerwerb haftet einzig den Neugläubigern. Dazu verzichtet der Insolvenzverwalter endgültig und unbedingt auf seine Verwaltungs- und Verfügungsbefugnis hinsichtlich des Vermögens aus der selbstständigen Tätigkeit.[502] Der Schuldner erhält somit seine funktionale Herrschaft in Bezug auf Teile seines Vermögens zurück. Dass er diese nicht insgesamt zurückerlangt, stellt keine Einschränkung für ihn dar. Schließlich handelt es sich dabei um eine teilweise Aufhebung der verfahrensrechtlichen Wirkung des Insolvenzverfahrens. Eine Beschränkung wird dem Schuldner jedoch in Form der mit der Negativerklärung konstituierten Abführungsverpflichtung auferlegt, welche in die neu geschaffene Kontrollsphäre des Schuldners hineinwirkt. Über den Neuerwerb kann er nicht beliebig verfügen, sondern dieser ist um den festgelegten Betrag zu reduzieren.[503] Bezweckt wird nämlich lediglich eine Haftungsverlagerung, jedoch keine vollständige Freistellung des Schuldners von den insolvenzrechtlichen Wirkungen durch einen vollständigen Verzicht auf Vermögen, das die Insolvenzmasse anreichern kann.[504]

---

499 AG Duisburg, Beschl. v. 22.04.2010 – 60 IN 26/09, in: NZI 2010, S. 905; *Berger*, ZInsO 2008, S. 1101 (1104); *Bartels*, KTS 2012, S. 381 (392).

500 BGH, Urt. v. 18.04.2013 – IX ZR 165/12, in: NZI 2013, 641 (643) Rn. 27; *Bartels*, KTS 2012, S. 381 (392).

501 **A.A.** *Meyer*, Die Freigabe der selbstständigen Tätigkeit, S. 9 f., der die Haftungstrennung als bloße Folge der Enthaftung im Erstverfahren versteht.

502 BT-Drs. 16/3227, S. 17.

503 *Priebe*, ZInsO 2015, S. 936 (937).

504 BK-InsO/*Ellrich*, § 35 Rn. 159.

(4) Zweitinsolvenzmasse als doppeltes Sondervermögen

Wird über das Sondervermögen der Selbstständigkeit das Zweitinsolvenzverfahren eröffnet, wird dieses zusätzlich in das Sondervermögen der Insolvenzmasse umgewandelt. Die Zweitinsolvenzmasse im eröffneten Parallelverfahren ist damit dem chronologischen Ablauf folgend im doppelten Sinne Sondervermögen: einerseits einem konkret materiellen Verständnis nach durch materielle Herauslösung aus der Erstinsolvenzmasse und andererseits einem formalisierten Verständnis nach durch automatische Entrückung bei Zweitinsolvenzeröffnung.

cc) Funktionale Ähnlichkeiten zur Nachlassinsolvenz: freies Vermögen aus Selbstständigkeit als permanentes, potenzielles Sondervermögen

Die in § 35 Abs. 2 S. 1 InsO normierte Freigabemöglichkeit hält noch eine weitere grundlegende Erkenntnis bereit: Mit der Freigabe der Selbstständigkeit endet die Haftung der Insolvenzmasse ex nunc ab Zugang der Negativerklärung.[505] Damit besteht ab Eröffnung des Erstinsolvenzverfahrens für die Dauer der dem Insolvenzverwalter eingeräumten Entscheidungsfrist die Möglichkeit, eine Enthaftung der Erstinsolvenzmasse bei gleichzeitiger Haftungssonderung in Richtung des insolvenzfreien Schuldnervermögens zu vollziehen. Während dieses Zeitraums ist es Aufgabe des Insolvenzverwalters zu ermitteln, ob die Selbstständigkeit die Werthaltigkeit der Insolvenzmasse steigern könnte und somit eine Chance oder aber ob sie ein Risiko bedeutet und deshalb ein Masseanspruch gem. § 35 Abs. 2 S. 2, § 295a Abs. 1 S. 1 InsO der Insolvenzmasse zuträglicher wäre.[506] Dem Insolvenzverwalter ist dazu eine angemessene Zeitspanne einzuräumen, deren Länge sich nach den Anforderungen des Einzelfalls richtet.[507] In

---

505 Bei enger Auslegung des § 35 Abs. 2 InsO muss die Positiverklärung rein deklaratorisch wirken, während sich die Negativerklärung durch ihren konstitutiven Charakter auszeichnet, vgl. RegE, BT-Drs. 16/3227, S. 17; FK-InsO/*Bornemann*, 9. Aufl. 2018, § 35 Rn. 42; HambK-InsO/*Lüdtke*, § 35 Rn. 277; MüKoInsO/*Peters*, § 35 Rn. 50; *Haarmeyer*, ZInsO 2007, S. 696 (697); *Holzer*, ZVI 2007, S. 289, (292); *Priebe*, ZInsO 2015, S. 936 (938); *v. Gleichenstein*, ZVI 2013, S. 409 (411); **a.A.** *Häsemeyer*, Insolvenzrecht, Rn. 9.02, 9.27a, der sich für eine Wirkung ex tunc ab Verfahrenseröffnung ausspricht.

506 HambK-InsO/*Lüdtke*, § 35 Rn. 261 f.

507 War der Insolvenzverwalter vom Insolvenzgericht schon als Gutachter im Eröffnungsverfahren bestellt, wird ein Zeitraum von vier Wochen für angemessen erachtet, K.Schmidt/*Büteröwe*, InsO § 35 Rn. 52; *Ehlers*, ZInsO 2014, S. 53 (55). Nach der Neuregelung des § 35 Abs. 3 S. 2 InsO hat der Verwalter unverzüglich i.S.d. § 121 Abs. 1 S. 1 BGB die Erklärung abzugeben, spätestens nach einem Monat, KPB/*Holzer*, § 35 Rn. 109d.

dieser Phase des Erstinsolvenzverfahrens entscheidet sich, ob durch die Erklärung des Insolvenzverwalters ein Sondervermögen des Schuldners entsteht, das im Fall einer erneuten Zahlungsunfähigkeit oder Überschuldung Insolvenzmasse eines Zweitverfahrens werden kann.

Nach hier vertretener Ansicht wirkt die Negativerklärung haftungsrechtlich vergleichbar mit der Nachlasssonderung des Nachlassinsolvenzverfahrens. Dies folgt aus einem streng haftungsbezogenen Vergleich: Der Gesetzgeber hat an dieser Stelle keinen vollständig neuen Mechanismus entwickelt, sondern sich eines bekannten, andernorts in der Insolvenzordnung verankerten Rechtsgedankens bedient und diesen in vereinfachter und milderer Form entsprechend auf die Neuerwerbssituation transferiert. In Grundzügen findet sich die Konstellation bei der Haftungssonderung, die zu einer separaten Verwertung des Nachlasses getrennt vom Eigenvermögen eines Schuldners führt, wieder.[508] Diese ähnelt der hier vorgefundenen Lage in Teilaspekten: Die Nachlasssonderung tritt nicht automatisch ein, sondern erfordert eine Aktivität vom Nachlassgläubiger oder des Erben.[509] Bis die Nachlassliquidation eingeleitet wird, besteht ein Schwebezustand, während dessen Dauer nicht feststeht, ob eine Vermögenssonderung stattfindet, eine solche aber durchaus möglich ist.[510] Während Nachlassgläubiger gem. § 319 InsO nicht länger als zwei Jahre nach Erbschaftsannahme durch den Erben gem. § 1943 BGB das Nachlassinsolvenzverfahren beantragen können, existiert für das Antragsrecht des Erben keine zeitliche Grenze.[511] Mit der Erbschaftsannahme setzt sich das insolvenzfreie Gesamtvermögen des Erben als Rechtsträger aus einerseits dessen Privat- bzw. Eigenvermögen und andererseits dem Nachlass zusammen.[512] Der Nachlass kann jedoch nachträglich durch Eröffnung des Nachlassinsolvenzverfahrens vom Eigenvermögen getrennt und sein materieller Umfang rückwirkend auseinanderdividiert werden.[513] Für den Erben tritt damit eine Haftungsbeschränkung gegenüber den Nachlassgläubigern auf das Nachlassvermögen ein. Aufgrund dieser der Nachlasssonderung innewohnenden Möglichkeit erklärt *Dauner-Lieb* den Nachlass als nicht aktuelles, aber bis zum Beginn der Haftungssonderung *„permanentes, potenzielles*

---

508 Ähnlich *v. Gleichenstein*, ZVI 2013, S. 409 (419), der auf eine analoge Anwendung des § 1975 BGB zur Abwehr von Vorausverfügungen verweist.

509 *Dauner-Lieb*, Unternehmen in Sondervermögen, S. 62.

510 *Dauner-Lieb*, Unternehmen in Sondervermögen, S. 62.

511 Nerlich/Römermann/*Weiß*, § 319 Rn. 2.

512 *Kuleisa*, ZVI 2013, S. 173 (174).

513 *Roth*, ZInsO 2010, S. 118 (119).

Sondervermögen".[514] Auf diese Idee soll für das Sondervermögen nach Negativerklärung zurückgegriffen werden, soweit die Haftungssonderung betroffen ist.

Die Schwebephase im Erstinsolvenzverfahren ist vergleichsweise kurz. Der zum Tragen kommende Mechanismus ist jedoch funktional identisch. Die gesetzliche Haftungsverteilung weist den Neuerwerb grundsätzlich der Insolvenzmasse zu. Ist der Schuldner selbstständig tätig, ist der Insolvenzverwalter nicht nur zur Abgabe einer Erklärung verpflichtet.[515] Um den mit der Freigabemöglichkeit gesetzlich etablierten Masseschutz zu bewirken, ist eine eindeutige Aktivierungshandlung des Insolvenzverwalters unverzichtbar. Diese bildet im vorgenommenen Vergleich die rechtlich entformalisierte Entsprechung zum Nachlassinsolvenzantrag des Erben. Während beim vom Erben in Gang gesetzten Nachlassinsolvenzverfahren die Nachlassgläubiger abgeschüttelt werden – gleichgültig, ob über das Eigenvermögen des Erben ebenfalls ein Insolvenzverfahren eröffnet wurde – ist die Freigabe der Selbstständigkeit auf den Ausschluss von Massegläubigern im laufenden Insolvenzverfahren gerichtet.

Der Eröffnungsantrag ist also auf die Herbeiführung eines Insolvenzverfahrens gerichtet, während die Negativerklärung gerade die Ausgrenzung aus dem Verfahren bewirkt. Die Anordnung ist gewissermaßen spiegelbildlich arrangiert. Dieser Unterschied wird relativiert, wenn beim Vergleich mit der Nachlassinsolvenz über das Eigenvermögen des Schuldners ein allgemeines Insolvenzverfahren eröffnet ist und ebenfalls Vermögen vom Insolvenzbeschlag getrennt und eine Gläubigergruppe ausgeschlossen wird. Selbstverständlich handelt es sich der Form nach um rechtlich unterschiedliche Instrumente: Der Insolvenzantrag ist formelle Verfahrenshandlung, für welche die Regeln des Zivilprozesses gelten[516], wohingegen die Negativerklärung eine verfahrensrechtliche Erklärung darstellt.[517] Die Gemeinsamkeit besteht in funktionaler Hinsicht, nämlich in der Zielrichtung, durch Tätigwerden des jeweiligen Funktionsträgers ein Sondervermögen entstehen zu lassen. Demzufolge kann das für das Nachlassinsolvenzverfahren herausgearbeitete Muster auch hier entsprechend erkannt werden und das Vermögen der Selbstständigkeit im Erstinsolvenzverfahren als permanentes, potenzielles Sondervermögen begriffen werden. Das Potenzial zum Sondervermögen der Selbstständigkeit besteht für die Dauer der Schwebephase, welche bis

---

514 *Dauner-Lieb*, Unternehmen in Sondervermögen, S. 62 f; *Giebel*, Der Erbschaftskauf, S. 46.

515 Hierzu oben unter: 3. Kapitel A. II. 1. und unten unter: 6. Kapitel C. III. 3. c) aa).

516 MüKoInsO/*Vuia*, § 13 Rn. 70.

517 KPB/*Holzer*, § 35 Rn. 119.

zur Aufhebung des Erstinsolvenzverfahrens andauern kann.[518] Denn erst dann endet der Zeitabschnitt, in dem es dem Insolvenzverwalter zusteht, die Freigabe der Selbstständigkeit zu erklären.[519]

dd) Ergebnis

Die Wertungen des § 35 InsO legen eine Einordnung der freigegebenen Selbstständigkeit als Sondervermögen fest. Mit der Einführung der Freigabemöglichkeit enthält das Gesetz schon das Potenzial, aus dem Erstverfahren heraus ein Sondervermögen bilden zu können.

c) Systematische Ausnahmestellung von parallelen Zweitinsolvenzen in der Insolvenzordnung

Richtigerweise müssen Parallelinsolvenzverfahren über freigegebene Selbstständigkeiten als besondere Insolvenzverfahren nach formalen Gesichtspunkten unter § 11 Abs. 2 InsO eingeordnet werden.[520] Materiell gilt der Umfang des § 35 Abs. 2 InsO. Die Verfahrenskategorie der parallelen Zweitinsolvenz über eine freigegebene wirtschaftliche Selbstständigkeit fügt sich mithin ohne die Notwendigkeit einer gesonderten Regelung in die Gesamtkonstruktion der Insolvenzordnung ein. Nicht ausgeschlossen ist eine Erweiterung des § 11 Abs. 2 Nr. 2 InsO mit dem Wortlaut:

> „[Ein Insolvenzverfahren kann ferner eröffnet werden:] *nach Maßgabe der §§ 313 bis 334 über einen Nachlass, über das Gesamtgut einer fortgesetzten Gütergemeinschaft, über das Gesamtgut einer Gütergemeinschaft, das von den Ehegatten gemeinschaftlich verwaltet wird oder nach Maßgabe der allgemeinen Regeln über das nach § 35 Abs. 2 S. 1 InsO mit der Negativerklärung aus dem Erstinsolvenzverfahren ausgeschiedene Vermögen*“.

Eine solche Anpassung wäre für die systematische Einordnung jedoch von rein deklaratorischem Wert. Schon heute können Parallelinsolvenzen aufgrund analoger Anwendung der Vorschrift durchgeführt werden. Aus Klarstellungsgründen ist eine Vervollständigung dagegen sinnvoll. Beachtet werden müsste

518 Ein Vergleich zu Vermögensveränderungen des Nachlasses zwischen Erbfall und Eröffnung des Nachlassinsolvenzverfahrens wird der Fallgestaltung nur sehr eingeschränkt gerecht. Im Unterschied zum Nachlass, erhält der Schuldner die Verfügungsbefugnis betreffend künftigen Neuerwerb des Geschäftsbetriebs uneingeschränkt zugesprochen und soll wirtschaften. Zu Bestandsveränderungen des Nachlasses, *Roth*, ZInsO 2010, S. 118 (119).

519 BT-Drs. 19/25322, S. 18; KPB/*Holzer*, § 35 Rn. 109d.

520 Hierzu oben unter: 3. Kapitel A. III. 3. a) bb) (2).

dann, dass eine auf die Zweitinsolvenz bezogene Neuregelung nicht anderen Anwendungsformen, die ebenfalls auf einer Analogie beruhen, die Grundlage entzieht, wenn der Gesetzgeber eine Neuregelung vornimmt und nicht alle Analogien einbezieht.[521] Diese müssten ggf. mitgeregelt werden.

d) Eingeschränktes Partikularverfahren bei Gesamtvollstreckung über Vermögen aus selbstständiger Tätigkeit parallel zum Erstverfahren

Für die im Zusammenhang mit der Selbstständigkeit entstehenden Verbindlichkeiten haftet der Schuldner mit dem Sondervermögen persönlich und unbeschränkt. Prozessual und inhaltlich stellt das Verfahren eine eingeschränkte Gesamtvollstreckung dar, die den Besonderheiten der Parallelität und der Vermögenskonstellation Rechnung trägt. Eine Einschränkung ergibt sich aus der Priorität des zeitlich früheren Erstinsolvenzverfahrens und dessen Insolvenzbeschlag.[522] Darüber hinaus wirkt die Abführungsverpflichtung aus § 35 Abs. 2 S. 2, § 295a InsO in das Zweitverfahren hinein.

e) Konstant eingeschränktes Partikularverfahren bei Gesamtvollstreckung während der Treuhandperiode

aa) Aufrechterhaltung der Haftungstrennung

Wird das Erstinsolvenzverfahren aufgehoben und geht in die Treuhandperiode über, kann ebenfalls ein Zweitinsolvenzverfahren eröffnet werden. Der Zweitinsolvenzbeschlag erfolgt folgendermaßen: Da der Schuldner mit Aufhebung des Erstverfahrens die vollständige Verwaltungs- und Verfügungsbefugnis über sein privates Vermögen zurückerlangt, geht dem vorherigen Sondervermögen aus selbstständiger Tätigkeit der Sondervermögenscharakter in Bezug auf das Freisein vom Insolvenzbeschlag verloren.[523] Der vorausgegangenen Haftungstrennung folgt aber keine Haftungsvereinigung, denn das gesamte private Vermögen des Schuldners ist nun zwar insolvenzfrei und setzt sich aus dem privaten Vermögen und dem freien Vermögen der Selbstständigkeit zusammen. Ein neues Insolvenzverfahren kann indessen nicht über das gesamte insolvenzfreie, sondern lediglich über das durch § 35 Abs. 2 InsO ausgegliederte und damit für das Sondervermögen haftbare Vermögen des Schuldners eröffnet werden.[524]

---

521 Hierzu oben unter: 3. Kapitel D. III. 2. c).

522 Zum Prioritätsgedanken: *Ahrens* in: Kohte/Ahrens/Grote/Busch/Lackmann, § 286 Rn. 20; vgl. A/G/R-*Ahrens*, § 1 InsO Rn. 32.

523 Vgl. *Schmerbach*, ZInsO 2009, S. 2078 (2088).

524 **A.A.** *Schmerbach*, ZInsO 2009, S. 2078 (2088). Hierzu sogleich.

bb) Haftungserstreckung auf berufliche Sphäre

Die Zulässigkeit eines Zweitverfahrens verschiebt nicht die grundlegende Haftungsverteilung zwischen dem Schuldner und innerhalb der Gläubigergruppen der Alt- und Neugläubiger. Schon im Erstinsolvenzverfahren sind unterschiedliche Haftungssphären geschaffen worden, die mit Verfahrensaufhebung nicht wieder rückgängig gemacht werden. Das Vermögen der Selbstständigkeit als zweckgebundener Vermögensteil des ehemals insolvenzfreien Vermögens im Erstverfahren bleibt nach Verfahrensaufhebung Sondervermögen innerhalb des insgesamt insolvenzfreien Schuldnervermögens. Schon allein aufgrund der grundgesetzlichen Garantien der Art. 2, Art. 12 und Art. 14 GG kann nach Verfahrensaufhebung keine automatische Haftungsverschiebung zulasten des Schuldners stattfinden.[525] Während des Erstinsolvenzverfahrens kann der Schuldner in einer insolvenzfreien Sphäre abseits des insolvenzbefangenen Vermögens nach Belieben verfügen.[526] Die durch § 35 Abs. 2 InsO ermöglichte Haftungstrennung berührt jedoch einzig die berufliche Sphäre des Schuldners.[527] Die persönliche Vermögenssphäre wird durch auf die Norm gestützte Handlungen im Insolvenzverfahren nicht einbezogen. Dieser Zuweisung wohnt eine den Schuldner schützende Kontinuität inne: Nach Verfahrensaufhebung muss der Schuldner den Neugläubigern nicht sein privates Vermögen zur Verfügung stellen, auf welches diese nie Zugriff erhalten können, da die Negativerklärung des Insolvenzverwalters in dieser Hinsicht gerade die selbstständige berufliche Tätigkeit aus dem Insolvenzverfahren auslagert und den Haftungsrahmen für Neugläubiger konstitutiv festlegt. Neugläubiger können damit nicht durch den für sie zufälligen Zeitpunkt der Erstverfahrensaufhebung durch solches Vermögen begünstigt werden.

Tatsächlich stünde dem auch entgegen, dass privates Vermögen gleichwohl dem Erstverfahren zugeordnet bleibt, wenn Erst- und Zweitverfahren noch andauern. Geht das Erstverfahren in die Treuhandperiode über und das Zweitverfahren dauert an, ist privat anfallender Vermögenszuwachs, der sich eindeutig von der Selbstständigkeit abgrenzen lässt, nicht dem Parallelverfahren zugeordnet. Hier ist eine genaue Unterscheidung der Herkunft von Vermögenswerten

525 Zu diesem Schutz hinsichtlich der Negativerklärung des Insolvenzverwalters: HK-InsO/*Ries*, § 35 Rn. 41 f.; *Ries*, ZInsO 2009, 2030 ff.

526 *Ries*, ZInsO 2009, 2030 (2033).

527 HK-InsO/*Ries*, § 35 Rn. 42, 70, 72, nennt dies eine „*Pauschalfreigabe*“ aller Rechtsbeziehungen und Sachgesamtheiten der beruflichen Sphäre im Sinne einer „*going-concern*“-Regelung.

notwendig, die schon bei Abgabe der Negativerklärung durch den Insolvenzverwalter kenntlich zu machen ist, soweit die Selbstständigkeit betroffen ist. Privater Vermögenszuwachs aus Rechtsgeschäft und zufälliger Vermögensanfall, der in keiner Beziehung zur Selbstständigkeit steht, wie etwa Erbschaften oder Schenkungen sowie schließlich auch die Einkünfte aus einer ganz oder teilweise aufgenommenen abhängigen Beschäftigung des Schuldners, unterfallen nicht dem Insolvenzbeschlag des Parallelverfahrens.[528] Für die Dauer der Treuhandperiode wird demgemäß die Trennung der Vermögenssphären fortgeführt.

cc) Schutz der haftungsrechtlichen Position der Altgläubiger

Eine andere Bewertung verletzte auch die Befriedigungsinteressen der Altgläubiger. Für den Fall, dass dem Schuldner keine Restschuldbefreiung erteilt wird, erfolgte sonst nämlich eine Haftungsverschiebung zulasten der Altgläubiger. Diese können aufgrund der Wirkung der Negativerklärung nicht am Parallelinsolvenzverfahren teilnehmen. Fiele privates Vermögen während der Treuhandperiode in die Parallelinsolvenzmasse, könnten sie im Anschluss von ihrem freien Nachforderungsrecht keinen Gebrauch machen, da das eigentlich insolvenzfreie private Vermögen des Schuldners womöglich noch unter den Beschlag des Parallelinsolvenzverfahrens fiele oder in diesem aufgebraucht würde. Diese Zuordnung stünde mithin in eindeutigem Widerspruch zur gesetzlichen Haftungsverteilung und dem Normzweck des § 35 Abs. 2 InsO, der einen solchen Haftungsausschluss nicht vorsieht. Einen solchen ermöglicht einzig die Erteilung der Restschuldbefreiung. Eine Einbeziehung vom privaten Vermögen in die Masse des Parallelinsolvenzverfahrens wäre schlechthin systemwidrig.

dd) Harmonisierung der Beteiligteninteressen

Schließlich soll die Haftungstrennung durch Negativerklärung einen Interessenausgleich zwischen Schuldner, Neugläubigern und Altgläubigern schaffen. Der gesetzlichen Haftungsverteilung nach erhalten Altgläubiger das nicht der Pfändung unterliegende Privatvermögen und die Abführungsbeträge aus der beruflichen Sphäre. Das bedeutet haftungsrechtlich eine geringfügige Abweichung von § 35 Abs. 1 InsO. Vom § 35 Abs. 2 InsO erfassten Regelungsbereich ist allerdings nur das Vermögen der Berufssphäre erfasst, wodurch Neugläubigern schon vor Beendigung des Insolvenzverfahrens ein Haftungszugriff ermöglicht wird. Dem Schuldner soll dieses Vermögen nicht vollständig zur Verfügung stehen, weshalb

528 Vgl. FK-InsO/*Bornemann*, 9. Aufl. 2018, § 35 Rn. 46; PrivatInsRK/*Montag*, § 35 Abs. 2 bis 4 Rn. 338; *Gotter*, Die selbstständige Tätigkeit im Insolvenzverfahren, S. 150.

als Ausgleich Abführungsbeträge geleistet werden. Insoweit weicht § 35 Abs. 2 InsO nur teilweise von der grundsätzlichen Wertung des § 35 Abs. 1 InsO ab.

Nicht ohne Weiteres vom Zweitinsolvenzbeschlag umfasst sein kann jedoch der während der Treuhandperiode abzuführende Abtretungsbetrag. Dieser unterliegt nach Verfahrensaufhebung zwar nicht mehr der Zweckbindung aus § 35 Abs. 2 S. 2 InsO. Allerdings folgt schon aus § 295a Abs. 1 S. 1 InsO, dass für die Zeit der Abtretungsfrist des § 287 Abs. 2 InsO der Betrag den Erstverfahrensgläubigern zugutekommen soll, weil dadurch eine Vermögenszuordnung aus dem Haftungsbereich der Selbstständigkeit heraus erfolgt.[529] Der Schuldner kann nur auf diesem Wege eine im Erstverfahren eingeleitete Restschuldbefreiung erlangen.

5. *Ergebnis*

Das parallele Insolvenzverfahren über nach § 35 Abs. 2 S. 1 InsO freigegebenes Vermögen selbstständiger Tätigkeiten stellt eine prozessual und materiell eingeschränkte Gesamtvollstreckung über Sondervermögen des Schuldners analog § 11 Abs. 2 Nr. 2 InsO dar. Das Sondervermögen der Selbstständigkeit bleibt dem Schuldner als Rechtssubjekt zugeordnet. Dabei bildet die Negativerklärung aus dem Erstverfahren den Anknüpfungspunkt für die materielle Unterscheidung der Haftungsmassen, indem sie als Enthaftungserklärung wirkt. Gleichzeitig wirkt die Negativerklärung im Erstverfahren als Zweckerklärung und legt den Zeitpunkt einer Vermögenstrennung und die Zuordnung von Vermögen zum insolvenzfreien Vermögen und dort dem Zweckvermögen der Selbstständigkeit, welches sich mit Zweitinsolvenzeröffnung zur Insolvenzmasse wandelt, fest. Aufgrund des rückwirkenden Verhältnisses zur Erstinsolvenzmasse und der Parallelität des Zweitverfahrens ergibt sich eine haftungsrechtliche Priorität des Erstverfahrens. Das Zweckvermögen der Selbstständigkeit stellt ein permanentes, potentielles Sondervermögen in einem doppelten Sinne dar: einerseits als Sondervermögen der Selbstständigkeit und andererseits als Sondervermögen des parallen Zweitinsolvenzverfahrens.

529 Hierzu unter: 3. Kapitel C. II. 3.

IV. Programmatische Ausrichtung paralleler Verfahren

1. Zwecksetzung

In ihrer Zwecksetzung stimmen parallele Zweitverfahren nicht vollkommen mit nachgeschalteten Zweitverfahren überein. Die gemeinschaftliche Befriedigung der Neugläubiger ist das Hauptmotiv[530] des neuen Verfahrens. Im Vordergrund stehen die Verteilungsfunktion und die Ordnungsfunktion des Insolvenzverfahrens. Es wird gerade der geordnete Marktaustritt insolventer und rechtlich nicht verselbstständigter Unternehmen ermöglicht.[531] In Bezug auf Selbstständigkeiten fällt dieser Aspekt stärker ins Gewicht als bei Verfahren über das Vermögen abhängig beschäftigter Schuldner. Dies ist auf die von einer Selbstständigkeit ausgehenden volkswirtschaftlichen Impulse und der Ausprägung der Finanzierungs- und Verwaltungsstruktur zurückzuführen, da der Kontakt des selbstständigen Schuldners mit Dritten spezifische Schutzbedürfnisse verursacht, beispielsweise wenn der Schuldner als Arbeitgeber auftritt.[532] Es besteht mithin ein Bedürfnis für die vollständige Abwicklung eines rechtlich nicht verselbstständigten Unternehmens. Eine Restschuldbefreiung kommt aufgrund der Verwertung nur eines Teilvermögens demgegenüber nicht in Betracht.[533]

2. Einschränkung durch Fortwirkung des Erstverfahrens

Solange das Erstverfahren andauert, unterliegt das Zweitverfahren den Einschränkungen, die sich aus der Priorität des Erstverfahrens ergeben.[534] Das Erstverfahren genießt in seiner Durchführung Vorrang, weil in diesem die Verfahrensziele für die Beteiligten erreicht werden sollen. Darin eingeschlossen sind eine haftungsrechtliche und eine die Befreiung von Restschulden berührende Komponente: Zunächst kann eine mit abhängig beschäftigten Schuldnern

---

530 *K. Schmidt* bekräftigt die Dynamik der in § 1 InsO niedergelegten Verfahrensfunktionen, die entweder die Verwertung des Schuldnervermögens oder die Überwindung der materiellen Insolvenz in den Vordergrund rücken lässt, K.Schmidt/*K.Schmidt*, InsO § 1 Rn. 3.

531 AG Göttingen, Beschl. v. 26.02.2008 – 74 IN 304/07, in: NZI 2008, S. 313 (314); mit Blick auf Dauerinsolvenzverfahren zweifelnd: *Wischemeyer*, ZInsO 2009, S. 2121 (2129).

532 Ausführlich zur wirtschaftlichen Ordnungsfunktion des Insolvenzverfahrens, *Paulus*, NZI 2015, S. 1001 (1003 ff.).

533 Hierzu oben unter: 2. Kapitel D. IV. 4. d) und 3. Kapitel A. III. 3. c) (bb) (3) und unten unter: 5. Kapitel B. I.

534 HK-InsO/*Ries*, § 35 Rn. 42.

gleichgestellte Haftung nur erreicht werden, wenn während des andauernden Verfahrens die Abführungsbeträge in die Insolvenzmasse fließen. Darüber hinaus ist die Erteilung der Restschuldbefreiung für den Erstverfahrensschuldner nur erreichbar, wenn dieser seinen Pflichten und Obliegenheiten in Bezug auf Zahlungen an Verwalter und Treuhänder des Erstverfahrens nachkommt. Für im vorangegangenen Verfahren einmal in Gang gesetzte Maßnahmen gilt demgemäß ein Vorrang, damit für die Verfahrensbeteiligten die Verwirklichung der Ziele des Erstverfahrens garantiert ist.[535] Die Verfahrensregeln des Erstverfahrens beeinflussen damit das Zweitverfahren.

B. Verfahrensrechtliche Ausgestaltung

I. Sachentscheidungsvoraussetzungen

1. Antragsrecht

a) Abschließende Regelung des § 38 InsO

Hinsichtlich der Einleitung von Parallelverfahren ist zwischen den Gläubigergruppen – Neugläubigern und Altgläubigern – zu differenzieren. In diesem Zusammenhang ist erneut die eingangs im Recht der Konkursordnung geltende Differenzierung zwischen Antrags- und Teilnahmeberechtigung aufzugreifen.[536] Mit der Vorschrift des § 38 InsO ist diese Unterscheidung bewusst abgeschafft worden, um alle Insolvenzgläubiger auf die verfahrensmäßige Befriedigung zu beschränken.

b) Unzulässigkeit von Altgläubigeranträgen

aa) Anwendung des § 38 InsO

Altgläubiger sind im Parallelverfahren nicht teilnahmeberechtigt, denn sie sind keine Insolvenzgläubiger i.S.d. § 38 InsO.

(1) Anwendungsbereich des § 38 InsO

Der Anwendungsbereich des § 38 InsO erstreckt sich auf persönliche Gläubiger des Insolvenzschuldners, die einen zur Zeit der Eröffnung des Insolvenzverfahrens begründeten Vermögensanspruch gegen diesen haben. Wer unter diesen Anwendungsbereich fällt und somit Insolvenzgläubiger ist, den berechtigen und

535 Vgl. AGR-*Ahrens*, § 35 Rn. 178.
536 Hierzu oben unter: 1. Kapitel A. II.

verpflichten in vollem Umfang die Rechtswirkungen des Insolvenzverfahrens über das Vermögen des Anspruchsgegners.[537]

(2) Subsumtion des Altgläubigers unter den Begriff des Insolvenzgläubigers

(a) Begründeter Vermögensanspruch

Zunächst sind im Anwendungsbereich des § 38 InsO nur solche Gläubiger zur Teilnahme berechtigt, denen ein auf die Zahlung von Geld gerichteter Anspruch zusteht, der vor der Eröffnung des Zweitverfahrens begründet war und dessen anspruchsbegründender Tatbestand also schon vor Verfahrenseröffnung abgeschlossen ist.[538] Betagte und aufschiebend bedingte Forderungen sind demnach Insolvenzforderungen, weil ein darauf bezogenes Anwartschaftsrecht schon vor dem Zeitpunkt der Insolvenzeröffnung existiert.[539] Erst künftig entstehende Ansprüche können keine Insolvenzforderungen begründen, weil der Leistungsinhalt des zugrundeliegenden Rechtsgeschäfts noch nicht feststeht, sondern erst durch eine zukünftige Tatsache bestimmt wird.[540]

(b) Eigenschaft als persönlicher Gläubiger

Diese Gläubiger müssen für den Zweitverfahrensschuldner zugleich persönliche Gläubiger darstellen. Persönliche Gläubiger sind alle Gläubiger eines Schuldners, denen dieser entweder mit seinem gesamten Vermögen oder aber mit einem Sondervermögen und nicht nur mit einem bestimmten Vermögensgegenstand haftet.[541] Diese Definition dient der Abgrenzung zu dinglichen Gläubigern, die bevorzugte Befriedigung aus einem ihnen individuell zugewiesenen Haftungsgegenstand verlangen können.[542] Im Unterschied zu Gläubigern mit dinglichen Forderungen dient die Teilnahme mit persönlichen Forderungen der gemeinsamen Verlusttragung par conditio creditorum mit Wirkung für alle Gläubiger, denen im Vermögen des Schuldners keine Rechte oder Gegenstände speziell zugeordnet sind.[543]

---

537 Uhlenbruck/*Sinz*, § 38 Rn. 1.

538 BGH, Beschl. v. 06.02.2014 – IX ZB 57/12, in: ZInsO S. 496 Rn. 10; Braun/*Bäuerle*, § 38 Rn. 2, 5.

539 BGH, Urt. v. 13.04.2011 – VIII ZR 295/10, in: NZI 2011, S. 404 Rn. 12; Uhlenbruck/*Sinz*, § 38 Rn. 33.

540 Uhlenbruck/*Sinz*, § 38 Rn. 35.

541 HK-InsO/*Ries*, § 38 Rn. 10.

542 Andres/Leithaus/*Leithaus*, InsO, § 38 Rn. 2.

543 MüKoInsO/*Ehricke/Behme*, § 38 Rn. 4, 20.

Für die Beurteilung, ob Altgläubiger persönliche Gläubiger sind, ist gerade dieses letztgenannte Merkmal der Vermögenszuordnung entscheidend. Nach dem Prinzip der haftungsrechtlichen Zuweisung wird mit der Eröffnung des Insolvenzverfahrens das zur Haftung zur Verfügung stehende Vermögen der Disposition des Schuldners entzogen, um es zur Begleichung seiner Verbindlichkeiten zu verwerten.[544] An dieser Stelle wirkt sich der durch die Negativerklärung im Erstverfahren verursachte Haftungsbruch aus: Indem das Vermögen der beruflichen Haftungssphäre aus dem Insolvenzverfahren herausgelöst wurde, ist eine Vermögenszuordnung für einen Teil der Gläubigergesamtheit vorgenommen worden. Bei Zweitinsolvenzeröffnung kann dem Schuldner nun gem. § 80 InsO ausschließlich seine darauf bezogene Dispositionsmacht entzogen werden. Nur dieser Vermögensausschnitt ist haftbares Vermögen im Zweitverfahren. Die Haftungstrennung hat also zu einer Anspruchszuordnung geführt. Dabei markiert der Zeitpunkt der Negativerklärung den Einschnitt, der für eine Unterscheidung der begünstigten Gläubiger ausschlaggebend ist. Die Trennung verläuft dann entlang der Haftungssphären: Allen Gläubigern, deren Vermögensanspruch gegen den Schuldner nach der Negativerklärung begründet wurde oder der per Negativerklärung auf das Vermögen der Selbstständigkeit überging, ist das Sondervermögen der Selbstständigkeit als Haftungsmasse zugewiesen. Diese steht den insoweit nicht erfüllten Verbindlichkeiten des Schuldners gegenüber. Aus diesem Grund ist die Verwertung des Sondervermögens der Selbstständigkeit auf die Gruppe der Neugläubiger begrenzt. Für alle anderen Gläubiger haftet jedenfalls nicht das Vermögen der Sondermasse, denn diese ist für sie keine Insolvenzmasse i.S.d. § 38 InsO. Da das Vermögen der Selbstständigkeit nie zugunsten der Verwertung und gemeinschaftlichen Teilhabe der Gruppe der Altgläubiger bestimmt war, sind diese im Zweitverfahren keine persönlichen Gläubiger des Schuldners.

Darin ist auch keine Verletzung des Gläubigergleichbehandlungsgrundsatzes zu erkennen, da dieser nur gelten kann, wo überhaupt die Voraussetzungen einer Gleichbehandlung vorliegen. Dieser Grundsatz soll verhindern, dass bestimmte Gläubiger innerhalb derselben Haftungsgruppe gegenüber anderen Gläubigern bevorzugt werden.[545] Im Hinblick auf die Haftungsausgrenzung aufgrund unterschiedlicher Haftungsgruppen besteht jedoch kein Anlass für eine Gleichbehandlung.

---

544 MüKoInsO/*Ehricke/Behme*, § 38 Rn. 4; Beck/Depré/Ampferl Insolvenz/*Holzer*, § 3 Rn. 1.

545 Vgl. MüKoInsO/*Ehricke/Behme*, § 38 Rn. 13.

(3) Ergebnis

Altgläubiger unterfallen im Zweitinsolvenzverfahren über eine freigegebene Selbstständigkeit nicht dem Insolvenzgläubigerbegriff des § 38 InsO und sind nicht antragsberechtigt.

bb) Bei Teilnahme am Erstverfahren

Eine Teilnahme der Altgläubiger am Parallelinsolvenzverfahren ist nicht möglich.[546] Hinsichtlich der Teilnahme am Parallelinsolvenzverfahren unterscheidet sich die Rechtslage zur Konkursordnung. Wie erläutert, sind Altgläubiger im nachgeschalteten Zweitverfahren nur teilnahmeberechtigt, soweit sie mit ihrer Forderung nicht der Restschuldbefreiung eines Erstverfahrens unterliegen.[547] Für die Fallgruppe der Parallelinsolvenz kann dies jedoch nicht gelten, da die gesetzliche Haftungszuweisung Altforderungen den Bezug auf die freigegebene Selbstständigkeit versperrt. Solange das Erstverfahren andauert, wird Altgläubigern das rechtliche Interesse gem. § 14 Abs. 1 S. 1 InsO an einer Verfahrenseröffnung abgesprochen, da sie bereits am eröffneten Verfahren teilnehmen. Dasselbe gilt für die Dauer der Treuhandperiode, weil die Restschuldbefreiung noch erfolgen kann.[548] Altgläubigeranträge sind sowohl während des laufenden Erstinsolvenzverfahrens als auch nach Verfahrensaufhebung während der Treuhandperiode unzulässig. Dies ergibt sich aus der Anwendung des § 38 InsO.

546 Anders die frühen Überlegungen von *Schmerbach*, ZInsO 2009, S. 2078 (2088, 2092), der in Anlehnung an die Rechtslage bei Teilnahme von Altgläubigern eines vorangegangenen Gesamtvollstreckungsordnungsverfahrens vorschlägt, die Anmeldung von Altgläubigerforderungen in Höhe des Forderungsausfalls des Erstverfahrens zuzulassen. Der Autor nimmt allerdings Bezug auf die Bewertung von *Pape/Wenzel*, ZInsO 2008, S. 287 (288) zur Gesamtvollstreckungsordnung, welcher ebenso wie der Konkursordnung ein stichtagsbezogener Vermögensbegriff, der nicht den nach Verfahrenseröffnung entstehenden Neuerwerb umfasst, zugrunde liegt, sodass eine solche Anknüpfung nicht mit den Wertungen der Insolvenzordnung übereinstimmt. Heute ebenfalls ablehnend: FK-InsO/*Schmerbach*, 9. Aufl. 2018, § 13 Rn. 117, 122, 162. Nur mit der Nichtbeachtung der Regeln zur Restschuldbefreiung erklärlich ist die Wertung von *Bremen*, ZInsO 2002, S. 1 (7), zur Teilnahme von Altgläubigern in Höhe des Ausfalls bei Zweitinsolvenzverfahren über freigegebene Einzelgegenstände.

547 In nachgeschalteten Insolvenzverfahren kann für den Fall, dass eine Restschuldbefreiung nicht erteilt worden ist, eine Teilnahme mit der alten Restforderung in Betracht kommen oder eine Forderung i.S.v. § 302 InsO verfolgt werden. Hierzu unter: 2. Kapitel D. IV. 5. b) aa) (2) (a).

548 Hierzu oben unter: 2. Kapitel D. IV. 4. b).

Dieser Ausschluss gründet sich einerseits auf der der Neuordnung von Vermögenszuweisungen beruhenden gesetzgeberischen Grundentscheidung zu § 35 Abs. 1 InsO. Wie schon *Gotter* zutreffend festgestellt hat, besteht nach aktueller Rechtslage für Altgläubiger im Unterschied zur Konkursordnung kein Bedürfnis für eine Beantragung und Teilnahme am Parallelverfahren, da sie nicht mit Neugläubigern in Konkurrenz zum Zugriff auf den Neuerwerb stehen.[549] Sie haben zuvor von der Entlastung der Masse profitiert. Anderseits greift die Ausnahme des § 35 Abs. 2 InsO nicht grundlegend, sondern nur ausschnittsweise in die Vermögenszuweisung ein: Nutzt der Schuldner sein insolvenzfreies persönliches Vermögen zum Erwerb von privat genutzten Gegenständen, sind diese nicht dem Haftungsverband der selbstständigen Tätigkeit zugeordnet, da sich die Negativerklärung nicht auf das private Vermögen auswirkt.[550] Ähnliches gilt für die Veräußerung insolvenzfreier Privatgegenstände. Nach dem umgekehrten Surrogationsprinzip stellt der Gegenwert Neuerwerb dar, der in die Erstinsolvenzmasse fließt.[551] Darüber hinaus können Altgläubiger die Abführungsbeträge erhalten.[552] Um die Haftungstrennung zwischen privatem und beruflichem Vermögen aufzuheben, verbleibt Altgläubigern die Möglichkeit, jedenfalls die Negativerklärung gem. § 35 Abs. 2 S. 3 InsO für unwirksam erklären zu lassen.[553] Etwas anderes kann nicht gelten, da sonst die Wertungen der Freigabemöglichkeit unterlaufen würden.

cc) Bei Nichtteilnahme am Erstverfahren

Altgläubigern, die auf die Teilnahme am Erstverfahren verzichtet haben, sind im Ergebnis nicht anders als am Insolvenzverfahren teilnehmende Gläubiger zu behandeln und genau wie diese nicht antragsberechtigt. Ihre Forderung kann nur im Erstverfahren befriedigt werden.

---

549 *Gotter*, Die selbstständige Tätigkeit im Insolvenzverfahren, S. 149.

550 Vgl. HK-InsO/*Ries*, § 35 Rn. 51; *Gotter*, Die selbstständige Tätigkeit im Insolvenzverfahren, S. 149.

551 Vgl. Uhlenbruck/*Hirte/Praß*, § 35 Rn. 123, § 36 Rn. 54. Hierzu unter: 3. Kapitel C. II. 2. c) bb) (2).

552 *Gotter*, Die selbstständige Tätigkeit im Insolvenzverfahren, S. 149.

553 *Gotter*, Die selbstständige Tätigkeit im Insolvenzverfahren, S. 149. Zu diesem Gläubigereinfluss unter: 3. Kapitel D. V.

dd) Fehlende Befugnis zur Forderungsanmeldung

Ist nach dem Erstverfahren zwischenzeitlich eine Restschuldbefreiung erteilt worden, besteht schon keine durchsetzbare Forderung mehr, die im Parallelverfahren angemeldet werden könnte. Ebenfalls ausgeschlossen ist eine spätere Teilnahme eines Altgläubigers am Parallelverfahren durch Anmeldung oder nachträgliche Anmeldung einer Restforderung gem. §§ 174, 177 InsO nach Aufhebung des Erstinsolvenzverfahrens oder Beendigung des Restschuldbefreiungsverfahrens, wenn keine Befreiung von Restschulden stattgefunden hat und das Zweitverfahren noch andauert.[554] Die Anmeldung von von der Restschuldbefreiung im Erstverfahren gem. § 302 InsO ausgenommenen Attributsforderungen im parallelen Zweitverfahren scheiterte zudem daran, dass eine Restschuldbefreiung dort nicht zu erreichen ist.[555] Ein Restschuldbefreiungsantrag stellt aber eine Voraussetzung für die Eintragung als Attributsforderung in die Insolvenztabelle dar, da sonst kein Rechtsschutzbedürfnis für die Privilegierung besteht.[556]

Altgläubigern ist ausweislich des § 35 Abs. 2 InsO das insolvenzfreie private Vermögen des Schuldners zugeordnet, in das vollstreckt werden kann. Ein Ausfallprinzip, wie es für Sonderinsolvenzen im Bereich der Nachlassinsolvenz existiert, besteht nicht. Bei der Nachlassinsolvenz rechtfertigt der Normzweck des § 331 InsO die Möglichkeit der Doppelinsolvenz, die ausnahmsweise ein Ausfallprinzip bei parallelen Verfahren erlaubt.[557] Die von der Norm vorausgesetzte unbeschränkte Haftung des Erben ist eine Besonderheit des erbrechtlichen Vermögenserwerbs, die sich nicht auf die Konstellation von Erst- und Zweitverfahren übertragen lässt. Die Doppelinsolvenz von Nachlass und gleichzeitiger Insolvenz des Erben unterscheidet sich von der gleichzeitigen Durchführung zweier oder mehrerer Insolvenzverfahren über einzelne Vermögensmassen des selbstständigen Schuldners, weil es keine vergleichbare Rechtfertigung für eine Haftungsdurchbrechung gibt.[558]

---

554 Vgl. HK-InsO/*Ries*, § 35 Rn. 42.

555 Zu den Attributsforderungen oben unter: 3. Kapitel D. IV. 5. b) aa) (2) (a). Zur Restschuldbefreiung im parallelen Zweitverfahren unter: 5. Kapitel B.

556 AG Norderstedt, Beschl. v. 07.11.2019 – 66 IN 69/19, in: NZI 2020, S. 32; FK-InsO/*Ahrens*, § 287 Rn. 112; MüKoInsO/*Ries*, § 302 Rn. 39; PrivatInsRK/*Schinkel*, § 302 Rn. 35.

557 K.Schmidt/*K.Schmidt*, InsO § 331 Rn. 1.

558 Hierzu unter: 6. Kapitel D. II. 3.

c) *Neugläubigeranträge*

aa) *Zulässigkeit von Zweitinsolvenzanträgen*

In Bezug auf den freigegebenen Geschäftsbetrieb sind während des laufenden Erstverfahrens oder der Treuhandperiode des Erstverfahrens ausschließlich Neugläubigeranträge zulässig.[559] Ein rechtliches Interesse gem. § 14 Abs. 1 S. 1 InsO besteht im Hinblick auf den Zugriff auf neues Vermögen.[560] Zulässig sind solche Anträge, solange das Insolvenzgericht über einen eingereichten Insolvenzantrag noch nicht entschieden hat.[561] Es handelt sich in diesem Fall um ausnahmsweise zulässige echte Zweitanträge.[562] Mit Eröffnung des Zweitverfahrens sind weitere Anträge unzulässig.

bb) *Keine teleologische Reduktion des Begriffs der persönlichen Gläubiger im Rahmen des § 38 InsO*

Eine Verengung der Teilnahme allein von Neugläubigern mit Forderungen aus beruflich veranlasster Tätigkeit scheidet aus. Die Voraussetzungen für eine teleologische Reduktion des Gläubigerbegriffs des § 38 InsO liegen nicht vor. Da sich die Zweitinsolvenzmasse aus Vermögen der selbstständigen Tätigkeit zusammensetzt, kam in der Literatur die Frage der eingeschränkten Teilnahme auf.[563] Unter Anwendung des § 38 InsO ist die Vorschrift des § 35 Abs. 2 S. 1 InsO im Rahmen des Tatbestandsmerkmals der „*persönlichen Gläubiger*" hinsichtlich der Haftungszuordnung zu prüfen. In diesem Zuge könnte die Norm dahingehend teleologisch zu reduzieren sein, dass nur berufliche Neugläubiger ihre Forderungen außerhalb des Erstverfahrens gegen das Vermögen der Selbstständigkeit des Schuldners geltend machen könnten. Dies hätte die gravierende Folge, dass private Neugläubiger mit ihren Forderungen erst nach Aufhebung des Erstinsolvenzbeschlags in privates Schuldnervermögen vollstrecken könnten. In doppelter Hinsicht steht diese Assoziation jedoch im eklatanten Widerspruch zum

---

559 FK-InsO/*Schmerbach*, 9. Aufl. 2018, § 13 Rn. 117, 119; KPB/*Pape*, § 14 Rn. 76, 85. Zur Abgrenzung zur Zulässigkeit von Neugläubigeranträgen im nachgeschalteten Zweitverfahren siehe die Ausführungen unter: 2. Kapitel D. IV. 3. b) aa) (2) und 2. Kapitel D. IV. 4. c).

560 KPB/*Pape*, § 14 Rn. 76, 85. Hierzu oben unter: 3. Kapitel A. II. 2.

561 FK-InsO/*Schmerbach*, 9. Aufl. 2018, § 13 Rn. 117, 119.

562 Vgl. MüKoInsO/*Vuia*, § 13 Rn. 87; vgl. Gottwald/*Vuia*, § 11 Rn. 3, § 12 Rn. 13.

563 Dazu schon: *Gotter*, Die selbstständige Tätigkeit im Insolvenzverfahren, S. 146. und *v. Gleichenstein*, ZVI 2013, S. 409 (418).

Regelungskonzept der Insolvenzordnung, da sie nicht vorhandene Ursächlichkeiten vorgibt.

Die Voraussetzungen für eine teleologische Reduktion liegen nicht vor. Eine planwidrige Regelungslücke könnte man noch darin sehen, dass der Gesetzgeber es verpasst hat, den sich aus der Haftungstrennung nach Negativerklärung ergebenden Anforderungen an eine Klarstellung des Gläubigerbegriffs des § 38 InsO gerecht zu werden. Darüber hinaus ist aber nicht ersichtlich, dass der Wortlaut der Vorschrift in Bezug auf diese Fragestellung weiter gefasst wäre als ihr Zweck.[564] Unter den Begriff der persönlichen Gläubiger des § 38 InsO fallen in Zweitverfahren nur solche, die nach der Haftungstrennung gem. § 35 Abs. 1 InsO einen zur Zeit der Eröffnung des Zweitinsolvenzverfahrens begründeten Vermögensanspruch gegen den Schuldner haben. Der Gläubigerbegriff des § 38 InsO ist insoweit unter Berücksichtigung des § 35 Abs. 1 InsO zunächst auf Neugläubiger zu verengen.

Im Rahmen des § 35 Abs. 2 S. 1 InsO ist weiter zu fragen, ob dort eine weitere Unterteilung getroffen werden muss. Richtig ist, dass der Wortlaut mit der Formulierung „*Ansprüche aus dieser Tätigkeit*" offen gestaltet ist. § 35 Abs. 2 InsO soll allerdings nicht private Neugläubiger benachteiligen, sondern Altgläubiger vor den Risiken der beruflichen Selbstständigkeit des Schuldners schützen. Zudem handelt es sich um eine Vorschrift im 2. Abschnitt „*Insolvenzmasse. Einteilung der Gläubiger*": Darin werden die Vermögensmassen gruppiert und Gläubiger im Hinblick auf die Verteilung der Insolvenzmasse in Gläubigerkategorien aufgeteilt. Regelungsgegenstand dieses Abschnittes ist die Einteilung von Gläubigern im eröffneten Verfahren und nicht etwa eine Spezifizierung von Insolvenzgläubigern.

Abgesehen davon arbeitet die Insolvenzordnung nur mit den voneinander zu unterscheidenden Kriterien des Antragsrechts und der Insolvenzmasse. Dass § 35 Abs. 2 S. 1 InsO Anknüpfungspunkt für Antragsrechte sein soll, ist mit der gesetzlichen Logik nicht vereinbar. Führt ein Insolvenzantrag zur Eröffnung, bildet gem. § 35 Abs. 1 InsO das zum Eröffnungszeitpunkt vorhandene Vermögen die Insolvenzmasse. Eine spezielle Verknüpfung eines festen Antrags- oder Teilnahmerechts hinsichtlich einer bestimmten Vermögensmasse ist dem

564 Vgl. BVerfG, Beschl. v. 30.03.1993 – 1 BvR 1045/89, in: BVerfGE 88, 145; BGH, Beschl. v. 10.12.1951 – GSZ 3/51, in: BGHZ 4, 153; vgl. Grüneberg/*Grüneberg*, Einl. Rn. 49; vgl. Staudinger/*Honsell* (2018) Einl. zum BGB Rn. 150; Staudinger/*Looschelders*/Olzen, (2019) § 242 Rn. 344; *Larenz*, Methodenlehre der Rechtswissenschaften, S. 391.

Gesetz fremd. Auch die Geschäftsfreigabe bewirkt allein eine Haftungstrennung. Im Rahmen der Zulässigkeitsprüfung eines Zweitinsolvenzantrags wird das Vorhandensein ausreichenden Vermögens geprüft. Die Vermögenszuweisung erfolgt nur in einer zeitlichen Dimension und ist nicht an bestimmte Gläubigereigenschaften geknüpft.[565] Zu dieser Beurteilung gelangt man – auch an dieser Stelle[566] – durch einen Vergleich zur Nachlassinsolvenz: Nachlassgläubiger können ihre Forderung gegen das Gesamtvermögen des Erben geltend machen. Wenn eine Haftungstrennung nicht vorgenommen wird, haftet der Erbe dort auch gegenüber Fremdgläubigern.[567] Eine Trennung der Vermögensmassen erfolgt erst nachträglich. Im Zusammenhang mit der Zweitinsolvenz gibt es allerdings nur ein Rechtssubjekt, das unabhängig von beruflicher oder privater Natur persönlich begründeter Forderungen allen Gläubigern haftet. Eine Gruppierung erfolgt nur entlang des Zeitstrahls ab dem Zeitpunkt der Freigabe und kommt ohne die Zuschreibung darüberhinausgehender Eigenschaften aus. Innerhalb des Tatbestands des § 38 InsO kann folglich nur das erfasste haftbare Vermögen allen persönlichen Gläubigern zugeordnet sein. Das Merkmal des persönlichen Gläubigers kennt jedoch keine weitere Unterscheidung zwischen beruflicher und privater Sphäre des Schuldners.

cc) Keine Unterscheidung zwischen privaten und beruflichen Neugläubigern

Hinsichtlich der Antragsberechtigung kann keine Unterscheidung danach vorgenommen werden, ob Ansprüche von Neugläubigern aus privaten oder beruflich veranlassten Beziehungen mit dem Schuldner resultieren. Gläubiger, deren Ansprüche nach Erstinsolvenzeröffnung begründet werden, können ihre Forderung im Zweitverfahren anmelden. Die im Erstverfahren vorgenommene Haftungstrennung markiert zwar einen haftungsrechtlichen Schnitt im Verhältnis zu Altgläubigern. Innerhalb der Gruppe der Neugläubiger ist jedoch keine Unterscheidung angebracht, denn die Haftbarkeit des Schuldners wird außerhalb des Erstverfahrens ab dem Zeitpunkt des Zugangs der Negativerklärung „auf Null" zurückgesetzt. Alle im Anschluss an die Negativerklärung neu begründeten Forderungen stellen, gemessen am eindeutigen Wortlaut des § 38 InsO, Insolvenzforderungen im Sinne der Vorschrift dar, wenn zur Zeit der Eröffnung des Insolvenzverfahrens ein begründeter Vermögensanspruch gegen den Schuldner

---

565 Es ist ausschließlich an die Person des Schuldners anzuknüpfen, dazu: Fn. 222.
566 Zur Nachlassinsolvenz unter: 3. Kapitel A. III. 4. b) cc) und 3. Kapitel B. I. 1. b) dd).
567 Hierzu unter: 6. Kapitel D. II. 1.

besteht.[568] Die Norm enthält abschließend alle Voraussetzungen, die erfüllt sein müssen, um am Parallelverfahren teilzuhaben. Jeder Inhaber eines nach der Freigabe der Selbstständigkeit begründeten Anspruchs ist Insolvenzgläubiger im neuen Insolvenzverfahren und als solcher ist er grundsätzlich antrags- und teilnahmeberechtigt. Aus diesem Grund ist es bedeutungslos, dass zwischen privaten Gläubigern des Schuldners und dem schuldnerischen Geschäftsbetrieb kein unmittelbarer Bezug besteht.[569] Entscheidend ist einzig der Entstehungszeitpunkt einer Forderung.

Im Hinblick auf § 35 Abs. 2 InsO ist keine Neubewertung für die Gläubigereigenschaft geboten. Insoweit kollidiert die Ausrichtung des Parallelverfahrens nicht mit den Normzwecken des § 38 InsO. Bei Anwendung der allgemeinen Vorschriften im Rahmen des parallelen Zweitverfahrens entstehen keine Widersprüche zur Teilnahmeberechtigung eines jeden Neugläubigers, unabhängig von der rechtlichen Herkunft seines Anspruchs. Eine künstliche Aufteilung der Neugläubigerschaft anhand des Kriteriums der Beziehung des Anspruchsinhabers zum Schuldner ist der Insolvenzordnung fremd.

dd) Vorliegen eines rechtlichen Interesses

(1) Personenidentische Gläubiger

Im Hinblick auf das Rechtsschutzinteresse bestehen auch bei Personenidentität von Alt- und Neugläubigern keine strengeren Anforderungen an das rechtliche Interesse i.S.d. § 14 Abs. 1 S. 1 InsO. Teilweise waren Insolvenzgläubiger des Zweitverfahrens schon Altgläubiger des Erstverfahrens. Dies trifft auf institutionelle Gläubiger, wie die Sozialversicherungsträger oder Finanzämter, die gesetzlich anspruchsberechtigt sind, zu. Diese Gläubiger haben nicht gewählt, mit dem Schuldner zu kontrahieren, können gleichzeitig aber erleichtert gegen diesen vollstrecken.[570] Daneben kann Teilen der Gläubiger etwa durch die Einstellung mangels Masse gem. § 207 InsO oder die öffentliche Anzeige der Masseunzulänglichkeit gem. § 208 Abs. 2 S. 1 InsO im Erstverfahren die finanzielle Situation des Schuldners bekannt sein und sie dennoch den Geschäftsverkehr fortsetzen.[571] Auch diese Gläubiger müssen vor der Antragstellung nicht den Rahmen ihrer rechtlichen Möglichkeiten ausschöpfen und auf dem Wege der

---

568 AG Hamburg, Beschl. v. 18.06.2008 – 67g IN 37/08, in: ZInsO 2008, S. 680 (681); vgl. *Gotter*, Die selbstständige Tätigkeit im Insolvenzverfahren, S. 146.

569 *Gotter*, Die selbstständige Tätigkeit im Insolvenzverfahren, S. 145.

570 Vgl. *Tetzlaff*, WuB 2011, S. 675 (676).

571 BGH, Beschl. v. 09.06.2011 – IX ZR 175/10, in: NZI 2011, S. 633 Rn. 12.

Einzelzwangsvollstreckung gegen den Insolvenzschuldner vorgehen, wenn mit dem Insolvenzantrag nicht insolvenzfremde Zwecke verfolgt werden.[572]

(2) Keine Glaubhaftmachung neuen Vermögens

Zulässigkeitskriterium für den Gläubigerantrag ist allein das rechtliche Interesse an der Verfahrenseröffnung, § 14 Abs. 1 S. 1 InsO. Auf die Glaubhaftmachung neuen Vermögens kommt es nicht an. In der instanzgerichtlichen Rechtsprechung war lange umstritten, ob Gläubigeranträge als unzulässig zurückgewiesen werden können, weil mangels neuen Vermögens keine Befriedigungsaussichten in einem zweiten Verfahren bestehen. Teilweise wurde solchen Anträgen das rechtliche Interesse mit der Begründung abgesprochen, dass aufgrund der fortdauernden Abtretung an den Treuhänder bis zum Ende der Treuhandperiode kein freies Vermögen zur Verfügung stehe.[573] Während der Treuhandperiode sei auch zu befürchten, dass der Schuldner seiner Abführungsobliegenheit gem. § 295a Abs. 1 S. 1 InsO nicht nachkommen könne, wenn Vermögensteile den Neugläubigern zugewiesen werden.[574] Deswegen solle der antragstellende Gläubiger darlegen, dass ausreichendes Vermögen vorhanden sei, um das rechtliche Interesse zu begründen.[575] Andere Gerichte bejahten ein grundsätzliches rechtliches Interesse der Neugläubiger an der Eröffnung eines weiteren

---

572 Zweckwidrig sind beispielsweise Druck- oder Ausforschungsanträge, MüKoInsO/*Vuia*, § 14 Rn. 29 f., 34; KPB/*Pape*, § 14 Rn. 154; Uhlenbruck/*Wegener*, § 14 Rn. 70 f.

573 LG Dresden, Beschl. v. 14.03.2011 – 5 T 74/11, in: ZVI 2011, S. 179 (180); AG Dresden, Beschl. v. 19.03.2009 – 531 IN 459/09, in: ZVI 2009, S. 289 (290); LG Hanau, Beschl. v. 23.07.2010 – 3 T 140/10, in: BeckRS 2011, 17782; AG Hanau, Beschl. v. 06.07.2010 – 70 IN 236/10, in: BeckRS 2011, 17783; AG Oldenburg, Beschl. v. 09.02.2009 – 69 IN 3/09, in: ZVI 2008, S. 195 (196); AG Oldenburg, Beschl. v. 11.11.2008 – 65 IN 30/08, in: ZVI 2009, S. 196 (197).

574 AG Oldenburg, Beschl. v. 03.08.2004 – 60 IN 97/04, in: ZVI 2005, S. 44.

575 LG Dresden, Beschl. v. 14.03.2011 – 5 T 74/11, in: ZVI 2011, S. 179 (180); AG Dresden, Beschl. v. 19.03.2009 – 531 IN 459/09, in: ZVI 2009, S. 289 (290); AG Oldenburg, Beschl. v. 11.11.2008 – 65 IN 30/08, in: ZVI 2009, S. 196 (197); so auch: Gottwald/*Vuia*, § 12 Rn. 14, MüKoInsO/*Vuia*, § 14 Rn. 23 der sich auf den Rechtsgedanken des § 802d Abs. 1 S. 1 ZPO beziehen und eine Karenz von sechs Monaten aufstellen möchte. Andererseits wird vorgebracht, dass dem Schuldner höchstens zuzumuten sei, glaubhaft zu machen, dass eine Geschäftsfreigabe erfolgt sei, aus der neues Vermögen gebildet werden könne: *Heidrich/Pluta*, jurisPR-InsR 16/2009 Anm. 5.

Insolvenzverfahrens, ohne dass dem Antragsteller eine Darlegungslast für das Vorhandenseins neuen Vermögens auferlegt werden müsse.[576]

Auf dieser Linie ist auch die Auffassung des Bundesgerichtshofs einzuordnen, welcher der Anforderung des Glaubhaftmachens neuen Vermögens mit dem Hinweis darauf, dass sich dafür keine gesetzliche Grundlage findet, eine Absage erteilte.[577] Die Regelungen der Insolvenzordnung stellen an Zulässigkeit eines Insolvenzantrags gem. § 14 InsO lediglich die Anforderung, dass ein rechtliches Interesse des Gläubigers an der Eröffnung des Insolvenzverfahrens besteht und dieser seine Forderung und den Eröffnungsgrund glaubhaft macht.[578] Ein Rechtsschutzinteresse des antragstellenden Gläubigers bestehe unabhängig davon, ob ein sich aus dem Antrag entwickelndes Verfahren zu einer tatsächlichen, ggf. nur teilweisen, Befriedigung führe.[579] Schließlich führe eine Masseunzulänglichkeit nicht dazu, Gläubigern das Rechtsschutzinteresse abzusprechen.[580]

Dieser Argumentation ist zuzustimmen, da ansonsten die gesetzliche Darlegungslast unangemessen zulasten der Insolvenzgläubiger und unter Missachtung deren Möglichkeiten zur Informationsbeschaffung umgekehrt und damit der Verfahrenszugang zulasten der Gläubiger erschwert würde.[581] Gleichzeitig könnte der Schuldner übermäßig von einer zusätzlichen Anforderung an Gläubigeranträge profitieren, da sich eine fremdinitiierte Insolvenzeröffnung deutlich

---

576 AG Göttingen, Beschl. v. 26.02.2008 – 74 IN 304/07, in: NZI 2008, S. 313; AG Göttingen, Beschl. v. 05.10. 2007 – 74 IN 295/07, in: NZI 2008, S. 56; AG Hamburg, Beschl. v. 18.06.2008 – 67g IN 37/08, in: ZInsO 2008, S. 680 (681); AG Trier, Beschl. v. 21.09.2009 – 23 IN 91/09, in: ZInsO 2009, S. 1967; AG Köln Beschl. v. 07.06.2010 – 71 IN 509/09, in: ZVI 2010, S. 424.

577 BGH, Beschl. v. 09.06.2011 – IX ZR 175/10, in: NZI 2011, S. 633 Rn. 12; BGH, Beschl. v. 03.12.2009 – IX ZB 89/09, in: ZInsO 2010, S. 140; **a.A.** LG Dresden, Beschl. v. 14.03.2011 – 5 T 74/11, in: ZVI 2011, S. 179 (180); AG Dresden, Beschl. v. 19.03.2009 – 531 IN 459/09, in: ZVI 2009, S. 289 (290); LG Hanau, Beschl. v. 23.07.2010 – 3 T 140/10, in: BeckRS 2011, 17782; AG Hanau, Beschl. v. 06.07.2010 – 70 IN 236/10, in: BeckRS 2011, 17783; AG Oldenburg, Beschl. v. 09.02.2009 – 69 IN 3/09, in: ZVI 2008, S. 195 (196); AG Oldenburg, Beschl. v. 11.11.2008 – 65 IN 30/08, in: ZVI 2009, S. 196 (197).

578 HambK-InsO/*Pannen*, § 14 Rn. 4, 42 f.; KPB/*Pape*, § 14 Rn. 89, 113.

579 *Dahl*, VIA 2011, S. 68.

580 BGH, Beschl. v. 09.06.2011 – IX ZR 175/10, in: NZI 2011, S. 633 Rn. 12; BGH, Beschl. v. 23.09.2010 – IX ZB 282/09, in: NZI 2011, S. 58 Rn. 11; BGH, Beschl. v. 23.09.2010 – IX ZB 282/09, in: ZVI 2010, S. 422.

581 FK-InsO/*Schmerbach*, 9. Aufl. 2018, § 13 Rn. 125; *Schmerbach*, ZInsO 2009, S. 2078 (2086).

verzögern würde.[582] Zusätzlich geht dies im Fall des gem. § 35 Abs. 2 S. 1 InsO erfolgten Haftungsschnitts mit den gesetzlichen Vermögenszuweisungsregeln konform. Unabhängig von tatsächlichen Befriedigungsmöglichkeiten stünden zusätzliche Anforderungen an das rechtliche Interesse von Gläubigeranträgen im Widerspruch zur gesetzlichen Haftungsverteilung, die schon im fortdauernden Erstverfahren die Zugriffsmöglichkeit auf neues Vermögen bietet.

Soll ein Parallelverfahren während der andauernden Treuhandperiode des Erstverfahrens initiiert werden, normiert ebenso § 294 InsO, dass Neugläubigern der Zugriff auf neues Vermögen unabhängig von dessen tatsächlicher Werthaltigkeit erlaubt ist.[583] Dann muss ebenfalls eine Gesamtvollstreckung durch ein Zweitverfahren möglich sein. Es bestehen mithin keine Zweifel daran, dass ausschließlich die allgemeinen Regeln hinsichtlich der Zulässigkeit von Gläubigeranträgen gelten.[584] Die Prüfung, ob neues Vermögen vorhanden ist, gehört zu den Aufgaben des Insolvenzgerichts und ist gem. § 5 Abs. 2 InsO von Amts wegen zu ermitteln.[585]

d) Eigenantrag des Schuldners

aa) Echter Zweitantrag

Der Eigenantrag des Insolvenzschuldners ist ebenfalls als echter Zweitantrag zulässig.[586] Der Schuldner selbst kann den Zweitinsolvenzantrag initiieren oder aber nach Hinweis des Insolvenzgerichts einem Fremdantrag nachfolgen und einen eigenen Insolvenzantrag stellen.

bb) Konnex zur Verfahrenskostenstundung

Eine Verfahrenskostenstundung gem. § 4a InsO kommt im parallelen Zweitverfahren nicht in Betracht, da eine Restschuldbefreiung nicht zu erreichen ist.[587] Zwar mag die Eröffnung von Zweitverfahren in der Praxis auf den ersten Blick nicht die Regel sein, da entsprechende Anträge mangels Masse gem. § 26 Abs. 1 S. 1 InsO abgewiesen oder für erledigt erklärt werden.[588] In Betracht kommt

---

582 *Schmerbach*, ZInsO 2009, S. 2078 (2086).
583 *Lange*, ZVI 2018, S. 9 (11).
584 A/G/R-*Kadenbach*, § 11 Rn. 32, § 13 Rn. 12.
585 KK-InsO/*Hess*, §§ 35, 36 Rn. 109.
586 LG Hannover, Beschl. v. 13.02.2015 – 11 T 2/15, Rn. 14 f. (=juris); vgl. MüKoInsO/*Vuia*, § 13 Rn. 87; vgl. Gottwald/*Vuia*, § 11 Rn. 3; **a.A.** *Hackenberg*, VIA 2022, S. 89 (91).
587 Hierzu unter: 3. Kapitel A. III. 3. c) bb) (3) und 5. Kapitel B. III.
588 Vgl. AG Göttingen, Beschl. v. 12.10.2007, 74 IN 304/07, in: ZVI 2007, S. 571 Rn. 15.

auch eine Deckung der Verfahrenskosten über nach Eröffnung entstehende Insolvenzanfechtungsansprüche.[589]

2. *Auslegung eines Antrags als eingeschränkter Insolvenzeröffnungsantrag*

a) *Auslegungsbedürftige Anträge*

Bei der Beantragung eines Parallelverfahrens sind im Unterschied zur regulären Antragstellung Besonderheiten zu beachten. Ein unbeschränkt gestellter Insolvenzantrag ist vom Insolvenzgericht in einen beschränkten Insolvenzantrag auszulegen bzw. umzudeuten. Diesbezüglich ist von Bedeutung, dass ein Insolvenzantrag als Prozesshandlung auslegungsfähig ist.[590] Wird nun das Verfahren über das Vermögen der Selbstständigkeit beantragt, muss eine entsprechende Beschränkung auf diesen Vermögensteil des Schuldners berücksichtigt werden, da eine Verfahrenseröffnung über das gesamte Vermögen nicht möglich ist.[591] Dies ist einerseits aus prozessökonomischen Erwägungen günstig, da Nachbesserungen zuvorgekommen wird und sich daraus eine Zeitersparnis ergibt. Andererseits wird angesichts des noch nicht aufgehobenen Erstverfahrens einer Zurückweisung des Antrags als unzulässig vorgegriffen.[592] Es ist demzufolge eine Auslegung des Eröffnungsantrags erforderlich, die analog § 133, § 157 BGB über die § 4 InsO i.V.m. § 253 Abs. 2 Nr. 2 ZPO erfolgt.[593] Dabei ergibt der darin verankerte Auslegungsgrundsatz, dass im Zweifel das nach den Maßstäben der Rechtsordnung Vernünftige und der recht verstandenen Interessenlage Entsprechende gewollt ist.[594] An diesem Standard gemessen muss eine Auslegung

---

589 PrivatInsRK/*Montag*, § 35 Abs. 2 bis 4 Rn. 339; HambK-InsO/*Lüdtke*, § 35 Rn. 280; *Frind*, Privatinsolvenz, Rn. 130.

590 Uhlenbruck/*Wegener*, § 13 Rn. 60; *Vallender*, MDR 1999, S. 280 (283).

591 *Frind* zufolge häufen sich Antragstellungen ins Blaue hinein *„seit Mitte der 2000er-Jahre"*, da Gläubiger in Unkenntnis laufender Erstinsolvenzverfahren zusätzliche Insolvenzanträge stellen. Eine Kenntniserlangung von bereits begonnenen Verfahren trete erst mit einer zielgerichteten Internetrecherche ein, bei der die Kenntnis des zuständigen Amtsgerichts nötig sei und datenschutzrechtliche Hürden zu überwinden seien, *Frind*, Privatinsolvenz-HdB, Rn. 120.

592 Vgl. *Frind*, Privatinsolvenz-HdB, Rn. 130.

593 BGH, Beschl. v. 11.03.2010 – IX ZB 110/09, in: ZIP 2010, S. 888; so zu Zweitverfahren schon: *Büttner*, ZInsO 2017, S. 1057 (1074); vgl. Graf-Schlicker/*Kexel*, § 13 Rn. 3, 17 f.; AG Hamburg, Beschl. v. 18.06.2008 – 67g IN 37/08, in: ZInsO 2008, S. 680 (681).

594 BGH, Urt. v. 12.02.2003 – XII ZR 324/98, in: MDR 2003, S. 769; BGH, Urt. v. 09.02.1993 – XI ZB 2/93, in: NJW 1993, S. 1925; *Büttner*, ZInsO 2017, S. 1057 (1074).

sowohl von Neugläubiger- als auch Eigenanträgen ergeben, dass die Eröffnung eines Zweitinsolvenzverfahrens über den Neuerwerb der Selbstständigkeit gewollt ist.[595] Erstens ist nur dieses insolvenzfreies und damit im Rahmen der Rechtsordnung einem neuen Verfahren zugeordnetes, da tatsächlich verfügbares, Vermögen. Zweitens kann eine Berechtigung des Antragstellers nicht über diesen objektiv möglichen Bezug hinausgehen und daher ohne Zweifel nicht anders verstanden werden.

b) Prüfpflicht des Insolvenzgerichts

Die Auslegung eines missverständlichen oder bloß uneingeschränkten Insolvenzantrags ist Aufgabe des Insolvenzgerichts. Dessen Prüfungsverpflichtung geht sogar so weit, dass unzulässige Insolvenzanträge dahingehend zu untersuchen sind, ob sie nicht in zulässige Insolvenzanträge umgedeutet werden können.[596] Dem liegt zugrunde, dass das Verfahrensrecht darauf ausgerichtet ist, die Rechte der Beteiligten zu schützen und dementsprechend einen einwandfreien Verfahrensablauf sicherzustellen.[597] Um das Antragsrecht der Neugläubiger und des Schuldners nicht leer laufen zu lassen, muss das zuständige Insolvenzgericht Insolvenzanträge mit nicht näher spezifiziertem Inhalt bei Vorliegen eindeutiger Indizien so deuten, dass im Zweifel die Verfahrenseröffnung über das zum Zeitpunkt der Antragstellung insolvenz- und pfändungsschutzfreie Vermögen des Schuldnerbetriebs gewollt ist.[598]

3. Ergebnis

Ein paralleles Zweitinsolvenzverfahren kann durch Eigenantrag des Schuldners initiiert werden. Weiterhin sind ausschließlich Neugläubiger, deren Forderung nach Negativerklärung im Erstverfahren begründet wurde, im parallelen Zweitverfahren antrags- und teilnahmeberechtigt. Dabei wird nicht zwischen privaten und beruflichen Neugläubigern unterschieden, weil trotz der Haftungstrennung der einheitliche Gläubigerbegriff des § 38 InsO gilt. Aus diesem Grund profitieren persönliche Neugläubiger von der durch Geschäftsfreigabe geschaffenen Zugriffsmöglichkeit. Demnach sind parallele Zweitverfahren von der Fortwirkung des vorangegangenen Verfahrens geprägt.

---

595 *Frind*, Privatinsolvenz-HdB, Rn. 128, 596; *Büttner*, ZInsO 2017, S. 1057 (1074); *Schmücker*, jurisPR-InsR 20/2011 Anm. 1.

596 Uhlenbruck/*Wegener*, § 13 Rn. 60.

597 BGH, Beschl. v. 09.02.2012 – IX ZB 86/10, in: ZIP 2012, S. 582.

598 Uhlenbruck/*Wegener*, § 13 Rn. 60.

II. Verfahrenselemente des Masseerhalts

1. Vor Insolvenzeröffnung

a) Anordnung vorläufiger Maßnahmen gem. § 21 InsO

Die Sicherungsmaßnahmen des § 21 Abs. 1 S. 1, Abs. 2 S. 1 InsO schützen nur die Neugläubiger als Insolvenzgläubiger des Zweitverfahrens. Das Insolvenzgericht hat alle Maßnahmen zu treffen, die erforderlich erscheinen, um bis zur Entscheidung über den Antrag eine den Gläubigern nachteilige Veränderung in der Vermögenslage des Schuldners zu verhüten, § 21 Abs. 1 S. 1 InsO. Die Vorschrift zielt darauf ab, das schuldnerische Vermögen als künftige Insolvenzmasse zu sichern.[599] Insbesondere die Maßnahme der § 21 Abs. 2 S. 1 Nr. 1a, § 22a InsO, einen vorläufigen Gläubigerausschuss einzusetzen, dient zudem der frühzeitigen Beteiligung der Insolvenzgläubiger gem. § 38 InsO.[600] Die Altgläubiger sind nicht betroffen, da sie nicht am Zweitverfahren beteiligt sind.[601]

b) Vorläufige Insolvenzverwaltung gem. § 21 Abs. 2 Nr. 1 Hs. 1 InsO

aa) Sachverständigenbestellung

Anstelle der Bestellung eines vorläufigen Insolvenzverwalters genügt die Bestellung eines Sachverständigen, wenn der laufende Geschäftsbetrieb des Schuldners eingestellt ist, weil es nur auf die Forderungseinziehung und nicht auf eine Verfügungsbefugnis ankommt.[602]

bb) Keine analoge Anwendung von § 35 Abs. 2 InsO

Eine Freigabemöglichkeit gem. § 35 Abs. 2 InsO scheidet vor Insolvenzeröffnung aus. Sowohl der schwache, § 22 Abs. 2 InsO, als auch der starke vorläufige Verwalter, § 22 Abs. 1 S. 2 Nr. 2 InsO, sind verpflichtet, den Schuldnerbetrieb fortzuführen.[603] Gegen eine analoge Anwendung des § 35 Abs. 2 InsO spricht, dass der Schutz der Insolvenzgläubiger entgegensteht, weil im

---

599 HambK-InsO/*Schröder* § 21 Rn. 1.
600 Nerlich/Römermann/*Mönning*, § 21 Rn. 58.
601 Hierzu unter: 3. Kapitel B. I. 1. b).
602 FK-InsO/*Schmerbach*, 9. Aufl. 2018, § 21 Rn. 80.
603 FK-InsO/*Schmerbach*, 9. Aufl. 2018, § 21 Rn. 258.

Eröffnungsverfahren keine dem § 35 Abs. 2 S. 3 InsO vergleichbare Kontrolle durch ein Gläubigergremium ausgeübt werden kann.[604]

c) *Mitwirkungspflichten des Schuldners, § 20 InsO*

Gem. § 20 Abs. 1 S. 1 InsO ist der Schuldner schon im Eröffnungsverfahren zur Auskunft und Mitwirkung gegenüber dem Insolvenzgericht verpflichtet, soweit die Massesicherung betroffen ist. Des Hinweises nach § 20 Abs. 2 InsO auf die Möglichkeit der Restschuldbefreiung bedarf es nicht, da die Restschuldbefreiung im parallelen Zweitverfahren nicht zu erreichen ist.[605]

d) *Informationspflicht des Schuldners*

Im Insolvenzeröffnungsverfahren trifft den Schuldner gegenüber dem vorläufigen Insolvenzverwalter bzw. Gutachter gem. § 22 Abs. 3 S. 3 Hs. 2, § 97 InsO eine Auskunfts- und Mitwirkungspflicht hinsichtlich aller für die Eröffnung des Insolvenzverfahrens erforderlichen Informationen.[606] Umfasst sind für die Frage der ausreichenden Masse Auskünfte bzgl. selbstständiger Tätigkeit und Abführungsverpflichtung im Erstverfahren, die für die Frage einer ausreichenden Masse und später für eine erneute Freigabe und Abführungspflicht, § 35 Abs. 2 i.V.m. § 295a Abs. 1 InsO, Bedeutung erlangen. Dafür spricht, dass das Informationsrecht des vorläufigen Insolvenzverwalters bzw. Gutachters dem Umfang entspricht, in dem das Insolvenzgericht im Rahmen seiner Amtsermittlungspflicht gem. § 5 Abs. 1 S. 1 InsO für das Insolvenzverfahren bedeutsame Informationen verlangen darf, worunter auch Fragen zur Feststellung ausreichender Masse fallen.[607]

Weil noch keine Insolvenzverwaltung stattfindet, besteht keine dem § 35 Abs. 3 InsO entsprechende Informationspflicht, vorgreiflich die für Freigabe relevanten Informationen zu offenbaren.[608] Mit Blick auf den Zweck der Vorschrift kann im Rahmen des allgemeinen Informationsrechts im Eröffnungsverfahren diese Auskunft erfragt werden.[609] Der vorläufige Insolvenzverwalter

---

604 Ein vorläufiger Gläubigerausschuss kann nur gem. § 21 Abs. 2 Nr. 1a InsO angeordnet werden und eine Gläubigerversammlung existiert nicht, *Ahrens*, NZI 2007, S. 622 (623); FK-InsO/*Schmerbach*, 9. Aufl. 2018, § 21 Rn. 258.

605 Hierzu unter: 5. Kapitel B. II. 3.

606 MüKoInsO/*Haarmeyer/Schildt*, § 22 Rn. 172 f.

607 MüKoInsO/*Haarmeyer/Schildt*, § 22 Rn. 172 f; FK-InsO/*Schmerbach*, 9. Aufl. 2018, § 20 Rn. 4, § 22 Rn. 193.

608 *Ahrens*, NZI 2021, S. 57 (59 f.).

609 *Ahrens*, NZI 2021, S. 57 (59 f.).

bzw. Gutachter kann – mangels Verweis des § 22 Abs. 3 Abs. 3 InsO auf die Einschränkung des § 20 InsO, wonach nur zur Entscheidung über den Antrag erforderliche Informationen umfasst sind – auch eine Auskunft bzgl. Fortführungs- und Sanierungschancen verlangen.[610]

2. *Ab Insolvenzeröffnung*

a) *Vollstreckungsverbote*

aa) *Im Erstverfahren*

(1) *Vollstreckungsverbot, § 89 InsO*

Den Altgläubigern ist die Vollstreckung bezogen auf die Insolvenzmasse des parallelen Zweitverfahrens untersagt. Über die Dauer des eröffneten Erstinsolvenzverfahrens unterliegen die Altgläubiger den Wirkungen des § 89 InsO.[611] Danach sind Zwangsvollstreckungen für einzelne Insolvenzgläubiger während der Dauer des Insolvenzverfahrens weder in die Insolvenzmasse noch in das sonstige Vermögen des Schuldners zulässig. Altgläubiger sind in Bezug auf das Erstverfahren Insolvenzgläubiger i.S.d. der Norm, weshalb ihnen auch die Vollstreckung in das sonstige Vermögen des Schuldners untersagt ist. Die Vermögensmasse des Zweitverfahrens stellt *„sonstiges Vermögen"* i.S.d. § 89 InsO dar[612], weil sie nicht Teil der Erstverfahrensmasse ist.

(2) *Vollstreckungsverbot bei Masseverbindlichkeiten, § 90 InsO*

Das Vollstreckungsverbot des § 90 InsO betrifft nicht Massegläubiger des Erstverfahrens, deren Forderungen sich auf freigegebenes Geschäftsvermögen bezieht. Nach der Norm sind Zwangsvollstreckungen wegen Masseverbindlichkeiten, die nicht durch eine Rechtshandlung des Insolvenzverwalters begründet worden sind, für die Dauer von sechs Monaten seit der Eröffnung des Insolvenzverfahrens unzulässig. Die Enthaftung des Erstverfahrens durch Geschäftsfreigabe führt dazu, dass dieser Vermögensteil dem Zugriff der Massegläubiger des Erstverfahrens entzogen ist. Deren Befriedigung erfolgt ausschließlich aus der Erstverfahrensmasse. Sofern während des Erstverfahrens beispielsweise Miet-, Pacht- oder Dienstverträge bestanden haben, belasten diese mit Negativerklärung

---

610 MüKoInsO/*Haarmeyer/Schildt*, § 22 Rn. 173.

611 BGH, Urt. v. 09.02.2012 – IX ZR 75/11, in: BGHZ 192, 322 Rn. 28; Gesetzesbegründung des RegE, in: BT- Drs. 16/3227, S. 17; HambK-InsO/*Linker*, § 35 Rn. 278.

612 BGH, Beschl. v. 09.06.2011 – IX ZR 175/10, NZI 2011, S. 633 Rn. 15; BGH, Beschl. v. 12.02.2009 – IX ZB 112/06, in: NZI 2009, S. 382 Rn. 17.

nicht mehr die Erstinsolvenzmasse und die darauf bezogenen Gläubiger sind keine Massegläubiger, vgl. § 55 Abs. 1 Nr. 2 InsO, sondern können sich aus dem insolvenzfreien Vermögen befriedigen.[613] In Bezug auf das Zweitverfahren sind sie Neugläubiger.

(3) Gleichbehandlung der Gläubiger, § 294 InsO

Auch in der Treuhandphase des Restschuldbefreiungsverfahrens ist Insolvenzgläubigern eine Vollstreckung untersagt. Nach § 294 InsO sind Zwangsvollstreckungen für einzelne Insolvenzgläubiger in das Vermögen des Schuldners in dem Zeitraum zwischen Beendigung des Insolvenzverfahrens und dem Ende der Abtretungsfrist nicht zulässig. Die Vorschrift gilt für die Altgläubiger, denn sie sind Insolvenzgläubiger des Erstverfahrens.[614] Betroffen ist das gesamte Schuldnervermögen einschließlich des durch Negativerklärung freigegebenen Vermögens und damit auch das Vermögen des Zweitverfahrens.[615] Zudem gilt das Verbot auch für Forderungen i.S.d. § 302 InsO.[616]

bb) Im Zweitverfahren

(1) Vollstreckungsverbot, § 89 InsO

Das Vollstreckungsverbot aus § 89 InsO gilt in Bezug auf das eröffnete Zweitverfahren auch für die Altgläubiger. Dem Wortlaut nach gilt das Vollstreckungsverbot nur für Insolvenzgläubiger. Der persönliche Anwendungsbereich könnte

---

613 Gibt der Insolvenzverwalter keine oder eine positive Erklärung ab, berechtigt und verpflichtet der Schuldner durch Erklärungen im Rahmen seiner Selbstständigkeit die Insolvenzmasse. Forderungen der Neugläubiger bilden dann Masseverbindlichkeiten im Insolvenzverfahren: RegE eines Gesetzes zur Vereinfachung des Insolvenzverfahrens, BT-Drs. 16/3227, S. 17. Bis zu einer eindeutigen Willensäußerung des Insolvenzverwalters entstehen keine Masseverbindlichkeiten für die Erstinsolvenzmasse, *Andres*, NZI 2006, S. 198 (199); **a.A.** HK-InsO/*Ries*, § 35 Rn. 83, der in der Zwischenphase Masseverbindlichkeiten begründet sieht, für die der Schuldner aber zeitanteilig regresspflichtig sei. Eine praxistaugliche Lösung besteht darin, schon das Eröffnungsverfahren zur Untersuchung der Erfolgsaussichten der Selbstständigkeit zu nutzen, um dann unmittelbar mit Insolvenzeröffnung eine Erklärung abgeben zu können, MüKoInsO/*Peters*, § 35 Rn. 58.

614 HambK-InsO/*Linker*, § 35 Rn. 278.

615 FK-InsO/*Lackmann*/*Ahrens*, § 294 Rn. 31.

616 PrivatInsRK/*Montag*, § 294 Rn. 5.

nicht eröffnet sein, weil Altgläubiger in Bezug auf das Zweitverfahren keine persönlichen Gläubiger i.S.d. § 38 InsO sind.[617]

Allerdings ist zu berücksichtigen, dass § 89 InsO auch Neugläubigern – die ebenfalls nicht unter den Wortlaut fallen – die Vollstreckung in die Insolvenzmasse verbietet und diese allein in das insolvenzfreie, pfändungsfreie Vermögen vollstrecken können.[618] Dies ergibt sich aus dem Zweck des Insolvenzverfahrens und aufgrund der Zuweisung der Masse gem. § 38, §§ 49–51, § 53 und § 91 InsO an die Insolvenzgläubiger unter Verwaltung des Insolvenzverwalters.[619] Zudem ist anzuführen, dass die Insolvenzordnung selbst nicht begrifflich zwischen vor- und nachinsolvenzlichen Gläubigerkategorien unterscheidet, weil der Begriff „Neugläubiger" nicht verwendet wird.[620] Diese Wertungen sind aufgrund der Haftungszuordnung des Zweitverfahrens auch auf Altgläubiger zu übertragen. Den Altgläubigern steht dann die Vollstreckung in das insolvenzfreie, nicht pfändbare Vermögen, nicht aber die Vollstreckung in die Zweitinsolvenzmasse offen. Solche Vollstreckungen sind allerdings unzulässig, solange die Vollstreckungsverbote des Erstverfahrens fortwirken, weil ansonsten die gleichmäßige Befriedigung der Altgläubiger im Erstverfahren beeinträchtigt würde.

(2) Vollstreckung vor Verfahrenseröffnung, § 88 InsO

Vollstreckungen von Altgläubigern in das Sondervermögen der Selbstständigkeit innerhalb der Monatsfrist der Rückschlagsperre des § 88 sind unwirksam. Die Vorschrift bewirkt, dass eine Sicherung mit der Eröffnung des Verfahrens unwirksam wird, wenn ein Insolvenzgläubiger im letzten Monat vor dem Antrag auf Eröffnung des Insolvenzverfahrens oder nach diesem Antrag durch Zwangsvollstreckung die Sicherung an dem zur Insolvenzmasse gehörenden Vermögen des Schuldners erlangt. Die Norm bezweckt damit, die Gläubigergleichbehandlung zu stärken.[621] Zwar gilt das Vollstreckungsverbot vor Verfahrenseröffnung des parallelen Zweitverfahrens dem Wortlaut nach nicht für Altgläubiger. Eine

617 Personenidentische Altgläubiger sind in diesem Sinne Neugläubiger des Zweitverfahrens, wenn ihre Forderung nach Geschäftsfreigabe entstanden ist. Zur Eigenschaft der persönlichen Gläubiger unter: 3. Kapitel B. I. 1. b) aa) (2) (b).

618 MüKoInsO/*Breuer*, § 89 Rn. 11; *Eckardt*, in: Jaeger, InsO, § 89 Rn. 25; HambK-InsO/*Kuleisa*, § 88 Rn. 7; K.Schmidt/*Keller*, InsO § 89 Rn. 14; Uhlenbruck/*Mock*, § 89 Rn. 12. Dies ist der Anknüpfungspunkt für das parallele Zweitverfahren. Hierzu sogleich unter: 3. Kapitel C.

619 *Eckardt*, in: Jaeger, InsO, § 89 Rn. 25; K.Schmidt/*Keller*, InsO § 89 Rn. 14.

620 K.Schmidt/*Keller*, InsO § 89 Rn. 14.

621 HambK-InsO/*Kuleisa*, § 88 Rn. 1.

Gläubigergleichbehandlung muss auch nur innerhalb der Haftungsgruppe der Insolvenzgläubiger erreicht werden.[622] Altgläubiger gehören nicht zu den Insolvenzgläubigern des parallelen Zweitverfahrens und eine Gleichbehandlung ist deshalb nicht geboten. Allerdings gelten dieselben Wertungen wie bei § 89 InsO, da die Haftungsmasse den Neugläubigern – den Gläubigern des Zweitinsolvenzverfahrens – zugewiesen ist und die Insolvenzordnung begrifflich nicht zwischen Alt- und Neugläubigern unterscheidet. Vor Vollstreckungen geschützt ist insoweit das Sondervermögen des Zweitverfahrens, nicht aber das sonstige insolvenzfreie Vermögen.[623] Solange die Vollstreckungsverbote des Erstverfahrens aus § 89 und § 294 InsO fortwirken, ist allerdings eine Vollstreckung der Altgläubiger in insolvenzfreies Vermögen unzulässig, weil ansonsten die gleichmäßige Befriedigung der Altgläubiger im Erstverfahren beeinträchtigt würde.

b) Aufrechnung gem. § 94, § 96 InsO

aa) Keine bestehende Aufrechnungslage i.S.d. § 94 InsO für Altgläubiger

Eine Aufrechnung von Altgläubigerforderungen gegenüber der Zweitinsolvenzmasse ist nicht zulässig. Die Vorschrift des § 94 InsO findet im Zweitverfahren für Gläubiger des Erstverfahrens als Altgläubiger keine Anwendung. Danach wird ein Recht zur Aufrechnung durch das Verfahren nicht berührt, wenn ein Insolvenzgläubiger zur Zeit der Eröffnung des Insolvenzverfahrens kraft Gesetzes oder auf Grund einer Vereinbarung zur Aufrechnung berechtigt ist. Aufgrund des Sinn und Zwecks des § 35 Abs. 2 InsO fehlt es an der Gegenseitigkeit der Forderungen.[624] Nach Freigabe gem. § 35 Abs. 2 InsO im Erstverfahren steht den Altgläubigern das Vermögen der Selbstständigkeit nicht mehr zur Verfügung, so dass sich die Gegenforderung der Altgläubiger allein gegen die Erstverfahrensmasse richtet.[625] Von Bedeutung ist dieses Problemfeld bei personenidentischen Alt- und Neugläubigern: Verpflichten sich Altgläubiger nach Geschäftsfreigabe gegenüber dem Schuldner, dürfen sie nicht mit ihren

---

622 Hierzu oben unter: 3. Kapitel B. I. 1. b) aa) (2) (b).

623 Vgl. *Eckardt*, in: Jaeger, InsO, § 88 Rn. 17.

624 Uhlenbruck/*Sinz*, § 94 Rn. 81a; MüKoInsO/*Peters*, § 35 Rn. 55; *Dahl/Thomas*, VIA 2011, S. 49 (50).

625 *Dahl/Thomas*, VIA 2011, S. 49 (50); **a.A.** BFH, Urt. v. 22.05.2012 – VII R 58/10, in: ZInsO 2012, S. 2104; BFH, Beschl. v. 01.09.2010 - VII R 35/08, in: DStRE 2011, S. 53 zur Aufrechnung des Finanzamtes gegen einen Erstattungsanspruch des Schuldners aus freigegebener Tätigkeit.

Altforderungen des Erstverfahrens aufrechnen.[626] Mangels Gegenseitigkeit der Forderungen besteht keine Aufrechnungslage.[627] Im Zweitverfahren ist deshalb nur eine Aufrechnungslage geschützt, die Neuforderungen betrifft.

Darüber hinaus folgt für den Zeitraum der Treuhandperiode aus dem Vollstreckungsverbot des § 294 Abs. 1 InsO ein Aufrechnungsverbot, so dass eine Altgläubigerforderung keine i.S.d. § 387, § 390 BGB durchsetzbare Gegenforderung darstellt.[628] Zum Zeitpunkt der Zweitverfahrenseröffnung besteht damit keine im Rahmen von § 94 InsO schützenswerte Aufrechnungslage.

bb) Aufrechnungsverbot gem. § 96 Abs. 1 Nr. 1 InsO

Nach erneuter Geschäftsfreigabe im Zweitverfahren können Zweitinsolvenzgläubiger bei Fortgang der Geschäftsbeziehung zum Schuldner nicht mit ihren Altforderungen gegenüber neuen Forderungen des Schuldners aufrechnen.[629] Für die Aufrechnung betreffend Neugläubigerforderungen nach Geschäftsfreigabe wird die Anwendung des Aufrechnungsverbots gem. § 96 Abs. 1 Nr. 1 InsO vorgeschlagen: Demnach dürfen Neugläubiger mit ihren Forderungen nicht gegenüber Masseforderungen aufrechnen, weil Neugläubiger erst nach Insolvenzeröffnung etwas zur Masse schuldig geworden sind. Mit dem zugrundeliegenden Ziel, künstlich geschaffene Aufrechnungslagen zu verhindern, um eine Gläubigergleichbehandlung zu erreichen, komme eine Anwendung auch bei Aufrechnungslagen nach Geschäftsfreigabe in Betracht.[630] Dies gilt auch in Fällen, in denen personenidentische Gläubiger bei weiterer Geschäftsbeziehung mit ihren Altforderungen gegenüber nach Geschäftsfreigabe entstandenen Forderungen des Schuldners aufrechnen wollen. Dafür spricht, dass Altgläubigerforderungen nur auf die Insolvenzquote gerichtet sind.[631]

---

626 Die Verpflichtung kann beispielsweise aus Rückerstattungsverpflichtungen von Zwangsgläubigern entstehen. Zum Ganzen: *Dahl/Thomas,* VIA 2011, S. 49.

627 *Dahl/Thomas,* VIA 2011, S. 49 (50).

628 Uhlenbruck/*Sinz,* § 94 Rn. 81a, § 96 Rn. 23; *Grote,* ZInsO 2001, S. 453 (450, 454); **a.A.** BFH, Urt. v. 21.11.2006 - VII R 1/06, in: DStRE 2007, S. 384.

629 Zur erneuten Geschäftsfreigabe im Zweitverfahren unter: 6. Kapitel C. III.

630 *Dahl/Thomas,* VIA 2011, S. 49 (50).

631 *Dahl/Thomas,* VIA 2011, S. 49 (50).

cc) Aufrechnungsverbot gem. § 96 Abs. 1 Nr. 4 InsO

(1) Keine Anwendung auf Neugläubigerforderungen nach Geschäftsfreigabe

Der Aufrechnungsausschluss aus § 96 Abs. 1 Nr. 4 InsO findet keine Anwendung auf Neugläubigerforderungen, die nach Freigabe gem. § 35 Abs. 2 InsO entstanden sind.[632] Danach ist die Aufrechnung unzulässig, wenn die Hauptforderung gegenüber der Insolvenzmasse geschuldet wird und die Gegenforderung aus dem insolvenzfreien Vermögen zu bedienen ist.[633] Der Schuldner der Hauptforderung darf nicht gegenüber Masseforderungen aufrechnen. Nach erfolgter Geschäftsfreigabe im Erstverfahren schuldet ein Neugläubiger aber nicht etwas zur Erstinsolvenzmasse oder zur Zweitinsolvenzmasse (nach Freigabe im Zweitverfahren) im Sinne der Norm.

(2) Keine Anwendung auf Altgläubigerforderungen gegenüber Neuerwerb nach Geschäftsfreigabe

Bei der Aufrechnung von Altgläubigern gegen den Neuerwerb wird die Hauptforderung zugunsten des Vermögens der Selbstständigkeit geltend gemacht und die Gegenforderung ist gem. § 87 InsO ausschließlich über das Erstinsolvenzverfahren zu verfolgen.[634] Betrifft die Verpflichtung der personenidentischen Altgläubiger nach Freigabe aber den Neuerwerb – wie beispielsweise bei Steuerrückerstattungen durch das Finanzamt, also einer Verpflichtung eines Altgläubigers – ist damit nicht die Aufrechnung gegenüber Forderungen der Insolvenzmasse betroffen, weil der Neuerwerb nicht mehr Teil davon ist. Die Gegenforderung kann dann auch nicht den dem Schuldner zustehenden Forderungen der Zweitverfahrensmasse gegenüberstehen.

c) Ausschluss sonstigen Rechtserwerbs gem. § 91 InsO

aa) Bestehende Forderungen

Im Zweitverfahren nehmen durch Forderungsabtretung gesicherte Altgläubiger des Erstverfahrens nicht teil. Aufgrund des Erwerbsverbots gem. § 91 InsO sind Vorausverfügungen des Schuldners unbeachtlich und Altgläubiger können im Erstverfahren keine Rechte an Forderungen erwerben, sofern diese

632 Beck/Depré/Ampferl Insolvenz/*Popp*, § 17 Rn. 36.

633 BeckOK/*Fridgen*/*Geiwitz*, § 96 Rn. 40.

634 BFH, Beschl. v. 01.09.2010 - VII R 35/08, in: DStRE 2011, S. 53 Rn. 28; Uhlenbruck/*Sinz*, § 94 Rn. 81a.

Forderungen nach Verfahrenseröffnung entstanden sind. Denn maßgeblich ist der Entstehungszeitpunkt: Der Erwerbstatbestand muss im Zeitpunkt der Verfahrenseröffnung vollendet sein.[635] Nur vor Verfahrenseröffnung gesicherte Rechtspositionen sind insolvenzfest.[636] Neugläubiger des Erstverfahrens, die nach einer Geschäftsfreigabe im Erstverfahren durch Forderungsabtretung gesichert sind, nehmen im Zweitverfahren als absonderungsberechtigte Gläubiger gem. § 51 Nr. 1 Alt. 2 InsO teil, weil ihnen das insolvenzfreie Schuldnervermögen der Selbstständigkeit haftet.

bb) Künftige und bedingte Forderungen

(1) Altgläubiger des Erstverfahrens

In den Fällen der Abtretung künftiger Forderungen, meist im Rahmen einer Globalzession, und bedingter Forderungen können nur die außerhalb des Insolvenzverfahrens abgeschlossenen Erwerbstatbestände für Altgläubiger wirken. Das folgt daraus, dass bei künftigen Forderungen ebenfalls auf den Entstehungszeitpunkt abzustellen ist und Abtretungszeitpunkt und Fälligkeit keine Rolle spielen.[637] Dies gilt nicht, wenn der Erwerber bereits bei Verfahrenseröffnung eine gesicherte Rechtsposition hatte.[638] Eine gesicherte Rechtsposition besteht, wenn der Zedent und der Forderungsschuldner sie ohne Zustimmung des Zessionars durch einseitiges Verhalten nicht mehr zerstören können, beispielsweise bei allein fehlender Fälligkeit oder einer aufschiebenden Bedingung.[639] Bei Globalzessionen ist hierbei das Schuldnerverhalten maßgeblich, weil das Recht nicht ohne Zutun der Parteien entsteht.[640] Weil bei Dienstverträgen

---

635 BGH, Urt. v. 21.02.2019 – IX ZR 246/17, in: ZIP 2019, S. 577 Rn. 26. Bei mehraktigen Erwerbsvorgängen ist auf den letzten zum Erwerb erforderlichen Tatbestand abzustellen, KPB/*Lüke*, § 91 Rn. 13.

636 BGH, Urt. v. 18.04.2013 – IX ZR 165/12, in: NZI 2013, S. 7 Rn. 17.

637 Braun/*Kroth*, § 91 Rn. 13; Uhlenbruck/*Mock*, § 91 Rn. 17.

638 BGH, Urt. v. 17.12.2020 – IX ZR 205/19, in: NJW-RR 2021, S. 173 Rn. 14; BGH, Versäumnisurt. v. 26.01.2012 – IX ZR 191/10, in: NZI 2012, S. 319 Rn. 29; BGH, Urt. v. 22.04.2010 – IX ZR 8/07, in: NZI 2010, S. 682 Rn. 9.

639 BGH, Urt. v. 18.04.2013 – IX ZR 165/12, in: NZI 2013, S. 7 Rn. 17; BGH, Versäumnisurt. v. 26.01.2012 – IX ZR 191/10, in: NZI 2012, S. 319 Rn. 29, 31; KPB/*Lüke*, § 91 Rn. 31.

640 Uhlenbruck/*Mock*, § 91 Rn. 16. Die Verfügung des Rechts ist mit Abschluss des Abtretungsvertrags beendet, aber der Übergang des Rechts findet erst mit Forderungsentstehung statt, BGH, Urt. v. 18.04.2013 – IX ZR 165/12, in: NZI 2013, S. 7 Rn. 17; BGH, Urt. v. 22.04.2010 – IX ZR 8/07, in: NZI 2010, S. 682 Rn. 9.

der Anspruch auf die Vergütung mit Leistungserbringung entsteht, hat es der Schuldner in der Hand, dem Gläubiger eine gesicherte Rechtsposition zu verschaffen.[641] Grundsätzlich endet die Wirkung des § 91 InsO für Altgläubiger mit Aufhebung des Insolvenzverfahrens und ab diesem Zeitpunkt greift für vor Verfahrenseröffnung und ab Verfahrensaufhebung entstehende Forderungen eine vor Verfahrenseröffnung vereinbarte Globalzession.[642] Haftbar ist hierfür deshalb nur das private insolvenzfreie Vermögen des Schuldners, weil Altgläubiger auch bei Forderungsentstehung nach Erstverfahrensaufhebung nicht dem Begriff der persönlichen Gläubiger i.S.d. § 38 InsO im parallelen Zweitverfahren unterfallen, da der Tatbestand der Forderungsentstehung nicht vor Zweitverfahrenseröffnung abgeschlossen ist.[643]

(2) Neugläubiger des Erstverfahrens

Für Neugläubiger des Erstverfahrens, bei denen es sich um in vorinsolvenzliche Globalabtretungen einbezogene, personenidentische Altgläubiger handelt, gilt, dass nach Geschäftsfreigabe die Erwerbssperre § 91 InsO keine Anwendung findet, weil neu begründete Forderungen massefrei sind.[644] Eine Konvaleszenz entsprechend § 185 Abs. 2 S. 1 Alt. 2 BGB tritt nicht automatisch ein, weil § 91 Abs. 1 InsO für die gesamte Dauer des Erstverfahrens wirkt.[645] Der Schuldner kann allerdings freiwillig einzelne vor Erstverfahrenseröffnung vorgenommene ab dem Freigabezeitpunkt analog § 185 Abs. 2 S. 1 Alt. 2 BGB in Bezug auf nach dem Freigabezeitpunkt neu entstandene Forderungen genehmigen, da er wieder berechtigt ist.[646] Werden Neugläubigerforderungen nicht befriedigt, sind die Neugläubiger als Inhaber der ihnen sicherheitshalber abgetretenen

---

641 *Schönherr*, NZI 2013, S. 641 (643).

642 *Gehrlein*, NZI 2020, S. 503 (507).

643 Hierzu unter: 3. Kapitel B. I. 1. b) aa) (2) (a) und (b).

644 BGH, Urt. v. 06.06.2019 – IX ZR 272/17, in: NZI 2019, S. 745 Rn. 44.

645 Nun auch: BGH, Urt. v. 06.06.2019 – IX ZR 272/17, in: NZI 2019, S. 745 Rn. 44, 46. Der Bundesgerichtshof hat eine Rechtsprechungsänderung eingeleitet. Zuvor wurde noch vertreten, dass Globalzessionen ab dem Zeitpunkt der Freigabe ohne weiteres Tätigwerden des Schuldners wiederaufleben, BGH, Urt. v. 18.04.2013 – IX ZR 165/12, in: NZI 2013, S. 7 Rn. 16, 26 f.; BGH, Urt. v. 14.01.2010 – IX ZR 93/09, WM 2010, 523 Rn. 8 ff. Richtigerweise scheitert ein solcher Automatismus jedoch an § 89 Abs. 1 InsO i.V.m. § 400 BGB, d.h. es erfolgt keine Abtretung, wenn die Forderung nicht pfändbar ist, PrivatInsRK/*Montag*, § 35 Abs. 2 bis 4 Rn. 292.

646 BGH, Urt. v. 06.06.2019 – IX ZR 272/17, in: NZI 2019, S. 745 Rn. 45; BGH, Urt. v. 18.04.2013 – IX ZR 165/12, in: NZI 2013, S. 7 Rn. 15; Uhlenbruck/*Mock*, § 91 Rn. 20.

Forderung gem. § 51 Nr. 1 Alt. 2 InsO im Zweitverfahren im Forderungsumfang absonderungsberechtigt.

III. Zweitinsolvenzverwaltung

1. Keine Deckungsgleichheit mit klassischer Sonderinsolvenzverwaltung

a) Übertragbarkeit von Regeln der Sonderinsolvenz?

Fraglich ist, ob im Parallelinsolvenzverfahren die Bestellung eines Sonderinsolvenzverwalters in Betracht kommt. Die Bestellung eines Sonderinsolvenzverwalters hat in der Insolvenzordnung keine eigenständige Regelung erfahren.[647] Dass das Insolvenzgericht einen Sonderinsolvenzverwalter bestellen kann, wenn der eigentliche Insolvenzverwalter aus rechtlichen oder aus tatsächlichen Gründen an der Ausübung seiner Aufgaben gehindert ist, blieb allerdings unwidersprochen.[648] Da ein Sonderinsolvenzverwalter zur eigenständigen Bewältigung bestimmter Aufgaben neben dem eigentlichen Insolvenzverwalter ernannt wird, stellt sich die Frage nach einer Bestellung allerdings immer nur, wenn während der Amtstätigkeit des Insolvenzverwalters Interessenkollisionen sichtbar werden.[649]

Frege weist darauf hin, dass aus § 11 Abs. 2 Nr. 2 InsO hervorgeht, dass die Bildung und Verwaltung von Sondermassen auf der ordnungsrechtlichen Funktion des Insolvenzverfahrens beruht, die eine separate Verwaltung und Abwicklung von Sondermassen erfordert.[650] Bedenkenswert könnte es demzufolge sein, für ein paralleles Sonderinsolvenzverfahren einen Sonderinsolvenzverwalter zu bestellen, der das Sondervermögen zur Befriedigung der Neugläubiger als Sondermassengläubiger verwaltet.[651] Die Besonderheit läge darin, dass ein Sonderinsolvenzverwalter den Gläubigern der Sondermasse enger verbunden wäre, da ihm die ordnungsrechtliche Aufgabe zukäme, die Gesamthaftung der

---

647 MüKoInsO/*Graeber*, § 56 Rn. 153; *Rechel*, ZInsO 2022, S. 565 (565). Vgl. nur § 56b Abs. 1 S. 2, Abs. 2 S. 3 InsO sowie § 38 Abs. 2 S. 2 VDuG.

648 Begr. RegE § 77, BT-Drs. 12/2443, S. 131, 162; Graf-Schlicker/*Graf-Schlicker*, §§ 56, 56a Rn. 109.

649 KPB/*Lüke*, § 56 Rn. 75. Die Interessenkollision stellt einen Unterfall mangelnder Unabhängigkeit i.S.d. § 56 Abs. 1 S. 1 InsO dar, *Frind*, NZI 2023, S. 808 (808),

650 *Frege*, Der Sonderinsolvenzverwalter, Rn. 21, 149, 150 f.

651 Vgl. *Frege*, Der Sonderinsolvenzverwalter, Rn. 21, 149, 150 f.

Sonderinsolvenzgläubiger sicherzustellen.[652] Um bestmöglich die Interessen der unterschiedlichen Haftungsmassen und jeweiligen Gläubigergruppen wahren zu können, müsste sich der Sonderinsolvenzverwalter bei der parallelen Verwaltung von Haupt- und Sonderinsolvenzmasse von der Person des Insolvenzverwalters unterscheiden.[653]

b) Anwendungsbereich für Sonderinsolvenzverwaltung in den Fällen des § 11 Abs. 2 InsO

Gegen diesen Ansatz spricht allerdings, dass auch beim Nachlassinsolvenzverfahren die allgemeinen Regeln zur Bestellung eines Insolvenzverwalters gem. § 56 InsO gelten.[654] Der in den in § 11 Abs. 2 Nr. 2 InsO geregelten Fällen vom Insolvenzgericht berufene Insolvenzverwalter kann nur als Sonderinsolvenzverwalter in dem Sinne verstanden werden, dass der Insolvenzverwalter die ordnungsrechtliche Funktion der Haftungstrennung zugunsten der Gruppe der Nachlassgläubiger bzw. Gläubiger bzgl. des Gesamtguts in einem Sonderinsolvenzverfahren leitet.[655]

c) Keine vergleichbare Problemstellung

Deshalb passen die Überlegungen bzgl. einer Sonderinsolvenzverwaltung nicht auf den Fall eines Zweitinsolvenzverfahrens über eine freigegebene Selbstständigkeit, da von Beginn an feststeht, ob Interessenkonflikte im Hinblick auf die Erstverfahrensverwaltung bestehen können. Die erstmalige Bestellung des Zweitinsolvenzverwalters ist keine Fallgestaltung der Bestellung eines Sonderinsolvenzverwalters.[656] Dementsprechend handelt es sich bei der Frage nach der personellen Bestimmung des Zweitinsolvenzverwalters ausschließlich um die Überprüfung der allgemeinen Tauglichkeit des Insolvenzverwalters.

---

652 Vgl. Uhlenbruck/*Zipperer*, § 56 Rn. 57; vgl. *Frege*, Der Sonderinsolvenzverwalter, Rn. 149, 156.

653 Vgl. *Frege*, Der Sonderinsolvenzverwalter, Rn. 90.

654 *Frege/Keller/Riedel*, Insolvenzrecht, Teil 7 Rn. 27.

655 *Frege*, Der Sonderinsolvenzverwalter, Rn. 150 f.

656 So für den Insolvenzverwalter in deinem Folgeinsolvenzverfahren: *Frind*, ZRI 2023, S. 944 (947); *ders.*, ZInsO 2020, S. 390 (392).

2. *Ausrichtung an der Tauglichkeitsprüfung des Insolvenzverwalters*

a) *Allgemeine Kriterien*

Richtigerweise muss jedoch festgestellt werden, dass im Rahmen dieser Tauglichkeitsprüfung bei jeder Bestellung zum Zweitinsolvenzverwalter eine Fallgruppe der Sonderinsolvenzverwaltung erfüllt sein kann. Damit findet sich ein Ansatz für die Übertragung von Überlegungen zur Sonderinsolvenzverwaltung. Eine Sonderinsolvenzverwaltung lässt sich damit begründen, dass bei der gleichzeitigen Verwaltung mehrerer Insolvenzmassen die Masseinteressen miteinander kollidieren können.[657] Dann müssen sich tatsächlich widerstreitende Interessen gegenüberstehen.[658] Da der Insolvenzverwalter immer einem Konflikt widerstreitender Interessen ausgesetzt ist, schlägt *Schäfer* vor, bei der gleichzeitigen Verwaltung unterschiedlicher Massen durch eine Person immer dann einen Sonderinsolvenzverwalter zu bestellen, wenn ein Interessenkonflikt die Schwelle erreicht, die jenen Fällen vergleichbar ist, in denen persönliche Belange des Insolvenzverwalters betroffen sind.[659] Dieses Kriterium sei erfüllt, wenn dieselbe Person einerseits das Vermögen eines Anspruchsinhabers und andererseits das Vermögen des Anspruchsverpflichteten eines konkreten Anspruchs verwalte.[660]

b) *Anknüpfungspunkte für Tauglichkeitszweifel*

aa) *Forderungsanmeldung*

Übertragen auf die Bestellung des Zweitinsolvenzverwalters kann dieses Spannungsverhältnis in der an die Schuldnereigenschaft geknüpfte Personenidentität, welche das Alleinstellungsmerkmal der Zweitinsolvenz bildet, bestehen, wenn Handlungen des Erstinsolvenzverwalters oder Treuhänders aus dem Erstverfahren in das Zweitverfahren hineinwirken und Zweifel an der Tauglichkeit der Person des Zweitinsolvenzverwalters auslösen. Bei konkreten Anhaltspunkten können von vornherein Zweifel an der Unabhängigkeit des Zweitinsolvenzverwalters bestehen.[661] Danach kann der im vorangegangenen Verfahren berufene

---

657 *Schäfer*, Der Sonderinsolvenzverwalter, S. 75.

658 *Schäfer*, Der Sonderinsolvenzverwalter, S. 75.

659 *Schäfer*, Der Sonderinsolvenzverwalter, S. 75 f.

660 AG Halle-Saalkreis, Beschl. v. 15.11.1993 – 50 N 18/91, in: ZIP 1993, S. 1912; BK-InsO/*Blersch*, § 56 Rn. 24; *Gerhardt*, in: Jaeger, InsO, § 56 Rn. 77; *Schäfer*, Der Sonderinsolvenzverwalter, S. 76.

661 Vgl. KPB/*Lüke*, § 56 Rn. 47, 75.

Verwalter oder Treuhänder nicht auch als Zweitinsolvenzverwalter bestellt werden. Solche Zweifel können von vornherein vorliegen, wenn ein Erstverwalter im Zweitverfahren Forderungen anmelden kann. Soll ein personenidentischer Zweitverwalter solche Forderungen prüfen, können Zweifel an der ordnungsgemäßen Ausübung der Verwaltertätigkeit bestehen.[662]

bb) Abführungsbeträge

In Hinblick auf die Abführung der Abtretungsbeträge an den Erstinsolvenzverwalter oder Treuhänder kann sich keine Konstellation einer Sonderinsolvenzverwaltung ergeben. Zwar wird der Insolvenzverwalter im Restschuldbefreiungsverfahren regelmäßig zum Treuhänder bestellt.[663] Es ist jedoch kein Interessenkonflikt bei Personenidentität aufgrund späterer Bestellung als Zweitinsolvenzverwalter zu erwarten. Mit der Freigabe der Selbstständigkeit entsteht gem. § 35 Abs. 2 S. 2, § 295a Abs. 1 S. 1 InsO die Verpflichtung des Schuldners, Ablösebeträge an die Insolvenzmasse zu leisten.[664] Dabei handelt es sich um eine originäre Verpflichtung des Schuldners, auf deren Erfüllung der Insolvenzverwalter einen unmittelbaren Anspruch hat, den er durch Vollstreckung oder auf klageweisem Wege geltend machen kann.[665] Der Schuldner ist damit kein Anspruchsinhaber und hat demzufolge keinen Anspruch „gegen sich selbst" im Sinne einer Konfusion. Allerdings macht der Erstinsolvenzverwalter den Anspruch gegen den Schuldner in Bezug auf den Neuerwerb geltend. Leistet der Schuldner, erfüllt er seine Pflicht aus dem Erstverfahren zugunsten seines Altvermögens. Wird nun der Erstverwalter auch als Zweitinsolvenzverwalter bestellt, gerät er in die Situation für denselben Vermögensträger einerseits als Insolvenzverwalter und Anspruchsinhaber und andererseits als Verwalter des Vermögens des Anspruchsverpflichteten Ansprüche zu berücksichtigen. Während der Treuhandperiode des Erstverfahrens ist die Zahlung der Abführungsbeträge an den Treuhänder für den Schuldner eine reine Obliegenheit.[666]

---

662 Vgl. *Lissner*, ZInsO 2014, S. 768 (770).

663 *A.Schmidt*, Privatinsolvenz, § 4 Rn. 16; Eingehend dazu: Uhlenbruck/*Sternal*, § 288 Rn. 13 ff.

664 Gesetzesbegründung des RegE, in: BT- Drs. 16/3227, S. 17.

665 BGH, Urt. v. 13.03.2014 – IX ZR 43/12, in: NZI 2014, S. 461 Rn. 14, 17; BGH, Beschl. v. 13.06.2013 – IX ZB 38/10, in: ZVI 2013, S. 346 (347); *Ahrens*, Aktuelles Privatinsolvenzrecht, Rn. 784; HK-InsO/*Ries*, § 35 Rn. 84.

666 HambK-InsO/*Lüdtke*, § 35 Rn. 287. Hierzu unter: 3. Kapitel C. II. 3. a) bb).

Der Treuhänder hat somit keinen eigenen Anspruch gegen den Schuldner.[667] Aus diesem Grund fällt es bei der Parallelverfahrenseröffnung in der Treuhandperiode des Erstverfahrens schwer, einen Interessenkonflikt zu begründen.

Unabhängig davon, wie eine rechtliche Einordnung der Abführungsbeträge im Zweitverfahren vorgenommen wird, ist diese allerdings nicht geeignet, einen Interessenkonflikt heraufzubeschwören.[668] Leistungen an Erstinsolvenzverwalter oder -treuhänder entsprechen immer auch dem Interesse des Schuldners, der entweder eine Pflicht erfüllt oder einer Obliegenheit im Eigeninteresse der Restschuldbefreiung nachkommt. Eine solche Befolgung der gesetzlichen Wirkrichtung ist sogar bei der Ansicht, die Abführungsbeträge im Zweitverfahren als bloße Insolvenzforderungen erblickt, zu erkennen.[669] Dass ein Interesse an gesetzmäßigem Handeln besteht, gilt ohne Rücksicht auf die Ausgestaltung im Zweitverfahren und liegt selbst der Anmeldung der Beträge als Insolvenzforderungen zur Tabelle im Zweitverfahren zugrunde.[670] Ein Zweitinsolvenzverwalter wird dadurch nicht grundsätzlich in eine Doppelrolle gedrängt, die seine persönliche Tauglichkeit gefährdet.

cc) Eröffnungsbeschluss

Da dem Erstinsolvenzverwalter keine prozessualen Mittel zustehen, um gegen den Eröffnungsbeschluss eines Zweitinsolvenzverfahrens vorzugehen[671], besteht in dieser Hinsicht kein Interessenkonflikt wegen Zweifeln an der Unabhängigkeit des Zweitinsolvenzverwalters.

dd) Schadensersatz

Ein Interessenkonflikt kann bestehen, wenn absehbar ist, dass der Schuldner den Erstverwalter auf Schadensersatz in Anspruch nehmen möchte und dieser nun Zweitverwalter werden soll. So ein Fall kann entstehen, wenn der Erstverwalter es pflichtwidrig unterlässt, den Schuldner nach gemeinsamer Erörterung

---

667 Wird das Insolvenzverfahren aufgehoben, entfällt der Grund für einen Ausgleich der Besserstellung von selbstständigen zu abhängig beschäftigten Schuldnern. Der Schuldner handelt in eigenen Angelegenheiten, wenn er durch die Abführung der Beträge das Ziel der Restschuldbefreiung anstrebt.

668 **A.A.** *Frind*, ZInsO 2023, S. 1733 (1736), mit dem Argument einer originären Massebestandskonkurrenz.

669 Hierzu unter: 3. Kapitel C. II. 3. c) gg) (1) (b) und hh).

670 Vgl. *Harder*, NJW-Spezial 2019, S. 469 (469).

671 Dazu ausführlich: *Büttner*, ZInsO 2017, S. 1057 ff.

möglicher Sanierungskonzepte auf die mangelnde Sanierungsfähigkeit des Schuldnerbetriebs hinzuweisen.[672]

c) Mitteilungspflicht

Erkennt der Insolvenzverwalter in einem Verfahrensstadium, dass seine Unabhängigkeit nicht gewährleistet ist, trifft ihn eine Mitteilungspflicht gegenüber dem Insolvenzgericht.[673] Dann hat das Insolvenzgericht eine separate Sonderinsolvenzverwaltung zu prüfen. Für eine Bestellung desselben Insolvenzverwalters im Parallelverfahren spricht jedoch, dass dieser die persönlichen und wirtschaftlichen Verhältnisse des Schuldners überblickt, sodass keine neue Einarbeitung erforderlich ist und eine Zeitersparnis erreicht wird.

3. Eigenständige Sonderinsolvenzverwaltung im Rahmen der Zweitinsolvenzverwaltung

Daneben kann in einer Konstellation, in welcher der Zweitinsolvenzverwalter selbst nachträglich an der Wahrnehmung seiner Aufgaben gehindert ist, nach den allgemeinen Regeln eine Sonderinsolvenzverwaltung bezogen auf die konkrete Interessenkollision vom Insolvenzgericht angeordnet werden. So beispielsweise, wenn der Erstinsolvenzverwalter nachträglich Forderungen im Zweitverfahren anmeldet und diese daraufhin separat durch einen Sonderinsolvenzverwalter geprüft werden.[674]

4. Ergebnis

Die Zweitinsolvenzverwaltung folgt den allgemeinen Regeln. Eine Sonderinsolvenzverwaltung ist im Fall der Interessenkollision des Insolvenzverwalters zulässig.

IV. Auskunfts- und Mitwirkungspflicht des Schuldners

Der Schuldner hat im eröffneten Zweitverfahren eine Auskunfts- und Mitwirkungsverpflichtung gem. § 97 InsO. Als Inhaber des sonderverfahrensfähigen Vermögens der Selbstständigkeit ist der Schuldner die mitwirkungsverpflichtete Person.[675]

---

672 *Ehlers*, ZInsO 2014, S. 53 (58).

673 Vgl. *Frege*, Der Sonderinsolvenzverwalter, Rn. 98 ff; vgl. *Lüke*, ZIP 2003, S. 557 (563).

674 Vgl. Nerlich/Römermann/*Delhaes/Römermann*, § 56 Rn. 30.

675 Vgl. KPB/*Lüke*, § 97 Rn. 7, 13.

C. Gläubigerbefriedigung im Zweitinsolvenzverfahren

I. Die Geschäftsfreigabe als funktionaler Rahmen der Parallelinsolvenz

1. Informationspflicht gem. § 35 Abs. 3 S. 1 InsO

Den Schuldner trifft im eröffneten Insolvenzverfahren gem. § 35 Abs. 3 S. 1 InsO die Pflicht, den Insolvenzverwalter unverzüglich über die Aufnahme oder Fortführung einer selbstständigen Tätigkeit zu informieren.[676] Es handelt sich dabei um eine Klarstellung der allgemeinen Auskunfts- und Mitwirkungspflicht des Schuldners aus § 97 InsO.[677] Auch nach dieser Regelung ist der Schuldner verpflichtet, dem Insolvenzgericht, dem Insolvenzverwalter, dem Gläubigerausschuss und auf Anordnung des Gerichts der Gläubigerversammlung über alle das Verfahren betreffenden Verhältnisse Auskunft zu geben. Den Schuldner trifft eine Mitwirkungspflicht, um eine angemessene Prognoseentscheidung des Insolvenzverwalters zu ermöglichen.[678] Insbesondere soll der Schuldner den Insolvenzverwalter über die Details der selbstständigen Tätigkeit, wie etwa die Art und den Umfang der Geschäftstätigkeit, informieren und aussagekräftige Unterlagen aushändigen, um diesem eine Grundlage für die Vorhersage der wirtschaftlichen Vorteilhaftigkeit für die Insolvenzmasse zu schaffen.[679] Die Durchsetzung kann der Insolvenzverwalter – auch zur eigenen Entlastung hinsichtlich etwaiger Haftungsansprüche – beim Insolvenzgericht initiieren.[680]

Begehrt der Schuldner im Erstverfahren die Befreiung von Restschulden, hat er ein Interesse daran, der Abführungspflicht des Erstverfahrens nachzukommen. Andernfalls droht bis zur Beendigung des Insolvenzverfahrens die Versagung der Restschuldbefreiung gem. § 290 Abs. 1 Nr. 5 InsO.[681] Bezüglich

676 Die Pflicht besteht nicht im Eröffnungsverfahren oder in der Treuhandperiode gegenüber dem Treuhänder, *Ahrens*, NZI 2021, S. 57 (58).

677 *Wipperfürth*, ZInsO 2021, S. 1148 (1150).

678 *Holzer*, ZVI 2007, S. 289 (292 f.); vgl. zu den insolvenzrechtlichen Mitwirkungspflichten: *Vallender*, NZI 2003, S. 530 ff.

679 Uhlenbruck/*Hirte/Praß*, § 35 Rn. 97; *Wipperfürth/Schmittmann*, ZInsO 2015, S. 2560 (2561).

680 BK-InsO/*Ellrich*, § 35 Rn. 169.

681 BGH, Beschl. v. 13.06.2013 – IX ZB 38/10, in: ZVI 2013, S. 346 (348); *Ahrens*, Aktuelles Privatinsolvenzrecht, Rn. 784, 826; *Stephan*, ZVI 2014, S. 214 (216); *Wipperfürth*, ZInsO 2021, S. 1148 (1150). Anders bei rein vertraglichen Verpflichtungen des Schuldners gegenüber dem Insolvenzverwalter: BGH, Beschl. v. 12.04.2018 – IX ZB

der Treuhandperiode kann eine Versagung auch über § 295 Abs. 1 Nr. 3 InsO erfolgen, wenn am Ende der Treuhandperiode die Befriedigungsquote aufgrund unrichtiger Angaben des selbstständigen Schuldners nicht den Wert erreicht, der im Fall einer abhängigen Beschäftigung bestünde.[682]

Mit der Freigabe der Geschäftstätigkeit erfolgt eine neue Haftungszuordnung des Neuerwerbs. Daraus folgt, dass der Schuldner dem Insolvenzverwalter nicht länger zur Rechnungslegung bezüglich seiner Tätigkeit verpflichtet ist.[683] Für daneben ausgeübte und nicht freigegebene Selbstständigkeiten endet die Informationspflicht des Schuldners dagegen nicht.[684] Bleibt das Einkommen des selbstständigen Schuldners hinter dem pfändbaren Betrag einer unselbstständigen Beschäftigung zurück und kommt der Schuldner damit seiner Abführungspflicht nicht nach, so hat er dem Insolvenzverwalter die notwendigen überprüfbaren Angaben zur Gewinnerermittlung in Bezug auf die selbstständige Tätigkeit bereitzustellen.[685] Weiterhin kann der Schuldner nicht gegen die Freigabe der Selbstständigkeit vorgehen und diese nicht gerichtlich überprüfen lassen, sondern ist in Fällen verspäteter Freigabe oder fehlerhafter Ermessensausübung lediglich auf die nachträgliche Geltendmachung von Schadensersatzansprüchen gem. § 60 InsO beschränkt.[686]

2. *Umgrenzung des Masseumfangs durch materielle Reichweite der Negativerklärung*

a) *Wirkung als Enthaftungserklärung*

Die Negativerklärung stellt eine umfassende Enthaftungserklärung des Insolvenzverwalters bezüglich einer konkreten Selbstständigkeit dar. Eine gesetzliche Regelung, die die Details der Reichweite der Negativerklärung festlegt, besteht nicht, sodass Umfang und Grenzen der Freigabe der selbstständigen Tätigkeit abseits der Freistellung des eigentlichen Neuerwerbs nicht geklärt und daher Anknüpfungspunkt verschiedener Auslegungsansätze sind. Dieser Zustand wird

---

60/16, in: VIA 2018, S. 67 m. zust. Anm. *Dahl*. Zur Versagung der Restschuldbefreiung in Zweitverfahren unter: 5. Kapitel A. III.

682 FK-InsO/*Ahrens*, § 295 Rn. 15, 169; Braun/*Pehl*, § 295 Rn. 16; HambK-InsO/*Streck*, § 295 Rn. 25, § 295a Rn. 2.

683 *Ehlers*, ZInsO 2014, S. 53 (53).

684 *Ahrens*, KSzW 2012, S. 303 (304).

685 BGH, Beschl. v. 13.06.2013 – IX ZB 38/10, in: ZVI 2013, S. 346 (349).

686 *Haberzettl*, NZI 2017, S. 474 (47).

in der Literatur kritisiert.[687] Die Unsicherheit rührt daher, dass der Begriff der Freigabe sich nicht im Wortlaut des § 35 Abs. 2 InsO wieder fand[688]. Mittlerweile findet sich die Bezeichnung im klaren Wortlaut des § 35 Abs. 3 S. 2 InsO.[689] Ein Vergleich zur echten Freigabe zeigt, dass es sich im Hinblick auf die Wirkung der Negativerklärung, nicht um eine Freigabe im eigentlichen Gebrauch des Wortsinns handeln kann.[690] Eine echte Freigabe umfasst nämlich lediglich einzelne der Insolvenzmasse zugehörige Gegenstände.[691] Damit ist der echten Freigabe und der Negativerklärung gemeinsam, dass beide darauf abzielen, die Insolvenzmasse und das frei werdende Vermögen voneinander abzugrenzen.

In ihrer Wirkung umfasst die Negativerklärung in einer Gesamterklärung den künftigen Neuerwerb aus der selbstständigen Tätigkeit und mit dieser zusammenhängende Vertragsverhältnisse.[692] Neben den nach der Negativerklärung

---

687 Exemplarisch: *Wegener*, VIA 2017, S. 25 ff. Eine höchstrichterliche Entscheidung, die klare Grenzen aufzeigt, erging bisher nicht, vgl. die Ausführungen von *Gehrlein* bei der 34. Verbraucherinsolvenzveranstaltung in: *Harder*, VIA 2018, S. 17, (19).

688 Im Regierungsentwurf des Gesetzes zur Vereinfachung des Insolvenzverfahrens wurde die Entlassung der Selbstständigkeit aus der Insolvenzmasse als *„eine Art Freigabe"* bezeichnet und damit jedenfalls dem sprachlichen Ausdruck nach ein Bezug zur Freigabe von Vermögensgegenständen aus der Masse hergestellt, RegE eines Gesetzes zur Vereinfachung des Insolvenzverfahrens, BT-Drs. 16/3227, S. 17. Weiter unten im Absatz fehlt der Zusatz und der Entwurf spricht lediglich von der *„Freigabe"*.

689 Trotz der unterschiedlichen Formulierungen in § 35 Abs. 3 S. 2 InsO und § 35 Abs. 2 S. 1 InsO ist aus teleologischen Gründen und weil die Regelungen inhaltlich gleichlaufen müssen in sachlicher Hinsicht dieselbe Wirkung gemeint, *Ahrens*, NZI 2021, S. 57 (61 f.). Mit dem Argument, dass aus systematischen Gründen nicht länger das der selbstständigen Tätigkeit gewidmete Vermögen von der Negativerklärung mitumfasst sei, weil § 35 Abs. 3 S. 2 InsO von einer Freigabe der Tätigkeit spricht und damit eher eine Vermögensferne nahelege, was auch für die Interpretation von § 35 Abs. 2 S. 1 InsO zu berücksichtigen sei, könnte sich eine andere Bewertung ergeben, *Ahrens*, in: FS Gehrlein, S. 1 (8).

690 In RegE, BT-Drs. 16/3227, S. 26 findet sich die Formulierung einer *„freigabeähnlichen Erklärung eigenen Typs"* und auf S. 27: *„freigabeähnliche Handlung eigenen Typs"*; Beschlussempfehlung und Bericht des Rechtsausschusses (6. Ausschuss), in: BT-Drs. 14/4184, S. 14 verwenden die Formulierung von einer der *„echten Freigabe ähnlichen Erklärung"*.

691 Allerdings wird im Regierungsentwurf betont, dass es sich um *„eine Art „Freigabe" des Vermögens, das der gewerblichen Tätigkeit gewidmet ist, einschließlich der dazu gehörenden Vertragsverhältnisse"* handele, wobei eine Parallele zur wohnraumbezogenen Regelung des § 109 Abs. 1 S. 2 InsO gezogen wird, RegE, BT-Drs. 16/3227, S. 17.

692 RegE, BT-Drs. 16/3227, S. 17; FK-InsO/*Bornemann*, 9. Aufl. 2018, § 35 Rn. 56 f.; *Ahrens*, KSzW 2012, S. 303 (304); *Berger*, ZInsO 2008, 1101 (1103); *Ries*, ZInsO 2009,

entstandenen Vertragsverhältnissen sind gleichermaßen solche, die im Insolvenzeröffnungszeitpunkt im Zusammenhang mit der Selbstständigkeit bestanden haben, beispielsweise Arbeitsverhältnisse und gewerbliche Mietverträge[693], umfasst.[694]

b) *Verhältnis zum Pfändungsschutz*

Die Negativerklärung schließt auch individuelle massezugehörige Vermögensgegenstände und Vertragsverhältnisse einschließlich der dazugehörigen Forderungen in ihrer Wirkrichtung mit ein.[695] Der Negativerklärung kommt eine Gesamtwirkung zu, die damit zu erklären ist, dass sie auf den Erhalt der wirtschaftlichen Grundlage für die Selbstständigkeit des Schuldners ausgerichtet

---

S. 2030 (2033); *Gutsche*, ZVI 2008, S. 41 (42 f.), weist darauf hin, dass der Insolvenzverwalter vor Abgabe der Erklärung die Nichterfüllung wählen sollte, um den Schuldner nach Freigabe nicht zu belasten und schon so einer Folgeinsolvenz vorzubeugen.

693 HK-InsO/*Ries*, § 35 Rn. 82.

694 BGH, Urt. v. 09.02.2012 – IX ZR 75/11, BGHZ 192, 322, Rn. 17; ArbG Berlin, Beschl. v. 27.11.2017 – 4 B 1352/17, in: ZIP 2010, 1914; LG Krefeld, Urt. v. 24.02.2010 – 2 O 346/09, in: NZI 2010, 485; KPB/*Holzer*, § 35 Rn. 115; Uhlenbruck/*Hirte/Praß*, § 35 Rn. 101; **a.A.** *Berger*, ZInsO 2008, S. 1101 (1107); *Smid*, DZWiR 2008, S. 133 (140 f.); *Wischemeyer*, ZInsO 2009, S. 937 (942 f.).

695 RegE, BT-Drs. 16/3227, S. 17, 26 f.: *„nicht nur einzelne Vermögensgegenstände, sondern eine Gesamtheit von Gegenständen und Werten"*; BGH, Urt. v. 18.04.2013 – IX ZR 165/12, in: NZI 2013, S. 7 Rn. 22; BGH, Urt. v. 09.02.2012 – IX ZR 75/11, BGHZ 192, 322, Rn. 24; BGH, Urt. v. 22.05.2014 – IX ZR 136/13, in: NZI 2014, S. 614 Rn. 22; BSG, Urt. v. 09.06.2017 – B 11 AL 14/16 R, in: NZI 2017, S. 862 (863) Rn. 19; BSG, Urt. v. 10.12.2014 – B 6 KA 45/13 R, in: NZI 2015, S. 620 Rn. 18; nach AGR-InsO/*Ahrens*, § 35 Rn. 165a handelt es sich um eine Auslegungsfrage; so auch: K.Schmidt/*Büteröwe*, InsO § 35 Rn. 54, 56; BeckOK InsO/*Kirchner*, § 35 Rn. 67; Graf-Schlicker/*Graf-Schlicker/Kexel*, § 35 Rn. 32; MüKoInsO/*Peters*, § 35 Rn. 51, § 36 Rn. 24; *Heinze*, ZInsO 2016, S. 1563 (1565); *Priebe*, ZInsO 2015, S. 936 (938); **a.A.** BGH, Urt. v. 21.02.2019 – IX ZR 246/17, in: ZIP 2019, S. 577 Rn. 21; BFH, Urt. v. 08.09.2011 – II R 54/10, in: ZinsO 2011, S. 2339 Rn. 19; FK-InsO/*Bornemann*, 9. Aufl. 2018, § 35 Rn. 52 f.; BK-InsO/*Ellrich*, § 35 Rn. 160: nur Vertragsverhältnisse; HambK-InsO/*Lüdtke*, § 35 Rn. 283; *Berger*, ZInsO 2008, S. 1101 (1104, 1106); *Gehrlein*, ZInsO 2016, S. 825 (826 f.); v. *Gleichenstein*, ZVI 2013, S. 409 (410 f.); *Wischemeyer*, ZInsO 2007, S. 1240 (1245); *Wischemeyer*, ZInsO 2009, S. 2121 (2126); *Kühne*, Die Insolvenz des selbstständig tätigen Schuldners, S. 117. Ausführlich zum Streitstand: *Frind*, Privatinsolvenz-HdB, Rn. 622 ff; *Harder*, NJW-Spezial 2019, S. 277 (278); *Streeck*, InsbürO 2022, 267 (271); *Wipperfürth*, ZInsO 2021, S. 1148 (1153); dies. ZInsO 2020, S. 1359 (1359 f.).

ist.[696] Dem liegt die Überlegung zugrunde, dass der für den Aufbau einer wirtschaftlichen Existenz notwendige Bedarf an Vermögenswerten und Dienstleistungen den Mindestschutz des § 811 Abs. 1 Nr. 1 b) ZPO übersteigen und die Erklärung des Insolvenzverwalters diesen der selbstständigen Erwerbstätigkeit zuordnen kann.[697] Die der Auslegung zugängliche Negativerklärung kann damit nach den Gesamtumständen auch individuelle Gegenstände, die für die Ausübung der freigegebenen Selbstständigkeit erforderlich sind und zu diesem Zweck für diese vom Schuldner erworben wurden oder für die Ausübung der selbstständigen Tätigkeit sinnvoller Weise förderlich sind, umfassen und ordnet diese dem insolvenzfreien Vermögen zu.[698]

Zwar sind die dem Pfändungsschutz des § 811 Abs. 1 Nr. 1 b) ZPO unterfallenden Vermögensteile der Wertung des § 36 Abs. 1 S. 1, Abs. 2 Nr. 2 Hs. 2 InsO[699] nach schon nicht Teil der Insolvenzmasse und unterliegen nicht der Verwaltungs- und Verfügungsbefugnis des Insolvenzverwalters.[700] Die Negativerklärung des

---

696 Vgl. BGH, Urt. v. 09.02.2012 – IX ZR 75/11, BGHZ 192, 322, Rn. 19; *Ahrens*, NZI 2007, S. 622 (624 f.); *Gehrlein*, ZInsO 2017, S. 1352 (1354).

697 AGR-InsO/*Ahrens*, § 35 Rn. 165a; *Ahrens*, NZI 2007, S. 622 (624); *Bartels*, KTS 2012, S. 381 (387, 389); *Hergenröder*, DZWIR 2013, S. 251 (258); KK-InsO/*Hess*, §§ 35, 36 Rn. 80; einschränkend: *Berger*, ZInsO 2008, 1101 (1104), der zwar von einer Gesamtwirkung des § 35 Abs. 2 InsO ausgeht, aber allein die Einzelfreigabe für die Umverteilung über § 811 Abs. 1 Nr. 1 b) ZPO hinausreichender Betriebsmittel als einschlägig erachtet; nach Graf-Schlicker/*Graf-Schlicker/Kexel*, § 35 Rn. 32, erstreckt sich der Freigabeumfang jedenfalls auf die zwangsvollstreckungsrechtliche Reichweite.

698 AGR-InsO/*Ahrens*, § 35 Rn. 165a; *Ahrens*, NZI 2007, S. 622 (624); *Bartels*, KTS 2012, S. 381 (389).

699 Der Referentenentwurf eines Gesetzes zur Verbesserung des Schutzes von Gerichtsvollzieherinnen und Gerichtsvollziehern vor Gewalt sowie zur Änderung weiterer zwangsvollstreckungsrechtlicher Vorschriften (GvSchuG) enthielt zunächst die Neuregelung, wonach zunächst alle Sachen, die für die Ausübung der schuldnerischen Erwerbstätigkeit oder die damit in Zusammenhang stehende Aus- oder Fortbildung benötigt werden, in die Insolvenzmasse fallen sollten. Auf die Kritik im Bericht des Ausschusses für Recht und Verbraucherschutz (06. Ausschuss) vom 05.05.2021 hin wurde die Rückausnahme des § 36 Abs. 2 Nr. 2 Hs. 2 InsO eingefügt, BT-Drs. 19/29398, S. 7 f.

700 AGR-InsO/*Ahrens*, § 35 Rn. 165; *ders.*, NJW-Spezial 2012, S. 725 (726); K.Schmidt/*Büteröwe*, InsO § 35 Rn. 44, 54; *Frind*, Privatinsolvenz-HdB, Rn. 626; *Heinze*, ZVI 2007, S. 349 (351); vgl. *ders.*, ZInsO 2015, S. 1118; *ders.*, ZInsO 2016, S. 1563 (1565); *Pape/Pape*, ZInsO 2013, S. 685 (691); *Zimmermann*, ZInsO 2011, S. 2057 (2058); einschränkend: *Roth*, Insolvenzsteuerrecht, Rn. 2.169, der ausschließlich den nicht verlustbringenden Betrieb vom Pfändungsschutz umfasst sieht; **a.A.** MüKoInsO/*Peters*, § 35

Insolvenzverwalters betrifft sie allerdings dadurch, dass es sich bei § 35 Abs. 2 InsO um eine Haftungserklärung handelt, die nicht deckungsgleich mit den Wertungen der Einzelvollstreckung aus § 811 Abs. 1 Nr. 1 b) ZPO ist.[701] Zwar können unpfändbare Vermögensgegenstände aufgrund des Pfändungsschutzes nicht der Insolvenzmasse des § 35 Abs. 1 InsO zugeordnet werden.[702] Allerdings bewirkt die Negativerklärung, dass das gesamte Vermögen der selbstständigen Tätigkeit nicht länger dem Haftungsrahmen der Insolvenzmasse unterfällt.[703] Die Erklärung umfasst damit sämtliches Vermögen der Selbstständigkeit.[704] Dazu gehören die Betriebsmittel, die nach den Wertungsmaßstäben der Einzelvollstreckung vom Pfändungsschutz umfasst sein können.[705] Diese Gegenstände werden dann nicht aus der Insolvenzmasse freigegeben, sind aber im Rahmen der Enthaftung der Selbstständigkeit mitumfasst und im Erstverfahren grundsätzlich nicht haftbar.

Dagegen wird angeführt, dass der Insolvenzverwalter Betriebsgegenstände mittels einer eigenständigen Erklärung separat freigeben solle, damit sichergestellt sei, dass dem Masseabfluss eine explizite Willensäußerung vorgeschaltet ist.[706] Dagegen spricht jedoch, dass nicht ausgeschlossen ist, dass eine echte Freigabeerklärung[707] ausdrücklich oder konkludent mit der auf den Neuerwerb bezogenen Negativerklärung geäußert werden kann.[708] Es wird nämlich übersehen, dass der Zeitpunkt für einen solchen Willensentschluss des

Rn. 53, § 36 Rn. 26 ff. erklärt § 811 Abs. 1 Nr. 1 b) ZPO wegen der Entscheidungskompetenz des Insolvenzverwalters gem. § 35 Abs. 2 S. 1 InsO im Insolvenzverfahren für nur eingeschränkt anwendbar und sieht die Möglichkeit, pfändungsgeschützte Gegenstände jedenfalls deklaratorisch freizugeben; *Tetzlaff*, ZInsO 2005, S. 393 (398 f.).

701 *Ahrens*, NZI 2007, S. 622 (624).

702 *Ahrens*, NZI 2007, S. 622 (624).

703 *Ahrens*, NZI 2007, S. 622 (624); *Heinze*, ZVI 2007, S. 349 (354).

704 Gesetzesbegründung des RegE, in: BT- Drs. 16/3227, S. 17.

705 Graf-Schlicker/*Graf-Schlicker/Kexel*, § 35 Rn. 32; *Heinze*, ZVI 2007, S. 349 (354).

706 Vgl. FK-InsO/*Bornemann*, 9. Aufl. 2018, § 35 Rn. 53; vgl. *Haberzettl*, NZI 2017, S. 474 (478).

707 Über das gewohnheitsrechtlich anerkannte Mittel der echten Freigabe kann der Insolvenzverwalter gegenüber dem Schuldner per einseitiger, empfangsbedürftiger Willenserklärung verbindlich erklären, dass einzelne Gegenstände oder Rechte dauerhaft aus der Insolvenzmasse ausscheiden und der Insolvenzschuldner darüber seine Verwaltungs- und Verfügungsbefugnis zurückerhält: RG, 19.10.1918 – Rep V 176/18, RGZ 94, 55; *Windel*, in: Jaeger, InsO, § 80 Rn. 28; *Förster*, ZInsO 2000, S. 315 (316).

708 FK-InsO/*Bornemann*, 9. Aufl. 2018, § 35 Rn. 37.

Insolvenzverwalters vom Gesetzgeber durch § 35 Abs. 2 S. 1 InsO abschließen bestimmt ist.[709] Dies entspricht dem Zweck, dem Schuldner einen wirtschaftlichen Neuanfang zu ermöglichen und der damit einhergehenden Haftungsumverteilung, die an einen zeitlichen Fixpunkt gebunden ist.

c) Möglichkeit zusätzlicher Einzelfreigaben

Daneben bleibt weiterhin eine Einzelfreigabe von zusätzlichen individuellen Gegenständen aus der Insolvenzmasse heraus möglich.[710] Einzelne Vermögensgegenstände, die im Zeitpunkt der Erklärung durch den Insolvenzverwalter Teil der Erstinsolvenzmasse sind, können aus dieser auch jederzeit durch eine Einzelfreigabe herausgelöst werden.[711]

II. Der Umfang der Zweitinsolvenzmasse

1. Pfändungsgeschützes Vermögen

a) Abgrenzung zum Vermögen des Erstverfahrens

Auch im Parallelverfahren unterliegen die per Negativerklärung übergegangenen und für die Geschäftstätigkeit notwendigen Gegenstände dem Pfändungsschutz. Dies betrifft Gegenstände, die für die persönliche Arbeit des Schuldners benötigt werden.[712]

Schon im Erstverfahren ehemals pfändungsgeschützte und neue Betriebsmittel der Selbstständigkeit unterliegen auch im Parallelverfahren dem

---

709 Da der Insolvenzverwalter die Reichweite der Negativerklärung nicht festlegen darf, können nicht Vermögensteile zurückgehalten und ggf. später durch Einzelfreigabe freigegeben werden, so aber: FK-InsO/*Bornemann*, 9. Aufl. 2018, § 35 Rn. 53. Bei der Freigabe eines nur teilweise fortgeführten Geschäftsbetriebs reicht die Negativerklärung auch nur so weit, wie das Vermögen für die Fortführung erforderlich ist. Anders wohl: *Dahl*, NJW-Spezial 2007, S. 485 (486).

710 HambK-InsO/*Lüdtke*, § 35 Rn. 274, 278. Eine Verknüpfung der Geschäftsfreigabe mit einer Zahlung in Höhe des Wertes der Gegenstände abseits der Zahlungspflicht gem. § 35 Abs. 2 S. 2, § 295a Abs. 1 S. 1 InsO ist abzulehnen, da dies mit den Zwecken der Freigabe nach § 35 Abs. 2 InsO und des Pfändungsschutzes nach § 36 Abs. 1 S. 1, Abs. 2 Nr. 2 Hs. 2 InsO, § 811 Abs. 1 Nr. 1 b) ZPO unvereinbar ist, vgl. aber: *Spiekermann*, ZInsO 2019, S. 250 (254). Bei der Einzelfreigabe ist diese Verknüpfung zulässig, Graf-Schlicker/*Graf-Schlicker/Kexel*, § 35 Rn. 32.

711 BGH, Urt. v. 21.04.2005 – IX ZR 281/03, BGHZ 163, 32, 34; Graf-Schlicker/*Graf-Schlicker/Kexel*, § 35 Rn. 32.

712 *Smid*, DZWiR 2008, S. 133 (140).

Pfändungsschutz. Der Pfändungsschutz mit Bezug zur Selbstständigkeit greift ebenfalls im Zweitverfahren, denn in diesem Verfahren besteht ebenfalls das Bedürfnis, dem Schuldner als natürlicher Person ein Existenzminimum zu sichern.[713] Die für die Ausübung der Selbstständigkeit erforderlichen Betriebsmittel fallen daher gem. § 36 Abs. 1 S. 1 InsO nicht in die Zweitverfahrensmasse, sondern verbleiben im insolvenzfreien Schuldnervermögen.

b) Verhältnis zur Betriebsfreigabe

aa) Unpfändbare Sachen gem. § 36 Abs. 1 S. 1, Abs. 2 Nr. 2 Hs. 2 InsO

Die Vollstreckungswirkung des Insolvenzverfahrens richtet sich gegen alle Vermögensgegenstände, die der Zwangsvollstreckung unterliegen. Der § 36 Abs. 1 S. 1 InsO bestimmt zunächst, dass der Zwangsvollstreckung unterliegende Gegenstände nicht Teil der Insolvenzmasse sind. Die in § 36 Abs. 1 S. 2 aufgezählten Pfändungsschutzgrenzen gelten damit ohne erforderliche Prozesshandlung des Schuldners, soweit er einer Tätigkeit i.S.d. § 36 Abs. 2 Nr. 2 Hs. 2 InsO i.V.m. § 811 Abs. 1 Nr. 1 b) ZPO nachgeht.[714] Gemäß § 36 Abs. 1 S. 1 InsO fallen die nicht der Pfändung unterliegenden Gegenstände nicht in die Masse.

Auch im Zweitverfahren können Vermögensgegenstände der Selbstständigkeit dem Insolvenzbeschlag entzogen sein. Übt der Schuldner seine Geschäftstätigkeit im Insolvenzverfahren weiter aus oder beabsichtigt, eine neue Selbstständigkeit aufzunehmen, für die er Massegegenstände benötigt, unterfallen diese dem Pfändungsschutz. Gibt der Insolvenzverwalter die Tätigkeit oder individuelle Gegenstände separat frei, gehen diese zusätzlich in das insolvenzfreie Vermögen über.

bb) Neuerwerb

Pfändungsschutz für Anteile am Neuerwerb muss der Schuldner gem. § 36 Abs. 1 S. 2, Abs. 4 i.V.m. § 850 Abs. 2, § 850i ZPO beim Insolvenzgericht des Zweitverfahrens beantragen. Gibt der Erstinsolvenzverwalter eine Negativerklärung ab, muss der Schuldner für den darauf bezogenen Neuerwerb keinen Pfändungsschutz beantragen, weil dieser massefrei ist.[715] Beantragt der Schuldner diesen Pfändungsschutz im Zweitverfahren, gehören die Vermögensteile zunächst solange zur Insolvenzmasse, bis eine gerichtliche Entscheidung über

713 Vgl. MüKoInsO/Peters, § 36 Rn. 1; vgl. K.Schmidt/*Büteröwe*, InsO § 36 Rn. 1.

714 MüKoInsO/*Peters*, § 36 Rn. 1, 50, 54.

715 AGR-InsO/*Ahrens*, § 36 Rn. 75.

den Pfändungsschutz ergangen ist.[716] Der Schuldner wird regelmäßig schon im Insolvenzeröffnungsverfahren Pfändungsschutz beantragen, sodass dieser mit Insolvenzeröffnung unmittelbar gilt.[717] Mit Entscheidung zugunsten des Pfändungsschutzes sind die betroffenen Anteile nicht länger Teil der Insolvenzmasse.

2. *Vermögen aus der selbstständigen Tätigkeit*

a) *Mehrere Selbstständigkeiten der beruflichen Haftungssphäre*

Dem Schuldner steht es frei, selbstständige und abhängige Arbeit in Haupt- und Nebenberuf beliebig zu kombinieren.[718] Selbst die Ausübung mehrerer Selbstständigkeiten nebeneinander steht uneingeschränkt im Belieben des Schuldners. Da die Freigabe nur jeweils einzelne konkrete Geschäftstätigkeiten aus dem Erstinsolvenzbeschlag herausnimmt, verbleiben die Übrigen den Wirkungen des Erstverfahrens unterworfen und deren Neuerwerb Teil der Erstinsolvenzmasse.[719]

Die Insolvenzmasse des Zweitverfahrens besteht aus einem einheitlichen Vermögen der beruflichen Selbstständigkeit und umfasst alle freigegebenen Selbstständigkeiten. Bei gehäuften Freigaben verschiedener Selbstständigkeiten

716 HambK-InsO/*Lüdtke*, § 36 Rn. 8.

717 *Henning*, ZVI 2021, S. 411 (414 f.).

718 Die in Art. 12 Abs. 1 GG garantierte Berufsfreiheit ermöglicht dem Schuldner sich in allen Verfahrensstadien über den Einsatz seiner Arbeitskraft und damit für die Ausübung einer selbstständigen Tätigkeit zu entscheiden und zwischen Beschäftigungen zu wechseln oder eine abhängige und eine selbstständige Erwerbstätigkeit zu kombinieren, vgl. BGH, Beschl. v. 19.05.2011 – IX ZB 224/09, in: NZI 2011, S. 596; BGH, Beschl. v. 05.04.2006, IX ZB 50/05, in: ZVI 2006, S. 257 (258); KPB/*Wenzel*, § 295 Rn. 113; *Grote*, ZInsO 2004, S. 1105 (1107). Für neu aufgenommene Tätigkeiten besteht kein Pfändungsschutz gem. § 811 Abs. 1 Nr. 1 b) ZPO, FK-InsO/*Bornemann*, 9. Aufl. 2018, § 35 Rn. 52.

719 Die Enthaftungserklärung betrifft die jeweilige Selbstständigkeit als Ganzes und nicht nur beliebige Teile davon, wie beispielsweise lediglich einen bestimmten Geschäftsbereich oder ein spezielles Marktsegment, weil der Schuldner in der Ausübung seiner Tätigkeit sonst unangemessen eingeschränkt wäre, *Berger*, ZInsO 2008, 1101 (1103); **a.A.** *Haarmeyer*, ZInsO 2007, S. 696 (698). Aus diesem Grund muss bei einem Wechsel der selbstständigen Tätigkeit eine neue Prüfung und ggf. eine neue Freigabe erfolgen, HambK-InsO/*Lüdtke*, § 35 Rn. 281; **a.A.** *Berger*, ZInsO 2008, 1101 (1103). Übt der Schuldner mehrere selbstständige Tätigkeiten aus, können diese jeweils einzeln freigegeben werden, FK-InsO/*Bornemann*, 9. Aufl. 2018, § 35 Rn. 31, 36; *Heinze*, ZVI 2007, S. 349 (351) KPB/*Holzer*, § 35 Rn. 116a.

werden keine unterschiedlichen Haftungsmassen erzeugt, da eine Haftungstrennung immer nur in Abgrenzung zur Insolvenzmasse des Erstverfahrens stattfindet.[720] Dafür spricht, dass § 35 Abs. 2 S. 2 InsO nicht zwischen verschiedenen Selbstständigkeiten unterscheidet, da die Haftungserklärung dem eindeutigen Wortlaut der Vorschrift nur Vermögen aus der Insolvenzmasse heraustrennt und Vermögen der schuldnerischen Selbstständigkeit zuordnet. Zweck der Norm ist, die berufliche Haftungssphäre aus der Insolvenzmasse zu separieren. Darin eingeschlossen ist nicht der Gedanke, Haftungsmassen in unbeschränkter Anzahl innerhalb des insolvenzfreien Vermögens zu erschaffen. Richtigerweise bezieht sich die Negativerklärung auf einen konkret-individuellen Schuldnerbetrieb und verschiebt dessen Vermögen in das insolvenzfreie und dort in das haftbare Vermögen aus der beruflichen Selbstständigkeit. Die einzelnen Selbstständigkeiten bilden keine für sich eigenständigen massefreien Sondervermögen, denn eine Haftungsaufspaltung ist in der Freigabemöglichkeit nicht vorgesehen. Die Geschäftsfreigabe dient der Abgrenzung des insolvenzbeschlagenen und des insolvenzfreien Vermögens.[721] Der mit der Negativerklärung gestiftete Zweck beschränkt sich darauf, das Sondervermögen der beruflichen Haftungssphäre zu schaffen, das sich auch aus dem kumulativen Vermögen freigegebener Selbstständigkeiten zusammensetzen kann. Die Zweitinsolvenzmasse besteht damit aus dem zusammengesetzten Vermögen solcher Selbstständigkeiten, die die Masse verlassen haben. Dem Neugläubigerschutz ist somit genüge getan, denn eine Haftungszuweisung zu einem konkreten Sondervermögensteil können die Neugläubiger anhand der vorhandenen Regelung nicht verlangen. Im Zweitverfahren kommt dann eine Freigabe der jeweiligen Selbstständigkeiten in Betracht.[722]

b) Neuerwerb

Neben dem zum Zeitpunkt der Verfahrenseröffnung vorhandenen Vermögen bildet der Neuerwerb freigegebener Selbstständigkeiten die Zweitinsolvenzmasse. Der bis zum Zugang beim Schuldner der Negativerklärung von diesem erwirtschaftete Neuerwerb[723] sowie der Neuerwerb nicht freigegebener Selbstständigkeiten fällt hingegen in die Masse des Erstverfahrens.[724] Dem

720 FK-InsO/*Bornemann*, 9. Aufl. 2018, § 35 Rn. 36.

721 FK-InsO/*Bornemann*, 9. Aufl. 2018, § 35 Rn. 31, 36.

722 Hierzu unter: 6. Kapitel C. III.

723 BGH, Urt. v. 18.04.2013 – IX ZR 165/12, in: NZI 2013, S. 7 Rn. 23; HambK-InsO/*Lüdtke*, § 35 Rn. 277 f.

724 Vgl. FK-InsO/*Bornemann*, 9. Aufl. 2018, § 35 Rn. 46.

Zweitinsolvenzbeschlag unterfallen ausschließlich beruflich veranlasste Vermögenszuwächse, bei denen eine kausale Verknüpfung mit der Geschäftstätigkeit festgestellt werden kann und die nach Zugang der Negativerklärung entstanden sind. Umsatzerlöse, Forderungen aus dem Schuldnerbetrieb, sämtliche mit dem Geschäftsbetrieb zusammenhängende Ansprüche sowie deren Surrogate bilden einen wesentlichen Teil der Masse.[725] Dazu gehören auch die aus dem Neuerwerb finanzierten Surrogate: neue Gegenstände der Tätigkeit, die mit Mitteln des Neuerwerbs finanziert wurden, aber auch sonstige aus dem Neuerwerb finanzierte Gegenleistungen, etwa Luxusgegenstände.[726]

c) Freigegebenes Vermögen der Selbstständigkeit

aa) Der Selbstständigkeit gewidmetes Vermögen

Der Zweitinsolvenzbeschlag ist also präzise umrissen: Der Schuldner haftet mit sämtlichem Vermögen, das per Negativerklärung der beruflichen Sphäre zugeordnet ist, nicht jedoch mit Privatvermögen. Darin inbegriffen sind auch die Abführungsbeträge nach § 295a Abs. 1 S. 1 InsO, soweit diese nicht vom Zweitverfahren ausgenommen sind. Zum Neuerwerb gehören Vermögensgegenstände und Debitorenforderungen des Schuldnerbetriebs, die dem Sondervermögen der Selbstständigkeit zuzuordnen sind.[727] Im Einzelfall kann eine Abgrenzung zur Erstinsolvenzmasse oder zum insolvenzfreien Privatvermögen Schwierigkeiten bereiten, so etwa bei Gegenständen mit Mischnutzungscharakter.[728] Im Zweifel werden auch teilweise privat genutzte Gegenstände zum Masseschutz aus der Masse ausgelagert.[729] Maßgeblich ist aber ein konkreter Bezug zur Tätigkeit.[730]

Der Selbstständigkeit gewidmete und über Haftungserklärung aus der Erstinsolvenzmasse ausgeschiedene Gegenstände unterfallen dem

---

725 FK-InsO/*Bornemann*, 9. Aufl. 2018, § 35 Rn. 46; *Gehrlein*, ZInsO 2017, S. 1352 (1355).

726 Vgl. HambK-InsO/*Lüdtke*, § 35 Rn. 50, 244 f.; *Berger*, ZInsO 2008, 1101 (1103, 1106); *v. Gleichenstein*, ZVI 2013, S. 409 (410 ff.).

727 HK-InsO/*Ries*, § 35 Rn. 42. Hierzu sogleich unter: 3. Kapitel C. II. 2. c) cc).

728 A/G/R-*Ahrens*, § 35 Rn. 165a; *ders.*, NZI 2007, S. 622 (625); *Ganter*, ZIP 2019, S. 97 (102) schlägt für Vertragsverhältnisse die Bewertung nach überwiegender Nutzungsart vor.

729 *Hergenröder*, DZWIR 2013, S. 251 (261). Die Bestimmung, ob ein Gegenstand beruflich oder privat genutzt wird, kann im Einzelfall schwierig sein, *Kühne*, Die Insolvenz des selbstständig tätigen Schuldners, S. 114 f.

730 BGH, Urt. v. 16.09.2021 – IX ZR 213/20, in: ZVI 2021, S. 431 Rn. 16.

Zweitinsolvenzbeschlag.[731] Vermögensgegenstände, die der Schuldner zur Ausübung der selbstständigen Tätigkeit benötigt, unterliegen oftmals bereits dem Pfändungsschutz gem. § 36 Abs. 1 S. 1, Abs. 2 Nr. 2 Hs. 2 InsO i.V.m. § 811 Abs. 1 Nr. 1 b) ZPO.[732] Nach hier vertretener Ansicht berührt die Negativerklärung im gleichen Maße die haftungsrechtliche Zuordnung einzelner Gegenstände. Sofern Vermögensgegenstände für die Berufsausübung im Rahmen des schuldnerischen Geschäftsbetriebs erforderlich sind, bewirkt die Negativerklärung für Vermögensgegenstände die Herauslösung aus der Insolvenzmasse.[733]

Die Kritik, eine Vermögensaufteilung über eine vorgelagerte Widmung vorzunehmen sei zu unsicher, um anhand dieses Kriteriums die Geltung der Freigabeerklärung zu messen[734], ist nicht berechtigt. Zwar bezweckt der § 35 Abs. 2 S. 1 InsO zuvorderst eine Enthaftung der Masse und soll dieser nicht Vermögen entziehen. Gleichzeitig betrifft die Freigabe der Selbstständigkeit den Geschäftsbetrieb als Ganzen und schließt damit notwendigerweise diesem zugehöriges Vermögen mit ein. Dies führt entgegen der konträren Ansicht zu einem Gewinn an Rechtssicherheit. Schließlich ist die Verwalterpraxis aufgefordert, den genauen Umfang der Betriebsgegenstände zu ermitteln, um deren Wert zu prüfen. Einer standardisierten Pauschalfreigabe wird erst vorgebeugt, wenn der Verlust von Vermögenswerten droht. Die Verwalterpraxis muss dann nicht nur ihrer Prüfungspflicht nachkommen, sondern vor allem diese auch realiter auf die Fortführungschancen ausweiten, anstatt lediglich den Wert vorhandenen Vermögens zu überschlagen. Damit kann zudem erreicht werden, dass nicht unbedacht zweitverfahrensfähiges Sondervermögen entsteht.

bb) Vermögenssurrogate

(1) Erlöse aus Geschäftsvermögen

Für Bewegungen im Schuldnervermögen findet das Surrogationsprinzip mit der Maßgabe Anwendung, dass freigegebenes Vermögen nicht mehr in die Erstinsolvenzmasse fällt. Einmal massefreies Vermögen bleibt dann auch bei Surrogation

---

731 Vgl. AGR-InsO/*Ahrens*, § 35 Rn. 165, 175; *v. Gleichenstein*, ZVI 2013, S. 409 (418) zählt auch durch Einzelfreigabe aus dem Erstverfahren ausgeschiedenes Vermögen zur Zweitverfahrensmasse.

732 HambK-InsO/*Lüdtke*, § 35 Rn. 104, 270, 282; *Heinze*, ZInsO 2015, S. 1117 (1117); *Sinz/Hiebert*, ZInsO 2012, S. 63 (63); *Runkel*, ZVI 2007, S. 45 (49). Hierzu oben unter: 3. Kapitel C. I. 2. b).

733 *Priebe*, ZInsO 2015, S. 936 (938).

734 FK-InsO/*Bornemann*, 9. Aufl. 2018, § 35 Rn. 52 f.

massefrei.[735] Dafür spricht zum einen der Wortlaut des § 35 Abs. 2 S. 1 InsO, der das *„Vermögen aus selbstständiger Tätigkeit"* als Bezugspunkt nennt. Zum anderen spricht dafür der Sinn und Zweck der Geschäftsfreigabe, weil nur so der neue Haftungsverbund für die Neugläubiger erhalten bleibt. Demnach verbleiben Surrogate, die das Geschäftsvermögen betreffen, in der Zweitinsolvenzmasse.[736] Es handelt sich um Ab- und Zuflüsse, die das insolvenzfreie Sondervermögen betreffen.[737] Dies gilt auch für Austauschleistungen, die aus dem Vermögen der Selbstständigkeit finanziert werden und für private Zwecke verwendet werden, weil insoweit das Sondervermögen betroffen ist.[738]

(2) Erlöse aus unpfändbarem Vermögen

(a) Bei laufendem Erstverfahren

Erwirbt der Schuldner mit insolvenzfreien Mitteln seines Vermögens neue Austauschleistungen, fallen diese grundsätzlich in das private insolvenzfreie Vermögen des Schuldners. Der Zuordnung liegt die Frage zugrunde, ob Erlöse aus privatem insolvenzfreien Vermögen nach Geschäftsfreigabe insolvenzfrei bleiben oder dem Massebeschlag unterfallen.[739] Solche Austauschleistungen könnten in die Erstverfahrensmasse, das insolvenzfreie Privatvermögen des Schuldners oder die Zweitverfahrensmasse fallen.

---

735 BGH, Beschl. v. 03.04.2014 – IX ZA 5/14, in: NZI 2014, S. 501 Rn. 6; LG Duisburg, Urt. v. 17.05.2018 – 8 O 182/17, in: ZVI 2018, S. 334; A/G/R-*Ahrens*, § 35 Rn. 165b; FK-InsO/*Bornemann*, 9. Aufl. 2018, § 36 Rn. 36; *Büthe*, NZI 2023, S. 153 (155); HambK-InsO/*Lüdtke*, § 35 Rn. 278; MüKoInsO/*Peters*, § 35 Rn. 72; HK-InsO/*Ries*, § 35 Rn. 44; **a.A.** *Windel*, in: Jaeger, InsO, § 80 Rn. 32, der die Zuordnung als Auslegungsfrage behandelt und ggf. eine Freigabe des Surrogats zur Voraussetzung macht; *Harder*, NJW-Spezial 2019, S. 277 (278).

736 Vor Zweitverfahrenseröffnung sind Surrogate in Bezug auf das Erstverfahren massefrei, FK-InsO/*Bornemann*, 9. Aufl. 2018, § 35 Rn. 46; *Gehrlein*, ZInsO 2017, S. 1352 (1355).

737 A/G/R-*Ahrens*, § 35 Rn. 165b, nennt dies *„massefreie Surrogation"* und weist auf die abweichende Behandlung von Sparguthaben aus unpfändbarem Arbeitseinkommen hin, weil dort kein insolvenzfreies Sondervermögen besteht.

738 A/G/R-*Ahrens*, § 35 Rn. 165b.

739 Insolvenzfrei: HK-InsO/*Ries*, § 35 Rn. 45, 51; *Ries*, ZInsO 2005, S. 298 (301 f.); Gehrlein, ZInsO 2017, S. 1352 (1355); *Grote*, ZInsO 2018, S. 1541 (1543); **a.A.** BGH, Beschl. v. 26.09.2013 – IX ZB 247/11, in: NZI 2013, S. 968 mit krit. Anm. *Ganter*; *Runkel*, in: FS Uhlenbruck 2000, S. 319 f.; Uhlenbruck/*Hirte/Praß*, § 36 Rn. 54; MüKo-InsO/*Peters*, § 35 Rn. 45; K.Schmidt/*Büteröwe*, InsO § 35 Rn. 54; *Harder*, NJW-Spezial 2019, S. 277 (278); *Wipperfürth*, ZInsO 2019, S. 977 (989).

Stellt man auf den Surrogationsgedanken ab, gehört das Vermögen zum privaten insolvenzfreien Vermögen des Schuldners.[740] Eine Zuordnung zum Erstverfahren könnte nach dem Surrogationsgedanken[741] außer Betracht bleiben, wenn ein Direkterwerb aus dem privaten insolvenzfreien Vermögen des Schuldners ohne einen Durchgangserwerb der Insolvenzmasse erfolgte und die Austauschleistung in derselben Vermögenssphäre bliebe.[742]

Nach der Gegenansicht gehört das Vermögen zur Erstverfahrensmasse.[743] Diese führt gegen die Surrogation an, dass sodann Neugläubiger in dieses Vermögen vollstrecken können, weil diesen die Vollstreckung nicht gem. § 89 InsO verboten sei.[744] Unter dem Aspekt, dass sämtliches Neuvermögen gem. § 35 Abs. 1 InsO dem Insolvenzbeschlag unterfällt, habe aus Wertungsgesichtspunkten eine Gleichstellung mit dem Verzicht auf Pfändungsschutz zu erfolgen, weil sich nur durch die umfassende Vermögenshaftung die Restschuldbefreiung rechtfertige.[745] Diese Sichtweise beruft sich zudem darauf, dass der Gesetzgeber mit § 36 InsO eine Grenze für den Insolvenzbeschlag festgelegt hat.[746] Nur wenn die Austauschleistung selbst einen unpfändbaren Gegenstand darstellt, sei sie demnach insolvenzfrei.[747]

Der ersten Ansicht ist zugute zu halten, dass sie im Einklang mit der Aufteilung der Haftungssphären steht, weil Dritte beim Leistungsaustausch allein mit dem Sondervermögen des privaten insolvenzfreien Schuldnervermögens in Berührung kommen.[748] Der zweiten Ansicht ist insoweit zu widersprechen, dass ein Verzicht auf Pfändungsschutz im Insolvenzverfahren nicht zulässig ist, weil über § 36 InsO die vollstreckungsrechtlichen Wertungen entsprechend gelten

---

740 HK-InsO/*Ries*, § 35 Rn. 45, 51; *Ries*, ZInsO 2005, S. 298 (301 f.).

741 Massesurrogation meint Vermögensumsetzungen im Schuldnervermögen, Uhlenbruck/*Hirte/Praß*, § 35 Rn. 123. Mit dem Umkehrschluss, dass beim Erwerb aus dem insolvenzfreien Vermögen auch das Surrogat insolvenzfrei ist, bezeichnet Runkel die Surrogation als *„negative"* oder *„umgekehrte Surrogation"*, *Runkel*, in: FS Uhlenbruck 2000, S. 319 f.

742 HK-InsO/*Ries*, § 35 Rn. 45, 51; *Ries*, ZInsO 2005, S. 298 (301 f.).

743 Uhlenbruck/*Hirte/Praß*, § 36 Rn. 54; MüKoInsO/*Peters*, § 35 Rn. 45.

744 Uhlenbruck/*Hirte/Praß*, § 36 Rn. 54. Hierzu oben unter: 3. Kapitel B. II. 2. a) bb) (2).

745 *Runkel*, in: FS Uhlenbruck 2000, S. 319 f.; Uhlenbruck/*Hirte/Praß*, § 36 Rn. 54; MüKo-InsO/*Peters*, § 35 Rn. 45.

746 MüKoInsO/*Peters*, § 35 Rn. 45.

747 MüKoInsO/*Peters*, § 35 Rn. 45.

748 *Ries*, ZInsO 2005, S. 298 (301 f.).

und der Schutz für den Schuldner nicht disponibel ist.[749] Zudem ist fraglich, ob durch einen Verzicht eine Zuordnung zur Erstinsolvenzmasse stattfände.[750] Im Hinblick auf die Zulässigkeit einer Verfahrenshäufung bereitete die Zuordnung zur Erstverfahrensmasse Schwierigkeiten, weil sich aus einer – möglicherweise konkludenten – Verzichtserklärung nicht entnehmen ließe, dass der Schuldner beispielsweise private Verkaufserlöse zur Erstverfahrensmasse, und nicht zur Zweitverfahrensmasse zuweisen möchte. Zudem bewirkt die Negativerklärung im Erstverfahren auch eine Enthaftung bezüglich des pfändungsgeschützten Vermögens, indem sämtliches Vermögen der Selbstständigkeit der Haftungssphäre des Erstverfahrens entzogen wird.[751] Im Zweitverfahren kann Pfändungsschutz mit Bezug zur Selbstständigkeit bestehen oder eine erneute Freigabe in Betracht kommen. Deshalb liegt eine Zuweisung unter dem Aspekt eines wirtschaftlichen Neuanfangs, der aus § 35 Abs. 2 InsO folgt und den Masseumfang des Erstverfahrens begrenzt, näher. Der Masseumfang des Erstverfahrens ist durch die fortwirkende Negativerklärung begrenzt, weil der Neuerwerbsbegriff des Erstverfahrens das Vermögen der Selbstständigkeit ausklammert. Zum Neuerwerb gehören die aufgrund eines Handelns des Schuldners während des Insolvenzverfahrens hinzuerworbenen Vermögensgegenstände.[752] Insoweit können Austauschleistungen mit privater Herkunft nicht umfasst sein, wenn sie vom Schuldner für die berufliche Selbstständigkeit erworben werden, weil der Neuerwerb des Erstverfahrens nicht betroffen ist.

(b) Nach Aufhebung des Erstverfahrens

Wird während des eröffneten Zweitverfahrens das Erstverfahren aufgehoben, gehören private Erlöse grundsätzlich zum privaten (zweit-)insolvenzfreien Schuldnervermögen. In diesem Punkt führen beide oben genannten Ansichten zum selben Ergebnis. Nach dem Surrogationsgedanken muss privates insolvenzfreies Vermögen ohnehin insolvenzfrei bleiben. Bei weiter Auslegung des Begriffs des Neuerwerbs aus § 35 Abs. 1 InsO muss berücksichtigt werden, dass dieser

---

749 A/G/R-*Ahrens*, § 36 Rn. 22; BeckOK InsO/*Kirchner*, § 36 Rn. 25; Gottwald/*Wimmer*, § 27 Rn. 4; **a.A.** nach Inbesitznahme durch den Insolvenzverwalter: *Henckel*, in: Jaeger, InsO, § 36 Rn. 6; KK-InsO/*Hess*, §§ 35, 36 Rn. 62; MüKoInsO/*Peters*, § 36 Rn. 95; Uhlenbruck/*Hirte/Praß*, § 36 Rn. 41; FK-InsO/*Bornemann*, 9. Aufl. 2018, § 35 Rn. 65; KPB/*Holzer*, § 36 Rn. 10; HambK-InsO/*Lüdtke*, § 36 Rn. 21; Nerlich/Römermann/*Andres*, § 36 Rn. 60; Graf-Schlicker/*Graf-Schlicker/Kexel*, § 36 Rn. 7.

750 *Ganter*, NZI 2013, S. 968 (970).

751 Hierzu unter: 3. Kapitel C. I. 2. a) und b).

752 HambK-InsO/*Lüdtke*, § 35 Rn. 51, 243 f.

im Zweitverfahren durch § 35 Abs. 2 InsO auf die Sondervermögensmasse verengt ist und allein „*Vermögen aus der selbstständigen Tätigkeit*“ massebefangen ist. Dieses Ergebnis entspricht dem Gesetzeszweck und Wortlaut des § 35 Abs. 2 InsO, weil im Zweitverfahren ein verengter Begriff des Neuerwerbs gilt, der die Haftungssphären aufrechterhält. Diese Trennung führt im Zweitverfahren dazu, dass die allgemeine Vereinigung[753] von privater und beruflicher Haftungssphäre im Zweitverfahren aufgebrochen wird.[754] Deshalb müssen Austauschleistungen aus insolvenzfreien Mitteln per se in der persönlichen Haftungssphäre insolvenzfrei bleiben, wenn diese nicht für die freigegebene Selbstständigkeit genutzt werden. Die Haftungszuordnung zum Sondervermögen kann aber erfolgen, wenn die Austauschleistung die Selbstständigkeit berührt. Dies ist auf die statische Funktion der Haftungserklärung zurückzuführen, die ab dem Erklärungszeitpunkt in die Zukunft gerichtet gilt.[755] Zudem nehmen auch die privaten Neugläubiger an einem Folgeverfahren über das Vermögen der Selbstständigkeit teil.[756] Den schutzwürdigen Interessen des Schuldners wird entsprochen, wenn im Zweitverfahren die Regeln des Pfändungsschutzes gem. § 36 InsO zur Anwendung kommen, und ggf. eine erneute Freigabe erfolgt.

Die Altgläubiger können zu diesem Zeitpunkt nicht mehr benachteiligt werden, weil das Erstverfahren abgeschlossen ist. Die Altgläubiger werden in Bezug auf eine Nachhaftung auch nicht dadurch benachteiligt, dass nach Erstverfahrensaufhebung die Vermögenssurrogate nicht im insolvenzfreien Vermögen zur Verfügung stehen. Das Risiko eines Folgeverfahrens hat sich mit dem Haftungsschnitt im Erstverfahren realisiert und folgt aus der Reichweite der Negativerklärung.[757]

cc) Debitorenforderungen aus Dauerschuldverhältnissen

(1) Voraussetzung: vollendeter Erwerbstatbestand

Zum Neuerwerb gem. § 35 Abs. 1 InsO gehören auch Forderungen des Schuldners, die aus der selbstständigen Tätigkeit stammen. Der Rechtserwerb muss nach Zugang der Negativerklärung stattgefunden haben.[758] Kreuzt das Freigabeereignis die Abwicklung eines gegenseitigen Vertrags, kann die Zuordnung der

---

753 HK-InsO/*Ries*, § 35 Rn. 44.
754 Hierzu unter: 3. Kapitel A. III. 4. e) aa).
755 AGR-InsO/*Ahrens*, § 35 Rn. 165.
756 Hierzu unter: 3. Kapitel B. I. 1. c) bb).
757 *Ries*, ZInsO 2005, S. 298 (301), dort Fn. 38.
758 FK-InsO/*Bornemann*, 9. Aufl. 2018, § 35 Rn. 47.

vertraglichen Verbindlichkeiten und Forderungen Schwierigkeiten bereiten. Mit Geschäftsfreigabe erhält der Schuldner die Verwaltungs- und Verfügungsbefugnis für bestehende Vertragsverhältnisse, die der selbstständigen Tätigkeit dienen, zurück.[759] Schon entstandene Forderungen gehören zur Erstinsolvenzmasse.[760] Noch nicht erfüllte Forderungen kann der Schuldner nach Rückerhalt seiner Verfügungsbefugnis selbst zugunsten des insolvenzfreien Vermögens einziehen. Es muss dabei zwingend feststehen, dass nicht der Erstverwalter einziehungsbefugt ist, weil es sich nicht um der Selbstständigkeit zugehörige Debitorenforderungen handelt oder diese nicht erst nach dem Zugang der Negativerklärung entstanden sind.

Auszugehen ist dabei vom Entstehungszeitpunkt einer Forderung.[761] Hier besteht eine Parallele zum Maßstab des § 38 InsO: Danach ist maßgeblich, ob ein begründeter Vermögensanspruch besteht.[762] Maßgeblich sind hierfür die Besonderheiten der konkreten Forderung. So gehören künftige Forderungen aus Dauerschuldverhältnissen nur dann zur Zweitinsolvenzmasse, wenn sie erst bei Inanspruchnahme der Gegenleistung und nicht schon mit Vertragsschluss betagt entstehen.[763] Dies ist beispielsweise der Fall bei Honorarforderungen eines Arztes auf Vergütung gegen Privatpatienten, bei denen es für den Entstehungszeitpunkt auf die Erbringung der Gegenleistung ankommt.[764] Für den Schuldner bestehen gerade keine Verfügungsbeschränkungen gem. § 81 InsO, weil das insolvenzfreie Vermögen betroffen ist.

Für Forderungen aus per Freigabe übergegangenem Vertragsverhältnis sei beispielhaft die Forderung gegen die ein existierendes Geschäftskonto führende Bank erwähnt: Forderungen gehören nur zur Zweitinsolvenzmasse, soweit diese nach der Freigabe gemäß den Vertragsbedingungen mit Wertstellung entstanden

---

759 BGH, Urt. v. 21.02.2019 – IX ZR 246/17, in: ZIP 2019, S. 577 Rn. 27.

760 Abzugrenzen ist wie bei Verfahrenseröffnung zwischen bestehendem und im Verfahren erlangten Vermögen, BGH, Urt. v. 21.02.2019 – IX ZR 246/17, in: ZIP 2019, S. 577 Rn. 25, 27. Hierzu unter: 3. Kapitel C. II. 2. C) aa).

761 BGH, Urt. v. 21.02.2019 – IX ZR 246/17, in: ZIP 2019, S. 577 Rn. 26.

762 Hierzu oben unter: 3. Kapitel B. I. 1. B) aa) (2) (a) und 3. Kapitel B. II. 2. C) aa).

763 Uhlenbruck/*Mock*, § 91 Rn. 19.

764 Die Forderung wird gem. § 10 GOZ durch Rechnungsstellung fällig und ist i.S.d. § 35 InsO entstanden, wenn die Leistung erbracht ist und der jeweilige Gebührentatbestand erfüllt ist, BGH, Urt. v. 18.04.2013 – IX ZR 165/12, in: NZI 2013, S. 7 Rn. 19; *Gehrlein*, NZI 2020, S. 503 (505 f.).

sind.[765] Das nicht pfändungsgeschützte Kontoguthaben auf einem existierenden Geschäftskonto gehört bis zum Freigabezeitpunkt zur Erstverfahrensmasse.[766]

(2) Ausnahmsweise ausreichend: gesicherte Rechtsposition

Bei der Honorarforderung eines Kassenarztes gegen die Kassenärztliche Vereinigung gehört die Forderung zur Erstinsolvenzmasse, wenn die Abrechnung bis zum Abschluss des Quartals der Leistungserbringung erfolgt und das Quartal vor der Geschäftsfreigabe abläuft, weil die Forderung erst mit dem Ende des Leistungszeitraums – dem Abrechnungsquartal – i.S.d. § 35 Abs. 1 InsO entstanden ist.[767] Die Forderung gehört allerdings auch zur Erstinsolvenzmasse, wenn die Abrechnung schon erfolgt ist, das Abrechnungsquartal aber noch nicht abgelaufen ist, denn es besteht eine dem Anwartschaftsrecht aus einem bedingten Rechtsgeschäft vergleichbare Rechtsposition.[768] Dafür spricht, dass bei Forderungen i.S.d. § 38 InsO auch schon die Forderungsanwartschaft als ausreichende Rechtsposition aufgefasst wird.[769] Gegen die Anwendung dieses Maßstabs bei Schuldnerforderungen sind keine Einwände ersichtlich, weil insoweit allgemeingültige Prinzipien zur Forderungsentstehung gelten.[770] Insbesondere steht die Wertung des § 41 InsO nicht entgegen, weil dessen Regelungszweck die Verfahrensbeschleunigung ist, die durch die Vorverlegung des Fälligkeitszeitpunkts erreicht wird.[771] Diese Norm setzt allerdings auch einen schon begründeten Vermögensanspruch voraus.[772] Der Fälligkeitsaspekt muss demnach außer Betracht bleiben. Für die Verwendung des bei Gläubigerforderungen bestimmenden Charakteristikums der gesicherten Rechtsposition spricht auch, dass Forderungen zur Insolvenzmasse gem. § 35 Abs. 1 InsO gehören, wenn sie pfändbar sind gem. § 851 Abs. 1 ZPO.[773] Das ist der Fall, wenn sie gem. § 398 BGB übertragbar

---

765 Nach Erlöschen des Zahlungsdiensterahmenvertrags gem. § 115, § 116 InsO kann konkludent ein neuer Vertrag zustande kommen, vgl. *Ahrens*, NJW-Spezial 2019, S. 341 (341 f.).

766 *A.Schmidt*, Privatinsolvenz, § 34 Rn. 283.

767 BGH, Urt. v. 21.02.2019 – IX ZR 246/17, in: ZIP 2019, S. 577 Rn. 36; *Gehrlein*, NZI 2020, S. 503 (506).

768 BGH, Urt. v. 21.02.2019 – IX ZR 246/17, in: ZIP 2019, S. 577 Rn. 36; *Gehrlein*, NZI 2020, S. 503 (506).

769 *Keller*, InsR, Rn. 375.

770 *Böhme*, VIA 2018, S. 35 (36) berücksichtigt den wertenden Maßstab des Bundesgerichtshofs zur Insolvenzfestigkeit wiederauflebender Vorausabtretungen.

771 MüKoInsO/*Bitter*, § 41 Rn. 1 f.

772 Uhlenbruck/*Knof*, § 41 Rn. 2.

773 BeckOK InsO/*Kirchner*, § 35 Rn. 10.

sind, also durch die Übertragung nicht in der Identität geändert werden.[774] Für die Übertragbarkeit durch Abtretung ist die Fälligkeit aber keine Voraussetzung. Für eine Vorausabtretung genügt, dass die Forderung bestimmbar ist.[775]

(3) Einseitig offene Forderung

Hat der Schuldner keine Gegenleistung mehr zu erbringen und kann vom Vertragspartner noch die Leistung verlangen, steht die Forderung der Erstinsolvenzmasse zu, weil der Schuldner eine gesicherte Rechtsposition erlangt hat. Für Altgläubiger liegen dann die Voraussetzungen der Insolvenzgläubigerschaft vor. Es handelt sich um einen Vermögensteil, der dem Schuldner schon vor Zugang der Negativerklärung gehörte und nicht erst der spätere Neuerwerb betroffen ist. § 35 Abs. 2 InsO stellt eine Ausnahme von der Neuerwerbszuordnung des § 35 Abs. 1 InsO dar, der auch die §§ 103 ff. InsO betrifft und somit mit der Negativerklärung die Schuldverhältnisse der Selbstständigkeit aus der Erstverfahrensmasse herausgelöst werden und die darauf bezogenen Verbindlichkeiten und Forderungen mit übergehen.[776] Dem Schuldner steht das auf solche Forderungen bezogene Einziehungsrecht aber erst ab dem Zeitpunkt der Zäsur zu, weil erst dann Neuerwerb der selbstständigen Tätigkeit existiert.[777] Begründet im Sinne einer gesicherten Rechtsposition wurde die Forderung aber schon mit der Leistungshandlung des Schuldners, sodass es sich um Neuerwerb vor Freigabe handelt.[778]

(4) Teilbare Leistungen

In Fällen teilbarer Leistungen gehört die auf den vor Freigabe entfallenden teilbaren Teil der Forderung zur Erstinsolvenzmasse. Der Erstinsolvenzverwalter kann für die vom Schuldner erbrachte Teilleistung eine anteilige Vergütung erlangen.[779] Das muss aus der Wertung des umgekehrten Falls folgen: Hat nur der Gläubiger seine Leistung erbracht, haftet der Schuldner ausweislich § 105 InsO auch nicht mit dem Neuerwerb, weil die Forderung der Erstinsolvenzmasse zugerechnet wird und der Gläubiger auf seine Insolvenzforderung beschränkt

774 Grüneberg/*Grüneberg*, § 399 Rn. 4; BeckOK InsO/*Kirchner* § 35 Rn. 10.

775 Grüneberg/*Grüneberg*, § 398 Rn. 11, 14.

776 FK-InsO/*Bornemann*, 9. Aufl. 2018, § 35 Rn. 54.

777 AGR-InsO/*Ahrens*, § 35 Rn. 165a; KPB/*Holzer*, § 35 Rn. 116.

778 Vgl. PrivatInsRK/*Montag*, § 35 Abs. 2 bis 4 Rn. 293.

779 BGH, Urt. v. 17.12.2009 – IX ZR 214/08, in: NZI 2010, S. 180 Rn. 12.

ist. Mit § 35 Abs. 2 S. 1 InsO wird der Zweitinsolvenzmasse nur ex nunc Neuerwerb des Schuldners zugewiesen.

d) Durch Einzelfreigabe übergegangenes Vermögen

Vermögensgegenstände, die der Erstinsolvenzverwalter mittels echter Freigabe von der Haftung im Erstverfahren ausgenommen hat, bilden keinen Bestandteil der Zweitinsolvenzmasse.[780] Da sie nicht von der Zweckerklärung des § 35 Abs. 2 InsO erfasst sind, müssen sie dem privaten insolvenzfreien Vermögen des Schuldners zuzuordnen sein.[781] Selbst wenn der Erstinsolvenzverwalter durch die Freigabe solcher Gegenstände die Tätigkeit des Schuldners ermöglichen möchte, kann eine vergleichbare Zweckerklärung durch echte Freigabe nicht erreicht werden, weil es dem Insolvenzverwalter nur zusteht, Einzelgegenstände massefrei zu stellen. Im Zweitverfahren können sie grundsätzlich auch dem Pfändungsschutz gem. § 811 Abs. 1 Nr. 1 b) ZPO unterfallen.

3. Abführungsbeträge gem. § 35 Abs. 2 S. 2, § 295a Abs. 1 S. 1 InsO

a) Wesen der rückwärtsgewandten Zahlungen

aa) Abführungspflicht im Insolvenzverfahren

(1) Zahlungspflicht

Die Verpflichtung, Abführungsbeträge zu leisten, wird zunächst im Erstverfahren statuiert. Im parallelen Zweitverfahren besteht keine darauf bezogene Mitwirkungspflicht, die im Rahmen des Restschuldbefreiungsverfahrens sanktioniert werden könnte, denn eine Restschuldbefreiung ist nicht zu erreichen.[782] Allerdings wirkt die Verpflichtung des Erstverfahrens in das Zweitverfahren hinein. Um gleichzeitig eine Gleichbehandlung von selbstständig tägigen und abhängig beschäftigten Schuldnern zu erreichen, soll der Schuldner nach dem Willen des Gesetzgebers gem. § 35 Abs. 2 S. 2, § 295a Abs. 1 S. 1 InsO Ausgleichszahlungen an die Insolvenzmasse leisten.[783]

Anders als der Wortlaut des § 295a Abs. 1 S. 1 InsO nahelegt, entspricht es mittlerweile der herrschenden Meinung, dass eine Gleichbehandlung mit abhängig

---

780 Zu dieser Möglichkeit unter: 3. Kapitel C. I. 2. C).

781 Hierzu oben unter: 3. Kapitel A. III. 3. A) bb) (4) und 3. Kapitel A. III. 3. B) bb) (2) und 3. Kapitel A. III. 3. C) bb) (2) sowie 3. Kapitel A. III. 4. B) bb) (3).

782 Hierzu unter: 5. Kapitel B.

783 Gesetzesbegründung des RegE, in: BT- Drs. 16/3227, S. 17; *Kühne*, Die Insolvenz des selbstständig tätigen Schuldners, S. 132; *Wischemeyer*, ZInsO 2010, S. 2068 (2072).

beschäftigten Schuldnern nur erreicht werden kann, wenn eine Zahlungspflicht besteht.[784] Im Unterschied zu Zahlungen in der Wohlverhaltensperiode, in der nicht mehr die Befriedigung der Insolvenzgläubiger angestrebt wird, sondern der Schuldner ein Eigeninteresse an der Durchführung der Zahlungen hat, ist der Schuldner deshalb zu Zahlungen an die Insolvenzmasse verpflichtet.[785] Auf diese Weise kann eine Gleichstellung von Insolvenzgläubigern abhängig beschäftigter und selbstständiger Schuldner erreicht werden. Dem Insolvenzverwalter steht zur Durchsetzung dieser Verpflichtung ein Anspruch auf Erfüllung zu, welchen er klageweise geltend machen kann.[786] Bei Nichterfüllung der Abführungspflicht droht die Versagung der Restschuldbefreiung im Erstverfahren auf Grundlage des Versagungsgrunds des § 290 Abs. 1 Nr. 5 InsO. Dieser greift nicht, wenn der Schuldner mit seinem erwirtschaftbaren Vermögen aus fiktiven Einkünften aus einem angemessenen Dienstverhältnis die Pfändungsfreigrenzen unterschreitet und deshalb ausnahmsweise keine Abführungspflicht besteht.[787] Mehrerlöse aus der selbstständigen Tätigkeit stehen allein dem Schuldner zu.[788] Nach § 295a Abs. 1 S. 2 InsO sind die Zahlungen kalenderjährlich bis zum 31. Januar des Folgejahres zu leisten.

(2) Zahlungshöhe

Die Zahlungshöhe bemisst sich nach dem Wortlaut des § 295a Abs. 1 S. 1 InsO nach dem pfändbaren fiktiven Nettoeinkommen eines angemessenen Dienstverhältnisses. Für die Höhe der an den Insolvenzverwalter abzuführenden Beträge ist also weder das fiktive pfändbare Einkommen noch das tatsächlich erzielte Einkommen aus der selbstständigen Tätigkeit von Bedeutung, sondern die fiktiven Einkünfte, die der Schuldner im Rahmen einer angestellten Beschäftigung

784 BGH, Urt. v. 13.03.2014 – IX ZR 43/12, in: NZI 2014, S. 461 Rn. 21 f.; BGH, Beschl. v. 13.06.2013 – IX ZB 38/10, in: NZI 2013, S. 797 (800), m. Anm. *Ahrens*; HambK-InsO/*Lüdtke*, § 35 Rn. 287. Dies ist auch unter Geltung des neuen § 295a InsO der Fall, *Piper*, NZI 2022, S. 964 (966).

785 *Ahrens*, KSzW 2012, S. 303 (308); *Wiesmeier*, ZVI 2010, S. 376 (377); **a.A.** *Grote*, ZInsO 2011, S. 1489 (1493).

786 BGH, Urt. v. 13.03.2014 – IX ZR 43/12, in: ZVI 2014, S. 268 Rn. 22; BGH, Beschl. v. 13.06.2013 – IX ZB 38/10, in: ZVI 2013, S. 346 (347); *Frege/Keller/Riedel*, Insolvenzrecht, Teil 3 Rn. 731.

787 BGH, Beschl. v. 13.06.2013 – IX ZB 38/10, in: ZVI 2013, S. 346 (349); BGH, Beschl. v. 19.07. 2012 – IX ZB 188/09, in: NZI 2012, 718 Rn. 14; FK-InsO/*Ahrens*, § 295a Rn. 46; *Gehrlein*, ZInsO 2017, S. 1352 (1358); KPB/*Holzer*, § 35 Rn. 120a.

788 HambK-InsO/*Streck*, § 295a Rn. 2.

erwirtschaftet.[789] Damit fließen der Insolvenzmasse unabhängig vom wirtschaftlichen Erfolg der Selbstständigkeit Zahlungen zu. Zugleich profitiert der Schuldner, indem darüber hinausreichende Gewinne in seinem Vermögen verbleiben, was geeignet ist, diesen zu einem fresh start zu motivieren.[790] Auf Antrag des Schuldners bestimmt das Insolvenzgericht in ab dem 30.12.2020 beantragten Verfahren die Höhe des abzuführenden Betrags.[791]

bb) Wandel zur Obliegenheit während der Treuhandperiode

Mit der Aufhebung des Insolvenzverfahrens endet die Zahlungsverpflichtung des Schuldners.[792] Eine Gleichstellung mit abhängig Beschäftigten wird fortan nicht mehr bezweckt, da nicht länger die Befriedigung der Insolvenzgläubiger im Vordergrund steht. Strebt der Schuldner eine Erteilung der Restschuldbefreiung an, obliegt es ihm grundsätzlich auf Grundlage der Abtretungserklärung gem. § 287 Abs. 2 InsO für die Dauer der Abtretungsfrist pfändbare Einkommensanteile einer abhängigen Beschäftigung als laufende Bezüge an den Treuhänder abzutreten.[793] Für den selbstständig tätigen Schuldner gilt § 295a Abs. 1 S. 1 InsO. Genügt das Wirtschaften des Schuldners nicht, um Zahlungen zu leisten, ist dieser im Unterschied zum nicht aufgehobenen Insolvenzverfahren aufgrund der Erwerbsobliegenheit des § 287b InsO angehalten, zusätzlich einer abhängigen Beschäftigung nachzugehen oder die Selbstständigkeit vollständig aufzugeben, um dieser Anforderung gerecht zu werden.[794] Andernfalls droht im

---

789 BGH, Beschl. v. 20.03.2003 – IX ZB 388/02, in: NZI 2003, S. 389 (392); KPB/*Holzer*, § 35 Rn. 120. Zur alten Rechtslage wurde die rechtsunsichere Festsetzung der Leistungspflicht kritisiert. Exemplarisch: *Schmerbach*, der vorschlug, die Abführungshöhe durch den Verwalter festzusetzen und in Anlehnung an § 309 InsO ein Widerspruchsmodell einzuführen, das eine Kontrolle der Entscheidung ermöglicht, *Heicke/Strüder/Voß/Weiland*, NZI 2015, S. 6 (8). Nach neuer Rechtslage hat der Schuldner gem. § 295a Abs. 1 S. 1 InsO das Recht, den Betrag durch das Insolvenzgericht feststellen zu lassen.

790 KPB/*Holzer*, § 35 Rn. 120; *Stephan*, ZVI 2014, S. 214 (216).

791 Zur Zuständigkeit des Insolvenzgerichts: *Ahrens*, NZI 2021, S. 57 (63).

792 HambK-InsO/*Lüdtke*, § 35 Rn. 287.

793 BGH, Beschl. v. 10.10.2013 – IX ZB 119/12, in: ZVI 2014, S. 68 Rn. 7. Übt der Schuldner während dieser Zeit keine unselbstständige Tätigkeit aus, kann die Abtretungserklärung nicht greifen: BGH, Beschl. v. 19.07. 2012 – IX ZB 188/09, in: NZI 2012, 718 Rn. 8.

794 BGH, Beschl. v. 19.07. 2012 – IX ZB 188/09, in: NZI 2012, 718 Rn. 13 ff.; Graf-Schlicker/*Kexel*, § 295a Rn. 8; *Gehrlein*, ZInsO 2017, S. 1352 (1358 f.); FK-InsO/*Ahrens*, § 287b Rn. 21; Braun/*Pehl*, § 295a Rn. 2, 4. Ist das Verfahren unter Stundung der Verfahrenskosten eröffnet worden, besteht auch eine Erwerbsobliegenheit nach § 4c Nr. 4 InsO.

Restschuldbefreiungsverfahren eine Besserstellung des selbstständigen Schuldners gegenüber dem abhängig beschäftigten Schuldner, wenn die Gläubigergemeinschaft auf Zahlungen verzichten muss, obwohl ein Selbstständiger hinter seinen Möglichkeiten zurück bleibt.[795] Gelingt es dem Schuldner nicht in dem Maße Zahlungen zu leisten, die im Rahmen einer abhängigen Beschäftigung erwirtschaftet werden könnten, muss er sich, um nicht die Versagung der Restschuldbefreiung zu riskieren, um ein Arbeits- oder Dienstverhältnis bemühen, das neben dem Geschäftsbetrieb hinreichende Erträge abwirft.[796] In Parallelverfahren wirkt sich dies dahingehend aus, dass mit (Teil-) Aufgabe der Selbstständigkeit die Zweitinsolvenzmasse reduziert wird.[797]

cc) Mitwirkungspflicht des Schuldners aus § 295a Abs. 2 S. 1 InsO

Aus § 295a Abs. 2 S. 1 InsO ergibt sich die Pflicht des Schuldners, die Höhe der Bezüge, die er aus einem angemessenen Dienstverhältnis erzielen könnte, gegenüber dem Insolvenzgericht glaubhaft zu machen, damit dieses gem. § 295a Abs. 2 S. 1 InsO dem Antrag des Schuldners folgend den Abführungsbetrag festlegen kann. Gegen die Entscheidung steht dem Schuldner und jedem Insolvenzgläubiger die sofortige Beschwerde zu, § 295a Abs. 2 S. 4 InsO.

b) Problemstellung

aa) Aufeinandertreffen von Befriedigungsinteressen

Führt ein Schuldner die Ablösebeträge im Erstverfahren nicht ab, überschneiden sich in der parallelen Insolvenz die Bezugsinteressen der Gläubigergruppen. Sofern der Schuldner im Erstverfahren nicht mit dem Erstverwalter oder dem Treuhänder kooperiert, wird mit Eröffnung des Zweitverfahrens die Frage aufgeworfen, wie die schuldnerische Abführungspflicht bzw. -obliegenheit im Zweitverfahren zu qualifizieren ist. Die zur Erfüllung der Pflicht notwendigen Beträge sind nämlich dem Neuerwerb zu entnehmen, der im Zweitverfahren einen Teil des gesamten verfügbaren Schuldnervermögens der Selbstständigkeit bildet. Die Abführung der festgelegten Beträge zugunsten der Erstinsolvenzmasse ist nicht sichergestellt, wenn der Neuerwerb in Höhe der Beträge zur Masse des

---

795 Es obliegt allein dem Schuldner – nicht etwa dem Treuhänder – sich um die Zahlungen zu bemühen, vgl. Uhlenbruck/*Sternal*, § 295 Rn. 72, 75.

796 *Gehrlein*, ZInsO 2017, S. 1352 (1359); *Andres/Pape*, NZI 2005, S. 141 (147); Betrachtungszeitpunkt für eine Versagungsentscheidung ist die Beendigung der Treuhandperiode, *Sesemann*, ZVI 2011, S. 289 (290).

797 Hierzu unter: 3. Kapitel D. II. und 3. Kapitel D. III.

Zweitverfahrens gehört. Anderenfalls verringerte sich die Haftungsmasse der Neugläubiger als Gläubiger des Zweitverfahrens entsprechend. Während der Schuldner im eröffneten Insolvenzverfahren gem. § 35 Abs. 2 S. 2 InsO, § 295a Abs. 1 S. 1 InsO zur Zahlung verpflichtet ist, stellt die Zahlungsobliegenheit in der Wohlverhaltensperiode lediglich einen Ausgleich auf dem Weg zur Erlangung der Restschuldbefreiung dar. Eine Lösung hat daher sicherzustellen, dass sich der Schuldner im Zweitverfahren hinsichtlich der Mitwirkung im Erstverfahren pflichtgemäß verhalten kann.[798] Insgesamt steht dieses Gefährdungspotenzial emblematisch für die Verlagerung der wirtschaftlichen Chancen und Risiken zurück in die Kontrollsphäre des Schuldners, dessen Rechtsstellung unmittelbar vom Gelingen seiner Tätigkeit beeinflusst wird.[799] Die Ermöglichung der Zahlung wirft Fragen der rechtstechnischen Umsetzung auf. Dieser Abschnitt ist diesen Fragen gewidmet.

bb) Rechtliche Einordnung des Abführungsbetrags

Wie die Zahlung der Abführungsbeträge an die Erstverfahrensmasse im eröffneten Zweitverfahren gelingt, ist nicht abschließend geklärt. Wird der Betrag den Altgläubigern zugestanden, bleibt ebenfalls offen, wie eine Abführung in Bezug auf die Rollenverteilung von Erstinsolvenzverwalter oder -treuhänder und Zweitinsolvenzverwalter sowie Schuldner zu den einzelnen Vermögenssegmenten durchführbar ist. Es haben sich verschiedene Ansätze herausgebildet, die einander wie folgt gegenübergestellt werden.

c) Meinungsspektrum

aa) Grundsätzliche Zuordnung zur Erstverfahrensmasse

(1) Darstellung

Der Bundesgerichtshof ließ offen, ob im Hinblick auf ein Zweitverfahren entweder der abzuführende Teil des Schuldnereinkommens im Zweitverfahren nicht mehr zur Verfügung steht, also dessen Masse schmälert, oder der Erstinsolvenzverwalter den Anspruch auf Abführung des entsprechenden Betrages im Zweitverfahren anmelden muss.[800] Für die Einordnung legte sich der Bundesgerichtshof dahingehend fest, dass die Einnahmen aus wirtschaftlich selbstständiger Tätigkeit dem Schuldner uneingeschränkt zur Verfügung stehen müssen,

798 Vgl. AG Göttingen, Beschl. v. 05.10.2007 – 74 IN 295/07, in: NZI 2008, S. 56 (57).
799 Vgl. *Frind*, ZInsO 2021, 231 (236); *Montag*, ZVI 2013, S. 453 (455).
800 BGH, Beschl. v. 09.06.2011 – IX ZR 175/10, in: NZI 2011, S. 633 Rn. 14.

damit dieser seine Abführungspflicht aus § 295a Abs. 1 S. 1 InsO erfüllen kann.[801] In nachfolgenden Entscheidungen spezifizierte der Bundesgerichtshof seine ursprüngliche Stellungnahme dahingehend, dass Einnahmen des Schuldners in Höhe der Abführungsbeträge nicht als pfändbares Einkommen i.S.d. § 850 Abs. 2 ZPO zu verstehen seien, da dieser damit seine Abführungspflicht aus § 295a InsO erfüllen müsse.[802]

(2) Bewertung

Der Bundesgerichtshof stellte obiter dictum gegenläufige Positionen einander gegenüber, ohne eine nähere Erkenntnis für die Bewertung der Durchsetzung der Abführungsbeträge anzubieten. Teile der Kommentarliteratur rezipierten diesen Standpunkt ohne weitere inhaltliche Konturierung.[803] Mangels Begründung kann den Ausführungen jedenfalls entnommen werden, dass auch nach der Eröffnung eines zweiten Insolvenzverfahrens die Abführung von Einkommen ihre Bedeutung im schuldnerischen Pflichtenprogramm beibehält. Insgesamt wird in der Anmerkung eine Wertentscheidung zugunsten der Insolvenzmasse des Erstverfahrens getroffen und die Bedeutung der Zweckerreichung im vorausgehenden Verfahren zutreffend unterstrichen.

Für diese Wertung spricht die Bedeutung der Restschuldbefreiung im Erstverfahren, der Vorrang vor der optimalen Neugläubigerbefriedigung im Folgeverfahren gewährt werden muss. Werden die Beträge nicht dem Erstverfahren zugeordnet, lägen automatisch die Voraussetzungen des Versagungsgrunds des § 290 Abs. 1 Nr. 5 InsO vor, weil der Schuldner seiner Obliegenheit aus § 295a Abs. 1 S. 1 InsO nicht nachkommen könnte.[804] Dies könnte der Schuldner bei entsprechendem Gläubigerantrag gem. § 296 Abs. 1 S. 1 InsO nur vermeiden, indem er Beträge aus seinem

---

801 BGH, Beschl. v. 26.02.2013 – IX ZB 165/11, in: ZVI 2013, S. 286 Rn. 6. So zuvor schon: *Dahl*, VIA 2010, S. 79 (79).

802 Die Ausführungen hier und im Folgenden betreffen nach neuer Rechtslage § 295a InsO und nicht § 290 Abs. 2 InsO a.F. Die Äußerungen in Rechtsprechung und Literatur hier und im Folgenden ergingen (überwiegend) zu § 295 Abs. 2 InsO a.F. BGH, Beschl. v. 26.02.2013 – IX ZB 165/11, in: ZVI 2013, S. 286 Rn. 7; BGH, Beschl. v. 17.01.2013 – IX ZB 98/11, in: ZVI 2013, S. 162 Rn. 10; BGH, Beschl. v. 22.09.2011 – IX ZB 133/08, in: ZVI 2010, S. 28 Rn. 16.

803 KPB/*Holzer*, § 35 Rn. 121; entschiedener: Graf-Schlicker/*Graf-Schlicker/Kexel*, § 35 Rn. 42; offen gelassen: HK-InsO/*Waltenberger*, § 294 Rn. 5; *Sinz/Hiebert/Wegener*, Verbraucherinsolvenz, Rn. 875; *Martini*, jurisPR-InsR 9/2012 Anm. 6.

804 Vgl. *Ahrens*, NZI 2007, S. 622 (626).

privaten insolvenzfreien Vermögen leistete, weil nur dann die Befriedigungsaussichten der Massegläubiger nicht beeinträchtigt würden.[805]

bb) Insolvenzübergreifende Lösung: Lehre von der materiellen Verfahrenseinheit

(1) Darstellung

Ein früher Lösungsvorschlag von *Zipperer* versucht die formelle haftungsrechtliche Aufspaltung in eine Erst- und eine Zweitinsolvenzmasse mittels der vollstreckungsrechtlichen Idee der materiellen Verfahrenseinheit zu überwinden.[806] Ausgehend von einem weiten Krisenbegriff, der den gleichen Grund für die Folgeninsolvenz fordert, könne die Trennung der Verfahren hinsichtlich der Zahlungspflicht des § 295a Abs. 1 S. 1 InsO überwunden werden, indem beide Verfahren über ein einziges Insolvenzereignis als wirtschaftlich einheitliches Geschehen miteinander verknüpft werden.[807] Die Zahlungspflicht lasse sich in einen formellen Teil – im Erstverfahren entstehende Pflicht – und einen materiellen Teil, der die Durchsetzung der Abführungspflicht im Zweitverfahren behandle, teilen.[808] Die jeweiligen Forderungen können im Zweitverfahren über ein Absonderungsrecht gem. § 51 Nr. 1 InsO durchgesetzt werden.[809] Dies folge aus einer treuhänderischen Bindung der Beträge, weil die Geschäftsfreigabe im Umfang der § 35 Abs. 2 S. 2, § 295a Abs. 1 S. 1 InsO die Neugläubiger im Rahmen eines „*Freigabevorbehalts*“ binde, die mit der Geschäftsbeziehung zum Schuldner in den Abführungsumfang einwilligte.[810] Da der Gesetzgeber mit der Möglichkeit der Freigabe des Geschäftsbetriebs nicht eine Erweiterung der Haftungsmasse der Neugläubiger intendierte, müssen die Werte vollständig dem Erstverfahren zugehörig sein.[811]

---

805 Vgl. FK-InsO/*Ahrens*, § 296 Rn. 36.

806 *Zipperer*, ZVI 2007, S. 541 (543) führt den Ursprung des Gedankens der materiellen Verfahrenseinheit auf die Sequestervergütung gem. § 58 Nr. 2 KO im Zweitkonkurs wegen nicht eröffneten Erstkonkurses zurück.

807 *Zipperer*, ZVI 2007, S. 541 (543).

808 *Zipperer*, ZVI 2007, S. 541 (543).

809 *Zipperer*, ZVI 2007, S. 541 (543 f.).

810 *Zipperer*, ZVI 2007, S. 541 (543 f.).

811 *Zipperer*, ZVI 2007, S. 541 (543).

(2) Bewertung

Die Argumentation dieser Ansicht baut auf der Vorstellung einer einheitlichen Krise auf, die einen engen Anwendungsbereich für das Konzept der materiellen Verfahrenseinheit bietet. Die Konstruktion eines Absonderungsrechts überzeugt nicht. Der gesetzlichen Konzeption nach ist dem Erstinsolvenzverwalter ein einfacher Anspruch an die Hand gegeben, der auch das Risiko der Nichterfüllung mit sich bringt.[812] Der Kritik von *Montag*, wonach dem Abführungsanspruch die Qualität eines Sicherungsrechts fehle, weshalb eine Einordnung als Absonderungsrecht i.S.d. § 51 Nr. 1 Alt. 2 InsO scheitere[813], ist uneingeschränkt beizupflichten. Dem Erstinsolvenzverwalter steht mit § 35 Abs. 2 S. 2, § 295a Abs. 1 S. 1 InsO ein einfacher Anspruch zu, der vor Zweitverfahrenseröffnung entsteht und auch nicht dinglich gesichert ist.[814] Die Erklärung des § 287 Abs. 2 InsO betrifft nicht die Gegenleistung zur Freigabe und kann erst nach Aufhebung des Erstverfahrens für ein Hineinwirken ins Folgeverfahren in Betracht kommen.[815] Für eine etwaige Abtretung gem. § 398 BGB vor Zweitverfahrenseröffnung zur Überwindung eines Freigabevorbehalts des Erstinsolvenzverwalters sind die Neugläubiger die falschen Adressaten.

cc) Masseverbindlichkeit

(1) Darstellung

Mit dem Ziel, den Gewinn des Schuldners in Höhe der Abführungsbeträge der Zweitmasse vollständig zu entziehen, kam die Überlegung auf, dass diese als Masseverbindlichkeiten i.S.d. § 55 InsO begriffen werden können.[816] Da mit der Freigabe des Geschäftsbetriebs den Altgläubigern eine Befriedigung abseits der Abführungsbeträge aus dem Vermögen der Selbstständigkeit verschlossen ist, soll den Neugläubigern nur ein um den Wert der Abführungsbeträge reduzierter Neuerwerb zustehen.[817]

---

812 Es handelt sich um einen Anspruch im Sinne von § 194 Abs. 1 BGB. Hierzu unter: 3. Kapitel C. II. 3. A) aa) (1).

813 Vgl. *Montag*, ZVI 2013, S. 453 (456).

814 *Montag*, ZVI 2013, S. 453 (456).

815 *Montag*, ZVI 2013, S. 453 (456).

816 Siehe die Darstellung von: *Zipperer*, ZVI 2007, S. 541 (543) mit Bezug auf: *Maus*, ZIP 2004, S. 389 (391); ablehnend: *Montag*, ZVI 2013, S. 453 (455).

817 KK-InsO/*Hess*, §§ 35, 36 Rn. 106.

(2) Bewertung

(a) Bzgl. der Beträge gem. § 35 Abs. 2 S. 2, § 295a Abs. 1 S. 1 InsO

Diese Ansicht verkennt, dass keines der Tatbestandsmerkmale des § 55 InsO vorliegt. Die einzig in Betracht kommende Subsumtion unter § 55 Abs. 1 Nr. 1 Alt. 1 InsO scheitert an der fehlenden Handlung des Insolvenzverwalters.[818] Der Anspruch des Erstinsolvenzverwalters auf die monatliche Zahlung der Abführungsbeträge fällt schon dem Wortlaut nach nicht unter die Norm, da keine Verwalterhandlung betroffen ist, und bildet damit im Zweitverfahren keine Masseverbindlichkeit. Der Abführungsanspruch ist nicht nach Zweitverfahrenseröffnung begründet, weil es sich um einen im Erstverfahren in festzusetzender Höhe entstehenden Anspruch handelt.[819] Diese Wertung hat der Gesetzgeber mit dem Wortlaut des § 295a Abs. 2 InsO und der Zwecksetzung des neuen Absatzes unterstrichen, indem der Schuldner mittels des Feststellungsrechts Rechtssicherheit in der Frage erlangt, in welcher Höhe er die Zahlungen zu leisten hat.[820] Dadurch wird der Anspruchsinhalt im Erstverfahren bestimmt.

(b) Bzgl. der Beträge nach § 287 Abs. 2 S. 1 InsO

In Bezug auf die Abtretungserklärung des § 287 Abs. 2 S. 1 InsO ist fraglich, weshalb diese einseitige Prozesshandlung des Schuldners eine dem Insolvenzverwalter gem. § 55 Abs. 1 Nr. 1 Alt. 1 InsO zurechenbare Handlung begründen sollte.[821] Die Abgabe der Abtretungserklärung ist lediglich eine prozessuale Notwendigkeit für den Schuldner, die frei von jeder Mitwirkung Dritter ist. Eine gegenüber dem Insolvenzgericht zum Zeitpunkt des Restschuldbefreiungsantrags abgegebene Erklärungshandlung, die mitunter Jahre später greift, ist ebenfalls nicht geeignet, eine Masseverbindlichkeit gem. § 55 Abs. 1 Nr. 1 Alt. 2 InsO zu begründen.[822] Die Abtretungserklärung kann schon keinen verwalterischen Bezug zur Insolvenzmasse aufweisen, weil sie eine Erklärung des Restschuldbefreiungsverfahrens darstellt. Auch die Abtretung an sich kann keine Masseverbindlichkeit rechtfertigen. Selbst wenn man die Abtretung als materiell-rechtlichen Vertrag

---

818 Vgl. AGR-InsO/*Ahrens*, § 35 Rn. 178.

819 Vgl. zum Begründungserfordernis: K.Schmidt/*Thole*, InsO § 55 Rn. 4.

820 BT-Drs. 19/25322, S. 18; *Lissner*, ZInsO 2022, S. 2177 (2183).

821 Prozesserklärung: BGH, Urt. v. 15.10.2009 – IX ZR 234/08, in: NZI 2010, S. 36 Rn. 26; FK-InsO/*Ahrens*, § 287 Rn. 146; MüKoInsO/*Stephan*, § 287 Rn. 114; **a.A.** materiell rechtlicher Vertrag: Uhlenbruck/*Sternal*, § 287 Rn. 50; KPB/*Wenzel*, § 287 Rn. 46.

822 So aber: *Zipperer*, ZVI 2007, S. 541 (543); *Montag*, ZVI 2013, S. 453 (455), dort Fn. 21; *Maus*, ZIP 2004, S. 389 (391).

zwischen Schuldner und Treuhänder zum Zwecke eines zivilrechtlichen Forderungsübergangs betrachten wollte, liegt eine Subsumtion unter den Begriff der Masseverbindlichkeit näher, scheitert aber letztlich daran, dem Insolvenzverwalter die Begründung nach Zweitinsolvenzeröffnung und nicht nur die Entstehung der Forderung zuzuschreiben.[823] Schließlich entsteht die Verpflichtung zur Abführung gem. § 35 Abs. 2 S. 2, § 295a Abs. 1 S. 1 InsO ebenfalls nicht aufgrund eines gegenseitigen Vertrags zwischen Schuldner und Insolvenzverwalter, sondern durch einseitige Erklärung der Freigabe der Selbstständigkeit durch den Erstinsolvenzverwalter, sodass in dieser Hinsicht eine Deutung in Richtung einer Masseverbindlichkeit ebenfalls ausscheidet.[824]

Auf das zu dieser Ansicht geäußerte und unter einem wirtschaftlichen Gesichtspunkt insgesamt berücksichtigenswerte Argument von *Zipperer*, dass der Zweitinsolvenzverwalter die garantierte Erfüllung der Masseverbindlichkeit durch die Erklärung der Masseunzulänglichkeit nach § 208 InsO verhindern könnte, kommt es damit nicht mehr an.[825]

dd) Qualität eines Absonderungsrechts

(1) Darstellung

Ohne die Verbindung einer materiellen Verfahrenseinheit herzustellen, schreibt eine weitere Ansicht den Abführungsbeträgen im Zweitverfahren ebenfalls die Qualität eines Absonderungsrechts gem. § 51 Abs. 1 Nr. 1 InsO zu. Auf diese Weise werde die Funktion der im Erstverfahren veranlassten Abtretungserklärung aufrechterhalten und dieser eine Priorität eingeräumt.[826] Aufgrund der Verpflichtung des § 295a Abs. 1 S. 1 InsO könne nicht der gesamte Neuerwerb den Neugläubigern haftungsrechtlich zugeordnet sein.[827]

Zu dem Ergebnis eines Absonderungsrechts im parallelen Verfahren wird überdies vorgebracht, dass es dem Schuldner freistehe, mit dem Erstinsolvenzverwalter Sicherungsrechte zu vereinbaren, die im Insolvenzfall zu einer bevorzugten Befriedigung führen.[828] So wird unter Berufung auf die Privatautonomie vorgeschlagen, dass zwischen Erstinsolvenzverwalter und Schuldner zur Sicherung des Abführungsanspruchs Sicherungsübereignung und Sicherungszession

---

823 Vgl. K.Schmidt/*Thole*, InsO § 55 Rn. 4.
824 *Montag*, ZVI 2013, S. 453 (455), dort Fn. 21.
825 *Zipperer*, ZVI 2007, S. 541 (543).
826 *Schmerbach*, VIA 2011, S. 32 (32); *Schmerbach*, ZInsO 2009, S. 2078 (2088).
827 AG Hamburg, Beschl. v. 18.06.2008 – 67g IN 37/08, in: ZInsO 2008, S. 680 (681).
828 *Gotter*, Die selbstständige Tätigkeit im Insolvenzverfahren, S. 82.

am Neuerwerb verabredet werden können.[829] Der Erstinsolvenzverwalter könne dadurch vorrangig vor Neugläubigern befriedigt werden. Ein Zweitinsolvenzverwalter könnte Gegenstände und Forderungen gem. § 166 Abs. 1, Abs. 2 InsO verwerten und den anteiligen Erlös an den Erstinsolvenzverwalter auskehren.[830] Dass Neugläubiger dann den vollstreckungsrechtlichen Entzug des Neuerwerbs dulden müssen, benachteilige diese nicht, da einzelne Neugläubiger generell Sicherungsrechte verabreden können und darüber hinaus die gesetzlichen Schutzvorschriften greifen.[831]

(2) Bewertung

(a) Nichtvorliegen der Normvoraussetzungen

Dieser Auffassung ist entgegenzuhalten, dass die Voraussetzungen des § 51 Abs. 1 Nr. 1 InsO – wie soeben dargelegt[832] – nicht vorliegen, da während des Erstverfahrens die § 35 Abs. 2 S. 2, § 295a Abs. 1 S. 1 InsO und in der Treuhandperiode der § 287 Abs. 2 InsO für den Erstverwalter kein Sicherungsrecht begründen können.

(b) Keine Massebevorzugung durch Sicherung des Abführungsanspruchs

Gegen das Argument der Verabredung von Sicherheiten spricht, dass eine Verabredung den Haftungsradius des Erstverfahrens zur Verhandlungsmasse herabstuft. Selbstverständlich steht es Schuldner und Insolvenzverwalter vordergründig frei, zur Sicherung des Anspruchs zusätzlich eine Sicherungsabtretung zu vereinbaren, die im Zweitinsolvenzverfahren als Absonderungsrecht zu berücksichtigen ist. Dieser Ansatz ist insoweit unterstützenswert, als dass eine dreiseitige Vereinbarung zwischen Schuldner, Erst- und Zweitverwalter den praktischen Anforderungen der Parallelinsolvenz in vermögensrechtlicher Hinsicht grundsätzlich durchaus gerecht werden kann.[833] Die besondere Bedeutung der Abführungsobliegenheit wird unter Berücksichtigung des § 81 Abs. 2 S. 2 InsO deutlich, der auch die Abtretung zukünftiger Bezüge an einen Treuhänder im Rahmen eines Restschuldbefreiungsverfahrens erlaubt. Da eine solche

829 *Gotter*, Die selbstständige Tätigkeit im Insolvenzverfahren, S. 82.

830 *Gotter*, Die selbstständige Tätigkeit im Insolvenzverfahren, S. 82 f.

831 *Gotter*, Die selbstständige Tätigkeit im Insolvenzverfahren, S. 82 f.

832 3. Kapitel C. II. 4. B) bb) (2).

833 Wobei mit der Möglichkeit einer gerichtlichen Entscheidung gem. § 295a Abs. 2 InsO die Vereinbarunglösung zwischen Schuldner und Insolvenzverwalter in Zweifel gezogen werden kann, *Frind*, ZRI 2023, S. 136 (147).

Vereinbarung allerdings nur durch etwaiges Verhandlungsgeschick des Schuldners zustande kommen kann, würde dieser angesichts der Entscheidungsbefugnis des Zweitinsolvenzverwalters aufgrund § 148 Abs. 1 InsO ohne rechtliche Handhabe seinem Schicksal überlassen. Zudem verfügt der Treuhänder über keine Kompetenz dahingehend, verbindlich eine Einigung mit dem Schuldner treffen zu können.[834] Schließlich kollidiert eine reine Abredelösung mit dem Verwertungsrecht des Zweitverwalters aus § 166 Abs. 2 InsO.[835] Eine Abführungsvereinbarung ist nämlich nicht erzwingbar.

Kritikwürdig ist, dass die vorgeschlagene Abrede dem Zweck des § 35 Abs. 2 InsO diametral gegenübersteht, denn durch die Geschäftsfreigabe soll die Gelegenheit eines wirtschaftlichen Neuanfangs gefördert werden.[836] Ein solcher wird vereitelt, wenn dem Schuldner der wirtschaftliche Handlungsspielraum durch eine zusätzliche Sicherheitsleistung genommen wird, die in ihrer Intensität mit dem Wiederaufleben von Vorausabtretungen an Gläubiger vergleichbar ist.[837] Wird der Neuerwerb schon zugunsten des Insolvenzverwalters beschwert, geht diese Sicherheit anderen, im regulären Rahmen des Geschäftsbetriebs zu erbringenden, Sicherheiten vor. Im Wirtschaftsleben etablierte Teile von Geschäftsmodellen fallen damit notwendigerweise aus, weil die noch zu bewerkstelligende Sicherheitsleistung des Schuldners für Dritte nicht attraktiv genug ist, wie beispielsweise die Sicherungsabtretung von ärztlichen Honorarforderungen an die Kassenärztliche Vereinigung[838] oder einen Factor sowie die Vorausabtretung von Forderungen an Lieferanten oder die Abtretung von Forderungen als Kreditsicherheit. Insoweit würde im Hinblick auf § 138 Abs. 1 BGB eine insolvenzzweckwidrige Überforderung des Schuldners provoziert, die zum einen nicht mit der strukturellen Überlegenheit des Insolvenzverwalters gegenüber dem Schuldner vereinbar ist und zum anderen angesichts von § 35 Abs. 2 InsO einen dysfunktionalen Effekt hätte.[839]

Insgesamt droht aufgrund unsicherer Vereinbarungen die Verschleppung eines Prozessrisikos in das Zweitverfahren. In der Treuhandphase ist zudem keine nachträgliche Sicherungsabtretung der Abführungsbeträge möglich, da

---

834 *K.Heinze*, ZInsO 2009, S. 1785 (1788 f.).

835 Vgl. *Ries*, InsbürO 2006, S. 370 (373).

836 Anders: *Gotter*, Die selbstständige Tätigkeit im Insolvenzverfahren, S. 81 ff.

837 Vgl. dazu: Uhlenbruck/*Hirte/Praß*, § 35 Rn. 105.

838 Dazu: Uhlenbruck/*Mock*, § 91 Rn. 19.

839 Schon nach Rechtslage unter Geltung der Konkursordnung waren zweckwidrige Handlungen des Verwalters nichtig: BGH, 13.01.1983 – III ZR 88/81, in: ZIP 1983, S. 589; OLG Düsseldorf, Urt. v. 20.10.1994 – 6 U 80/94, in: ZIP 1995, S. 55.

kein zu sichernder Anspruch vorhanden ist. Der Treuhänder ist aufgrund der bloßen Obliegenheit des Schuldners nicht einmal berechtigt, mit dem Schuldner zusätzliche verpflichtende Abwicklungsvereinbarungen zu schließen.[840]

ee) Betrachtung wirtschaftlicher Folgen

(1) Darstellung

Ein anderer Standpunkt beruft sich zur Lösung der Rangproblematik zwischen dem Zahlungsanspruch zugunsten der Erstmasse und dem Bedürfnis der Neugläubiger auf eine wirtschaftliche Bewertung der Rechtsfolge des § 295a Abs. 1 S. 1 InsO. Dem Befriedigungsinteresse der Neugläubiger sei jedenfalls wirtschaftlich der Vorrang einzuräumen, da Zahlungen nur bei Gewinnen des schuldnerischen Unternehmens zu leisten und im Rahmen der Gewinnermittlung die Ansprüche der Neugläubiger in Abzug zu bringen seien.[841] Der Vorrang der Neugläubigerbefriedigung ergebe sich aus dem Verständnis der Zahlungspflicht als gesetzlicher Auflage i.S.d. § 526 BGB.[842] Als Resultat der wirtschaftlichen Einordnung der Zahlungspflicht seien die Abführungsbeträge nur zu leisten, wenn der Wert der freigegebenen liquiden Mittel den Wert des gesamten haftenden Schuldnervermögens übersteige.[843]

(2) Bewertung

Gegen diese Auffassung spricht das schon von *Montag* vorgetragene Argument, dass sie versagt, wenn es dem Selbstständigen trotz florierender Unternehmung an Liquidität mangelt, um Zahlungen zu erbringen und Liquiditätsengpässe somit zu Lasten der Erstverfahrensmasse gehen, weil der Vorrang dann leerläuft.[844]

---

840 *Harder*, NJW-Spezial 2013, S. 277 (277), mit Hinweis auf die Rechtsprechung des Bundesgerichtshofs, wonach es nicht zu den Aufgaben des Treuhänders gehört die abzuführenden Treuhandbeträge festzusetzen: BGH, Beschl. v. 17.01.2013 – IX ZB 98/11, in: ZVI 2013, S. 162 Rn. 23.

841 *V. Gleichenstein*, ZVI 2013, S. 409 (417).

842 *V. Gleichenstein*, ZVI 2013, S. 409 (417 f.).

843 *V. Gleichenstein*, ZVI 2013, S. 409 (418).

844 *Montag*, ZVI 2013, S. 453 (456) mit Bezug auf: *v. Gleichenstein*, ZVI 2013, S. 409 (418).

ff) Freigabelösung

(1) Darstellung

Der von *Lange* vorgebrachte Vorschlag sieht für jedes Stadium des Parallelverfahrens vor, die Abführungsbeträge vollständig aus dem Zweitinsolvenzbeschlag auszugliedern. Dem Schuldner stehe gegenüber dem Zweitinsolvenzverwalter ein Anspruch auf Abgabe der Freigabeerklärung hinsichtlich der Selbstständigkeit zu, um die Beträge an den Erstinsolvenzverwalter oder Treuhänder leiten zu können und diesen Neuerwerbsanteil so der Verteilung an die Altgläubiger zugänglich zu machen.[845] Auch diese Ansicht betont die Priorität der Altgläubigerbefriedigung.[846] Dogmatisch wird an die Vorausabtretung des Einkommens gem. § 287 Abs. 2 InsO während der Treuhandperiode angeknüpft. Aus der Möglichkeit, die Erteilung der Restschuldbefreiung zu erlangen, lasse sich ein Vorrang der Vorausabtretung gegenüber dem Ausschluss nach § 91 Abs. 1 InsO ableiten.[847] Dies entspreche der Wertung des § 114 Abs. 1 InsO a.F., dass pfändbares Einkommen zunächst den Altgläubigern zugewiesen sei.[848] Die Vorausabtretung sei – vergleichbar mit der Absicherung eines Altersteilzeitguthabens[849] – als insolvenzfestes Treuhandverhältnis[850] ausgestaltet, das auch im Zweitverfahren Wirkung entfalte.[851] Zum einen könne so eine Gleichstellung mit den Abführungsbeträgen abhängig beschäftigter Schuldner erfolgen und zum anderen sei dies erforderlich, damit der Schuldner das Restschuldbefreiungsverfahren erfolgreich abschließen könne.[852]

---

845 *Lange*, ZVI 2018, S. 9 (14).

846 *Lange*, ZVI 2018, S. 9 (13).

847 *Lange*, ZVI 2018, S. 9 (12); so auch: *Montag*, ZVI 2013, S. 453 (458).

848 *Lange*, ZVI 2018, S. 9 (12) mit Hinweis auf: *Ahrens*, NZI 2014, S. 529 (530 f.); Zuvor schon ähnlich: *Schmücker*, jurisPR-InsR 20/2011 Anm. 1.

849 Vgl. BAG, Urt. v. 18. 7. 2013 – 6 AZR 47/12, in: ZIP 2013, S. 2025 Rn. 18 ff., 24, 48: Das rechtsgeschäftliche Treuhandverhältnis setzt sich aus Verwaltungs- und Sicherungstreuhand zusammen. Nur auf die Sicherungstreuhand können die §§ 115, 116 nicht angewandt werden, da es sich dabei – ähnlich der Sicherungsabrede der Sicherungsübereignung – nicht um einen Auftrag oder ein Geschäftsbesorgungsverhältnis, sondern um einen Vertrag sui generis handelt. Diese Sicherungsabrede ist insolvenzfest, indem sie im Insolvenzfall den Treuhänder zur Absonderung gem. § 51 Nr. 1 InsO berechtigt, *Mückl*, EwiR 2013, S. 733 (734).

850 Es handelt sich um eine uneigennützige doppelseitige Treuhand zugunsten der Gläubiger und des Schuldners, vgl. HambK-InsO/*Streck*, § 292 Rn. 6.

851 *Lange*, ZVI 2018, S. 9 (11).

852 *Lange*, ZVI 2018, S. 9 (13 f.).

Diese Bewertung sei auch für die Zeit der Treuhandperiode angebracht, da die Neugläubiger zu diesem Zeitpunkt schon Kenntnis von der wirtschaftlichen Situation des Schuldners haben und deshalb im Vergleich zu Altgläubigern weniger schutzwürdig seien.[853] Bereits durch den Treuhänder eingezogenes Vermögen sei im Zweitverfahren als Treugut insolvenzfest.[854] Zukünftig entstehendes Vermögen sei durch ein Absonderungsrecht des Treuhänders gem. § 51 Nr. 1 InsO gesichert.[855] Indem der betroffene Schuldner der Selbstständigkeit im Zweitverfahren weiterhin nachgehen könne und gleichzeitig durch die Freigabe über ein Maximum an Handlungsfreiheit verfüge, werde eine Gleichbehandlung der Vorausabtretung nach § 287 Abs. 2 InsO und der Abführung nach § 295a Abs. 1 S. 1 InsO erreicht.[856] Der Freigabeanspruch ziele demnach auf die Gleichbehandlung von selbstständigen mit abhängig beschäftigten Schuldnern ab.[857] Wie bei einer Vorausabtretung finde ebenso während der Treuhandperiode eine „*Vorausabtretung zugunsten der Altgläubiger*" statt.[858] Systematisch folge das aus § 287 Abs. 3 InsO, der für das Restschuldbefreiungsverfahren die Wertung des § 114 InsO a.F. enthalte.[859] Auf diese Weise sei die Erreichung der Erstverfahrensziele auch von einer etwaigen Willkür des Zweitinsolvenzverwalters losgelöst.[860] Das Risiko eines zweiten Insolvenzverfahrens sei daher von den Neugläubigern zu tragen, denen der anteilige Neuerwerb verloren gehe.[861]

(2) Bewertung

(a) Kein Recht auf Freigabe der selbstständigen Tätigkeit

Eine Verpflichtung des Verwalters des Zweitverfahrens, hinsichtlich der Abführungsbeträge eine Haftungserklärung abgeben zu müssen, besteht nicht. Die Schwäche der dieses fordernden Position offenbart sich darin, dass die uneingeschränkte Priorität des Erstverfahrens nicht hinreichend dogmatisch untermauert wird. Überzeugend ist es, für das Vorhaben auf die Schutzwürdigkeit der vorrangigen Befriedigungsinteressen von Altgläubigern und der Abwendung

853 *Lange*, ZVI 2018, S. 9 (14).
854 *Lange*, ZVI 2018, S. 9 (16).
855 *Lange*, ZVI 2018, S. 9 (16).
856 *Lange*, ZVI 2018, S. 9 (14).
857 *Lange*, ZVI 2018, S. 9 (14).
858 *Lange*, ZVI 2018, S. 9 (14).
859 *Lange*, ZVI 2018, S. 9 (12) mit Hinweis auf: *Montag*, ZVI 2013, S. 453 (458).
860 *Lange*, ZVI 2018, S. 9 (14).
861 *Lange*, ZVI 2018, S. 9 (13 f.).

von Willkür des Zweitverwalters abzustellen. Für diese Vermögensverschiebung den Weg über einen Freigabeanspruch im Sinne eines Zwangs des Zweitverwalters, die Negativerklärung aussprechen zu müssen, zu wählen, übersieht jedoch schlichtweg den Charakter des § 35 Abs. 2 InsO und setzt sich über die dem Insolvenzverwalter zugedachte Entscheidungsbefugnis hinweg.

Erstens findet der Lösungsvorschlag keine Stütze im Wortlaut des § 35 Abs. 2 S. 1 InsO, der für eine verpflichtende Freigabe keinen Anhaltspunkt bietet. Nach richtigem Verständnis der Vorschrift steht es dem Verwalter zu, keine Erklärung abzugeben, wobei er sich eine solche Duldung als konkludente Positiverklärung zurechnen lassen muss. Mit der Prüfpflicht des Verwalters korrespondiert ein Anspruch des Schuldners auf Abgabe einer Erklärung. Dass eine spezielle Entscheidung getroffen wird, kann der Schuldner nicht verlangen. Ein Anspruch auf eine „*gebundene Negativerklärung*" steht dem Schuldner nicht zu.[862] Dem Schuldner ist ausweislich des § 35 Abs. 2 S. 2 InsO zuzugestehen, erfahren zu dürfen, „*ob Vermögen aus der selbstständigen Tätigkeit zur Insolvenzmasse gehört und ob Ansprüche aus dieser Tätigkeit im Insolvenzverfahren geltend gemacht werden können*". Mithin lässt sich aus der Formulierung allenfalls ein Informationsanspruch des Schuldners ableiten, ob er sich mit seiner selbstständigen Tätigkeit im Rahmen des Insolvenzverfahrens bewegt oder ggf. zur Zahlung von Ablösebeträgen verpflichtet wird. Etwas anderes ergibt sich auch nicht aus § 35 Abs. 3 S. 2 InsO, der nur einen Anspruch des Schuldners auf Entscheidung innerhalb der Monatsfrist enthält, um eine Planungssicherheit zu ermöglichen.[863]

Zweitens widerspricht die Argumentation dem Telos der Norm. Der Grundsatz der optimalen Gläubigerbefriedigung, der im zwischengeschalteten Schutzmechanismus der Masseerhaltungspflicht des Verwalters seinen Eingang gefunden hat und eine Freigabe der Selbstständigkeit nur zulässt, wenn Massenachteile vorauszusehen sind, würde außer Kraft gesetzt. Der Insolvenzverwalter wäre einerseits seiner Verantwortlichkeit beraubt, wenn er sich vorwiegend gegenüber dem Schuldner zu verhalten und diesem gegenüber zwingend die

862 Zur Idee der gebundenen Positiverklärung nach Unwirksamkeitsanordnung der Negativerklärung: *Gotter*, Die selbstständige Tätigkeit im Insolvenzverfahren, S. 98 f. Hierzu unter 3. Kapitel D. V. 2. Und 3. Kapitel D. V. 4. B) bb) (2) (b). Im Übrigen hat der Schuldner auch bei der echten Freigabe keinen Anspruch gegen den Insolvenzverwalter, einen bestimmten Gegenstand aus der Masse freizugeben: BGH, Urt. v. 01.02.2007 – IX ZR 178/05, in: ZIP 2007, S. 1020 (1021); KK-InsO/*Hess*, §§ 35, 36 Rn. 79.

863 KPB/*Holzer*, § 35 Rn. 109b f.; *A. Schmidt*, ZVI 2021, S. 41 (45); *Wipperfürth*, ZinsO 2021, S. 1148 (1148 f.).

Geschäftsfreigabe zu erklären hätte, ohne eigene Bedenken äußern zu können. Dies ist mit dem Telos des § 35 Abs. 2 S. 1 InsO nicht in Einklang zu bringen, der auch eine Enthaftung des Insolvenzverwalters durch begründete Freigabe vorsieht.[864] Andererseits müsste eine solche Ermessensreduktion bei einem Haftungsanspruch gem. § 60 Abs. 1 InsO im Rahmen des Vertretenmüssens Berücksichtigung finden und ginge daher zulasten des Haftungsinteresses der Gesamtgläubigerschaft der Altgläubiger. Da sich die Verantwortlichkeit des Insolvenzverwalters aber auf eine Einzelfallprüfung stützt, kann ihm diese nicht pauschal abgenommen werden, wenn eine Geschäftsfreigabe nicht mit einem Haftungsausschluss des Verwalters einhergehen soll.

Einer solchen Haftungsverkürzung stünde auch kein potenzieller wirtschaftlicher Ausgleich gegenüber, denn eine Freigabe erfolgte nicht, um dem Schuldner einen wirtschaftlichen Neuanfang zu ermöglichen. Vielmehr würden Ursache und Wirkung widersinnig ausgewechselt, wenn die Freigabe erfolgte, damit der Schuldner mit seiner Selbstständigkeit Mittel erwirtschaften soll, um Ablösezahlungen einer vorangegangenen Freigabe erbringen zu können. Das zeigt sich daran, dass bei konsequenter Fortführung des Gedankens der Zweitverwalter die Freigabe nur erklärt, um im Zweitverfahren eine neue Abführungspflicht zu statuieren, mithilfe derer die im Erstverfahren erfüllbaren Ablöse- bzw. Abführungssummen durchgesetzt werden können. Das hieße jedoch die Abführungspflicht für die Einhaltung der Mitwirkungspflicht des § 290 Abs. 1 Nr. 5 InsO zweckzuentfremden und damit die Verfahrenstrennung von Insolvenz- und Restschuldbefreiungsverfahren zu durchbrechen. Richtigerweise betrifft § 35 Abs. 1 S. 1 InsO indessen nur die Zielerreichung des Insolvenzverfahrens als Gläubigerbefriedigungsverfahren.

Darüber hinaus ist der Argumentation von *Lange* entgegenzuhalten, dass sie schwer lösbare Folgefragen aufwirft. So wird vorgetragen, ein Freigabeanspruch solle in dem Umfang bestehen, der die Zahlungshöhe des Erstverfahrens vollständig abdeckt.[865] Da die Freigabe des Geschäftsbetriebs des Schuldners nur im Ganzen erfolgen kann, bliebe allerdings ungeklärt, wie mit den die Zahlungshöhe übersteigenden Überschüssen am Neuerwerb umzugehen wäre.[866] Mit Freigabe ist die haftungsrechtliche Verbindung zur Zweitinsolvenzmasse zertrennt. Über die festgesetzte Zahlungshöhe hinaus gingen der Zweitmasse entgegen des Gebots des Masseschutzes sämtliche Überschüsse verloren, da sie

864 HambK-InsO/*Lüdtke*, § 35 Rn. 298.

865 *Lange*, ZVI 2018, S. 9 (14).

866 Zur Geschäftsfreigabe unter: 3. Kapitel C. I. 2. A) und 3. Kapitel C. II. 2. A).

zum insolvenzfreien Vermögen des Schuldners gehören müssten und damit dem Zugriff des Zweitverwalters dauerhaft entzogen wären. Da die Negativerklärung als prozessuale Erklärung bedingungsfeindlich ist, könnte eine Vereinbarung zur Rückführung etwaiger Überschüsse zwischen Schuldner und Zweitverwalter nicht getroffen werden. Eine separate Vereinbarung ist aus den oben erörterten Gründen[867] nicht mit der Zielsetzung eines wirtschaftlichen Neuanfangs nach Negativerklärung im Zweitverfahren vereinbar, denn sie bedeutete eine übermäßige Einschränkung des wirtschaftlichen Freiraums des Schuldners. Im Übrigen ist darauf zu verweisen, dass eine Freigabelösung versagt, wenn der Schuldner seine Selbstständigkeit aufgibt.

Drittens folgt aus der Gesetzgebungshistorie, dass der Gesetzgeber kein Freigaberecht statuieren wollte. Ein entsprechender Entschließungsantrag[868] wurde abgelehnt[869] und im weiteren Gesetzgebungsverfahren zum Gesetz zur weiteren Verkürzung des Restschuldbefreiungsverfahrens nicht berücksichtigt.

Viertens ergibt eine systematische Auslegung, dass das Institut der Freigabe per Negativerklärung nicht der Durchsetzung der Restschuldbefreiung im Insolvenzverfahren dient. Dass die Freigabe nicht mit dem Restschuldbefreiungsverfahren verwoben ist, wird bei genauerer Betrachtung des § 35 Abs. 2 S. 2 InsO klar, der als einziger Baustein der Vorschrift auf eine Regelung des 9. Teils der Insolvenzordnung verweist. Dort wird eine entsprechende Anwendung des § 295a Abs. 1 S. 1 InsO angeordnet, weil die Vorschrift des Restschuldbefreiungsverfahrens schon einen gesetzlich normierten Zahlungsweg vom Schuldner weg enthält.[870] Ein darüberhinausgehender materiell-rechtlicher Gehalt kann der Masseschutzvorschrift des § 35 Abs. 2 InsO in dieser Hinsicht nicht entnommen werden. Die Vorschrift soll dem Insolvenzverwalter ermöglichen, massegefährdende Selbstständigkeiten wertmäßig aus der Insolvenzmasse auszulagern, soweit dies der Gläubigerbefriedigung dient. Im Vordergrund steht damit eine Haftungszuordnung. Für die Ausbildung der Voraussetzungen der Restschuldbefreiung auf Schuldnerseite im Zweitverfahren eignet sich die Freigabe der Selbstständigkeit mithin nicht.

867 Im Ergebnis wirkte eine Verabredung der Rückführung von Erwerbsüberschüssen ebenso wirtschaftlich erdrückend wie eine mit dem Verwalter vereinbarte Sicherheitsleistung: Hierzu unter: 3. Kapitel C. II. 3. C) dd) (2) (b).

868 *„Ein Anspruch auf Entscheidung des Insolvenzverwalters seitens des Schuldners besteht jedoch nicht, weswegen dieser gesetzlich normiert werden soll“*, BT-Drs. 19/25378, S. 2, 4.

869 StenBer 19/202, S. 25382.

870 Vgl. hierzu: *Henckel*, in: Jaeger, InsO, 1. Aufl. 2004, § 35 Rn. 128.

(b) Wertungen zum Abführungsanspruch und § 91 Abs. 1 InsO

Die Argumentation zur Vorausabtretung steht nicht im Einklang mit der gesetzlichen Wertung, dass keine dem § 114 InsO a.F. vergleichbare gesetzliche Wertung existiert. Zudem stehen die Wertungen zum Abführungsanspruch neben einer nach Geschäftsfreigabe wirksam werdenden Globalzession aufgrund Genehmigung nach Konvaleszenz entgegen.[871] Nach der Freigabe greifen nach vorzugswürdiger Ansicht Sicherungsabtretungen aus dem Zeitraum vor Insolvenzeröffnung nicht automatisch, sondern sind vorerst eingefroren.[872] Nach Geschäftsfreigabe im Zweitverfahren kann der Schuldner die Abtretung allerdings ab dem Freigabezeitpunkt analog § 185 Abs. 2 S. 1 Alt. 2 BGB genehmigen, da der Schuldner aufgrund von Konvaleszenz wieder berechtigt ist[873] und sich die Wirkung des § 91 Abs. 1 InsO nicht auf das insolvenzfreie Vermögen erstreckt.[874]

Zu diesen nach Insolvenzeröffnung vom Schuldner initiierten und nach Betriebsfreigabe wiederauflebenden Globalzessionen, die § 91 Abs. 1 InsO aufgrund Wiederberechtigung überwinden, wird von *Ahrens* vorgeschlagen, dass deren Kollision mit dem Abführungsanspruch im selben Verfahren über den Pfändungsschutz nach § 850i ZPO aufzulösen ist, um die abschließende Befriedigung simultaner Ansprüche aus dem Abführungsanspruch nach § 35 Abs. 2 S. 2, § 295a Abs. 1 S. 1 InsO einerseits und Vorausabtretungen aus dem pfändbaren Einkommen andererseits zu gewährleisten.[875] Gemäß § 850i Abs. 1 S. 1 ZPO hat das Gericht dem Schuldner auf Antrag während eines angemessenen Zeitraums so viel zu belassen, als ihm nach freier Schätzung des Gerichts verbleiben würde, wenn sein Einkommen aus laufendem Arbeits- oder Dienstlohn bestünde. Weil ein abhängig beschäftigter Schuldner keine Zahlungen gem. § 295a Abs. 1 S. 1 InsO zu leisten hat, sei dessen Pfändungsniveau mit Blick auf eine Gleichstellung die richtige Vergleichsgröße.[876] Deshalb sei die Abführungsbetragshöhe im Rahmen der Berechnung des pfändbaren Betrags vollständig einzubeziehen, um für den Pfändungsschutz das Niveau eines angemessenen abhängigen Dienstverhältnisses zu erreichen.[877]

---

871 Hierzu oben unter: 3. Kapitel B. II. 2. C) aa).

872 HK-InsO/*Ries*, § 35 Rn. 84.

873 Uhlenbruck/*Mock*, § 91 Rn. 20.

874 *Hofmann*, EwiR 2013, S. 551 (551); vgl. auch: *Münzel*, ZInsO 2014, S. 761 (767).

875 *Ahrens*, NJW-Spezial, 2014 S. 85 (86).

876 *Ahrens*, NJW-Spezial, 2014 S. 85 (86).

877 *Ahrens*, NJW-Spezial, 2014 S. 85 (86).

Für diese Sichtweise spricht, dass der Abführungsanspruch für den Schuldner erfüllbar bleiben muss, um das Befriedigungsrecht der Altgläubiger nicht zu unterminieren. Nachdem der Schuldner mit der Freigabe die Verfügungsbefugnis über sein Vermögen zurückerhält, besteht die treuhänderische Bindung des Vermögens fort. Im Hinblick auf einen wirtschaftlichen Neuanfang des Schuldners muss verhindert werden, dass von der Vorausabtretung umfasste, gegen den Schuldnerbetrieb gerichtete Ansprüche gegenüber dem Abführungsanspruch derartig Vorrang genießen, dass sie die pfändbaren Einkommensanteile vollständig vereinnahmen[878], da der Schuldner andernfalls gezwungen wäre, die Abführungsbeträge unter Inkaufnahme einer Unterschreitung des Existenzminimums aus dem insolvenzfreien Vermögen zu leisten.[879] Der Anspruch kann zudem nur erfüllt werden, wenn dem Schuldner das Erwirtschaften ausreichender Geldmittel möglich ist. Indem die Höhe des Abführungsanspruchs angepasst wird, werden beide Notwendigkeiten erfüllt. Anknüpfungspunkt ist deshalb das Berechnungsmodell des § 850i ZPO, das einerseits für Einkünfte von Selbstständigen anwendbar ist und andererseits einen Vergleich mit den Einkommensverhältnissen abhängig beschäftigter Schuldner ermöglicht.[880]

(c) Wertungen zu § 287 Abs. 1 InsO und § 91 InsO

Die Anwendung des § 91 Abs. 1 InsO im Zweitverfahren steht der Abtretung aus § 287 Abs. 2 InsO nach Aufhebung des Erstverfahrens entgegen, sodass für ab Zweitverfahrenseröffnung zu zahlende Beträge des Restschuldverfahrens kein Absonderungsrecht nach § 51 Nr. 1 Alt. 2 InsO besteht. Für den Zeitraum nach Aufhebung des Erstverfahrens wird richtigerweise auf die verfahrensübergreifende Bedeutung des § 287 Abs. 2 InsO hingewiesen.[881] Diese kann jedoch nicht darin bestehen, abgetretene Ansprüche nach Zweitverfahrenseröffnung von der Wirkung des § 91 Abs. 1 InsO auszunehmen. Die Abtretung des § 287 Abs. 2 InsO kann nur unter den Anwendungsbereich des § 91 Abs. 1 InsO im Folgeverfahren fallen, wenn die während der Treuhandphase des Erstverfahrens abzuführenden Beträge als Erwerbsvorgang am Zweitmassevermögen einzustufen sind. Angewandt im Zweitverfahren dient die Vorschrift ausschließlich dem

878 Vgl. § 400 BGB, der den Pfändungsschutz auch bei Forderungsabtretungen gewährleisten, nicht aber die Vorausabtretung einschränken soll: Ausführlich: *Voß*, Die Vorausabtretung in der Insolvenz, S. 35.

879 *Ahrens*, NJW-Spezial, 2014 S. 85 (85).

880 *Pape*, in: FS Vallender 2015, S. 387 ff. Hierzu unter: 3. Kapitel C. II. 3. C) gg).

881 *Lange*, ZVI 2018, S. 9 (12); *Montag*, ZVI 2013, S. 453 (458).

Masseerhalt des Zweitverfahrens und kann nicht Erstverfahrensrechte sichern. Die Abtretung an den Treuhänder am Anwendungsbereich der Norm vorbei unberücksichtigt zu lassen, bedeutete, sie im Vergleich mit vor dem Erstverfahren stattgefundenen Vorausabtretungen des Schuldners zu bevorzugen. Solche Vorausabtretungen an Gläubiger leben – sofern nicht explizit vom Schuldner genehmigt – nicht wieder auf.[882] Einen sachlichen Grund für eine Ungleichbehandlung gibt es nicht.

Zutreffend ist, dass die Regelung des § 114 InsO a.F während ihrer Geltungsdauer den Rechtsgedanken enthielt, es könne Ausnahmen zum § 91 Abs. 1 InsO geben. Mit Abschaffung der Norm zielte der Gesetzgeber jedoch darauf ab, die Insolvenzmasse nicht zugunsten einzelner durch Vorausabtretung gesicherter Gläubiger zu verkürzen und damit die Verteilungsgerechtigkeit zulasten ungesicherter Gläubiger zu beeinträchtigen.[883] Nach geltender Rechtslage sind die in § 91 Abs. 2 InsO aufgeführten Ausnahmen abschließend.

Zahlungstatbestände können mit der Abtretungserklärung perspektivisch schon vor Zweitverfahrenseröffnung angelegt sein. Die jeweiligen künftigen Forderungen entstehen erst nach Zweitverfahrenseröffnung, sodass insoweit das Tatbestandsmerkmal der Nachzeitigkeit des § 91 Abs. 1 InsO erfüllt ist, da es für den Rechtserwerb über die bloße Abtretungsvornahme hinaus auf die Herausbildung der konkreten Forderung ankommt.[884] Die Regelung des § 91 Abs. 1 InsO trifft nämlich keine qualitative Unterscheidung zum Ausschluss massewidrigen Rechtserwerbs zugunsten einzelner Berechtigter. Eine solche Ungleichbehandlung will die Vorschrift, ausgenommen der in § 91 Abs. 2 InsO aufgeführten Ausnahmen, gerade verhindern. Eine Ausnahme in § 91 Abs. 2 InsO, welche die Wirkung des § 287 Abs. 2 InsO vom Ausschluss der Vorschrift ausnimmt, hat der Gesetzgeber nicht getroffen, weil er sich bis zur ersatzlosen Streichung des § 114 InsO a.F. bis einschließlich 15.07.2013 der Kollision der Abführungsbeträge in der Parallelinsolvenz nicht bewusst war. Aus dem gesetzgeberischen Schweigen kann jedenfalls nicht auf eine Ausnahmewirkung zugunsten der treuhänderischen Abtretung geschlossen werden.

Diese Wertung gilt auch für das Restschuldbefreiungsverfahren. An der Subsumtion der Abführungsbeträge unter den § 91 Abs. 1 InsO ändert sich nichts, wenn man berücksichtigt, dass der Gesamtgläubigerschaft des Erstverfahrens

---

882 Ähnlich: HK-InsO/*Ries*, § 35 Rn. 42, dort Fn. 134; *Ries*, InsbürO 2006, S. 370 (373).

883 RegE zu GlRStG, in: BT-Drs. 17/11268, S. 16.

884 Vgl. BGH, Urt. v. 22.10.2009 – IX ZR 90/08, in: ZIP 2008, S. 1492 Rn. 10; vgl. Staudinger/*Löwisch*, (2022) § 398 Rn. 63 f.; Grüneberg/*Grüneberg*, § 398 Rn. 11.

ein Sondervorteil erwachsen soll. Aus Zweitverfahrensperspektive ist die verfahrensrechtliche Position des Treuhänders ohne Bedeutung. Wenn man mit der Gegenansicht die Wertung des § 287 Abs. 3 InsO hinzuzieht, gelangt man zu keinem anderen Ergebnis: Zwar betont die Norm den Schutz der Abtretungserklärung aus § 287 Abs. 2 InsO. Ohne Zweifel soll nach dessen Regelungsgehalt aber nur eine anderweitige Verwendung von möglichen Leistungsmitteln verhindert werden, indem weitere Abtretungen nicht greifen.[885] Die Regelung transportiert dem § 91 InsO zugrundeliegende Wertungen in den Zeitraum nach Aufhebung des Insolvenzverfahrens.[886] Eine absolute Priorität des § 287 Abs. 2 InsO wird allerdings nicht festgelegt, weil sich die verfahrensübergreifende Bedeutung der Norm darin erschöpft, der Erstverfahrensmasse weiterhin Einkommensanteile des Schuldners zuzuweisen.

gg) Pfändungsschutzlösung

(1) Darstellung

(a) Erweiterung des pfändungsgeschützten Vermögens

Die in der Literatur mehrheitlich vertretene Ansicht versteht die Abführungsbeträge ebenfalls als der Erstinsolvenzmasse zugehörig. Zur Durchsetzung dieser Zuweisung wird vorgeschlagen, dass der Schuldner im Zweitverfahren Pfändungsschutz für sein Einkommen gem. § 36 Abs. 1 S. 2, Abs. 4 i.V.m. § 850 Abs. 2, § 850i ZPO beantragt.[887] *Gotter* stellt zudem auf § 850f Abs. 1 Nr. 2 InsO ab.[888] Begründet wird dies mit einer Wertung parallel zur Erweiterung der Pfändungsfreigrenzen: Die Pfändungsgrenzen des § 850c ZPO bieten lediglich einen Mindeststandard der Pfändungsfreiheit, der erforderlichenfalls im Fall von Beiträgen zu Berufswerken oder für die Altersversorgung von Selbstständigen um diese Beträge auszudehnen ist.[889] Anhand dieses Musters gelte auch für die

---

885 Nerlich/Römermann/*Römermann*, § 287 Rn. 49.

886 BeckOK InsO/*Riedel*, § 287 Rn. 35a.

887 AGR-InsO/*Ahrens*, § 35 Rn. 178; vgl. *ders.*, NJW-Spezial 2014, 85 (86); KK-InsO/*Hess*, § 35, 36 Rn. 105; PrivatInsRK/*Köster*, 1. Aufl. 2019, § 35 Rn. 101; HambK-InsO/*Lüdtke*, § 35 Rn. 280; *Frind*, Privatinsolvenz-HdB, Rn. 130, 576, 596a; *ders.*, ZinsO 2020, S. 390 (390); *Gotter*, Die selbstständige Tätigkeit im Insolvenzverfahren, S. 80 f., 160 f.; *Kutscher*, Die Erklärung des Insolvenzverwalters nach § 35 Abs. 2 InsO, S. 190; PrivatInsRK/*Montag*, § 35 Abs. 2 bis 4 Rn. 342; *ders.*, ZVI 2013, S. 453 (456 f.); *Frege/Keller/Riedel*, Insolvenzrecht, Teil 3 Rn. 729.

888 *Gotter*, Die selbstständige Tätigkeit im Insolvenzverfahren, S. 80 f., 160 f.

889 *Montag*, ZVI 2013, S. 453 (457).

Abführungsbeträge eine Ausweitung des Pfändungsschutzes. Bei der Berechnung des pfändungsfreien Betrags müssen danach nicht nur Betriebsausgaben, sondern ebenso die Zahlungspflicht gem. § 35 Abs. 2 S. 2, § 295a Abs. 1 S. 1 InsO Berücksichtigung finden.[890]

Teilweise wird die fixe Zuordnung zur Erstverfahrensmasse damit begründet, dass der Schuldner im Zweitverfahren keine Restschuldbefreiung erlangen könne.[891] Da den Neugläubigern schon das Nachforderungsrecht des § 201 InsO zustehe, sollen diese nicht zusätzlich bevorteilt werden, während Altgläubiger mit der Erteilung der Restschuldbefreiung ihren Forderungswert verlieren.[892]

Auf diese Weise könne durch die Leistung der Zahlungen aus dem insolvenzfreien Schuldnervermögen sowohl die Verpflichtung des Erstverfahrens erfüllt als auch das Risiko einer Gefährdung der Restschuldbefreiung im Erstverfahren ausgeschlossen werden.[893] Damit einher gehe ebenfalls die Zielsetzung, dem Schuldner im Rahmen des Erstverfahrens die Restschuldbefreiung und langfristig den Aufbau einer stabilen Existenzgrundlage zu ermöglichen.[894] Insgesamt müsse die Insolvenzfreiheit des Abführungsbetrages damit begründet werden, dass dieser ein Gegengewicht zur Betriebsfreigabe bilde und somit der Befriedigung der Altgläubiger diene, da diesen der Wert des Neuerwerbs verloren gehe.[895]

(b) Unterfall: Forderungsanmeldung

Wird der Pfändungsschutz gewährt, werde der Neuerwerb des Schuldners in Höhe der Beträge insolvenzfrei und könne an den Erstinsolvenzverwalter geleitet werden.[896] Die Vertreter dieses pfändungsschutzrechtlichen Ansatzes betrachten die Anmeldung der Forderungen der Abführungsbeträge im Zweitverfahren als Auffanglösung: Sofern der Schuldner es unterlässt, Pfändungsschutz zu beantragen, soll eine Geltendmachung des Anspruchs auf die Ablösebeträge nur durch eine Anmeldung als Insolvenzforderung zur Insolvenztabelle im Zweitverfahren durch den Erstinsolvenzverwalter erfolgen.[897] Bei Nichterfüllung durch den

890 HambK-InsO/*Lüdtke*, § 35 Rn. 280.

891 PrivatInsRK/*Köster*, 1. Aufl. 2019, § 35 Rn. 101; PrivatInsRK/*Montag*, § 35 Abs. 2 bis 4 Rn. 343; *ders.*, ZVI 2013, S. 453 (457).

892 KK-InsO/*Hess*, § 35, 36 Rn. 105; *Montag*, ZVI 2013, S. 453 (457).

893 HambK-InsO/*Lüdtke*, § 35 Rn. 280; *Montag*, ZVI 2013, S. 453 (456).

894 *Montag*, ZVI 2013, S. 453 (455, 457).

895 KK-InsO/*Hess*, § 35, 36 Rn. 106; *Montag*, ZVI 2013, S. 453 (457).

896 *Montag*, ZVI 2013, S. 453 (457).

897 PrivatInsRK/*Köster*, 1. Aufl. 2019, § 35 Rn. 102; HambK-InsO/*Lüdtke*, § 35 Rn. 280; uneindeutig: K.Schmidt/*Büteröwe*, InsO § 35 Rn. 45; unklar: Graf-Schlicker/

Schuldner sei das Schuldnervermögen in Höhe der Abführungsbeträge nämlich den Neugläubigern haftungsrechtlich zugeordnet.[898]

(c) Vorrang rechtsgeschäftlicher Abreden

Andererseits wird weitergehend vorgebracht, dass sogar eine Berücksichtigung der Abführungspflicht im Zweitverfahren über den Pfändungsschutz gem. § 850i Abs. 1, § 850f Abs. 1 Nr. 2 ZPO nur nachrangig zu einer zweiseitigen Verabredung zwischen Schuldner und Zweitverfahrensverwalter über die Weiterleitung der Beträge an den Erstverwalter sein könne.[899] Für den Fall, dass der Schuldner an den Zweitinsolvenzverwalter leistet und dieser es unterlässt, die Beträge an den Erstinsolvenzverwalter auszukehren, sei die Zweitmasse ungerechtfertigt bereichert mit der Folge, dass dem Verwalter des Erstverfahrens ein Anspruch auf Absonderung aufgrund einer Masseverbindlichkeit gem. § 55 Abs. 1 Nr. 3 InsO gegen den Zweitinsolvenzverwalter als Anspruchsgegner zustehe.[900] Hat der Schuldner an den Zweitinsolvenzschuldner geleistet und zeigt dieser die Masseunzulänglichkeit an, bleibe der Schuldner gegenüber dem Erstinsolvenzverwalter weiterhin verpflichtet.[901] Sofern der Erstinsolvenzverwalter die Leistung nicht genehmigt, trete keine Erfüllung ein, da der Zweitinsolvenzverwalter nicht zum Empfang der Beträge berechtigt gewesen sei und der zivilrechtliche Gutglaubensschutz nicht eingreife.[902]

(d) Einstufung in der Treuhandperiode

Für das Stadium der Treuhandperiode wird eine Übereinstimmung mit den Wertungen zum andauernden Erstverfahren vorgeschlagen. Dies sei der Zwecksetzung geschuldet, eine Gleichbehandlung mit der Erwerbsobliegenheit abhängig beschäftigter Schuldner zu erreichen: Da die Abtretung in der Treuhandperiode aus § 287 Abs. 2 InsO folgt, könne bei abhängig beschäftigten Schuldnern ein Absonderungsrecht des Treuhänders anerkannt werden.[903] Insbesondere sei dies der Wertung des § 287 Abs. 3 InsO zu entnehmen, der die Obliegenheitsbeträge

---

Graf-Schlicker/Kexel, § 35 Rn. 42; unter Veranschlagung des Schätzwertes, § 46 S. 2, § 45 S. 1 InsO: *Gotter*, Die selbstständige Tätigkeit im Insolvenzverfahren, S. 161.

898 K.Schmidt/*Büteröwe*, InsO § 35 Rn. 45.

899 *Gotter*, Die selbstständige Tätigkeit im Insolvenzverfahren, S. 161.

900 *Montag*, ZVI 2013, S. 453 (457).

901 *Montag*, ZVI 2013, S. 453 (457).

902 *Montag*, ZVI 2013, S. 453 (457).

903 *Montag*, ZVI 2013, S. 453 (458).

priorisiere.[904] Weil die Abführungsbeträge Selbstständiger in der Treuhandperiode aber der Regelung des § 295a Abs. 1 S. 1 unterfallen, obliege es dem Treuhänder des Erstverfahrens die Beträge weiterzuleiten.[905] Anders als auf der Grundlage des § 287 Abs. 2 InsO, entstünde mit der Obliegenheit aus § 295a Abs. 1 S. 1 InsO bei selbstständig tätigen Schuldnern kein Forderungsrecht des Treuhänders, das zu einem Absonderungsrecht führen könne.[906] Leistet der selbstständige Schuldner während der Treuhandperiode an den Zweitinsolvenzverwalter und zeigt dieser die Masseunzulänglichkeit an, sodass die Weiterleitung an den Treuhänder scheitert, führe dies zu einer Obliegenheitsverletzung des Schuldners, die zu einer Versagung der Restschuldbefreiung führen könne.[907]

(2) Bewertung

(a) Gleichlauf mit übrigen Pfändungsschutzbeträgen

Das Ausfallrisiko der Altgläubiger aufgrund eines Zweitinsolvenzverfahrens ist im Zweitverfahren mithilfe der Einbeziehung der Abführungsbeträge in den Pfändungsschutz für den Selbstständigen gem. § 36 Abs. 1 S. 2 InsO i.V.m. § 850i Abs. 1, § 850f Abs. 1 Nr. 2 Alt. 2 ZPO auszuschließen. Einerseits zeigt ein Abgleich mit den Wertungen der Umsetzung des Pfändungsschutzes in der Insolvenz des Selbstständigen den Lösungsweg über die autonome Entscheidung des Schuldners auf. Andererseits ist die Pfändungsschutzlösung den anderen Herangehensweisen aus systematischen Erwägungen überlegen.

Wie beim Pfändungsschutz für die Erfüllung von Unterhaltsverpflichtungen gem. § 850d ZPO, dem pfändungsgeschützten Altersvorsorgevermögen[908] gem. § 851c ZPO oder dem Pfändungsschutz für Ausgaben aufgrund beruflicher Veranlassung gem. § 850i ZPO steht die Verfügungsbefugnis hinsichtlich der aus der Zweitmasse abfließenden Beträge ausschließlich dem Schuldner zu. Die gesetzliche Wertung überlässt es dem Schuldner dafür Sorge zu tragen, die jeweiligen Beträge weiterzuleiten bzw. ausreichend Ressourcen für die Fortführung seiner Selbstständigkeit beizubehalten. Zwar findet § 850i ZPO nach Freigabe einer

---

904 *Montag*, ZVI 2013, S. 453 (458).

905 *Montag*, ZVI 2013, S. 453 (458).

906 *Montag*, ZVI 2013, S. 453 (458).

907 *Montag*, ZVI 2013, S. 453 (458).

908 Diese sind im Insolvenzverfahren durch Sicherungstreuhand zwischen Arbeitnehmern und Treuhänder aufgrund eines echten Vertrags zugunsten Dritter, § 328 Abs. 1 BGB, geschützt: BAG, Urt. v. 18. 7. 2013 – 6 AZR 47/12, in: ZIP 2013, S. 2025 Rn. 53.

Selbstständigkeit keine Anwendung.[909] Da der Neuerwerb massefrei gestellt wird, ist für das nach der Freigabe generierte Einkommen kein Masseschutz notwendig. Das gilt jedoch nicht, wenn über das Sondervermögen der Selbstständigkeit, das auch den freigegebenen Neuerwerb umfasst, ein eigenständiges Verfahren eröffnet wird.[910] In diesem Fall besteht für den Schuldner ein Schutzbedürfnis, für Vermögensteile seine Verfügungsgewalt zurückzuerhalten. Dieses relative Schutzbedürfnis endet entweder mit Verfahrensaufhebung oder, sofern im Parallelverfahren eine erneute Freigabe erfolgt, da der Schuldner dann wieder unbeschränkt verfügungsbefugt ist und § 80 Abs. 1 InsO nicht gilt.[911]

Als Auffangnorm des Vermögensvollstreckungsrechts stellt § 850i ZPO in der Zweitinsolvenz des Selbstständigen für die Freistellung des Neuerwerbs in Höhe der abzuführenden Beträge die funktional richtige Vorschrift dar.[912] Dafür spricht, dass die Geschäftsfreigabe dazu führt, dass Vermögen aus der Insolvenzmasse ausgelagert wird, während die selbstständige Tätigkeit selbst weiterhin dem Insolvenzverfahren zugeordnet bleibt. Mit Zweitinsolvenzeröffnung wird das Sondervermögen der Selbstständigkeit zur Zweitinsolvenzmasse. Führt man den Gedanken fort, dass eine während des Erstverfahrens weiterverfolgte oder aufgenommene Selbstständigkeit mit dem Erstverfahren verbunden bleibt und ausschließlich haftungsrechtlich ausgegliedert worden ist, muss die Fortgeltung der Erstverfahrensziele andauern. Eine gesetzliche Stütze für diese Argumentation findet sich im Wortlaut des § 35 Abs. 2 S. 1 InsO, der vom *„Vermögen aus der selbstständigen Tätigkeit“*, das *„zur Insolvenzmasse“* gehört, spricht und nicht auf die Tätigkeit selbst abstellt. Auch der Hinweis in § 35 Abs. 2 S. 2 InsO, der § 295a Abs. 1 S. 1 InsO für entsprechend anwendbar erklärt, weist in diese Richtung, denn daraus lässt sich der Gedanke ableiten, dass der Neuerwerb in Höhe der Abführungsbeträge der Erstinsolvenzmasse funktional näher sein soll als dem Sondervermögen der Selbstständigkeit. Es handelt sich dabei um einen materiellen Gegenwert für die Vermögensausgliederung der Selbstständigkeit, der den Altgläubigern nicht verloren gehen soll. Für den Zeitraum nach Erstverfahrensaufhebung beruhen die Überlegungen auf der Bindungswirkung des begonnenen Restschuldbefreiungsverfahrens. Insgesamt kann die Anwendung

---

909 BGH, Beschl. v. 25.01.2018 – IX ZA 19/17, in: ZIP 2018, S. 543; *Böhme*, VIA 2018, S. 35 (36).

910 So auch: *Frege/Keller/Riedel*, Insolvenzrecht, Teil 3 Rn. 729.

911 Hierzu unter: 6. Kapitel C. III.

912 *Montag*, ZVI 2013, S. 453 (456); *Gotter*, Die selbstständige Tätigkeit im Insolvenzverfahren, S. 80.

des § 850i ZPO für die abzuführenden Beträge im Zweitverfahren damit begründet werden, dass die Erstverfahrens- und Restschuldbefreiungsverfahrensziele im Zweitverfahren eine fortgetragene, inhaltlich identische Legitimation erfahren, auf die zur Wahrung der Schuldnerautonomie nur mit einem Mechanismus reagiert werden kann, der die Schuldnerautonomie berücksichtigt. Als Konsequenz dieser Einordnung kann der Schuldner beim für das Zweitverfahren zuständigen Insolvenzgericht entsprechenden Pfändungsschutz beantragen, wenn nicht der Zweitverwalter den mitgeteilten Mehrbedarf von Amts wegen berücksichtigt.[913]

Die Zuordnung des Mehrbedarfs gelingt über die entsprechende Anwendung des § 850f Abs. 1 Nr. 2 Alt. 2 ZPO. Die Erweiterung des pfändungsfreien Vermögens bei zusätzlichem Schutzbedarf erfolgt in den Fällen des Pfändungsschutzes bei Selbstständigen gemäß § 850i ZPO.[914] Für die entsprechende Anwendung von § 850f Abs. 1 Nr. 2 Alt. 2 ZPO auf Abführungsbeträge spricht, dass das pfändungsfreie Vermögen über § 850i ZPO bis auf wenige Ausnahmen – wie bei § 850c ZPO – schematisch bemessen wird.[915] § 850i ZPO bezweckt zudem nicht, dem Schuldner die Grundlagen seiner Selbstständigkeit zu erhalten.[916] Dementsprechend wird bei Bemessung des unpfändbaren Vermögens nach dieser Norm ein darüberhinausgehender Bedarf über § 850f ZPO erreicht.

Inhaltlich besteht eine sozialethische Vergleichbarkeit darin, dass die in der Norm enthaltenen Härteklauseln für berufliche Notlagen des Schuldners konzipiert sind, die einer gerichtlichen Abwägungsentscheidung zugänglich sind und die Abführungsverpflichtung ebenfalls diese Signifikanzschwelle überschreitet.[917] Ein besonderes Bedürfnis für zusätzlichen Pfändungsschutz aus beruflichen Gründen besteht: Ein außergewöhnlicher Bedarf, der also dringender ist als der bei den meisten Personen in der Lage des Schuldners[918], liegt vor, weil die Abführungsverpflichtung eine Folge der selbstständigen Tätigkeit darstellt, die

913 Vgl. Uhlenbruck/*Hirte/Praß*, § 36 Rn. 58.

914 Vgl. Hk-ZPO/*Kemper*, § 850i Rn. 1. Der Vollständigkeit halber ist anzumerken, dass die Anwendung von § 100 Abs. 1 InsO ausscheidet. Eine Anwendung widerspräche dem Zweck der Norm, weil es prinzipiell keine Gewährung von Unterhalt aus der Insolvenzmasse bedarf, wenn dem Schuldner mit dem Ausscheiden des Neuerwerbs Vermögen zur Verfügung steht, vgl. Nerlich/Römermann/*Kruth*, InsO, § 100 Rn. 2.

915 PG/*Ahrens*, § 850i Rn. 36.

916 BeckOK ZPO/*Riedel*, § 850i Rn. 20.

917 Vgl. *Gotter*, Die selbstständige Tätigkeit im Insolvenzverfahren, S. 81; vgl. MüKoZPO/*Smid*, § 850f Rn. 6, 12.

918 Vgl. Hk-ZPO/*Kemper*, § 850f Rn. 5.

allerdings erst aus der Freigabeentscheidung des Insolvenzverwalters resultiert und damit nicht allen im Insolvenzverfahren beruflich Selbstständigen gemein ist. Überdies entsteht die Abführungsverpflichtung – wie die Norm voraussetzt – gerade aus beruflichen Gründen aufgrund der selbstständigen Tätigkeit, was sich aus dem Verweis in § 35 Abs. 2 S. 2 InsO ergibt. § 850f Abs. 1 ZPO ist auch auf Abtretungen entsprechend anwendbar, weil diese für den Schuldner wie eine insolvenzrechtliche Beschlagnahme wirken.[919] Zuletzt überwiegen Belange der Neugläubiger nicht, weil diese durch die Zweitinsolvenzeröffnung Kenntnis von der Leistungsfähigkeit des Schuldners haben und sich über das Bestehen der Pflichten aus dem Erstverfahren informieren können, wenn sie mit dem Schuldner kontrahieren.[920]

(b) Gleichrang mit gesetzlichen Pfändungsausnahmen

Auch aus teleologisch-systematischen Erwägungen ist diese Wertung vorzugswürdig. Sie hält einer Überprüfung an der Funktionsweise der zum Vergleich herangezogenen Pfändungsschutzmaßnahmen stand. Der Pfändungsschutz soll in den vorgetragenen Fällen dafür sorgen, dass anderweitigen gesetzlichen, fremdnützigen (Unterhalt) oder eigennützigen Verpflichtungen (Altersvorsorge, beruflicher Mehrbedarf) punktuell ein Vorrang vor der Gläubigerbefriedigung im Insolvenzverfahren eingeräumt wird, um dem Stellenwert der dahinterstehenden gesetzgeberischen Wertentscheidungen (Schutz von Ehe und Familie und der zugehörigen Fürsorgepflicht, Menschenwürde) gerecht zu werden. Eine solche ausnahmsweise Bevorzugung ist im Hinblick auf die vorrangigen Zielsetzungen des Erstinsolvenzverfahrens gerechtfertigt, da die insolvenzrechtlichen Wirkungen des Erstverfahrens nachwirken und die Zielsetzung des Zweitverfahrens relativ beschränken.[921]

Sachgerecht ist die Lösung zudem, weil auch im Fall der Vorausabtretung im Rahmen einer sicherungshalber am künftigen Neuerwerb vorgenommenen Globalzession der wiederauflebenden Vorausabtretung mit der Pfändungsschutzregel des § 850i ZPO begegnet wird.[922] Die beschriebene Konstellation beschäftigt sich mit der Konkurrenz gesicherter Verpflichtungen des Schuldners mit dem Abführungsanspruch. Ein Vergleich dazu ist sinnvoll, weil es im Hinblick auf Zweitinsolvenzen keinen Unterschied machen kann, ob dem Ausgleichsanspruch

919 KK-InsO/*Hess*, § 35, 36 Rn. 1353.
920 Vgl. *Gotter*, Die selbstständige Tätigkeit im Insolvenzverfahren, S. 81.
921 Hierzu oben unter: 3. Kapitel A. IV. 2.
922 Vgl. BK-InsO/*Ellrich*, § 35 Rn. 160.

des Verwalters andere dinglich gesicherte Ansprüche wertungsmäßig vorgehen oder ob der Schuldner aufgrund des Entzugs der Verfügungsbefugnis im Zweitverfahren nicht leisten kann, denn die Auswirkung auf den Zahlungsanspruch ist dieselbe: Leistet der Schuldner nicht, ist der Erstverwalter verpflichtet, auf dem Vollstreckungswege gegen diesen vorzugehen, weshalb es im Hinblick auf ein neues Gesamtvollstreckungsverfahren keine Handlungsalternative neben der Anmeldung der Forderung zur Insolvenztabelle gibt. Das spricht dafür, die Schlussfolgerungen für wiederauflebende Zessionen nach Geschäftsfreigabe in Bezug auf Abführungsbeträge in Zweitverfahren zu übernehmen. Nach der Beantragung von Pfändungsschutz bleiben die Pflichten und Obliegenheiten für den Schuldner erfüllbar und gleichzeitig kann die gesetzliche Wertung, dem Schuldner die Abführung der Beträge zu überlassen, gewahrt werden.

(c) Aushändigung durch den Schuldner

Das Lösungsmodell über den Pfändungsschutz ist also deshalb vorzugswürdig, weil die Ablösebeträge bzw. das werdende Treugut der Zweitmasse vollumfänglich entzogen werden kann, wenn der Schuldner für die zukünftigen Abführungen Pfändungsschutz am Neuerwerb nach § 36 Abs. 1 S. 2, Abs. 4 i.V.m. § 850 Abs. 2, § 850i Abs. 1, § 850f Abs. 1 Nr. 2 Alt. 2 ZPO beantragt. Diese Herangehensweise nimmt einerseits die gesetzlichen Handlungsstränge auf und gesteht dem Schuldner im Zweitverfahren genug Freiraum zu, seine Pflichten aus dem Erstverfahren zu erfüllen. Andererseits entspricht es der gesetzlichen Handlungsanweisung, dass kein anderer als der Schuldner befugt ist, der Insolvenzmasse Zahlungen zukommen zu lassen, weil es sich dabei um den rechtlich zulässigen Weg handelt, die Zahlung zu erbringen. Die anderen Ansichten verkennen dies. Sowohl die entsprechende Anwendung des § 295a Abs. 1 S. 1 InsO im laufenden Verfahren als auch die direkte Anwendung der Norm im Restschuldbefreiungsverfahren berechtigen allein den Schuldner selbst, Neuerwerbsanteile seiner Unternehmung an die Altgläubiger abzuführen. Diesen Gesetzesauftrag kann eine Lösung des haftungsrechtlichen Konflikts am Neuerwerb nicht ignorieren, wenn sie die grundlegenden verfahrensrechtlichen Wertungen nicht ignorieren möchte. Die Zuweisung des Neuerwerbs der Entscheidungsfreiheit des Schuldners zu unterstellen, wird dem gerecht. Über die Pfändungsschutzvorschriften muss sie erfolgen, da die Erstinsolvenzmasse und der Altgläubigerschutz im Grunde erst nachrangig berührt werden. Zunächst kommt es dem Schuldner selbst zugute, wenn Vermögen insolvenzfrei gestellt wird.

Für die Anregung von *Gotter*, vergleichbar mit dem unterhaltsberechtigten Dritten im Rahmen des § 850f ZPO, zusätzlich dem Erstverwalter eine

Antragstellung bzgl. § 850i ZPO zu ermöglichen, bleibt kein Raum.[923] Dagegen spricht, dass es an einem mit dem Unterhaltsanspruch vergleichbaren Sicherungsbedürfnis des Verwalters fehlt, wenn der Schuldner dem Zahlungsweg des § 295a Abs. 1 S. 1 InsO nicht folgen möchte, weil § 35 Abs. 2 S. 2 InsO diese Alternative zulässt. Diese Wertung gilt auch im Hinblick auf das Antragsrecht.

Mangels stärkeren Rechts kann sich der Erstverwalter nur mit einer Insolvenzforderung an die Zweitmasse wenden.[924] Das Gesamtvollstreckungsverfahren kennt neben den § 47, § 51, § 55 InsO keine weiteren Zuteilungen an spezielle Gläubiger. Insofern bleibt es bei einer Anmeldung des Abführungsanspruchs zur Insolvenztabelle, wenn der Schuldner nicht tätig wird. Daran kann er nicht gehindert werden, denn kein Schuldner muss einen Anspruch erfüllen, wenn er daran kein Interesse hat. Dies kann den Fall betreffen, dass der Schuldner im Erstverfahren keine Restschuldbefreiung mehr anstrebt, den Antrag aber noch nicht zurückgenommen hat oder ein Versagungsverfahren droht und die Abführung der Ablösebeträge damit für den Schuldner nutzlos wird.

Die einzige Handlungsoption des Erstverwalters ist insofern die Anmeldung der offenen Forderung zur Tabelle des Zweitverfahrens. Insbesondere kann dieser keinen Anspruch auf Teile am Neuerwerb erheben. Vielmehr kann nur eine freiwillige Leistung aus dem insolvenzfreien Vermögen des Schuldners erfolgen, zu welcher ein Insolvenzschuldner jederzeit berechtigt ist, die ein Insolvenzgläubiger aufgrund § 89 InsO hingegen nie erzwingen kann.[925] Der Erstinsolvenzverwalter unterfällt im Rahmen des Zweitverfahrens dem Anwendungsbereich der Norm, da er Insolvenzgläubiger i.S.d. § 38 InsO ist. Der Verwalter macht einen eigenen vermögensrechtlichen Anspruch geltend, der vor Zweitverfahrenseröffnung begründet wurde.[926]

Für das Stadium der Treuhandperiode gelangt man über die Auswertung der schwachen Position des Treuhänders aus § 292 Abs. 2 InsO ebenfalls zu dem Ergebnis, dass die Geltung der Schuldnerautonomie im Zweitverfahren Berücksichtigung finden muss. Auch hier können Altgläubiger nicht von dem Risiko befreit werden, dass der Schuldner es unterlässt, die Beträge weiterzuleiten.

---

923 *Gotter*, Die selbstständige Tätigkeit im Insolvenzverfahren, S. 161 zu § 850f Abs. 1 lit. B) ZPO a.F.; so auch: *Kutscher*, Die Erklärung des Insolvenzverwalters nach § 35 Abs. 2 InsO, S. 190.

924 Nach *Gotter* soll ein Schätzwert gem. § 46 S. 2, § 45 S. 1 InsO genügen, *Gotter*, Die selbstständige Tätigkeit im Insolvenzverfahren, S. 161. Unter den Voraussetzungen des § 295a Abs. 2 S. 1 und 2 InsO kommt es darauf nicht an.

925 Vgl. KK-InsO/*Hess*, § 35, 36 Rn. 50.

926 Zu den Voraussetzungen des § 38 InsO unter: 3. Kapitel B. I. 1. B) aa).

Führt der Schuldner trotz Pfändungsschutz keine Beträge ab, ist dies über das Versagungsverfahren zu sanktionieren.

Die Vorschrift des § 850i ZPO eröffnet die Gelegenheit, die Gläubigerbefriedigung entlang der gesetzlichen Abwicklungsordnung durchzuführen, indem Neuerwerbsvermögen aus der Zweitmasse an die den Altgläubigern haftende Vermögensmasse transferiert wird. Für diese Auslegung spricht schließlich der Zweck, dem selbstständigen Unternehmer den Mindeststandard eines menschenwürdigen Lebens zu bieten, worunter ebenfalls die Möglichkeit des Restschuldbefreiungsverfahrens zu fassen ist. Gleichzeitig bleibt das auf § 35 Abs. 2 InsO zurückzuführende Ziel eines wirtschaftlichen Neuanfangs erreichbar, denn die ins Schuldnervermögen eingehenden liquiden Mittel können den aufgrund der selbstständigen Tätigkeit notwendigen Mehrbedarf an insolvenzfreiem Vermögen decken, der sich aus § 35 Abs. 2 S. 2, § 295a Abs. 1 S. 1 InsO bzw. § 295a Abs. 1 S. 1 InsO ergibt.

(d) Neutralität der Verfahrensvorschriften

Die Anwendung einer zivilprozessualen Vorschrift kann schließlich in Abgrenzung zur Freigabelösung für sich beanspruchen, keinen verfahrensrechtlichen Durchgriff von Insolvenz- und Restschuldbefreiungsverfahren vorzunehmen, da – im Unterschied zum Vorschlag einer Nutzbarmachung des § 35 Abs. 2 S. 1 InsO für das Erreichen der Restschuldbefreiungsziele – die Vorschriften der Zivilprozessordnung in beiden Verfahrensarten für prozessrechtliche Fragen entsprechende Anwendung finden.[927]

(e) Einbeziehung des Neugläubigerschutzgedankens

Gleichzeitig bietet die Einschränkung des § 850i Abs. 1 S. 3 ZPO genügend gerichtlichen Spielraum, einen Pfändungsschutz am Neuerwerb nicht gewähren zu müssen, wenn die Interessen der Gläubigergemeinschaft des Zweitverfahrens gefährdet sind. Dies kann der Fall sein, wenn gegen den Schuldner im Restschuldbefreiungsverfahren schon ein Versagungsverfahren anhängig ist. Denn das Insolvenzgericht muss nicht sehenden Auges eine Verschiebung von Vermögen der Zweitmasse zulassen. Die Vorschrift bietet mithin schon einen

927 Die Vorschriften der Zivilprozessordnung finden Anwendung, soweit sie dem vollstreckungsrechtlichen Charakter des Insolvenzverfahrens gerecht werden: MüKoInsO/*Ganter/Bruns*, § 4 Rn. 3; *Gerhardt*, in: Jaeger, InsO, § 4 Rn. 2; K.Schmidt/*Stephan*, InsO § 4 Rn. 3.

verfahrensrechtlichen Rahmen, um die Schuldnerautonomie – wo nötig – zu begrenzen.

(f) Wertungseinheit in der Treuhandperiode

Nach Verfahrensaufhebung erfolgt die Zahlung von Abführungsbeträgen des Schuldners auf veränderter rechtlicher Grundlage. Bei Ausübung einer selbstständigen Tätigkeit kommt es auch während der Treuhandperiode nicht auf § 287 Abs. 2 InsO an. Vielmehr findet § 295a Abs. 1 S. 1 InsO direkte Anwendung. Auf die Durchsetzbarkeit des Altgläubigerinteresses am Massevolumen des Erstverfahrens wirkt sich dies nicht aus. In der parallelen Zweitinsolvenz nach aufgehobenem Erstverfahren ist der Treuhandbetrag dem Abführungsanspruch des Insolvenzverwalters gleich zu behandeln. Obwohl es sich nicht mehr um eine Ausgleichspflicht zur Betriebsfreigabe handelt, bleibt es Aufgabe des Schuldners, im Zweitverfahren in entsprechender Höhe Pfändungsschutz zu erwirken. Für eine Gleichstellung mit abhängigen Beschäftigten genügt in diesem Erstverfahrensstadium schon die Vermögensverteilung aus der Zweit- zur Erstinsolvenzmasse. Die gesetzliche Konzeption sieht für den Selbstständigen dessen Mitwirkung im Eigeninteresse vor. Eine Gleichbehandlung von Abtretungs- und Obliegenheitsbeträgen im Zweitverfahren ist diesem schuldnerischen Interesse geschuldet.

hh) Anmeldung als Insolvenzforderung

(1) Darstellung

Eine weitere Ansicht spricht sich für die Anmeldung zur Zweitinsolvenztabelle aus. Im Unterschied zur Pfändungsschutzlösung erachtet dieser Ansatz eine Forderungsanmeldung im Zweitverfahren als ausschließlichen – und nicht nur subsidiären – Lösungsweg.[928]

(2) Bewertung

Dieser Ansatz dürfte der Übernahme der vom Bundesgerichtshof geäußerten Anmerkungen entspringen. Für eine Forderungsanmeldung spricht generell, dass der Totalausfall für die Erstinsolvenzmasse verhindert wird. Im Vordergrund steht damit eine haftungsrechtliche Betrachtung ohne Auswertung der Pflichtenprogramme der Beteiligten, wie sie die Pfändungsschutzlösung

---

928 K.Schmidt/*Büteröwe*, InsO § 35 Rn. 45; *Hackenberg*, VIA 2022, S. 89 (91); wohl auch: Graf-Schlicker/*Graf-Schlicker/Kexel*, § 35 Rn. 42.

unternimmt. Im Ergebnis wird somit die Risikoverteilung zulasten der Altgläubiger hervorgehoben.

ii) Ergebnis

Die für die Zielerfüllung im Erstverfahren erforderlichen Beträge sind gem. § 36 Abs. 1 S. 2 InsO i.V.m. § 850i Abs. 1 ZPO im Zweitverfahren durch den Schuldner insolvenzfrei zu stellen. Grundsätzlich sind die ab Zweitverfahrenseröffnung zu leistenden Beträge dem Haftungskreis des Schuldners im Zweitverfahren zugeordnet. Ihm allein steht es zu, eine Umverteilung einzuleiten, um keine Versagung der Restschuldbefreiung im Erstverfahren riskieren zu müssen.

4. Anfechtungspositionen

a) Vorbemerkung

Auch in der Parallelinsolvenz finden die Anfechtungsvorschriften der Insolvenzordnung Anwendung. Für Sonderinsolvenzverfahren gelten in dieser Hinsicht keine Besonderheiten, denn die Vorschriften beziehen sich auf jedes eröffnete Insolvenzverfahren gleich welcher Art.[929] Zulässige Bezugspunkte für Rechtshandlungen i.S.d. § 129 InsO stellen einerseits das Verhalten des Erstinsolvenzverwalters und andererseits das Schuldnerverhalten dar.[930] Weil die Kompetenz des Zweitverwalters gem. § 148 Abs. 1 InsO lediglich das Sondervermögen der Selbstständigkeit betrifft, ist ausschließlich die Frage des Masseentzugs im Zweitverfahren und nicht darüberhinausgehender Vermögensbestände betroffen. In Anbetracht der sachlich abweichenden Kompetenz des Zweitverwalters ist anders als beim nachgeschalteten Insolvenzverfahren daher auch im Fall eines objektiv fortdauernden Insolvenzereignisses eine Anfechtung erstverfahrenszugehörigen Vermögens ausgeschlossen.[931]

Insolvenzwidrige Vermögensverschiebungen sind in der Zweitinsolvenz rückabzuwickeln. Angesichts der zeitlichen Überschneidung von vorausgehendem und nachfolgendem Verfahren ist es wahrscheinlich, dass sich Masseüberlagerungen innerhalb der Suspektsperiode nicht vermeiden lassen. Die Pflicht zum Masseerhalt erfordert es in so einem Fall, dass der Zweitinsolvenzverwalter Anfechtungsansprüche zugunsten der Masse geltend macht. Die Diskussion der Frage, unter welchen Voraussetzungen vom Erstverwalter veranlasste

---

929 *Bork*, Insolvenzanfechtungsrecht, S. 13 Rn. 26, S. 15 Rn. 29.

930 Vgl. K.Schmidt/*K.Schmidt*, InsO § 129 Rn. 36, 38.

931 BGH, Urt. v. 11.04.2013 – IX ZR 268/12, in: NZI 2013, S. 537.

Vermögensabflüsse vom Zweitverwalter angefochten werden können, ist erst jüngst entstanden.[932] Ungeklärt ist auch, ob Zahlungen des Schuldners an die Erstinsolvenzmasse im Zweitverfahren der Anfechtung unterliegen.

b) Rechtshandlungen des Erstinsolvenzverwalters

aa) Anfechtbarkeit von Insolvenzverwalterhandlungen?

Die Handlungen des Verwalters eines vorangehenden Verfahrens unterliegen im Zweitverfahren grundsätzlich nicht der Insolvenzanfechtung. Die Anfechtbarkeit von Handlungen des Insolvenzverwalters wird meist ausdrücklich abgelehnt.[933] Die Hauptargumente sind der Vertrauensschutz zugunsten der Gläubiger in die Handlungen des Insolvenzverwalters und dass Verwalterhandlungen nach Verfahrenseröffnung und damit nach dem anspruchsbegründenden Zeitpunkt entstehen, den der Wortlaut des § 129 Abs. 1 InsO anordnet.[934] Vorgebracht wird zudem, dass die Anfechtungsfestigkeit der verfahrensrechtlichen Funktion des Insolvenzverwalters geschuldet ist und alle Handlungen mit Prozessbezug einschließlich Anfechtungshandlungen und Auszahlungen betrifft.[935] Zudem haftet der Verwalter den Gläubigern gem. § 60, § 61 InsO.[936] Die Anfechtung von Handlungen des vorläufigen schwachen Insolvenzverwalters soll grundsätzlich möglich sein, es sei denn, es wurde ein Vertrauenstatbestand begründet, auf den der Dritte auch vertraut.[937] Ausnahmen sollen für gesetzliche Ansprüche und Altverbindlichkeiten gelten.[938] Begründet wird dies damit, dass aufgrund

---

932 AG Mannheim, Urt. v. 29.04.2019 – 7 C 5109/18, in: NZI 2019, S. 596; *Busching/Klersy*, ZInsO 2015, S. 1601 ff.; *Cymutta*, ZInsO 2019, S. 1360 ff.; *Frind*, ZInsO 2020, S. 390 (390 f.); *Kuleisa*, ZVI 2021, S. 93 (96 f.); *Thole*, NZI 2017, S. 129 (131).

933 BGH Urt. v. 20.02.2014 – IX ZR 164/13, in: NZI 2014, S. 321 Rn. 11; BGH, Urt. v. 02.04.2009 – IX ZR 171/07, in: NZI 2009, S. 378 Rn. 12; OLG Stuttgart v. 30.09.2009 – 3 U 113/09, in: ZInsO S. 2009, S. 2342 Rn. 24; Uhlenbruck/*Borries/Hirte*, § 129 Rn. 137; *Cymutta*, ZInsO 2019, S. 1360 (1361); AGR-InsO/*Gehrlein*, § 129 Rn. 62; MüKoInsO/*Kayser/Freudenberg*, § 129 Rn. 42; MüKoInsO/*Kirchhof/Piekenbrock*, § 147 Rn. 10; KK-InsO/*Mohr*, § 129 Rn. 42; HambK-InsO/*Rogge/Leptien*, § 129 Rn. 26; *Wischemeyer/Dimassi, ZIP 2017, 593 (596).*

934 *Cymutta*, ZInsO 2019, S. 1360 (1361), weist zutreffend darauf hin, dass dies für Zweitverfahren bedeutungslos ist. AGR-InsO/*Gehrlein*, § 129 Rn. 62 mit Hinweis auf: BT-Drs. 12/2443, S. 157.

935 Uhlenbruck/*Borries/Hirte*, § 129 Rn. 137; MüKoInsO/*Kayser/Freudenberg*, § 129 Rn. 42; MüKoInsO/*Kirchhof/Piekenbrock*, § 147 Rn. 10; *Thole*, NZI 2017, S. 129 (131).

936 Uhlenbruck/*Borries/Hirte*, § 129 Rn. 137.

937 *Cymutta*, ZInsO 2019, S. 1360 (1361).

938 *Cymutta*, ZInsO 2019, S. 1360 (1361).

des Zustimmungsvorbehalts Handlungen des Schuldners betroffen sind und die Rechtsstellung des Verwalters nicht mit den Befugnissen des endgültigen Insolvenzverwalters übereinstimmt.[939] Dieser Linie kann auch für parallele Zweitverfahren gefolgt werden.

bb) Urteil des AG Mannheim: Keine Anfechtung von Schlussverteilungszahlungen des Erstverfahrens

(1) Darstellung

Das Amtsgericht Mannheim wies die Klage eines Zweitinsolvenzverwalters ab, der über die Anfechtung einer Quotenzahlung der Schlussverteilung des Erstverfahrens eine Zahlung zur Zweitverfahrensmasse geltend machte.[940] Der Zweitinsolvenzverwalter führte an, dass die Schlussverteilung im Erstverfahren die Neugläubiger benachteiligte.[941] Die Klageabweisung begründete das Amtsgericht damit, dass eine Gläubigerbenachteiligung im Zweitverfahren durch die im Erstverfahren erfolgte Ausschüttung auszuschließen sei.[942] Voraussetzung für eine Rückgewähr an die Insolvenzmasse gem. § 143 Abs. 1 InsO sei, dass ein Massebezug des angefochtenen Anfechtungsgegenstands bestehe.[943] Ein solcher fehle, weil die Erstverfahrensmasse und damit auch das dazu gehörende Vermögen der Schlussverteilung nicht zur Haftungsmasse des Zweitverfahrens gehöre.[944] Das Vermögen der Schlussverteilung hätte den Neugläubigern auch ohne die Ausschüttung nicht zur Verfügung gestanden.[945] Den Neugläubigern hafte nur die durch Geschäftsfreigabe entstandene Haftungsmasse, nicht die Insolvenzmasse des Erstverfahrens.[946]

Überdies fehle es an der Kenntnis der Zahlungsunfähigkeit des Erstinsolvenzverwalters die sich nicht aus der Ausschüttung oder der Zahlungsunfähigkeit des Erstverfahrens ergeben könne.[947]

Offen ließ das Gericht, ob für die Anfechtungsfrist auf einen früheren Fremdantrag abzustellen sei, weil es sich wirtschaftlich um dieselbe Insolvenz

939 Uhlenbruck/*Borries/Hirte*, § 129 Rn. 137.
940 AG Mannheim, Urt. v. 29.04.2019 – 7 C 5109/18, in: ZInsO 2019, S. 1327.
941 AG Mannheim, Urt. v. 29.04.2019 – 7 C 5109/18, in: ZInsO 2019, S. 1327 Rn. 11.
942 AG Mannheim, Urt. v. 29.04.2019 – 7 C 5109/18, in: ZInsO 2019, S. 1327 Rn. 11.
943 AG Mannheim, Urt. v. 29.04.2019 – 7 C 5109/18, in: ZInsO 2019, S. 1327 Rn. 13.
944 AG Mannheim, Urt. v. 29.04.2019 – 7 C 5109/18, in: ZInsO 2019, S. 1327 Rn. 13, 15.
945 AG Mannheim, Urt. v. 29.04.2019 – 7 C 5109/18, in: ZInsO 2019, S. 1327 Rn. 16.
946 AG Mannheim, Urt. v. 29.04.2019 – 7 C 5109/18, in: ZInsO 2019, S. 1327 Rn. 15.
947 AG Mannheim, Urt. v. 29.04.2019 – 7 C 5109/18, in: ZInsO 2019, S. 1327 Rn. 18.

handele.[948] Nachdem das Insolvenzgericht einen Fremdantrag über die Eröffnung des Verfahrens über das Vermögen der im Erstverfahren freigegebenen Selbstständigkeit abgewiesen hatte, eröffnete es das Zweitverfahren später aufgrund eines Eigenantrags des Schuldners.[949]

(2) Einordnung

(a) Anspruchsbegrenzung auf die Zweitverfahrensmasse

Die Bedeutung der Entscheidung liegt darin, dass sie für die Frage der Anfechtbarkeit von Erstverwalterhandlungen im Zweitverfahren eine deutliche Kompetenzabgrenzung vornimmt. Dem Zweitverwalter kann nur zurückgewährt werden, was „*aus dem Vermögen des Schuldners*" i.S.d. § 143 Abs. 1 S. 1 InsO verloren gegangen ist. Zur Insolvenzmasse gem. § 35 Abs. 1 InsO gehört im Zweitverfahren ausschließlich das Vermögen der Selbstständigkeit gem. § 35 Abs. 2 S. 1 InsO. Die Haftungstrennung im Erstverfahren legt damit zugleich für die Neugläubiger den Bezugspunkt des Merkmals der Gläubigerbenachteiligung i.S.d. § 129 Abs. 1 InsO im Zweitverfahren fest.[950]

(b) Gläubigerbenachteiligung

Eine Gläubigerbenachteiligung im Zweitverfahren scheidet damit aus. Auch der Ansatz, in der Negativerklärung eine Gläubigerbenachteiligung im Zweitverfahren zu sehen, ist nicht zielführend, weil auch danach der Haftungszugriff ein anderer wäre. Nach dieser Alternativüberlegung eines einheitlichen Insolvenzverfahrens existierte bei Positiverklärung im Erstverfahren nur ein einziges Insolvenzverfahren, weshalb die Ausübung der Selbstständigkeit zu Masseverbindlichkeiten gem. § 55 Abs. 1 Nr. 1 InsO führte und damit zur Verringerung der Masse und einer auszuschüttenden Insolvenzquote.[951]

(c) Kenntnis der Zahlungsunfähigkeit

Weiterhin trifft es zu, dass aus der Kenntnis des Insolvenzgrundes des Erstverfahrens oder der Geschäftsfreigabe nicht auf das Vorliegen der subjektiven Voraussetzungen des Anfechtungsanspruchs im Zweitverfahren geschlossen werden kann. Aufgrund der Haftungstrennung folgt aus dem Insolvenzereignis des

---

948 AG Mannheim, Urt. v. 29.04.2019 – 7 C 5109/18, in: ZInsO 2019, S. 1327 Rn. 10.

949 AG Mannheim, Urt. v. 29.04.2019 – 7 C 5109/18, in: ZInsO 2019, S. 1327 Rn. 18.

950 *Ganter*, NZI 2019, S. 596 (597); *Schmerbach*, VIA 2019, S. 60 (61).

951 *Ganter*, NZI 2019, S. 596 (597).

Erstverfahrens nicht zwangsläufig die Kenntnis im Sinne der § 130 ff. InsO.[952] Angesichts des durch die Freigabe entstehenden Haftungspools darf der Negativerklärung kein diesbezüglicher Erklärungswert entnommen werden.[953] Ausschlaggebend ist allein, ob die Zahlungsunfähigkeit bzw. die darauf bezogenen Umstände der Sondermasse zum Vorliegen der subjektiven Voraussetzungen im Zweitverfahren führen.[954] Aufgrund der Haftungstrennung bestehen für die Prüfung der subjektiven Anfechtungsvoraussetzungen auch im Hinblick auf § 139 Abs. 2 S. 2 InsO keine verfahrensübergreifenden Anknüpfungspunkte.[955]

(d) *Anfechtungsfrist*

Die Frage, ob den beiden Insolvenzverfahren dasselbe Insolvenzereignis zugrunde liegt, ist allein für Einhaltung der Anfechtungsfrist gem. § 130 Abs. 1 Nr. 2 InsO von Interesse.[956]

(e) *Anfechtungsfestigkeit von Erstverwalterhandlungen*

Die Frage, ob die Anfechtung einer Rechtshandlung des Insolvenzverwalters generell ausgeschlossen sei, musste nicht beantwortet werden. *Cymutta* zeigt zur Beantwortung bezüglich der Ausgangskonstellation auf, dass die Anforderungen für Ausschüttungen, die das Verteilungsverfahren an den Insolvenzverwalter stellt, höher sind als die für den Ausgleich von Masseverbindlichkeiten.[957] Insbesondere die Alternativlosigkeit der Forderungsanmeldung gem. § 87 InsO, die dem Zweck der Gläubigergleichbehandlung dient und die Beteiligung des Insolvenzgerichts als leitendes Organ gem. § 196 Abs. 2 InsO festlegt, rechtfertigen das Vertrauen des Rechtsverkehrs in die Amtsausführung des Insolvenzverwalters.[958]

Dieser Standpunkt überzeugt, weil die Gläubigergleichbehandlung nur durch das begrenzende Element der Quote erreicht werden kann. Das Aufbrechen dieser Verteilung bedürfte einer Rechtfertigung, die nur in der Gleichbehandlung einer anderen Gläubigergesamtheit bestehen kann. Aufgrund der nicht umkehrbaren Wirkung der Haftungstrennung gem. § 35 Abs. 2 S. 1 InsO bleibt in

---

952 *Kuleisa*, ZVI 2021, S. 93 (97).
953 Vgl. *Kuleisa*, ZVI 2021, S. 93 (97); vgl. *Schmerbach*, VIA 2019, S. 60 (61).
954 *Kuleisa*, ZVI 2021, S. 93 (97).
955 *Kuleisa*, ZVI 2021, S. 93 (97).
956 *Cymutta*, ZInsO 2019, S. 1360 (1361); *Ganter*, NZI 2019, S. 596 (597).
957 *Cymutta*, ZInsO 2019, S. 1360 (1362).
958 *Cymutta*, ZInsO 2019, S. 1360 (1362).

Zweitverfahren hierfür kein Raum. Etwas anderes kann nur gelten, wenn keine Haftungstrennung besteht. Dafür sieht das Gesetz aber nur die Aufhebung der Negativerklärung gem. § 35 Abs. 2 S. 3 InsO vor. In diesem Fall kann es mangels Sondervermögen allerdings nicht zu einem Zweitverfahren kommen, in dem Anfechtungsansprüche geltend gemacht werden.

In der Konstellation, in der das Zweitverfahren über einen aus der Erstinsolvenzmasse mittels echter Freigabe herausgelösten Gegenstand eröffnet wird, stellt die echte Freigabe die Zäsur da. Auch hier unterscheiden sich die Gläubigergruppen.

(f) Ergebnis

Handlungen des Erstverwalters sind anfechtungsfest, denn die im Erstverfahren erfolgte Haftungstrennung begrenzt den Anfechtungsradius im Zweitverfahren.

cc) Ansatz von Busching/Klersy: *Verfahrensverbindung*

(1) Anknüpfungspunkt

Der von *Busching/Klersy* entwickelte Ansatz knüpft an diesen Umstand an. Die Autoren erkennen die grundsätzlichen Schwierigkeiten im Gefüge zwischen den Verfahren, einen anfechtungsrelevanten Sachverhalt umreißen zu können. Ihr Vorschlag stützt sich aus diesem Grund auf die besondere Konstellation eines hybriden Insolvenzverfahrens. Die Autoren nähern sich der Frage einer Anfechtbarkeit, indem sie einen Sachverhalt betrachten, der die insolvenzrechtlichen Anfechtungsvoraussetzungen erfüllen kann.

(2) Darstellung

(a) Bildung einer Gesamtgläubigerschaft

Busching/Klersy gehen davon aus, dass anstelle der Eröffnung des Zweitverfahrens nur über das Vermögen der Selbstständigkeit ein Gesamtverfahren nach Aufhebung des Erstverfahrens und unter Auflösung dessen verfahrensrechtlicher Wirkung möglich sein soll. Dazu müssen Erst- und Zweitverfahren zunächst gem. § 4 InsO i.V.m. § 147 ZPO verbunden werden und im Erstverfahren dürfe dem Schuldner keine Restschuldbefreiung erteilt worden sein.[959] Nachdem Erst- und Folgeverfahren verschmolzen seien, existiere in diesem Gesamtverfahren eine zusammengesetzte Gläubigergesamtheit, bei der größtenteils Gläubigeridentität zwischen Alt- und Neugläubigern bestehe.[960]

---

959 *Busching/Klersy*, ZInsO 2015, S. 1601 (1602).

960 Vgl. *Busching/Klersy*, ZInsO 2015, S. 1601 (1602).

(b) *Vergleich zur Anfechtung der Vergütung des vorläufigen Insolvenzverwalters*

Die im Rahmen der Schlussverteilung des ehemaligen Erstverfahrens erfolgten Auszahlungen können gem. §§ 129, 130 Abs. 1 Nr. 1, 2 InsO angefochten werden.[961] Darin, dass das im Erstverfahren verteilte Vermögen die Masse im Zweitverfahren schmälere und damit der Gläubigerbefriedigung entzogen sei, könne eine Benachteiligung der Neugläubiger gesehen werden.[962] Dass Zahlungen im gleichen, nun verbundenen Verfahren nicht anfechtbar wären, wird als problematisch erkannt, aber mithilfe einer Analogie zur Anfechtbarkeit der Vergütungsansprüche eines personenverschiedenen vorläufigen Insolvenzverwalters argumentativ bewältigt.[963] Nicht am Verfahren teilnehmende Gläubiger seien ebenfalls von der Anfechtung betroffen.[964]

(3) *Bewertung*

(a) *Sachlicher Anwendungsbereich*

Der Ansatz von *Busching/Klersy* veranschaulicht treffend, wie eng der Rahmen für den Gebrauch des Instruments der Insolvenzanfechtung in Zweitinsolvenzverfahren gesteckt ist. Der Anwendungsbereich für diese Lösung kann allerdings nur in einer hypothetischen Verbindung der Verfahren im anfechtungsrechtlichen Sinne bestehen. Eine tatsächliche Verbindung des zu eröffnenden Zweitverfahrens mit dem aufgehobenen Erstverfahren ist unzulässig, weil ein schon aufgehobenes Insolvenzverfahren nicht mehr verbindungsfähig ist, denn der Schuldner hat seine Verwaltungs- und Verfügungsbefugnis wieder zurückerhalten. Mit dem Eröffnungsbeschluss ist die Verfahrensverbindung von mehreren gegen den Schuldner gerichteten Anträgen zulässig.[965] Die gegen die Verbindung eröffneter Insolvenzverfahren gegen mehrere Schuldner geäußerten Bedenken greifen hier nicht, weil es sich um zwei Verfahren desselben Schuldners handelt.[966] Allerdings existieren mit Verfahrensaufhebung die verfahrensrechtlichen Wirkungen nicht mehr, was sich insbesondere aus § 80 und § 201 InsO ergibt.

---

961 *Busching/Klersy*, ZInsO 2015, S. 1601 (1602).

962 *Busching/Klersy*, ZInsO 2015, S. 1601 (1602).

963 *Busching/Klersy*, ZInsO 2015, S. 1601 (1602).

964 BGH, Urt. v. 20.07.2006 – IX ZR 44/05, in: ZIP 2006, S. 1591 Rn. 10; *Busching/Klersy*, ZInsO 2015, S. 1601 (1602).

965 Hierzu oben unter: 2. Kapitel D. IV. 2. B) bb) (2) und 2. Kapitel D. IV. 2. C).

966 Das AG Göttingen, Beschl. v. 06.05.2002 – 74 IN 138/02, in: ZInsO S. 498 nennt Praktikabilitätsgründe bei der Aktenführung und Absprachenerfordernisse in der

Die Idee eines hybriden Verfahrens kann demnach nur zur Überwindung des Anfechtungsausschlusses im Rahmen der § 129 InsO herangezogen werden, also als Idee eines fiktiven Gesamtverfahrens: Eine der Anfechtbarkeit von Rechtshandlungen des vorläufigen Insolvenzverwalters vergleichbare Situation existiert insoweit, als dasselbe zugrundeliegende Insolvenzereignis verfahrensbestimmend ist. Dies entspricht der Argumentation von *Kuleisa* im Rahmen des § 139 Abs. 2 S. 2 InsO von einer *„einheitlichen Insolvenz"* auszugehen, wenn im Erstverfahren keine Restschuldbefreiung erteilt wurde, die das Insolvenzereignis beendet.[967] Der Haftungspool setzte sich im hybriden Zweitverfahren dann auch dem eigentlichen Vermögen des Zweitverfahrens – dem Vermögen der Selbstständigkeit – und den Anfechtungspositionen zusammen, die dem Vermögen des Erstverfahrens entsprechen.

(b) Persönlicher Anwendungsbereich

Stimmen Alt- und Neugläubigerschaft nicht vollständig überein, weil jeweils entweder weniger oder auch nur ein zusätzlicher, aus der anderen Masse nicht zu befriedigender Gläubiger eine Forderung gegen den Schuldner hat, muss im zusammengelegten Verfahren eine doppelte Abwicklung hinsichtlich unterschiedlicher Vermögensmassen durchgeführt werden, um eine Quotengerechtigkeit zu erreichen. Dies kann beispielsweise der Fall sein, wenn sich der Schuldner erstmals einem Neugläubiger gegenüber verpflichtet: Der Neugläubiger wäre nur aus Teilen der eigentlichen Zweitverfahrensmasse zu befriedigen. Eine solche Vermögensunterteilung nach dem Maßstab eines gedachten Gesamtverfahrens ist grundsätzlich möglich, denn es handelt sich um keinen der Insolvenzordnung unbekannten Vorgang, da in einem Insolvenzverfahren in ähnlicher Weise an absonderungsberechtigte Gläubiger Zahlungen aus separiertem Vermögen erfolgen und Vermögen innerhalb desselben Verfahrens somit unterschiedlich verteilt werden kann.

Unter Berücksichtigung von § 141 InsO kann auch die für die Altgläubiger wirkende materielle Rechtskraft des Insolvenztabellenauszugs gem. § 4 InsO i.V.m. § 322 Abs. 1 ZPO überwunden werden.[968] Der Vertrauensschutz, den die Altgläubiger genießen (ne bis in idem, Bindung der Staatsorgane)[969], muss

---

Verfahrensdurchführung als Gründe gegen die Verbindung von Verfahren über das Vermögen unterschiedlicher Gläubiger mit gleicher Gläubigerschaft.

967 *Kuleisa*, ZVI 2021, S. 52 (54 f.); *ders.*, ZVI 2021, S. 93 (98). Hierzu oben unter: 2. Kapitel C. II. 2.

968 Hierzu oben unter: 2. Kapitel D. IV. 5. B) aa) (1).

969 PG/*Völzmann-Stickelbrock*, § 322 Rn. 14, 22.

grundsätzlich bei entsprechender Anwendung der zivilprozessualen Regeln Bestand haben. Gerade im Hinblick auf die Haftungstrennung fällt es schwer zu begründen, weshalb die Altgläubiger vom neuen Streitgegenstand betroffen sein sollen. Mit § 35 Abs. 2 S. 3 InsO existiert eine abschließende Regelung, die der Gläubigergemeinschaft die Entscheidungsfreiheit über die Aufhebung der Negativerklärung zubilligt. Wird von dieser Möglichkeit kein Gebrauch gemacht, darf sie nicht mit dem Argument der Prozessökonomie überwunden werden. Das Aufhebungsrecht dürfte nach Verfahrensaufhebung verwirkt sein.[970] Danach können sich Neugläubiger einem Unwirksamkeitsbeschluss gegenüber gem. § 242 BGB auf eine unzulässige Rechtsausübung mit der Begründung berufen, dass aufgrund des zeitlichen Abstands zur Negativerklärung nicht mehr damit gerechnet werden musste, dass ein Antrag auf Unwirksamkeitserklärung gestellt wird, da über den bisherigen Zeitraum hinweg keine Geltendmachung erfolgte und dahingehend ein Vertrauenstatbestand auf Seiten der Neugläubiger entstanden ist, dass damit gerechnet werden durfte, dass es bei diesem Zustand bleibt.[971] Wenn gem. § 141 Alt. 1 InsO allerdings ein rechtskräftiges Urteil als vollstreckbarer Schuldtitel nicht die Anfechtung ausschließt, ist nicht einzusehen, weshalb nicht auch die Wirkung der Erklärung des Insolvenzverwalters und die Verfahrensaufhebung beseitigt werden können, weil die Norm ihrem Zweck nach auch unter Inanspruchnahme staatlicher Hilfsmittel erzwungene Erwerbe der Anfechtung unterwerfen will.[972]

(c) Tatbestandsvoraussetzungen

Die Tatbestandsvoraussetzungen der § 129, § 130 InsO können in einem solchen hybriden Gesamtverfahren grundsätzlich vorliegen. Eine Gläubigerbenachteiligung kann in der Zahlung der Schlussverteilung gesehen werden, weil die Befriedigungsaussichten der Neugläubiger (d.h. der Zweitverfahrensgläubiger) verkürzt werden.

Die subjektiven Merkmale können vorliegen, wobei auf die Zahlungsunfähigkeit bzw. Gläubigerbenachteiligung des Zweitverfahrens abzustellen ist.

Schließlich kann der Zeitraum der Anfechtungsfrist eingehalten werden. Für § 130 Abs. 1 S. 1 Nr. 1 ist an den Zweitverfahrensantrag anzuknüpfen. In Anlehnung an die von *Kuleisa* vorgeschlagene analoge Anwendung von § 139 Abs. 2 S. 2 InsO ist für die einzelnen Tatbestände schon der Antrag des Erstverfahrens

970 Hierzu unter: 3. Kapitel D. V. 6.

971 Vgl. Grüneberg/*Grüneberg*, § 242 Rn. 87.

972 Vgl. MüKoInsO/*Kirchof*/*Piekenbrock*, § 141 Rn. 1.

entscheidend.[973] Demgemäß kann im Rahmen des § 130 Abs. 1 S. 1 Nr. 2 InsO der Erstverfahrensantrag den ausschlaggebenden Antrag bilden. Wird dem Schuldner im Erstverfahren keine Restschuldbefreiung erteilt oder eine Entschuldung durch Insolvenzplan erreicht, haben sich die wirtschaftlichen Verhältnisse des Schuldners vom Zeitpunkt der Erstverfahrensbeantragung bis zur Eröffnung des Zweitverfahrens nicht derart gebessert, dass eine einheitliche Insolvenz nicht bestünde.[974] Dies ist von Bedeutung, weil weder aus der Kenntnis des Insolvenzgrunds des Erstverfahrens noch aus der Negativverklärung auf das Vorliegen der subjektiven Voraussetzungen im Zweitverfahren geschlossen werden kann.[975] Diese Sichtweise zum Insolvenzereignis als materiell einheitlichem Insolvenzereignis findet sich auch bei den Wertungen zum Betriebsübergang gem. § 613a BGB[976] und zur Gewährung von Insolvenzgeld: Insolvenzgeldzahlungen werden nach einer Negativverklärung regelmäßig nicht gewährt, weil kein neues Insolvenzereignis i.S.d. § 165 Abs. 2 Nr. 1 SGB III vorliegt.[977] Weder eine Geschäftsfreigabe noch die Durchführung eines Insolvenzplans beseitigen das der Erstinsolvenz zugrundeliegende Insolvenzereignis, da diese nicht unmittelbar die Zahlungsfähigkeit des Schuldners wiederherstellen.[978]

Darüber hinaus fände § 131 InsO keine Anwendung, da die Quotenzahlung nicht zu einer inkongruenten Deckung führte. § 133 Abs. 1 InsO fände keine Anwendung, weil die Schlussverteilung keine Schuldnerhandlung darstellte.

(d) Gegenargumente

Die von *Busching/Klersy* herangezogene Konstellation ist unter anfechtungsrechtlichen Gesichtspunkten auch unter den obigen Einschränkungen unzulässig,

---

973 *Kuleisa*, ZVI 2021, S. 52 (54 f.). Hierzu oben unter: 2. Kapitel C. II. 2.

974 *Kuleisa*, ZVI 2021, S. 52 (54 f.).

975 *Kuleisa*, ZVI 2021, S. 93 (96 f.).

976 *Ries*, ZInsO 2005, S. 414 (415) benennt ein wirtschaftlich einheitliches Geschehen als materiell einheitliches Insolvenzereignis.

977 Vgl. BSG, Urt. v. 09.06.2017 – B 11 AL 14/16 R, in: NZI 2017, S. 862 m. Anm. *Ahrens*; vgl. BSG, Urt. v. 06.12.2012 – B 11 AL 11/11 R, in: NZI 2013, S. 454; vgl. LSG NRW, Urt. v. 29.01.2015 – L 9 AL 278/13, in: NZI 2015, S. 760; vgl. *Frind*, Privatinsolvenz-HdB, Rn. 596b; *Rein*, NZS 2018, S. 238 (238); **a.A.** *Marquart*, BB 2022, S. 436 (436); *Meyer*, Die Freigabe der selbstständigen Tätigkeit, S. 175 ff.

978 BSG, Urt. v. 09.06.2017 – B 11 AL 14/16 R, in: NZI 2017, S. 862 (863 f.) Rn. 19, 23 m. Anm. *Ahrens*; BSG, Urt. v. 17.03.2015 – B 11 AL 9/14 R, in: NZI 2015, S. 693; PrivatInsRK/*Montag*, § 35 Abs. 2 bis 4 Rn. 334; BeckOK SozR/*Plössner*, SGB III § 165 Rn. 25a; *Cranshaw*, jurisPR-InsR 25/2017 Anm. 1.

wenn die Gläubigerschaft personenidentisch ist. Der Gedanke, über den Massegewinn der Anfechtungsansprüche ggf. überhaupt erst die Zweitverfahrenseröffnung zu ermöglichen, ist kein rechtssicherer Ansatz. Weil der Vorrang des materiellen Rechts nicht über die prozessuale Zusammenlegung überwunden werden kann, würde die vorgeschlagene Verfahrensverbindung einzig zu einer Abwicklung von zwei Verfahren innerhalb eines Gesamtverfahrens führen.

Unterscheiden sich Alt- und Neugläubigerschaft, dürfen die Verfahren nicht einmal fiktiv zusammengelegt werden, weil dies im Hinblick auf die Verteilungsgerechtigkeit nicht zu rechtfertigen ist. Es wird dem Grundgedanken der Gläubigergleichbehandlung nicht gerecht, wenn ein Gesamtverfahren den materiellen Anknüpfungspunkt des § 35 Abs. 1 InsO für die Gesamtvollstreckung verschiebt. Das Vertrauensschutzargument, aus dem sich die rechtssichere Zuweisung von Vermögen im Rahmen der Schlussverteilung ergibt, muss deshalb so verstanden werden, dass die Insolvenzgläubiger des jeweiligen Verfahrens darauf vertrauen dürfen müssen, dass ihnen das gesamte haftbare Vermögen haftet, das dem Schuldner i.S.d. § 35 Abs. 1 InsO gehört. Es geht nicht um den Vertrauensschutz aller existierenden Gläubiger des Schuldners, weil in Bezug auf die Anfechtbarkeit von Rechtshandlungen eine Wiederherstellung der Haftungsmasse im Zweitverfahren durch Anfechtung ausschließlich durch den materiell-rechtlichen Gehalt des Massebegriffs des § 35 Abs. 1 InsO begrenzt wird.[979] Die Anfechtungsansprüche aus § 143, §§ 129 ff. InsO sind darin eingeschlossen, weil sie Teil der Masse sind. Wenn der Anknüpfungspunkt aber nicht mehr aus § 35 Abs. 1 InsO, sondern durch § 4 InsO i.V.m. § 147 folgte, würde diese Gesetzmäßigkeit umgekehrt und dem Prozessrecht keine dienende Funktion mehr zukommen.[980]

Bei einem Vergleich der Vermögenszuweisung vor und nach Anfechtung bei nichtidentischer Gläubigerschaft, nämlich schon beim Hinzutreten eines einzigen neuen Gläubigers, verschöbe sich die Haftungszuweisung. Die Möglichkeit des neu hinzutretenden Gläubigers, im Zweitverfahren überhaupt eine Quote zu erhalten, gestattete dem Neugläubiger allerdings allein die Geschäftsfreigabe. Der Altgläubiger würde also doppelt benachteiligt, zuerst durch den Vermögensentzug durch Geschäftsfreigabe und erneut durch Anfechtung der Schlussverteilungsquote, obwohl sich materiell-rechtlich allein die Quote des Neugläubigers aus dem Vermögen, „*das dem Schuldner zur Zeit der Eröffnung des* [Zweit-] *Verfahrens gehört*“, wegen § 35 Abs. 2 InsO gem. § 35 Abs. 1 InsO rechtfertigen lässt.

979 Vgl. K.Schmidt/*K.Schmidt*, InsO § 129 Rn. 1.

980 Vgl. MüKoZPO/*Rauscher*, Einl. Rn. 27; Zöller/*G. Vollkommer*, Einl. Rn. 46.

Aus § 35 Abs. 1, § 38 InsO folgt ein materieller Vorrang einer zum Zeitpunkt der Verfahrenseröffnung existierenden Gläubigergesamtheit. Eine bestmögliche Gläubigerbefriedigung muss nur innerhalb dieser Gruppe im jeweiligen Verfahren erfolgen.[981] In Bezug auf Alt- und Neugläubiger fehlt es an einer einheitlichen Vermögenszuweisung wie sie etwa die materiell-rechtlichen Regelungen der § 428 BGB oder § 432 BGB enthalten.[982] Das Verfahrensrecht kann diese Rangfolge von Gläubigern aus einem früheren und einem späteren Verfahren nicht aushebeln, weil die Zusammensetzung der Gläubigerschaft damit beliebig würde. Schließlich ist die Wirkung des § 141 InsO ebenfalls auf den Radius des § 35 Abs. 1 InsO begrenzt.

Zusammenfassend kann sich der Ansatz zwar darauf berufen, durch eine Verfahrenszusammenlegung eine anfechtbare Rechtshandlung des Erstinsolvenzverwalters i.S.d. § 129 InsO zu konstruieren. Der Vergleich zur Anfechtungssituation der Vergütung des vorläufigen Insolvenzverwalters hinkt aber deshalb, weil das Vertrauen des vorläufigen Insolvenzverwalters, seine Vergütung zu erhalten, anfechtungsrechtlich weniger schwer wiegt, als Gläubigern in einem förmlichen gerichtlichen Verfahren Erlangtes wieder wegzunehmen. Bei ersterem handelt es sich nämlich um eine klassische Anfechtungssituation, während bei letzterem Verfahrensschritte rückgängig gemacht werden, die aber der Geltung des materiellen Rechts unterworfen sind, das Vermögen endgültig zuweist. Zudem ist bei einer Verfahrensverbindung das Vorliegen des insolvenzanfechtungsrechtlichen Tatbestandsmerkmals einer (objektiven) Gläubigerbenachteiligung selbstverschuldet, da eine Gläubigerbenachteiligung gerade durch die prozessuale Zusammenlegung herbeigeführt wird. Die Bedeutung des § 38 InsO wird damit konterkariert, wenn entgegen einer speziellen Vermögenszuweisung durch Beschlagnahmewirkung ein im Erstverfahren geschaffener Vertrauenstatbestand, nämlich der Anspruch auf Zahlung einer bestimmten Quote, nachträglich zerstört würde.

---

981 Vgl. *Wischemeyer/Dimassi*, ZIP 2017, S. 593 (598).

982 *Holzer*, NZI 2007 S. 432 (435) nennt für die Verbindung im Insolvenzeröffnungsverfahren als Kriterien, dass dieselbe Haftungsmasse betroffen sein und derselbe Rechtsgrund zugrunde liegen muss, etwa Gesamtgläubigerschaft gem. § 428 BGB oder Mitgläubigerschaft gem. § 432 BGB. Zur Anwendung dieser Kriterien auf Anfechtungsansprüche: *Thole*, NZI 207, S. 123 (130).

(e) Ergebnis

Der Vorschlag von *Busching/Klersy* ist abzulehnen, weil er den Massebegriff des § 35 Abs. 1 InsO überdehnt.

dd) Anfechtungsansprüche des Erstverfahrens

(1) Offene Anfechtungsansprüche

Der Zweitinsolvenzmasse stehen keine Anfechtungsansprüche zu, die den Haftungsumfang des Erstverfahrens betreffen. Die neu entstehenden Ansprüche dürfen sich allein auf das Sondervermögen beziehen. Die mit Zweitverfahrenseröffnung entstehenden Anfechtungsansprüche berühren aufgrund der Sondermassehaftung nicht solche Rechtshandlungen, die den Zeitraum vor Negativerklärung betreffen.[983]

(2) Geltend gemachte Anfechtungsansprüche

Die im Erstverfahren vom Verwalter verfolgten Anfechtungsansprüche können vom Zweitverwalter später nicht wieder aufgegriffen werden. Aufgrund der Haftungstrennung fehlt jedenfalls ein für die Gläubigerbenachteiligung gem. § 129 Abs. 1 InsO erforderlicher Massebezug.[984]

c) Überzahlungen des Schuldners an die Erstverfahrensmasse

aa) Rechtshandlung gem. § 129 Abs. 1 InsO

Überzahlungen des Schuldners an die Erstinsolvenzmasse unterliegen im Zweitverfahren der Anfechtung gem. §§ 130 ff. InsO. Zahlungen des Schuldners stellen Rechtshandlungen gem. § 129 InsO dar, weil dieses Schuldnerverhalten mit den damit einhergehenden Vermögensabflüssen vom Willen getragene Handlungen darstellen, die eine rechtliche Wirkung auslösen und das Vermögen des Schuldners zum Nachteil der Insolvenzgläubiger verändern können.[985] Sie unterfallen damit der weiten Begriffsauslegung der Norm, die der vermögensrechtlichen Folge des Masseentzugs gerecht wird.[986]

---

983 AG Braunschweig, Urt. v. 25.02.2014 – 118 C 3210/13, in: NZI 2014, S. 659; *Frind*, InsO 2020, S. 390 (390).

984 Vgl. AG Mannheim, Urt. v. 29.04.2019 – 7 C 5109/18, in: NZI 2019, S. 596 Rn. 13; vgl. *Ganter*, NZI 2019, S. 596 (597).

985 Vgl. Uhlenbruck/*Borries/Hirte*, § 129 Rn. 86.

986 Vgl. K.Schmidt/*K.Schmidt*, InsO § 129 Rn. 4.

bb) Vornahme vor Verfahrenseröffnung

Da nur vor Zweitverfahrenseröffnung vorgenommene Zahlungen dem insolvenzrechtlichen Anfechtungsrecht unterliegen, können die im Zweitverfahren getätigten Zahlungen nicht betroffen sein. Für diese gilt § 81 Abs. 1 InsO, der wiederum keine Anwendung findet, wenn die entsprechenden Beträge des Schuldners vom Pfändungsschutz umfasst sind, weil dann kein Massebezug besteht.

cc) Gläubigerbenachteiligung

(1) Betragsmäßig vollständige Zahlungen

Betragsmäßig passende Zahlungen stellen im Verhältnis zum Erstverfahren unpfändbares Vermögen gem. § 36 Abs. 1 InsO dar, denn diese stammen aus dem massefreien Vermögen des Schuldners. Weil der Schuldner im laufenden Erstverfahren zur Zahlung von Abführungsbeträgen gem. § 35 Abs. 2 S. 2, § 295a Abs. 1 S. 1 InsO verpflichtet ist und das rechtlich geschützte Interesse der Gläubiger an den Beträgen gem. § 295a Abs. 1 S. 1 InsO im Restschuldbefreiungsverfahren es erfordert, stellen solche Zahlungen im Zweitverfahren keine Gläubigerbenachteiligung dar. Sie gehören nicht dem haftenden Vermögen des Schuldners an, weil sie auch im Zweitverfahren pfändungsfrei gestellt werden können und sich die Zahlung des Schuldners als Rechtshandlung nicht auf pfändbares Vermögen bezieht.[987] Etwaige Nachzahlungen auf die Beträge aus der Zeit vor Zweitverfahrenseröffnung müssen im Zweitverfahren nämlich auch pfändungsfrei gestellt werden können.

(2) Überobligatorische Zahlungen

Zu hohe Zahlungen an den Verwalter bzw. Treuhänder des Erstverfahrens stellen eine Gläubigerbenachteiligung zulasten der Gläubigerschaft des Zweitverfahrens dar. Diese Situation tritt auf, wenn ein Schuldner vorsichtshalber zu hohe Beträge abführt, weil die genaue Höhe der abzuführenden Beträge strittig ist und er einer Versagung der Restschuldbefreiung gem. § 290 Abs. 1 Nr. 5 InsO vorbeugen will.[988] Betroffen ist der Zeitraum zwischen Geschäftsfreigabe im Erstverfahren und Zweitverfahrenseröffnung. Während betragsmäßig passende Zahlungen die Befriedigung der Zweitverfahrensgläubiger nicht verkürzt,

---

987 Vgl. Uhlenbruck/*Borries/Hirte*, § 35 Rn. 13, § 129 Rn. 184.

988 *Böhme*, VIA 2017 S. 73 (74). Dieser Situation kann über das Bestimmungsverfahren gem. § 295a InsO vorgebeugt werden.

bewirken überobligatorische Zahlungen, dass sich die Befriedigung der Gläubiger im Fall des Unterbleibens bei wirtschaftlicher Betrachtungsweise günstiger gestaltet hätte.[989] Solche Zahlungen überschreiten die gem. § 850i ZPO festgelegte Betragshöhe. Zahlungen aus dem pfändbaren Schuldnervermögen sind grundsätzlich gläubigerbenachteiligend.[990] Dies spricht auch mit der Wertung überein, dass der Schuldner, der sich nicht in einem Zweitverfahren befindet, gegen den Insolvenzverwalter bzw. den Treuhänder einen Anspruch aus § 812 Abs. 1 S. 1 Alt. 1 BGB hat, den Neugläubiger pfänden können.[991]

Die Anforderungen an die subjektiven Voraussetzungen des jeweiligen Anfechtungstatbestands können jeweils erfüllt sein. Anzuknüpfen ist an den frühesten Eröffnungsantrag des Zweitverfahrens. Im Rahmen der § 130, § 131 InsO ist für die Kenntnis der Zahlungsunfähigkeit bzw. die Kenntnis von Umständen, die zwingend auf die Zahlungsunfähigkeit schließen lassen, oder die Kenntnis der Gläubigerbenachteiligung sowie im Rahmen des § 133 InsO für die Kenntnis des Gläubigerbenachteiligungsvorsatzes des Schuldners bzw. das Wissen um die drohende Zahlungsunfähigkeit und die Kenntnis der Gläubigerbenachteiligung im Hinblick auf den betroffenen Zeitraum auf die Zweitinsolvenz abzustellen.

dd) Besondere Voraussetzungen des § 133 Abs. 1 InsO

(1) Anfechtungszeitraum

Aufgrund seiner zeitlichen Reichweite – zehn Jahre vor dem Antrag auf Eröffnung des Zweitverfahrens – ist insbesondere § 133 Abs. 1 InsO von Bedeutung, dessen Voraussetzungen im Zweitverfahren vorliegen können. § 133 Abs. 2 InsO ist nicht einschlägig, weil ein Anspruch auf den übertreffenden Betrag gerade nicht besteht und daher keine Befriedigung eintreten kann.

(2) Gläubigerbenachteiligungsvorsatz

Da der Schuldner den besten Einblick in die Entwicklung seiner freigegebenen Selbstständigkeit hat, können die Anforderungen an den Gläubigerbenachteiligungsvorsatz in Bezug auf die Sondermasse der Zweitinsolvenz erfüllt sein. Denn es genügt, dass der Schuldner wenigsten eine allgemeine Vorstellung davon hat, dass seine Rechtshandlung die Neugläubiger benachteiligt, auch wenn

---

989 Vgl. BGH, Urt. v. 16.11.2007 – IX ZR 194/04, in: NZI 2008, S. 655 Rn. 18; vgl. Uhlenbruck/*Borries/Hirte*, § 129 Rn. 159 f.

990 BGH, Urt. v. 12.09.2019 – IX ZR 264/18, in: NZI 2019, S. 851 Rn. 22; BGH, Urt. v. 10.07.2014 – IX ZR 280/13, in: NZI 2014, S. 863 Rn. 13.

991 Vgl. A/G/R-*Ahrens*, § 35 Rn. 170; *Böhme*, VIA 2017, S. 73 (74).

noch keine Zahlungsunfähigkeit eingetreten ist oder der Schuldner noch nichts davon weiß.[992] Es reicht aus, wenn der Schuldner ernsthaft damit rechnet und in Kauf nimmt, dass er in absehbarer Zeit nicht alle künftigen Gläubiger befriedigen können wird.[993] Aufgrund der Haftungstrennung muss sich der Vorsatz des Schuldners auf die Zahlungsunfähigkeit seines Neuvermögens beziehen.[994] Die Kenntnis der Zahlungsunfähigkeit, aufgrund dessen das Erstverfahren eröffnet ist, kann nicht herangezogen werden.[995]

Da die exakte abzuführende Summe im Fall des § 35 Abs. 2 S. 2 i.V.m. § 295a Abs. 1 InsO bzw. § 295a Abs. 1 InsO durch das Insolvenzgericht bestimmt ist und damit der Höhe nach feststeht, liegt ein starkes Beweisanzeichen für den Benachteiligungsvorsatz vor, weil es sich um eine inkongruente Deckung i.S.d. § 131 InsO handelt, wenn sich der Schuldner in finanziell beengter Lage befindet.[996]

Da im Zweitverfahren eine Restschuldbefreiung nicht zu erreichen ist, können jedenfalls die Wertungen zu Sanierungsbemühungen nicht herangezogen werden. Nach diesen fehlt es am Vorsatz, wenn sich die wirtschaftliche Situation des Schuldners gebessert hat, also die Restschuldbefreiung oder Sanierung mittels Insolvenzplan unmittelbar bevorsteht, weil dann ein den Vorsatz ausschließendes ernsthaftes Sanierungsbemühen besteht.[997] Dies gilt auch dann, wenn der Erfolg ausbleibt, so lange ein schlüssiges, von den tatsächlichen Gegebenheiten ausgehendes Sanierungskonzept vorliegt, dass zumindest ansatzweise umgesetzt wurde.[998] Insoweit kann sich der Schuldner nicht auf ein solches vorsatzausschließendes Element berufen.

(3) Kenntnis des Anfechtungsgegners

Erforderlich ist auch, dass der Erstinsolvenzverwalter bzw. Treuhänder Kenntnis vom Gläubigerbenachteiligungsvorsatz des Schuldners hat. Verwalter und Treuhänder stellen taugliche Anfechtungsgegner dar, weil nicht nur Insolvenzgläubiger, sondern jeder Leistungsempfänger Anfechtungsgegner im Sinne der

---

992 K.Schmidt/*Ganter/Weinland*, InsO § 133 Rn. 37.

993 K.Schmidt/*Ganter/Weinland*, InsO § 133 Rn. 39 f.

994 *Kuleisa*, ZVI 2001, S. 93 (97).

995 *Kuleisa*, ZVI 2021, S. 52 (55). Es gelten die für die Bestimmung des Anfechtungszeitraums maßgeblichen Wertungen entsprechend, vgl. 3. Kapitel C. II. 5. B) cc) (3) c).

996 Vgl. BGH, Urt. v. 17.09.2020 – IX ZR 174/19, in: ZInsO 2020, S. 2274 Rn. 18, 23; vgl. HambK-InsO/*Rogge/Leptien*, § 133 Rn. 55.

997 *Kuleisa*, ZVI 2021, S. 52 (55).

998 BGH, Urt. v. 14.06.2018 – ZR 22/15, in: ZInsoO 2018, S. 2017 Rn. 10; BGH Urt. v. 08.12.2011 – IX ZR 156/09, in: ZVI 2012, S. 110 Rn. 11.

Norm sein kann.[999] Maßgeblich ist, dass Verwalter bzw. Treuhänder Kenntnis von Umständen der Zahlungsunfähigkeit des Sondervermögens der Selbstständigkeit haben.[1000] Weil der Treuhänder des Erstverfahrens keinen Anspruch auf den Abführungsbetrag hat, gilt die Vermutung des § 133 Abs. 1 S. 2 InsO für inkongruente Befriedigungen.[1001] Danach wird die Kenntnis des Gläubigerbenachteiligungsvorsatzes vermutet, wenn der andere Teil wusste, dass die Zahlungsunfähigkeit des Schuldners drohte und dass die Handlung die Gläubiger benachteiligte. Für die Kenntnis des Erstinsolvenzverwalters gilt in Bezug auf die Vermutung der strengere Maßstab des § 133 Abs. 3 S. 1 InsO, da der Verwalter einen Anspruch auf die Abführungsbeträge hat. Danach tritt an die Stelle der drohenden Zahlungsunfähigkeit des Schuldners die eingetretene Zahlungsunfähigkeit, wenn die Rechtshandlung dem anderen Teil eine Sicherung oder Befriedigung gewährt oder ermöglicht hat, welche dieser in der Art und zu der Zeit beanspruchen konnte. Befriedigung in diesem Sinne meint die jedenfalls teilweise Erfüllung des Geschuldeten, so dass der Anspruchstatbestand aus § 35 Abs. 2 S. 2, § 295a Abs. 1 InsO umfasst ist.[1002] Generell gilt, dass der ausschließlich Bezugspunkt die (drohende) Zahlungsunfähigkeit des Sondervermögens ist.[1003]

ee) Ergebnis

Die Anfechtungsmöglichkeit des Zweitverfahrensverwalters unterliegt den Einschränkungen, die sich aus der Beschränkung auf das Sondervermögen der Selbstständigkeit ergeben. Diese Besonderheit schlägt auf die Anknüpfung der Anfechtungstatbestände durch. Erstverfahrensbestandteile sind insolvenzfest. Überobligatorische Zahlungen kann der Zweitverwalter hingegen erfolgreich anfechten, weil sie einen Masseentzug im Zweitverfahren darstellen.

5. Passiva

Im Zweitverfahren haftet der Schuldner für sämtliche Verbindlichkeiten der Selbstständigkeit, die nach Geschäftsfreigabe begründet wurden. Dazu gehören auch solche, die aus per Negativerklärung übergegangenen Verträgen resultieren,

---

999 Vgl. K.Schmidt/*Ganter/Weinland*, InsO § 133 Rn. 34.
1000 *Kuleisa*, ZVI 2001, S. 93 (97).
1001 Vgl. K.Schmidt/*Ganter/Weiland*, InsO § 131 Rn. 21, § 133 Rn. 49.
1002 Uhlenbruck/*Borries/Hirte*, § 130 Rn. 9, § 133 Rn. 41, 42a.
1003 *Kuleisa*, ZVI 2021, S. 93 (97).

etwa Außenstände aus Finanzierungsverträgen, die der selbstständigen Tätigkeit anhaften.

III. Ergebnis

Das Ausmaß der Gläubigerbefriedigung steht im parallelen Zweitverfahren in der Abhängigkeit der Handlungsalternativen des Schuldners. Der Masseumfang ist ein direktes Ergebnis der Schuldnerautonomie, weil vom Schuldner zu beantragender Pfändungsschutz bzgl. der Abführungsbeträge die Zweitverfahrensmasse schmälert und Überzahlungen vor Zweitverfahrenseröffnung die Zweitverfahrensmasse zunächst verkleinern, mittels Anfechtung aber zurückgewährt werden können.

D. Beendigung der Selbstständigkeit des Schuldners

I. Begrenzte materielle Priorität des Erstverfahrens

Das vorausgehende und das folgende Insolvenzverfahren stehen grundsätzlich gleichberechtigt nebeneinander, da es sich um jeweils eigenständige Gesamtvollstreckungsverfahren handelt. Allerdings unterliegen Zweitverfahren als Folgeverfahren den Einschränkungen, die sich aus den Fortwirkungen der Geschäftsfreigabe im Erstverfahren ergeben. Die entgegengesetzten Befriedigungsinteressen von Alt- und Neugläubigern bestehen im laufenden Zweitverfahren allerdings nur solange der Schuldner dort einer selbstständigen Tätigkeit nachgeht, weil nur bis zu diesem Zeitpunkt der Befriedigungsvorrang der Altgläubiger Reibungen mit den Neugläubigerinteressen verursacht.

II. Teilweise Aufnahme einer angestellten Beschäftigung

1. Neuerwerb

Unter Berücksichtigung des Regelungszwecks des § 35 Abs. 2 InsO kann die teilweise Einstellung der selbstständigen Tätigkeit die Zuordnung des bisherigen Neuerwerbs aus dieser Tätigkeit nicht berühren. Der bis dahin erwirtschaftete Neuerwerb aus selbstständiger Tätigkeit ist infolge des Ausscheidens der Selbstständigkeit aus dem Erstverfahren der Insolvenzmasse des Zweitverfahrens zuzurechnen. Aus abhängiger Beschäftigung generierter Neuerwerb gehört aufgrund der Zuweisung aus § 35 Abs. 1 InsO zur Erstinsolvenzmasse.

2. *Auswirkung auf die Abführungsbeträge*

Mit teilweiser Aufgabe der Selbstständigkeit im laufenden Erstverfahren verringert sich die Ausgleichspflicht des Schuldners aus § 35 Abs. 2 S. 2, § 295a Abs. 1 S. 1 InsO. Ein Schuldner hat jederzeit die Möglichkeit seine selbstständige Tätigkeit vollständig oder teilweise aufzugeben und stattdessen einer angestellten Beschäftigung nachzugehen. Dabei kann die Aufgabe einer Selbstständigkeit auf einem Entschluss des Schuldners beruhen oder während der Treuhandperiode zur Erteilung der Restschuldbefreiung für den Schuldner im Hinblick auf die Erwerbsobliegenheit des § 287b InsO notwendig werden, § 290 Abs. 1 Nr. 7 InsO.[1004]

Neuerwerb aus der abhängigen Beschäftigung ist damit grundsätzlich Teil der Erstverfahrensmasse, § 35 Abs. 1 InsO. Die Pflicht zur Abführung der Einkommensanteile folgt dann in Bezug auf das Restschuldbefreiungsverfahrens hinsichtlich der abhängigen Beschäftigung weiterhin aus der fortwirkenden Abtretungserklärung des § 287 Abs. 2 InsO und nicht länger aus § 35 Abs. 2 S. 2, § 295a InsO[1005] und umfasst das die Pfändungsgrenzen überschreitende Arbeitseinkommen des beschäftigten Schuldners.[1006] Für die auf eine neben der abhängigen Beschäftigung ausgeübte Selbstständigkeit entfallenden Beträge gilt, dass diese in der Höhe abzuführen sind, die den pfändbaren Beträgen entspricht, welche der Schuldner aufgrund des Teils seiner aufgewandten Arbeitskraft erwirtschaften könnte.[1007] Die Beträge aus abhängiger Beschäftigung und Selbstständigkeit werden also rechnerisch summiert. Die Zweitinsolvenzmasse kann mithin auch im Fall mehrerer Selbstständigkeiten fortwährend um einen einzigen Abführungsbetrag verkürzt werden, der weiterhin für die Dauer der Abtretungsfrist über § 36 Abs. 1 S. 2 InsO i.V.m. § 850f Abs. 1 Nr. 2 Alt. 2 ZPO freigestellt wird, wenn der Schuldner dies beantragt.

1004 BGH, Beschl. v. 13.06.2013 – IX ZB 38/10, in: ZVI 2013, S. 346.

1005 Vgl. HambK-InsO/*Streck*, § 287 Rn. 18, § 295a Rn. 1.

1006 BGH, Beschl. v. 29.09.2022 – IX ZB 48/21, in: ZInsO 2023, S. 98 (100); Uhlenbruck/*Sternal*, § 287 Rn. 39 f.

1007 HK-InsO/*Waltenberger*, § 295a Rn. 5 f; *Gehrlein*, ZInsO 2017, S. 1352 (1358). Für den Fall eines bloßen Nebengewerbes neben einer Vollzeittätigkeit in abhängiger Beschäftigung schlagen *Wipperfürth/Schmittmann* die Anwendung der vom Bundesgerichtshof entwickelten Grundsätze zur überobligationsmäßigen Erfüllung vor, sodass analog § 850a Nr. 1 ZPO das fiktive Einkommen einer Mehrarbeitsvergütung hälftig beim Schuldner verbleibt: *Wipperfürth/Schmittmann*, ZInsO 2015, S. 2560 (2562 f.).

3. *Zugehörigkeit der Betriebsmittel*

a) *Vor Zweitinsolvenzeröffnung*

Für den Fall, dass der Schuldner eine Selbstständigkeit nach Geschäftsfreigabe im Erstverfahren einstellt, verbleiben solche Vermögenswerte im insolvenzfreien Sondervermögen des Schuldners, die im Erstverfahren durch Negativerklärung freigegeben wurden. Sie werden bei Zweitinsolvenzeröffnung Massebestandteile des Zweitverfahrens.[1008]

Hinsichtlich der ehemals pfändungsgeschützten Vermögensgegenstände wird in der Literatur überwiegend vertreten, dass die zum Geschäftsbetrieb gehörigen Betriebsmittel dem Erstinsolvenzbeschlag unterfallen, wenn der Pfändungsschutz der § 36 Abs. 1 S. 1, Abs. 2 Nr. 2 Hs. 2 InsO i.V.m. § 811 Abs. 1 Nr. 1 b) ZPO nicht mehr greift.[1009] Solches Vermögen werde Teil der Erstinsolvenzmasse oder bei Aufhebung des Erstverfahrens insolvenzfreies Vermögen des Schuldners.[1010] Dagegen spricht, dass die im Erstverfahren abgegebene Negativerklärung die haftungsrechtliche Zuordnung des pfändungsgeschützten Vermögens berührt.[1011] Das pfändungsgeschützte Vermögen ist dadurch der beruflichen Haftungssphäre des Sondervermögens der Selbstständigkeit zugewiesen. Der Pfändungsschutz für die Gegenstände i.S.d. § 811 Abs. 1 Nr. 1 b) ZPO entfällt, wenn der Schuldner seine Selbstständigkeit nicht mehr ausübt, da er sie für die Tätigkeit nicht mehr verwenden kann.[1012] Die Gegenstände fallen dann als Neuerwerb in die Masse des parallelen Zweitinsolvenzverfahrens.[1013] Bei teilweiser Aufgabe der Selbstständigkeit ist dann zwischen den noch erforderlichen und den nicht länger erforderlichen Gegenständen zu unterscheiden. Eine Benachteiligung der Altgläubiger besteht nicht, weil der Neuerwerbsbegriff durch § 35 Abs. 2 InsO im Erstverfahren eingeschränkt ist.

1008 A/G/R-*Ahrens*, § 35 Rn. 175, **a.A.** wohl: BK-InsO/*Ellrich*, § 35 Rn. 160.

1009 K.Schmidt/*Büteröwe*, InsO § 35 Rn. 54a; BK-InsO/*Ellrich*, § 35 Rn. 160; HambK-InsO/*Lüdtke*, § 35 Rn. 45, 282; *Nawroth/Steinbach*, ZInsO 2018, S. 700 (701); *Priebe*, ZInsO 2015, S. 936 (937), dort Fn. 6; *Wipperfürth*, ZInsO 2019, S. 977 (984); wohl auch: *Gehrlein*, ZInsO 2016, S. 825 (827); wohl auch: PrivatInsRK/*Montag*, § 35 Abs. 2 bis 4 Rn. 299.

1010 Vgl. HambK-InsO/*Lüdtke*, § 35 Rn. 282; *Wipperfürth*, ZInsO 2019, S. 977 (984).

1011 Hierzu oben unter: 3. Kapitel C. I. 2. b) und 3. Kapitel C. II. 1. a) und 3. Kapitel C. II. 1. b) aa).

1012 *Smid*, WM 2005, S. 625 (629); *Wipperfürth*, ZInsO 2019, S. 977 (984).

1013 *Henckel*, in: Jaeger, InsO, § 36 Rn. 4.

b) Vor Negativerklärung im Zweitverfahren

Solange im Zweitverfahren noch keine erneute Vermögensseparierung mittels Negativerklärung stattgefunden hat, fallen bei Aufgabe einer Selbstständigkeit pfändungsgeschützte Betriebsmittel in die Masse des Zweitverfahrens und durch Negativerklärung im Erstverfahren übergegangenes Vermögen wird Teil der Zweitmasse.

c) Nach Negativerklärung im Zweitverfahren

Hat der Zweitverwalter allerdings die Freigabe der Tätigkeit erklärt, wiederholt sich der Prozess der Haftungstrennung. Bei Einstellung nach erneuter Freigabe gehört betroffenes Vermögen dem Sondervermögen der Selbstständigkeit im insolvenzfreien Vermögen an.

III. Vollständige Aufgabe der Selbstständigkeit

1. Neuerwerb

Nach Zugang der Negativerklärung im Erstverfahren generierter Neuerwerb verbleibt erstinsolvenzfrei und gehört zur Zweitinsolvenzmasse. Insoweit ist der Ausschluss aus der Erstinsolvenzmasse durch die Abführungsverpflichtung abgegolten. Bei vollständiger Aufgabe der selbstständigen Tätigkeit ist ehemals pfändungsgeschütztes Vermögen als Neuerwerb gem. § 35 Abs. 1 InsO grundsätzlich Teil des Zweitverfahrens. Bei Neuaufnahme einer Tätigkeit kann wieder Pfändungsschutz und damit Massefreiheit bestehen. Durch abhängige Beschäftigung des Schuldners erworbener Neuerwerb ist Teil der Erstinsolvenzmasse, weil § 35 Abs. 1 InsO den Neuerwerb im Erstverfahren insoweit abschließend zuordnet.[1014]

2. Auswirkungen auf die Abführungsbeträge

Abführungsbeträge sind bei vollständiger Aufgabe der Selbstständigkeit nicht länger zu leisten. Eine Vermögensverschiebung folgt für eine abhängige Beschäftigung im Rahmen des Restschuldbefreiungsverfahrens aus der Abtretungserklärung des § 287 Abs. 2 InsO.

Im Zweitverfahren kann der Schuldner in Korrespondenz mit der Pfändungsschutzlösung hierfür gem. § 36 Abs. 1 S. 1 InsO i.V.m. § 850c, § 850f Abs. 1 Nr. 2 Alt. 2 ZPO analog Pfändungsschutz im Zweitverfahren beantragen.[1015] Für den

1014 K.Schmidt/*Büteröwe*, InsO § 35 Rn. 44.

1015 Hierzu unter: 3. Kapitel C. II. 3. c) gg).

Abschnitt der Treuhandperiode erfolgt der Pfändungsschutz für Selbstständige grundsätzlich über diese Vorschriften, weil die Abtretung an den Treuhänder für den Schuldner wie eine insolvenzrechtliche Beschlagnahme wirkt.[1016] Mit derselben Begründung kann die Anwendung im laufenden Zweitverfahren erfolgen, um dem Schuldner die Abführung der Beträge an den Treuhänder des Erstverfahrens zu ermöglichen. Eine direkte Anwendung scheitert, weil die Normen nicht auf den Schutz für Abführungsbeträge aufgrund eines früheren Insolvenzverfahrens konzipiert sind. Eine planwidrige Regelungslücke besteht darin, dass keine gesetzliche Vorschrift eine Aussage über die Anerkennung von Abführungsbeträgen in Folgeverfahren zugunsten eines vorausgehenden Restschuldbefreiungsverfahrens enthält und sich der Gesetzgeber dieser Problematik auch nicht bewusst war. Eine vergleichbare Interessenlage mit den Vorschriften der § 850c, § 850f Abs. 1 Nr. 2 Alt. 2 ZPO begründet sich darin, dass es sich bei der die Pfändungsgrenzen für Arbeitseinkommen festlegenden Normen um die materiell sachnähesten Bestimmungen handelt. Diese betreffen eine Zahlungspflicht des abhängig beschäftigten Schuldners und vergleichbar dem Fall einer Unterhaltsverpflichtung muss ein angestellter Schuldner fixe Beträge an Dritte weitergeben, die ihm selbst von vornherein nicht zur Verfügung stehen. Ferner hätte der Gesetzgeber, hätte er die Problemstellung erkannt, eine Norm geschaffen, die dem Schuldner im Zweitverfahren die Balance zwischen der Rückkehr in eine abhängige Beschäftigung und Hinsteuerung auf eine Restschuldbefreiung eines schon begonnenen Restschuldbefreiungsverfahrens ermöglicht. Auf § 850f Abs. 1 Nr. 2 Alt. 2 ZPO darf zurückgegriffen werden, weil die Norm für abhängig Beschäftigte über die schematischen Grenzen des § 850c ZPO hinaus einen Mindestschutz für den konkreten Bedarf des Schuldners ermöglicht.[1017] Dem Schuldner werden auf diese Weise über den Pfändungsschutz in Höhe der abzuführenden Beträge ausreichend Mittel belassen, um die Zahlungen an den Treuhänder erbringen zu können.[1018] Führt der Schuldner die Beträge sodann nicht ab, steht den Altgläubigern die Möglichkeit des Versagungsverfahrens im Rahmen des Restschuldbefreiungsverfahrens zu, da die Vermögensteile insolvenzfrei sind.

1016 AG Hamburg, Beschl. v. 13.08.2001 – 68b IK 1/99, ZInsO 2001, S. 768; KK-InsO/*Hess*, § 35, 36 Rn. 1159.

1017 Vgl. PG/*Ahrens*, § 850c Rn. 11, § 850f Rn. 2. Zur Erweiterung des Schutzes gem. § 850i ZPO unter: 3. Kapitel C. II. 4. c) gg).

1018 Vgl. *Nawroth/Steinbach*, ZInsO 2018, S. 700 (702).

3. *Zugehörigkeit der Betriebsmittel*

a) *Vor Zweitinsolvenzeröffnung*

Stellt der Schuldner seine Tätigkeit vor Eröffnung eines Zweitverfahrens vollständig ein, bleiben ehemals pfändungsgeschützte Vermögensgegenstände insolvenzfrei. Sie sind dem Haftungsverband des Erstverfahrens entzogen.[1019] Sonstige durch Negativerklärung im Erstverfahren freigegebene Betriebsmittel bleiben ebenfalls insolvenzfrei.

b) *Ab Zweitverfahrenseröffnung und vor Negativerklärung im Zweitverfahren*

Im eröffneten Zweitverfahren können solche Vermögensgegenstände vorhanden sein, die per Negativerklärung aus dem Erstverfahren ausgeschieden sind und dort ursprünglich pfändungsgeschützt waren oder darüber hinaus mit übergingen, sowie Gegenstände, die nachträglich aus dem erstinsolvenzfreien Neuerwerb angeschafft wurden. Im Erstverfahren ursprünglich pfändungsgeschütztes Vermögen ist bei andauernder Ausübung derselben Tätigkeit im Zweitverfahren ggf. ebenfalls pfändungsgeschützt. Bei Aufgabe einer Selbstständigkeit im Zweitverfahren unterfallen die Betriebsmittel vollständig dem Zweitinsolvenzbeschlag, denn das Vermögen, das im Erstverfahren zur Ausübung der Selbstständigkeit erforderlich war, gehört zum Sondervermögen der Selbstständigkeit. Darüber hinaus wirkt sich die Aufhebung des Erstverfahrens aufgrund der Trennung der Haftungssphären im Zweitverfahren nicht aus, denn der Pfändungsschutz ist nicht verfahrensgebunden, sondern knüpft an die Person des Schuldners an.[1020]

c) *Nach Negativerklärung im Zweitverfahren*

Nach Negativerklärung im Zweitverfahren gehören damit freigegebenen Gegenstände nicht zur Zweitmasse.

IV. *Tod des Schuldners nach Freigabe der Selbstständigkeit*

Stirbt der Schuldner im eröffneten Zweitverfahren, ist das Verfahren vom Insolvenzgericht gem. § 4 InsO i.V.m. § 779 ZPO von Amts wegen in ein

---

1019 Hierzu oben unter: 3. Kapitel C. I. 2. b) und 3. Kapitel C. II. 1. a) und 3. Kapitel C. II. 1. b) aa).

1020 AGR-InsO/*Ahrens*, § 35 Rn. 165; HK-InsO/*Keller*, § 36 Rn. 13. Hierzu unter: 3. Kapitel C. II. 1. b) aa).

Nachlassinsolvenzverfahren umzuwandeln.[1021] Der Insolvenzbeschlag dieser fortgesetzten Nachlassinsolvenz entspricht dem der Zweitinsolvenz. Das per Negativerklärung aus dem Erstverfahren übergegangene Vermögen fällt nicht als Neuerwerb in die Erstverfahrensmasse.[1022] Daneben findet über das das Erstinsolvenzverfahren umfassende Vermögen ein eigenständiges Nachlassinsolvenzverfahren statt, da nach dem Tod des Schuldners die Haftungstrennung beibehalten wird.[1023]

Sofern im Zweitverfahren eine Geschäftsfreigabe erfolgt ist, können Neugläubiger des Zweitverfahrens ein ergänzendes Nachlassinsolvenzverfahren über das gesamte insolvenzfreie Vermögen einleiten.[1024] Das ergänzende Nachlassinsolvenzverfahren als zusätzliches Drittverfahren enthält das im Zweitverfahren entlassene Vermögen.

V. Aufhebung der Negativerklärung durch Gläubigerentscheid

1. Einsetzen der Aufhebungswirkung ex nunc

Machen die Gläubigerversammlung oder der Gläubigerausschuss von ihrem Recht Gebrauch, die Negativerklärung des Erstverfahrens gem. § 35 Abs. 2 S. 3 InsO für unwirksam zu erklären, erfolgt auf gerichtliche Anordnung hin eine Reintegration des ehemals freigegebenen Vermögens der Selbstständigkeit in das Erstverfahren.[1025] Es ist danach je nach Verfahrensstand des Zweitverfahrens zu klären, welche Auswirkungen der Vermögensentzug hat.

Mit der herrschenden Meinung wirkt die Aufhebung der Negativerklärung ex nunc ab Zugang beim Schuldner.[1026] Diese Bewertung ist insbesondere vorzugswürdig, weil sie für sich anführen kann, dass eine Beibehaltung der

---

1021 Näher hierzu unter: 6. Kapitel D. II. 4.

1022 Vgl. *Gehrlein*, ZInsO 2017, S. 1352 (1354).

1023 BGH, Urt. v. 26.09.2013 – IX ZR 3/13, in: ZInsO 2014, S. 40 Rn. 16 f.; *Kampf*, ZVI 2018, S. 3 (5); *Kampf*, ZVI 2016, S. 343 (346).

1024 Vgl. zu diesem Masseumfang: AGR-InsO/*Ahrens*, § 35 Rn. 167; *Gehrlein*, ZinsO 2017, S. 1352 (1354). Hierzu unter: 6. Kapitel D. II. 3.

1025 Dies betrifft Fälle, in denen die selbstständige Tätigkeit entgegen der Prognose des Insolvenzverwalters wirtschaftlich erfolgreich war oder die Negativerklärung auf vorwerfbar falschen Angaben des Schuldners beruhte, *Haarmeyer*, ZInsO 2007, S. 696 (698).

1026 K.Schmidt/*Büteröwe*, InsO § 35 Rn. 58; Andres/Leithaus/*Leithaus*, InsO, § 35 Rn. 12; *Ahrens*, KSzW 2012, S. 303 (309); *Gehrlein*, ZInsO 2017, S. 1352 (1356); HambK-InsO/*Lüdtke*, § 35 Rn. 278; *Schmerbach*, InsbürO 2007, S. 202 (211); wohl auch: KPB/*Holzer*, § 35 Rn. 114, 116; **a.A.** HK-InsO/*Ries*, § 35 Rn. 79.

zwischenzeitlich erfolgten Vermögensdispositionen dahingehend Rechtssicherheit schafft, dass das Vertrauen der Neugläubiger in den jedenfalls vorübergehenden Bestand der Haftungstrennung, aufgrund der sie die Geschäftstätigkeit mit dem Schuldner fortsetzen, gerechtfertigt ist.[1027] Von der Nichtigkeit der Negativerklärung wird die Zulässigkeit des Zweitverfahrens nicht berührt, da eine Rückabwicklung nicht in die Vergangenheit wirkt und damit grundsätzlich unter Wahrung der Gläubigergleichbehandlung eine Haftungsverwirklichung innerhalb der jeweiligen Massen gewährleistet ist.[1028]

2. *Keine zusätzliche Erklärung des Erstverwalters*

Gotter führt zur methodischen Umsetzung der Vermögenseingliederung aus, dass die entfernte Negativerklärung durch eine „*gebundene Positiverklärung*" zu ersetzen sei, um sicherzustellen, dass nicht lediglich der Neuerwerb, sondern mit diesem auch die Verbindlichkeiten massezugehörig werden.[1029]

Dem ist insoweit zuzustimmen, dass eine Teileingliederung des Vermögens der Selbstständigkeit alternativlos ist. Aufgrund des deklaratorischen Charakters einer Positiverklärung, muss der Erstverwalter jedoch keine zusätzliche, explizite Erklärung abgeben, denn die Zugehörigkeit des Vermögens erfolgt durch bloße Duldung der gerichtlichen Anordnung.[1030] Vom Erstverwalter kann keine Erklärung verlangt werden, weil der in § 35 Abs. 2 S. 3 InsO zuerkannte Altgläubigerschutz einen solchen, wenn auch ohne Entscheidungskompetenz vorzunehmenden, Zwischenschritt verbietet. Dieser wäre geeignet, für die Beteiligten überflüssige Unsicherheit durch ein etwaiges Abwarten vor Leistung oder

---

1027 Vgl. BK-InsO/*Ellrich*, § 35 Rn. 166.

1028 **A.A.** *Gotter*, Die selbstständige Tätigkeit im Insolvenzverfahren, S. 96 ff., der unter Annahme einer ex tunc-Wirkung folgerichtig Fragen einer vollumfänglichen Rückabwicklung, einschließlich der Frage der Erfüllungsablehnung sowie der Anfechtbarkeit von Rechtshandlungen zwischen Erklärung und Aufhebung der Negativerklärung berücksichtigt. Dabei wird aufgrund des Übergangs der Verwaltungs- und Verfügungsbefugnis vom Schuldner auf den Erstinsolvenzverwalter die Unwirksamkeitsanordnung mit der Insolvenzverfahrenseröffnung verglichen. Eine analoge Anwendung der Anfechtungsanschriften sei aufgrund der eröffnungsgleichen Situation geboten.

1029 *Gotter* legt seinen Ausführungen allerdings eine ex tunc-Nichtigkeit der Negativerklärung zugrunde: *Gotter*, Die selbstständige Tätigkeit im Insolvenzverfahren, S. 94.

1030 Hierzu unter: 3. Kapitel C. II. 3. c) ff) (2) (a).

Leistungsannahme zu erzeugen und stünde damit im Widerspruch zur unverzüglichen Durchsetzung des Altgläubigerwillens.[1031]

3. *Zuweisung von Vermögen und Verbindlichkeiten bei Rückholung*

Der Fortgang des Zweitverfahrens hängt vom noch in der Zweitmasse verbleibenden Vermögen ab. Aus der Wertung zur Aufrechterhaltung der Haftungssphären folgt, dass die Rückholung des Vermögens der Selbstständigkeit keine vollständige Wiedereingliederung des seit der Negativerklärung erwirtschafteten Neuerwerbs und der Verbindlichkeiten bewirkt. Erst der seit der Verkündung der Unwirksamkeitserklärung entstehende Neuerwerb ist insolvenzbefangen und steht für die Altgläubigerbefriedigung zur Verfügung. Die im Zusammenhang mit der Selbstständigkeit verursachten Schulden belasten ab diesem Zeitpunkt die Erstinsolvenzmasse als Masseverbindlichkeiten gem. § 55 Abs. 1 Nr. 1 InsO.[1032] Im Sondervermögen der Zweitinsolvenz vorhandene Betriebsmittel gehen wieder in die Erstverfahrensmasse über, sofern sie zuvor durch Negativerklärung freigegeben worden sind. Etwas anderes gilt für im Erstverfahren durch echte Freigabe entlassene Massegegenstände. Diese verbleiben im insolvenzfreien Vermögen des Schuldners.[1033]

4. *Auswirkung auf den Verfahrensstatus*

a) *Insolvenzeröffnungsverfahren*

Ordnet das Insolvenzgericht die Unwirksamkeit der Negativerklärung noch während der Eröffnungsperiode des Zweitverfahrens an, kommt es nicht mehr zu einer Verfahrenseröffnung. Die Anordnung lässt das Rechtsschutzbedürfnis des Insolvenzantrags entfallen, da eine Gesamtvollstreckung zu keiner Gläubigerbefriedigung führen kann. Ein anhängiger Eröffnungsantrag ist dann als unzulässig zurückzuweisen.[1034] Der Antragsteller kann den Antrag für erledigt erklären.[1035]

Eine Auslegung bzw. Umdeutung eines Eröffnungsantrags in ein Insolvenzverfahren über die durch echte Freigabe übergegangenen, insolvenzfreien

---

1031 Das Insolvenzgericht soll das Gläubigervotum nur in evidenten Fällen prüfen dürfen, Graf-Schlicker/Graf-Schlicker/Kexel, § 35 Rn. 40.

1032 Vgl. KPB/*Holzer*, § 35 Rn. 122.

1033 Hierzu unter: 3. Kapitel C. II. 2. d).

1034 AGR-InsO/*Ahrens*, § 35 Rn. 175.

1035 FK-InsO/*Schmerbach*, 9. Aufl. 2018, § 13 Rn. 123; MüKoInsO/*Vuia*, § 13 Rn. 87.

Gegenstände kommt im Hinblick auf ein Rechtsschutzinteresse nur in Betracht, wenn das Erstverfahren inzwischen aufgehoben wurde, weil ein Insolvenzverfahren über Einzelgegenstände ein nachgeschaltetes Insolvenzverfahren darstellt.

b) Eröffnetes Verfahren

aa) Verfahrenseinstellung

Aus der Unwirksamkeitsanordnung im Erstverfahren folgt bei eröffnetem Zweitverfahren die Verfahrenseinstellung. Mit der Anordnung endet die Eigenschaft der Insolvenzmasse als Sondervermögen der Selbstständigkeit ex nunc. Selbst in dem Fall, dass dem laufenden Zweitverfahren das Vermögen des Neuerwerbs zugeordnet ist – weil im Zweitverfahren keine erneute Freigabe erfolgte – dürfte das Verfahren ausschließlich als Verfahren über das Gesamtvermögen fortgesetzt werden. Hierfür besteht allerdings keine verfahrensrechtliche Legitimation, denn der Haftungsrahmen wurde mit Verfahrenseröffnung abschließend festgelegt und darf nun nicht erweitert werden, weil kein Fall des § 11 Abs. 1 S. 1 InsO vorliegt. Zudem ist aufgrund der ex nunc-Wirkung der Unwirksamkeitsanordnung der zwischenzeitlich erwirtschaftete Neuerwerb insolvenzfrei.[1036] Der Neuerwerb ist ab dem Zeitpunkt der Unwirksamkeitsanordnung der Erstinsolvenzmasse zugeordnet. Aus diesem Grund ist das Zweitverfahren gem. § 207 InsO analog einzustellen.[1037] Weil der verfahrensrechtliche Massebegriff nicht mehr ausgefüllt werden kann, wenn das ehemalige Sondervermögen der Selbstständigkeit schwindet, kann im Hinblick auf das Interesse, die verfahrensrechtlichen Wirkungen für die Beteiligten zu beenden, nur eine analoge Anwendung in Betracht kommen.

Falls im Zweitverfahren eine erneute Freigabe der selbstständigen Tätigkeit erfolgt ist, führt die Unwirksamkeitsanordnung im Erstverfahren auch zur Aufhebung dieser Folgeerklärung. Weil mit dem Fortfall der Zweckerklärung des Erstverfahrens kein Sondervermögen der Selbstständigkeit mehr besteht, kann auch keine darauf bezogene verfahrensrechtliche Wirkung mehr ausgehen. Das bedeutet, dass die Selbstständigkeit wieder in das Erstverfahren integriert wird. Der Schuldner ist dadurch geschützt, dass er vom Erstinsolvenzverwalter die

---

1036 **A.A.** *Kutscher*, Die Erklärung des Insolvenzverwalters nach § 35 Abs. 2 InsO, S. 190, der den vor der Unwirksamkeitserklärung erwirtschafteten Neuerwerb als Sondermasse betrachtet.

1037 AG Göttingen, Beschl. v. 12.10.2007, 74 IN 304/07, in: ZVI 2007, S. 571 Rn. 16; FK-InsO/*Schmerbach*, 9. Aufl. 2018, § 13 Rn. 123; *Gotter*, Die selbstständige Tätigkeit im Insolvenzverfahren, S. 162.

Entscheidung gem. § 35 Abs. 3 S. 2 InsO verlangen kann. Diese Wertung steht im Einklang damit, dass schon die frühere Negativerklärung aufgrund der Möglichkeit der Unwirksamkeitsanordnung von Anfang an nur unter dem Vorbehalt der Insolvenzfreiheit stand.

bb) Gesetzliche Teilrückabwicklung

(1) Verfügungen nach Unwirksamkeitsanordnung

Mit der Unwirksamkeitsanordnung wird der Schuldner wieder verfügungsbefugt. Eine vollständige Rückabwicklung der Vermögensverschiebungen seit Zugang der Negativerklärung findet nicht statt. Die Verfügungen, die der Schuldner bis zur Verkündung der Anordnung vorgenommen hat, werden nicht rückabgewickelt. Sofern der Schuldner nach der Verkündung Verfügungen vornimmt, sind diese gem. § 81 Abs. 1 S. 1 InsO unwirksam. Empfänger von Verfügungen haben das Erhaltene gem. § 81 Abs. 1 S. 1 InsO i.V.m. § 985 BGB an die Erstinsolvenzmasse zurückzugeben und erhalten dafür gem. § 81 Abs. 1 S. 3, § 55 Abs. 1 Nr. 3 InsO einen auf etwaige Bereicherungen der Masse beschränkten Masseanspruch.[1038] Sonstige Rechtshandlungen sind ebenfalls absolut unwirksam und können zulasten der Masse keine Wirkung entfalten.[1039]

(2) Keine Rückabwicklung früherer Verfügungen

(a) Bestehenbleiben von Verfügungen

Verfügungen des Schuldners im Zeitraum vor der Unwirksamkeitsanordnungen bleiben aufgrund der ex nunc-Wirkung analog § 34 Abs. 3 S. 3 InsO wirksam bestehen.[1040] Auf solche Verfügung gerichtete Ansprüche von Neugläubigern sind außerhalb des Erstinsolvenzverfahrens geltend zu machen. Haftungsproblematiken der Erstverfahrensmasse stellen sich für diesen Zwischenzeitraum deshalb nicht.

1038 Nerlich/Römermann/*Kruth*, § 81 Rn. 24; vgl. *Gotter*, Die selbstständige Tätigkeit im Insolvenzverfahren, S. 98.

1039 K.Schmidt/*Sternal*, InsO § 81 Rn. 1 f., § 91 Rn. 10.

1040 Uhlenbruck/*Hirte/Praß*, § 35 Rn. 103; Graf-Schlicker/*Graf-Schlicker/Kexel*, § 35 Rn. 41; *Berger*, ZInsO 2008, S. 1101 (1105); *Haarmeyer*, ZInsO 2007, S. 696 (698); **a.A.** HambK-InsO/*Lüdtke*, § 35 Rn. 294.

(b) *Keine gebundene Positiverklärung*

Aus diesem Grund erübrigen sich weitere Betrachtungen dieses Zeitraums. Die von *Gotter* vorgebrachten Überlegungen für den Zwischenzeitraum, dass der Erstverwalter zur Abgabe einer gebundenen Positiverklärung verpflichtet sei, um für Neugläubiger einen Haftungszugriff auf die Erstverfahrensmasse zu ermöglichen, lassen sich nur mit dessen Verständnis der Unwirksamkeitsanordnung ex tunc nachvollziehen: Weil nicht nur das Vermögen der Selbstständigkeit, sondern auch die zugehörigen Verbindlichkeiten reintegriert werden, sei eine Positiverklärung des Erstverwalters notwendig, weil sie die Voraussetzung für die Entstehung von Verbindlichkeiten gem. § 55 Abs. 1 Nr. 1 InsO darstellt.[1041] Diese Sichtweise ignoriert allerdings den Wortlaut des § 35 Abs. 2 S. 1 InsO, der den Insolvenzverwalter gerade nicht zur Abgabe einer bestimmten Erklärung verpflichtet.[1042]

(c) *Quotale Befriedigung?*

Für die Abwicklung des im Zwischenzeitraum entstandenen Vermögens diskutiert *Zipperer*, über die Anwendung des § 25 Abs. 2 InsO eine quotale Befriedigung der Neugläubiger und Vermögensverteilung durch den Erstverwalter zu erreichen.[1043] Dies sei schon unter prozessökonomischen Gesichtspunkten vorteilhafter als ein Zweitverfahren – für das ggf. keine ausreichende Masse verfügbar ist – zu eröffnen.[1044] Zwar fehle es an einem gerichtlich festgestellten Insolvenzgrund für den betroffenen Vermögensteil, der einen Eingriff in die Neugläubigerrechte rechtfertige.[1045] Allerdings erhielten die Neugläubiger die Quote aus einem hypothetischen hybriden Insolvenzverfahren, so dass ein Zweitverfahren vermieden werden könne.[1046]

Für die Vergleichbarkeit mit der Abwicklung einer vorläufigen Insolvenzverwaltung spricht, dass der betroffene Vermögensteil gesondert haftbar ist und dass der Anwendungsbereich des § 25 Abs. 2 InsO das Vorliegen eines Insolvenzgrunds nicht voraussetzt. Dass kein Neugläubiger eine Vermögensverteilung beantragt hat, mag zu vernachlässigen sein, weil die Geschäftsfreigabe aufgrund des § 35 Abs. 2 S. 3 InsO nur vorläufig war. Eine Forderungsverkürzung der

---

1041 *Gotter*, Die selbstständige Tätigkeit im Insolvenzverfahren, S. 98.
1042 Hierzu oben unter: 3. Kapitel C. II. 4. c) ff. (2) (a).
1043 *Zipperer*, ZIP 2019, S. 1741 (1745).
1044 *Zipperer*, ZIP 2019, S. 1741 (1745).
1045 *Zipperer*, ZIP 2019, S. 1741 (1745).
1046 *Zipperer*, ZIP 2019, S. 1741 (1745).

Neugläubiger mag nicht schwer wiegen, weil die Neugläubiger weiterhin in das insolvenzfreie Vermögen des Schuldners vollstrecken können. Allerdings steht der pauschalen Vermögensverteilung durch den Erstinsolvenzverwalter entgegen, dass sich die Vermögensverwertungsbefugnis des Erstverwalters gem. § 159 InsO ausschließlich auf das zur Insolvenzmasse gehörende Vermögen bezieht und der betroffene Vermögensteil aufgrund der ex nunc-Wirkung der Unwirksamkeitsanordnung insolvenzfreies Vermögen bildet. Das stärkste Gegenargument ist aber, dass die Möglichkeit des Schuldners, Restschuldbefreiung in einem nachgeschalteten Gesamtverfahren zu erlangen, verkürzt würde, weil eine Massearmut gefördert würde.

cc) Anfechtbarkeit von Zwischenverfügungen?

(1) Masseschutz nach Reintegrierung des Vermögens der Selbstständigkeit

Haben Neugläubiger keine Kenntnis von der Unwirksamkeitsanordnung, setzen sie die Geschäftstätigkeit mit dem Schuldner unwissend fort. Das führt dazu, dass trotz Aufhebung der Negativerklärung durch vom Schuldner veranlasste Rechtshandlungen Vermögenswerte den wieder erweiterten Erstinsolvenzbeschlag verlassen können, wenn Gläubiger Leistungen des Schuldners annehmen. Das betrifft Handlungen, die zur Erfüllung vormals mit Rechtsmacht eingegangener Verbindlichkeiten vorgenommen werden, also Zahlungen in jeder Form sowie anderweitige Vermögensweggaben mit Erfüllungscharakter im Zeitraum zwischen der Beschlussfassung der Unwirksamkeitsanordnung und deren Verkündung. Neben den ipso iure im Erstverfahren geltenden gesetzlichen Unwirksamkeitsanordnungen der § 81, § 91 InsO stellt sich die – schon von *Gotter* behandelte – Frage nach einer Anwendung der insolvenzrechtlichen Anfechtungsvorschriften.[1047]

(2) Nur ausnahmsweise Anwendung des Anfechtungsrechts nach Verfahrenseröffnung

Dem Wortlaut des § 129 Abs. 1 InsO folgend können die Insolvenzanfechtungsvorschriften nicht angewandt werden, wenn die betreffenden Rechtshandlungen nicht vor Verfahrenseröffnung vorgenommen worden sind. Tritt die Wirkung solcher Handlungen erst nach Verfahrenseröffnung ein, gilt die Handlung als insgesamt nicht vor Verfahrenseröffnung vorgenommen, § 140 Abs. 1 InsO.

1047 *Gotter*, Die selbstständige Tätigkeit im Insolvenzverfahren, S. 98 ff.

Demzufolge ist die Anfechtbarkeit sämtlicher Vermögensverschiebungen des Schuldners mittels direkter Anwendung der Anfechtungsregeln nach Eröffnung des Erstverfahrens grundsätzlich ausgeschlossen, da diese schon gem. § 81 Abs. 1 S. 1 InsO unwirksam sind. Eine Ausnahme bildet allein § 147 Abs. 1 InsO ab, der für die darin geregelten Fälle eines gutgläubigen Erwerbs eine Anfechtung gegenüber dem Erwerbenden zulässt. Diese gelten ohne Besonderheiten nach Aufhebung einer Negativerklärung.

Eine direkte oder analoge Anwendung der Anfechtungsvorschriften auf Rechtshandlungen, die zwischen Zugang der Negativerklärung und späterer Aufhebung erfolgt sind, ist dem Sinn und Zweck der Anfechtungsregeln nach ausgeschlossen, denn der Schuldner war in diesem Zeitfenster Berechtigter und eine Verschlechterung der Insolvenzmasse ausgeschlossen, da das Vermögen der Selbstständigkeit nicht mehr Teil des Erstverfahrens war und keine Gläubigerbenachteiligung i.S.d. § 129 InsO eintreten konnte. Eine Rückabwicklung soll gerade nur ex nunc erfolgen. Die vor dem Verkündungszeitpunkt beendeten Rechtshandlungen sind damit anfechtungsfest. Zum Beendigungszeitpunkt des § 140 Abs. 1 InsO wirtschaftete der Schuldner noch in vollem Besitz seiner Verwaltungs- und Verfügungsbefugnis im insolvenzfreien Bereich.

(3) Keine Anfechtbarkeit von Handlungen außerhalb des Insolvenzverfahrens

(a) Vergleich zu einer erneuten Insolvenzeröffnung

Bei Eingliederung des Vermögens der Selbstständigkeit in das Erstinsolvenzverfahren können im Zeitraum zwischen Verkündung und Veröffentlichung[1048] der Unwirksamkeitserklärung einzelne Gläubiger Leistungen des Schuldners erhalten. Eine Anfechtung von Schuldnerhandlungen ist nicht völlig fernliegend, denn mit der Wiedereingliederung des Geschäftsvermögens geht ein erneuter Verlust der Verwaltungs- und Verfügungsbefugnis des Schuldners am Vermögen der Selbstständigkeit einher, wenn dieses Vermögen wieder dem Erstinsolvenzbeschlag unterstellt wird. Für den Schuldner ist dieser Zugriffsverlust insofern wirkungsgleich mit dem Akt der Insolvenzeröffnung und unterscheidet sich im Hinblick auf die Haftungsverschmelzung der Vermögensmassen in Bezug auf das Teilvermögen des Schuldners funktional nicht von einem erstmaligen Insolvenzbeschlag. Zu überlegen ist also, ob nicht auch hinsichtlich der Anfechtung

1048 Die Unwirksamkeitsanordnung ist analog § 78 Abs. 2 S. 1 InsO öffentlich bekannt zu machen, Braun/*Bäuerle*, § 35 Rn. 154.

von Zwischenverfügungen eine Parallele zum prozessualen Ereignis der Insolvenzeröffnung geboten ist.[1049]

Für eine Anwendung der Anfechtungsregeln könnte sprechen, dass die Anfechtungsvorschriften der Insolvenzordnung bezwecken, masseschmälernde Rechtshandlungen ungeschehen zu machen, sofern sie gläubigerbenachteiligend sind. Das Intervall bietet sich für eine Parallele zur gesetzlichen Anfechtungssituation an, da es mit Erklärungsaufhebung ein der Insolvenzantragstellung vergleichbares, warnendes Ereignis gibt. Mit der Erklärungsveröffentlichung existiert ein mit den Wirkungen der Insolvenzeröffnung ähnliches Eintrittsereignis. Zu klären wäre, ob es zu Benachteiligungen führen kann, wenn dem Schuldner ein Kontrollverlust widerfährt, der seinen Ursprung in den insolvenzrechtlichen Vorschriften hat, ohne dass es sich dabei um die Verfahrenseröffnung selbst handelt. Letztendlich müsste auf diese Weise ein anders nicht zu erreichender Altgläubigerschutz im Erstverfahren bezweckt werden, um dem in § 35 Abs. 2 S. 3 InsO fußenden Altgläubigervorrang gerecht zu werden. Gleichzeitig dürfte dieser Schutz nicht zulasten der Neugläubiger, die auf die Wirksamkeit von Schuldnerhandlungen vertrauen dürfen, geschehen.

(b) Analoge Anwendung der Anfechtungsvorschriften über § 147 Abs. 1 InsO?

Eine Anwendung der Anfechtungsvorschriften der §§ 130 ff. InsO für nach Erstverfahrenseröffnung stattfindende Rechtshandlungen könnte sich aus einer Analogie zu § 147 S. 1 InsO ergeben. Ausnahmsweise soll eine solche möglich sein, wenn Masseverkürzungen im laufenden Verfahren durch den Insolvenzverwalter nicht verhindert werden können und deren Unanfechtbarkeit nicht vom gesetzgeberischen Willen gedeckt ist.[1050] So wird die Vorschrift über den Wortlaut hinaus für nach Insolvenzeröffnung stattfindende Erfüllungshandlungen von Gläubigern an den Schuldner gem. § 82 S. 1 InsO angewandt.[1051]

1049 Dieser Gedanke ist bereits von *Gotter* geäußert worden. Insoweit kann in dieser Hinsicht an dessen Schlussfolgerungen zur Vergleichbarkeit der Aufhebung der Negativerklärung mit der Insolvenzverfahrenseröffnung angeknüpft und auf die Grundidee der analogen Anwendung der insolvenzrechtlichen Anfechtungsvorschriften zurückgegriffen werden. Abweichungen ergeben sich in seiner Arbeit, in der *Gotter* unter der Annahme einer ex tunc-Nichtigkeit bei Aufhebung der Negativerklärung benachteiligenden Rechtshandlungen seit Zugang der Negativerklärung anfechten möchte und folgerichtig zu anderen Ergebnissen gelangt: *Gotter*, Die selbstständige Tätigkeit im Insolvenzverfahren, S. 98 ff. Vgl. hierzu: Fn. 1046.

1050 HK-InsO/*Thole*, § 147 Rn. 9; **a.A.** *Gerhardt*, in: Jaeger, InsO, § 4 Rn. 2.

1051 MüKoInsO/*Kirchhof/Piekenbrock*, § 147 Rn. 6.

Weil die Gesamtwirkung der Unwirksamkeitsanordnung ex nunc mit Verkündung eintritt, wird ab diesem Zeitpunkt ehemals insolvenzfreies Vermögen wieder Teil der Erstinsolvenzmasse. Zwar bildet das Tätigwerden der Gläubigergemeinschaft die Situation ab, dass die Selbstständigkeit erfolgreich verläuft und die Rückkehr des Schuldnerbetriebs in das Insolvenzverfahren deshalb attraktiv ist. Damit wären im Analogieversuch aller Wahrscheinlichkeit nach nicht zwingend die typischen anfechtungsrelevanten Sachverhalte der Zwangsvollstreckungshandlungen oder Vermögensweggabe gegeben. Es ist vielmehr davon auszugehen, dass Erfüllungsgeschäfte im Rahmen des florierenden Schuldnerbetriebs betroffen wären. Im Unterschied zur gesetzlichen Anfechtungssituation entstünden die Anfechtungsansprüche nicht mit Verfahrenseröffnung, sondern mit Verkündung der Unwirksamkeitsanordnung. Diese Konstellation fiele nicht in jedem Fall unter den Wortlaut der §§ 129 ff. InsO und ist vom Gesetzgeber so nicht adressiert. In Bezug auf die Tatbestandsanforderungen der §§ 130 ff. InsO wären die objektiven (§ 131 Abs. 1 Nr. 1 Alt. 2 InsO, § 133 Abs. 1 S. 1 InsO) und subjektiven (§ 130 Abs. 1 S. 1 Nr. 2, § 132 Abs. 1 Nr. 2 InsO) Merkmale, die sich auf den Eröffnungsantrag beziehen, durch das Element der Unwirksamkeitsanordnung des § 35 Abs. 2 S. 3 InsO zu ersetzen.

Für den Zeitraum nach Verkündung ließen sich die Anfechtungsvorschriften § 130 Abs. S. 1 Nr. 2, § 131 Abs. 1 Nr. 1 Alt. 2, § 132 Abs. 1 Nr. 2, § 133 Abs. 1 S. 1 InsO ihrem offenen Wortlaut nach grundsätzlich anwenden, denn alle jeweiligen Tatbestandsvoraussetzungen wären erfüllbar. Schwierigkeiten bereitete allerdings, dass der anfechtbare Sachverhalt nach Aufhebung der Negativerklärung nur vorläge, weil dieser durch die zwischenzeitliche Wiedererlangung der uneingeschränkten Verfügungsbefugnis des Schuldners entstehen könnte. Beim § 131 Abs. 1 Nr. 1 Alt. 2, Abs. 3 S. 1 InsO und beim § 133 Abs. 1 S. 1 InsO stellte sich kein Anwendungsproblem, da der Wortlaut auch in dieser Konstellation eine rechtssichere Anwendung für den Zeitraum ab dem Erstverfahrensantrag garantierte. Für die § 130 Abs. S. 1 Nr. 2 InsO („*Kongruente Deckung*") und § 132 Abs. 1 Nr. 2 InsO („*Unmittelbar nachteilige Rechtshandlungen*") wirkte sich diese Verschiebung konkret im Tatbestandsmerkmal der Kenntnis vom Eröffnungsantrag aus. Dieses wäre naturgemäß immer erfüllt, da Neugläubigern die Erstinsolvenz bekannt sein dürfte. Eine solche Anwendung würde aber der Aufrechterhaltung der haftungsrechtlichen Sphären nicht gerecht, denn deren Trennung würde durchbrochen, wenn Sachverhalte nach dem Entzug ehemals zugestandener Rechtsmacht standardmäßig rückabgewickelt würden, obwohl dies wertungsgemäß nicht gerechtfertigt wäre.

Eine uneingeschränkte Anwendung der einschlägigen Anfechtungsvorschriften, die sich auf den Zeitraum nach der Insolvenzantragstellung beziehen, hätte also zur Folge, dass für § 130 Abs. S. 1 Nr. 2 InsO und § 132 Abs. 1 Nr. 2 InsO Rechtshandlungen im Übergangszeitraum nach Verkündung der Unwirksamkeitsanordnung unter den Wortlaut der Vorschriften fielen, obwohl die Kenntnis des Eröffnungsantrags nach Sinn und Zweck der Normen keine Rückabwicklung rechtfertigte. Diesem Widerspruch könnte Abhilfe geschaffen werden, wenn der subjektive Tatbestand verkleinert würde. Das könnte erreicht werden, indem die Kenntnis vom Insolvenzantrag durch die Kenntnis von der Unwirksamkeitsanordnung ersetzt würde.

Eine analoge Anwendung der Anfechtungsvorschriften wäre wichtig, um dem Erstinsolvenzverwalter den umfassenden Zugang zum insolvenzrechtlichen Repertoire zu eröffnen und damit über die Wirkung der § 81 Abs. 1 S. 1, § 91 Abs. 1 InsO hinaus die Insolvenzmasse schädigendem Schuldnerverhalten zu begegnen. Der hervorgehobenen Bedeutung der Altgläubigerbefriedigung würde damit genüge getan, wenn die Erstinsolvenzmasse zusammengehalten wird. Der Insolvenzverwalter wäre im Rahmen seiner Amtsführung auch gehalten die Anfechtungsansprüche geltend zu machen. Andernfalls könnte er sich den Altgläubigern gegenüber schadensersatzpflichtig machen, schließlich gehört die ordnungsgemäße Abwicklung der Wiedereingliederung der Selbstständigkeit in das Erstverfahren ebenso zu seinen Aufgaben.

Hinsichtlich der Verjährung der Anfechtungsansprüche, die sich auf nach Zugang der Unwirksamkeitsanordnung stattfindende Rechtshandlungen beziehen, gälten keine Besonderheiten. Die Verjährung begänne erst mit der Verkündung der Unwirksamkeitsanordnung, da ohne diese der Tatbestand nicht erfüllt sein könnte. Die Verjährung von Anfechtungsansprüchen zur Rückabwicklung von Zwischenverfügungen begänne gem. § 199 Abs. 1 InsO mit Ende des Jahres, in dem die Negativerklärung aufgehoben wird und der Erstverwalter von den Anspruch begründenden Umständen Kenntnis erlangte.

Gegen die analoge Anwendung spricht allerdings, dass keine mit dem Insolvenzeröffnungsereignis vergleichbare Interessenlage besteht. Wird das Schuldnervermögen aus dem erstinsolvenzfreien Bereich in das Erstverfahren zurückgeholt, ähnelt zwar die prozessuale Ausgangslage aus Schuldnerperspektive einer Verfahrenseröffnung. Es darf aber nicht außer Acht gelassen werden, dass mit der Eröffnung des Erstverfahrens der Entstehungszeitpunkt der Anfechtungsansprüche abschließend auf den Antragszeitpunkt festgelegt ist.[1052] Es kann in einem einheitlichen Verfahren nicht zwei Anknüpfungspunkte für die Insolvenzanfechtung geben. Dafür besteht auch keine Notwendigkeit, wenn

---

1052 KPB/*Bartels*, § 129 Rn. 403.

über den normierten Antragszeitpunkt eine Anfechtung erreicht werden kann. Diese ist über die analoge Anwendung des § 147 S. 1 InsO jedenfalls für den Fall des § 82 S. 1 InsO, der fälschlichen Leistung an den Schuldner nach der ex nunc-Wirkung der Unwirksamkeitserklärung, zu erreichen.[1053] Eine doppelte Analogie, nämlich einmal in Bezug auf den Anknüpfungszeitpunkt und weiter auf den Anwendungsbereich des § 147 S. 1 InsO, erübrigt sich somit. Diese führte angesichts der dargestellten erforderlichen Modifizierung der Anfechtungstatbestände auch zu unnötiger Rechtsunsicherheit. Dass eine Anfechtung nach Antragstellung nur über die Tatbestände der § 130 Abs. 1 S. 1 Nr. 2 InsO und § 133 Abs. 1 S. 1 InsO und nicht über weitere Anfechtungstatbestände erfolgen kann, führt nicht zu einer Schutzlücke, weil mit den Vorschriften gerade ein abschließender gesetzlicher Schutz vorgesehen ist.

(c) Ergebnis

Eine Anfechtung kann demnach ausschließlich unter analoger Anwendung des § 147 S. 1 InsO für den Fall der fälschlichen Leistung an den Schuldner nach Insolvenzeröffnung, § 82 S. 1 InsO, gem. § 130 Abs. 1 S. 1 Nr. 2 InsO und § 133 Abs. 1 S. 1 InsO erfolgen.

5. Zeitliche Grenzen

Eine gesetzliche Ausschlussfrist für die Entschließung der Gläubigerversammlung kennt das Gesetz nicht. *Ahrens* schlägt deshalb in Anlehnung an die Frist des § 296 Abs. 1 S. 2 InsO eine Frist von maximal einem Jahr ab Kenntnis von der Erklärung vor, um die Motivation des Schuldners zur Weiterführung der Selbstständigkeit aufrechtzuerhalten und damit den wirtschaftlichen Neustart des Schuldners und den daraus folgenden Vermögensfluss an die Altgläubiger nicht zu gefährden.[1054]

Gotter weist zudem darauf hin, dass das Instrument der Gläubigereinbeziehung der Verwirkung unterliegt.[1055] Dieser Einwand eignet sich insbesondere für private Neugläubiger, da der Austausch sich für diese Gläubigergruppe am schwerwiegendsten auswirkt, wenn diese für ihre Neuforderungen nur noch

---

1053 Vgl. A/G/R-*Gehrlein*, § 147 Rn. 2; MüKoInsO/*Kirchhof*/*Piekenbrock*, § 147 Rn. 6; HambK-InsO/*Rogge*/*Leptien*, § 147 Rn. 5; BeckOK InsO/*Schoon*, § 147 Rn. 6 mit dem Argument, dass die Annahme der Leistung durch den Schuldner eine Verfügung über den Leistungsanspruch darstellt; **a.A.** KPB/*Bartels*, § 147 Rn. 36.

1054 AGR-InsO/*Ahrens*, § 35 Rn. 180; **a.A.** HambK-InsO/*Lüdtke*, § 35 Rn. 293.

1055 *Gotter*, Die selbstständige Tätigkeit im Insolvenzverfahren, S. 162.

Befriedigung aus dem insolvenzfreien Vermögen des Schuldners verlangen können.[1056]

6. *Erneute Freigabe kraft Gläubigerentscheid*

Darüber hinaus kann die Gläubigerversammlung durch neue Beschlussfassung auch nach der Rückholung des Vermögens der Selbstständigkeit eine konkludente Positiverklärung aufgrund Duldung der Unwirksamkeitsanordnung für unwirksam erklären, denn der Wortlaut des § 35 Abs. 2 S. 3 InsO unterscheidet nicht zwischen Positiv- und Negativerklärung.[1057] Die haftungsrechtlichen Folgen entsprechen folglich denen einer erstmaligen Freigabe der Selbstständigkeit.

VI. Gewerbe- und berufsrechtliche Beendigung der Schuldnertätigkeit

1. *Doppelte Rechtsstellung des Insolvenzschuldners*

Die Zweitinsolvenzeröffnung fällt nicht selten mit der Erfüllung ordnungsrechtlicher Tatbestände zusammen. Sowohl die Möglichkeit, in unbegrenzter Zahl Insolvenzverfahren anzuregen, als auch die freie Wahl und Ausübung einer beruflichen Tätigkeit sind verfassungsrechtlich gewährleistet. Durch das Insolvenzverfahren werden Gläubigerbefriedigung und wirtschaftliche Existenz des Schuldners geschützt. Der Schutzbereich der Berufsfreiheit des Art. 12 GG umfasst die freie berufliche Tätigkeit des Schuldners. Der einfache Gesetzesvorbehalt des Art. 12 Abs. 1 S. 2 GG ermöglicht eine Festlegung der Grenzen dieses Schutzes im Einklang mit den Interessen anderer Marktteilnehmer. Der Gesetzgeber hat das Bedürfnis der Lockerung transdisziplinärer Spannungen erkannt und in der Gewerbeordnung und in den berufsrechtlichen Regelwerken korrelierende Normen eingefügt, die einerseits Schranken der Berufsfreiheit darstellen und andererseits einen Bezug zu den dem Insolvenzverfahren zugrundeliegenden Insolvenzgründen herstellen. Anhand dieser Vorschriften kann eine Abwägung zwischen Berufsfreiheit des Schuldners und dem Schutz der Rechtsgüter Dritter vorgenommen werden, die bei Vorliegen weiterer Voraussetzungen zulasten des Schuldners ausgeht und diesen dann ebenfalls in der beruflichen Tätigkeit im Insolvenzverfahren einschränkt. Im Zusammenhang mit Zweitinsolvenzen ist das fortdauernde oder wiederholte Vorliegen von

---

1056 Vgl. *Gotter*, Die selbstständige Tätigkeit im Insolvenzverfahren, S. 162.

1057 Vgl. LG Mönchengladbach, Urt. v. 12.08.2013 – 5 T 197/13, in: ZInsO 2013, S. 1753; vgl. *Frind*, Privatinsolvenz-HdB, Rn. 585.

Insolvenzgründen von Relevanz, weil die Eignung des Schuldners zur Ausübung seiner Tätigkeit infrage gestellt werden kann und andere Marktteilnehmer vor den vermögensrechtlichen Folgen einer unsachgemäßen Berufsausübung zu schützen sind.

2. Der gewerberechtliche Zulassungsentzug

a) Anwendungsbereich des § 12 GewO

Der auf jegliches zum Zeitpunkt des Insolvenzantrags ausgeübte Gewerbe im Sinne der § 1, § 6 GewO anwendbare § 12 Abs. 1 S. 1 GewO als Norm des besonderen Gefahrenabwehrrechts erklärt Vorschriften, die wegen Vermögensverfalls eine Gewerbeuntersagung oder einen Gewerbewiderruf rechtfertigen, über die Dauer eines Insolvenzverfahrens für unanwendbar.[1058] Die Vorschrift zielt darauf ab, den Gewerbebetrieb auch im Insolvenzverfahren als ökonomische Einheit zu erhalten, um damit dem Gläubigerbefriedigungsinteresse zu entsprechen.[1059] Im Insolvenzverfahren soll es dem Schuldner ebenfalls erlaubt sein, seine volle Leistungsfähigkeit gleich welcher Beschäftigungsart abzurufen, damit diese für die Gläubigerbefriedigung im Verfahren nutzbar gemacht werden kann.[1060] Die Zwecke des Gefahrenabwehrrechts müssen hintanstehen, denn eine etwaige Unzuverlässigkeit des Schuldners ist im Insolvenzverfahren beherrschbar.[1061]

b) Gewerbeuntersagung nach Negativerklärung

Wird eine Gewerbeausübung noch vor Freigabeerklärung untersagt, ist diese Tätigkeit einzustellen. Fraglich ist, ob nach erfolgter Freigabe eine Gewerbeuntersagung erfolgen kann. Teilweise wird vertreten, nach Freigabe sei § 12 Abs. 1 S. 1 GewO weiterhin auf die Tätigkeit des Schuldners anwendbar, da dieser Teil des Insolvenzverfahrens bleibt und lediglich Vermögen ausgegliedert wird.[1062] Der Schutz der Regelung sei demnach für eine stärkere Gläubigerbefriedigung notwendig. Gegen die Anwendbarkeit sprechen jedoch insolvenz- und

1058 VG Trier, Urt. v. 14.04.2010 – 5 K 11/10, in: NZG 2010, S. 628 Rn. 25; BeckOK GewO/*Hoffmann*, § 12 Rn. 62.

1059 *Krumm*, GewArch 2010, S. 465 (466).

1060 Nach der mehrheitlichen Lesart des § 12 GewO ist der Schuldner nicht von seiner Pflicht entbunden, frühestmöglich einen Insolvenzantrag zu stellen. Vielmehr wird ein frühzeitiger Antrag als Mindestvoraussetzung angesehen, um die Schutzwirkung der Vorschrift abzurufen, *Kläner/Krause*, ZVI 2019, S. 47 (49).

1061 *Krumm*, GewArch 2010, S. 465 (466 f.).

1062 KK-InsO/*Hess*, § 35, 36 Rn. 78.

gefahrenabwehrrechtliche Gründe. Zum einen steht die Ausgleichspflicht des § 35 Abs. 2 S. 2 InsO einer Untersagung entgegen, weil sie einen gewinnunabhängigen und damit einen der angestellten Beschäftigung vergleichbaren Vermögensrückfluss an die Insolvenzmasse sichert. Zum anderen muss schwerpunktmäßig der gefahrenabwehrrechtliche Charakter des § 12 S. 1 GewO berücksichtigt werden: Organisatorisch mag eine freigegebene Selbstständigkeit aufgrund der Rückholmöglichkeit gem. § 35 Abs. 2 S. 3 InsO noch zum Insolvenzverfahren gehören. Indem die tatsächliche Verwaltungs- und Verfügungsbefugnis wieder in die Hände des Insolvenzschuldners gelegt wird, hat dieser aber die wirtschaftlichen Folgen seines Gewerbes zu verantworten. Mit Ausgliederung des Vermögens einer Selbstständigkeit durch Negativerklärung entfällt der Zweck, das Gewerbe als wirtschaftliche Einhalt zu erhalten, da das Wirtschaften außerhalb des Insolvenzverfahrens stattfindet. Der Tatbestand des § 12 Abs. 1 S. 1 InsO ist nach der Ausnahmeregelung des § 12 S. 2 Hs. 2 GewO nicht mehr erfüllbar, wenn die die Unzuverlässigkeit begründenden Tatsachen vor der Freigabe eingetreten sind.[1063] Im Vordergrund steht wieder der Schutzzweck des § 35 Abs. 1 GewO.[1064] Steigert sich die Fortführung der Tätigkeit jedoch zu einem Sicherheitsrisiko für Dritte, bleibt eine Gewerbeuntersagung nach § 35 Abs. 1 GewO möglich, wobei diese gem. § 12 S. 2 Hs. 2 GewO nicht auf Gründe gestützt werden kann, die zur Erstverfahrenseröffnung geführt haben.[1065] Einigkeit besteht angesichts des klaren Wortlauts des § 12 S. 2 GewO darüber, dass die Insolvenzgründe, die vor Freigabe eine Unzuverlässigkeit begründet hätten, nach Betriebsfreigabe nicht mehr herangezogen werden dürfen. Das Tatbestandsmerkmal muss durch einen neuen Lebenssachverhalt ausgefüllt werden können. Da sich bei Folgeinsolvenzen das Vorliegen eines Insolvenzgrundes oftmals aus demselben andauernden Insolvenzereignis erklären lässt, erweist sich eine Untersagung nach Freigabe in vielen Fällen als schwer.[1066] Nichtsdestoweniger

---

1063 RegE BT-Drs. 17/10961, S. 11; OVG Rheinland-Pfalz, Urt. v. 03.11.2010 – 6 A 10676/10, in: GewArch 2011, S. 37; VG Darmstadt, Beschl. v. 07.02.2011 – 7 L 1768/10.DA, in: NZI 2011, S. 491; *Krumm*, GewArch 2010, S. 465 (472.); *Peters*, WM 2012, S. 1067 (1069); *Wischemeyer*, ZInsO 2009, S. 2121 (2130 ff.); **a.A.** BayVGH, Urt. v. 05.05.2009 – 22 BV 07.2776, in: NZI 2009, S. 527.

1064 *Mühlmann*, ZInsO 2011, S. 2023 (2025).

1065 RegE BT-Drs. 17/10961, S. 11; BayVGH, Beschl. v. 28.10.2021 – 22 ZB 21.1923, in: ZRI 2021, S. 1029 (1032); vgl. *Frind*, Privatinsolvenz-HdB, Rn. 627a. Untersagungen können beispielsweise auch auf Grundlage der § 35, § 59, § 70a GewO und § 21 Abs. 1 GastG sowie Widerrufe auf Grundlage der §§ 30–34f, § 57, § 69b Abs. 2 GewO und § 15 GastG sowie § 45 WaffG erfolgen.

1066 Vgl. *Huber*, INDat Report 2018, S. 58 (60); *Mühlmann*, ZInsO 2010, S. 2080 (2081).

bleibt sie möglich. Im Zweitinsolvenzverfahren muss dann wieder die Regelung des § 12 S. 1 GewO gelten, da dessen Zweck ein Wiedereingreifen der Untersagungssperre rechtfertigt.[1067] Nach erneuter Geschäftsfreigabe aus dem Zweitverfahren ist eine Untersagung nach den allgemeinen Bedingungen nicht mehr ausgeschlossen

Dieselben Wertungen gelten auch für das Restschuldbefreiungsverfahren, denn die Sperrwirkung des § 12 S. 1 GewO endet mit der Insolvenzverfahrensaufhebung.[1068]

c) *Anforderungen an institutionelle Gläubiger*

Zur Prävention von Zweit- und Folgeinsolvenzen werden die Stimmen lauter, die mit der Anregung von Gewerbeuntersagungen gem. § 35 Abs. 1 GewO Maßnahmen zur Zweitverfahrensvermeidung außerhalb des Insolvenzrechts fordern.[1069] Eine gewerberechtliche Lösung erscheint attraktiv, weil der Insolvenzschuldner vorerst nicht mehr berechtigt ist, seine Selbstständigkeit auszuüben und auf eine andere, der Gläubigerbefriedigung dienlichere Berufstätigkeit umsteigen muss. Damit könnte der häufig praktizierten Vorgehensweise öffentlich-rechtlicher Gläubiger, insbesondere Steuerbehörden und Sozialversicherungsträger, Zweitinsolvenzanträge als Druckmittel nach Freigabe des Betriebsvermögens zu stellen, begegnet werden.[1070] Gerade die Vernachlässigung steuerrechtlicher Pflichten indiziert die Unzuverlässigkeit des Insolvenzschuldners und macht ein Einschreiten der Behörden erforderlich, da nach Negativerklärung anfallende Steuerschulden aus dem insolvenzfreien Schuldnervermögen zu begleichen sind.[1071] Nach Freigabe entstandene Steuerschulden können deshalb eine Gewerbeuntersagung rechtfertigen.[1072]

Bedenkenswert ist allerdings, dass Verwaltungsbehörden nicht an der Durchführung von Versagungsverfahren interessiert sein müssen und, dass Schuldner mit ihrer Tätigkeit eventuell in die Illegalität gedrängt werden.[1073]

1067 Vgl. *Harder*, NJW-Spezial 2011, S. 469 (470).

1068 *Frind*, Privatinsolvenz-HdB, Rn. 627a; *Koerfer*, VIA 2014, S. 41 (42).

1069 VG Berlin, Urt. v. 01.06.2012 – 4 K 23/11 in: NZI 2012, S. 899; VG Neustadt a.d. Weinstraße, Beschl. v. 15.01.2013 – 4 L 1076/12.NW, in: ZVI 2013, S. 182; *Köke*, VIA 2013, S. 24 (24).

1070 Vgl. *Frind*, Privatinsolvenz-HdB, Rn. 127; *Tetzlaff*, WuB 2011, S. 675 (677).

1071 *Mühlmann*, ZInsO 2010, S. 2080 (2081 f.).

1072 RegE BT-Drs. 17/10961, S. 11; FK-InsO/*Schmerbach*, 9. Aufl. 2018, § 13 Rn. 121.

1073 Vgl. Veranstaltungsbericht 6. Deutscher Privatinsolvenztag: *Heicke/Strüder/Voß/Weiland*, NZI aktuell 2015, Heft 21/15 S. XI (XI).

Verwaltungsbehörden, die typischerweise einen weitreichenden Überblick über die finanzielle Situation erhalten, kommt es meist vorrangig darauf an, den Schuldner durch Insolvenzantragstellung zur teilweisen Begleichung eigener Forderungen zu bewegen.[1074] Zudem kommen Gläubigern, und damit auch Steuerbehörden oder Sozialkassen, keine ordnungspolitischen Aufgaben zu.[1075]

In der Rechtsprechung hat sich im Rahmen der Wertung des § 14 Abs. 1 S. 2 InsO noch keine einheitliche Handhabe zum Umgang mit Anträgen, die zuerst der kurzfristigen Zahlung von Einzelforderungen dienen, abgezeichnet. Teile der jüngsten instanzgerichtlichen Rechtsprechung gehen dazu über, bei Druckanträgen nach beidseitiger Erledigungserklärung aufgrund Forderungsbegleichung im Insolvenzeröffnungsverfahren die Verfahrenskosten gegeneinander aufzuheben[1076] und bei einseitiger Erledigungserklärung des Antragstellers diesem die Kosten vollständig aufzuerlegen.[1077] Vermehrt lehnen Gerichte nach Zahlung auf einen Druckantrag eine Erledigung ab und erlegen allein dem antragstellenden Sozialversicherungsträger die Verfahrenskosten auf.[1078] Die daraus ablesbare Tendenz lässt erahnen, dass es für Verwaltungsstellen zukünftig unattraktiver werden kann, zur Durchsetzung fiskalischer Interessen auf verfahrenszweckwidrige Weise Insolvenzverfahren einzuleiten.[1079] Diese Wertung

1074 Vgl. BGH, Beschl. v. 24.09.2020 – IX ZB 71/19, in: NZI 2020, S. 1043 Rn. 20.

1075 Vgl. Nerlich/Römermann/*Mönning*, § 14 Rn. 92; BeckOK InsO/*Wolfer*, § 14 Rn. 8a; AG Leipzig, Beschl. v. 05.09.2017 – 403 IN 1109/17, in: NZI 2017, S. 846 (848).

1076 AG Köln, Beschl. v. 20.10.2017 – 75 IN 309/17, in: NZI 2018, S. 68 m. Anm. *Frind*.

1077 LG Köln, Beschl. v. 05.03.2018 – 1 T 5/18, in: NZI 2018, S. 355. Zum Umgang mit missbräuchlichen Druckanträgen: *Frind/Schmidt*, ZInsO 2002, S. 8 (15). Zu den aktuellen Entwicklungen im Umgang mit Druckanträgen: *Brzoza*, NJW 2019, S. 335 ff. und *Wilmer/Berner*, NZI 2019, S. 255 ff.

1078 LG Ulm, Beschl. v. 15.10.2018 – 2 T 21/18, in: ZVI 2019, S. 94; AG Fulda, Beschl. v. 13.10.2017 – 92 IN 69/17, in: VIA 2018, S. 20 m. Anm. *Schmerbach*.

1079 Das LG Ulm, Beschl. v. 15.10.2018 – 2 T 21/18, in: ZVI 2019, S. 94, weist darauf hin, dass die Kostentragungspflicht die Fremdantragstellerin treffe, wenn diese den Antrag unmittelbar nach Zahlung des Schuldners für erledigt erklärt. Gegen ein echtes Interesse an der Durchführung eines Insolvenzverfahrens und für einen missbräuchlichen Antrag spreche, wenn die Erledigung einer möglichen Insolvenzanfechtung vorbeugen solle. Nach dem AG Göttingen, Beschl. v. 09.01.2018 – 74 IN 210/17, in: NZI 2018, S. 159, genügt allein die Zahlung auf einen Eröffnungsantrag nicht um einen Missbrauch anzunehmen; das AG Leipzig, Beschl. v. 05.09.2017 – 403 IN 1109/17, in: NZI 2017, S. 846 m. zust. Anm. *Schädlich* plädiert überwiegend gläubigerfreundlich für eine weite Auslegung des Begriffs des rechtlichen Interesses, um dem Zweck des § 14 Abs. 1 S. 2 InsO gerecht zu werden. Nur bei einer Abweisung eines unbegründeten Antrags können die Kosten allein dem Kläger auferlegt

wird angesichts der vom Gesetzgeber festgelegten Zielsetzung bestätigt: Zum einen sollen insbesondere Sozialversicherungsträger zur Sachaufklärung im Insolvenzeröffnungsverfahren angehalten werden.[1080] Zum anderen folgt dies aus dem Präventionsgedanken, der zu verhindern bezweckt, dass immer wieder neue Insolvenzeröffnungsanträge gestellt werden, die aber nicht zur Verfahrenseröffnung führen.[1081]

Eine Gewerbeuntersagung, die verhindert, dass der Schuldner mit seiner Tätigkeit fortlaufend neue Gläubiger schädigt und sich in ein neues Insolvenzverfahren flüchtet, kommt zusammenfassend in Betracht, sofern sich das den Eröffnungsgrund des Erstverfahrens rechtfertigende Insolvenzereignis nicht beseitigen lässt, weil es sich auf der selbstständigen Tätigkeit des Schuldners gründet. Die Unzuverlässigkeit des Schuldners muss durch eine nach Freigabe entstandene Neuverschuldung hinreichend belegbar sein. Andererseits sollten außerinsolvenzliche Vereinbarungen von Schuldnern mit öffentlich-rechtlichen Gläubigern durchaus in Betracht gezogen werden, um Schuldner nicht unnötig in Insolvenzverfahren zu zwingen.[1082]

d) Vermögensverwertung

Kann der Schuldner seine Selbstständigkeit im Zweitverfahren nicht weiter ausführen, verbleiben sämtliche Betriebsmittel als Neuerwerb in der Zweitinsolvenzmasse.[1083] Mit Aufgabe der Tätigkeit endet die Ausgleichspflicht aus § 35 Abs. 2 S. 2, § 295a Abs. 1 S. 1 InsO.

---

werden. Das AG Hannover, Beschl. v. 28.12.2018 – 908 IN 538/18, ZinsO 2019, S. 158 m. Anm. *Schmerbach*, argumentiert, dass bei Fremdanträgen auch das kurzfristige Zahlungsziel auf eine Einzelforderung von der Zwecksetzung mitumfasst ist, sodass erst bei Hinzutreten weiterer Umstände von einem Druckantrag ausgegangen werden kann.

1080 Vgl. RegE BT-Drs. 18/7054, S. 14.

1081 *Frind*, NZI 2017, S. 417 (417).

1082 Vgl. dazu den Vorschlag von *Reill-Ruppe* auf der 36. Verbraucherinsolvenzveranstaltung des DAV, die außergerichtliche Einigung mit öffentlich-rechtlichen Gläubigern im Rahmen der Umsetzung der Restrukturierungsrichtlinie stärker in den Fokus zu rücken: *Allemand*, VIA 2019, S. 17 (18).

1083 Es gelten die Ausführungen zur Vollbeendigung einer selbstständigen Tätigkeit im Insolvenzeröffnungsverfahren sowie vor und nach Negativerklärung unter: 3. Kapitel D. II. und 3. Kapitel D. III.

3. *Die berufsrechtliche Beendigung der Berufszulassung des Schuldners*

a) *Zulassungswiderruf*

In den berufsrechtlichen Vorschriften finden sich keine dem § 12 GewO ähnlichen Regelungen, die eine Berufsausübung verhindern können.[1084] Auch ist die Vorschrift weder direkt noch analog auf Angehörige der freien Berufe anwendbar, da der Gesetzgeber bewusst auf eine ähnliche Regelung verzichtet hat[1085]. Allerdings finden sich in den Regeln für freiberufliche Tätigkeiten vielfach eigenständige Normen, die an ein Insolvenzereignis anknüpfen und auf deren Grundlage ein Entzug der beruflichen Zulassung durchgeführt werden kann.[1086] Für die Berufsgruppen der Rechtsanwälte, Steuerberater, Notare, Wirtschaftsprüfer, Architekten bedeutet das einen Widerruf der Zulassung und damit die Unmöglichkeit der Berufsausübung. Hingegen nehmen die Zulassung zur Ärzteschaft und die Kassenzulassung eine Ausnahmestellung ein. Zwar besteht auch in diesem Fall bei Vermögensverfall die Möglichkeit des Widerrufs der Zulassung[1087], allerdings ist nach herrschender Meinung ein Vermögensverfall eines Arztes nach dessen Berufsbild abweichend von anderen Berufen zu bewerten, sodass ein Insolvenzfall in dieser Hinsicht weniger schwer wiegt.[1088]

Neben der Problemstellung der Zulässigkeit eines Widerrufs der jeweiligen Berufszulassungen hat sich eine ausführliche Judikatur entwickelt, die sich mit der Frage beschäftigt, unter welchen Voraussetzungen ein Insolvenzschuldner sich berufsrechtlich rehabilitieren kann. Da nach einhelliger Ansicht weder allein die erneute Geschäftsfreigabe im Zweitverfahren noch ein Insolvenzverfahren in Eigenverwaltung geeignet ist, das Vertrauen des Geschäftsverkehrs in die angemessene Berufsausübung des Schuldners wiederherzustellen, ist im jeweiligen Einzelfall zu erörtern, ob sich die Vermögensverhältnisse schon soweit stabilisiert haben, dass sie die Berufstätigkeit des Schuldners unberührt lassen.[1089]

1084 FK-InsO/*Ahrens*, § 295a Rn. 25.

1085 Beck/Depré/Ampferl Insolvenz/*Depré/Kohte*, § 36 Rn. 111.

1086 Z.B.: § 14 Abs. 2 Nr. 7 BRAO, § 50 Abs. 1 Nr. 6 BnotO, § 20 Abs. 1 Nr. 5 WPO, § 46 Abs. 2 Nr. 4 StBerG, § 5 Abs. 2 i.V.m. § 3 Abs. 1 S. 2 Nr. 2 BÄO, § 95 Abs. 6 S. 1 SGB V. Dazu: *Runkel*, ZVI 2007, S. 45 (48 f.).

1087 § 5 Abs. 2 i.V.m. § 3 Abs. 1 S. 2 Nr. 2 BÄO sowie § 95 Abs. 6 S. 1 SGB V.

1088 Vgl. BGH, Urt. v. 11.05.2006 – IX ZR 247/03, in: BGHZ 167, 363; MüKoInsO/*Vuia*, § 80 Rn. 18.

1089 Vgl. BGH, Beschl. v. 18.07.2011 – AnwZ (b) 28/10, in: ZInsO 2011, S. 2234; vgl. AGH NRW, Urt. v. 21.04.2023 – 1 AGH 2/23, in: ZInsO 2023, S. 1366 (1367); vgl. AnwGH Niedersachsen, Urt. v. 06.09.2021 – AGH 2/21, in: ZInsO 2022, S. 654 (658). Für

Dabei kommt es für eine Wiederzulassung vor einer erfolgten Entschuldung nicht auf eine Freigabe einer Selbstständigkeit an, da deren Profitabilität nicht berührt wird, sondern ein Schuldenschnitt des Berufsträgers muss entweder aufgrund der Ankündigung der Restschuldbefreiung nach Insolvenzverfahrensaufhebung[1090], durch einen vom Insolvenzgericht bestätigten Insolvenzplan gem. § 248 InsO oder aufgrund eines angenommenen Schuldenbereinigungsplans gem. § 308 InsO schon in greifbare Nähe gerückt sein.[1091]

b) Vermögensverwertung bei Zulassungsentzug vor Freigabe

Beim Verlust der Berufszulassung im Zweitverfahren wickelt der Insolvenzverwalter die Unternehmung des Schuldners ab. Offene Forderungen sind einzuziehen und das der Selbstständigkeit gewidmete Vermögen kann verwertet werden.[1092]

c) Separate Verwertung nach Freigabe

Verliert ein Schuldner seine Berufszulassung nach erfolgter Freigabe im Zweitverfahren, entsprechen die Folgen denen der freiwilligen Beendigung der

---

einen Überblick zu den Berufsgruppen der Rechtsanwälte, Steuerberater, Notare, Wirtschaftsprüfer und Architekten sowie den Strategien zum Zulassungserhalt bzw. der Wiedererlangung der Zulassungen: *Koerfer*, Gewerbe- und Berufsrecht im Spannungsfeld zum Insolvenzverfahren, S. 117 ff. Zur Fortführung einer Apotheke im Insolvenzverfahren: *Bunzel*, Insolvenz des Apothekers, S. 120 ff.; zu den Fortführungsmöglichkeiten einer Rechtsanwaltskanzlei: *Maier*, Die Insolvenz des selbstständigen Rechtsanwalts, S. 175 ff.

1090 VG Würzburg, Urt. v. 23.01.2019 – W 6 K 18.935, in: BeckRS 2019, 1969; *Ahrens*, NJW-Spezial 2016, S. 725 (726).

1091 BGH, Beschl. v. 01.09.2023, AnwZ (Brfg) 24/23, ZRI 2023, S. 952; BGH, Beschl. v. 09.11.2018 – AnwZ (Brfg) 61/18, in: NZI 2019, S. 95; BGH, Beschl. v. 31.12.2018 – AnwZ (Brfg) 45/17, in: BeckRS 2018, 37464; BGH, Beschl. v. 21.02.2018 – AnwZ (Brfg) 72/17, in: NZI 2018, 422; BGH, Beschl. v. 20.11.2017 – AnwZ (Brfg) 41/17, in: BeckRS 2017, 135104; BGH, Beschl. v. 17.03.2016 – AnwZ (Brfg) 6/16, in: BeckRS 2016, 6843 Rn. 8; *Sinz/Hiebert/Wegener*, Verbraucherinsolvenz, Rn. 888 ff.; weder eine Geschäftsfreigabe noch eine bloße Ankündigung der Restschuldbefreiung genügen: VG Bremen, Urt. v. 25.09.2018 – 5 K 146/18, in: NZI 2018, S. 851 m. zust. Anm. *Schmittmann*, VIA 2018, S. 95 nach einer Entschuldung besteht ein Anspruch auf Wiedergestattung der Ausübung der Tätigkeit: OVG Lüneburg, Beschl. v. 3. 2. 2011 – 7 PA 101/10, in: NVwZ-RR 2011, S. 318.

1092 *Sinz/Hiebert/Wegener*, Verbraucherinsolvenz, Rn. 884. Dazu: *Tetzlaff*, ZInsO 2005, S. 393 (399).

Selbstständigkeit. Erlangt der Schuldner zwischenzeitlich seine Zulassung wieder oder nimmt eine andere Selbstständigkeit auf, unterliegen zur Ausübung der Tätigkeit benötigte Gegenstände dem Pfändungsschutz und können nicht unmittelbar zur Gläubigerbefriedigung nutzbar gemacht werden.

4. Automatisches Entfallen von Tätigkeitsverboten gem. § 301 Abs. 4 S. 1 InsO

a) Anwendungsbereich

Die berufsrechtliche Wirkung der Restschuldbefreiung ist in parallelen Zweitverfahren nicht von Bedeutung, da eine Restschuldbefreiung nicht zu erreichen ist. Mit rechtskräftiger Erteilung der Restschuldbefreiung enden gem. § 301 Abs. 4 S. 1 InsO allein aufgrund der Insolvenz erlassene Tätigkeitsverbote. Die Regelung betrifft erlaubnis- und zulassungsfreie Tätigkeiten, insbesondere erlaubnisfreie Gewerbe i.S.d. § 35 Abs. 1 GewO.[1093] Eine mittelbare Wirkung hat die Erteilung der Restschuldbefreiung für erlaubnispflichtige Tätigkeiten im Sinne von § 301 Abs. 4 S. 2 InsO, indem in speziellen berufsrechtlichen Tatbeständen geregelte Tätigkeitsverbote, die etwa an Vermögensverfall oder ungeordnete Vermögensverhältnisse anknüpfen, sich nicht mehr auf die Insolvenz stützen lassen.[1094]

b) Keine Wirkung für Insolvenzplanverfahren

Wird im Rahmen einer erneuten Insolvenz die Zulassung für eine erlaubnistätige Tätigkeit widerrufen, findet § 301 Abs. 4 InsO im Zweitverfahren keine Anwendung, da die Restschuldbefreiung im parallelen Zweitverfahren nicht zu erreichen ist. Die Vorschrift spricht ihrem klaren Wortlaut nach von einer Erteilung der Restschuldbefreiung, womit an § 301 Abs. 1 angeknüpft wird. Das im Ergebnis gleichwirksame Erreichen der Entschuldung durch Insolvenzplan fällt damit nicht unter den Anwendungsbereich, denn die Enthaftung gem. § 227 Abs. 1 InsO sieht eine Befriedigung der Insolvenzgläubiger und keine Erteilung der Restschuldbefreiung als Voraussetzung vor.[1095] Im Hinblick auf die Zwecksetzung, dass allein aufgrund der Insolvenz erlassene Tätigkeitsverbote

---

1093 BT-Drs. 19/21981, S. 21.

1094 BT-Drs. 19/21981, S. 21 f. nennt beispielhaft: § 7 Nr. 9, § 14 Abs. 2 Nr. 7 BRAO, § 14 Nr. 9, § 21 Abs. 2 Nr. 8 PAO, § 12 Abs. 2 S. 1 RDG, § 34b Abs. 4 Nr. 2, § 34c Abs. 2 Nr. 2, § 34i Abs. 2 Nr. 2 und § 34f Abs. 2 Nr. 2 GewO.

1095 Hierzu unter: 4. Kapitel E. II. 1.

automatisch ihre Wirkung verlieren sollen, kann nichts anderes gelten, denn im Insolvenzplanverfahren muss die in Aussicht stehende Entschuldung im Rahmen der berufsrechtlichen Tatbestände als Abwägungsfaktor einbezogen werden.[1096] Ein Automatismus verbietet sich insoweit, weil behördliches Ermessen sonst nicht ausgeübt werden kann. Dies steht auch im Einklang mit dem historischen Argument, dass der hinzugefügte Absatz 4 der Norm zur Umsetzung des Art. 22 Restrukturierungsrichtlinie dient.[1097] Dieser verbindet das Außerkrafttreten von Tätigkeitsverboten mit dem „*Ablauf der Entschuldungsfrist*". Eine Entschuldungsfrist sieht das deutsche Insolvenzrecht mit § 287 Abs. 2 InsO – der Abtretungsfrist des Restschuldbefreiungsverfahrens – vor. Im Insolvenzplanverfahren ist der Eintritt einer Entschuldung disponibel. Zuletzt muss auch unter systematischen Gesichtspunkten der Anwendungsbereich der Regelung eng definiert werden, denn § 301 InsO ist eine Norm des Restschuldbefreiungsverfahrens.

c) Bedeutung für Erstverfahren

Wird dem Schuldner im Erstverfahren die Restschuldbefreiung erteilt, erstreckt sich die Wirkung des § 301 Abs. 4 InsO ausschließlich auf dieses Verfahren. Weil im Erstverfahren ursprünglich nur eine konkrete Selbstständigkeit freigegeben wurde und diese aufgrund Tätigkeitsverbots eingestellt wurde, endete die Wirkung der Negativerklärung im Zweitverfahren.[1098] Die erneute Aufnahme derselben Tätigkeit wird deshalb dem Zweitverfahren zugerechnet werden und der Zweitverwalter muss über eine Geschäftsfreigabe entscheiden. Andere im Erstverfahren ausgeübte Selbstständigkeiten sind von der Wirkung nicht betroffen.

VII. Ergebnis

Mit freiwilliger (teilweiser) Beendigung einer selbstständigen Tätigkeit bzw. beim Tod des Schuldners im laufenden parallelen Zweitverfahren oder bei Gewerbeuntersagung oder berufsrechtlicher Beendigung der Berufszulassung ist Neuerwerb aus abhängiger Beschäftigung Teil der Erstinsolvenzmasse und vorher generierter Neuerwerb ist Teil der Zweitinsolvenzmasse.

Mit der Beendigung der Selbstständigkeit entfällt die Pflicht zur Zahlung von Abführungsbeträgen. Einkommenanteile sind im Rahmen des Restschuldbefreiungsverfahrens des Erstverfahrens aufgrund der Abtretungserklärung des

---

1096 Hierzu unter: 4. Kapitel D. III. 2. und E. II. 3.

1097 Vgl. BT-Drs. 19/21981, S. 21.

1098 Hierzu oben unter: 3. Kapitel C. II. 2. A).

§ 287 Abs. 2 InsO zu leisten. Im parallelen Zweitinsolvenzverfahren kann der abhängig beschäftigte Schuldner Pfändungsschutz analog § 850c, § 850f Abs. 1 Nr. 2 Alt. 2 ZPO beantragen. Mit teilweiser Aufgabe der Selbstständigkeit im laufenden Erstververfahren verringert sich die Ausgleichspflicht des Schuldners aus § 35 Abs. 2 S. 2, § 295a Abs. 1 S. 1 InsO auf die Betragshöhe, die den pfändbaren Beträgen entspricht, welche der Schuldner aufgrund des Teils seiner aufgewandten Arbeitskraft, die auf die Selbstständigkeit entfällt, erwirtschaften könnte.

Mit (teilweiser) Beendigung der Selbstständigkeit fällt ehemals pfändungsgeschütztes Vermögen als Neuerwerb in die Insolvenzmasse des parallelen Zweitinsolvenzverfahrens, es sei denn im Zweitverfahren ist eine erneute Geschäftsfreigabe erfolgt.

Mit Aufhebung der Negativerklärung im Erstverfahren gem. § 35 Abs. 2 S. 3 InsO mit Wirkung ex nunc geht die Insolvenzmasse des parallelen Zweitinsolvenzverfahrens in die Erstinsolvenzmasse über. Das Parallelinsolvenzverfahren ist analog § 207 InsO einzustellen. Eine im parallelen Zweitinsolvenzverfahren erfolgte erneute Geschäftsfreigabe ist rückabzuwickeln. Der vor Verkündung der Unwirksamkeitsanordnung entstandene Neuerwerb bleibt insolvenzfrei. Nach der Unwirksamkeitsanordnung erfolgte Vermögensverfügungen kann der Erstinsolvenzverwalter analog § 147 S. 1, § 82 S. 1 InsO anfechten.

E. Ergebnisse

Parallele Zweitinsolvenzverfahren sind Sonderinsolvenzverfahrenüber nach § 35 Abs. 2 S. 1 InsO freigegebenes Vermögen selbstständiger Tätigkeiten und stellen eine prozessual und materiell eingeschränkte Gesamtvollstreckung über Sondervermögen analog § 11 Abs. 2 Nr. 2 InsO dar. Das Zweckvermögen der Selbstständigkeit stellt ein permanentes, potentielle Sondervermögen in einem doppelten Sinne dar, einerseits als Sondervermögen der Selbstständigkeit und andererseits als Sondervermögen eines parallelen Zweitinsolvenzverfahrens. Der Verfahrenszweck ist allein die Neugläubigerbefriedigung und vorausgehende Erstverfahren sind haftungsrechtlich priorisiert.

Parallele Zweitinsolvenzverfahren können durch einen Eigenantrag des Schuldners oder Neugläubigeranträge initiiert werden. Insolvenzanträge von Altgläubigern sind nicht zulässig. Als Sonderinsolvenzverfahren folgen parallele Zweitinsolvenzverfahren den allgemeinen Regeln der Insolvenzordnung in Bezug auf die Antragsabwicklung, die Mechanismen des Masseschutzes sowie die Pflichten der Beteiligten. Nur bei Tauglichkeitsdefiziten des Insolvenzverwalters kann eine Sonderinsolvenzverwaltung erfolgen.

Zur Insolvenzmasse zählt das mit Negativerklärung aus dem Erstverfahren ausgeschiedene Vermögen der Selbstständigkeit. Bei Freigabe mehrer Selbstständigkeiten entsteht nur ein Sondervermögen der Selbstständigkeit, das insgesamt zweitinsolvenzverfahrensfähig ist. Durch echte Freigabe aus dem Erstverfahren ausgeschiedene Gegenstände gehören nicht zum Zweckvermögen der Selbstständigkeit, sondern zum privaten insolvenzfreien Vermögen des Schuldners. Surrogate verbleiben in der jeweiligen Haftungssphäre.

Um seiner Verpflichtung zur Zahlung von Abführungsbeträgen bzw. seiner Abführungsobliegenheit nachzukommen, kann der Schuldner beim Insolvenzgericht des parallelen Zweitinsolvenzverfahrens Pfändungsschutz am Neuerwerb gem. § 36 Abs. 1 S. 2, Abs. 4 i.V.m. § 850 Abs. 2, § 850i Abs. 1, § 850f Abs. 1 Nr. 2 Alt. 2 ZPO beantragen, solange der Zweitverwalter eine Selbstständigkeit nicht freigegeben hat. Der Schuldner kann sich dafür entscheiden, diese Zahlungen nicht zu leisten.

Zahlungen des Erstinsolvenzverwalters unterliegen im parallelen Zweitinsolvenzverfahren nicht der Insolvenzanfechtung. Es können nur neu entstehende Anfechtungsansprüche geltend gemacht werden, etwa bzgl. überobligatorischer Zahlungen des Schuldners.

Mit (teilweiser) Beendigung einer selbstständigen Tätigkeit im laufenden parallelen Zweitverfahren ist Neuerwerb aus abhängiger Beschäftigung Teil der Erstinsolvenzmasse und vorher generierter Neuerwerb ist Teil der Zweitinsolvenzmasse. Die Pflicht zur Zahlung von Abführungsbeträgen entfällt (teilweise), soweit nicht § 287 Abs. 2 InsO betroffen ist. Ehemals pfändungsgeschütztes Vermögen fällt als Neuerwerb in die Insolvenzmasse des parallelen Zweitinsolvenzverfahrens, es sei denn im Zweitverfahren ist eine erneute Geschäftsfreigabe erfolgt. Mit Aufhebung der Negativerklärung im Erstverfahren mit Wirkung ex nunc geht die Insolvenzmasse des parallelen Zweitinsolvenzverfahrens in die Erstinsolvenzmasse über und das Parallelinsolvenzverfahren ist einzustellen.

4. Kapitel: Vorzüge der Anwendung der besonderen Verfahrensformen im Parallelverfahren

A. Anwendbarkeit in Zweitverfahren

Da parallele Zweitverfahren Insolvenzverfahren über das Vermögen einer natürlichen Person darstellen, sind auch die speziellen Regeln zum Eigenverwaltungs- und Insolvenzplanverfahren anwendbar.[1099] Die §§ 217 ff. InsO und §§ 270 InsO sind in ihrem Wortlaut jeweils so offen gefasst, dass auch die Insolvenz über eine Selbstständigkeit unter den jeweiligen Wortlaut subsumiert werden kann.

Unter systematischen Gesichtspunkten bestehen keine Bedenken, denn der Sechste Teil („*Insolvenzplan*") und der Achte Teil („*Eigenverwaltung*") der Insolvenzordnung sind sogar im Nachlassinsolvenzverfahren als gesetzlich geregeltem Fall der Sonderinsolvenz anwendbar. Die Anwendbarkeit des Insolvenzplanverfahrens ist ausdrücklich in § 1989 BGB genannt. Die Anwendbarkeit der Eigenverwaltung wird damit begründet, dass im Unterschied zum Verbraucherinsolvenzverfahren, vgl. § 270 Abs. 2 InsO, kein gesetzlicher Ausschluss niedergelegt ist.[1100]

B. Vorläufiges Eigenverwaltungsverfahren

I. Anwendungsbereich

Für wirtschaftlich selbstständige Schuldner ist die Eigenverwaltung im vorläufigen Insolvenzverfahren gem. § 270c InsO grundsätzlich in Betracht zu ziehen. Der Schuldner kann seinen Geschäftsbetrieb bis zu einer Verfahrenseröffnung vorerst unter Aufsicht eines vorläufigen Sachwalters weiterführen, wenn die strengen Zugangsvoraussetzungen erfüllt werden.

1099 Hierzu oben unter: 3. Kapitel A. III. 4. B) aa).

1100 Nerlich/Römermann/*Riggert*, § 270 Rn. 14.

II. Voraussetzungen

1. Eigenverwaltungsplanung

Erforderlich ist gem. § 270b Abs. 1 S. 1 InsO, dass der Schuldner eine vollständige und schlüssige Eigenverwaltungsplanung vorlegt und keine Umstände bekannt sind, aus denen sich ergibt, dass die Eigenverwaltungsplanung in wesentlichen Punkten auf unzutreffenden Tatsachen beruht.

2. Keine Aufhebungsgründe

Das Insolvenzgericht kann die vorläufige Eigenverwaltung gem. § 270f InsO nicht anordnen oder ggf. schon vor einem Eröffnungsbeschluss aufheben, wenn ein Aufhebungsgrund gem. § 270e Abs. 1, Abs. 2 InsO vorliegt und das Gericht vom Schuldner, dem Sachwalter oder einem Gläubiger davon erfährt.[1101] Von Bedeutung für Zweitverfahren ist die Regelung des § 270e Abs. 1 Nr. 3 InsO, die den Schuldner vor besondere Herausforderungen stellt. Danach wird die vorläufige Eigenverwaltung aufgehoben, wenn sich die Erreichung des Eigenverwaltungsziels, insbesondere eine angestrebte Sanierung als aussichtslos erweist. Maßgebliches Eigenverwaltungsziel ist, welches der Schuldner gem. § 270a Abs. 1 Nr. 2 InsO im Konzept seiner Eigenverwaltungsplanung festgelegt hat.[1102] Aus dem Konzept müssen auf der Grundlage von Art, Ausmaß und Ursache der Krise plausibel Ziel und die zur Zielerreichung erforderlichen Maßnahmen in Form einer schlüssigen und vollständigen Planung hervorgehen.[1103] Die Aussichtslosigkeit der Erreichung dieses Eigenverwaltungsziels meint die anfängliche als auch die zwischenzeitlich eingetretene Aussichtslosigkeit.[1104] Es müssen dann ernsthafte Zweifel daran bestehen, dass das Konzept nicht aufgeht oder ggf. – im Fall eines anvisierten Insolvenzplans – keine hinreichende Mehrheit zustande kommen wird.[1105] Damit der Schuldner die Möglichkeit der vorläufigen Eigenverwaltung erhält, soll kein strenger Maßstab an die Prüfung der Aussichtslosigkeit angelegt werden.[1106]

1101 HambK-InsO/*Fiebig*, § 270e Rn. 7; *Frind*, InsbürO 2021, S. 233 (239); *Steffan/Oberg/Poppe*, ZInsO 2021, S. 1116 (1118).

1102 HambK-InsO/*Fiebig*, § 270e Rn. 7.

1103 BT-Drs. 19/24181, S. 204; Bieg/Borchardt/Frind/*Martini*, Unternehmenssanierung und Betriebsfortführung, Teil 3 E. Rn. 26.

1104 BT-Drs. 19/24181, S. 207.

1105 *Blankenburg*, ZInsO 2021, S. 753 (767).

1106 *Blankenburg*, ZInsO 2021, S. 753 (767).

III. Vorteile in Zweitverfahren

1. Gläubigerbefriedigung und Kontrolle

Dass die Vorteile einer vorläufigen Eigenverwaltung das Risiko für Neugläubiger in Zweitverfahren, dass der Schuldner weitere Verbindlichkeiten im Rahmen der Selbstständigkeit anhäuft und das Betriebsvermögen verringert, aufwiegen, ist nicht von vornherein ausgeschlossen: Zum Ziel der Eigenverwaltung gehört es, die Vorteile einer Verwaltungs- und Verfügungsbefugnis des Schuldners, nämlich seine Kenntnisse und Erfahrungen, zugunsten der Insolvenzmasse zu nutzen und eine lange Einarbeitungszeit eines Insolvenzverwalters zu vermeiden und somit Kosten und Aufwand zu sparen.[1107]

Im Zusammenhang mit Zweitverfahren dürften gegen die Inanspruchnahme der vorläufigen Eigenverwaltung allerdings gewichtige Gründe sprechen, wenn der Schuldner beispielsweise seine aus dem Erstverfahren freigegebene Tätigkeit ohne Änderung des Geschäftskonzepts weiterbetrieben hat und dies auch künftig vorhat oder für die vom Schuldnerbetrieb angebotene Leistung keine Marktnachfrage existiert. Da der Erstinsolvenzverwalter unter Berücksichtigung der Vorteilhaftigkeit der Tätigkeit für die Insolvenzmasse die Selbstständigkeit freigegeben hat, müssten insoweit schon erforderliche Änderungen aufgezeigt werden, die das Erreichen des Eigenverwaltungsziels wahrscheinlich machen. Andererseits müssen die Abwägungen des Erstverwalters und die Planungen des Schuldners im vorläufigen Zweitverfahren nicht identisch sein, weil sich allein schon aufgrund des Zeitabstands grundlegende Änderungen der Sachlage ergeben haben können.

2. Konzeptentwicklung

Dass der Schuldner das Eigenverwaltungsziel und das passende Konzept selbst entwickeln kann, ist für ihn attraktiv und kostengünstig.[1108] Für die Neugläubiger dürfte es eine deutlich risikoreichere Alternative zur vorläufigen Insolvenzverwaltung darstellen, falls weitere Vermögensverluste drohen. Allerdings ist zu berücksichtigen, dass dieses Risiko durch die Aufhebungsmöglichkeit nach Anordnung der vorläufigen Eigenverwaltung überschaubar ist. Ein Gläubigereinfluss besteht, weil gem. § 270e Abs. 4 S. 1 InsO grundsätzlich der vorläufige Gläubigerausschuss anzuhören ist. Weil das Verfahren infolge der Aufhebung als

1107 K.Schmidt/*Undritz*, InsO Vorb. Zu §§ 270-285 Rn. 1.
1108 Vgl. BT-Drs. 19/24181, S. 204.

vorläufiges Insolvenzverfahren fortgesetzt wird, sind die Risiken der vorläufigen Eigenverwaltung auch im Zweitverfahren überschaubar.[1109]

C. Schutzschirmverfahren

Dieselben Erwägungen greifen auch bei Inanspruchnahme des Schutzschirmverfahrens gem. § 270d InsO. Bei diesem handelt es sich um eine besondere Art der Eigenverwaltung, bei der ein Eröffnungsantrag und ein Antrag auf Anordnung der Eigenverwaltung bei drohender Zahlungsunfähigkeit oder Überschuldung, nicht aber bei Zahlungsunfähigkeit, und nicht offensichtlich aussichtsloser Sanierungsperspektive kombiniert werden, § 270d Abs. 1 InsO.[1110] Mit Blick auf ein erneutes wirtschaftliches scheitern, das ein Zweitverfahren notwendig werden lässt, dürfte oftmals fraglich sein, ob die angestrebte Sanierung nicht offensichtlich aussichtslos ist. Die Erstellung eines Insolvenzplans innerhalb von drei Monaten muss nicht zwangsläufig unrealistisch sein.[1111] Allerdings dürfte aufgrund ausgezehrter finanzieller Möglichkeiten die Kostentragung für die Sanierungsbescheinigung – trotz nicht ganz strenger formaler und inhaltlicher Anforderungen an die Bescheinigung – nicht für jeden Schuldner attraktiv sein.[1112] Ob sich der Vorteil des Schutzschirmverfahrens, einen Vorschlag für die Person des vorläufigen Sachwalters zu unterbreiten, § 270d Abs. 2 S. 2 InsO, für Selbstständige auszahlt, ist ebenso fraglich, weil dies ein professionalisiertes Krisenmanagement erfordern dürfte, über das der durchschnittliche Schuldner in seinem Betrieb nicht verfügt.

Schließlich sind die für die vorläufige Eigenverwaltung geltenden Aufhebungsgründe des § 270e InsO im Schutzschirmverfahren ebenfalls anzuwenden.[1113] Von Bedeutung ist insbesondere § 270e Abs. 1 Nr. 3 InsO, der für Zweitverfahren zusätzliche Risiken bereithält.[1114]

1109 Vgl. BeckOK InsO/*Kreutz/Ellers*, § 270e Rn. 33.

1110 Bieg/Borchardt/Frind/*Martini*, Unternehmenssanierung und Betriebsfortführung, Teil 3 E. Rn. 50.

1111 Vgl. HambK-InsO/*Fiebig*, § 270d Rn. 8.

1112 Zu den Anforderungen, vgl. HambK-InsO/*Fiebig*, § 270d Rn. 13 f.

1113 BeckOK InsO/*Ellers*, § 270d Rn. 68; BeckOK InsO/*Kreutz/Ellers*, § 270e Rn. 1.

1114 Hierzu zuvor unter: 4. Kapitel B.

D. Verfahrensdurchführung in Eigenverwaltung

I. Anwendungsbereich

Anstelle des Regelverfahrens besteht die Möglichkeit des Eigenverwaltungsverfahrens gem. § 270 InsO. Eine Fortführung des Geschäftsbetriebs bleibt dann im Rahmen des Insolvenzbeschlags möglich.[1115] Der Schuldner ist weiterhin Inhaber der Verfügungsgewalt und wird von einem Sachwalter überwacht, der im Vergleich zum Insolvenzverwalter mit deutlich verschlankten Kompetenzen ausgestattet ist. So ist gem. § 275 InsO nur ausnahmsweise eine Mitwirkung des Sachwalters vorgesehen, ansonsten trägt der Schuldner im laufenden Verfahren weiterhin die Verantwortung für den Geschäftsbetrieb. Für eine Freigabe gem. § 35 Abs. 2 S. 1 InsO bleibt damit kein Anwendungsbereich.[1116]

II. Voraussetzungen

1. Antrag und Eigenverwaltungsplanung

Neben der Antragspflicht wird an den Schuldner die Anforderung gestellt, dass er dem Insolvenzgericht eine umfangreiche Eigenverwaltungsplanung, § 270a Abs. 1 InsO, übermittelt. Insbesondere die Erfordernisse, einen sechsmonatigen Finanzplan samt fundierter Darstellung der Finanzierungsquellen aufzustellen, § 270a Abs. 1 Nr. 1 InsO, sowie ein Konzept für die Durchführung des Eigenverwaltungsverfahrens zu entwerfen, § 270a Abs. 1 Nr. 2 InsO, dürften von vielen Schuldnern nicht ohne weiteres geleistet werden können. Der dann erforderliche Beratungsbedarf und die damit einhergehenden finanziellen Kosten sowie der Zeitaufwand dürften auf Schuldner eher abschreckend wirken, wenn sich deren Arbeitskraft in der Krisensituation allein auf den Geschäftsbetrieb konzentriert. Wird eine hinreichende Planung nicht erbracht, wird die vorläufige Eigenverwaltung nicht angeordnet, § 270f Abs. 1, § 270b InsO.

2. Keine Aufhebungsgründe

Das Eigenverwaltungsverfahren wird gem. § 270f Abs. 1 InsO nicht eröffnet, wenn ein Aufhebungsgrund gem. § 270e InsO vorliegt. Die Eigenverwaltung kann auf Gläubigerantrag hin gem. § 272 Abs. 1, Abs. 2 S. 1 InsO auch aufgehoben werden, wenn so ein Grund vorliegt. Vor einer Aufhebung ist der Schuldner

---

1115 K.Schmidt/*Undritz*, InsO Vorb. Zu §§ 270-285 Rn. 2, § 270 Rn. 1.

1116 A/G/R-*Ahrens*, § 35 Rn. 136.

gem. § 272 Abs. 2 S. 2 InsO zu hören. Insbesondere der Aufhebungsgrund des § 272 Abs. 1 Nr. 2 InsO, der dem § 270e Abs. 1 Nr. 3 InsO der vorläufigen Eigenverwaltung entspricht, dürfte in Zweitverfahren eine Rolle spielen.[1117] Mit dem Aufhebungsbeschluss des Insolvenzgerichts geht das Verfahren in ein reguläres Insolvenzverfahren über.[1118]

III. Vorteile in Zweitverfahren

1. Gläubigerbefriedigung

Aufgrund des Missbrauchspotenzials und dem Vertrauensvorschuss gegenüber dem Schuldner eignet sich das Eigenverwaltungsverfahren für redliche Zweitinsolvenzschuldner.[1119] Trotz der Gefahr, dass Schuldner die notwendigen Anpassungen für eine erfolgreiche Geschäftstätigkeit übersehen, ist die Durchführung des Verfahrens in Eigenverwaltung in der Parallelinsolvenz geeignet, zu einer Gläubigerbefriedigung beizutragen. Erlaubt die Eigenverwaltung die berufsrechtliche Zulassung des Schuldners zu bewahren, haften die Insolvenzgründe nicht überwiegend an der schuldnerischen Tätigkeit, sondern beruhen auf externen Ursachen, und ist aus Verwalterperspektive zu erwarten, dass der Schuldner keine Ausgleichsbeträge an die Masse leisten oder eine abhängige Beschäftigung erhalten kann, ist ein Eigenverwaltungsverfahren noch vertretbar, wenn der Schuldner mit seiner Expertise unmittelbar den Geschäftsbetrieb positiv fördert. In diesem Fall kann jedenfalls vorläufig ein zusätzliches Insolvenzrisiko nach erneuter Freigabe abgewendet werden.

2. Betriebsfortführung

Die Eigenverwaltung ist nicht grundsätzlich geeignet die gewerbe- und berufsrechtlichen Beschränkungen zu verhindern, sodass insbesondere bei Freiberuflern die Entziehung der Berufszulassung für die Dauer des Insolvenzverfahrens und darüber hinaus ggf. nicht vermieden werden kann.[1120] Für die Anwendung des Eigenverwaltungsverfahrens bei selbstständigen Rechtsanwälten wird vertreten, dass ein Zulassungsverlust nicht zwingend sei, weil befreiend an den Schuldner geleistet werden könne und damit kein Mandanteninteresse verletzt

---

1117 Hierzu zuvor unter: 4. Kapitel B.

1118 HambK-InsO/*Fiebig*, § 272 Rn. 16.

1119 Vgl. *Hess/Röpke*, NZI 2003, S. 233 (235).

1120 KPB/*Prütting*, § 270 Rn. 63; vgl. HambK-InsO/*Fiebig*, § 270 Rn. 13 ff.

sei.[1121] In der Rechtsprechung des Bundesverfassungsgerichts und des Bundesgerichtshofs wird bislang nur für das Insolvenzplanverfahren die Berücksichtigung im Rahmen der Zulassungswiderrufsentscheidung anerkannt.[1122] Einem Apotheker ist der Erhalt seiner Zulassung möglich, denn der bloße Vermögensverfall soll nicht die Unzuverlässigkeit belegen.[1123] Da die Zulassung nur dem Schuldner höchstpersönlich die Berufsausübung erlaubt, kann dieser das Geschäft in der Eigenverwaltung fortsetzen, sodass einer Einstellung oder zwingender Freigabe in der Regelabwicklung zugunsten einer besseren Gläubigerbefriedigung vorgebeugt wird.[1124]

3. *Vermögen*

Im Eigenverwaltungsverfahren erwirtschafteter Neuerwerb ist gem. § 35 Abs. 1 InsO Teil der Zweitverfahrensmasse. Dem Pfändungsschutz unterfallendes Betriebsvermögen bleibt auch im Eigenverwaltungsverfahren gem. § 36 Abs. 1 S. 1, Abs. 2 Nr. 2 Hs. 2 InsO i.V.m. § 811 Abs. 1 Nr. 1 b) ZPO insolvenzfrei.[1125] Dieses kann erst bei Einstellung der Selbstständigkeit oder ggf. in einem Folgeverfahren verwertet werden.

4. *Keine Drittverfahren*

Im Eigenverwaltungsverfahren begründet der Schuldner mit seinem Handeln Masseverbindlichkeiten gem. § 55 Abs. 1 InsO, sofern der Geschäftsbetrieb verpflichtet wird.[1126] Folgerichtig findet ab dem Zeitpunkt der Verfahrenseröffnung eine Trennung von beruflichem und privatem Vermögen statt. Da es sich dabei jedoch um das insolvenzfreie Vermögen des Schuldners handelt, das nicht zusätzlich irgendwie separiert wird, ist dies die bloße Unterscheidung zwischen insolvenzbefangenem und insolvenzfreiem Vermögen wie sie in jedem

---

1121 BGH, Beschl. v. 18.10.2004 – AnwZ B 43/03, in: ZInsO 2005, S. 213; HambK-InsO/*Fiebig*, § 270 Rn. 15; *Maier*, Die Insolvenz des selbstständigen Rechtsanwalts, S. 175 ff.

1122 BverfG, Beschl. v. 31.08.2005 – 1 BvR 912/04, in: NJW 2005, S. 3057; BverfG, e.A. v. 28.04.2004 – 1 BvR 912/04, in: ZVI 2004, S. 297; BGH, Beschl. v. 07.12.2004 AnwZ (B) 40/04, NJW 2005, S. 1271; KPB/*Prütting*, § 270 Rn. 71.

1123 OVG Berlin, Beschl. v. 18.06.2002 – OVG 5 S 14.02, in: ZVI 2004, S. 620. Eine andere Bewertung kann zutreffen, sofern zusätzlich steuer- oder strafrechtliche Tatbestände erfüllt sind: *Bunzel*, Insolvenz des Apothekers, S. 29 f., 145 ff.

1124 Vgl. *Lenger/Bauchowitz*, NZI 2015, S. 494 (497).

1125 Uhlenbruck/*Hirte/Praß*, § 36 Rn. 2.

1126 KPB/*Holzer*, § 275 Rn. 6 f.

regulären Insolvenzverfahren stattfindet, denn die Eigenverwaltung zielt auf die Liquidation des Schuldnervermögens ab, sodass der Schuldnerbetrieb lediglich bis zur Insolvenzaufhebung dem Verfahren dient. Für die Dauer des Eigenverwaltungsverfahrens kann deshalb kein zusätzliches Drittverfahren eröffnet werden. Selbstverständlich kann sich im Hinblick auf eine Neuverschuldung im laufenden Verfahren ein nachgeschaltetes allgemeines Insolvenzverfahren anschließen.

E. Der Insolvenzplan als Sanierungsinstrument für natürliche Personen

I. Anwendungsbereich

Das Insolvenzplanverfahren der §§ 217 – 269 InsO hat sich auch für die gesamtvollstreckungsrechtliche Abwicklung von Einzelunternehmen bewährt, erlangt aber nur langsam praktische Bedeutung.[1127]

II. Vorteile

1. Entschuldung

Ein Vorgehen über Sanierungsplan kann für den Schuldner attraktiv sein, weil damit gem. § 227 InsO ebenfalls eine Entschuldung möglich ist, die ggf. schon mit Verfahrensaufhebung ohne anschließendes Restschuldbefreiungsverfahren stattfinden kann.[1128] Dabei bietet sich die Alternative, entweder schon vor der eigentlichen Insolvenzeröffnung mithilfe eines außergerichtlich erstellten prepacked plan oder im gerichtlichen Insolvenzplanverfahren eine Vereinbarung mit den Gläubigern zu treffen.[1129]

Ein Insolvenzplan bietet dahingehend Sicherheit, dass ein angenommener Vorschlag zu einem Schuldenerlass führt. Der Schuldner weiß also anders als im regulären Verfahren und Restschuldbefreiungsverfahren, in dem stets ein Versagungsantrag drohen kann, zeitnah, ob eine Entschuldung bevorsteht.[1130] Im

---

1127 *Beyer*, ZVI 2013, S. 334 (334); auch in Verbraucherinsolvenzverfahren wird das Verfahren seit dem 01.07.2014 zunehmend angewandt, *Weiß/Hillebrand*, INDat Report 2017, S. 42 (42); kritisch dazu: *Lissner*, ZVI 2018, S. 473 (473 f.).

1128 *Ehlers*, DStR 2010, S. 2523 (2526).

1129 Gottwald/*Koch/de Bra*, § 66 Rn. 3.

1130 *Tetzlaff*, ZInsO 2005, S. 393 (395).

Rahmen der parallelen Zweitinsolvenz kann durch den Insolvenzplan überhaupt erst eine Befreiung von Restschulden ermöglicht werden.

Für den Schuldner, dem ein paralleles Zweitverfahren bevorsteht, der aber noch in der Lage ist, die Mittel für die Finanzierung eines Planverfahrens aufzubringen, ist die Durchführung des Zweitverfahrens über einen Insolvenzplan besonders interessant, weil dadurch gewissermaßen ein Zustand vollständiger Entschuldung erreicht werden kann. Ausschlaggebend ist, dass für ein im außergerichtlichen oder gerichtlichen Insolvenzplan vereinbarter Schuldenerlass von den Schranken des § 287a Abs. 2 InsO nicht betroffen ist.[1131] Der Schuldner kann also im Erstverfahren mittels Restschuldbefreiung nach §§ 286 ff. InsO von seinen Altschulden entbunden werden und im Parallelverfahren die auf die Selbstständigkeit entfallenden Teilschulden gegenüber den am Plan beteiligten Gläubigern gem. § 227 Abs. 1 InsO abschütteln, weil ein Restschuldbefreiungsantrag keine Zulässigkeitsvoraussetzung im Insolvenzplanverfahren darstellt.[1132] Insbesondere ist attraktiv, dass auch ein Teilinsolvenzplan, der vorerst nur eine Regelung zur Entschuldung trifft, angenommen wird und die Klärung der weiteren essentialia auf einen späteren Zeitpunkt verschiebt, denkbar ist.[1133] Dies erfordert nichtsdestoweniger eine Gegenleistung an die Neugläubiger der Selbstständigkeit, sodass dieser Weg von den noch leistbaren Möglichkeiten und dem Verhandlungsgeschick des Schuldners abhängt. Sofern sich ein Investor findet oder die Tätigkeit nicht vollkommen aussichtslos ausgeübt wird, kann dieses Vorgehen in Betracht zu ziehen sein.

Darüber hinaus kann durch entsprechende Bestimmung im nachgeschalteten Zweitverfahren in einem Insolvenzplan auch eine Befreiung von aus dem

---

1131 Uhlenbruck/*Sternal*, § 287a Rn. 22; KPB/*Wenzel*, § 287a Rn. 10.

1132 BGH, Beschl. v. 19.05.2022 – IX ZB 6/21, in: ZVI 2022, S. 302 (303); LG Hamburg, Beschl. v. 15.01.2018 – 326 T 40/17, in: ZInsO 2018, S. 331 (335); *Ahrens*, ZVI 2021, S. 209 (209); *Frind*, InsBürO 2019, S. 402 (403). Die Frage, ob ein noch anhängiger Restschuldbefreiungsantrag daneben zur Restschuldbefreiung führen kann, stellt sich im parallelen Zweitverfahren nicht: vgl. AG Göttingen, Beschl. v. 11.12.2020 – 74 IN 76/18, in: NZI 2021, S. 28, das die Zulässigkeit einer Entscheidung durch das Insolvenzgericht bejaht.

1133 Zu den Besonderheiten: *Frind*, Privatinsolvenz-HdB, Rn. 1247a; *Harig*, ZInsO 2017, S. 752 (752 f.); *Hänel/Harig*, ZVI 2015, S. 282 ff.; **a.A.** *Blankenburg*, ZInsO 2015, S. 2211 ff.

Erstverfahren stammenden von der Restschuldbefreiung ausgenommenen Attributsforderungen i.S.d. § 302 InsO erreicht werden.[1134]

2. *Finanzierung*

Da ein Planverfahren nicht durch Verfahrenskostenstundung finanziert werden kann, ist eine Finanzierung auf anderem Wege, etwa durch Kreditierung, sicherzustellen.[1135] Diese Verfahrensweise hat für den Schuldner den Vorteil, dass er nicht mit einer vorzeitigen Beendigung des Verfahrens aufgrund einer Aufhebung der Kostenstundung rechnen muss. Eine Gewissheit in Bezug auf eine angestrebte Entschuldung besteht auch nur, wenn die Pflichten des Plans eingehalten werden. Insofern bestehen gleichgerichtete Anforderungen an die Mitwirkung des Insolvenzschuldners.

3. *Betriebsfortführung*

Für den Schuldner vorteilhaft ist, dass ein Insolvenzplanverfahren in die Abwägungsentscheidung eines Zulassungswiderrufs miteinbezogen werden soll.[1136] Dies gilt nach der Rechtsprechung des Bundesgerichtshofs jedenfalls für einen gerichtlich bestätigten Insolvenzplan.[1137]

4. *Abführungsbeträge*

In einem Insolvenzplan kann eine den Abführungsbeträgen gem. § 35 Abs. 2 S. 2, § 295a Abs. 1 S. 1 InsO entsprechende Regelung getroffen werden.[1138]

1134 Vgl. *Ahrens* in: Kohte/Ahrens/Grote/Busch/Lackmann, § 302 Rn. 13; *ders.*, Aktuelles Privatinsolvenzrecht, Rn. 455; *Webel*, in: Brünkmans/Thole, Handbuch Insolvenzplan, § 28 Rn. 24.

1135 Vgl. AG Düsseldorf, Beschl. v. 06.08.2018 – IN 88/17, in: ZInsO 2019, S. 578; vgl. K.Schmidt/*Stephan*, InsO § 4a Rn. 4.

1136 Hierzu zuvor unter: 4. Kapitel D. III. 2.

1137 BGH, Beschl. v. 27.08.2019 – AnwZ (Brfg) 35/19, in: ZVI 2020, S. 48 Rn. 19; BGH, Beschl. v. 05.02.2019 – AnwZ (Brfg) 50/18, in: ZInsO 2019, S. 719 Rn. 7.

1138 AG Hamburg, Beschl. v. 19.04.2016 – 67c IN 232/13, in: NZI 2016, S. 1002; AG Köln, Beschl. v. 15.02.2017 – 72 IN 594/13, in: NZI 2017, S. 664; Braun/*Bäuerle*, § 35 Rn. 150; *Frind*, InsbürO 2019, S. 402 (406 f.).

5. *Keine Drittverfahren*

Ein maßgeblicher Unterschied zum regulären Verfahren und im Hinblick auf ein Szenario einer Aneinanderreihung von Folgeverfahren von besonderer Bedeutung ist, dass keine erneute Freigabe erfolgt und damit kein verfahrensfähiges Sondervermögen entstehen kann.[1139]

Einer Perpetuierung des Insolvenzverfahrens kann aber auch ein Plan nicht vorbeugen: Scheitert das Planverfahren, kann sich ein reguläres Verfahren anschließen.[1140] Kommt ein Insolvenzplan nicht zustande, ist der Insolvenzverwalter im regulären Insolvenzverfahren zur Verwertung berechtigt.[1141] Daneben kann im Insolvenzplan eine dem § 35 Abs. 2 S. 1 InsO entsprechende Regelung getroffen werden, sodass ein neues Verfahren über eine getrennte Haftungsmasse nicht ausgeschlossen ist.[1142]

III. Risiken

Es sprechen allerdings auch Argumente gegen die Anwendung des Planverfahrens in Zweitverfahren. Ob Gläubiger dem Schuldner nach wiederholtem wirtschaftlichem Scheitern noch eine Vergleichsbereitschaft entgegenbringen und in allen Gruppen ein Plan verabschiedet werden kann, ist fraglich. Daneben wiegen praktische Gründe schwer: Der Schuldner muss jedenfalls bei der vorinsolvenzlichen Planentwicklung in Eigenregie den Geschäftsbetrieb am Laufen halten und parallel Verhandlungen führen. Dass eine Geschäftsfortführung ökonomisch sinnvoll ist, kann ebenfalls nicht immer vorausgesagt werden, denn nicht umsonst neigt die Verwalterpraxis dazu, die Freigabe zu erklären. Dass der Schuldner allein einen angemessenen Überblick über seine Verhältnisse erlangt und eine positive Prognose erteilen kann, steht je nach Geschäftsmodell und -bereich nicht fest. Die vollständige Abstimmung über einen im gerichtlichen Verfahren ausgearbeiteten Plan in den Gläubigergruppen kann erst nach einiger Dauer abgeschlossen sein.[1143] Anders als bei der Freigabe nach § 35 Abs. 2 S. 1 InsO kann es Fälle geben, in denen das Vertrauen in die Inhaftungnahme des

1139 *Weßling*, DStR 2019, S. 644 (645 f.).

1140 Aus § 255 Abs. 2, § 268 Abs. 1 Nr. 2 InsO geht hervor, dass nach Aufhebung des Planverfahrens und Nichterfüllung der Vereinbarungen ein neues Verfahren angestrebt werden kann.

1141 Uhlenbruck/*Zipperer*, § 159 Rn. 40.

1142 Vgl. *Uhlenbruck*, in: FS Henckel 1995, S. 890; *Cranshaw/Welsch*, DZWIR 2016, S. 53 (75).

1143 MüKoInsO/*Eidenmüller*, § 217 Rn. 169.

Schuldners mit frischem Vermögen erst zu einem deutlich späteren Zeitpunkt wiederhergestellt und Vermögen schon früher nahezu aufgebraucht ist.

Auch die Entziehung der gewerbe- oder berufsrechtlichen Zulassung kann allein durch einen Insolvenzplan nicht verhindert werden. Allerdings ist dieser geeignet, den Zeitraum ohne Zulassung zu verkürzen. Dem Schuldner ist zu empfehlen, seine Zulassung freiwillig zurückzugeben und sodann selbst die Insolvenzeröffnung zu beantragen und entweder nach der Aufhebung des Insolvenzverfahrens oder der Bestätigung eines Insolvenzplans die Zulassung wieder zu beantragen.[1144] Die besten Erfolgschancen für eine erfolgreiche Sanierung mittels Insolvenzplan bestehen bei einem schon vor dem Antrag auf Insolvenzverfahren erstellten Plan, den der Schuldner schon mit dem schon bei drohender Zahlungsunfähigkeit gem. § 18 InsO gestellten Insolvenzantrag vorlegt.[1145] Damit einher gehen die größten Aussichten zur Verhinderung eines Folgeverfahrens.

F. Eigenverwaltender Schuldner im Planverfahren

Die Anwendung von Eigenverwaltung und Insolvenzplan zugleich ist in Fällen ratsam, in denen die Eigenverwaltung allein keinen Zulassungsentzug verhindern kann, ein bestätigter Insolvenzplan dies aber erreicht.[1146] Insbesondere für Freiberufler wird vorgeschlagen ein Zweitverfahren in Eigenverwaltung mit Insolvenzplan durchzuführen, um berufs- und standesrechtliche Sanktionen, die den Verlust der Zulassung wegen Vermögensverfalls bedeuten können, zu vermeiden.[1147] Ob diese Kombination den Königsweg zur Zweitinsolvenzvermeidung bietet, muss bezweifelt werden, denn eine Sanierung in Eigenregie kann nur fruchtbar sein, wenn die Zweitinsolvenz nicht vom ersten andauernden Insolvenzereignis herrührt. Zusätzlich steht der Schuldner allein vor der Aufgabe, in kurzer Zeit eine Finanzierung sicherzustellen, die den Geschäftsbetrieb jedenfalls für die Verfahrensdauer aufrechterhält. Dass dies gelingt, ist nicht von vornherein ausgeschlossen, wenn die Neugläubiger nicht schon im vorangegangenen Verfahren zu den Insolvenzgläubigern gehört haben und jegliches

---

1144 *Sußner*, VIA 2011, S. 76 (77).

1145 *Ehlers*, NJW 2008, S. 1480 (1483); *Graf/Wunsch*, ZIP 2001, S. 1029 (1032).

1146 Vgl. *Frind*, Privatinsolvenz-HdB, Rn. 653. Ausführlich zu der Kombination von Eigenverwaltung und Insolvenzplanverfahren bei selbstständig tätigen Schuldnern: *Harlfinger*, Der Freiberufler in der Insolvenz, S. 139 ff.

1147 Uhlenbruck/*Zipperer*, § 270 Rn. 5 f.; *Graf/Wunsch*, ZIP 2001, S. 1029 (1034); *Kluth*, NJW 2002, S. 186 (187 f.).

Vertrauen aufgebraucht ist. Davon abgesehen wird ein Zulassungsentzug häufig mit den Verhandlungen über einen Insolvenzplan zeitlich gleichlaufen, sodass der Versuch nur gelingen kann, wenn ein Insolvenzplan früher angenommen wird. Für den Großteil der Selbstständigen, der eine Wiederzulassung nach den berufsrechtlichen Regeln erst erlangen kann, wenn die Zuverlässigkeit mit der Ankündigung der Restschuldbefreiung hinreichend belegt ist, kann ein solches Vorgehen empfohlen werden, da im Erfolgsfall ein deutlicher Zeitgewinn erreicht wird.

G. Ergebnisse

Die Vorschriften der Insolvenzordnung zur (vorläufigen) Eigenverwaltung, dem Schutzschirmverfahren sowie dem Insolvenzplan sind in parallelen Zweitinsolvenzverfahren anwendbar und die Inanspruchnahme kann für den Schuldner vorteilhaft sein. So kann durch einen Insolvenzplan überhaupt erst eine Entschuldung erreicht werden. Für die natürliche Person als Schuldner sind die rechtliche Komplexität und der damit einhergehende Beratungsbedarf sowie die Kosten nachteilig.

5. Kapitel: Restschuldbefreiung in Zweitverfahren

A. Nachgeschaltete Zweitinsolvenz

I. Anwendungsbereich

In einem nachgeschalteten Zweitverfahren kann eine Restschuldbefreiung erreicht werden. Das Restschuldbefreiungsverfahren gem. §§ 286 –303a InsO ist vom Insolvenzverfahren dadurch abzugrenzen, dass es an das Insolvenzverfahren anknüpft und ein solches voraussetzt, um überhaupt in Gang gesetzt zu werden.[1148] Jedoch genügt es zur Erteilung der Restschuldbefreiung schon, wenn das Insolvenzverfahren eröffnet worden ist und wegen Masseunzulänglichkeit gem. § 209, § 211 InsO eingestellt wird, da es schon zu einer Vermögensverteilung an Insolvenzgläubiger kommt, wie sich aus § 289 InsO ergibt.[1149] Diese Voraussetzungen können im nachgeschalteten Zweitverfahren erfüllt werden, denn bei diesem Zweitinsolvenzverfahren wird das Gesamtvermögen des Schuldners abgewickelt und damit einhergehend eine umfassende Entschuldung anvisiert.[1150] Verfahrensgegenstand dieses Insolvenz- und des

---

1148 FK-InsO/*Ahrens*, § 286 Rn. 66; *Ahrens* in: Kohte/Ahrens/Grote/Busch/Lackmann, § 286 Rn. 110. Die Restschuldbefreiung zeichnet sich durch ihre duale Natur aus: einerseits als förmliches Entschuldungsverfahren und andererseits aufgrund der materiellrechtlichen Wirkung auf Insolvenzforderungen, *Frege/Keller/Riedel*, Insolvenzrecht, Teil 5 Rn. 5.

1149 Braun/*Pehl*, § 289 Rn. 2; MüKoInsO/*Stephan*, § 289 Rn. 8.

1150 Umstritten ist aber, ob die Restschuldbefreiung neben der gemeinschaftlichen Gläubigerbefriedigung ein eigenständiges Verfahrensziel darstellt. FK-InsO/*Schmerbach*, 9. Aufl. 2018, § 1 Rn. 13, spricht sich dafür aus; so auch: A/G/R-*Ahrens*, § 1 Rn. 8; Beck/Depré/Ampferl Insolvenz/*Beck/Wimmer*, § 6 Rn. 69, Beck/Depré/Ampferl Insolvenz/*Heilmaier*, § 41 Rn. 1, die die Entschuldung von natürlichen Personen als ausdrückliches Verfahrensziel werten (in Beck/Depré/*Beck*, 3. Aufl. 2017, noch Sekundärziel); K.Schmidt/*Schmidt*, InsO § 1 Rn. 10; HambK-InsO/*Schmidt*, § 1 Rn. 4, 51; **a.A.** Nerlich/Römermann/*Becker*, § 1 Rn. 26; *Henckel*, in: Jaeger, InsO, § 1 Rn. 20. Jedenfalls soll die Aussicht auf einen Schuldenschnitt die Motivation des Schuldners fördern, ein Einkommen zu erwirtschaften, das wiederum als Haftungsmasse der Gläubigergemeinschaft zur Verfügung steht und deren Befriedigung zuträglich ist, Uhlenbruck/*Pape*, § 1 Rn. 15.

Restschuldbefreiungsverfahrens ist das gesamte Vermögen einer natürlichen Person i.S.d. § 20 Abs. 2, § 287 Abs. 2 S. 1 InsO.[1151]

II. Zulässigkeit neuer Anträge

1. Sperrfristen

a) Gesetzliche Sperrfristen

In nachgeschalteten Zweitverfahren stellt ausschließlich die Frage, ob und welcher zeitliche Abstand zur Restschuldbefreiung im Erstverfahren gilt, einen Problemschwerpunkt dar. Im Rahmen der Zulässigkeitsprüfung prüft das Insolvenzgericht des Zweitverfahrens von Amts wegen die Zulässigkeitsvoraussetzungen für einen Restschuldbefreiungsantrag.[1152] Von Bedeutung ist insbesondere die Frage, ob die besonderen Zulässigkeitsvoraussetzungen des § 287a Abs. 2 S. 1 InsO nicht vorliegen, also kein Grund für eine Sperrfrist besteht.[1153] Für diese gesetzlichen Sperrfristen steht ein zeitlicher Abstand zu einem früheren Verfahren ausdrücklich fest.

b) Nichtgesetzliche Sperrfristen

aa) Rechtslage vor dem 01.07.2014: Sperrfristrechtsprechung des Bundesgerichtshofs

Zur Rechtslage vor dem 01.07.2014 hatte der Bundesgerichtshof eine Sperrfristrechtsprechung entwickelt. In seiner Rechtsprechung stellte der Bundesgerichtshof in Erweiterung der gesetzlichen Regeln zur Missbrauchsprävention für neue Restschuldbefreiungsanträge zusätzliche Kriterien auf. So wurden etwa im Anschluss an eine Versagung der Restschuldbefreiung neue Anträge als unzulässig zurückgewiesen, wenn ein Schuldner keinen neuen Gläubiger vorweisen konnte.[1154] Darüber hinaus wurde eine Sperrfristrechtsprechung statuiert, die zur Ausfüllung für vom Gesetzgeber übersehener Sachverhalte dem Antragsteller zeitliche Beschränkungen hinsichtlich eines neuen Insolvenzverfahrens auferlegte.[1155] Dem Schuldner wurde etwa im Fall eines im Vorverfahren nach

---

1151 *Frind*, Privatinsolvenz-HdB, Rn. 131a

1152 Uhlenbruck/*Sternal*, § 287a, Rn. 7.

1153 Vgl. *Ahrens*, Aktuelles Privatinsolvenzrecht, Rn. 599.

1154 Der Bundesgerichtshof ist von diesem Kriterium abgerückt: BGH, Beschl. v. 16.07.2009 – IX ZB 219/08, in: ZInsO 2009, S. 1777.

1155 Zum Beginn dieser Sperrfristen: vgl. den Überblick bei: *Homann*, ZVI 2012, S. 206 (208).

Belehrung ausgebliebenen Restschuldbefreiungsantrags in analoger Anwendung des § 290 Abs. 1 Nr. 3 InsO a.F. eine auf eine dreijährige Sperre reduzierte Frist oder eine Sperrfrist von zehn Jahren bei Versagung der Erteilung der Restschuldbefreiung im Vorverfahren analog § 290 Abs. 1 Nr. 3 InsO a.F. auferlegt.[1156]

bb) Rechtslage seit dem 01.07.2014

Mit der Einfügung des § 287a InsO durch das Gesetz zur Verkürzung des Restschuldbefreiungsverfahrens wurde diese Rechtsfortbildung für die gesetzliche Regelung zu den Sperrfristen berücksichtigt.[1157] Deshalb wird teilweise vertreten, dass kein Anknüpfungspunkt mehr für diese Sperrfristrechtsprechung bestehe und § 287a Abs. 2 InsO abschließend die Fälle der Sperrfristen regele.[1158] Teilweise wird vertreten, dass die Regelung nur die dem Gesetzgeber bekannten Fälle regele und darüber hinaus eine Analogie zulässig sei.[1159]

Der Bundesgerichtshof hat sich in der Folge für den Fall einer Aufhebung der Kostenstundung im Erstverfahren gegen eine Anwendung der Sperrfristrechtsprechung ausgesprochen und darüber hinaus eine grundsätzliche Orientierung

---

1156 BGH, Beschl. v. 16.07.2009 – IX ZB 219/08, in: ZInsO 2009, S. 1777.

1157 BT-Drs. 467/12, S. 37.

1158 „*Sperrfristen für anderweitige Fälle vorhergehenden Fehlverhaltens des Schuldners sind nicht vorzusehen*“, RegE zu GlRStG, in: BT-Drs. 17/11268, S. 25; AG Hannover, Beschl. v. 28.01.2015 – 908 IK 1769/14-8, in: ZInsO 2015, S. 368; AG Göttingen, Beschl. v. 20.05.2016 – 74 IK 124/16, in: NZI 2016, S. 847; *Graf-Schlicker*, ZVI 2014, S. 202 (203), die bei den ehemaligen Fallgruppen auf einen mit dem in § 287a Abs. 2 Nr. 2 InsO fehlenden vergleichbaren Unrechtsgehalt verweist; Graf-Schlicker/*Kexel*, § 287a Rn. 2, 11; Nerlich/Römermann/*Römermann*, § 287a Rn. 13; FK-InsO/*Schmerbach*, 9. Aufl. 2018, § 13 Rn. 135, 139; MüKoInsO/*Stephan*, § 287a Rn. 70; *Ahrens*, Aktuelles Privatinsolvenzrecht, Rn. 257, 670 ff; *Frind*, ZInsO 2013, S. 1448 (1450); *Grote/Pape*, ZInsO 2013, S. 1433 (1440); *Henning*, ZVI 2014, S. 7 (10 f.); *Laroche/Siebert*, NZI 2014, S. 541 (542); *Schmerbach/Semmelbeck*, NZI 2014, S. 547 (549); *A.Schmidt*, ZVI 2016, S. 45 (45); für *Wolgast*, ZVI 2016, S. 131 (133), steht fest, dass der Gesetzgeber durch eine positive Regelung ausgewählter Fallgruppen andere bekannte und vergleichbare Lebenssachverhalte nicht mitregeln wollte.

1159 KPB/*Wenzel*, § 287a Rn. 16 ff., der die Möglichkeit einer Analogie nicht ausschließt, denn der Gesetzgeber könne nicht für sich beanspruchen, alle infrage kommenden Konstellationen abzubilden; *Jacobi*, NZI 2017, S. 254 (255 f.) merkt zudem an, dass der Gesetzgeber allein aufgrund von Ausführungen in den Gesetzesmaterialien kein Analogieverbot herbeiführen dürfe, weshalb dieser methodische Griff nicht eingeschränkt werden könne. Kritisch zur alten Rechtslage: *Schmerbach*, ZInsO 2010, S. 647.

offengelassen.[1160] In seiner Entscheidung zur Zulässigkeit eines neuen Restschuldbefreiungsantrags im Zweitverfahren bei noch anhängigem Antrag im Erstverfahren hat sich der Bundesgerichtshof eine Einzelfallentscheidung ausdrücklich vorbehalten und die Analogiefähigkeit des § 287 Abs. 2 InsO für dem Gesetzgeber zum Entstehungszeitpunkt der Norm nicht bekannte Fallgestaltungen allgemein und eine analoge Anwendung im konkreten Fall bejaht.[1161]

Nach hier vertretener Ansicht hat der Gesetzgeber eine abschließende Regelung getroffenen. Andere Sperrfristen für bis zum Regelungszeitpunkt bekannte Konstellationen gelten nicht. Demnach kommt auch keine Sperrfrist im Zweitverfahren in Betracht, wenn der Schuldner im Erstverfahren im Rahmen des Restschuldbefreiungsverfahrens keine Abführungsbeträge gem. § 295a Abs. 1 S. 1 InsO vorgenommen hat und deshalb eine Versagung gem. § 298 InsO erfolgt ist, da hierfür keine Sperrfrist existiert.[1162]

2. *Antragskonstellationen*

a) *Antragstellung innerhalb desselben Verfahrens*

Hat der Schuldner im Erstverfahren keinen Antrag auf Restschuldbefreiung gestellt, bestehen im nachgeschalteten Zweitverfahren keine Hindernisse, erstmalig die Befreiung von Restschulden zu beantragen, denn eine Sperrfrist bei unterlassener Antragstellung im Erstverfahren gibt es nicht.[1163] Besonderheiten ergeben sich auch nicht daraus, dass eine Entschuldung durch Insolvenzplan oder Schuldenbereinigungsplan gem. § 305 Abs. 1 Nr. 4 oder § 308 Abs. 1 InsO erfolgt ist, da das Gesetz etwaige Schranken dafür nicht vorsieht.[1164] Wurde ein Antrag rechtskräftig als unzulässig verworfen oder vom Schuldner zurückgenommen, kann in demselben Verfahren kein neuer Antrag gestellt werden.[1165] In einem Insolvenzverfahren kann nach der Wertung der § 4 InsO i.V.m. § 261

1160 BGH, Beschl. v. 04.05.2017 – IX ZB 92/16, in: NZI 2017, S. 627 Rn. 14 f. m. Anm. *Ahrens*.

1161 BGH, Beschl. v. 22.07.2021 – IX ZB 7/20, in: NJW-RR 2021, S. 1277 Rn. 30.

1162 AG Düsseldorf, Beschl. v. 09.09.2016 – 513 IK 44/11, in: ZInsO 2016, S. 1951 (1952); PrivatInsRK/*Montag*, § 298 Rn. 16; Uhlenbruck/*Sternal*, § 298 Rn. 25.

1163 RegE zu GlRStG, in: BT-Drs. 17/11268, S. 25; KPB/*Wenzel*, § 287a Rn. 9b; *Pape/Pape*, ZInsO 2015, S. 1869 (1877); Ahrens, NZI 2017, S. 627 (630).

1164 Auf Insolvenzpläne finden §§ 286 ff. InsO keine Anwendung, KPB/*Wenzel*, § 287a Rn. 10. Hierzu oben unter: 4. Kapitel E. II. 1.

1165 BGH, Beschl. v. 1.10.2020 – IX ZA 3/20, in: ZVI 2021, S. 62 Rn. 12; PrivatInsRK/*Montag*, § 287 Rn. 14.

Abs. 3 ZPO nicht mehr als ein Restschuldbefreiungsantrag gestellt werden.[1166] Deshalb ist ein neuer Restschuldbefreiungsantrag des Schuldners während der Treuhandphase ebenfalls unzulässig.[1167]

b) Sperre durch vorangegangene Erteilung der Restschuldbefreiung

Ist dem Insolvenzschuldner in einem vorangegangenen Verfahren schon die Restschuldbefreiung erteilt worden, gelten die gesetzlichen Sperren des § 287a Abs. 2 S. 1 InsO. Innerhalb der Sperrfristen erübrigt sich eine Belehrung des Schuldners gem. § 20 Abs. 2 InsO über die Möglichkeit der Restschuldbefreiung.[1168] Für einen wiederholten Restschuldbefreiungsantrag sieht § 287a Abs. 2 S. 1 Nr. 1 InsO eine Sperre von 11 Jahren seit Erteilung und gem. § 287a Abs. 2 S. 1 Nr. 2 InsO seit Versagung der Restschuldbefreiung in einem vorherigen Verfahren vor. Zusätzliche Anforderungen an die Voraussetzungen von Insolvenzanträgen wie dem Hinzutreten eines neuen Gläubigers oder dem Vorhandensein neuen Vermögens sind der höchstrichterlichen Rechtsprechung folgend aufgegeben worden und können einem Restschuldbefreiungsantrag nicht im Wege stehen.[1169]

c) Antragsrücknahme nach Versagungsantrag im gleichen Verfahren

Mit Blick auf nachgeschaltete Zweitverfahren existieren zwei Fallgruppen, für die über die Fortgeltung der Sperrfristrechtsprechung diskutiert werden. In beiden Fällen wurde dem Schuldner auf Grundlage des vor dem 01.07.2014 geltenden Rechts ab dem Rücknahmezeitpunkt eine Sperrfrist von drei Jahren für einen erneuten Restschuldbefreiungsantrag auferlegt.[1170]

Bei der Fallgestaltung der taktischen Antragsrücknahme nimmt der Schuldner seinen Antrag auf Restschuldbefreiung zurück, nachdem die Gläubiger Versagungsantrag gegen ihn gestellt haben.[1171] Dieser Problemkreis rührt vom Verbot zweier paralleler Restschuldbefreiungsanträge her.[1172] Dem § 287a Abs. 2

1166 MüKoInsO/*Stephan*, § 287 Rn. 83; *Ahrens*, LMK 2015, 368610.

1167 MüKoInsO/*Stephan*, § 287 Rn. 84.

1168 Gottwald/*Ahrens*, § 75 Rn. 28.

1169 Graf-Schlicker/*Kexel*, § 287 Rn. 17. Hierzu unter: 3. Kapitel B. I. 1. C) dd) (2).

1170 BGH, Beschl. v. 22.09.2016 – IX ZB 50/15, in: NZI 2017, S. 75 Rn. 14; BGH, Beschl. v. 12.05.2011 – IX ZB 221/09, in: NZI 2011, S. 544 Rn. 7.

1171 BGH, Beschl. v. 22.09.2016 – IX ZB 50/15, in: NZI 2017, S. 75; BGH, Beschl. v. 20.03.2014 – IX ZB 17/13, in: NZI 2014, S. 416 Rn. 8; BGH, Beschl. v. 12.05.2011 – IX ZB 221/09, in: NZI 2011, S. 544.

1172 Hierzu unter: 2. Kapitel D. IV. 4. D) und 5. Kapitel B. I. 1.

S. 2 InsO ist zu entnehmen, dass der Schuldner gem. § 4 InsO i.V.m. § 269 ZPO einen Restschuldbefreiungsantrag zurücknehmen kann.[1173] Ist im Erstverfahren schon ein Restschuldbefreiungsverfahren anhängig, steht es dem Schuldner frei, den früheren Restschuldbefreiungsantrag zurückzunehmen.[1174] Das führt über die Bedeutung für das Restschuldverfahren hinaus dazu, dass es weitestgehend im Belieben des Insolvenzschuldners steht, ein Folgeverfahren in Gang zu setzen, das sich auch mithilfe einer erneuten Kostenstundung finanzieren lässt.[1175]

In der Literatur wird unter Ablehnung der Fortgeltung der Sperrfristrechtsprechung ein Verbot der Rücknahme des Restschuldbefreiungsantrags vertreten.[1176] Diskutiert wird in diesem Zusammenhang über den maßgeblichen Zeitpunkt, ab dem die Rücknahme unzulässig sein soll.[1177] Diese Auffassung vertritt auch der Bundesgerichtshof. Danach kann ein Restschuldbefreiungsantrag nicht mehr ohne Einwilligung zurückgenommen werden, sobald im Schlusstermin oder nach Anordnung des schriftlichen Verfahrens zur Entscheidung über die Restschuldbefreiung ein zulässiger Versagungsantrag gestellt worden ist.[1178]

d) Antragsrücknahme im Erstverfahren und Neubeantragung im Zweitverfahren

Eine weitere Fallgestaltung betrifft sie Situation der Antragsrücknahme im Erstverfahren: Der Schuldner nimmt den Restschuldbefreiungsverfahren in einem früheren Verfahren zurück, um sodann mittels eines zweiten Insolvenzverfahrens die Befreiung von neuen Verbindlichkeiten zu erlangen, die ihm günstiger erscheint.[1179]

In der instanzgerichtlichen Rechtsprechung wird in diesem Zusammenhang teilweise an die Sperrfristrechtsprechung angeknüpft.[1180] Teilweise wird sie abgelehnt und eine sofortige Neubeantragung befürwortet.[1181]

1173 BGH, Beschl. v. 22.09.2016 – IX ZB 50/15, in: NZI 2017, S. 75 Rn. 5; *Ahrens*, NJW-Spezial 2019, S. 85 (85); vgl. K.Schmidt/*Henning*, InsO § 287 Rn. 18.

1174 *Heicke*, NZI 2014, S. 416 (418).

1175 *Pape/Pape*, ZInsO 2017, S. 793 (809).

1176 FK-InsO/*Schmerbach*, 9. Aufl. 2018, § 13 Rn. 137, 145; *Schmerbach/Semmelbeck*, NZI 2014, S. 547 (549); *Laroche/Siebert*, NZI 2014, S. 541 (542).

1177 FK-InsO/*Schmerbach*, 9. Aufl. 2018, § 13 Rn. 137, 148 ff.

1178 BGH, Beschl. v. 15.07.2021 – IX ZB 33/20, in: NJW-RR 2021, S. 1280 Nr. 12.

1179 BGH, Beschl. v. 20.03.2014 – IX ZB 17/13, in: NZI 2014, S. 416; BGH, Beschl. v. 12.05.2011 – IX ZB 221/09, in: NZI 2011, S. 544 Rn. 7.

1180 AG Dortmund, Beschl. v. 18.04.2016 – 255 IN 24/15, in: NZI 2016, S. 745; AG Fürth, Beschl. v. 13.01.2016 – IN 581/15, in: ZInsO 2016, S. 290 (292).

1181 AG Göttingen, Beschl. v. 20.05.2016 – 74 IK 124/16, in: NZI 2016, S. 847.

In der Literatur wird unter Ablehnung einer Fortgeltung der ehemaligen höchstrichterlichen Sperrfristrechtsprechung vorgeschlagen, nach geltendem Recht eine Lösung mithilfe des durch die Gläubiger zu initiierenden Versagungsverfahrens zu finden.[1182] Droht im Rahmen des früheren Restschuldbefreiungsverfahrens aufgrund eines Verstoßes nach § 290 Abs. 1 Nr. 5, 6, 7 InsO oder § 295, § 296, § 298 InsO ein Versagungsverfahren gegen den Schuldner, gelingt es dem Schuldner, sich jeder Sanktion zu entziehen, ohne dass dies im Folgeverfahren eine Konsequenz hätte.[1183] Da in der Neufassung des § 290 Abs. 2 S. 1 InsO ausdrücklich bis zum Schlusstermin ein Versagungsantrag gestellt werden kann und deshalb bis zu diesem späten Verfahrensfortschritt für den Schuldner eine Antragsrücknahme zulässig sein muss, besteht für die gesamte Verfahrensdauer die Unsicherheit einer vorzeitigen Beendigung des Erstverfahrens.[1184] Demnach sei nach geltendem Recht die Kombination einer Antragsrücknahme und einer Neubeantragung über das Versagungsverfahren nach dem Willen des Gesetzgebers eine rechtssichere Lösung, die dem Schuldner den Verfahrenswechsel ermöglicht.[1185]

Teilweise wird vorgebracht, der Regelung des § 287a Abs. 2 InsO sei zu entnehmen, dass jedenfalls zwischen redlicher und missbräuchlicher Antragsrücknahme zu unterscheiden sei. Folgerichtig solle eine rechtsmissbräuchliche Antragsrücknahme bei drohendem Versagungsantrag mit einer Sperrfrist belegt werden, um den redlichen Schuldner nicht dem unredlichen gleichzustellen.[1186] Zu Recht wurde dagegen vorgebracht, dass die hinter der Antragsrücknahme und Neubeantragung stehende Motivation keine Rolle spielen darf, da dem

---

1182 *Ahrens*, Aktuelles Privatinsolvenzrecht, Rn. 675; **a.A.** *Pape/Pape*, ZInsO 2017, S. 793 (810 f.); *Pape/Pape*, ZInsO 2015, S. 1869 (1878).

1183 *Pape*, ZInsO 2017, S. 565 (566, 568). Eine Übersicht zur alten Rechtslage bietet: *Hess/* Groß/Reill-Ruppe/Roth, Rn. 223 ff.

1184 *Ahrens*, ZInsO 2017, S. 193 (200). Zum Meinungsstand zur Entscheidung über einen Versagungsantrag vor dem Schlusstermin: *Siebert*, VIA 2018, S. 4 f.

1185 Das gilt ebenfalls hinsichtlich der Rücknahmefiktion des § 305 Abs. 3 S. 2 InsO in Verbraucherinsolvenzverfahren: *Pape/Pape*, ZInsO 2017, S. 793 (797).

1186 AG Dortmund, Beschl. v. 18.04.2016 – 255 IN 102/15, in: NZI 2016, S. 745 (746) m. zust. Anm. *Schmittmann*, VIA 2017, S. 7 (8); AG Fürth, Beschl. v. 13.01.2016 – IN 581/15, in: ZInsO 2016, S. 290 (292); *Streck*, ZVI 2014, S. 205 (207 f.); vgl. die Ausführungen von: *Laroche*, ZInsO 2016, S. 290 (292); **a.A.** *Möhring*, ZVI 2017, S. 289 (295), die die Voraussetzungen für eine analoge Anwendung des § 287a Abs. 2 S. 1 Nr. 2 InsO als erfüllt ansieht.

Schuldner ein ökonomisch vorteilhaftes und rationales Verhalten zugestanden wird.[1187]

Jedenfalls kann eine Neubeantragung der Restschuldbefreiung im Zweitverfahren nicht erfolgen, solange im Erstverfahren noch ein Antrag anhängig ist. Dies ergibt sich aus der Wertung des § 287a Abs. 2 Nr. 1 Alt. 1 InsO, wonach verhindert werden soll, dass der Schuldner das Restschuldbefreiungsverfahren zur wiederholten Verminderung der Schuldenlast missbraucht.[1188]

3. Gesetzgeberische Entscheidung zur gegenwärtigen Regelungslage

Der gegenwärtige Status des erneuten Zugangs zum Restschuldbefreiungsverfahren wird beklagt. Der Beendigung laufender und Eröffnung neuer Insolvenzverfahren unter willkürlicher Inanspruchnahme des Stundungsverfahrens auf Grundlage der Dispositionsbefugnis zu Restschuldbefreiungsanträgen liegt nichtsdestoweniger eine gesetzgeberische Wertentscheidung zugrunde. Diese wird angesichts der rechtstatsächlichen Bedeutung mittlerweile offenkundig auch vom Bundesgerichtshof insbesondere im Hinblick auf die Belastung der Insolvenzgerichte sowie der Kostenlast für Haushalte kritisiert und es wird an den Gesetzgeber appelliert, Abhilfe zu schaffen.[1189] Die von *Möhring* angeführten Spezifizierungen gehen dahin, die mit dem § 287a Abs. 2 S. 1 InsO existierenden Sperrfristen über das Kriterium der Redlichkeit des Schuldners hinaus in Richtung einer der Verfahrensökonomie und Entlastung der öffentlichen Haushalte fördernden Weise zu verändern.[1190] Der Schuldner soll dann bevorzugt ein begonnenes Restschuldbefreiungsverfahren zu Ende bringen müssen, ohne unmittelbar ein neues beginnen zu dürfen und damit ein weiteres Insolvenzverfahren über Kostenstundung zu finanzieren.[1191]

Im Zuge der Umsetzung der Vorgaben der Restrukturierungsrichtlinie für die Anforderungen an die Restschuldbefreiung in nationales Recht durch das

---

1187 AG Göttingen, Beschl. v. 14.03.2017 – 71 IN 17/17 NOM, in: ZInsO 2017, S. 847; AG Göttingen, Beschl. v. 20.05.2016 – 74 IK 124/16, in: ZInsO 2016, 1385 (1387); *Laroche*, ZInsO 2016, S. 290 (292).

1188 RegE zu GlRStG, in: BT-Drs. 17/11268, S. 24; vgl. AGR-InsO/*Ahrens*, § 35 Rn. 179.

1189 Beschl. v. 04.05.2017 – IX ZB 92/16, in: NZI 2017, S. 627 Rn. 22; *Möhring*, ZVI 2017, S. 289 (296); ähnlich: *Schmittmann*, VIA 2018, 13 (14). Ähnlich bereits: *Schmerbach*, NZI 2014, S. 990 (991 f.).

1190 *Möhring*, ZVI 2017, S. 289 (296), spricht sich überdies für die Fortdauer der Sperrfristrechtsprechung in den nicht gesetzlich geregelten Fällen aus.

1191 *Möhring*, ZVI 2017, S. 289 (296).

Gesetz zur weiteren Verkürzung des Restschuldbefreiungsverfahrens wurden entsprechende Änderungen nicht vorgenommen. Der Art. 23 Abs. 2 lit. c) der Richtlinie erlaubt den Mitgliedstaaten für den Fall der missbräuchlichen Antragstellung eine Sperrfrist zu setzen.[1192] Eine weitere Modifikation der existierenden Sperrfristregeln ist vom deutschen Gesetzgeber aber nicht vorgenommen worden. So wurde auch der Vorschlag für einen Versagungsgrund bei einer Neuverschuldung, die in ein Zweitverfahren mündet, nicht aufgegriffen.[1193]

4. *Abtretungsfrist in Wiederholungsverfahren*

In einem nachgeschalteten Zweitverfahren beträgt die Abtretungsfrist gem. § 287 Abs. 2 S. 2 InsO für die Fälle, in denen dem Schuldner aufgrund eines nach dem 30.09.2020 gestellten Antrags Restschuldbefreiung erteilt worden ist, fünf statt drei Jahre. Diese Frist gilt für jedes weitere Restschuldbefreiungsverfahren nach einer einmal erteilten Restschuldbefreiung, um Fehlanreize für eine Verschuldung zu verhindern.[1194] Maßgeblich für die Anwendung der Norm ist der Eröffnungsantrag des Insolvenzverfahrens. Für die Berechnung der Abtretungsfrist fällt der Zeitraum zwischen Eröffnungsantrag und Eröffnung nicht in die Frist, sondern Fristbeginn ist die Insolvenzverfahrenseröffnung.[1195] Aufgrund der Sperrfrist des § 287a Abs. 2 S. 1 Nr. 1 InsO ist die erneute Restschuldbefreiung damit 16 Jahre nach Ablauf der Abtretungsfrist im Erstverfahren zulässig, § 300 Abs. 1 S. 1, S. 3 InsO.[1196]

5. *Verhältnis zur Kostenstundung*

a) *Bedeutung*

Dem Schuldner werden für den Zugang zur Kostenstundung in Zweitverfahren nur die gesetzlichen Sperrfristen der Restschuldbefreiung und keine darüberhinausgehenden Zeitschranken auferlegt.[1197] Die gesetzlichen Sperrfristen des Restschuldbefreiungsverfahrens sind abschließend geeignet, einen faktischen Insolvenzverfahrenszugang durch Verhinderung der Verfahrensfinanzierung zu

1192 Abl. 2019 L 172, 18.

1193 Vgl. *Frind*, ZRP 2020, S. 176 (178); vgl. *Jacobi*, VIA 2020, S. 25 (27); vgl. *A.Schmidt*, ZVI 2020, Beilage zu Heft 7, S. 1 (5).

1194 BT-Drs. 19/21981, S. 19.

1195 BeckOK InsO/*Riedel*, § 287 Rn. 22.

1196 BeckOK InsO/*Riedel*, § 287 Rn. 21a.2; krit.: *Grote*, ZInsO 2023, S. 943 (956).

1197 *Ahrens*, Aktuelles Privatinsolvenzrecht, Rn. 259.

vereiteln, denn die Verfahrenskostenstundung ist aufgrund der Finanzierungsfunktion mit dem Ziel der Restschuldbefreiung entlang des Restschuldbefreiungsverfahrens konzipiert.

b) Vorwirkung gem. § 4a Abs. 1 S. 3, S. 4 InsO i.V.m. § 290 Abs. 1 Nr. 1 InsO

Nach der aktuellen Fassung des § 4a Abs. 1 S. 3, S. 4 InsO ist eine Stundung ausgeschlossen, wenn ein Versagungsgrund des § 290 Abs. 1 Nr. 1 InsO vorliegt. Zur Rechtslage vor dem 01.07.2014 hatte sich eine Vorwirkungsrechtsprechung des Bundesgerichtshofs entwickelt, wonach auch in anderen Fällen des § 290 Abs. 1 InsO eine Kostenstundung ausschied.[1198] Ob diese auch nach neuer Rechtslage fortgelten soll, ist nicht abschließend geklärt.[1199] Streitpunkt ist die Frage, wie es zu interpretieren ist, dass der Gesetzgeber die Vorwirkungsrechtsprechung im Unterschied zur Sperrfristrechtsprechung nicht ausdrücklich adressiert hat, d.h. ob der Gesetzgeber mit § 4a Abs. 1 S. 3, S. 4 InsO eine abschließende Regelung getroffen hat oder die Vorwirkungsrechtsprechung weiterhin duldet.[1200]

Der Bundesgerichtshof nimmt in seiner jüngsten Rechtsprechung den Standpunkt ein, dass im Rahmen der Stundungsentscheidung auch aus anderen Gründen, in denen eine Restschuldbefreiung nicht zu erreichen ist, eine Stundung ausscheidet.[1201] Zur Begründung stützt sich der Bundesgerichtshof auf den offenen Wortlaut des § 4a Abs. 1 S. 3 InsO und den Umstand, dass der Gesetzgeber die Vorwirkungsproblematik im Gesetzgebungsverfahren nicht adressiert hat.[1202]

Dagegen lässt sich anführen, dass eine solche vorweggenommene Begründetheitsprüfung des Restschuldbefreiungsantrags auf andere Gründe als § 290 Abs. 1 Nr. 1 InsO zum Zeitpunkt der Stundungsentscheidung dem gesetzgeberischen Willen widerspricht, weil sich dieser zumindest im Wortlaut wiederfindet

---

1198 BGH, Beschl. v. 07.10.2010 – IX ZB 259/09, in: NZI 2010, S. 948 Rn. 13; BGH, Beschl. v. 16.12.2004 – IX ZB 72/03, in: NZI 2005, S. 232 (232).

1199 HK-InsO/*Sternal*, § 4a Rn. 8; *Blankenburg*, ZVI 2015, S. 239 (241); K.Schmidt/*Stephan*, InsO § 4a Rn. 14; Graf-Schlicker/*Kexel*, § 4a Rn. 23; Uhlenbruck/*Mock*, § 4a Rn. 40; KPB/*Wenzel*, § 4a Rn. 54 f.; A/G/R-*Ahrens*, § 4a Rn. 56; FK-InsO/*Kohte*, 9. Aufl. 2018, § 4a Rn. 25.

1200 *Blankenburg*, ZVI 2015, S. 239 (240). Näher hierzu: *Ahrens*, Aktuelles Privatinsolvenzrecht, Rn. 255.

1201 BGH, Beschl. v. 13.02.2020 – IX ZB 39/19, in: NZI 2020, S. 476 Rn. 11. Hierzu näher unter: 5. Kapitel B. II. 2.

1202 BGH, Beschl. v. 13.02.2020 – IX ZB 39/19, in: NZI 2020, S. 476 Rn. 11.

und nicht aus sonstigem Schweigen der Gesetzgebungsmaterialien abgeleitet werden darf.[1203] Aus verfahrensrechtlicher Perspektive ist außerdem hinzuzufügen, dass einer vorauseilenden materiell-rechtlichen Prüfung der Makel einer Offensichtlichkeitsprüfung anhaftet, die noch dazu das Eingriffsrecht der Insolvenzgläubiger untergräbt, durch Versagungsantrag auf die Beendigung eines Restschuldbefreiungsverfahrens hinzuwirken.[1204] *A. Schmidt* warnt zwar im Hinblick auf das Mittel der Insolvenzgläubiger, schon unmittelbar nach Insolvenzeröffnung gem. § 290 Abs. 2 InsO einen Versagungsantrag stellen zu können, davor, *„faktisch eine Versagung der Restschuldbefreiung von Amts wegen“* für mittellose Schuldner einzuführen.[1205] Dieses Gläubigerrecht kann überhaupt nur wahrgenommen werden, wenn nicht vorab eine gerichtliche Entscheidung den Aufgabenbereich der Gläubiger beschneidet.

Heyer hingegen zieht die gesetzgeberische Durchbrechung des Grundsatzes der Gläubigerautonomie im Stundungsverfahren, in dem fiskalische Interessen die Gläubigerinteressen überwiegen, heran, um eine Vorwirkung zu rechtfertigen.[1206] Ausschlaggebend für die Prüfung des Restschuldbefreiungsantrags seien die Erfolgsaussichten, am Ende der Treuhandperiode, die gesetzlichen Anforderungen an die Restschuldbefreiung erfüllen zu können, sodass die Stundungsfrage einerseits zur Voraussetzung für die Eröffnung eines Verfahrens gewählt worden sei, in dem die Gläubiger ihre Autonomie ausüben können, indem sie einen Versagungsantrag stellen oder dies unterlassen. Dass eine Verfahrenseröffnung auch auf anderem Wege finanziert werden kann, zeige andererseits, dass die Frage einer Vorwirkung von Versagungsgründen allein die Verteilung der Kostenlast des Insolvenzverfahrens berühre.[1207] Dagegen spricht aber, dass eine Verkürzung von Verfahrensrechten den Gläubigern gewichtigen Einfluss nimmt und nicht einzusehen ist, weshalb dieser Einfluss im vorfinanzierten Verfahren anders zu bewerten sein sollte. Schließlich muss trotz der Verflechtung von Kostenstundung und Restschuldverfahren der Dualismus von Insolvenz- und Restschuldbefreiungsverfahren gewahrt werden. Aus diesen Gründen

---

1203 RegE zu GlRStG, in: BT-Drucks. 17/11268, S. 25 f.

1204 *Dawe*, ZInsO 2014, S. 433 (436 f.); so ebenfalls: *A. Schmidt*, ZVI 2014, S. 211 (212), der betont, dass diese Rechtsprechung die Voraussetzung des Versagungsantrags missachtet und nachlässige und unredliche Schuldner vorschriftswidrig gleichbehandelt.

1205 *A.Schmidt*, ZVI 2016, S. 45 (45 f.); Kritisch zum Versagungsverfahren: *Pfeffer*, ZVI 2004, S. 232 (232 f.)

1206 *Heyer*, ZVI 2016, S. 129 (129 f.); Zur Kritik an der Kostenlast des Stundungsverfahrens bei mangelnder aktiver Teilnahme der Gläubiger: *Reck*, ZVI 2016, S. 173 (174).

1207 *Heyer*, ZVI 2016, S. 129 (130).

liegt eine bloße Zulässigkeitsprüfung des Restschuldbefreiungsantrags in der Stundungsentscheidung näher.

c) Vorwirkung in den Fällen des § 287a Abs. 2 InsO

Eine Kostenstundung sollte nach der alten Vorwirkungsrechtsprechung auch in den Fällen ausscheiden, in denen nach der Sperrfristrechtsprechung eine Restschuldbefreiung nicht zu erreichen war, etwa bei der Rücknahme eines Restschuldbefreiungsantrags.[1208] Nach neuer Rechtslage wird eine Einbeziehung der Unzulässigkeitsgründe des § 287a Abs. 2 im Rahmen der Kostenstundungsentscheidung unterschiedlich bewertet.[1209] Ob gesetzlich geregelte Sperren, die nicht in § 287a Abs. 2 InsO geregelt wurden, in der Stundungsentscheidung zu berücksichtigen sind, ist umstritten.[1210] Streitpunkt ist hier die Frage, wie mit anderen als den in den Gesetzgebungsmaterialien explizit angesprochenen Fällen der Sperrfristrechtsprechung des § 287a Abs. 2 InsO, die der Gesetzgeber zum Zeitpunkt der Kodifikation kannte, umzugehen ist.[1211]

1208 *Ahrens*, Aktuelles Privatinsolvenzrecht, Rn. 255 ff.

1209 Hierzu oben unter: 5. Kapitel A. II. 1. B) bb).

1210 Gegen die Fortgeltung der Vorwirkungsrechtsprechung: LG Baden-Baden, Beschl. v. 10.12.2015 – 2 T 77/15, in: ZInsO 2015, S. 1275; LG Nürnberg-Fürth, Beschl. v. 13.07.2017 – 11 T 4173/17, in: NZI 2018, S. 363: für die Eingangsentscheidung; AG Hamburg, Beschl. v. 18.12.2015 – 67g IN 357/14, in: NZI 2016, S. 226: Keine Vorprüfung im Rahmen des § 287a Abs. 2; Braun/*Buck*, § 4a Rn. 22; FK-InsO/*Kohte*, 9. Aufl. 2018, § 4a Rn. 26; PrivatInsRK/*Montag*, § 4a Rn. 31 f.; *Ahrens*, Aktuelles Privatinsolvenzrecht, Rn. 257; *Dawe*, ZInsO 2014, S. 433 (436); **a.A.** jedenfalls zur alten Rechtslage: BGH, Beschl. v. 16.12.2004 – IX ZB 72/03, in: NZI 2005, S. 232; LG Dessau-Roßlau, Beschl. v. 06.05.2015 – 8 T 108/15, in: NZI 2015, S. 944; AG Göttingen, Beschl. v. 14.10.2015 – 74 IN 181/15, in: NZI 2015, S. 946: Vorprüfung ausschließlich im Rahmen der Stundungsentscheidung; AG Hamburg, Beschl. v. 04.08.2023 – 327 T 14/23, in: ZVI 2023, S. 410; AG Marburg, Beschl. v. 16.01.2018 – 22 IN 178/17, in: NZI 2018, S. 277; KPB/*Wenzel*, § 4a Rn. 54; *Blankenburg*, ZInsO 2015, S. 2258 (2261); *Frind*, ZInsO 2015, S. 542 (543); *Möhring*, ZVI 2017, S. 289 (294), vertritt, dass der Gesetzgeber, obwohl ihm neben der Sperrfristrechtsprechung auch die Vorwirkungsrechtsprechung bekannt war, lediglich erstere regelte, weshalb dieser die Fortgeltung der Vorwirkung dulden wolle; *Thüning*, ZVI 2017, S. 377 (382), erkennt einen Anwendungsbereich für die Vorwirkungsrechtsprechung lediglich für solche Fälle an, die der Gesetzgeber bei der Einführung des § 287a Abs. 2 InsO ausdrücklich nicht einbezogen hat; *Pape/Pape*, ZInsO 2017, S. 793 (799).

1211 A/G/R-*Ahrens*, § 4a Rn. 53.

d) *Keine wertungsmäßige Sperrfrist im Stundungsverfahren*

In der instanzgerichtlichen Rechtsprechung hat sich darüber hinaus dennoch die Tendenz entwickelt, über die abschließende Neuregelung hinaus bei obstruierendem Schuldnerverhalten in Erstverfahren sogar eine nichtgesetzliche Sperrfrist über den Umweg des Stundungsverfahrens im Zweitverfahren zu etablieren. Das *AG Augsburg* entschied in diese Richtung, indem es in einem Zweitverfahren die Kostenstundung mangels Rechtsschutzbedürfnisses ablehnte, da der Schuldner im vorangegangen Verfahren seine Auskunfts- und Mitwirkungspflichten verletzte und die bewilligte Stundung deshalb nachträglich aufgehoben wurde.[1212] Obwohl ein Restschuldbefreiungsantrag des Schuldners zulässig sein könne, dürfe dem Sinn und Zweck der Stundungsvorschriften nach nicht einem unredlichen Schuldner auf Kosten der Landeskasse sogleich ein erneuter Verfahrenszugang ermöglicht werden, sondern der Schuldner solle für drei Jahre von der Kostenstundung ausgeschlossen sein.[1213] Zuvor hatte schon das *AG Aachen* mit ähnlicher Motivation eine Angleichung der abschließenden Neuregelung des § 287a Abs. 2 InsO an die Zielsetzungen des Stundungsverfahrens befürwortet, wenn der Schuldner im Erstverfahren seine Auskunfts- und Mitwirkungspflichten verletzt hat.[1214] Dem war schon eine Entscheidung des *AG Ludwigshafen* vorangegangen, das einen sofortigen neuen Antrag auf Kostenstundung in einem Zweitverfahren mit der Begründung ablehnte, dass es sich um einen der Versagung der Neubewilligung nach Stundungsaufhebung gem. § 4c Nr. 1, Nr. 4 InsO vergleichbaren Konflikt handele.[1215] Das Gericht ignorierte dabei, dass ein Stundungsantrag in einem neuen Insolvenzverfahren der Überwindung eines neuen Insolvenzgrundes dient und sich damit von der Stundungsaufhebung im selben Verfahren unterscheidet. Insgesamt ist dieser neueren Rechtsprechung zur Stundungssperrfrist entgegenzuhalten, dass Restschuldbefreiungsverfahren angesichts des eindeutigen Wortlauts des § 287a Abs. 2 InsO in Bezug auf Zweitverfahren nur den gesetzlichen zeitlichen Sperren unterliegen.[1216] Angesichts

1212 AG Augsburg, Beschl. v. 03.02.2017 – IK 1118/16, in: NZI 2018, S. 40 m. zust. Anm. *Schmittmann*, VIA 2018, S. 13 (14).

1213 AG Augsburg, Beschl. v. 03.02.2017 – IK 1118/16, in: NZI 2018, S. 40 (40 f.).

1214 AG Aachen, Beschl. v. 04.07.2016 – 91 IK 78/16, in: NZI 2017, S. 114.

1215 AG Ludwigshafen, Beschl. v. 27.05.2016 – 3 f IN 158/16 Lu, in: VIA 2016, S. 78 m. Anm. *Schmerbach*, der über die abschließenden Regelungen der § 287a InsO sowie § 4a InsO auf die verfahrensökonomische Belastung zusätzlicher Sperrfristen aufgrund eines bloßen zeitlichen Aufschubs hinweist.

1216 FK-InsO/*Schmerbach*, 9. Aufl. 2018, § 13 Rn. 139.

der gesetzgeberischen Einschätzung – die Einführung einer dreijährigen Sperrfrist ist im Gesetzgebungsverfahren bewusst nicht in die Insolvenzordnung aufgenommen worden[1217] – ist im Stundungsverfahren keine davon abweichende Wertung zulässig. Eine eigene Stundungssperre verbietet sich.[1218]

e) BGH-Rechtsprechung zu § 302 InsO

Nach der Rechtsprechung des Bundesgerichtshofs zu gem. § 302 Nr. 1 Var. 1 InsO von der Restschuldbefreiung ausgenommenen Forderungen ist eine Restschuldbefreiung im Zweitverfahren praktisch nicht zu erreichen.[1219] Zu solchen Forderungen gehören Verbindlichkeiten des Schuldners aus einer vorsätzlich begangenen unerlaubten Handlung, worunter unter anderem das Nichtabführen der Arbeitnehmeranteile der Sozialversicherung fällt.[1220] Solche von der Restschuldbefreiung ausgenommenen Forderungen sind im Rahmen der Stundungsentscheidung eines Zweitverfahrens zu berücksichtigen.[1221]

Nach der Rechtsprechung des Bundesgerichtshofs ist auch nach der Rechtslage ab dem 01.07.2014 ein Kostenstundungsantrag nicht zulässig, wenn der Schuldner in einem Restschuldbefreiungsverfahren für den Großteil seiner Verbindlichkeiten keine Restschuldbefreiung erhalten kann. Über den Wortlaut des § 4a Abs. 1 S. 3 InsO hinaus könne ein wirtschaftlicher Neubeginn auch aufgrund eines hohen Anteils von gem. § 302 Nr. 1 InsO von der Restschuldbefreiung ausgenommener Forderungen nicht erreicht werden.[1222] Da der Gesetzgeber sich bei der Änderung des § 4a InsO nicht mit der Fallgestaltung auseinandergesetzt hat, dass das Verfahrensziel der Restschuldbefreiung wegen von der Restschuldbefreiung ausgenommener Forderungen nicht zu erreichen

---

1217 Der Referentenentwurf eines Gesetzes zur Änderung der Insolvenzordnung, des Kreditwesengesetzes und anderer Gesetze vom 16.09.2004 (NZI 2004, S. 549 (549 f.) enthielt den später nicht verwirklichten Vorschlag, dass nach Aufhebung einer nach § 4c Nr. 1, 3, 4, 5, 6 InsO gewährten Kostenstundung in einem vorherigen Verfahren eine dreijährige Sperrfrist in einem Folgeverfahren eintreten soll: BGH, Beschl. v. 04.05.2017 – IX ZB 92/16, in: NZI 2017, S. 627 Rn. 21.

1218 Uhlenbruck/*Mock*, § 4a Rn. 42.

1219 Ggf. ist auch ein Insolvenzantrag unzulässig, wenn es dem Schuldner allein darauf ankommt, sich von Altverbindlichkeiten zu befreien. Hierzu unter: 2. Kapitel D. IV. 5. B) aa) (3). Zu Attributsforderungen oben unter: 2. Kapitel D. IV. 5. (2) (a) und 3. Kapitel B. I. 1. B) dd).

1220 K.Schmidt/*Henning*, InsO § 302 Rn. 7.

1221 PrivatInsRK/*Montag*, 4a Rn. 35.

1222 BGH, Beschl. v. 13.02.2020 – IX ZB 39/19, in: NZI 2020, S. 476 Rn. 11.

ist, soll die Vorwirkungsrechtsprechung des Bundesgerichtshofs insoweit weiterhin gelten.[1223] Eine Restschuldbefreiung könne unabhängig vom Vorliegen eines Versagungsgrunds offensichtlich nicht erreicht werden, wenn die wesentlichen am Verfahren teilnehmenden Forderungen gem. § 302 InsO von der Restschuldbefreiung ausgeschlossen sind.[1224]

Die Definition wesentlicher Forderungen als Produkt der Rechtsfortbildung ist nicht abschließend geklärt.[1225] Vertreten wird die Anforderung, dass eine Ablehnung der Stundung erfolgen kann, wenn alle am Insolvenzverfahren teilnehmenden Forderungen von der Restschuldbefreiung ausgenommen sind.[1226] Unter dieser Schwelle wird eine ganze Bandbreite von Quoten vertreten.[1227] Beispielhaft wird ein Anteil von 50%[1228] oder 75%[1229] der ausgenommenen Forderungen verlangt. Teilweise wird ein Anteil von 90% gefordert.[1230] Teilweise wird auch deutlich niedriger angesetzt und ein Anteil von einem Drittel, mindestens aber ein höherer Betrag als EUR 10.000,00 vorausgesetzt.[1231] Teilweise wird die Anforderung gestellt, dass der Schuldner die betroffene Forderung nach seinen persönlichen und wirtschaftlichen Verhältnissen in absehbarer Zeit vollständig begleicht.[1232] Ansonsten sei das Verhältnis der ausgenommenen zu den nicht ausgenommenen Forderungen maßgeblich.[1233] Entscheidend sei die

---

1223 BGH, Beschl. v. 13.02.2020 – IX ZB 39/19, in: NZI 2020, S. 476 Rn. 11. Allgemein zur Vorwirkungsrechtsprechung unter: 5. Kapitel A. II. 5.

1224 BGH, Beschl. v. 13.02.2020 – IX ZB 39/19, in: NZI 2020, S. 476 Rn. 11.

1225 BGH, Beschl. v. 13.02.2020 – IX ZB 39/19, in: NZI 2020, S. 476 Rn. 12.

1226 *Blankenburg*, ZVI 2015, S. 239 (241); *Pape*, in: Mohrbutter/Ringstmeier, Insolvenzverwaltung, Kap. 18 Rn. 22.

1227 Für eine Übersicht: A/G/R-*Ahrens*, § 4a Rn. 56, dort Fn. 253.

1228 AG Hannover, Beschl. v. 26.03.2015 - 909 IN 145/15, in: ZInsO 2015, S. 2235; LG Hannover, Beschl. v. 24.04.2015 – 20 T 14/15, in: NZI 2015, S. 816 (816).

1229 AG Göttingen, Beschl. v. 09.12.2015 – 71 IN 101/15, in: NZI 2016 S. 142 (143); *Pape/Pape*, ZInsO 2017, S. 793 (802); K.Schmidt/*Stephan*, InsO § 4a Rn. 14.

1230 A/G/R-*Ahrens*, § 4a Rn. 56; Gottwald/*ders.*, § 83 Rn. 8; FK-InsO/*Kohte*, 9. Aufl. 2018, § 4a Rn. 25.

1231 *A.Schmidt*, Privatinsolvenz, § 8 Rn. 25.

1232 AG Düsseldorf, Beschl. v. 14.08.2007 - 503 IN 301/06, in: BeckRS 2007, 19430 Rn. 6; AG Ludwigshafen, Beschl. v. 11.01.2016 – 3c IK 486/15, in: BeckRS 2016, 20164 Rn. 9.

1233 AG Düsseldorf, Beschl. v. 14.08.2007 - 503 IN 301/06, in: BeckRS 2007, 19430 Rn. 6; AG Ludwigshafen, Beschl. v. 11.01.2016 – 3c IK 486/15, in: BeckRS 2016, 20164 Rn. 9.

Möglichkeit eines wirtschaftlichen Neustarts des Schuldners unter Berücksichtigung der nicht von der Restschuldbefreiung erfassten Verbindlichkeiten.[1234]

Möchte man über den Gesetzeswortlaut hinaus eine Bewertung der Restschuldbefreiungsaussichten in die Kostenstundung miteinbeziehen, überzeugt mit Blick auf die Zugänglichkeit des Insolvenzverfahrens über die Kostenstundung zur Möglichkeit der Restschuldbefreiung vor allem der Einwand, dass eine Gesamtabwägung, die nicht zwangsläufig nur eine Quote, sondern auch die absolute Höhe einer ausgenommenen Forderung berücksichtigen kann.[1235] Überdies darf nicht verlangt werden, dass sämtliche Forderungen von der Restschuldbefreiung ausgenommen sein dürfen, weil der Schuldner den Zugang sonst steuern könnte.[1236] Eine Annäherung an 100% des Forderungsumfangs ist allerdings erforderlich, um von der Wesentlichkeit der Forderungen zu sprechen.[1237] Allerdings genügt auch, dass der Schuldner eine einzige hohe Forderung nicht bedienen könnte, wenn eine Restschuldbefreiung von den restlichen Forderung erfolgte.[1238]

III. Versagung der Restschuldbefreiung

Im Zweitverfahren kommt eine Versagung der Restschuldbefreiung gem. § 290 Abs. 1 Nr. 4 InsO in Betracht. Danach ist die Restschuldbefreiung durch Beschluss zu versagen, wenn dies von einem Insolvenzgläubiger, der seine Forderung angemeldet hat, beantragt worden ist und wenn der Schuldner in den letzten drei Jahren vor dem Antrag auf Eröffnung des Insolvenzverfahrens oder nach diesem Antrag vorsätzlich oder grob fahrlässig die Befriedigung der Insolvenzgläubiger dadurch beeinträchtigt hat, dass er unangemessene Verbindlichkeiten begründet oder Vermögen verschwendet oder ohne Aussicht auf eine Besserung seiner wirtschaftlichen Lage die Eröffnung des Insolvenzverfahrens verzögert hat.

Die Eröffnung eines Zweitverfahrens erfüllt nicht per se den Tatbestand unangemessenen Verbindlichkeiten der Variante 1 der Norm. Weil eine Verringerung der Insolvenzmasse verhindert werden soll, muss eine konkrete und nicht nur eine abstrakte Gläubigerbeeinträchtigung eintreten.[1239] Eine solche ist aber

---

1234 AG Düsseldorf, Beschl. v. 14.08.2007 - 503 IN 301/06, in: BeckRS 2007, 19430 Rn. 6.

1235 A/G/R-*Ahrens*, § 4a Rn. 56.

1236 *Ahrens*, KTS 2021, S. 109 (117).

1237 A/G/R-*Ahrens*, § 4a Rn. 56.

1238 PrivatInsRK/*Montag*, § 4a Rn. 37.

1239 Vgl. zu dieser allgemeinen Anforderung: Uhlenbruck/*Sternal*, § 290 Rn. 78; KPB/*Wenzel*, § 290 Rn. 53a.

ausgeschlossen, wenn mit der Geschäftsfreigabe im Erstverfahren potenzielle Neuverbindlichkeiten ausgegliedert werden und es zu einem neuen Insolvenzverfahren kommt. Da dem Insolvenzverwalter die Einschätzung einer Nachteilhaftigkeit der Selbstständigkeit zusteht, entsteht für die Altgläubiger keine zusätzliche Gefährdung ihrer Befriedigungschancen im Erstverfahren. Der Tatbestand ist auch im Zweitverfahren nur erfüllt, wenn – was positiv festzustellen ist – die Ausübung der Selbstständigkeit wirtschaftlich unvernünftig oder widersprüchlich im Verhältnis zur bisherigen Lebensführung des Schuldners und subjektiv mindestens grob fahrlässig geschieht und zu einer tatsächlichen Gläubigerbeeinträchtigung führt.[1240]

B. Parallele Zweitinsolvenz

I. Anwendbarkeit der Vorschriften zum Restschuldbefreiungsverfahren?

1. Problemstellung

Der Schuldner kann im Zweitverfahren über das Vermögen der Selbstständigkeit keine Restschuldbefreiung gem. §§ 286 ff. InsO erlangen. In Rechtsprechung und Literatur ist die Frage, ob dem Schuldner der parallelen Zweitinsolvenz überhaupt die Restschuldbefreiung offensteht, umstritten. Sie ist eng verknüpft mit der davon zu unterscheidenden Frage, ob im Zweitverfahren ein paralleler Restschuldbefreiungsantrag zulässig ist. Beide Fragen sind einheitlich zu beantworten.

Überwiegend wird die Frage der Anwendbarkeit der Restschuldbefreiungsregeln offengelassen und argumentiert, dass ein Restschuldbefreiungsantrag im Zweitverfahren jedenfalls nicht zulässig ist, solange im Erstverfahren ein Antrag anhängig und über diesen noch nicht entschieden ist.[1241] Das Hauptargument

---

1240 K.Schmidt/*K.Schmidt*, InsO § 290 Rn. 45 ff.

1241 BGH, Beschl. v. 22.07.2021 – IX ZB 7/20, in: NJW-RR 2021, S. 1277 begründet dies mit einer Analogie zu § 287a Abs. 2 Nr. 1 Var. 1 InsO; nach BGH, Beschl. v. 18.12.2014 – IX ZB 22/13, in: ZVI 2015, S. 172 Rn. 6 zur Rechtslage vor dem 01.07.2014 ist der Antrag analog § 290 Abs. 1 Nr. 3 InsO unzulässig; AG Dortmund, Beschl. v. 18.04.2016 – 255 IN 24/15, in: NZI 2016, S. 745; AG Dortmund, Beschl. v. 18.04.2016 – 255 IN 102/15, in: NZI 2016, S. 745 (746); *Gotter*, Die selbstständige Tätigkeit im Insolvenzverfahren, S. 164, 177; *Hackenberg*, VIA 2022, S. 89 (91); KK-InsO/*Hess*, §§ 35, 36 Rn. 106, 108; *Lange*, ZVI 2018, S. 9 (15); wohl auch: Uhlenbruck/*Mock*, § 4a Rn. 44; *Möhring*, ZVI 2021, S. 369 (370); *Laroche*, VIA 2015, S. 43

ist, dass nicht zwei Restschuldbefreiungsverfahren nebeneinander existieren können.[1242]

Teilweise wird die Anwendbarkeit abgelehnt, entweder mit dem Argument, dass eine Restschuldbefreiung mit Blick auf den Charakter der Sonderinsolvenz[1243] oder damit, dass das Zweitverfahren nur der Haftungsrealisierung der Neugläubiger diene[1244] oder auch damit, dass der Schuldner nicht wirksam zwei Abtretungserklärungen abgeben[1245] bzw. zwei Abführungsverpflichtungen nachkommen könne[1246] und schließlich mit einer Privilegierung des selbstständigen Schuldners[1247]. Andere bejahen die Möglichkeit der Restschuldbefreiung im Zweitverfahren.[1248]

Die Auslegung der Vorschriften des Restschuldbefreiungsverfahrens ergibt, dass eine Restschuldbefreiung mit der Sonderinsolvenz für nur einen Teilausschnitt des Schuldnervermögens nicht kompatibel ist. Das parallele

---

(44); Uhlenbruck/*Sternal*, § 287a Rn. 34; offengelassen: Uhlenbruck/*Hirte/Praß*, § 35 Rn. 107; HK-InsO/*Waltenberger*, § 287 Rn. 11; Bork/Hölzle/*Zimmer* Kap. 6 Rn. 365.

1242 Vgl. AG Göttingen, Beschl. v. 25.04.2008, 74 IN 32/08 in: ZVI 2008, S. 341 Rn. 13; AG Wetzlar, Beschl. v. 07.11.2013 – 3 IN 172/13, in: BeckRS 2014, 49; *Büttner*, ZInsO 2017, S. 1057 (1067); *Pape/Pape*, Insbüro 2011, S. 319 (320); vgl. *Schmerbach*, ZInsO 2009, S. 2078 (2093).

1243 AG Mannheim, Beschl. v. 18.07.2019 – 4 IN 1331/19, in: NZI 2019, S. 945 Rn. 9; A/G/R-*Ahrens*, § 35 Rn. 175, 179; *Frind*, Privatinsolvenz-HdB, Rn. 131a; *ders.*, ZInsO 2012, S. 668 (671); *Hackenberg/Altstädt*, InsbürO 2021, S. 471 (474); HambK-InsO/*Lüdtke*, § 35 Rn. 280; PrivatInsRK/*Montag*, § 286 Rn. 1, 287 Rn. 15; *ders.*, ZVI 2013, S. 453 (455, 455); wohl auch: HambK-InsO/*Morgen*, § 20 Rn. 15; *Pape/Pape*, ZInsO 2013, S. 685 (689); A.*Schmidt*, ZVI 2019, S. 249 (250), einschränkend aber in: *ders.*, ZVI 2021, S. 41 (45); ohne nähere Begründung: *Sternal*, NZI 2019, S. 313 (317); KPB/*Wenzel*, § 286 Rn. 91, § 287 Rn. 14; wohl auch: Uhlenbruck/*Zipperer*, § 20 Rn. 46.

1244 AG Göttingen, Beschl. v. 14.03.2017 – 71 IN 69/16 NOM, in: NZI 2017, S. 402; AG Göttingen, Beschl. v. 27.05.2016 – 74 IN 93/16, in: NZI 2016, S. 849; FK-InsO/*Schmerbach*, 9. Aufl. 2018, § 13 Rn. 119, 161; *ders.*, VIA 2018, S. 60 (61); uneindeutig: BeckRA-HdB/*Hamm*, § 46 Rn. 139.

1245 *Nawroth/Steinbach*, ZInsO 2018, S. 700 (702); *Wipperfürth*, ZInsO 2019, S. 977 (984); FK-InsO/*Ahrens*, § 287 Rn. 112.

1246 PrivatInsRK/*Montag*, § 287 Rn. 15.

1247 AG Trier, Beschl. v. 21.09.2009 – 23 IN 91/09 AG, in: ZInsO 2009, S. 1967 Rn. 10.

1248 LG Dortmund, Beschl. v. 13.12.2017 – 9 T 258/16, in: NZI 2018, S. 646 Rn. 4; *Busching/Klersy*, ZinsO 2015, S. 1601 (1601); *Büttner*, VIA 2019, S. 93 (94); *ders.*, ZInsO 2017, S. 1057 (1065); wohl auch: *Hebbinghaus*, NZI 2016, S. 745 (746); *Kutscher*, Die Erklärung des Insolvenzverwalters nach § 35 Abs. 2 InsO, S. 190.

Zweitverfahren wickelt das betriebliche Sondervermögen der Selbstständigkeit des Schuldners als Rechtsträger ab. Damit ist die insolvenzrechtliche Wirkung auf nur einen Teil des gesamten Vermögens beschränkt. In Bezug auf eine Restschuldbefreiung führt dies zu nicht lösbaren Widersprüchen.

2. *Wortlaut*

Dem Wortlaut des § 286 InsO nach, der die Restschuldbefreiung für natürliche Personen vorsieht, scheidet eine Anwendung der Restschuldbefreiungsregeln aus. Die Norm sieht vor, dass *„der Schuldner* [‚ist er] *eine natürliche Person,* [...] *nach Maßgabe der §§ 287 bis 303a von den im Insolvenzverfahren nicht erfüllten Verbindlichkeiten gegenüber den Insolvenzgläubigern befreit* [wird]". Der persönliche Anwendungsbereich für das Zweitverfahren über die freigegebene Selbstständigkeit scheint insoweit grundsätzlich eröffnet zu sein, weil der Schuldner als rechtsfähige Person i.S.d. § 11 Abs. 1 S. 1 InsO die Anforderung an die Rechtsstellung einer natürlichen Person erfüllt.[1249] Allerdings ist das Zweitverfahren als Sonderinsolvenzverfahren i.S.d. § 11 Abs. 2 Nr. 2 InsO zu verstehen.[1250] Aus diesem Grund muss eine Subsumtion unter den Wortlaut der Norm ausscheiden: Es wird gerade nicht der Schuldner („*er*") *„von den im Insolvenzverfahren nicht erfüllten Verbindlichkeiten gegenüber den Insolvenzgläubigern befreit*". Die Reichweite einer Entschuldung könnte – wenn überhaupt – ausschließlich auf die das Sondervermögen der Selbstständigkeit betreffenden Verbindlichkeiten beschränkt sein. Mit Blick auf die Voraussetzungen der § 287 bis § 303a InsO muss eine Anwendbarkeit nicht grundsätzlich ausgeschlossen sein, weil die offenen Formulierungen der Vorschriften auch den Fall der Befreiung von Teilverbindlichkeiten umfassen könnten. Insoweit dürfte grundsätzlich auch eine Subsumtion unter § 301 Abs. 1 S. 1 InsO in Betracht kommen, denn *„alle Insolvenzgläubiger*" sind nur solche, die teilnahmeberechtigt sind.[1251] Hier sind aber gerade Teilverbindlichkeiten des Sondervermögens der Selbstständigkeit und nicht die einer natürlichen Person betroffen.[1252]

1249 *Preuß*, in: Jaeger, InsO, § 286 Rn. 16.
1250 Hierzu oben unter: 3. Kapitel A. III. 3. a) bb) (2).
1251 Hierzu oben unter: 3. Kapitel B. I.
1252 Vgl. KPB/*Wenzel*, § 286 Rn. 91.

3. *Telos*

Eine Teilentschuldung für das Vermögen der Selbstständigkeit steht im Widerspruch zum Zweck der Restschuldbefreiungsregeln, die eine umfassende Vermögenshaftung erfordert. Die Restschuldbefreiung soll dem Schuldner ein Leben nach der Insolvenz ermöglichen.[1253] Es handelt sich dabei um ein subjektives Recht des Schuldners auf gesetzliche Schuldenbefreiung.[1254] Deshalb könnte für die Anwendbarkeit der Restschuldbefreiungsregeln auf die parallele Zweitinsolvenz sprechen, dass der Gesetzgeber die Möglichkeit der Restschuldbefreiung für jedes Insolvenzverfahren, an dem eine natürliche Person als Vermögensträger beteiligt ist, vorgesehen hat. Damit könnte der Schuldner eines Insolvenzverfahrens, das nur auf einen Teilbereich seines gesamten Vermögens gerichtet ist, die Chance auf teilweise Entschuldung als Teil des Schutzbereichs der Menschenwürde erhalten. Diese Sichtweise kann für sich den Sanierungsgedanken des § 1 S. 2 InsO anführen. Dem ist allerdings entgegenzuhalten, dass dieser keine absolute Geltung für natürliche Personen hat und nicht ausnahmslos gilt. So zeigt § 301 Abs. 2 S. 1 InsO, dass nur die Forderungen von Insolvenzgläubigern von einer Entschuldung betroffen sind und § 302 InsO zeigt Fallgruppen auf, die einen Teilausschluss vom Entschuldungszweck rechtfertigen. Zwar beschränken sich die Ausnahmen auf privilegierte Forderungen, um dem den wirtschaftlichen Neubeginn des Schuldners nicht zu gefährden.[1255] Es wird aber deutlich, dass für den Schuldner kein absoluter Schutz seiner wirtschaftlichen Interessen besteht.

Zusätzlich steht das freie Nachforderungsrecht der Gläubiger einer Anwendbarkeit entgegen. Es darf nicht außer Acht gelassen werden, dass die Restschuldbefreiung keine bedingungslose Rechtswohltat für den Schuldner darstellt. Vielmehr hat dieser für einen Schuldenschnitt eine Gegenleistung zu erbringen, die sich nach seinen individuellen Möglichkeiten richtet, vgl. § 287 Abs. 2, § 295, § 295a InsO.[1256] Insoweit ist zu überlegen, ob nicht auch die auf nur einen Ausschnitt des Gesamtvermögens beschränkte Gegenleistung, begrenzt auf Vermögen der Selbstständigkeit, hierfür ausreicht: Die Vermögensgegenstände des Vermögens der Selbstständigkeit sind trotz praktischer Hindernisse zuordenbar,

1253 Gottwald/*Ahrens*, § 74 Rn. 31. Hierzu oben unter: 2. Kapitel D. III. 1. b).

1254 *Preuß*, in: Jaeger, InsO, § 286 Rn. 6.

1255 BGH, Urt. v. 25.06.2015 – IX ZR 199/14, in: ZInsO 2015, S. 1739 Rn. 15.

1256 Vgl. AG Mannheim, Beschl. v. 18.07.2019 – 4 IN 1331/19, in: NZI 2019, S. 945 Rn. 22; KK-Inso/*Hess*, §§ 35, 36 Rn. 106; Beck/Depré/Ampferl Insolvenz/*Heilmaier*, § 41 Rn. 42.

schließlich konnten sie auch im Rahmen der Geschäftsfreigabe von der Verwertung im Erstverfahren ausgenommen werden. Zahlungseingänge dürften grundsätzlich als Neuerwerb erkennbar sein, wenn sie das Geschäftskonto des Schuldners betreffen. Allerdings ist die Wirkung des § 301 InsO unter Berücksichtigung des Neugläubigerinteresses der Haftungsverwirklichung nicht mit der insolvenzrechtlichen Haftungsbeschränkung auf das Vermögen der Selbstständigkeit im Zweitverfahren vergleichbar. Im Restschuldbefreiungsverfahren ist das Neugläubigerinteresse in Bezug auf einen teilweisen Forderungsverlust, § 301 Abs. 3 InsO, höher zu gewichten, als dies im Insolvenzverfahren mit der Beschränkung auf die zum Eröffnungszeitpunkt vorhandene Masse der Fall ist. Die Rechtfertigung dafür, dass der Schuldner fast ausnahmslos von seinen Verbindlichkeiten gegenüber den Gläubigern umfassend befreit wird und Gläubiger die Durchsetzbarkeit ihrer Forderung unwiederbringlich verlieren, ist eine umfassende Vermögenshaftung.[1257] Anders als bei der Frage, wie weit die Vermögensmasse im Insolvenzverfahren reicht, genügt eine Teilvermögenshaftung für die Restschuldbefreiung nicht, weil dem Verlust der Insolvenzgläubiger keine ausreichende Kompensation gegenübersteht, die den schwerwiegenden Eingriff in das durch Art. 14 Abs. 1 GG geschützte freie Nachforderungsrecht rechtfertigt.[1258] Die Gläubigerinteressen würden durch die zusätzliche Beschränkung auf ein Teilvermögen besonders vernachlässigt.

Eine Teilentschuldung kann diesen Konflikt nicht auflösen, denn sie steht im Widerspruch zum Normzweck der §§ 286 ff. InsO, der auf eine umfassende Entschuldung abzielt.[1259] Die umfassende Entschuldung beruht nämlich darauf, dass dieser eine umfassende Haftung des Gesamtvermögens vorausgeht.[1260] Eine Haftungsbeschränkung auf den Bereich der Selbstständigkeit ist mit dem Haftungsprinzip der Restschuldbefreiung nicht in Einklang zu bringen, weil für natürliche Personen damit ein Zustand der beschränkten Haftung geschaffen würde, wie ihn der Gesetzgeber für verfahrensfähige Sondervermögen gerade verhindern wollte. Indem die Restschuldbefreiung für persönlich haftende Gesellschafter einer Gesellschaft ausschließlich für eigenes Vermögen greifen soll, wird deutlich, dass die Grundlage der Entschuldung aus dem Wesen der natürlichen Person folgt.[1261] Das bedeutet, dass selbst bei einer Zuordnung eines

---

1257 AG Mannheim, Beschl. v. 18.07.2019 – 4 IN 1331/19, in: NZI 2019, S. 945 Rn. 14; vgl. FK-InsO/*Ahrens*, § 286 Rn. 88 f; FK-InsO/*ders.*, § 287 Rn. 112.

1258 Vgl. KPB/*Wenzel*, § 286 Rn. 21, 96.

1259 *Ahrens*, LMK 2022, 802233.

1260 Vgl. AGR-InsO/*Ahrens*, § 35 Rn. 179.

1261 Gesetzesbegründung des RegE, in: BR-Drucks. 1/92, S. 189.

Teilvermögens zu einer natürlichen Person keine zusätzliche Teilentschuldung stattfinden kann, weil dies wirkungsgleich mit einer Vermögensentkopplung bei juristischen Personen wäre. Bei juristischen Personen rechtfertigt sich eine Liquidation aber nur daraus, dass sie selbst Vermögensträger sind und als Vermögensträger mit Beendigung der Liquidation aufhören zu existieren.[1262] Im hier behandelten Fall von anderweitig insolvenzverfahrensfähigem Vermögen einer natürlichen Person besteht kein Bedürfnis für eine zusätzliche Entschuldung, weil die Haftungskonstruktion den Zugang zum Restschuldbefreiungsverfahren im Erstverfahren zulässt, dem der größtmögliche Haftungsradius eines Vermögensträgers zugrunde liegt. Für Forderungen der Gläubiger des Sonderinsolvenzverfahrens über das Vermögen der Selbstständigkeit haftet der Schuldner nach Verfahrensaufhebung weiter.

Weiterhin kann der Schuldner nicht mehrfach der Zahlungsobliegenheit aus § 295a InsO nachkommen. Ist der selbstständige Schuldner im Erstverfahren gem. § 295a Abs. 1 InsO angehalten, Beträge, die er aus einem fiktiven Einkommen erwirtschaften könnte, an den Treuhänder abzuführen, kann der Schuldner nur einmal die berechnete Betragshöhe leisten, weil er ansonsten mehrfach den Betrag erwirtschaften müsste, was rein praktisch schwierig ist.[1263] Darüber hinaus wäre das Verhältnis zur Abführungsverpflichtung aus § 287 Abs. 2 InsO verzerrt.

Schließlich wird eine Teilentschuldung dem Ziel der Restschuldbefreiung, dem Schuldner die Marktteilnahme im Wirtschaftsleben zu ermöglichen, nicht gerecht.[1264] Der Schuldner wird bei Erteilung der Restschuldbefreiung im Erstverfahren insoweit von seinen Verbindlichkeiten befreit. Gleichzeitig kann er weiterhin seiner selbstständigen Tätigkeit nachgehen – dies bei Freigabe im Zweitverfahren auch außerhalb der Insolvenz. Indem auf diese Weise nur ein Teil des Schuldnervermögens insolvenzbefangen und haftbar ist, besteht auch nur eine teilweise eingeschränkte Kreditwürdigkeit des Schuldners, die einen Neustart erschweren könnte.

1262 KPB/*Prütting*, § 11 Rn. 12, 14.

1263 *Ahrens*, LMK 2022, 802233. Zudem ist während des noch laufenden Erstverfahrens die Abführungsverpflichtung aus § 35 Abs. 2 S. 2, § 295a Abs. 1 InsO priorisiert, vgl. AG Mannheim, Beschl. v. 18.07.2019 – 4 IN 1331/19, in: NZI 2019, S. 945 Rn. 18.

1264 Vgl. AGR-InsO/*Ahrens*, § 286 Rn. 5.

4. *Gesetzesbegründung*

Aus der Gesetzesbegründung zur Einführung des Restschuldbefreiungsverfahrens geht hervor, dass der Gesetzgeber die Begrenzung des freien Nachforderungsrechts der Gläubiger nur für das „*eigene*“ Vermögen natürlicher Personen geschaffen hat.[1265] Diese Unterscheidung zwischen einerseits dem eigenen Vermögen und andererseits Fällen gesonderten Vermögens schließt für das Insolvenzverfahren über Vermögen der Selbstständigkeit die Restschuldbefreiung aus. Der Gesetzgeber bezweckte mit der Restschuldbefreiung, für natürliche Personen einen mit juristischen Personen vergleichbaren Entschuldungszustand herzustellen.[1266] In Fällen, in denen Gläubigern nur ein beschränktes Vermögen haftet, das mit der Beendigung des Insolvenzverfahrens aufgebraucht ist, fehlt das Bedürfnis für eine Verkürzung der Nachhaftung, weil naturgemäß keine Nachhaftung stattfindet. Dies hat der Gesetzgeber explizit adressiert, indem er den Grundsatz der Restschuldbefreiung erläutert und die verschiedenen Konstellationen aufzeigt, in denen natürliche Personen für separates Vermögen einer Unternehmung haften, also eine Haftungstrennung besteht:

> *„Die Vorschrift enthält den Grundsatz der Restschuldbefreiung. Sie stellt zugleich klar, daß nur eine natürliche Person auf der Grundlage eines Insolvenzverfahrens in den Genuß dieser Regelung kommen kann. Der persönlich haftende Gesellschafter einer Gesellschaft kann also nicht auf Grund eines Insolvenzverfahrens über das Vermögen der Gesellschaft, sondern nur durch ein Insolvenzverfahren über sein eigenes Vermögen* […] *von seiner Mithaftung für die Gesellschaftsschulden befreit werden. Die Ehefrau eines insolventen Unternehmers, die durch Bürgschaft oder Schuldbeitritt die Mithaftung für dessen Verbindlichkeiten übernommen hat, kann von dieser Haftung nur nach einem gesonderten Insolvenzverfahren über ihr Vermögen befreit werden.“*[1267]

Weil in der Zweitinsolvenz über das Vermögen der Selbstständigkeit das Unternehmen der selbstständigen Tätigkeit i.S.d. § 35 Abs. 2 S. 1 InsO abgewickelt wird und nicht der Schuldner als natürliche Person in seiner Eigenschaft als Vermögensträger der Selbstständigkeit oder des sonstigen eigenen Vermögens betroffen ist, steht dies im Widerspruch zum gesetzgeberischen Willen.[1268] Die Anforderung, den Zugang zur Restschuldbefreiung nur natürlichen Personen zu eröffnen, blieb im Gesetzgebungsprozess bestehen und hat im Wortlaut des § 286 InsO seinen Niederschlag gefunden.

1265 Gesetzesbegründung des RegE, in: BR-Drucks. 1/92, S. 188.

1266 Gesetzesbegründung des RegE, in: BR-Drucks. 1/92, S. 189.

1267 Gesetzesbegründung des RegE, in: BR-Drucks. 1/92, S. 189.

1268 Vgl. K.Schmidt/*K.Schmidt*, InsO § 11 Rn. 22; vgl. HambK-InsO/*Linker*, § 11 Rn. 43 ff.

5. *Systematik*

Schließlich können die Regeln des Restschuldbefreiungsverfahrens im Zweitverfahren aus systematischen Gesichtspunkten keine Anwendung finden. Die Vorschriften der § 286–§ 303a InsO des 9. Teils der Insolvenzordnung bilden einen eigenständigen Verfahrenstyp, der an ein zu durchlaufendes Insolvenzverfahren anknüpft. Im Fall der Verfahren über das Vermögen natürlicher Personen macht es jedoch einen Unterschied, um welche Form eines Insolvenzverfahrens es sich beim vorgeschalteten Insolvenzverfahren handelt. Voraussetzung für ein Restschuldbefreiungsverfahren sind ein Regel- oder Verbraucherinsolvenzverfahren, denn dabei handelt es sich um Insolvenzverfahren i.S.d. § 11 Abs. 1 InsO, die für natürliche Personen gelten. Für Insolvenzverfahren gem. § 11 Abs. 2 Nr. 2 InsO passt das Restschuldverfahren nicht.[1269]

Zwar ist die Vorschrift des § 11 Abs. 2 InsO im 2. Teil der Insolvenzordnung („*Eröffnung des Insolvenzverfahrens. Erfaßtes Vermögen und Verfahrensbeteiligte*") angesiedelt, sodass ihr eine allgemeingültige Wirkung die weiteren Teile des Gesetzes zukommt. Allerdings verweist die Norm selbst darauf, dass ein Insolvenzverfahren „*nach Maßgabe der §§ 315 bis 334*" eröffnet werden kann. Diese sind im 11. Teil der Insolvenzordnung angesiedelt und als „*Besondere Arten des Insolvenzverfahrens*" überschrieben. Ausdrücklich weist der Gesetzgeber darauf hin, dass es sich um vom Allgemeinen abweichende Regeln für Sonderinsolvenzen handelt. In diesen besonderen Regeln findet sich keine ausdrückliche Verflechtung mit dem Restschuldbefreiungsverfahren, da aufgrund des jeweiligen Verfahrensgegenstands funktional kein Raum für eine Anwendung dieses Instituts in den ausdrücklich geregelten Formen der Sonderinsolvenz bleibt.[1270]

So ist eine Restschuldbefreiung beispielsweise in Bezug auf die Nachlassinsolvenz nicht vorgesehen. Die Subsumtion unter den Wortlaut des § 286 InsO fällt schwer, da mit dem Erbfall ein Schuldnerwechsel stattfindet. Dem Erben wird schon die Beschränkung der Haftung auf den Nachlass gewährt.[1271] Strukturell verbietet sich eine Restschuldbefreiung insoweit zum einen mit Blick darauf, dass einerseits der verstorbene Erblasser keine natürliche Person mehr ist, die unbeschränkt haftet und der Restschuldbefreiung erteilt werden könnte, und andererseits dessen Nachlassvermögen mit dem Tode vererbt wird und ein

---

1269 Zur analogen Anwendung des § 11 Abs. 2 Nr. 2 InsO unter: 3. Kapitel A. III. 3. a) bb) (2).

1270 Vgl. FK-InsO/*Ahrens*, § 287 Rn. 112.

1271 *Frege/Keller/Riedel*, Insolvenzrecht, Teil 7 Rn. 62.

solches Sondervermögen nicht fähig ist, Restschuldbefreiung zu erlangen.[1272] Zum anderen kann der Zweck der Restschuldbefreiung, dem Schuldner einen wirtschaftlichen Neuanfang zu ermöglichen, nicht auf den Nachlass übertragen werden, da nur eine natürliche Person von nicht erfüllten Verbindlichkeiten befreit werden soll.[1273] Beim Tod des insolventen Schuldners zwischen Ankündigung und Erteilung der Restschuldbefreiung kann aufgrund der stattgefundenen Wirkung des Restschuldbefreiungsverfahrens auf die Gläubigerrechte etwas anderes gelten.[1274]

II. Unzulässigkeit eines Restschuldbefreiungsantrags

1. Antragskonstellationen

a) Laufendes Restschuldbefreiungsverfahren im Erstverfahren

aa) Ausgangspunkt

Hat der Schuldner im Erstverfahren einen Restschuldbefreiungsantrag gestellt, stellt sich die Frage, wie mit einem möglichen weiteren Restschuldbefreiungsantrag im parallelen Zweitverfahren umzugehen ist.

bb) Einordnung

(1) Anderer Antragsgegenstand

Ein späterer weiterer Antrag bezieht sich auf seit Erstverfahrenseröffnung entstandene Verbindlichkeiten und betrifft deshalb einen anderen Streitgegenstand.[1275] Aus dem Gedanken der Rechtshängigkeit lässt sich die Unzulässigkeit eines weiteren Antrags deshalb nicht herleiten.[1276]

1272 MüKoInsO/*Siegmann/Scheuing*, Vorbem. vor §§ 315-331 Rn. 7; Gottwald/*Döbereiner*, § 111 Rn. 31; Eine Finanzierung durch Verfahrenskostenstundung scheidet mithin aus, LG Coburg, Beschl. v. 19.10.2016 – 41 T 109/16, in: NZI 2016, S. 1001; AG Coburg, Beschl. v. 12.08.2016 – IN 217/16, in: NZI 2016, S. 949.

1273 Reul/Heckschen/Wienberg/*Reul*, InsR, § 5 Rn. 41 f.; MüKoInsO/*Siegmann*, Vorbem. vor §§ 315-331 Rn. 7.

1274 *Roth*, NZI 2021, S. 421 (423 f.).

1275 Vgl. *Ahrens* in: Kohte/Ahrens/Grote/Busch/Lackmann, § 286 Rn. 131.

1276 Vgl. KPB/*Wenzel*, § 287 Rn. 13; vgl. *Ahrens*, LMK 2022, 802233. Hierzu oben unter: 2. Kapitel D. IV. 4. d).

(2) Fehlendes Rechtsschutzinteresse

Für einen entsprechenden Antrag im Zweitverfahren fehlt dem Schuldner allerdings das Rechtsschutzbedürfnis. Auch im Restschuldbefreiungsverfahren muss für einen Antrag ein Rechtsschutzbedürfnis vorliegen.[1277] Da eine Restschuldbefreiung nicht zu erreichen ist, ist der Antrag auf einen verfahrensfremden Zweck gerichtet.[1278] Im Vordergrund steht im Zweitverfahren die Befriedigung der Neugläubiger.[1279]

(3) BGH: Analogie zu § 287a Abs. 2 Nr. 1 Var. 1 InsO

(a) Entscheidungsinhalt

Nach der Rechtsprechung des Bundesgerichtshofs ist ein neuer Restschuldbefreiungsantrag in einem Folgeverfahren unzulässig, wenn der Schuldner im Erstverfahren Restschuldbefreiungsantrag gestellt hat und über diesen Antrag noch nicht entschieden ist. Der Bundesgerichtshof begründet dies mit einer Analogie zu § 287a Abs. 2 Nr. 1 Alt. 1 InsO.[1280] Eine Analogie rechtfertige sich daraus, dass die in § 287a InsO kodifizierte Sperrfristrechtsprechung zwar abschließend sei, aber die Konstellation des parallelen Zweitverfahrens nicht Gegenstand der Gesetzesänderung gewesen sei und daher eine Regelungslücke bestehe.[1281] Die vergleichbare Interessenlage bestehe darin, dass der Missbrauch des Insolvenzverfahrens zur wiederholten Reduzierung der Schuldenlast auch dann verhindert werden müsse, wenn über den im Erstverfahren anhängigen Restschuldbefreiungsantrag noch nicht entschieden ist.[1282]

1277 Vgl. *Keller* InsR Rn. 528.

1278 AG Göttingen, Beschl. v. 27.05.2016 – 74 IN 93/16, in: NZI 2016, S. 849 (849); AG Mannheim, Beschl. v. 18.07.2019 – 4 IN 1331/19, in: NZI 2019, S. 945 Rn. 13; *Ahrens*, LMK 2022, 802233; FK-InsO/*ders.*, § 287 Rn. 112; KPB/*Wenzel*, § 287 Rn. 14.

1279 BGH, Beschl. v. 09.06.2011 – IX ZR 175/10, in: NZI 2011, S. 633 Rn. 7; AG Göttingen, Beschl. v. 14.03.2017 – 71 IN 69/16 NOM, in: NZI 2017, S. 402 (402); AG Göttingen, Beschl. v. 27.05.2016 – 74 IN 93/16, in: NZI 2016, S. 849 (849); FK-InsO/*Schmerbach*, 9. Aufl. 2018, § 13 Rn. 162; **a.A.** *Büttner*, VIA 2019, S. 93 (94).

1280 BGH, Beschl. v. 22.07.2021 – IX ZB 7/20, in: NJW-RR 2021, S. 1277. Die Entscheidung erging zu § 287a Abs. 1 S. 1 Nr. 1 Var. 1 InsO a.F. Zustimmend: *Brzoza*, jurisPR-InsR 20/2021 Anm. 1 sowie *Kampf*, ZVI 2023, S. 118 (125).

1281 BGH, Beschl. v. 22.07.2021 – IX ZB 7/20, in: NJW-RR 2021, S. 1277 Rn. 25; So auch: Graf-Schlicker/*Kexel*, § 287a Rn. 11; **a.A.** *Busching/Klersy*, ZinsO 2015, S. 1601 (1601).

1282 BGH, Beschl. v. 22.07.2021 – IX ZB 7/20, in: NJW-RR 2021, S. 1277 Rn. 27.

(b) Planwidrigkeit der Regelungslücke für die Rechtslage ab dem 01.10.2020?

Die vom Bundesgerichtshof aufgestellte Analogie dürfte sich jedenfalls für die Rechtslage ab dem 01.10.2020 verbieten. Fraglich ist, ob die Regelungslücke noch planwidrig ist, denn der Gesetzgeber hat trotz Kenntnis keinen Regelungsbedarf erkannt. Im Gesetzgebungsverfahren zum Gesetz zur weiteren Verkürzung des Restschuldbefreiungsverfahrens wurde § 287a Abs. 1 S. InsO abgeändert. Es wurde ein Entschließungsantrag, der die Regelungslücke des § 287a Abs. 2 InsO in Bezug auf parallele Zweitverfahren explizit adressierte, vorgebracht:

> *„Für den Fall, dass bei einem noch laufenden ersten Insolvenz- und Restschuldbefreiungsverfahren aufgrund neuer Verbindlichkeiten in einem ausnahmsweise zulässigen zweiten Insolvenzverfahren ein zweiter Antrag auf Restschuldbefreiung gestellt wird, besteht eine Regelungslücke. […] Wie über einen Zweitantrag zu entscheiden ist, wenn über den im ersten Insolvenzverfahren gestellten Antrag auf Restschuldbefreiung bereits entschieden wurde, regelt die Norm nicht. Es muss klargestellt werden, dass in diesem Fall die Sperrfrist im § 287a InsO nicht anwendbar ist und nicht zur Versagung der erneuten Restschuldbefreiung führt.“*[1283]

Der Antrag wurde abgelehnt und insoweit keine Änderung am § 287a Abs. 2 InsO vorgenommen. Der Gesetzgeber hatte aufgrund dieses Antrags aber Kenntnis von der Problematik. Zusätzlich wurde dem Gesetzgeber die Regelungslücke aufgrund der Stellungnahme vom Verband Insolvenzverwalter und Sachwalter Deutschlands e.V. (VID) aufgezeigt, der sich ebenfalls für den Ausschluss der Sperrfrist bei parallelen Zweitverfahren aussprach.[1284]

Anders als bei der Frage der Fortgeltung der Sperrfristrechtsprechung schweigt der Gesetzgebers vollständig, weil der Gesetzgeber die Vorschrift des § 287a InsO geändert hat, ohne mit Blick auf die Sperrfristproblematik für Zweitverfahren eine Änderung zu unternehmen und eine diesbezügliche Auffassung zu dokumentieren.[1285] Der Gesetzgeber hatte positive Kenntnis von der Regelungslücke und auch Änderungen an der konkreten Norm, § 287a InsO, vorgenommen. Ob bei dem Offenlassen der Lücke noch von einem gesetzgeberischen Versehen ausgegangen werden kann, ist sehr fraglich.[1286] Im Zweifel darf dem Gesetzgeber nicht unterstellt werden, dass er die Analogie duldet, denn Anzeichen für ein bewusstes Offenlassen der Regelungslücke und Duldung der

---

1283 BT-Drucks. 19/25378, S. 4.

1284 VID, Stellungnahme vom 01.04.2020, S. 5 f.

1285 Hierzu oben unter: 5. Kapitel A. II. 1. b) bb).

1286 Vgl. *Canaris*, Die Feststellung von Lücken im Gesetz, S. 31.

Rechtsfortbildung fehlen.[1287] Dann fehlt es aber an einer Planwidrigkeit, denn es liegt näher anzunehmen, dass es sich um eine planvolle Lücke handelt, weil der Gesetzgeber die Vorschrift für nicht regelungsbedürftig hält.[1288] Es liegen dann nicht länger die Voraussetzungen für eine analoge Anwendung des § 287a Abs. 2 InsO vor.

(c) Vorzugswürdige Lösung über Rechtsschutzbedürfnis

Schon vor dieser Rechtsprechung zur Rechtslage nach dem 01.07.2014 existierte der Standpunkt, dass maßgebliches Kriterium für die Unzulässigkeit eines Restschuldbefreiungsantrags im Zweitverfahren ausschließlich das Rechtsschutzbedürfnis ist.[1289] Da ein Restschuldbefreiungsantrag im Zweitverfahren aus diesem Grund unzulässig ist, muss die Wertung des § 287a Abs. 2 Nr. 1 Alt. 1 InsO für parallele Zweitverfahren außer Betracht bleiben.[1290] Die Entscheidung über einen im Erstverfahren anhängigen Restschuldbefreiungsantrag ist für das parallele Zweitverfahren insoweit bedeutungslos.[1291]

b) Erteilte Restschuldbefreiung im andauernden Erstverfahren

aa) Ausgangspunkt

Eine zweite Konstellation betrifft den Fall, dass im Erstverfahren die Restschuldbefreiung erteilt wurde, das Erstverfahren noch nicht aufgehoben wurde und der Schuldner im Zweitverfahren Restschuldbefreiungsantrag stellt. Mit der dreijährigen Abtretungsfrist des § 287 Abs. 2 S. 1 InsO ab Eröffnung des Insolvenzverfahrens endet das Restschuldbefreiungsverfahren aufgrund gerichtlicher Entscheidung über die Restschuldbefreiung gem. § 300 Abs. 1 S. 3 InsO mit dem Ablauf der Abtretungsfrist. Das Insolvenzverfahren kann über diesen Zeitpunkt hinaus als asymmetrisches Insolvenzverfahren weiterlaufen.[1292]

1287 Vgl. Grüneberg/*Grüneberg*, Einl. Rn. 55.

1288 Vgl. Staudinger/*Honsell* (2018) Einl. zum BGB Rn. 150.

1289 AG Göttingen, Beschl. v. 27.05.2016 – 74 IN 93/16, in: NZI 2016, S. 849 (849); FK-InsO/*Schmerbach*, 9. Aufl. 2018, § 13 Rn. 162.

1290 *Ahrens*, LMK 2022, 802233.

1291 Diese Rechtsprechung des Bundesgerichtshofs hat für die Zulässigkeitsfrage von nachgeschalteten Zweitverfahren insoweit Bedeutung, als aus § 287a Abs. 2 Nr. 1 Alt. 1 InsO folgt, dass weitere Restschuldbefreiungsanträge unzulässig sind. Da der dort normierte Wiederholungsantrag allerdings auf nachgeschaltete Zweitverfahren zugeschnitten ist, bleibt insoweit kein Raum für eine Analogie. Zu den gesetzlichen Sperrfristen bei nachgeschalteten Zweitverfahren: 5. Kapitel A. II. 1.

1292 *Ahrens*, Aktuelles Privatinsolvenzrecht, Rn. 1100; FK-InsO/*ders.*, § 300a Rn. 1.

bb) Einordnung

Nach der Rechtsprechung des Bundesgerichtshofs kommt auch in dieser Fallgestaltung eine Analogie zu § 287a Abs. 2 Nr. 1 Var. 1 InsO in Betracht, denn es handelt sich ebenfalls um eine gesetzlich nicht geregelte Konstellation.

Hinsichtlich einer Neuverschuldung liegt grundsätzlich auch ein anderer Streitgegenstand vor. Allerdings fehlt einem Schuldner das Rechtsschutzbedürfnis für einen Restschuldbefreiungsantrag im Zweitverfahren, denn eine Restschuldbefreiung ist im parallelen nicht zu erreichen.[1293]

c) Erstmalige Beantragung der Restschuldbefreiung im Zweitverfahren

aa) Ausgangspunkt

Hat der Schuldner im vorausgehenden Insolvenzverfahren keinen Restschuldbefreiungsantrag gestellt, kommt eine erstmalige Antragstellung im parallelen Zweitverfahren in Betracht.

bb) Einordnung

Mit Blick auf die Rechtsprechung zu parallelen Restschuldbefreiungsanträgen scheidet sowohl eine direkte als auch eine analoge Anwendung des § 287a Abs. 2 Nr. 1 Var. 1 InsO aus, denn es handelt sich tatbestandlich nicht um den Fall, dass eine Restschuldbefreiung erteilt wurde. Ein Antrag scheitert an einem Restschutzinteresse, da eine Restschuldbefreiung im parallelen Zweitverfahren nicht zu erreichen ist.

2. Keine Hinweispflicht

Ein Hinweis des Insolvenzgerichts gem. § 20 Abs. 2 InsO hat aus diesen Gründen nicht zu erfolgen.[1294]

3. Ergebnis

Verfahrensrechtlich wirkt sich die fehlende Anwendbarkeit der Restschuldbefreiungsregeln auf die parallele Zweitinsolvenz dahingehend aus, dass auf eine Restschuldbefreiung gerichtete Anträge mangels Rechtsschutzbedürfnis unzulässig sind.

1293 *Ahrens*, LMK 2022, 802233. Hierzu unter: 6. Kapitel B. I. und 6. Kapitel B. II. 1. a) bb) (2).

1294 Vgl. *Laroche*, VIA 2015, S. 43 (44); vgl. HK-InsO/*Laroche*, § 20 Rn. 24.

III. Keine Kostenstundung

Da im parallelen Zweitverfahren kein zulässiger Restschuldbefreiungsantrag gestellt werden kann, fehlt es diesbezüglich auch an der entsprechenden Voraussetzung im Rahmen der Kostenstundungsprüfung gem. § 4a InsO.[1295]

C. Ergebnisse

Der Schuldner kann im nachgeschalteten Zweitinsolvenzverfahren die Erteilung der Restschuldbefreiung erreichen. Zulässig sind Restschuldbefreiungsanträge, wenn im Zweitverfahren erstmals ein Restschuldbefreiungsantrag gestellt wird, wenn die Antragstellung außerhalb der gesetzlichen Sperrfristen des § 287a Abs. 2 S. 1 InsO erfolgt oder wenn der Schuldner im Erstverfahren zulässigerweise einen Restschuldbefreiungsantrag zurückgenommen hat.

Der Schuldner kann im parallelen Zweitinsolvenzverfahren nicht die Erteilung der Restschuldbefreiung erreichen. Entsprechende Anträge sind mangels Rechstsschutzbedürfnis als unzulässig zurückzuweisen. Dies betrifft die Fallgestaltung eines laufenden Restschuldbefreiungsverfahrens im Erstverfahren, den Fall, dass im Erstverfahren die Restschuldbefefreiung erteilt ist und das Erstverfahren als asymmetrisches Insolvenzverfahren andauert, sowie den Fall, dass der Schuldner im parallelen Zweitinsolvenzverfahren erstmals einen Restschuldbefreiungsantrag stellt.

1295 AG Göttingen, Beschl. v. 27.05.2016 – 74 IN 93/16, in: NZI 2016, S. 849; AG Göttingen, Beschl. v. 14.03.2017 – 71 IN 69/16 NOM, in: NZI 2017, S. 402 (402); AG Wetzlar, Beschl. v. 07.11.2013 - 3 IN 172/13, in: BeckRS 2014, 49; AGR-InsO/*Ahrens*, § 4a Rn. 58a; PrivatInsRK/*Montag*, § 35 Abs. 2 bis 4 Rn. 339; FK-InsO/*Kohte*, 9. Aufl. 2018, § 4a Rn. 6; *Sternal*, NZI 2018, S. 241 (243); KPB/*Wenzel*, § 4a Rn. 26; Zur Kostenstundung im nachgeschalteten Zweitverfahren unter: 2. Kapitel D. V.

6. Kapitel: Zulässigkeit von Drittinsolvenzen

A. Übersicht

Weitere Folgeinsolvenzen sind auf Grundlage der gesetzlichen Kriterien immer zulässig, wenn insolvenzfreies Vermögen existiert, in das Gläubiger vollstrecken können. In Betracht kommen drei Konstellationen. Erstens kann nach Aufhebung des Erstinsolvenzverfahrens ohne anschließendes Restschuldbefreiungsverfahrens sowie bei Einstellung des Zweitverfahrens ein weiteres allgemeines, nachgeschaltetes Insolvenzverfahren eröffnet werden. Zweitens kann ein weiteres paralleles Insolvenzverfahren nach erfolgter Geschäftsfreigabe im Zweitverfahren erfolgen. Drittens stellen übergeleitete Nachlassinsolvenzverfahren Drittverfahren dar.

B. Nach- bzw. zwischengeschaltetes Folgeverfahren über Privatvermögen

I. Einordnung des sachlichen Anwendungsbereichs

Altgläubiger können ihre Restforderungen grundsätzlich im Rahmen eines neuen allgemeinen Verfahrens geltend machen, wenn dem Schuldner im Erstverfahren keine Restschuldbefreiung erteilt wurde. Es handelt sich um ein allgemeines Insolvenzverfahren, für das die Regeln der Insolvenzordnung direkte Anwendung finden. Um ein Drittverfahren handelt es sich, wenn ein paralleles Zweitverfahren noch andauert oder aufgehoben wurde.

II. Teilnahmeberechtigung

1. *Ehemalige Gläubiger des nachgeschalteten Zweitverfahrens*

Folgt auf das Erstverfahren keine Erteilung der Restschuldbefreiung, bestehen die Restforderungen der Altgläubiger fort. Sofern der Schuldner im andauernden Zweitverfahren zu privatem Vermögen kommt, steht es Altgläubigern frei, zur Befriedigung ihrer Restforderungen ein allgemeines Insolvenzverfahren über das freie Vermögen des Schuldners anzustrengen. Auch an dieser Stelle muss noch einmal auf die dogmatische Grundlage hingewiesen werden: Ausnahmsweise können aufgrund der Abtrennung des beruflichen Haftungsbereichs gem. § 35 Abs. 2 InsO die berufliche und private Haftungssphäre des

Schuldners auseinanderfallen. Diese Trennung gilt jedoch nur als Haftungsschnitt im jeweiligen eine Geschäftsfreigabe legitimierenden Verfahren. Nur für das Parallelinsolvenzverfahren unterfallen Erstverfahrensgläubiger nicht dem Anwendungsbereich des § 38 InsO: Sie sind keine Parallelinsolvenzgläubiger.[1296] Für Anträge auf Eröffnung eines Folgeinsolvenzverfahrens gibt es keinen zeitlichen Mindestabstand zu Vorverfahren. Die Antragstellung folgt den für Fremd- und Eigenanträge geltenden Regeln.[1297]

2. *Ehemalige Gläubiger des parallelen Zweitverfahrens*

Ehemalige Gläubiger eines parallelen Zweitverfahrens sind zur Teilnahme an einem solchen Drittverfahren berechtigt, soweit ihre Forderung im aufgehobenen parallelen Zweitverfahren nicht befriedigt wurde und die Aufhebung des Parallelverfahrens vor Eröffnung des zwischengeschalteten Folgeverfahrens erfolgte. Diese Gläubiger sind ebenfalls teilnahmeberechtigt, wenn es nie zur Eröffnung des eines parallelen Zweitverfahrens kam – wobei es sich dann terminologisch nicht um ein Drittverfahren handelt. Das wesentliche Argument hierfür ist, dass auch diese Gläubiger im Zeitpunkt der Verfahrenseröffnung des Drittverfahrens Insolvenzgläubiger i.S.d. § 38 InsO sind, denn eine besondere Zuweisung von Vermögen zu Gläubigern existiert nicht.[1298] Vielmehr ist ein Haftungszugriff nach Aufhebung von Erst- und Zweitverfahren für alle Gläubiger eines Schuldners eröffnet, weil keine insolvenzbedingten Vollstreckungshindernisse mehr bestehen und der Massebeschlag des Drittverfahrens im Zeitpunkt der Insolvenzverfahrenseröffnung, § 27 InsO, feststeht. Für ehemalige Gläubiger des Parallelverfahrens ist die Teilnahme zulässig, weil das Zweckvermögen – das einen Haftungszugriff während des Erstverfahrens ermöglichte – der Selbstständigkeit mit Verfahrensaufhebung des Zweitverfahrens endet.

III. Masseumfang

Oftmals wird bei zulässigem Insolvenzantrag eine durch das Insolvenzgericht in Auftrag gegebene Begutachtung zu dem Ergebnis kommen müssen, dass im unmittelbaren Anschluss an ein durchlaufenes Insolvenzverfahren kein ausreichendes Vermögen vorhanden ist, um eine potenzielle Masse bilden zu können.

1296 Hierzu oben unter: 3. Kapitel B. I. 1. b) aa) (2).
1297 Hierzu unter: 2. Kapitel D. IV.
1298 Hierzu oben unter: 3. Kapitel B. I. 1. b) aa) (2) (b) und A. III. 4. b) bb) und e) bb).

Aus diesem Grund dürfte nur vereinzelt eine Entscheidung für eine Eröffnung eines solchen zwischengeschalteten Drittinsolvenzverfahrens ausfallen.

Neues Vermögen kann aber beispielsweise nach Aufhebung des Erstverfahrens durch Erbschaft erlangt worden sein.[1299] Da ein solcher privater Vermögensanfall wegen § 35 Abs. 2 InsO nicht dem Zweitverfahren unterfällt, kann dieser eine neue Haftungsmasse für Altgläubiger bilden.[1300] Das nach der Aufhebung des Erstverfahrens entstehende Vermögen war nie dem Zweitinsolvenzverfahren zugeordnet, da ab dem Zeitpunkt der Zweitinsolvenzeröffnung privater Neuerwerb noch in die Erstinsolvenzmasse fiel.[1301] Wird das Erstverfahren aufgehoben, ist neues privates Vermögen insolvenzfreies Vermögen.[1302] Allein der Fortfall des Erstinsolvenzbeschlags muss also genügen, um ein Drittinsolvenzverfahren in das insolvenzfreie Vermögen zu erlauben. Dies folgt auch der Logik, Altgläubigern die Teilnahme am Parallelverfahren zu verbieten. Ihnen muss es nach dem Wegfall der Vollstreckungsverbote des Urverfahrens offenstehen, in insolvenzfreies Vermögen zu vollstrecken.

IV. Gesamtentschuldung per Restschuldbefreiung

1. *Gesamtentschuldung*

Da es sich bei einem zwischengeschalteten Insolvenzverfahren bzw. weiterem nachgeschalteten Insolvenzverfahren um ein Verfahren über das Gesamtvermögen des Schuldners handelt, kann ein Restschuldbefreiungsverfahren hieran anknüpfen. Eine Restschuldbefreiung bezüglich der Gesamtschulden ist dann zulässig.[1303] Eine Restschuldbefreiung ist für den Schuldner auch in Bezug auf

---

1299 Während der Treuhandperiode obliegt es dem Schuldner durch Erbschaft anfallendes Vermögen gem. § 295 S. 1 Nr. 2 InsO hälftig dem Treuhänder herauszugeben. Ausführlich zum Erbanfall im laufenden Verfahren und der Treuhandperiode: *Neher*, Der Erbanfall in der Insolvenz, S. 147 ff.

1300 Vgl. RegE InsO, BT-Drs. 12/2443, S. 122; *Nawroth/Steinbach*, ZInsO 2018, S. 700 (700); **a.A.** *Wischemeyer*, ZInsO 2009, S. 2121 (2129), der auch bei einer Schenkung vom insolvenzfreien Vermögen zum Sondervermögen der Selbstständigkeit nicht auf eine Teilhabe der Altgläubiger verzichtet.

1301 Eine Priorisierung eines zeitlich früheren Verfahrens folgt insoweit aus dem zeitlich früheren Insolvenzbeschlag. Hierzu unter: 3. Kapitel A. IV. 2.

1302 **A.A.** *Montag*, ZVI 2013, S. 453 (458), der das gesamte insolvenzfreie pfändbare Vermögen des Schuldners als Neuerwerb des Zweitverfahrens betrachtet, wodurch für Drittverfahren kein haftungsrechtlicher Anknüpfungspunkte bestehen würde.

1303 *Büttner*, ZInsO 2017, S. 1057 (1075); *Nawroth/Steinbach*, ZInsO 2018, S. 700 (704); HK-PrivatinsolvenzR/*Pape*, § 287 Rn. 32; *Wipperfürth*, ZInsO 2019, S. 977 (985).

die Restforderungen von Gläubigern im parallelen Zweitverfahren zulässig, wenn das parallele Zweitverfahren schon beendet und die Verteilung abgeschlossen ist.[1304] Wurde ein paralleles Zweitverfahren nie eröffnet, muss ebenfalls die Befreiung von Neugläubigerforderungen möglich sein, denn es erfolgte nie eine (weitere) Haftungstrennung. Die Restschuldbefreiung unterliegt den allgemeinen Schranken und kann über die Rücknahme des Restschuldbefreiungsantrags durch den Schuldner im Erstverfahren und Neubeantragung im Drittverfahren oder erstmaliger Beantragung im Drittverfahren erfolgen.[1305]

2. *Sperrfrist bei vorheriger Versagung*

Im Zusammenhang mit Drittverfahren kann neben dem Versagungsgrund des § 287a Abs. 2 S. 1 Nr. 1 InsO der Versagungsgrund des § 287a Abs. 2 S. 1 Nr. 2 InsO Bedeutung erlangen. Danach ist der Antrag auf Restschuldbefreiung unzulässig, wenn dem Schuldner in den letzten drei Jahren vor dem Antrag auf Eröffnung des Insolvenzverfahrens oder nach diesem Antrag Restschuldbefreiung nach § 290 Absatz 1 Nr. 5, 6 oder 7 InsO oder nach § 296 InsO versagt worden ist. Verletzt der Schuldner entgegen § 290 Abs. 1 Nr. 5 InsO im Erstverfahren – vor der Rücknahme seines Restschuldbefreiungsantrags – seine Mitwirkungspflicht, insbesondere indem er die Abführungsbeträge aus § 295a Abs. 1 InsO nicht leistet, und wird durch Beschluss die Restschuldbefreiung versagt, besteht eine dreijährige Sperrfrist.

3. *Keine zusätzlichen Zeitschranken für die Restschuldbefreiung bei Drittverfahren*

Die zeitliche Entfernung zum Erstverfahren folgt den gesetzlichen Abstandsregeln. *Ahrens* weist darauf hin, dass der Gesetzgeber die Möglichkeit von Drittverfahren nicht erkannt hat und für diese Fallgestaltung in § 287a InsO keine Sonderregeln existieren.[1306] Zu überlegen sei deshalb, ob der gesetzliche Rahmen des § 287a InsO diese Konstellation noch abbildet oder ob im Einzelfall eine Erweiterung des gesetzlichen Tatbestands durch Rechtsfortbildung gerechtfertigt

1304 HK-PrivatinsolvenzR/*Pape*, § 287 Rn. 32; Nawroth/*Steinbach*, ZInsO 2018, S. 700 (704).

1305 HK-PrivatinsolvenzR/*Pape*, § 287 Rn. 32; Nawroth/*Steinbach*, ZInsO 2018, S. 700 (704); KPB/*Wenzel*, § 287 Rn. 15. Zu den Schranken oben unter: 5. Kapitel A. II. 4.

1306 *Ahrens*, NZI 2017, S. 627 (630).

sei.[1307] Diese würde sich schon bei Verfahrenseröffnung im Rahmen der Kostenstundungsentscheidung auswirken.

Dieser Gedanke soll hier aufgegriffen werden. Für Restschuldbefreiungsanträge bei Drittinsolvenzen wäre dann zu prüfen, ob aufgrund einer Verfahrenshäufung die Rechtsfolge der § 287a Abs. 2 InsO dahingehend weiterentwickelt werden könnten, dass die Sperre für den Fall einer Drittinsolvenz anzupassen sei. Um zu einer Analogie zu gelangen müsste ein Restschuldbefreiungsantrag im Rahmen einer Drittinsolvenz dem Zweck, nicht aber dem Wortlaut nach unter die Vorschrift subsumiert werden können. Fraglich ist schon, ob eine Regelungslücke vorliegt. Die Norm zielt darauf ab, für ausgewählte Fallgruppen den Zugang zum Restschuldbefreiungsverfahren zeitlich zu beschränken. Entscheidend ist die Beantwortung der Frage, wie das Schweigen des Gesetzgebers zu deuten ist. Zu berücksichtigen ist, dass der Gesetzgeber die Möglichkeit von Zweitverfahren zum Zeitpunkt der Überarbeitung der Norm kannte. Kann daraus darauf geschlossen werden, dass der Gesetzgeber Kenntnis davon hatte, dass Drittinsolvenzen möglich sind? Angesichts der Rechtsfolge des § 35 Abs. 2 S. 1 InsO ist dies nicht von vornherein ausgeschlossen. Dass es nicht bei einer einfachen Parallelität von Masseabwicklungen bleiben muss, war jedenfalls gesetzlich angelegt. Allerdings lassen sich für diese Sichtweise in der Gesetzgebungsgeschichte der Normänderung keine Anhaltspunkte heranziehen. Der Gesetzgeber hat sich gegen die erneute Antragstellung positioniert, indem er „*Sperrfristen für anderweitige Fälle vorhergehenden Fehlverhaltens*“ ausgeschlossen hat.[1308] Im Zweifel darf dem Gesetzgeber nicht unterstellt werden, dass sein Schweigen mit einem Offenlassen einer Rechtsfrage gleichzusetzen wäre.[1309]

Dass sich eine dritte Restschuldbefreiungsbeantragung von den vorausgehenden Beantragungen und Rücknahmen im Hinblick auf den von § 287a Abs. 2 S. 1 InsO bezweckten Schutz unterscheidet, ist nicht anzunehmen. Sofern man aufgrund der Möglichkeit kurzfristig aufeinanderfolgender Parallelverfahren zusätzliche Sperrfristen zulassen möchte, kann dies nur auf Grundlage einer neuen gesetzlichen Regelung erfolgen, die der Norm eine solche Wertentscheidung zuschreibt. Nach hier vertretener Auffassung ist der Wortlaut des § 287a InsO derart offen formuliert, dass jeder Folgeantrag, also auch Dritt- und Viertanträge auf Restschuldbefreiung direkt unter den Wortlaut der Vorschrift fallen. Dass es sich mangels Abbildung in der Sperrvorschrift bei der Fallgestaltung der

---

1307 *Ahrens*, NZI 2017, S. 627 (630).

1308 RegE zu GlRStG, in: BT-Drs. 17/11268, S. 25.

1309 Zur nicht geregelten Sperre bei Zweitverfahren unter: 5. Kapitel B. II. 2. b).

erneuten Beantragung in Drittverfahren um eine Lücke handelt, ist abzulehnen, weil die Vorschrift insgesamt die Konstellationen von Sperrfristen für Folgeverfahren abschließend regelt.

C. Folgeverfahren nach erneuter Freigabe der Selbstständigkeit

I. Verfahrensvoraussetzungen

1. Insolvenzantrag

a) Allgemeines

Ein Drittinsolvenzverfahren ist des Weiteren möglich, wenn der Insolvenzverwalter im Zweitinsolvenzverfahren die selbstständige Tätigkeit des Schuldners erneut durch Negativerklärung freigegeben hat.[1310] Maßgeblich ist ein auf Verfahrenseröffnung gerichteter Insolvenzantrag.

b) Keine Verfahrensverbindung

Eine Verbindung der angehäuften Insolvenzverfahren gem. § 4 InsO i.V.m. § 147 ZPO verbietet sich. Gegen jede Verbindung von Erst-, Zweit- und Folgeverfahren sprechen gewichtige Gründe. Eine solche Verbindung von gegen den Schuldner gerichteten Insolvenzanträgen zu einem einheitlichen Verfahren[1311] ist nur zulässig, wenn Gläubigeranträge gegen dieselbe Haftungsmasse gerichtet sind.[1312] Die jeweiligen Insolvenzanträge betreffen jedoch vollkommen unterschiedliche Vermögensmassen, die voneinander unabhängig sind. Dies allein steht einer Verfahrensverbindung schon entgegen. Da zwei parallele Verfahren über separate Teile des Schuldnervermögens ablaufen können, zielen die Eröffnungsanträge in unterschiedliche Richtungen, sodass eine Situation, in der sich parallele, gleichgerichtete Eröffnungsanträge überschneiden, nicht entstehen kann. Weiterhin kann eine Verbindung mehrerer Antragsverfahren nur bei Beendigung des Insolvenzeröffnungsverfahrens mit einem einheitlichen Eröffnungsbeschluss

1310 AG Göttingen, Beschl. v. 12.10.2007, 74 IN 304/07, in: ZVI 2007, S. 571 Rn. 25; vgl. *Ahrens* in: Kohte/Ahrens/Grote/Busch/Lackmann, § 287 Rn. 103; KK-InsO/*Hess*, §§ 35, 36 Rn. 110; FK-InsO/*Schmerbach*, 9. Aufl. 2018, § 13 Rn. 128; *Montag*, ZVI 2013, S. 453 (459).

1311 Vgl. Thomas/Putzo/*Reichold*, § 147 Rn. 9.

1312 *Holzer*, NZI 2007, S. 432 (434 f.); *Uhlenbruck*, KTS 1987, S. 561 (563) in Bezug auf Konkursanträge.

erfolgen.[1313] Bei einem schon eröffneten Verfahren kann aufgrund des schon herbeigeführten Verfahrensstands keine Verbindung mehr erfolgen.[1314] Etwas anderes gilt regelmäßig nur, wenn ein zweites Eröffnungsverfahren schon einen Zustand der Eröffnungsreife erreicht hat.[1315] Damit steht für die Verbindung von Erst-, Zweit- und Folgeverfahren nur ein sehr enges Zeitfenster offen. Da eine Freigabe der Selbstständigkeit und die Entstehung des Neuerwerbs aber im eröffneten Verfahren stattfinden, ist ein zeitliches Zusammentreffen von mehreren Eröffnungsverfahren undenkbar. Es kann nämlich kein Zustand hergestellt werden, der dieser Haftungsmassentrennung gerecht wird.

2. *Rechtsschutzinteresse*

Die Prüfung des Rechtsschutzinteresses des Antragstellers bedarf besonderer Aufmerksamkeit. Das Rechtsschutzinteresse bei Eigenanträgen kann nicht auf das Interesse an einer Restschuldbefreiung gestützt werden, weil eine solche im Drittverfahren nicht zu erreichen ist.[1316] Vielmehr liegt es nahe, dass es Schuldnern überwiegend darauf ankommen könnte, sich durch die Flucht ins Insolvenzverfahren der Einzelvollstreckung zu entziehen, um erneut Vollstreckungsschutz zu erlangen.[1317] Solchen Schuldnern ist das Rechtsschutzinteresse abzusprechen, wenn das Insolvenzgericht zu der Überzeugung gelangt, dass der Schuldner mit seiner Antragstellung Ziele verfolgt, die im Widerspruch zu Verfahrenszielen oder Wertungen der Insolvenzordnung stehen.[1318] Zwar wird ein Schuldner regelmäßig ein Rechtsschutzinteresse haben, wenn die Antragstellung zwar bei einem Gläubigerantrag als unzulässige Rechtsausübung gewertet würde, der Schuldner durch sein Handeln gleichwohl legitime Ziele des Insolvenzverfahrens anstrebt.[1319] So kann das Interesse, die Befreiung von Restschulden erreichen zu wollen, grundsätzlich durch die Stellung des Restschuldbefreiungsantrags

---

1313 Beck/Depré/Ampferl Insolvenz/*Heilmaier*, § 4 Rn. 18; Uhlenbruck/*Pape*, § 4 Rn. 37.

1314 Beck/Depré/Ampferl Insolvenz/*Heilmaier*, § 4 Rn. 19; Beck/Depré/*Heilmaier*, 3. Aufl. 2017, § 4 Rn. 99. Zur Verbindung zu einem späteren Zeitpunkt der Ansatz von *Busching/Klersy* unter: 3. Kapitel C. II. 4. b) bb).

1315 AG Köln, Beschl. v. 07.12.2010 – 73 IN 484/10, in: BeckRS 2011, 05603; Andres/Leithaus/*Andres*, InsO, § 4 Rn. 5.

1316 Zur Restschuldbefreiung gelten die Überlegungen zur parallelen Zweitinsolvenz: 5. Kapitel B.

1317 Vgl. A/G/R-*Ahrens*, § 35 Rn. 177.

1318 K.Schmidt/*Gundlach*, InsO § 13 Rn. 20.

1319 K.Schmidt/*Gundlach*, InsO § 13 Rn. 20; *Gundlach/Müller/Rautmann*, ZInsO 2015, S. 889 (890).

konkret nachgewiesen werden.[1320] Daran fehlt es im Drittverfahren. Bei der Drittinsolvenz ist bei der Bewertung des Rechtsschutzinteresses das Schuldnerverhalten im Erst- und Zweitverfahren einzubeziehen. Aufgrund der enormen Bedeutung des Insolvenzverfahrens für den Schuldner sind bei jeder neuen Insolvenz strenge Anforderungen an eine Versagung des Rechtsschutzinteresses beim Eigenantrag zu stellen. Solange der Schuldnerantrag ernsthaft auf die Verfahrenseröffnung abzielt und sachfremde Zwecke verdrängt werden, ist die Grenze zur Insolvenzzweckwidrigkeit noch nicht erreicht.[1321] Zur Ahndung des missbräuchlichen Zunutzemachens des Insolvenzverfahrens wird der Weg über die berufs- und gewerberechtlichen Vorschriften vorgeschlagen.[1322] An dieser Stelle ist festzuhalten, dass es sich verbietet bei Eigenanträgen zu Drittinsolvenzverfahren höhere Anforderungen als an Erst- und Zweitinsolvenzanträge zu stellen. Allerdings können bei wiederholten Insolvenzereignissen tatsächliche Anhaltspunkte für rechtsmissbräuchliches oder insolvenzzweckwidriges Verhalten vorliegen, die im Rahmen der Prüfung des Rechtsschutzbedürfnisses des antragstellenden Schuldners einzubeziehen sind.

Hinsichtlich des Rechtsschutzinteresses zu Eröffnungsanträgen von Drittinsolvenzgläubigern wird regelmäßig das Bedürfnis nach Haftungsverwirklichung in einem geregelten Verfahren im Vordergrund stehen, wenn Einzelmaßnahmen gegen den Gläubiger erfolglos verliefen. Gläubigern, die mit dem Schuldner im Rahmen seines Geschäftsbetriebs in Berührung kamen, muss der Zugang zu einem Gesamtvollstreckungsverfahren offenstehen.

3. *Insolvenzgrund*

Ein Insolvenzgrund wird als Ausdruck des erneuten wirtschaftlichen Scheiterns vorliegen, wenn der Zweitinsolvenzverwalter vor Abgabe der Erklärung zu dem Schluss gekommen ist, dass die Insolvenzmasse vor der schuldnerischen Tätigkeit geschützt werden müsse und sich diese Prognose realisiert.[1323]

1320 *Gundlach/Müller/Rautmann*, ZInsO 2015, S. 889 (890).

1321 BGH, Beschl. v. 12.12.2002 – IX ZB 426/02, in: NJW 2003, S. 1187; Uhlenbruck/*Wegener*, § 13 Rn. 81.

1322 A/G/R-*Ahrens*, § 35 InsO Rn. 177. Hierzu unter: 3. Kapitel D. VI.

1323 A/G/R-*Ahrens*, § 35 InsO Rn. 177.

II. Geltung der Regeln zu Parallelinsolvenzen

Bei der erneuten Freigabe einer Selbstständigkeit wiederholt sich der Ablauf des Erstverfahrens. Es wird ein zusätzliches Sondervermögen geschaffen. Aus diesem Grund gelten in einem auf Grundlage einer weiteren Betriebsfreigabe fußenden Folgeverfahren die Regeln zur Parallelinsolvenz. Das Sondervermögen der freigegebenen Selbstständigkeit stellt die Insolvenzmasse i.S.d. § 35 Abs. 1 InsO dar. Unter Umständen können noch Gewinne aus der Tätigkeit nicht vollständig aufgezehrt sein. Ferner können offene Debitorenforderungen aus der Selbstständigkeit im Haftungspool der Drittinsolvenz zur Verfügung stehen.

III. Zulässigkeit einer erneuten Freigabe in Parallelverfahren

1. Einbeziehung der Wertungen zur Berufsfreiheit des Schuldners

Die erneute Geschäftsfreigabe im Zweitverfahren kann in eine Drittinsolvenz münden.[1324] Der Schutz der Berufsfreiheit des Schuldners gilt auch in seinem insolvenzrechtlichen Anwendungsbereich grundsätzlich über Verfahrensgrenzen hinaus fort. In jedem neuen Insolvenzverfahren ist sicherzustellen, dass nicht insolvenzrechtliche Zwecksetzungen diesen Schutz überlagern, da es zu den Aufgaben des Vollstreckungsrechts gehört sowohl Gläubigern den Vermögenszugriff als auch dem Schuldner einen wirtschaftlichen Neuanfang zu erlauben. Dabei zielt das Insolvenzrecht allein auf eine vermögensrechtliche Bewertung ab, ohne einen sanktionierenden Charakter zu entwickeln. Im und abseits des Insolvenzverfahrens kann der Schuldner einer beliebigen Tätigkeit nachgehen. Grenzen zeigen das Berufs- und Gewerberecht auf. Um dem Schuldner diesen Freiraum auch in einem Zweitinsolvenzverfahren zu bieten, ist zu beantworten, ob ein Zweitinsolvenzverwalter die Freigabe des Geschäftsbetriebs gem. § 35 Abs. 2 S. 1 InsO erklären kann, um eine Masseschädigung durch den Schuldner zu verhindern. Obwohl sich in der Literatur überwiegend Stimmen finden, die eine erneute Freigabe favorisieren[1325], fehlen bislang Ausführungen,

---

1324 A/G/R-*Ahrens*, § 35 Rn. 177; FK-InsO/*Schmerbach*, 9. Aufl. 2018, § 13 Rn. 128.

1325 AGR-InsO/*Ahrens*, § 35 Rn. 176; Braun/*Bäuerle*, § 35 Rn. 137; KK-InsO/*Hess*, § 35, 36 Rn. 108; PrivatInsRK/*Köster*, 1. Aufl. 2019, § 35 Rn. 103; HambK-InsO/*Lüdtke*, § 35 Rn. 280; FK-InsO/*Schmerbach*, 9. Aufl. 2018, § 13 Rn. 128; *Frind*, Privatinsolvenz-HdB, Rn. 130, 596a; unter Zugrundelegung eines Freigabeanspruchs: *Lange*, ZVI 2018, S. 9 (14); PrivatInsRK/*Montag*, § 35 Abs. 2 bis 4 Rn. 344; *ders.*, ZVI 2013, S. 453 (459); *Wischemeyer*, ZInsO 2009, S. 2121 (2129); **a.A.** *Nawroth/Steinbach*, ZInsO 2018, S. 700 (701).

weshalb sich dieses Instrument des Verwalters auch in dem besonderen Verfahren der Parallelinsolvenz in dessen dogmatisches Gerüst einfügt.

2. *Anwendbarkeit des § 35 Abs. 2 S. 1 InsO?*

a) *Wortlaut*

Dem Wortlaut des § 35 Abs. 2 S. 1 InsO nach betrifft die Norm die Ausübung oder beabsichtigte Ausübung einer selbstständigen Tätigkeit des Schuldners im Insolvenzverfahren. Es stellt sich die Frage, ob von dieser Formulierung die Tätigkeit in einem parallelen Zweitverfahren gedeckt ist. Bei wortgetreuer Betrachtung wird klar, dass sich diese Freigabemöglichkeit auf Insolvenzverfahren über das Vermögen natürlicher Personen beziehen muss, da allein diese Träger einer Selbstständigkeit sein können.[1326] Auch bei der Parallelinsolvenz über das Sondervermögen einer selbstständigen Tätigkeit bleibt der Schuldner Vermögensträger und Haftungssubjekt.[1327] Insoweit ist eine erneute Freigabe mit dem Text der Vorschrift vereinbar.

Daneben ist der zweite Satzteil des § 35 Abs. 2 S. 1 InsO mit dem Passus „*ob Vermögen aus der selbstständigen Tätigkeit zur Insolvenzmasse gehört und ob Ansprüche aus dieser Tätigkeit im Insolvenzverfahren geltend gemacht werden können*“ derart allgemein gehalten, dass es nicht schwer fällt, Sonderinsolvenzen darunter zu subsumieren. Begrifflich passen Sonderinsolvenzverfahren unter die bedeutungsoffene Abstraktion der „*Insolvenzverfahren*“ und Sondervermögen unter die weite Bezeichnung der „*Insolvenzmasse*“. Was zur Insolvenzmasse gehört ist im vorstehenden ersten Absatz des § 35 InsO definiert. Die Einbeziehung dieser Vorschrift für die parallele Zweitinsolvenz bereitet keine Schwierigkeiten. Eine Konkretisierung muss bei Zweitverfahren aber ausgehend vom Tatbestandsmerkmal der Insolvenzmasse des § 35 Abs. 1 S. 1 InsO im Hinblick auf die Definition des § 35 Abs. 1 InsO erfolgen: „[D]*as gesamte Vermögen, das dem Schuldner zur Zeit der Eröffnung des Verfahrens gehört und das er während des Verfahrens erlangt (Insolvenzmasse)*“ kann nicht Teil der Zweitinsolvenz sein, denn im Zeitpunkt der Zweitverfahrenseröffnung bestehen mit Erst- und Zweitmasse zwei unterschiedliche Insolvenzmassen. Das Merkmal vom „*Insolvenzverfahren erfaßt*“ bezieht sich nunmehr auf die Zweitinsolvenzmasse.

1326 Vgl. *Berger*, ZInsO 2008, S. 1101 (1104); vgl. *Haarmeyer*, ZInsO 2007, S. 696 (697); vgl. *Holzer*, NZI 2007, S. 289 (291); vgl. *Montag*, ZVI 2013, S. 453 (459); **a.A.** *Heinze*, ZVI 2007, S. 349 (351).

1327 Hierzu unter: 3. Kapitel III. 4.

Dies beruht darauf, dass die Definition der Insolvenzmasse des § 35 Abs. 1 InsO begriffstechnisch von einem prozessualen Verständnis aus entworfen ist und seinen Ausgang an einem verfahrensrechtlichen Denkmodell nimmt, um die Insolvenzmasse in dieses einzugliedern. In einer Parallelinsolvenz über das Vermögen der freigegebenen Selbstständigkeit ist wiederum gerade eine Vermögensausgliederung aus dem vorausgehenden Verfahren erfolgt. Aufgrund der engen Verzahnung des § 35 Abs. 2 S. 1 InsO mit dem ersten Absatz, die das zugrundeliegende prozessuale Verständnis in diesen Teil der Norm fortentwickelt, ist das dem Schuldner gehörende Vermögen bei Zweitinsolvenzbeschlag schon kein vom Erstverfahren erfasstes Vermögen mehr. Dies folgt aus der jeweiligen Allgemeingültigkeit des ersten und zweiten Absatzes des § 35 InsO, die isoliert betrachtet abschließende Tatbestände formulieren, wobei der zweite Absatz gleichzeitig einen Unterfall des § 35 Abs. 1 InsO bilden kann, indem dieser eine Einschränkung des Massebegriffs festlegt, der sich aus der verfahrensrechtlich eingekleideten Massedefinition des ersten Absatzes ableitet. Der zweite Absatz trifft also einerseits eine Aussage zur Definition der Insolvenzmasse und verändert den Massebegriff. Andererseits formuliert der Normteil einen eigenen Tatbestand. Für parallele Zweitverfahren, die vor dem Hintergrund, dass schon einmal eine Freigabe einer Selbstständigkeit erfolgt ist, zu betrachten sind, ist der Massebegriff mit Rückkopplung zum ersten Absatz entsprechend einzuschränken. In einem Zweitverfahren kann nämlich nicht Insolvenzmasse sein, was schon im Erstverfahren Insolvenzmasse ist. Masse in einem Zweitverfahren ist aber auch nur, was dem Vermögen der Selbstständigkeit zugerechnet wird. In einem Zweitverfahren kann die Freigabe dem Wortsinn nach auch nur an die Zweitinsolvenzmasse anknüpfen. Dem Wortlaut nach ist eine erneute Geschäftsfreigabe damit möglich.

b) Teleologische Auslegung

Mündet eine selbstständige Tätigkeit in eine Zweitinsolvenz, stellt sich die Frage, ob und wann eine erneute Freigabe gemessen an den Verfahrenszwecken statthaft ist. Die Zwecksetzungen des § 35 Abs. 2 S. 1 InsO, das Risiko von Masseverkürzungen aus dem Verfahren auszulagern und dem Schuldner gleichzeitig einen wirtschaftlichen Neuanfang zu bieten, gelten auch für Parallelverfahren. Die parallele Zweitinsolvenz stellt ein umfassendes Insolvenzverfahren dar, das materiell auf einen Vermögensteil des Schuldners beschränkt ist. Eine Freigabe der vom Schuldner ausgeübten oder anvisierten Selbstständigkeit steht in einem parallelen Verfahren gleichermaßen im Einklang mit dem Ziel der bestmöglichen Gläubigerbefriedigung und dem Sanierungsgedanken.

c) *Systematische Auslegung*

§ 35 Abs. 2 S. 2 InsO stellt eine Regelung des 2. Teils der Insolvenzordnung mit der Überschrift „*Eröffnung des Insolvenzverfahrens. Erfaßtes Vermögen und Verfahrensbeteiligte (§§ 11–79)*„ und dort des 2. Abschnitts mit dem Titel „*Insolvenzmasse. Einteilung der Gläubiger (§§ 35–55)*“ dar. Systematisch ist die Norm damit Bestandteil der grundlegenden Bestimmungen des Insolvenzverfahrens im vorderen Bereich des Gesetzes. Der zweite Absatz des § 35 InsO zeichnet sich in gesetzesmethodischer Hinsicht durch seinen dualen Charakter aus. Einerseits wird haftungsrechtlich eine Ausnahme zum ersten Absatz der Vorschrift geschaffen, indem der Umfang der Insolvenzmasse geschmälert werden kann. Andererseits stellt § 35 Abs. 2 S. 1 einen prozessualen Bezug zum ersten Absatz dar, wenn eine neue besondere Haftungsmasse geschaffen wird, die Grundlage eines zweiten Verfahrens sein kann. Dabei sind der materiell-rechtliche und der prozessuale Gehalt des Absatzes miteinander verzahnt, indem einerseits eine Aussage zum Masseumfang abweichend vom ersten Absatz geschaffen und andererseits eine Auslösung durch den Insolvenzverwalter festgeschrieben wird.[1328] In einem Parallelverfahren wird damit an die besondere Haftungsmasse angeknüpft, die Ausgangspunkt einer erneuten Vermögensextrahierung sein kann und sich abschließend auf das Sondervermögen der Selbstständigkeit beziehen kann.

Dem steht auch die Verweisung auf die entsprechende Anwendung der Vorschrift des § 295a Abs. 1 S. 1 InsO gem. § 35 Abs. 2 S. 2 InsO nicht entgegen. Der Verweis auf eine Regelung des Restschuldbefreiungsverfahrens (9. Teil der Insolvenzordnung) setzt nicht voraus, dass der Zweck des Restschuldbefreiungsverfahrens erreicht werden kann.[1329] Es handelt sich lediglich um den Rückgriff auf eine schon existierende Norm, die einen Zahlungsweg festlegt.[1330] In Bezug auf § 35 Abs. 3 InsO ergibt sich nichts anderes, denn die Regelung einhält lediglich eine Informationspflicht des Schuldners, die dieser mit dem Ersuchen auf Freigabe der Selbstständigkeit verknüpfen kann, sowie eine Erklärungspflicht des Insolvenzverwalters.[1331] Eine Rückwirkung auf § 35 Abs. 2 InsO besteht nicht.[1332]

1328 Vgl. KPB/*Holzer*, § 35 Rn. 2.

1329 So schon: *Montag*, ZVI 2013, S. 453 (459).

1330 Hierzu unter: 3. Kapitel C. II. 4. c) ff) (2) (a).

1331 Vgl. K.Schmidt/*Büteröwe*, InsO § 35 Rn. 59 f.

1332 Hierzu die Ausführungen unter: 3. Kapitel C. I. 2. a) und Fn. 706.

d) *Historische Auslegung*

Aus der Gesetzgebungsgeschichte zum § 35 InsO lassen sich keine Wertungen hinsichtlich einer erneuten Freigabe im Fall der Zweitinsolvenz entnehmen. Ob zur Zeit des Gesetzgebungsprozesses zum Gesetz zur Vereinfachung des Insolvenzverfahrens oder im Gesetzgebungsverfahren zum Gesetz zur weiteren Verkürzung des Restschuldbefreiungsverfahrens Problemstellungen im Zusammenhang mit der erneuten Freigabe ersichtlich waren, ist anhand der Gesetzesmaterialien nicht rekonstruierbar.[1333]

e) *Ergebnis*

Die Auslegung des § 35 Abs. 1 S. 1 InsO ergibt, dass eine erneute Freigabe einer konkreten Selbstständigkeit auch in der parallelen Zweitinsolvenz möglich ist. Die Vorschrift passt direkt auf Zweitverfahren über das Vermögen einer Selbstständigkeit.

3. *Kollision zweier Abführungsverpflichtungen bei Anwendung des § 35 Abs. 2 S. 2 InsO?*

a) *Abführungsverpflichtung aus dem Erstverfahren*

Da es sich bei der Zweitinsolvenz um ein Verfahren über ein Sondervermögen handelt, das einer schon im Erstverfahren erfolgten Geschäftsfreigabe entspringt, ist zu prüfen, ob aufgrund der Nachwirkungen der Erstfreigabe eine Einschränkung im Zweitverfahren dahingehend angemessen ist, Altgläubigern ein Vorrecht an der Abführung von Neuerwerbsanteilen zuzusprechen. Das bedeutete § 35 Abs. 2 S. 2 InsO nicht oder nur eingeschränkt anzuwenden. Diskutiert wird diese Vorgehensweise, weil mit der Freigabe der Selbstständigkeit streng genommen eine zweite Abführungsverpflichtung des Insolvenzschuldners einhergeht und dieser dann doppelt, nämlich im Erstverfahren gegenüber den Altgläubigern sowie zusätzlich gegenüber den Insolvenzgläubigern des Zweitverfahrens, verpflichtet wäre.[1334] Für den Schuldner dürfte es eine schwer erfüllbare Aufgabe sein, aus dem Neuerwerb zwei Ablösesummen an zwei Verwalter zu leisten.

1333 Hierzu die Ausführungen unter: 5. Kapitel B. II. 2. b).

1334 *Lange*, ZVI 2018, S. 9 (14); *Nawroth/Steinbach*, ZInsO 2018, S. 700 (701); Nach *Hackenberg*, VIA 2022, S. 89 (91) (mit Hinweis auf *Kampf*, ZVI 2021, S. 378) soll § 295a InsO trotz § 35 Abs. 2 S. 2 InsO bei einem ausschließlich auf Fremdantrag hin zu eröffnendem Parallelinsolvenzverfahren nur analog anwendbar sein.

b) Obliegenheitsbeträge zugunsten des Erstverfahrens

Dasselbe Problem stellt sich, solange nach der Aufhebung des Erstverfahrens ein Restschuldbefreiungsverfahren anhängig ist, denn dem Schuldner obliegt es während der gesamten Verfahrensdauer Abführungsbeträge an den Treuhänder zu leisten. Auch wenn keine Rechtspflicht zur Zahlung besteht, handelt es sich um zwei gleichgerichtete Anforderungen an den Schuldner. Im Erstverfahren droht ein Versagungsverfahren aufgrund der Verletzung von Mitwirkungspflichten gem. § 290 Abs. 1 Nr. 5 InsO, wenn der Schuldner seiner Obliegenheit nicht nachkommt.

c) Lösungsansätze

aa) Kompensation mittels echter Freigabe

(1) Darstellung

Nawroth/Steinbach plädieren für eine Auflösung des Konflikts über das gewohnheitsrechtliche Instrument der echten Freigabe. Die Vorschrift des § 35 Abs. 2 S. 2 InsO könne nicht angewandt werden, weil der Schuldner die entsprechenden Zahlungen nicht leisten könne.[1335] Die echte Freigabe sei der gesetzlich geregelten Geschäftsfreigabe des § 35 Abs. 2 S. 1 InsO insgesamt vorzuziehen, da letztere einerseits nur in analoger Anwendung mit Zweitverfahren über das Vermögen der Selbstständigkeit harmonisiere, für eine Analogie allerdings schon die Voraussetzung einer Regelungslücke nicht erfüllt sei, da zuvor die gewohnheitsrechtliche Einzelfreigabe berücksichtigt werden müsse.[1336] Zusätzlich provoziere die Freigabe der Selbstständigkeit im Ganzen in Bezug auf das Erstverfahren einen Zahlungskonflikt, weshalb bei analoger Anwendung des § 35 Abs. 2 S. 2 InsO noch eine teleologische Reduktion im Hinblick auf die Zahlungen erfolgen müsse.[1337]

Schließlich sei die echte Freigabe vorzugswürdig, da sie masseschonend wirke. Da nur solche Gegenstände einer Freigabe bedürfen, die nicht vom Pfändungsschutz umfasst sind, kehrten im Fall einer Einstellung des Zweitverfahrens pfändungsgeschützte Massegegenstände in die Erstmasse zurück.[1338]

1335 *Nawroth/Steinbach*, ZInsO 2018, S. 700 (701).

1336 *Nawroth/Steinbach*, ZInsO 2018, S. 700 (701 f.).

1337 *Nawroth/Steinbach*, ZInsO 2018, S. 700 (701).

1338 *Nawroth/Steinbach*, ZInsO 2018, S. 700 (702).

(2) Bewertung

(a) Grundsätzlicher Anwendungsgleichrang von gewohnheitsrechtlicher und gesetzlicher Freigabevariante

Der Lösungsvorschlag beseitigt weder die Reibungen, die aufgrund der konfligierenden Befriedigungsinteressen von Alt- und Neugläubigern entstehen, noch die Gefährdung der Erlangung der Restschuldbefreiung im Erstverfahren. Der Ansicht von *Nawroth/Steinbach* ist zugute zu halten, dass der Entstehung einer Ablöseverpflichtung vorgebeugt werden soll und damit eine wichtige Zielrichtung eingeschlagen wird. Die dahinterstehende Begründung ist konsistent, setzt für eine Betriebsfreigabe nichtsdestotrotz auf das falsche Mittel und dementsprechend in der Chronologie des Freigabeakts vorzeitig an einer frühen Schnittstelle an. Dabei finden sich auf mehreren Ebenen Schwächen.

Ein Rückgriff auf das gewohnheitsrechtliche Institut der echten Freigabe ist grundsätzlich zulässig, da dieses neben der gesetzlich geregelten Freigabe einer Selbstständigkeit durch Negativerklärung anwendbar ist. Die gewohnheitsrechtlichen und die gesetzlichen Institute stehen in einem Anwendungsgleichrang nebeneinander.[1339] Deshalb muss es dem Zweitverwalter auf den ersten Blick auch möglich sein, statt einer umfassenden Gesamtfreigabe einer Selbstständigkeit per Negativerklärung ein Bündel von Einzelfreigaben zu erklären, um dasselbe Ergebnis zu erreichen. Die Freigabe einer Selbstständigkeit ist allerdings nicht zuletzt in Gesetzesform gegossen worden, um der aufgrund der Komplexität der Vertrags- und Vermögensbeziehungen eines Selbstständigen für den Verwalter schwer zu überblickenden Krisensituation eine Arbeitserleichterung zu bieten und ein rechtssicheres Mittel dafür an die Hand zu geben.[1340] Zudem kann sich der Insolvenzverwalter über die Negativerklärung enthaften, indem im gesetzlichen Bereich eine Abführungsverpflichtung des Schuldners geschaffen wird. Im Fall der echten Freigabe entsteht diese Verpflichtung nicht, so dass der Insolvenzverwalter den Gläubigern haftet, da kein Vermögensrückfluss an die Insolvenzmasse besteht.[1341]

(b) Direkte Anwendbarkeit des § 35 Abs. 2 S. 1 InsO

Der § 35 Abs. 2 S. 1 InsO kann in Zweitverfahren ebenfalls direkt angewandt werden, sodass die von *Nawroth/Steinbach* vorgetragene Analogie überflüssig

1339 *Uhlenbruck*, KTS 2004, S. 275 (278).
1340 Vgl. Gesetzesbegründung des RegE, in: BT- Drs. 16/3227, S. 17.
1341 A/G/R-*Ahrens*, § 35 Rn. 176.

ist.[1342] Der Wortlaut der Norm passt auf Zweitverfahren und die Tatbestandsvoraussetzungen können auch vorliegen.

(c) Deutungshoheit der gesetzlichen Freigabeform der Geschäftsfreigabe

Die vorgeschlagene Anwendung der echten Freigabe bedeutet eine Umgehung des Gesetzeszweck des § 35 Abs. 2 InsO. Das gleichrangige Nebeneinander von echter Freigabe und Freigabe durch Negativerklärung kann nicht mehr gelten, wenn dem die Erreichung von Verfahrenszielen entgegensteht. Wendet man die echte Freigabe an, die – als weiter gefasste Freigabeform – tatsächlich zu einer Gesamtfreigabe einer Selbstständigkeit führen kann und damit ohne Gesetzesbezug den gesetzlichen Tatbestand auszufüllen versucht, bleibt sie doch hinter der Tragweite des § 35 Abs. 2 InsO zurück und stört dadurch eine optimale Gläubigerbefriedigung. Die echte Freigabe kann zwar den in § 35 Abs. 2 S. 1 InsO verkörperten Zweck der Masseschonung erreichen. Dass in unmittelbarem Zusammenhang mit der Vermögensausgliederung aber gleichzeitig ein Vermögensrückfluss vorgesehen ist, ignorieren die Autoren. Sie negieren also die Ausgleichsfunktion der gesetzlichen Geschäftsfreigabe, denn bei einer Anhäufung echter Freigaben ist ein vergleichbarer Masseschutz nicht durchführbar und eine isolierte Anwendung des § 35 Abs. 2 S. 2 InsO ausgeschlossen.

Aufgrund der gesetzlichen Regelung der Geschäftsfreigabe beschränkt sich der Nutzen der echten Freigabe für den Verwalter auf den hilfsweisen Vermögenstransfer, der kein gesetzliches Pendant kennt, wodurch das Nebeneinander der Freigabeformen abschließend geprägt ist. Nach hier vertretener Ansicht ist der Verwalter verpflichtet eine Erklärung zur Zugehörigkeit des Vermögens der Selbstständigkeit abzugeben.[1343] Falls er sich nicht erklärt, wird ihm eine Duldung als Positiverklärung zugerechnet. Damit ist eine Einzelfreigabe von Betriebsteilen nicht gesperrt, hat der gesetzlichen Ausgestaltung nach jedoch lediglich eine Hilfsfunktion. Die echte Freigabe standardmäßig anzuwenden ist deshalb unzulässig, denn es hieße diesen gesetzgeberischen Willen zu übergehen. Richtigerweise scheidet ein Gebrauch der Einzelfreigabe für eine Verschiebung des Gesamtvermögens der Selbstständigkeit damit aus.

Nebenbei ist auch nicht verständlich, weshalb mehrere Einzelfreigaben masseschonender wirken sollen. Die Einzelfreigabe zerschneidet das insolvenzrechtliche Band zur Masse in gleicher Weise dauerhaft. Gegenstände können in diesem Fall nicht in die Erstmasse zurückgeholt werden, denn sie sind Teil des

---

1342 Hierzu zuvor unter: 6. Kapitel C. III. 2.

1343 Hierzu unter: 3. Kapitel C. II. 3. c) ff) (2) (a) und 3. Kapitel D. IV. 2.

insolvenzfreien Vermögens. Solange der Schuldner seine selbstständige Tätigkeit ausübt, besteht für den Verwalter keine Möglichkeit auf pfändungsgeschütztes Vermögen zuzugreifen. Auf eine etwaige Einstellung der Tätigkeit darf der Erstverwalter nicht spekulieren, um die Erstmasse zu erweitern, denn ansonsten drängte er in den persönlichen Handlungsbereich des Schuldners ein. Ob ein Gegenstand durch irgendeine Freigabeart tatsächlich die Masse verlassen hat oder für die Dauer des Verfahrens pfändungsgeschützt ist, wirkt sich zunächst nicht zwingend auf die Werthaltigkeit der Insolvenzmasse aus.

(d) Rechtsfolge der Geschäftsfreigabe als systematischer Anknüpfungspunkt

Bedenkenswert ist schließlich die Anwendung von § 35 Abs. 2 S. 2 InsO in parallelen Zweitverfahren. Der klare Wortlaut der Vorschrift lässt zunächst auch eine Anwendung in Zweitverfahren zu. Aus systematischen Überlegungen muss jedoch ausgesprochen werden, dass § 35 Abs. 1 S. 1 InsO und § 35 Abs. 2 S. 2 InsO grundsätzlich unabhängig voneinander angewandt werden können. Jeder der beiden Sätze enthält einen eigenständigen und abschließenden Aussagegehalt, sodass die Abführungsverpflichtung zwar mit der Freigabe einhergeht, aber gerade keine Bedingung für die Freigabe darstellt. Die getrennte Anordnung der Freigabe und der Ablösepflicht in zwei separaten Sätzen zeigt, dass die Pflicht aus der Freigabe folgt. Da diese Pflicht in einem eigenen Hauptsatz und voraussetzungslos unmittelbar auf die Rechtsfolge des ersten Satzes folgt, wird deutlich, dass es sich bei dem Text „*§ 295a gilt entsprechend*" materiell um eine ausgelagerte Rechtsfolge der Geschäftsfreigabe handelt, der in einen zusätzlichen Hauptsatz eine gesteigerte Bedeutung als eigene Anspruchsgrundlage des Verwalters zukommen soll. Das bedeutet, dass sich die Abführungspflicht zwangsläufig aus der Negativerklärung ergibt. Ein an der Geschäftsfreigabe des Schuldners orientiertes Lösungskonzept muss also an der Rechtsfolge der Abführungsverpflichtung und dem korrespondierenden Abführungsanspruch ansetzen.

(e) Ergebnis

Die Lösung über die echte Freigabe wird den gesetzlichen Anforderungen an die Geschäftsfreigabe nicht gerecht.

bb) Teleologische Reduktion des § 35 Abs. 2 S. 2 InsO im Zweitverfahren

(1) Darstellung

Der überwiegende Teil der Literaturstimmen möchte eine Lösung in der direkten Anwendung des § 35 Abs. 2 InsO und der teleologischen Reduktion des § 35

Abs. 2 S. 2 InsO hinsichtlich der Zahlungsfolge erkennen.[1344] In der Konsequenz stehe dem Zweitverwalter kein Anspruch auf Ablösebeträge zu.[1345] *Montag* weist darauf hin, dass dies angemessen sei, weil der Schuldner im Zweitverfahren keine Restschuldbefreiung erlangen könne.[1346] *Lange* widerlegt die Schlüssigkeit dieses Arguments, indem er sich auf den Standpunkt stellt, dass es hierfür in Bezug auf die Abführungspflicht aus § 35 Abs. 2 S. 2, § 295a Abs. 1 S. 1 InsO nicht ankomme, da allein die Pflichtentstehung durch Geschäftsfreigabe im Zweitverfahren im Mittelpunkt stehe.[1347] Zudem sei auch in der Treuhandphase der Parallelinsolvenz auf die Konkurrenz zweier Abführungspflichten abzustellen, weshalb eine Erfüllung einer im Zweitverfahren statuierten Pflicht nur in Betracht komme, wenn Abführungsbeträge an den Treuhänder schon vollumfänglich geleistet worden seien.[1348]

(2) Bewertung

(a) Orientierung an der gesetzlichen Risikoverteilung des § 35 Abs. 2 InsO

Eine wortlautgetreue Anwendung der Rechtsfolge des § 35 Abs. 2 S. 2 InsO in Zweitverfahren beschneidet nicht die Zweckerreichung der Freigabe einer Selbstständigkeit im Ausgangsverfahren. Die teleologische Reduktion des § 35 Abs. 2 InsO in Parallelverfahren bewirkte, dass die Vorschrift trotz ihres Wortlauts nicht angewandt würde, um sich nicht zu den dahinter liegenden Zwecken in Widerspruch zu setzen.[1349] Dabei ist daran zu denken, dass § 35 Abs. 2 InsO auch bezweckt, dem Schuldner den Aufbau einer wirtschaftlichen Existenz zu ermöglichen. Dieser Zweck ist bei einer zusätzlichen Abführungspflicht allerdings nicht beeinträchtigt, da die Existenz einer solchen den Schuldner zunächst nicht in unangemessener Weise wirtschaftlich strapaziert oder geeignet ist, die

1344 KK-InsO/*Hess*, § 35, 36 Rn. 108; *Frind*, Privatinsolvenz-HdB, Rn. 130, 596a; *Lange*, ZVI 2018, S. 9 (14); *Montag*, ZVI 2013, S. 453 (459); wohl auch: PrivatInsRK/*Köster*, 1. Aufl. 2019, § 35 Rn. 103.

1345 *Frind*, Privatinsolvenz-HdB, Rn. 130; *Lange*, ZVI 2018, S. 9 (14); *Montag*, ZVI 2013, S. 453 (459).

1346 *Montag*, ZVI 2013, S. 453 (459); PrivatInsRK/*ders.*, § 35 Abs. 2 bis 4 Rn. 344; so auch: PrivatInsRK/*Köster*, 1. Aufl. 2019, § 35 Rn. 102.

1347 Vgl. *Lange*, ZVI 2018, S. 9 (14), dort Fn. 63.

1348 *Lange*, ZVI 2018, S. 9 (14).

1349 Vgl. Grüneberg/*Grüneberg*, Einl. Rn. 49.

schon aus dem Erstverfahren herrührende Abführungsverpflichtung oder die Erteilung der Restschuldbefreiung im Erstverfahren zu gefährden.

Eine planwidrige Regelungslücke liegt vor, denn der Gesetzgeber hat schon nicht erkannt, dass im Fall von Zweitinsolvenzen eine erneute Geschäftsfreigabe in Betracht kommen kann.[1350] Dass eine solche Freigabe zu einer Überlastung des Schuldners führen kann und deshalb eine gesetzliche Ausnahme zu schaffen ist, war für den Gesetzgeber zum Zeitpunkt der Entwicklung des § 35 Abs. 2 InsO nicht absehbar. Die Regelungslücke besteht mithin darin, dass der Gesetzgeber keine die Rechtsfolgen der Freigabe der Selbstständigkeit adressierende Norm erlassen hat.[1351] Die Rechtsfolge der Pauschalfreigabe ist jedoch nicht hinsichtlich der Zahlung von Ablösebeträgen anzupassen: Zum einen ist der vollständige Fortfall der Zahlungspflicht nicht zweckgerecht. Zum anderen ist die dahingehende Anpassung, dass eine Zahlungspflicht nur für den Fall im Zweitverfahren eingeräumt wird, dass die vorausgehende Zahlungspflicht des Erstverfahrens weggefallen ist und keine Zahlungen im Restschuldbefreiungsverfahren mehr zu erbringen sind, von vornherein unzulässig.

Gegen einen kompletten Ausschluss der Verpflichtung beziehungsweise eine Streichung des Verwalteranspruchs spricht, dass die Funktion des gewinnunabhängigen Vermögensrückflusses an die Insolvenzmasse hinter der Zielsetzung, dem Schuldner einen wirtschaftlichen Neubeginn zu erlauben, gänzlich zurücktreten müsste. Damit würde die von der Pflicht anvisierte Gleichstellung von selbstständig tätigen mit abhängig beschäftigten Schuldnern verhindert.[1352] Dem kann nicht entgegengehalten werden, dass schon eine Ablöseverpflichtung gegenüber der Erstmasse besteht und eine zweite Zahlungspflicht der Gleichstellungsidee widerspricht, weil sie für den selbstständig tätigen Schuldner eine doppelte Inanspruchnahme bedeutete. Zwar schuldet der angestellte Schuldner auch nur den in § 287 Abs. 2 InsO begründeten Betrag. Da die Abführungspflicht aber eine Gegenleistung zur Entlassung des Geschäftsbetriebs aus der Insolvenzmasse bedeutet, erhält der Schuldner mit der zweiten Abführungsverpflichtung auch zum zweiten Mal die Vorteile der Rückerlangung der darauf bezogenen Verwaltungs- und Verfügungsbefugnis und den Neuerwerb. Dagegen kann nicht eingewandt werden, dass eine zusätzliche Verpflichtung in Höhe des

---

1350 Siehe zum Entwurf der Bundesregierung eines Gesetzes zur Entschuldung mittelloser Personen, zur Stärkung der Gläubigerrechte sowie zur Regelung der Insolvenzfestigkeit von Lizenzen unter: 3. Kapitel A. III. 3. a) bb) (2) (c).

1351 Vgl. Grüneberg/*Grüneberg*, Einl. Rn. 55.

1352 Gesetzesbegründung des RegE, in: BT- Drs. 16/3227, S. 17.

fiktiven Verdienstes einer abhängigen Beschäftigung nicht erfolgen kann, weil den Schuldner auch im Fall der jeweiligen Freigabe mehrerer ausgeübter Selbstständigkeiten nur eine einzige Ausgleichspflicht trifft. Dabei handelt es sich um die Frage der Ausgleichshöhe. Allerdings wird die Ausgleichspflicht schon durch die erstmalige Freigabe einer von mehreren Selbstständigkeiten statuiert.

Insgesamt folgt die Problemstellung aus der Sonderstellung des Parallelinsolvenzverfahrens, dass eben nur über ein vom Insolvenzverwalter geschaffenes Sondervermögen eröffnet wird. Für die Abwicklung und Verteilung dieses Vermögens stehen die allgemeinen Regeln zur Verfügung. Die Folgeproblematik einer Verkettung von Sonderinsolvenzen kann nur anhand der gesetzesimmanenten Wertungen aufgeklärt werden, indem auf der Grundlage einer Abwägung einer der in § 35 Abs. 2 InsO festgelegten Wertentscheidung ein Geltungsvorrang eingeräumt wird. Diese Entscheidung kann nur zugunsten des im § 35 Abs. 2 S. 1 InsO liegenden Zwecks der Norm, der Masseschonung und der Eröffnung eines wirtschaftlichen Neuanfangs, ausfallen.

Der Masseausgleich über einen Zahlungsanspruch ist dabei essentiell. Die Vorschrift des § 35 Abs. 2 S. 2 InsO zeigt, dass mit jeder Negativerklärung eine neuer Ausgleichsanspruch entsteht. Ein zusätzlicher Anspruch führt nicht zu einer Benachteiligung des Selbstständigen gegenüber dem angestellten Schuldner, da es sich bei der zusätzlichen Ausgleichspflicht um die erneute Gegenleistung zur Geschäftsfreigabe handelt. Diese Konsequenz ist nicht zweckwidrig, weil es nicht zu einer betragsmäßig identischen Doppelbelastung des Schuldners kommt, die einen wirtschaftlichen Neuanfang des Schuldners mit seiner Selbstständigkeit verhindert, denn der Schuldner ist zwei Ausgleichspflichten ausgesetzt, die er nach seiner Wahl nicht beide erfüllen muss.[1353] Erfüllt der Schuldner die Ausgleichspflicht aus dem Erstverfahren, kann er dort die Restschuldbefreiung erhalten und wird insoweit nicht an einem wirtschaftlichen Neuanfang gehindert. Erfüllt er die Pflicht nicht, muss der Erstverwalter den Anspruch als Insolvenzforderung im Zweitverfahren anmelden, mit der Folge, dass der Schuldner regelmäßig nicht betragsmäßig voll belastet wird.

Zudem ist es dem Schuldner nicht grundsätzlich unmöglich, die zweite – der Höhe nach neu zu berechnende – Ausgleichspflicht zu erfüllen, weil ihm der Neuerwerb zusteht, der durchaus auch die Höhe zweier Verdienste aus abhängiger Beschäftigung erreichen kann. Erfüllt der Schuldner diese zweite Verpflichtung

1353 Im Unterschied zur Bewertung einer doppelten Abführung im Rahmen der Frage der Restschuldbefreiung führt die anders zu bewertende Abführung aufgrund von Ausgleichspflicht zu einem anderen Ergebnis: vgl. oben unter: 5. Kapitel B. I. 3.

nicht, kann der Zweitverwalter klageweise gegen den Schuldner vorgehen oder im Fall eines Drittverfahrens die Forderung im Drittverfahren anmelden. Der Schuldner muss nach dem üblichen Risiko, dass ein Anspruch auch nicht erfüllt werden kann, nicht leisten. Den Nachteil einer Versagung der Restschuldbefreiung hat er in Bezug auf diesen Anspruch nicht zu befürchten, da im Zweitverfahren eine solche nicht zu erreichen ist. Eine teleologische Reduktion der Teilrechtsfolge dahingehend, dass im Fall einer noch andauernden Zahlungsverpflichtung kein weiterer Ablöseanspruch besteht, ist somit nicht angezeigt.

(b) Keine anderweitige Rechtsgestaltung

Die teilweise Anwendung des § 35 Abs. 2 S. 2 InsO im Rahmen der teleologischen Reduktion stellt keine Alternative dar, denn die Rechtsfortbildung füllt die vorhandene Regelungslücke, indem sie eine Ausnahme von der zweckwidrigen Anwendung herbeiführt. Diese Ausnahme kann nur die Nichtanwendung der Norm sein. Andernfalls führte die teleologische Reduktion des Wortlauts nicht nur zu einer Rückbesinnung auf die ratio legis, sondern darüber hinaus zu einer willkürlichen Rechtsfortbildung.[1354] Die Fortbildung findet ihre Grenze nämlich dort, wo sie nicht mehr nur korrigiert, sondern schon „*einer Verbesserung des Gedankens selbst*“ dient.[1355] Das bedeutet, dass die Rechtsfolge der Freigabe nicht nur in einem bestimmten Umfang nicht angewandt werden kann.[1356] Es kann also zu keiner Aufteilung von Zahlungspflichten zugunsten der einzelnen Massen erfolgen. Auch der Fortfall des Konflikts durch Beendigung der Notwendigkeit der Zahlung an die Erstinsolvenzmasse kann nicht anders bewertet werden, weil dies der Wirkung einer auflösenden Bedingung gleichkommt.[1357] Es kann also nicht erst zu einem späteren Zeitpunkt eine Ausgleichspflicht entstehen.[1358]

1354 Vgl. Staudinger/*Honsell* (2018) Einl. zum BGB Rn. 150.

1355 *Savigny*, System des heutigen Römischen Rechts, S. 240; Staudinger/*Honsell* (2018) Einl. zum BGB Rn. 150.

1356 In diese Richtung aber: *Lange*, ZVI 2018, S. 9 (14 f.).

1357 Im Übrigen könnte eine verzögerte Anspruchsentstehung im Zweitverfahren nicht durch eine bedingte Negativerklärung erfolgen, da diese als Prozesshandlung bedingungsfeindlich ist. Darüber hinaus wäre das auch nicht zielführend, da die Zweitmasse aufgrund des Bedürfnisses nach einer Haftungstrennung unverzüglich von den negativen Einwirkungen der Selbstständigkeit befreit werden muss.

1358 Im Ergebnis ebenso: PrivatInsRK/*Montag*, § 35 Abs. 2 bis 4 Rn. 344; PrivatInsRK/*Köster*, 1. Aufl. 2019, § 35 Rn. 103.

(c) Ergebnis

Eine teleologische Reduktion des § 35 Abs. 2 S. 2 InsO scheidet aus, da die Ausgleichspflicht im Zweitverfahren im Einklang mit dem Zweck der Vorschrift steht.

cc) Stellungnahme

(1) Entstehen des Ausgleichsanspruchs

Nach hier vertretener Ansicht entsteht der Anspruch der Zweitinsolvenzmasse auf Abführung des Ausgleichsbetrags gem. § 35 Abs. 2 S. 2, § 295a Abs. 1 S. 1 InsO. Die Vorschriften sind in der parallelen Zweitinsolvenz auch bezüglich der Rechtsfolge anzuwenden. Die vorgenannten Lösungen versuchen den Konflikt zweier Abführungsverpflichtungen zu verhindern. Allerdings handelt es sich um die reguläre Situation einer Anspruchshäufung, der sich der Schuldner innerhalb und außerhalb von Insolvenzverfahren immer ausgesetzt sieht. Entsteht durch erneute Freigabe im parallelen Zweitverfahren ein Ausgleichsanspruch zugunsten der Zweitinsolvenzmasse, ist dieser nicht anders zu bewerten als sonstige Zahlungsansprüche gegen den Schuldner. Der gesetzliche Zahlungsweg über § 35 Abs. 2 S. 2, § 295a Abs. 1 S. 1 InsO erlaubt es einzig dem Schuldner die Entscheidung zu überlassen, ob er einen Anspruch erfüllen möchte. Bei erneuter Geschäftsfreigabe kann der Schuldner mithin aus seinem insolvenzfreien Vermögen Zahlungen leisten. Tut er dies nicht, kann der Zweitinsolvenzverwalter den Anspruch klageweise geltend machen.[1359] In einem Drittinsolvenzverfahren wird der Zweitinsolvenzverwalter die Forderung zur Insolvenztabelle anmelden müssen. Es handelt sich um das Risiko, dass der Anspruch zugunsten der Zweitverfahrensmasse nicht erfüllt wird. Eine Freistellung des schuldnerischen Neuerwerbs im Drittverfahren über die Pfändungsschutzlösung verbietet sich hier, weil der Schuldner im parallelen Zweitverfahren keine Restschuldbefreiung erlangen kann und deshalb im Drittverfahren kein vergleichbarer Mehrbedarf im Sinne der § 850i Abs. 1, § 850f Abs. 1 Nr. 2 Alt. 2 ZPO besteht. Die Freistellung ist aufgrund der Bedeutung der Restschuldbefreiung für den Schuldner ausschließlich im Hinblick auf die Ausgleichspflicht des Erstverfahrens – sofern das Restschuldbefreiungsverfahren noch andauert – gerechtfertigt, um dem Schuldner die Restschuldbefreiung zu ermöglichen.

Für das vollständige Entstehen des Ausgleichsanspruchs spricht unter teleologischen Gesichtspunkten, dass der Ausgleichsanspruch einen Gegenwert zur Entlassung der Selbstständigkeit aus der Insolvenzmasse darstellt.[1360] Würde

1359 Vgl. Uhlenbruck/*Hirte/Praß*, § 35 Rn. 105.

1360 A/G/R-*Ahrens*, § 35 Rn. 176.

kein Ausgleichsanspruch bestehen, benachteiligte dies die Zweitinsolvenzgläubiger, weil der Neuerwerb der Masse entzogen würde, ohne dass der gesetzlich vorgesehene Ausgleich stattfindet. Das teilweise vorgebrachte Argument, der Ausgleichsanspruch könne nicht entstehen, weil im Zweitverfahren keine Restschuldbefreiung möglich ist, übersieht diesen Zusammenhang.[1361] Die Ausgleichspflicht besteht unabhängig von der Restschuldbefreiungsmöglichkeit, weil die Pflicht durch die Geschäftsfreigabe selbst in solchen Insolvenzverfahren existiert, die auf einen Fremdantrag hin eröffnet wurden und in denen kein Restschuldbefreiungsverfahren läuft.[1362] Die Ausgleichspflicht besteht auch in solchen Insolvenzverfahren, in denen das Restschuldbefreiungsverfahren ohne Erteilung der Restschuldbefreiung endet.[1363] Es handelt sich bei der Ausgleichspflicht ausschließlich um eine Neuerwerbszuordnung.[1364] Auf die Möglichkeit einer Restschuldbefreiung kommt es nicht an, weil die über § 35 Abs. 2 S. 2 InsO angeordnete „*entsprechende*“ Anwendung des § 295a InsO ausschließlich den Gläubigerinteressen dient. Die Ausgleichszahlung zielt auf die Gleichstellung von Gläubigern des selbstständig tätigen Schuldners mit Gläubigern eines abhängig beschäftigten Schuldners ab.[1365] Es handelt sich um einen schuldrechtlichen Anspruch zugunsten der Zweitinsolvenzmasse. Folglich ist die Mitwirkungspflicht des Schuldners hinsichtlich der Ausgleichsbeträge im Zweitverfahren nicht über § 290 Abs. 1 Nr. 5 InsO sanktionierbar. Die Pflicht ist nach § 148 InsO und § 98 InsO durchzusetzen.

Eine Benachteiligung der Neugläubiger ist ausgeschlossen, weil diesen durch die Geschäftsfreigabe im parallelen Zweitverfahren ein früherer Haftungszugriff ermöglicht wird. Es existiert mit Blick auf § 35 Abs. 2 S. 2 InsO auch kein wertungsmäßig vergleichbarer Verteilungskonflikt wie bei der Frage, ob zwei parallele Abführungsbeträge zur Restschuldbefreiung geschuldet sind, die der Schuldner mangels doppeltem hypothetischen Einkommen nicht erwirtschaften kann.[1366] Im Vordergrund steht insoweit die Vermeidung des Haftungsrisikos der Zweitinsolvenzmasse für die Selbstständigkeit des Schuldners und die Gleichstellung mit nicht selbstständig tätigen Schuldnern durch

1361 So aber: KK-InsO/*Hess*, § 35, 36 Rn. 108; PrivatInsRK/*Köster*, 1. Aufl. 2019, § 35 Rn. 103; PrivatInsRK/*Montag*, § 35 Abs. 2 bis 4 Rn. 344.

1362 *Kampf*, ZVI 2021, S. 378 (380 f.).

1363 *Kampf*, ZVI 2021, S. 378 (381).

1364 Vgl. *Kampf*, ZVI 2021, S. 378 (381).

1365 Uhlenbruck/*Hirte/Praß*, § 35 Rn. 99, 105.

1366 Vgl. AG Mannheim, Beschl. v. 18.07.2019 – 4 IN 1331/19, in: NZI 2019, S. 945 Rn. 18.

die Abführungspflicht.[1367] Anders als beim (hypothetischen) Konflikt zweier Abführungsbeträge im Zusammenhang mit der Restschuldbefreiung erhält der Schuldner unmittelbar den Neuerwerb als Gegenleistung und Zweitinsolvenzgläubigern wird die Gefährdung ihrer Quote genommen.

Auch die Systematik spricht für diese Sichtweise. Die Erklärung der entsprechenden Anwendbarkeit des § 295a InsO verdeutlicht, dass es im Belieben des Schuldners steht, Zahlungen zu leisten oder dies zu unterlassen.[1368] Dieses Schuldnerinteresse verlangt eine Handlungsalternative, die nicht besteht, wenn von vornherein keine Beträge geschuldet werden. Das mit der Geschäftsfreigabe einhergehende Risiko ist der gesetzlichen Ausgestaltung nach dem Schuldner auferlegt.

Schließlich belastet die Anspruchsentstehung den Schuldner nicht unzumutbar. Kommt der Schuldner im Erstverfahren seiner Verpflichtung nach, kann er dort die Restschuldbefreiung erreichen. Der Schuldner erhält durch die im Erstverfahren erfolgte Geschäftsfreigabe auch schon vor Erstverfahrensaufhebung bezüglich des Vermögens der Selbstständigkeit einschließlich des Neuerwerbs seine Verwaltungs- und Verfügungsbefugnis zurück. Die Chancen des wirtschaftlichen Neuanfangs hinsichtlich des Neuerwerbs stehen allein dem Schuldner zu. Mit Blick auf die Erstverfahrensdauer besteht für den Schuldner nicht während des gesamten Zweitverfahrens eine zweifache Verpflichtung, weil sich die Erstverfahrenspflicht durch Zeitablauf erledigt. Mit der Geschäftsfreigabe im Zweitverfahren erhält der Schuldner einerseits auch in diesem Verfahren vor Verfahrensaufhebung die wirtschaftlichen Chancen des Neuerwerbs, sodass er grundsätzlich die wirtschaftlichen Möglichkeiten hat, einer zweiten Ausgleichspflicht nachzukommen. Zusätzlich besteht für den Schuldner keine Ausgleichspflicht, wenn die hypothetisch erwirtschaftbaren Einkünften aus abhängiger Beschäftigung die Pfändungsfreigrenze unterschreiten.[1369]

(2) Kein Ausschluss des Ausgleichsanspruchs

Richtigerweise ist der Konflikt der Abführungsbeträge aus Erst- und Zweitverfahren ausschließlich über die Entscheidung des Schuldners zu lösen. Der Schuldner trägt auch das Risiko der Nichterfüllung. Dieses kann ihm nicht dadurch abgenommen werden, dass er sich darauf beruft, jeweils entweder schon an den Erst- oder Zweitverwalter gezahlt zu haben.

1367 Vgl. Graf-Schlicker/*Graf-Schlicker/Kexel*, § 35 Rn. 3.

1368 Zu dieser Wertung unter: 3. Kapitel C. III. 2. c) und 3. Kapitel C. II. 3. c) ff) (2) (a).

1369 Hierzu oben unter: 3. Kapitel C. II. 3. a) aa) (1).

Der Schuldner kann sich nicht auf eine Gesamtgläubigerschaft von Erst- und Zweitverwalter gem. § 428 BGB berufen, da eine solche weder durch Vertrag entstanden noch gesetzlich vorgesehen ist.

Die Höhe des Ausgleichsanspruchs aus dem Zweitverfahren kann auch nicht aufgrund der bestehenden Ausgleichspflicht des Erstverfahrens als Rechnungsposten berücksichtigt werden – etwa im Rahmen der Feststellung gem. § 295a Abs. 2 S. 1 InsO.[1370]

Ebenfalls kann sich der Schuldner nicht auf § 242 BGB berufen, weil bei unterschiedlichen Anspruchsinhabern keine Fallgruppe unzulässiger Rechtsausübung erfüllt ist. Dem auf die Anspruchshöhe des Erstverwalters entfallenden Teil, eines Anspruchs des Zweitverwalters kann sich der Schuldner nicht aufgrund Treu und Glauben gem. § 242 BGB erwehren.[1371] Verlangt der Zweitverwalter Zahlung in Höhe der Erstverpflichtung, handelt es sich nicht um einen Fall der missbräuchlichen Rechtsausübung, weil nicht mehr herausverlangt wird als aufgrund des Rechtsverhältnisses herausverlangt werden kann.[1372] Der Zweitverwalter weiß zwar, dass der Parallelinsolvenz schon eine erste Geschäftsfreigabe vorausgegangen ist, ihm steht allerdings ein eigenständiger Anspruch zur Seite. Zahlt der Schuldner an den Erstverwalter, kann der Schuldner dem Zweitverwalter diese Zahlung nicht nach § 242 BGB entgegenhalten mit der Folge, dass der Anspruch des Zweitverwalters in voller Höhe entsteht.[1373]

(3) Variable Höhe eines weiteren Ausgleichsanspruchs

Die Schlüssigkeit dieser Bewertung wird auch mit Blick auf die Sachverhaltsalternative, in der sich der Schuldner fortgebildet hat oder die im Erstverfahren stattgefundene Ausübung einer Selbstständigkeit als zusätzliche Qualifikation zu werten ist, deutlich. Dem Schuldner wird danach die Aufnahme einer angestellten Beschäftigung ermöglicht, die zu einem höheren fixen Einkommen führt. Das hypothetisch erwirtschaftbare Einkommen liegt damit höher als zum

---

1370 Zu dieser Argumentation oben unter: 3. Kapitel C. II. 4. c) ee).

1371 Die Regel des § 242 BGB gilt auch für schuldrechtliche Ansprüche im Insolvenzverfahren: Grüneberg/*Grüneberg*, § 242 Rn. 3. Zum Konkurrenzverhältnis von teleologischer Reduktion und der Anwendung von § 242 BGB: Staudinger/*Looschelders/Olzen*, (2019) § 242 Rn. 344; Grüneberg/*Grüneberg*, Einl. Rn. 56.

1372 Vgl. Staudinger/ *Looschelders/Olzen*, (2019) § 242 Rn. 213 ff.

1373 Die rechtsmissbräuchliche Rechtsausübung kann im Rahmen des § 242 BGB schon rechtshindernd wirken: Grüneberg/*Grüneberg*, § 242 Rn. 41.

Zeitpunkt der Festlegung im Erstverfahren, sodass die Anspruchshöhe eines Ausgleichsanspruchs im Zweitverfahren entsprechend steigt.

In dieser Fallgestaltung sind die Voraussetzungen für eine teleologische Reduktion ebenfalls nicht erfüllt, da zwar eine Regelungslücke besteht, der Zweck des § 35 Abs. 2 S. 1 InsO aber nicht vereitelt wird, da der Schuldner für den auf die Anspruchserhöhung entfallenden Teil nicht übermäßig wirtschaftlich strapaziert wird, weil seine Leistungsfähigkeit ebenfalls zugenommen hat. Ein Vergleich, der dem Erst- und dem Zweitverwalter jeweils hypothetisch zustehenden Anspruchshöhen ergibt eine zusätzliche „freie Spitze", deren Leistung dem Schuldner nicht durch eine Nichtanwendung der § 35 Abs. 2 S. 2, § 295a Abs. 1 S. 1 InsO abgenommen werden kann, weil sie auf der neuen Berechnungsgrundlage beruht. Eine Anwendung ermöglicht dem Zweitverwalter auch den die Erstverfahrensverpflichtung übersteigenden Betrag einzuziehen. In dieser Höhe kann der Schuldner gem. § 35 Abs. 2 S. 2 InsO zusätzlich verpflichtet werden.

Diese Sichtweise kann für sich zur Begründung auch die Bündelung bzw. umgekehrte Teilbarkeit des Ablöseanspruches anführen. Übt ein Schuldner mehrere Selbstständigkeiten aus, besteht ein Ausgleichsanspruch des Verwalters lediglich in Höhe eines hypothetisch pfändbaren Angestellteneinkommens, sodass der Schuldner unabhängig von der Anzahl seiner nichtangestellten Tätigkeiten lediglich einem Ausgleichsanspruch ausgesetzt ist. In gewisser Weise wird bei der Konstellation des nachträglichen Qualifikationszuwachses der Anspruch des Erstverwalters dann wertmäßig in das zweite Verfahren durchgereicht und als Berechnungskomponente integriert, weil eine eigenständige Berechnung der Ablöseanspruchshöhe erfolgt. Der Zweitinsolvenzverwalter darf den höheren Anspruch für die Zweitmasse geltend machen.

(4) Ergebnis

Im Zweitverfahren entsteht mit Geschäftsfreigabe einer Selbstständigkeit eine Abführungspflicht des Schuldners. In einem Drittverfahren ist diese als Insolvenzforderung zu behandeln.

d) Umgang mit einem Zustand der Dauerinsolvenz

Schon früh ist in Praxis und Literatur übergreifend davor gewarnt worden, dass mit der Möglichkeit einer erneuten Freigabe die Gefahr von Dauerinsolvenzverfahren verbunden ist.[1374] Einer Verkettung von Verfahren aufgrund einer

---

1374 Etwa: AG Göttingen, Beschl. v. 12.10.2007, 74 IN 304/07, in: ZVI 2007, S. 571 Rn. 25; *Wischemeyer*, ZInsO 2009, S. 2121 (2129); *Tetzlaff*, WuB 2011, S. 675 (678);

Abfolge von Geschäftsfreigaben kann im jeweiligen Verfahren entgegengewirkt werden, indem der jeweilige Insolvenzverwalter seiner Prüfpflicht nachkommt. Insbesondere kann verlangt werden, dass eine Prüfung der unternehmerischen Chancen tatsächlich durchgeführt und nicht lediglich der Wert der vorhandenen Vermögensgüter summiert wird. Nur auf Grundlage einer angemessenen Prüfung kann eine realistische Prognose zum Erfolg einer Selbstständigkeit erstellt werden. Mangels insolvenzgerichtlicher Überprüfung der Erfolgsaussichten ist der Verwalter gehalten, von dem zugestandenen Prüfrahmen Gebrauch zu machen. Die Negativerklärung stellt eine umfassende Vermögensfreigabe dar.

Da die Gesamtfreigabe für Insolvenzverwalter ein etabliertes und wichtiges Instrument zum Masseerhalt und zur Haftungsvermeidung darstellt, ist nachvollziehbar, dass eine Beschränkung dieser Handlungsmöglichkeit im Hinblick auf die Eindämmung von Folgeverfahren wenig Erfolg versprechend ist. Aufgrund der Bedeutung der Freigabe für eine Enthaftung des Insolvenzverwalters muss deshalb immerhin gefordert werden, dass die Entscheidung auf einer umfassenden Kenntnis von der Wirtschaftlichkeit der Unternehmung und den Erkenntnissen über die Insolvenzgründe getroffen wird, die im Austausch mit dem Schuldner für die Optimierung von dessen Geschäftskonzept Verwendung finden dürfen.

Abschließend ist noch darauf hinzuweisen, dass eine Betriebsstilllegung durch die Gläubigerversammlung gem. § 157, § 158 InsO einer Geschäftsfreigabe mit der Begründung, der vorläufige Marktaustritt der Selbstständigkeit sei gewährleistet und die Pfändungsschutzvorschriften der § 811 ff. ZPO gelten nicht, nicht vorzuziehen ist.[1375] Beide Folgen sind angesichts des gesetzgeberischen Bekenntnisses zur Ermöglichung und Motivation des selbstständigen Schuldners in § 35 Abs. 2 InsO, § 36 Abs. 1 InsO abzulehnen, weil sie den Gesetzeszweck umgehen und mit dem Weg einer Sanierung zur bestmöglichen Gläubigerbefriedigung nicht vereinbar sind. Da die Arbeitskraft des Schuldners nicht massebefangen ist, gilt in der Insolvenz natürlicher Personen die Regel des § 35 Abs. 2 InsO, wobei der Gläubigerschutz über § 35 Abs. 2 S. 3 InsO hergestellt wird.[1376]

---

zuletzt: AGR-InsO/*Ahrens*, § 35 Rn. 177; FK-InsO/*Schmerbach*, 9. Aufl. 2018, § 13 Rn. 128; *Nawroth/Steinbach*, ZInsO 2018, S. 700 (702). Zu Folgeverfahren in der Unternehmensinsolvenz: *Frind/Köchling*, ZInsO 2013, S. 1666 ff.

1375 PrivatInsRK/*Montag*, § 35 Abs. 2 bis 4 Rn. 255; *Voigt/Gerke*, ZInsO 2002, S. 1054 (1056 f.); *Ries*, ZInsO ZVI 2004, S. 221 (224). Zum Verhältnis von Betriebsstillegung und § 35 Abs. 2 InsO: *Heinze*, ZInsO 2019, S. 657 (663); **a.A.** *Zimmermann*, ZInsO 2011, S. 2057 (2058 ff.).

1376 HK-InsO/*Ries*, § 157 Rn. 3.

Erkennt der Insolvenzverwalter schließlich, dass sich eine Selbstständigkeit des Schuldners so positiv entwickelt, dass eine Rückholung zu einer Masseverbesserung führen würde, obliegt es ihm, die Gläubiger darüber zu informieren, damit diese ggf. ihr Recht auf Unwirksamkeitserklärung der Verwalterentscheidung ausüben können.[1377]

D. Übergeleitete Insolvenzverfahren

I. Verfahrenskonstellation

Schon in seiner frühesten Rechtsprechung zur Zweitinsolvenz über eine freigegebene Selbstständigkeit hat das Amtsgericht Göttingen auf die Parallele von Zweitverfahren zur Konstellation der Doppelinsolvenz betreffend das nach dem Tod des Schuldners als Nachlassinsolvenzverfahren fortgeführte Insolvenzverfahren und eines zusätzlichen Nachlassinsolvenzverfahrens der Erben hingewiesen.[1378] Daraus wurden in Bezug auf Zweitverfahren Rückschlüsse für die Abgrenzung der Vermögensmassen, Teilnahmeberechtigungen und Zugriffsmöglichkeiten der Gläubigergruppen gezogen.[1379] Im Zusammenhang mit Dritt- und Folgeverfahren können zusätzliche Verfahren des Weiteren auch in der Erscheinungsform auftreten, dass Erstverfahren und paralleles Zweitverfahren beim Tod des Schuldners jeweils in Nachlassinsolvenzverfahren übergeleitet werden.[1380] Es laufen dann mehrere Nachlassinsolvenzverfahren als

---

1377 *Gehrlein*, ZInsO 2017, S. 1352 (1356).

1378 AG Göttingen, Beschl. v. 26.02.2008 – 74 IN 304/07, in: NZI 2008, S. 313 (314): „*Wird das Verfahren - ausnahmsweise - eröffnet, ergeben sich keine unüberwindbaren Schwierigkeiten bei der Abwicklung zweier "Parallelinsolvenzverfahren". Derartige Verfahren sind nicht gänzlich unbekannt, wie bereits [...] angeführte Fall eines nach Tod des Schuldners als Nachlassinsolvenzverfahren fortgeführten massereichen Insolvenzverfahrens und eines (weiteren) Nachlassinsolvenzverfahrens der Erben zeigt*"; mit Hinweis auf: AG Göttingen, Beschl. v. 05.10.2007 – 74 IN 295/07, in: NZI 2008, S. 56 (57).

1379 AG Göttingen, Beschluss vom 05.10.2007 – 74 IN 295/07, in: NZI 2008: S. 56 (57): „*Es sind auch andere Konstellationen denkbar, dass zwei Insolvenzverfahren gleichsam „parallel" laufen. Im Fall des Todes des Schuldners wird ein massereiches Insolvenzverfahren von Amts wegen in ein Nachlassinsolvenzverfahren übergeleitet. Masseverbindlichkeiten gem. § 324 InsO können dort nicht geltend gemacht werden, für neue Gläubiger steht nur das insolvenzfreie Vermögen zur Verfügung. In diesem Fall besteht die Möglichkeit eines weiteren Nachlassinsolvenzverfahrens*" mit Hinweis auf: *Köke/ Schmerbach*, ZVI 2007, S. 497 ff.

1380 BGH, Urt. v. 26.09.2013, IX ZR 3/13, in: NZI 2014, S. 119 Rn. 17; KPB/*Holzer*, § 315 Rn. 32; *Kampf*, ZVI 2018, S. 3 (5).

Folgeverfahren über den Nachlass parallel ab: als Drittverfahren das übergeleitete Verfahren über das Gesamtvermögen (ehemaliges Erstverfahren) und als Viertverfahren das übergeleitete Verfahren über die freigegebene Selbstständigkeit (ehemaliges paralleles Zweitverfahren).[1381]

II. Nachlassinsolvenzen als Folgeverfahren

1. Zweck und Ablauf des Nachlassinsolvenzverfahrens

Das Nachlassinsolvenzverfahren gem. § 11 Abs. 2 Nr. 2, §§ 315–331 InsO ist ein Insolvenzverfahren über den Nachlass als Sondervermögen, das durch den Todesfall des Erblassers auf den Erben gem. § 1922 BGB übergeht.[1382] Es zeichnet sich durch eine zweifache Funktion aus, indem es einerseits der gleichmäßigen Befriedigung ausschließlich der Nachlassgläubiger des Erben dienen und anderseits die Haftung des Erben gegenüber den Nachlassgläubigern auf den Nachlass beschränken kann.[1383] Von grundlegender Bedeutung ist, dass Erben prinzipiell mit ihrem gesamten Vermögen, also dem Eigenvermögen und dem Nachlassvermögen, für Nachlassverbindlichkeiten im Sinne einer Gesamtvermögensinsolvenz gem. § 1922 Abs. 1, § 1967 BGB haften.[1384] Demnach kann ein Nachlassinsolvenzverfahren nicht initiiert werden, wenn entweder der Erbe eine durch Schulden belastete Erbschaft gem. §§ 1942 ff., § 1953 BGB ausschlägt oder er schon gem. § 2013 Abs. 1 S. 1 unbeschränkt haftet.[1385] Hat ein Erbe die Erbschaft angenommen und liegen die Voraussetzungen der Nachlassinsolvenz vor, kann die Haftung des Erben für den überschuldeten Nachlass auf diesen gem. § 1975 BGB, § 325 InsO beschränkt werden.[1386] Um eine gleichmäßige

---

1381 *Roth*, NZI 2021, S. 421 (422 f.) schlägt den Begriff des „*partiellen Nachlassinsolvenzverfahrens*" vor.

1382 Der Begriff des Nachlasses ist nicht legaldefiniert und ist nur bei einer Alleinerbschaft kongruent mit dem Begriff der Erbschaft des § 1922 BGB. Gemeint ist dann die Gesamtheit des Vermögens des Erblassers. Im Unterschied zur Erbschaft verändert sich der Umfang des Nachlassvermögens nach dem Tode, ausführlich dazu *Roth*, ZInsO 2010, S. 118 (118 f.).

1383 MüKoInsO/*Siegmann/Scheuing*, Vorbem. vor §§ 315-331 Rn. 1.

1384 *Vallender*, NZI 2005, S. 318 (318).

1385 Der Erbe kann die Erbschaft ausschlagen, sodass deren Anfall gem. § 1953 Abs. 1 BGB als nicht erfolgt gilt. Geschieht dies nicht gem. § 1944 BGB innerhalb einer Frist von sechs Wochen oder nimmt der Erbe explizit an, geht die Erbschaft in sein Eigenvermögen über.

1386 Ausgenommen der Anfechtung der Annahme der Erbschaft und der Geltendmachung von Einreden, ist eine Haftungsbeschränkung gem. § 1975 BGB durch

Nachlassgläubigerbefriedigung erreichen zu können, sind der Erbe oder der Nachlassinsolvenzverwalter zur Antragstellung verpflichtet, wenn der Erbe bei Vorliegen von Zahlungsunfähigkeit oder Überschuldung gem. § 1980, § 1985 Abs. 2 BGB nicht unbeschränkt haftet.[1387]

2. *Masseumfang des Nachlassinsolvenzverfahrens*

Die Nachlasssonderung, also die Trennung von Eigen- und Nachlassvermögen des Erben, führt zu einer haftungsbezogenen Unterscheidung der Vermögensmassen.[1388] Zu beachten ist allerdings, dass der gesonderte Nachlass weder rechtsfähig noch ein selbstständiger Vermögensträger ist.[1389] Ungeachtet der Insolvenzeröffnung bleibt der Erbe Vermögensträger des Nachlasses, verliert allerdings seine sich auf diesen erstreckende Verwaltungs- und Verfügungsbefugnis.[1390] Das Nachlassinsolvenzverfahren bezieht sich in seiner Wirkung ausschließlich auf das zugewiesene Sondervermögen, das zugunsten der Nachlassinsolvenzgläubiger verwertet wird.[1391] Einzig der Nachlass in seiner Form zum Zeitpunkt der Nachlassinsolvenzeröffnung bildet die Haftungsmasse für Nachlassgläubiger.[1392] Damit wird die aus der Universalsukzession des § 1922 BGB folgende Haftung mit dem Gesamtvermögen eingeschränkt.[1393]

3. *Doppelinsolvenz von Nachlass und schuldnerischem Eigenvermögen*

Zeitgleich mit der Eröffnung eines Insolvenzverfahrens über den Nachlass kann sich ein Erbe gem. § 331 InsO parallel in einem Insolvenzverfahren über sein Eigenvermögen befinden. Dabei handelt es sich um den Fall einer Doppelinsolvenz, bei welcher zwei gleichzeitig ablaufende, aber funktional selbstständige Insolvenzverfahren mit zwei Insolvenzverwaltern durchgeführt werden.[1394]

Nachlassverwaltung möglich und auf den Nachlass beschränkt. Diese kann gem. § 1988 BGB nicht länger als bis zur Eröffnung eines Nachlassinsolvenzverfahrens durchgeführt werden.

1387 Reul/Heckschen/Wienberg/*Reul*, InsR, § 5 Rn. 38.

1388 *Kuleisa*, ZVI 2013, S. 173 (174).

1389 *Kuleisa*, ZVI 2013, S. 173 (174).

1390 Reul/Heckschen/Wienberg/*Reul*, InsR, § 5 Rn. 44.

1391 *Hüsemann*, Das Nachlassinsolvenzverfahren, S. 26; *Roth*, ZVI 2023, S. 114 (115).

1392 Graf-Schlicker/*Busch*, Vor §§ 315-331 Rn. 11; § 316 Abs. 3 InsO verbietet allerdings die Insolvenz über einen einzelnen Erbteil.

1393 *Hermreck*, NJW-Spezial 2017, S. 149 (149).

1394 Vgl. *Geitner*, Der Erbe in der Insolvenz, S. 277 ff.

Hinsichtlich der Insolvenzmassen wird durch die Eröffnung des Nachlassinsolvenzverfahrens eine haftungsrechtliche Trennung des Nachlasses und des Eigenvermögens des Erben herbeigeführt, sodass der Erbe nicht mehr mit seinem Eigenvermögen haftet.[1395] Dabei stellt das Nachlassinsolvenzverfahren ein Insolvenzverfahren über ein Sondervermögen dar, an welchem gem. § 325 InsO ausschließlich die Nachlassgläubiger teilnehmen.[1396] Auf diese Weise funktioniert das Verfahren für die Nachlassgläubiger als Schutz vor der Beteiligung von Eigengläubigern des Erben an der Haftungsmasse, wodurch eine Kontinuität der Haftungszuweisung des Sondervermögens trotz der Erbfolge beibehalten wird.[1397]

In umgekehrter Weise können Eigengläubiger des Erben ein Interesse daran haben, dass der Zugriff der Nachlassgläubiger auf den Nachlass übersteigendes Vermögen verhindert wird.[1398] Während eine Beteiligung der Eigengläubiger an der Nachlassinsolvenz ausgeschlossen ist, können Nachlassgläubiger sehr wohl am Insolvenzverfahren über das Eigenvermögen teilnehmen, wie die Wertung des § 2013 Abs. 1 BGB klarstellt, die einen Zugriff der Nachlassgläubiger auf das übrige Vermögen des Erben erlaubt, wenn der Erbe unbeschränkt haftet. Für den Fall der unbeschränkten Haftung des Erben verweist § 331 Abs. 1 InsO auf den § 52 InsO, sodass Nachlassgläubiger den absonderungsberechtigten Gläubigern gleichgestellt werden und damit in der Höhe ihres Ausfalls, oder wenn sie nicht in die Nachlassinsolvenz involviert waren, am Insolvenzverfahren teilnehmen können.[1399]

1395 Uhlenbruck/*Lüer/Weidmüller*, § 331 Rn. 4 f. Da das Nachlassvermögen bis zur Eröffnung des Nachlassinsolvenzverfahrens Teil des Eigenvermögens des Erben ist, kann vor diesem Zeitpunkt kein Sonderinsolvenzverfahren über das Eigenvermögen des Schuldners eröffnet werden. Vom allgemeinen Insolvenzverfahren über das Erbenvermögen ist dessen gesamtes Vermögen umfasst, K.Schmidt/*K.Schmidt*, InsO Vor § 315 Rn. 23.

1396 Vgl. Andres/Leithaus/*Andres*, InsO, § 331 Rn. 1.

1397 Gottwald/*Döbereiner*, § 109 Rn. 4.

1398 Antragsberechtigt ist der Insolvenzverwalter des Insolvenzverfahrens über das Vermögen des Erben, denn die Nachlassgläubiger sind nicht gem. § 317 InsO antragsberechtigt und dem antragsberechtigten Erben fehlt gem. § 80 InsO die Befugnis, Braun/*Bauch*, § 317 Rn. 13.

1399 Begr. RegE InsO, BT-Drs. 12/2443, S. 232 f.; FK-InsO/*Schallenberg/Rafiqpoor*, § 331 Rn. 12 f.

4. *Das fortgesetzte Nachlassinsolvenzverfahren beim Tod des Schuldners in der Insolvenz*

Berücksichtigenswert im Hinblick auf das Zusammentreffen mehrerer Insolvenzen ist zudem der erweiterte Anwendungsbereich, der die Folgen des Todes des Schuldners in einem laufenden Insolvenzverfahren betrifft. Daraufhin wird das Insolvenzverfahren nach gängiger Auffassung in ein Nachlassinsolvenzverfahren übergeleitet.[1400] In Anlehnung an die von *Jaeger* unter Geltung der Konkursordnung entwickelte Theorie zum fortgesetzten oder übergeleiteten Nachlasskonkurs füllt die fortgesetzte Nachlassinsolvenz die Lücke, die sich daraus ergibt, dass die Insolvenzordnung beim Tod des Schuldners keine ordentliche Beendigung des Insolvenzverfahrens kennt.[1401] Indem das Vermögen weiterhin dem Insolvenzbeschlag unterliegt, erhält der Erbe des Eigenschuldners die Inhaberschaft über das vom Insolvenzbeschlag umfasste Vermögen und ersetzt gleichzeitig den Erblasser als Schuldner, da das Insolvenzverfahren einen neuen Schuldner als Rechtssubjekt erfordert.[1402] Dieser Übergang wird beim fortgesetzten Nachlassinsolvenzverfahren von Amts wegen durch das ursprünglich zuständige Insolvenzgericht über Anwendung der für die Zwangsvollstreckung geltenden § 4 InsO i.V.m. § 779 ZPO erreicht.[1403]

1400 BGH, Beschl. v. 21.02.2008 – IX ZB 62/05, BGHZ 175, 307; AG Hamburg, Beschl. v. 06.03.2023 – 67g IN 2/23, in: ZVI 2023, S. 272; *Ahrens* in: Kohte/Ahrens/Grote/Busch/Lackmann, § 286 Rn. 93; dazu ausführlich: *Köke/Schmerbach*, ZVI 2007, S. 497 ff.; *Köke*, VIA 2016, S. 61 (62); *Pollmächer*, VIA 2023, S. 9 (9); *Roth*, ZVI 2023, S. 114 (114, 116), nennt dies aufgrund des auf den vormaligen Insolvenzbeschlag begrenzten Haftungsumfang *„partielles Nachlassinsolvenzverfahren"*.

1401 Jaeger/*Jaeger*, KO, § 214 Rn. 21; *Köke/Schmerbach*, ZVI 2007, S. 497 (498). Die sich unter der Konkursordnung ergebende Frage nach einem weiteren Nachlasskonkursverfahren über zwischen Verfahrenseröffnung und Erbfall angefallenen Neuerwerb, stellt sich nach dem Recht der Insolvenzordnung wegen § 35 Abs. 1 InsO nicht, MüKoInsO/*Siegmann/Scheuing*, Vorbem. vor §§ 315-331 Rn. 3.

1402 *Jaeger* ordnete den Konkurs dem Gemeinschuldner zu und wies darauf hin, dass lediglich eine Person, nicht aber der Nachlass, diese Rolle übernehmen konnte, Jaeger/*Jaeger*, KO, § 214 Rn. 21; *Köke/Schmerbach*, ZVI 2007, S. 497 (498).

1403 *Köke/Schmerbach*, ZVI 2007, S. 497 (498, 501); **a.A.** LG Hamburg, Beschl. v. 26.02.2016 – 326 T 61/15, in: ZVI 2016, S. 289, das einen Antrag auf Umstellung des Verfahrens voraussetzt.

5. *Ergänzende Nachlassinsolvenzverfahren*

Zusätzlich wird die mögliche Eröffnung eines weiteren Nachlassinsolvenzverfahrens zur Geltendmachung von Masseverbindlichkeiten gem. § 324 InsO durch Neugläubiger diskutiert.[1404] Diesem Verfahren steht zusätzliches und neben dem übergeleiteten Insolvenzverfahren bestehendes Sondervermögen, nämlich im vormaligen Regelinsolvenzverfahren über das Eigenvermögen des Erblassers gem. § 36 InsO unpfändbare und freigegebene Vermögensgegenstände, zur Verfügung. Als ergänzendes Nachlassinsolvenzverfahren bildet ein zusätzliches paralleles Nachlassinsolvenzverfahren das Bedürfnis der Neugläubiger zur Haftungsverwirklichung ab.

III. Verfahrenshäufung bei Überleitungen

Im Fall des Todes des Schuldners in parallel ablaufenden Verfahren, kommt es aufgrund der Überleitung der Verfahren in fortgesetzte und ggf. einem ergänzenden Nachlassinsolvenzverfahren zu einer Verfahrenshäufung über die unterschiedlichen Haftungsvermögen innerhalb der bestehenden Haftungssphären.[1405] Es wird deutlich, dass die parallele Abwicklung immer neuer Verfahren, d.h. Drittinsolvenzen, Viertinsolvenzen oder weiterer Folgeverfahren, nach den Regeln der Insolvenzordnung vorgesehen ist, sobald neues Vermögen hierfür bereitsteht.

E. Ergebnisse

Die Möglichkeit von Drittinsolvenzen und entsprechendem gesamtvollstreckungsrechtlichen Abwicklungsbedarf beruht ebenfalls auf der Verschiebung des Neuerwerbs aufgrund einer Geschäftsfreigabe. Die Freigabemöglichkeit in Zweit- und Drittverfahren kann zu weiteren Folgeverfahren führen. Mit Blick auf den Tod des Schuldners in parallel laufenden Verfahren kann es zu einer zusätzlichen Häufung von Verfahren kommen, die in den jeweiligen Haftungssphären abzuwickeln sind.

1404 *Köke/Schmerbach*, ZVI 2007, S. 497 (500), die ihren Vorschlag an den von *Jaeger* entwickelten ergänzenden Nachlasskonkurs anlehnen: Jaeger/*Jaeger*, KO, § 214 Rn. 23; **a.A.** Nöll, Der Tod des Schuldners in der Insolvenz, Rn. 432, 436, der mit dem Hinweis auf die Prozessökonomie ein Parallelinsolvenzverfahren ablehnt und stattdessen eine Geltendmachung der Masseverbindlichkeiten im eigentlichen Nachlassinsolvenzverfahren vorzieht.

1405 *Roth*, ZVI 2023, S. 114 (116); vgl. *Roth*, NZI 2021, S. 421 (422).

Ergebnisse

Die Untersuchung hat Aufschluss darüber gegeben, dass unbeschadet der auf den ersten Blick gering erscheinenden Regelungsdichte die Rahmenbedingungen für Zweitinsolvenzen im Gesetz angelegt sind. Nachgeschaltete Insolvenzverfahren sind nicht nur mit der Systematik der Insolvenzordnung vereinbar, sondern entsprechen dem gesetzlichen Regelungsmuster, das Wiederholungsverfahren erlaubt. Die Abwicklung der besonderen Vermögensmasse der Selbstständigkeit knüpft ebenfalls nahtlos an diese vorhandene Ordnung an und kommt ausgehend von dem der Insolvenzordnung zugrundeliegenden Haftungsmodell ohne weitere, ausdrückliche formale Legitimation aus.

Zusätzliche Verfahren sind keine Besonderheit des neuen Privatinsolvenzrechts. Schon unter Geltung der Konkursordnung wurden die Bedingungen von Folgeverfahren diskutiert. Im Unterschied zum geltenden Recht war Neuerwerb nie Teil der Insolvenzmasse, sodass sogar ohne vorherige Beendigung eines laufenden Verfahrens ein Zweitkonkurs über neues Gesamtvermögen der Gläubigerbefriedigung Geltung verschaffen konnte. Dabei handelte es sich um ein allgemeines Verfahren, welches das neu entstandene Vermögen des Gemeinschuldners umfasste. Diese Konzeption erfuhr mit dem Systemwechsel zur Insolvenzordnung einen Bruch.

In den frühen Jahren des neuen Rechts der Insolvenzordnung bot ein zusätzliches Insolvenzverfahren neben einem noch zu beendenden Konkursverfahren ein systemübergreifendes Mittel zur Harmonisierung des Übergangs. Zudem ermöglichte es dieser frühe Anknüpfungspunkt, die Diskussion zu Grundfragen zur Teilnahme und zur Haftungsabgrenzung der Gläubigergruppen nach neuer Rechtslage fortzuführen.

Die Möglichkeit, bei wiederholten Insolvenzereignissen ein Insolvenzverfahren über das Vermögen einer natürlichen Person durchzuführen, ist auch eine Grundkomponente der Insolvenzordnung. Dies geht aus der Haftungssystematik des Gesetzes hervor, nach welcher neue Verfahren zulässig sind, sobald ein vorheriger Insolvenzbeschlag beendet ist. Dabei ist die Anregung und Durchführung solcher nachgeschalteter Zweitverfahren nicht quantitativ limitiert, sodass prinzipiell eine Aneinanderreihung von Folgeverfahren zulässig ist.

Unechte Zweitanträge in Bezug auf nachgeschaltete Verfahren sind für Altgläubiger nach Erstverfahrensbeendigung und für Alt- sowie Neugläubiger zulässig, wenn nach Erstverfahrensaufhebung keine Vollstreckungsverbote mehr greifen. Neugläubigeranträge sind dann schon im Abschnitt der Treuhandperiode des

Erstverfahrens zulässig. Ein Schuldnerantrag ist zulässig, wenn eine Neugläubigerbefriedigung möglich ist, also das Erstverfahren aufgehoben und ein Restschuldbefreiungsverfahren nicht durchgeführt wird oder beendet ist.

Eine teilweise zeitliche und prozessuale Überlappung beschränkt sich auf den Fall paralleler Zweitverfahren, in dem Neugläubiger schon während eines Erstverfahrens eine neue Gesamtvollstreckung initiieren dürfen.

Parallele Zweitverfahren über durch Negativerklärung des Insolvenzverwalters getrenntes Vermögen stellen eine prozessual und materiell eingeschränkte Gesamtvollstreckung über Sondervermögen des Schuldners analog § 11 Abs. 2 Nr. 2 InsO dar. Das Verfahren ist zum einen subjektbezogen auf die Person des Schuldners und beschränkt sich zum anderen materiell ausschließlich auf den die wirtschaftlich selbstständige Tätigkeit umfassenden Ausschnitt des Schuldnervermögens.

Die Parallelinsolvenz während des noch nicht aufgehobenen Erstverfahrens oder dessen andauernder Treuhandperiode erstreckt sich auf das durch Negativerklärung im Erstverfahren geschaffene Zweckvermögen der Selbstständigkeit. Dabei handelt es sich um ein permanentes, potenzielles Sondervermögen in einem doppelten Sinne: einerseits als Sondervermögen der Selbstständigkeit und andererseits als Sondervermögen eines möglichen weiteren Insolvenzverfahrens.

Die Zweitinsolvenz über eine freigegebene Selbstständigkeit reiht sich in die Verfahrenskategorie der Sonderinsolvenzverfahren ein. Weil Sonderinsolvenzen keinen einheitlichen Regeln folgen, sondern an der jeweiligen Zwecksetzung ausgerichtet sind, stellt die Parallelinsolvenz eine Strukturvariante der Sonderinsolvenz dar. Das Verfahren ist an den allgemeinen Regeln der Insolvenzordnung ausgerichtet, da der Gedanke der Abwicklung von Vermögen natürlicher Personen prägend ist.

Diese Gesamtvollstreckung ist allein vom Ziel der Gläubigerbefriedigung des § 1 InsO getragen und erlaubt Neugläubigern noch vor Aufhebung des Erstverfahrens einen Haftungszugriff. Das Zweitverfahren unterliegt hinsichtlich der haftungsrechtlichen Zuweisung der Priorität des zeitlich früher initiierten Erstverfahrens. Diese Priorität wird wiederum durch die Schuldnerautonomie gesteuert und begrenzt.

Der Sondervermögenscharakter bewirkt ein Teilnahmeverbot von Altgläubigern am Parallelverfahren. Diese können keine (Rest-)Forderungen oder gem. § 302 InsO privilegierte Forderungen anmelden. Auf die Eröffnung einer parallelen Zweitinsolvenz gerichtete Anträge sind für Neugläubiger während des laufenden Erstverfahrens und während der Treuhandperiode des Erstverfahrens zulässig.

Die Rückschlagsperre des § 88 InsO und das Vollstreckungsverbot des § 89 InsO gelten im Zweitverfahren in Bezug auf die Zweitinsolvenzmasse auch für Altgläubiger. Altgläubigern ist auch die Aufrechnung gegenüber dem Sondervermögen des Zweitverfahrens gem. § 94 InsO verwehrt. Nach erneuter Geschäftsfreigabe im Zweitverfahren können Gläubiger des Zweitverfahrens bei Fortgang der Geschäftsbeziehung nicht gegenüber neuen Forderungen des Schuldners aufrechnen.

Globalzessionen können nach Geschäftsfreigabe im Erstverfahren durch den Schuldner analog § 185 Abs. 2 S. 1 Alt. 2 BGB genehmigt werden. Auf diese Weise gesicherte Gläubiger nehmen im Zweitverfahren als absonderungsberechtigte Gläubiger gem. § 51 Nr. 1 Alt. 2 InsO teil.

Die Insolvenzverwaltung im Parallelverfahren erfolgt anhand der allgemeinen Regel der Tauglichkeitsprüfung des Insolvenzverwalters. Für eine separate Sonderinsolvenzverwaltung bleibt nur Raum, wenn ein Interessenkonflikt des Zweitinsolvenzverwalters besteht.

Der Schuldner hat als Inhaber des Sondervermögens der Selbstständigkeit eine allgemeine Auskunfts- und Mitwirkungspflicht gem. § 97 InsO. Zudem trifft ihn bezüglich der selbstständigen Tätigkeit die spezielle Informationspflicht gem. § 35 Abs. 3 S. 1 InsO.

Zur Insolvenzmasse des parallelen Zweitverfahrens zählt das gesamte Vermögen der Selbstständigkeit. Werden mehrere vom Schuldner ausgeübte Selbstständigkeiten aus dem Erstverfahren freigegeben, entsteht nur ein Sondervermögen der Selbstständigkeit, das insgesamt zweitinsolvenzverfahrensfähig ist. Dazu gehören die zur Ausübung der betroffenen Selbstständigkeit erforderlichen, mit der Negativerklärung aus dem Erstverfahren ausgeschiedenen Vermögenswerte und der im Rahmen der Selbstständigkeit generierte Neuerwerb. Durch echte Freigabe aus dem Erstverfahren ausgeschiedene Gegenstände sind kein Teil des Zweckvermögens der Selbstständigkeit, sondern dem privaten insolvenzfreien Vermögen des Schuldners zuzuordnen.

Surrogate des freigegebenen Geschäftsvermögens fallen nicht in die Erstinsolvenzmasse zurück, sondern verbleiben im Vermögen der Selbstständigkeit. Surrogate aus der persönlichen Haftungssphäre des Schuldners verbleiben im privaten insolvenzfreien Vermögen des Schuldners.

Forderungen gehören zur Zweitinsolvenzmasse, wenn sie nach Geschäftsfreigabe entstanden sind, es sei denn es bestand schon eine Forderungsanwartschaft, die eine Zuordnung zur Erstverfahrensmasse rechtfertigt.

Um seiner Verpflichtung zur Zahlung von Abführungsbeträgen nach § 35 Abs. 2 S. 2, § 295a Abs. 1 S. 1 InsO und seiner Abführungsobliegenheit nach § 295a Abs. 1 S. 1 InsO nachzukommen, kann der Schuldner beim Insolvenzgericht des

Zweitverfahrens Pfändungsschutz am Neuerwerb nach § 36 Abs. 1 S. 2, Abs. 4 i.V.m. § 850 Abs. 2, § 850i Abs. 1, § 850f Abs. 1 Nr. 2 Alt. 2 ZPO beantragen, um die Befriedigung der Altgläubigergesamtheit sowie die Erteilung der Restschuldbefreiung im Erstverfahren nicht zu gefährden, solange der Zweitverwalter eine Selbstständigkeit im Zweitverfahren nicht freigegeben hat. Dem Schuldner steht es frei, die Zahlungen nicht zu leisten. Der Zahlungsanspruch des Erstinsolvenzverwalters ist dann als Insolvenzforderung zur Insolvenztabelle des Zweitverfahrens anzumelden.

Im nachgeschalteten Zweitverfahren darf der Zweitverwalter solche Anfechtungsansprüche geltend machen, die der Erstinsolvenzverwalter nicht verfolgt hat. Für einen vergrößerten Anwendungsbereich der Insolvenzanfechtung besteht im Parallelinsolvenzverfahren kein Raum. Zahlungen des Erstinsolvenzverwalters an die Insolvenzgläubiger unterliegen im Parallelverfahren nicht der Anfechtung. Darüber hinaus ist eine Zusammenlegung von Erst- und Parallelverfahren aufgrund der Haftungstrennung durch Negativerklärung unzulässig und kann nicht zu einem hybriden Verfahren führen, das die Anfechtung von Zahlungen des Erstverwalters erlaubt.

Im parallelen Zweitverfahren können nur neu entstehende Anfechtungsansprüche geltend gemacht werden. Dazu gehört auch die Anfechtung von Überzahlungen des Schuldners an die Erstverfahrensmasse. Vom Erstverwalter nicht geltend gemachte Ansprüche des Erstverfahrens kann der Zweitverwalter im Parallelverfahren nicht neu aufrollen.

Mit Beendigung der Selbstständigkeit entfällt die Pflicht zur Zahlung von Abführungsbeträgen. Verfolgt der Schuldner im Erstverfahren noch die Erteilung der Restschuldbefreiung, sind in der Treuhandperiode des vorausgehenden Verfahrens Abführungsbeträge zu leisten. Im Zweitverfahren kann der angestellt beschäftigte Schuldner zu diesem Zweck Pfändungsschutz analog § 850c, § 850f Abs. 1 Nr. 2 Alt. 2 ZPO beantragen.

Die freiwillige und ebenso die zwangsläufige Beendigung der Selbstständigkeit aufgrund gewerbe- bzw. berufsrechtlicher Konsequenzen führen dazu, dass pfändungsgeschütztes Vermögen als Neuerwerb an die Zweitverfahrensmasse fällt, sofern im Zweitverfahren keine erneute Geschäftsfreigabe erfolgt ist.

Hebt die Gläubigerschaft im Erstverfahren die Negativerklärung gem. § 35 Abs. 2 S. 3 InsO mit ex nunc-Wirkung auf, gehen vorhandene Betriebsmittel des Zweitverfahrens, die zuvor durch Negativerklärung freigegeben worden sind, ohne weitere Erklärung des Erstinsolvenzverwalters wieder in die Erstverfahrensmasse über. Erst der seit der Verkündung der Unwirksamkeitserklärung entstehende Neuerwerb ist erstinsolvenzbefangen und steht für die Altgläubigerbefriedigung zur Verfügung. Das Zweitverfahren ist analog § 207

InsO einzustellen. Eine im Zweitverfahren erfolgte erneute Geschäftsfreigabe ist ebenfalls rückabzuwickeln. Das im Zwischenzeitraum vor der ex nunc-Wirkung entstandene Vermögen ist nicht durch den Erstverwalter zu verteilen, sondern bleibt insolvenzfrei. Nach der Unwirksamkeitsanordnung erfolgte Vermögensverfügungen unterliegen analog § 147 S. 1 InsO, § 82 S. 1 InsO der Anfechtungskompetenz des Erstinsolvenzverwalters.

Im nachgeschalteten Zweitverfahren kann der Schuldner durch Bestimmung im Insolvenzplan eine Befreiung von einer Restschuldbefreiung im Erstverfahren ausgenommener Forderungen i.S.d. § 302 InsO erreichen.

Im parallelen Zweitverfahren stehen dem Schuldner die besonderen Verfahrensformen des vorläufigen Eigenverwaltungsverfahrens, des Schutzschirmverfahrens, des Eigenverwaltungsverfahrens und des Insolvenzplanverfahrens offen.

Eine Restschuldbefreiung kann der Schuldner im parallelen Zweitverfahren über das Vermögen der Selbstständigkeit nicht erreichen. Entsprechende Anträge sind mangels Rechtsschutzbedürfnis als unzulässig zurückzuweisen. Dem Schuldner wird ausschließlich durch ein Insolvenzplanverfahren eine Entschuldung ermöglicht.

Nach Erstverfahrensaufhebung kann sich ein weiteres nachgeschaltetes Insolvenzverfahren über nicht vom Parallelverfahren betroffenes Vermögen als Drittinsolvenzverfahren anschließen. Verfahrensgegenstand ist das neu entstandene Vermögen der persönlichen Haftungssphäre.

Daneben kann im parallelen Zweitverfahren eine erneute Freigabe einer Selbstständigkeit erfolgen, sodass ein neues Sondervermögen entsteht, über das auch ein Drittinsolvenzverfahren über das Vermögen der Selbstständigkeit zulässig ist. Eine Verbindung der Drittverfahren scheidet aus.

Gibt der Zweitinsolvenzverwalter die Selbstständigkeit im Zweitverfahren frei, entsteht gem. § 35 Abs. 2 S. 2, § 295a Abs. 1 S. 1 InsO eine Abführungsverpflichtung des Schuldners. Dem Schuldner steht es im Zweitverfahren frei, die Zahlungen an den Erstverwalter auf dessen Anspruch aus § 35 Abs. 2 S. 2, § 295a Abs. 1 S. 1 InsO oder an den Treuhänder aufgrund von § 295a Abs. 1 S. 1 InsO zu leisten, um der Mitwirkungspflicht des § 290 Abs. 1 Nr. 5 InsO des Restschuldbefreiungsverfahrens gerecht zu werden oder diese Zahlungen nicht zu leisten.

Übergeleitete Nachlassinsolvenzen stellen ebenfalls Formen der Drittinsolvenz dar. Beim Tod des Schuldners in parallel ablaufenden Verfahren kann es zu einer Verfahrenshäufung kommen, wenn als Drittverfahren das übergeleitete Verfahren über das Gesamtvermögen (ehemaliges Erstverfahren) und als Viertverfahren das übergeleitete Verfahren über die freigegebene Selbstständigkeit (ehemaliges paralleles Zweitverfahren) sowie ein ergänzendes

Nachlassinsolvenzverfahren über bisher insolvenzfreies Vermögen nebeneinander abzuwickeln sind.

Insgesamt wird deutlich, dass Mehrfachinsolvenzen keine systemfremde Erscheinung der Insolvenzordnung sind und eine Durchführung parallel ablaufender Verfahren innerhalb der jeweiligen Haftungssphären zu einer bestmöglichen Gläubigerbefriedigung führt.

Literaturverzeichnis

Ahrens, Martin Negativerklärung zur selbstständigen Tätigkeit gem. § 35 II InsO, NZI 2007, S. 622–624

Ahrens, Martin Privatinsolvenzrecht – Umrisse eines Systems, ZZP 2009, S. 133–154

Ahrens, Martin Restschuldbefreiung und Versagungsgründe, ZVI 2011, S. 273–287

Ahrens, Martin Der Pkw des Schuldners in der Insolvenz, NJW-Spezial 2012, S. 725–726

Ahrens, Martin Selbstständige Tätigkeit im Insolvenzverfahren, KSzW 2012, S. 303–309

Ahrens, Martin Nicht benannte Gläubiger im Restschuldbefreiungsverfahren, NZI 2013, S. 721–729

Ahrens, Martin Lohnabtretungen in der Insolvenz nach der Aufhebung von § 114 InsO, NZI 2014, S. 529–534

Ahrens, Martin Probleme mit der Konvaleszenz von Sicherungsabtretungen, NJW-Spezial 2014, S. 85–86

Ahrens, Martin Anmerkung zu BGH, Beschluss vom 18.12.2014 – IX ZB 22/13, LMK 2015, 368610

Ahrens, Martin Kein Widerruf der Anwaltszulassung bei Insolvenzeröffnung, NJW-Spezial 2016, S. 725–726

Ahrens, Martin Schranken einer Rücknahme des Restschuldbefreiungsantrags, ZInsO 2017, S. 193–200

Ahrens, Martin Aktuelles Privatinsolvenzrecht, Reform und neue Entwicklungen, 3. Aufl., Köln 2019

Ahrens, Martin Geschäftskonto bei einer Negativerklärung, NJW-Spezial 2019, S. 341–342

Ahrens, Martin Verfahren bei Rücknahme von unzulässigem Restschuldbefreiungsantrag, NJW-Spezial 2019, S. 85–86

Ahrens, Martin Das dreijährige Restschuldbefreiungsverfahren und andere Gesetzesänderungen im Privatinsolvenzrecht, NJW 2021, S. 577–583

Ahrens, Martin Insolvenzplan und Restschuldbefreiung, ZVI 2021, S. 209–210

Ahrens, Martin Keine Stundung der Verfahrenskosten bei hohem Stand von Restschuldbefreiung ausgenommener Forderungen, KTS 2021, S. 109–117

Ahrens, Martin Unzulässige parallele Restschuldbefreiungsverfahren, Anmerkung zu BGH, Beschluss vom 22.7.2021 – IX ZB 7/20, LMK 2022, 802233

Ahrens, Martin Zwischen Himmel und Hölle Neue Regelungen für Selbstständige im Insolvenzverfahren, NZI 2021, S. 57–67

Ahrens, Martin Die Novellierung von § 35 InsO, in: Festschrift für Markus Gehrlein, Hürth 2022, S. 1–14

Ahrens, Martin / Gehrlein, Markus / Ringstmeier, Andreas (Hrsg.) Insolvenzrecht Kommentar, 4. Aufl., Köln 2020 (zitiert: A/G/R-*Bearbeiter*)

Allemand, Hildegard 36. Verbraucherinsolvenzveranstaltung Berlin, VIA 2019, S. 17–19

Anders, Monika / Gehle, Burkhard (Hrsg.) Zivilprozessordnung, Kommentar, 81. Aufl., München 2023 (zitiert: Anders/Gehle/*Bearbeiter*)

Andres, Dirk Die geplante Neuregelung des Neuerwerbs des selbstständigen Schuldners in der Insolvenz, NZI 2006, S. 198–201

Andres, Dirk / Leithaus, Rolf / Dahl, Michael Insolvenzordnung Kommentar, 4. Aufl., München 2018 (zitiert: Andres/Leithaus/*Bearbeiter*)

Andres, Dirk / Pape, Gerhard Die Freigabe des Neuerwerbs als Mittel zur Bewältigung der Probleme einer selbstständigen Tätigkeit des Schuldners, NZI 2005, S. 141–147

Balz, Manfred / Landfermann / Hans-Georg Die neuen Insolvenzgesetze: Insolvenzordnung und Einführungsgesetz zur Insolvenzordnung mit Einleitung, Begründung des Regierungsentwurfs, Bericht des Rechtsausschusses des Deutschen Bundestages, Insolvenzrechtliche Vergütungsverordnung mit Begründung, ergänzende Hinweise, Verweisungen und Sachverzeichnis, 2. Aufl., Düsseldorf 1999

Bartels, Klaus Freigabe des Unternehmens und Enthaftung des verbleibenden Alterwerbs (Masse) nach § 35 II 1 InsO, KTS 2012, S. 381–403

Baur, Fritz Der Konkurs der Vorgesellschaft, DRZ 1950, S. 9–11

Baur, Fritz / Stürner, Rolf Zwangsvollstreckungs-, Konkurs- und Vergleichsrecht: Ein Lehrbuch Band 2 Insolvenzrecht, 12. Aufl., Heidelberg 1990 (zitiert: *Baur/Stürner* II)

Beck, Siegfried / Depré, Peter Praxis der Insolvenz, Ein Handbuch für die Beteiligten und ihre Berater, 3. Aufl., München 2017 (zitiert: Beck/Depré/*Bearbeiter*, 3. Aufl. 2017)

Beck, Siegfried / Depré, Peter / Ampferl, Hubert (Hrsg.) Praxis der Sanierung und Insolvenz, Ein Handbuch für die Beteiligten und ihre Berater, 4. Aufl., München 2023 (zitiert: Beck/Depré/Ampferl Insolvenz/*Bearbeiter*)

Berger, Christian Die unternehmerische Tätigkeit des Insolvenzschuldners im Rahmen der Haftungserklärung nach § 35 Abs. 2 InsO, ZInsO 2008, S. 1101–1108

Bernhardt, Wolfgang Die Verfolgung von Konkursforderungen außerhalb des Konkursverfahrens, NJW 1961, S. 808–811

Beyer, Annamia Insolvenzplanverfahren bei natürlichen Personen, ZVI 2013, S. 334–338

Bieg, Thorsten / Borchardt, Peter-Alexander / Frind, Frank Unternehmenssanierung und Betriebsfortführung, 1. Aufl., München 2021 (zitiert: Bieg/Borchardt/Frind/*Bearbeiter*)

Blankenburg, Daniel Restschuldbefreiung durch Teilinsolvenzplan – eine problematische und riskante Alternative zu § 300 InsO, ZInsO 2015, S. 2211–2215

Blankenburg, Daniel Versagung der Stundung bei deliktischen Forderungen, ZVI 2015, S. 239–241

Blankenburg, Daniel Vorwirkung von Restschuldversagungsgründen gem. § 287a InsO, ZInsO 2015, S. 2258–2262

Blankenburg, Daniel Reform der Eigenverwaltung durch das SanInsFoG aus gerichtlicher Sicht, ZInsO 2021, S. 753–769

Blersch, Jürgen / Goetsch, Hans-W. / Haas, Ulrich (Hrsg.) Berliner Kommentar, Insolvenzrecht, 81. Ergänzungslieferung, Köln, Stand: Oktober 2023 (zitiert: BK-InsO/*Bearbeiter*)

Böhme, Benjamin Die übererfüllte Abführungspflicht nach Freigabe des Geschäftsbetriebs, VIA 2017, S. 73–75

Böhme, Benjamin Kein Pfändungsschutz für Forderungen aus freigegebenem Geschäftsbetrieb, VIA 2018, S. 35–36

Bork, Reinhard Die Insolvenz der Wohnungseigentümergemeinschaft, ZInsO 2005, S. 1067–1078

Bork, Reinhard Einführung in das Insolvenzrecht, 11. Aufl., Tübingen 2023

Bork, Reinhard (Hrsg.) Handbuch des Insolvenzanfechtungsrechts, Köln 2006

Bork, Reinhard / Hölzle, Gerrit (Hrsg.) Handbuch Insolvenzrecht, 2. Aufl., Köln 2019 (zitiert: Bork/Hölzle/*Bearbeiter*)

Bornemann, Alexander (Hrsg.) Frankfurter Kommentar zur Insolvenzordnung, 10. Aufl. 2023, Band 2 (zitiert: FK-InsO/*Bearbeiter*)

Brandis, Peter / Heuermann, Bernd (Hrsg.) Ertragssteuerrecht Kommentar, 167. Aufl., Stand: August 2023 (zitiert: Brandis/Heuermann/*Bearbeiter*)

Braun, Eberhard Insolvenzordnung, Kommentar, 9. Aufl., München 2022 (zitiert: Braun/*Bearbeiter*)

Bremen, Michael Erst Konkursverfahren – dann Insolvenzverfahren?, ZInsO 2002, S. 1–8

Brünkmans, Christian / Thole, Christoph Handbuch Insolvenzplan, 2. Aufl., Köln 2020 (zitiert: *Bearbeiter*, in Brünkmans/Thole, Handbuch Insolvenzplan)

Brzoza, Daniel Anmerkung zu BGH, Beschluss vom 22.07.2021, IX ZB 7/20 jurisPR-InsR 20/2021 Anm. 1

Brzoza, Daniel Die Grundsätze des (insolvenzrechtlich) unzulässigen Druckantrags, NJW 2019, S. 335–337

Büthe, Lukas Unterschiede zwischen Enthaftung und Pfändungsschutz am Beispiel des Ausgleichsbetrags nach § 35 II 2 InsO: Zugleich Besprechung von BGH NZI 2023, 177, NZI 2023, S. 153–156

Bunzel, David Insolvenz des Apothekers, Köln, Diss., 2013

Busching, Michael / Klersy, Alexander „Das ewige Insolvenzverfahren“ – Das Sonderinsolvenzmasseverfahren als Perpetuum mobile des Insolvenzrechts?, ZInsO 2015, S. 1601–1603

Buth, Andrea K. / Hermanns, Michael (Hrsg.) Restrukturierung, Sanierung, Insolvenz, 5. Aufl., München 2022 (zitiert: Buth/Hermanns/*Bearbeiter* RSI)

Büttner, Holger Anmerkung zu AG Mannheim, Beschluss vom 18.07.2019 – 4 IN 1331/19, VIA 2019, S. 93–94

Büttner, Holger Gegenvorstellung und beschränkte Restschuldbefreiung – Probleme im Zusammenhang mit dem sogenannten Zweitinsolvenzverfahren, ZInsO 2017, S. 1057–1076

Canaris, Claus-Wilhelm Die Feststellung von Lücken im Gesetz: eine methodologische Studie über Voraussetzungen und Grenzen der richterlichen Rechtsfortbildung praeter legem, Berlin, Diss., 1964

Coing, Helmut Die Treuhand kraft privaten Rechtsgeschäfts, München 1973

Cranshaw, Friedrich L. Anmerkung zu BSG, Urteil vom 09.06.2017 – B 11 AL 14/16 R, jurisPR-InsR 25/2017 Anm. 1

Cranshaw, Friedrich L. / Welsch, Frank M. Freigabe von Konten als Problemfeld der Insolvenzverwaltung, DZWIR 2016, S. 53–75

Cymutta, Claudia R. Die Quotenausschüttung als anfechtbare Rechtshandlung?, ZInsO 2019, S. 1360–1362

Dahl, Michael „Unternehmensfreigabe” nach § 35 II, III InsO – Insolvenzmasse, NJW-Spezial 2007, S. 485–486

Dahl, Michael Anmerkung zu AG Köln, Beschluss vom 07.06.2010 – 71 IN 509/09, VIA 2010, S. 79

Dahl, Michael Anmerkung zu BGH, Beschluss vom 09.06.2011 – IX ZB 175/10, VIA 2011, S. 68

Dahl, Michael / Thomas, Johanna Aufrechnung von (Alt-)Forderungen nach Freigabe gem. § 35 InsO, VIA 2011, S. 49–51

Dauner-Lieb, Barbara Unternehmen in Sondervermögen: Haftung und Haftungsbeschränkung. Zugleich ein Beitrag zum Unternehmen im Erbgang, Tübingen, Diss., 1998

Dawe, Christian Der Sonderkonkurs des deutschen Internationalen Insolvenzrechts: Zugleich ein Beitrag zu deutschen Sonderinsolvenzverfahren im Anwendungsbereich der Europäischen Insolvenzverordnung, Tübingen, Diss., 2005

Dawe, Christian Gläubigerautonomie im (neuen) Recht der Verfahrenskostenstundung, ZVI 2014, S. 433–439

Delhaes, Wolfgang Die Stellung, Rücknahme und Erledigung verfahrensleitender Anträge nach der Insolvenzordnung, in: Kölner Schrift zur Insolvenzordnung, Das neue Insolvenzrecht in der Praxis, 3. Aufl., Köln 2009, S. 98–114

Diekmann, Albrecht Zur Behandlung des „Neuerwerbs", in: Leipold, Dieter (Hrsg.), Insolvenzrecht im Umbruch: Analysen und Alternativen, S. 127-138, Köln 1991 (zitiert: *Diekmann*, in: Insolvenzrecht im Umbruch)

Drescher, Ingo / Fleischer, Holger / Schmidt, Karsten (Hrsg.) Münchener Kommentar zum Handelsgesetzbuch, Band 1, §§ 1-104a, 5. Aufl., München 2021 (zitiert: MüKoHGB/*Bearbeiter*)

Ehlers, Harald Vermeidung des Widerrufs der Zulassung als kammergebundener Freiberufler wegen Vermögensverfalls, NJW 2008, S. 1480–1485

Ehlers, Harald Insolvenzplanverfahren – die Alternative, DStR 2010, S. 2523-2528

Ehlers, Harald Die Freigabe der selbstständigen Tätigkeit und die Sanierungsoption, ZInsO 2014, S. 53–58

Fischer, Gero Teilrechtsfähigkeit der Wohnungseigentümergemeinschaft- Neues Arbeitsfeld für Insolvenzgericht und Verwalter?, NZI 2005, S. 586–588

Förster, Karsten Klartext: Die Freigabe bleibt zulässig!, ZInsO 2000, S. 315–317

Frege, Michael C. Der Sonderinsolvenzverwalter, Köln, Diss., 2008

Frege, Michael C. / Keller, Ulrich / Riedel, Ernst Handbuch Insolvenzrecht, 9. Aufl., München 2022 (zitiert: *Frege/Keller/Riedel*)

Fridgen, Alexander / Geiwitz, Arndt / Göpfert, Burkhard Beck'scher Online-Kommentar zur Insolvenzordnung, 33. Edition, Stand: 15.10.2023, München 2023 (zitiert: BeckOK InsO/*Bearbeiter*)

Frind, Frank Bausteine eines neuen effizienten Insolvenzverfahrens natürlicher Personen – Mit wenigen Gesetzesänderungen zu einem praxisgerechten Kleininsolvenzverfahren, ZInsO 2009, S. 1135–1143

Frind, Frank Praxis-Prüfstand: Die Vorschläge zur Neuordnung des Insolvenzverfahrens natürlicher Personen – Teil 2, ZInsO 2012, S. 668–677

Frind, Frank Praxisprobleme des reformierten Privatinsolvenzverfahrens – Zur praktischen Umsetzung von "Eingangsentscheidung" und Verkürzung der Restschuldbefreiungserteilungszeit, ZInsO 2013, S. 1448–1458

Frind, Frank Gläubigerschutz bei der Verfahrenskostenstundung, ZInsO 2015, S. 542–548

Frind, Frank Hinweise zur praxisgerechten Anwendung des neugefassten § 14 I InsO, NZI 2017, S. 417–421

Frind, Frank Keine Unzulässigkeit des Insolvenzantrags durch Erfüllung der zugrundeliegenden Forderung nach § 14 I 2 InsO, NZI 2018, S. 68–71

Frind, Frank Vermeidbare Fehler im Insolvenzplan, InsbürO 2019, S. 402–407

Frind, Frank Die Verfolgung von Anfechtungsansprüchen in Folgeinsolvenzverfahren, ZInsO 2020, S. 390–396

Frind, Frank Verkürzung des Entschuldungsverfahrens auf der Zielgeraden: Konstruktiver Regierungsentwurf mit Überraschungen, ZRP 2020, S. 176–178

Frind, Frank Die Änderungen beim Insolvenzplan- und beim Eigenverwaltungsverfahren durch das SanInsFoG, InsbürO 2021, S. 233–239

Frind, Frank Praxishandbuch Privatinsolvenz, 3. Aufl., Baden-Baden 2021 (zitiert: *Frind*, Privatinsolvenz-HdB)

Frind, Frank Probleme bei der Anwendung des neuen Entschuldungsdauerverkürzungsgesetzes aus gerichtlicher Sicht, ZInsO 2021, S. 231–238

Frind, Frank Immer wieder Probleme mit der „Freigabe“ - wenn der Schuldner nicht mitwirkt und der Verwalter „schläft“: Zugleich Besprechung BGH v. 29. 9. 2022 - IX ZB 48/21, ZVI 2023, 16, ZRI 2023, S. 146–148

Frind, Frank Insolvenzgerichtliche Weichenstellungsentscheidungen bei Folgeinsolvenzfällen, ZInsO 2023, S. 1733–1741

Frind, Frank Neutralitätsprobleme bei der Insolvenz- und Sachverwaltung, NZI 2023, S. 808–813

Frind, Frank Sonderinsolvenzverwaltung - vernachlässigte Alternative notwendigen insolvenzgerichtlichen Handelns?, ZRI 2023, S. 944–951

Frind, Frank / Köchling, Marcel Die misslungene Sanierung im Insolvenzverfahren: Eine Betrachtung über Gründe und Verhinderungsmöglichkeiten von Folge- oder Zweitinsolvenzen, ZInsO 2013, S. 1666–1677

Frind, Frank / Schmidt, Andreas Sozialversicherungsträger – Nassauer des Insolvenzverfahrens (Teil II), ZInsO 2002, S. 8–15

Fritsche, Stefan Die Zulässigkeit des Insolvenzantrags, DZWIR 2003, S. 234–238.

Ganter, Hans Gerhard Insolvenzbeschlag bei nach Verfahrenseröffnung angespartem pfändungsfreien Arbeitseinkommen, NZI 2013, S. 968–970

Ganter, Hans Gerhard Anmerkung zu BGH, Beschluss vom 26.09.2013 – IX ZB 247/11, ZIP 2019, S. 97–104

Ganter, Hans Gerhard Anmerkung zu AG Mannheim, Urteil vom 29.4.2019 – 7 C 5109/18, NZI 2019, S. 596–597

Ganter, Hans Gerhard Dauerschuldverhältnisse in der Insolvenz – Fortführung, Beendigung, Freigabe, ZIP 2019, S. 97–104

Gehrlein, Markus Die Freigabe der selbstständigen Tätigkeit des Schuldners, ZInsO 2016, S. 825–830

Gehrlein, Markus Freigabe der selbstständigen Tätigkeit – Königsweg der Restschuldbefreiung?, ZinsO 2017, S. 1352–1359

Gehrlein, Markus Neuere Entwicklungen zur Freigabe der selbstständigen Tätigkeit des Schuldners, NZI 2020, S. 503–507

Geitner, Daniel Der Erbe in der Insolvenz, Hamburg 2007

Giebel, Michael Der Erbschaftskauf – ein überflüssigerweise normiertes Rechtsinstitut?, Frankfurt am Main, Diss., 2010

Gleichenstein, Hans von „Freigabe der selbstständigen Tätigkeit“ und Zahlungspflicht des Schuldners gem. § 35 Abs. 2, § 295 Abs. 2 InsO, ZVI 2013, S. 409–423

Gotter, Steffen Die selbstständige Tätigkeit im Insolvenzverfahren und die Negativerklärung gemäß § 35 II 1 InsO, Frankfurt am Main, Diss., 2015

Gottwald, Peter (Hrsg.) Insolvenzrechtshandbuch, 6. Aufl., München 2020 (zitiert: Gottwald/*Bearbeiter*)

Graf-Schlicker, Marie Luise Insolvenzrechtsreform 2014 – aus dem Blickwinkel des Gesetzgebungsverfahrens, ZVI 2014, S. 202–205

Graf-Schlicker, Marie Luise (Hrsg.) Kommentar zur Insolvenzordnung, 6. Aufl., Köln 2022 (zitiert: Graf-Schlicker/*Bearbeiter*)

Graf, Ulrich / Wunsch, Irene Eigenverwaltung und Insolvenzplan – gangbarer Weg in der Insolvenz von Freiberuflern und Handwerkern?, ZIP 2001, S. 1029–1040

Greeve, Jork Christoph Terra incognita: Die Undurchführbarkeit des rechtskräftigen Insolvenzplans, ZVI 2023, S. 151–154

Greiner, Verena Untersuchungen zu den insolvenzrechtlichen Zielen hinsichtlich der Verbraucher im Koalitionsvertrag, ZInsO 2022, S. 284–286

Grote, Hugo Aufrechnung des Finanzamtes mit Einkommensteuererstattungsansprüchen des Schuldners im Insolvenz- und Restschuldbefreiungsverfahren, ZInsO 2001, S. 452–455

Grote, Hugo Zur Abführungspflicht des Selbstständigen gem. § 295 Abs. 2 InsO in der Wohlverhaltensperiode, ZInsO 2004, S. 1105–1112

Grote, Hugo § 35 Abs. 2 InsO und § 295 Abs. 2 InsO – Echte oder scheinbare Probleme nach der Freigabe der Selbstständigkeit, ZInsO 2011, S. 1489–1494

Grote, Hugo Die zweite Ernte: Wann ist Kontoguthaben Insolvenzmasse? Vom "Pfändungsschutzkonto" zum "Pfändungsermöglichungskonto"?, ZInsO 2018, S. 1541–1549

Grote, Hugo Entschuldung ohne Eröffnung? Reformbedarf auf dem Weg zur Restschuldbefreiung, ZInsO 2023, S. 943–957

Grote, Hugo / Pape, Gerhard Das Ende der Diskussion? Die wichtigsten Neuregelungen zur Restschuldbefreiung, ZInsO 2013, S. 1433–1448

Grüneberg, Christian Bürgerliches Gesetzbuch, Kommentar, 82. Aufl., München 2023 (zitiert: Grüneberg/*Bearbeiter*)

Gundlach, Ulf / Frenzel, Volkhard / Schmidt, Nikolaus Die Insolvenzunfähigkeit nach der InsO, NZI 2000, S. 561–568

Gundlach, Ulf / Müller, Udo Zulässigkeit des Insolvenzantrags eines nachrangigen Gläubigers auch ohne Befriedigungsaussichten, EWiR 2010, S. 819–820

Gundlach, Ulf / Müller, Udo / Rautmann, Heiko Das Rechtsschutzinteresse im Fall des Eigenantrags, ZInsO 2015, S. 889–891

Gutsche, Lason Die schicksalhafte Begegnung der Dauerschuldverhältnisse mit der „Freigabe" gem. § 35 Abs. 2 InsO, ZVI 2008, S. 41–47

Haarmeyer, Hans Die „Freigabe" selbstständiger Tätigkeit des Schuldners und die Erklärungspflichten des Insolvenzverwalters, ZInsO 2007, S. 696–698

Haberzettl, Kai Die Freigabe im Insolvenzverfahren, NZI 2017, S. 474–479

Hackenberg, Franziska Folgen der Gewerbefreigabe nach § 35 II InsO, VIA 2022, S. 89–91

Hackenberg, Franziska / Altstädt, Maximilian Restschuldbefreiung nach Bedarf? – Umgehung der Sperrfristen des § 287a Abs. 2 InsO – Teil 2: Betrachtung im parallelen Zweitinsolvenzverfahren, InsbürO 2021, S. 471–474

Hackländer, Philipp Der Freiberufler in der Insolvenz, KSI 2006, S. 149–150

Hackländer, Philipp Die Schranken für den zweiten Antrag auf Restschuldbefreiung, ZInsO 2008, S. 1308–1315

Hahn, Carl Die gesammten Materialien zu den Reichs-Justizgesetzen, Band 4, Die gesammten Materialien zur Konkursordnung, Berlin 1881 (zitiert: *Hahn*, Die gesammten Materialien zu den Reichs-Justizgesetzen)

Hänel, Robert / Harig, Florian Der Teilinsolvenzplan zur Erlangung vorzeitiger Restschuldbefreiung, ZVI 2015, S. 282–284

Hamm, Christoph Beck'sches Rechtsanwalts-Handbuch, 12. Aufl., München 2022 (zitiert: BeckRA-HdB/*Bearbeiter*)

Hanisch, Hans Parallel-Insolvenzen und Kooperation im internationalen Insolvenzfall, in: Festschrift für f.W. Bosch zum 65. Geburtstag, Bielefeld 1976, S. 381–393

Harder, Philip-Boie Bericht zur 34. Verbraucherinsolvenzveranstaltung, VIA 2018, S. 17–19

Harder, Sebastian Anwendbarkeit des § 12 GewO bei freigegebenem Geschäftsbetrieb, NJW-Spezial 2011, S. 469–470

Harder, Sebastian Aktuelle Rechtsprechung und Einzelfragen zu § 295 II InsO, NJW-Spezial 2013, S. 277–278

Harder, Sebastian Der Sonderinsolvenzverwalter – ein Überblick, NJW-Spezial 2019, S. 469–470

Harder, Sebastian Reichweite und Wirkungen der Freigabeerklärung nach § 35 II 1 InsO, NJW-Spezial 2019, S. 277–278

Harig, Florian Restschuldbefreiung mittels Insolvenzplan, ZInsO 2017, S. 752–754

Harlfinger, Wolf Der Freiberufler in der Insolvenz, Frankfurt am Main, Diss., 2004

Häsemeyer, Ludwig Insolvenzrecht, 4. Aufl., Köln 2007

Hebbinghaus, Jan Anmerkung zu AG Dortmund, Beschluss vom 18.4.2016 – 255 IN 24/15, NZI 2016, S. 745–746

Heicke, Christian Rücknahme des Antrags auf Restschuldbefreiung in Wohlverhaltensperiode, NZI 2014, S. 416–418

Heicke, Christian / Strüder, Gabriel / Voß, Catharina / Weiland, Christian 6. Deutscher Privatinsolvenztag am 2.10.2015 in Göttingen, NZI aktuell 2015, Heft 21/15 S. XI–XIII

Heidrich, Grit / Pluta, Michael Anmerkung zu AG Dresden, Beschluss vom 19.03.2009 – 531 IN 459/09, jurisPR-InsR 16/2009 Anm. 5

Heinze, Harald Die neue Freigabe des Unternehmens aus der Insolvenzmasse, ZVI 2007, S. 349–357

Heinze, Harald Das pfändungsfreie Unternehmen im Insolvenzverfahren, ZInsO 2015, S. 1117–1127

Heinze, Harald Unternehmensfreigabe und Bestandsvermögen, ZInsO 2016, S. 1563–1569

Heinze, Harald Anmerkungen zum Tatbestand des § 35 Abs. 2 InsO, ZInsO 2019, S. 657–674

Heinze, Küpper Zu den Risiken und Nebenwirkungen der Abführungspflicht aus selbstständiger Tätigkeit des Insolvenzschuldners: Das Kreuz mit dem „fiktiven" Einkommen einer angemessenen Beschäftigung, ZInsO 2009, S. 1785–1806

Henckel, Wolfram Fehler bei der Eröffnung des Insolvenzverfahrens – Abhilfe und Rechtsmittel, ZIP 2000, S. 2045–2053

Henning, Kai Die Änderungen in den Verfahren der natürlichen Personen durch die Reform 2014, ZVI 2014, S. 7–17

Henning, Kai Wichtige Rechtsprechung 2021 zu den Insolvenzverfahren der natürlichen Personen, ZVI 2021, S. 411–416

Henning, Kai / Lackmann, Frank / Rein, Andreas Privatinsolvenz: Insolvenzverfahren mit Restschuldbefreiung, Handkommentar, 2. Aufl., Baden-Baden 2022 (HK-PrivatinsolvenzR/*Bearbeiter*)

Hergenröder, Curt Wolfgang Erklärung des Insolvenzverwalters nach § 35 Abs. 2 InsO und Arbeitsverhältnis, DZWIR 2013, S. 251–272

Hermann, Ottmar Vorrang des Konkursrechts oder des Insolvenzrechts bei gleichzeitig anhängigen Eröffnungsanträgen, DZWIR 1999, S. 277–278

Hermreck, Christina Das Nachlassinsolvenzverfahren, NJW-Spezial 2017, S. 149–159

Hess, Harald Kommentar zur Konkursordnung, 6. Aufl., Berlin 1998 (zitiert: Hess/*Bearbeiter*, KO)

Hess, Harald Kölner Kommentar zur Insolvenzordnung: Band 1, §§ 1-55 InsO, Köln 2016 (zitiert: KK-InsO/*Bearbeiter*)

Hess, Harald / Röpke, Andreas Die Insolvenz der kammerabhängigen freien Berufsangehörigen, NZI 2003, S. 233–238

Hess, Harald / Groß, Paul / Reill-Ruppe, Nicole / Roth, Jan Insolvenzplan, Sanierungsgewinn, Restschuldbefreiung und Verbraucherinsolvenz, 4. Aufl., 2014, (zitiert: *Hess/Groß/Reill-Ruppe/Roth*)

Heyer, Hans-Ulrich Vorwirkung oder nicht? Gegenmeinung., ZVI 2016, S. 129–130

Hirte, Heribert Die Entwicklung des Insolvenz-Gesellschaftsrechts in Deutschland im Jahre 2009 und Anfang 2010, ZInsO 2011, S. 449–457

Hofmann, Matthias Zur Wirksamkeit der Abtretung künftiger, nach Insolvenzeröffnung entstehender Forderungen infolge Konvaleszenz, EWiR 2013, S. 551–552

Holzer, Johannes Die Verbindung von Insolvenzverfahren, NZI 2007, S. 432–438

Holzer, Johannes Erklärungen des Insolvenzverwalters bei Ausübung einer selbstständigen Erwerbstätigkeit des Schuldners, ZVI 2007, S. 289–294

Homann, Carsten Sperrfrist beim Zweitantrag auf Restschuldbefreiung, ZVI 2012, S. 206–208

Hüsemann, Bettina Das Nachlassinsolvenzverfahren, Münster, Diss., 1997

Jacobi, Alexander Christoph Die Rückkehr der Sperrfristrechtsprechung: Zur Unzulässigkeit der Rücknahme eines Restschuldbefreiungsantrags, NZI 2017, S. 254–256

Jacobi, Alexander Christoph Der Referentenentwurf zur Verkürzung der Restschuldbefreiung gemäß EU-Restrukturierungsrichtlinie 2019/1023 (Art. 20 bis 24 Restrukturierungsrichtlinie), VIA 2020, S. 25–27

Jacoby, Florian Das private Amt, Tübingen, Diss., 2007

Jaeger, Ernst Lehrbuch des deutschen Konkursrechts, 8. Aufl., Berlin 1932 (ND der Ausg. Berlin 1973)

Jaeger, Ernst Konkursordnung, Großkommentar, Band 2, §§ 208-244, 8. Aufl., Berlin 1936 (zitiert: Jaeger/*Bearbeiter*, KO)

Jaeger, Ernst Konkursordnung Großkommentar, Erster Band: §§ 1-42, 9. Aufl., Berlin 1997 (zitiert: Jaeger/*Bearbeiter*, KO)

Jaeger, Ernst (Begr.) / Henckel, Wolfram / Gerhardt, Walter (Hrsg.) Insolvenzordnung Großkommentar, Band 1, §§ 1-55, 1. Aufl., Berlin 2004 (zitiert: *Bearbeiter,* in: Jaeger, 1. Aufl. 2004, InsO)

Jaeger, Ernst (Begr.) / Henckel, Wolfram / Gerhardt, Walter (Hrsg.) Insolvenzordnung Großkommentar, Band 2, §§ 56-102, 1. Aufl., Berlin 2007 (zitiert: *Bearbeiter*, in: Jaeger, InsO)

Jaeger, Ernst (Begr.) / Henckel, Wolfram / Gerhardt, Walter (Hrsg.) Insolvenzordnung Großkommentar, Band 8: §§ 286-334, 1. Aufl., Berlin 2020 (zitiert: *Bearbeiter*, in: Jaeger, InsO)

Jaeger, Ernst (Begr.) / Mankowski, Peter / Schmidt, Jessica (Hrsg.) Insolvenzordnung Großkommentar, Band 9: §§ 335-359; Art. 102-110 EGInsO, 1. Aufl., Berlin 2020 (zitiert: *Bearbeiter*, in: Jaeger, InsO)

Jaeger, Ernst (Begr.)/ Gerhardt, Walter/ Eckardt, Diederich/ Windel, Peter A. (Hrsg.) Insolvenzordnung Großkommentar, Band 2: §§ 35-55, 2. Aufl., Berlin 2023 (zitiert: *Bearbeiter*, in: Jaeger, InsO)

Kalter, Anton Das konkursfreie Vermögen, KTS 1975, S. 1–14

Kampf, Alexander Tod des Insolvenzschuldners während des eröffneten Insolvenzverfahrens: „Nachlassinsolvenz ist gleich Nachlassinsolvenz", oder?, ZVI 2016, S. 343–348

Kampf, Alexander Tod in der Insolvenz – eine Herausforderung für die Verfahrensbeteiligten, ZVI 2018, S. 3–8

Kampf, Alexander Zu den Obliegenheiten des selbstständig erwerbstätigen Schuldners in einem auf Fremdantrag hin eröffneten Insolvenzverfahren, ZVI 2021, S. 378–381

Kampf, Alexander Die Geschichte der Restschuldbefreiung in Deutschland unter besonderer Berücksichtigung der Rechtsentwicklung seit dem Inkrafttreten der Insolvenzordnung, ZVI 2023, S. 118–129

Kayser, Godehard / Thole, Christoph (Hrsg.) Insolvenzordnung, Heidelberger Kommentar, 11. Aufl., Heidelberg 2023 (zitiert: HK-InsO/*Bearbeiter*)

Keller, Ulrich Insolvenzrecht, 2. Aufl., München 2020 (zitiert: *Keller* InsR)

Kesseler, Christian Erwerb von Todes wegen im Restschuldbefreiungsverfahren nach der InsO, RNotZ 2003, S. 557–562

Kilger, Joachim (Begr.) / Schmidt, Karsten Insolvenzgesetze: KO/VerglO/GesO, 17. Aufl. München 1997 (zitiert: *Kilger/K.Schmidt*)

Kläner, Bastian Philipp / Krause, Nils Die Fortführung erlaubnispflichtiger Gewerbe im Insolvenzverfahren, § 12 GewO als Schnittstelle von Insolvenz- und Gewerberecht, ZVI 2019, S. 47–53

Klinck, Fabian Anmerkung zu BGH, Beschluss vom 18.12.2014 - AZ IX ZB 22/13, KTS 2015, S. 354–361

Kluth, Thomas Die freiberufliche Praxis „als solche“ in der Insolvenz – „viel Lärm um nichts“?, NJW 2002, S. 186–188

Kneser, Andreas Die Verwertung von Neuerwerb des Gemeinschuldners, KTS 1958, S. 135–136

Koerfer, Hanno Gewerberechtliche Zuverlässigkeit während der Treuhandperiode, VIA 2014, S. 41–43

Koerfer, Hanno Gewerbe- und Berufsrecht im Spannungsfeld zum Insolvenzverfahren, Frankfurt am Main, Diss., 2016

Kohte, Wolfhard / Ahrens, Martin / Grote, Hugo / Busch, Dörte / Lackmann, Frank Verfahrenskostenstundung, Restschuldbefreiung und Verbraucherinsolvenzverfahren, 8. Aufl., Köln 2018 (zitiert: *Bearbeiter* in: Kohte/Ahrens/Grote/Busch/Lackmann)

Köke, Jens Keine Anwendung des 12 GewO auf eine gem. § 35 II InsO freigegebene selbstständige Tätigkeit, VIA 2013, S. 24–24

Köke, Jens Überleitung in ein Nachlassinsolvenzverfahren bei Tod des Schuldners im Insolvenzantragsverfahren, VIA 2016, S. 61–62

Köke, Jens / Schmerbach, Ulrich Tod des Schuldners in der Insolvenz, ZVI 2007, S. 497–507

Kreft, Fatma Zulässigkeit eines parallelen (Zweit-)Insolvenzverfahrens, AnwZert InsR 17/2011 Anm 2

Krumm, Marcel Die Auslegung des § 12 GewO zwischen Sonderinteresse und gemeinwohlorientierter Gefahrenabwehr, GewArch 2010, S. 465–473

Kübler, Bruno / Prütting, Hanns / Bork, Reinhard (Hrsg.) Kommentar zur Insolvenzordnung, Loseblattsammlung, Band 1-4, Stand: September 2023 (zitiert: KPB/*Bearbeiter*)

Kuhn, Georg (Begr.) / Uhlenbruck, Wilhelm Konkursordnung Kommentar, 11. Aufl., München 1994 (zitiert: Kuhn/*Uhlenbruck*, KO)

Kühne, Robert Die Insolvenz des selbständig tätigen Schuldners – Eine Analyse des § 35 Abs. 2 und Abs. 3 InsO, Baden-Baden, Diss., 2013

Kuleisa, Michael Der insolvente Nachlass – Die Haftung der Erben und die Befugnisse des Testamentsvollstreckers, ZVI 2013, S. 173-179

Kuleisa, Michael Anfechtung im Zweit- und Folgeinsolvenz-verfahren (Teil 1), ZVI 2021, S. 52–57

Kuleisa, Michael Anfechtung im Zweit- und Folgeinsolvenzverfahren (Teil 2), ZVI 2021, S. 93–97

Kutscher, Philipp Die Erklärung des Insolvenzverwalters nach § 35 Abs. 2 InsO, Hamburg, Diss., 2021

Lange, Andreas Zweitinsolvenz in der Wohlverhaltensperiode, ZVI 2018, S. 9–16

Larenz, Karl Lehrbuch des Schuldrechts Band 1, Allgemeiner Teil, 14. Aufl. München 1987 (zitiert: Larenz, Schuldrecht AT I)

Larenz, Karl Methodenlehre der Rechtswissenschaft, 6. Aufl., Berlin 1991

Larenz, Karl (Begr.) / Wolf, Manfred Allgemeiner Teil des Bürgerlichen Rechts, 9. Aufl., München 2004 (zitiert: *Larenz*, Allgemeiner Teil)

Laroche, Peter Anmerkung zu BGH, Beschluss vom 18.12.2014 – IX ZB 22/13, VIA 2015, S. 43–44

Laroche, Peter Anmerkung zu AG Fürth, Beschluss vom 13.01.2016 – IN 581/15, ZInsO 2016, S. 290–292

Laroche, Peter / Siebert, Volker Neuerungen bei Versagung und Erteilung der Restschuldbefreiung, NZI 2014, S. 541–547

Lenger, Norman / Bauchowitz, Anja Bei Risiken und Nebenwirkungen… Widerruf der Apothekenzulassung?!, NZI 2015, S. 494–499

Lissner, Stefan Der Sonderinsolvenzverwalter – keine leichte Entscheidung gerichtlicher Aufsicht, ZInsO 2014, S. 768–774

Lissner, Stefan Die Verkürzung der Restschuldbefreiungsphase – und bist Du nicht willig, so brauch ich Gewalt, ZVI 2018, S. 473–477

Lissner, Stefan Zu den (neuen) Funktionen bei der selbständigen Tätigkeit und ihrem Umfang, ZInsO 2022, S. 2177–2184

Lissner, Stefan / Knauft, Astrid (Hrsg.) Handbuch Insolvenzrecht, 1. Aufl., Stuttgart 2017 (zitiert: *Bearbeiter* in: Lissner/Knauft)

Lüke, Wolfgang Unabhängigkeit oder „Kernunabhängigkeit“ des Insolvenzverwalters? – Zu Gehalt und Feststellung der wesentlichen Verwalterqualifikation, ZIP 2003, S. 557–565

Maier, Daniel Die Insolvenz des Rechtsanwalts: zugleich ein Beitrag zur Insolvenz des Selbstständigen, Baden-Baden, Diss., 2008

Marquardt, Nick Insolvenzgeld bei gescheiterter Sanierung - zugleich ein Beitrag zur fortlaufenden Plausibilitätskontrolle von höchstrichterlicher Rechtsprechung, BB 2022, S. 436–440

Martini, Torsten Anmerkung zu AG Göttingen, Beschluss vom 29.12.2011 – 74 IN 224/11, jurisPR-InsR 9/2012 Anm. 6

Maus, Karl Heinz Steuern bei Neuerwerb im Insolvenzverfahren oder: Der ungeliebte Neuerwerb, ZIP 2004, S. 398–394

Menn, Florian Rechtsfolgen der Negativerklärung nach § 35 Abs. 2 Satz 1 InsO im Insolvenzverfahren, ZVI 2011, S. 197–203

Mentzel, Franz (Begr.) / Kuhn, Georg Kommentar zur Konkursordnung, 6. Aufl., Berlin 1955 (zitiert: Mentzel/*Bearbeiter*, 6. Aufl.)

Meyer, Joosten Wilhelm Die Freigabe der selbstständigen Tätigkeit gem. § 35 Abs. 2 InsO aus arbeitsrechtlicher Perspektive, Köln, Diss., 2020

Mohrbutter, Harro / Ringstmeier, Andreas (Hrsg.) Handbuch Insolvenzverwaltung, 10. Aufl., Köln 2022 (zitiert: *Bearbeiter*, in: Mohrbutter/Ringstmeier, Insolvenzverwaltung)

Möhring, Praxedis Die Rechtsprechung des Bundesgerichtshofs zu den Sperrfristen und § 287a Abs. 2 InsO, ZVI 2017, S. 289–296

Möhring, Praxedis Wenn die freigegebene selbstständige Tätigkeit erfolglos ist…, ZVI 2021, S. 369–370

Montag, Dominik Wenn der Verwalter zweimal klingelt, ZVI 2013, S. 453–459

Mückl, Patrick Insolvenzfestigkeit einer Sicherungstreuhand zur Absicherung des Altersteilzeitguthabens durch Doppeltreuhand, EWiR 2013, S. 733–734

Mühlmann, Thomas Insolvenzverfahren und Gewerbeuntersagung – Probleme bei Freigabe eines Gewerbebetriebs, ZInsO 2010, S. 2080–2082

Mühlmann, Thomas Neues aus dem Bereich Gewerbeuntersagung und Insolvenzverfahren bei „Freigabe eines Gewerbetriebs“, ZInsO 2011, S. 2023–2025

Münzel, Stephan Sanierender Insolvenzplan: Lähmung nach Konvaleszenz? Zu den Konsequenzen der Entscheidung des BGH v. 18.04.2013 – IX ZR 165/12, ZInsO 2013, 1146, ZInsO 2014, S. 761–768

Nawroth, Mario / Steinbach, Tanja Praktische Konsequenzen beim Zweitinsolvenzverfahren über die nach § 35 Abs. 2 InsO freigegebene Tätigkeit, ZInsO 2018, S. 700–703

Neher, Melanie Der Erbanfall in der Insolvenz, Hamburg, Diss., 2011

Nerlich, Jörg / Römermann, Volker (Hrsg.) Insolvenzordnung, Kommentar, 47. Ergänzungslieferung, München 2023, Stand: März 2023 (zitiert: Nerlich/Römermann/*Bearbeiter*)

Nöll, Mario Der Tod des Schuldners in der Insolvenz, Köln, Diss., 2005

Obermüller, Manfred Insolvenzrecht in der Bankpraxis, 10. Aufl., Köln 2023 (zitiert: Obermüller/*Bearbeiter*)

Pape, Gerhard Änderungen im eröffneten Verfahren durch das Gesetz zur Vereinfachung des Insolvenzverfahrens, NZI 2007, S. 481–486

Pape, Gerhard Sperrwirkung gescheiterter Restschuldbefreiungsversuche im Insolvenzverfahren über das Vermögen natürlicher Personen, in: Sanierung, Insolvenz, Berufsrecht der Rechtsanwälte und Notare: Festschrift für Hans Gerhard Ganter zum 65. Geburtstag, München 2010, S. 315–338

Pape, Gerhard Unzulässigkeit des Eröffnungsantrags eines Insolvenzgläubigers in der Wohlverhaltensphase, ZVI 2011, S. 353–355

Pape, Gerhard Rücknahme des Antrags auf Restschuldbefreiung durch den Schuldner bei drohender Versagung – alte und neue Probleme, ZInsO 2017, S. 565–572

Pape, Gerhard 20 Jahre Insolvenzordnung – Kein Grund zum Feiern, ZInsO 2019, S. 57–63

Pape, Gerhard / Wenzel, Ulrich Das Zweitinsolvenzverfahren als Weg von der Vollstreckungsbeschränkung zur Restschuldbefreiung, ZInsO 2008, S. 287–291

Pape, Gerhard / Uhlenbruck, Wilhelm / Voigt-Salus, Joachim Insolvenzrecht, 2. Aufl., München 2010 (zitiert: Pape/Uhlenbruck/Voigt-Saulus/*Bearbeiter*)

Pape, Irmtraut Die Anwendung von § 850i ZPO im Insolvenzverfahren, in: Festschrift für Heinz Vallender zum 65. Geburtstag, Köln 2015, S. 383–395

Pape, Irmtraut / Pape, Gerhard Update Verbraucherinsolvenz und Restschuldbefreiung 2011 Teil 3, Insbüro 2011, S. 319–328

Pape, Irmtraut / Pape, Gerhard Entwicklung der Rechtsprechung zum Verbraucherinsolvenz- und Restschuldbefreiungsverfahren in den Jahren 2011 und 2012 – Teil 2.1, ZInsO 2013, S. 685–706

Pape, Irmtraut / Pape, Gerhard Entwicklung der Rechtsprechung zum Verbraucherinsolvenz- und Restschuldbefreiungsverfahren in den Jahren 2012 bis

Mitte 2015 – Teil 1, Schuldenbereinigung, Antragswiederholung und Verfahrenskostenstundung, ZInsO 2015, S. 1869–1890

Pape, Irmtraut / Pape, Gerhard Entwicklung der Rechtsprechung zum Verbraucherinsolvenz- und Restschuldbefreiungsverfahren bis Ende des Jahres 2016 – Schuldenbereinigung, Stundung, Eröffnung, ZInsO 2017, S. 793–813

Paulus, Christoph G. § 1 InsO und sein Insolvenzmodell, NZI 2015, S. 1001–1006

Peters, Bernd Freigabe in der Insolvenz des Selbstständigen (§ 35 Abs. 2, 3 InsO), WM 2012, S. 1067–1072

Pfeffer, Sabine Restschuldbefreiungsantrag und Amtsermittlungspflicht des Insolvenzgerichts, ZVI 2004, S. 232–233

Pielow, Johann-Christian Beck'scher Onlinekommentar zur Gewerbeordnung, 59. Edition, Stand: 01.06.2023, München 2023 (zitiert: BeckOK GewO/*Bearbeiter*)

Piper, Bernd § 35 II 2 InsO als weiterhin durchsetzbare Leistungspflicht: Zugleich zum Einfluss des Feststellungsverfahrens (§ 295a II InsO) auf den Anspruch der Masse, NZI 2022, S. 964–968

Pollmächer, Frank Der Tod des Schuldners im Insolvenzverfahren – Death ist not (always) the end, VIA 2023, S. 9–12

Priebe, Klaus Die Freigabe der selbstständigen Tätigkeit des Schuldners und deren Folgen – Zugleich eine Besprechung von BGH, Urt. v. 13.3.2014 – IX ZR 43/12, ZInsO 2014, 824 und BGH, Beschluss vom 13.06.2013 – IX ZB 38/10, ZInsO 2013, 1586 unter Berücksichtigung des § 287b InsO – ZInsO 2015, S. 937–943

Prütting, Hanns / Gehrlein, Markus (Hrsg.) ZPO, Kommentar, 15. Aufl., Köln 2023 (zitiert: PG/*Bearbeiter*)

Rauscher, Thomas / Krüger, Wolfgang Münchener Kommentar zur Zivilprozessordnung mit Gerichtsverfassungsgesetz und Nebengesetzen, Band 2, 6. Aufl., München 2020 (zitiert: MüKoZPO/*Bearbeiter*)

Rechel, Hans-Peter Die Sonderinsolvenzverwaltung als Instrument der insolvenzgerichtlichen Aufsicht, ZInsO 2022, S. 565–573

Reck, Thomas Plädoyer für eine Reform der Kostenstundung, ZVI 2016, S. 173–177

Rein, Andreas Anmerkung zu BSG, Urteil vom 23.5.2017 – B 12 AL 1/15 R, NZS 2018, S. 238–238

Reul, Adolf / Heckschen, Heribert / Wienberg, Rüdiger (Hrsg.) Insolvenzrecht in der Gestaltungspraxis: Immobilien-, Gesellschafts-, Erb- und Familienrecht, 3. Aufl., München 2022 (zitiert: Reul/Heckschen/Wienberg/*Bearbeiter*, InsR)

Ries, Stephan Die Insolvenz des Freiberuflers, ZVI 2004, S. 21–231

Ries, Stephan Materielle Verfahrenseinheit - die Kosten eines nicht eröffneten Erstverfahrens als Bestandteil der Gesamtkosten eines später eröffneten Folgeverfahrens, ZInsO 2005, S. 414–418

Ries, Stephan § 35 InsO und die „aufoktroyierte Neumasse", über die der Verwalter tatsächlich gar nicht verfügt – Ein Missverständnis oder gar Ärgernis ohne Ende?, ZInsO 2005, S. 298–302

Ries, Stephan Zur Auszahlung von Kassenarzthonoraren vor, in und nach der Insolvenz: Praktische Arbeitshilfen zum Forderungsinkasso, InsbürO 2006, S. 370–376

Ries, Stephan Freigabe (auch) von Dauerschuldverhältnissen des § 108 InsO aus dem Insolvenzbeschlag beruflich selbstständiger Schuldner – Rückbesinnung auf den Wesenskern formeller Insolvenz, ZInsO 2009, S. 2030–2036

Ries, Stephan „Freigabe" von Dauerschuldverhältnissen aus der insolvenzrechtlichen Haftung: Besprechung des Urteils BGH v. 9.2.2012 – IX ZR 75/11, RdA 2012, S. 366–371

Roellenbleg, Rainer Verfassungswidrigkeit der InsO?, NZI 2004, S. 176–184

Rolfs, Christian / Giesen, Richard / Kreikebohm, Ralf / Meßling, Miriam / Udsching, Peter Beck'scher Online-Kommentar Sozialrecht, 70. Edition, Stand: 01.09.2023, München 2023 (zitiert: BeckOK SozR/*Bearbeiter*)

Roth, Jan Umfang der Insolvenzmasse im Nachlassinsolvenzverfahren – Ein Beitrag zum Umgang mit Vermögensveränderungen des Nachlasses zwischen Tod des Erblassers und Insolvenzeröffnung, ZInsO 2010, S. 118–122

Roth, Jan Anmerkung zu BGH, Urteil vom 18. April 2013 – IX ZR 165/12, KTS 2014, S. 443–467

Roth, Jan Insolvenzsteuerrecht, 3. Aufl., Köln 2020

Roth, Jan Das „übergeleitete" oder besser: partielle Nachlassinsolvenzverfahren und notwendige RSB-Erteilung bei Tod des Schuldners in der Wohlverhaltensperiode, NZI 2021, S. 421–425

Roth, Jan Die wundersame Vermehrung der Insolvenzverfahren durch Tod des Schuldners, ZVI 2023, S. 114–117

Runkel, Hans-Peter Probleme bei Neuerwerb in der Insolvenz, in: Festschrift für Wilhelm Uhlenbruck zum 70. Geburtstag, Köln 2000, S. 315–333

Runkel, Hans-Peter Der Freiberufler in der Insolvenz, ZVI 2007, S. 45–54

Runkel, Hans-Peter / Schmidt, Jens M. Anwalts-Handbuch Insolvenzrecht, 4. Aufl., Köln 2022 (zit.: *Bearbeiter*, in: Runkel/Schmidt)

Saenger, Ingo (Hrsg.) Zivilprozessordnung, Handkommentar, 9. Aufl., Baden-Baden 2021 (zitiert: Hk-ZPO/*Bearbeiter*)

Savigny, Friedrich Carl von System des heutigen Römischen Rechts, Band 1, Berlin 1840

Schäfer, Marc Der Sonderinsolvenzverwalter, Köln, Diss., 2009

Schick, Walter Der Konkurs des Freiberuflers – Berufsrechtliche, konkursrechtliche und steuerrechtliche Aspekte, NJW 1990, S. 2359–2363

Schmahl, Hermannjosef Das Zusammentreffen von Eröffnungsanträgen nach altem und neuem Recht, Rpfleger 1998, S. 493–499

Schmerbach, Ulrich Rechtliche Aspekte der Selbstständigkeit natürlicher Personen im Insolvenzverfahren und in der Wohlverhaltensperiode, ZVI 2003, S. 256–267

Schmerbach, Ulrich Gesetz zur Vereinfachung des Insolvenzverfahrens, InsbürO 2007, S. 202–213

Schmerbach, Ulrich Zweitinsolvenzverfahren, ZInsO 2009, S. 2078–2099

Schmerbach, Ulrich Anwendungsbereich des § 184 II InsO, VIA 2010, S. 18–20

Schmerbach, Ulrich Die Odyssee des BGH bei der Suche nach der Zulässigkeit von Restschuldbefreiungsanträgen in einem Zweitinsolvenzverfahren, ZInsO 2010, S. 647–653

Schmerbach, Ulrich Anmerkung zu AG Bremen, Beschluss vom 3.2.2011 – 524 IN 23/10, VIA 2011, S. 32–33

Schmerbach, Ulrich Aus und vorbei – Der Abschied des BGH von der Sperrfristrechtsprechung?, NZI 2014, S. 990–992

Schmerbach, Ulrich Anmerkung zu LG Dortmund, Beschluss vom 13.12.2017 – 9 T 258/16, VIA 2018, S. 60–61

Schmerbach, Ulrich Anmerkung zu AG Mannheim, Urteil vom 29.04.2019 – 7 C 5109/18, VIA 2019, S. 60–61

Schmerbach, Ulrich / Semmelbeck, Stefanie Zwölf offene Fragen zur Reform der Privatinsolvenzen, NZI 2014, S. 547–552

Schmidt, Andreas Privatinsolvenz: Schuldenbereinigung, Restschuldbefreiung, Insolvenzplan, 4. Aufl., München 2014 (zitiert: *A.Schmidt*, Privatinsolvenz)

Schmidt, Andreas Was wird aus der Sperrfrist-Rechtsprechung des BGH? – Die Eingangsentscheidung gemäß § 287a InsO n.F., ZVI 2014, S. 211–214

Schmidt, Andreas Vorwirkung – Nachwirkung: Ein Plädoyer für eine Neuausrichtung, ZVI 2016, S. 45–46

Schmidt, Andreas Drei Null Zwei: Eine Checkliste für den Umgang mit sog. „Attributsforderungen" bei der Anmeldung, ZVI 2019, S. 249–250

Schmidt, Andreas Neues Spiel – neues Glück (?): Eine erste Annäherung an den RegE 2020, ZVI 2020, Beilage zu Heft 7, S. 1–5

Schmidt, Andreas Neues Privatinsolvenzrecht: „Gesetz zur weiteren Verkürzung des Restschuldbefreiungsverfahrens" vom 22.12.2020, ZVI 2021, S. 41–48

Schmidt, Andreas (Hrsg.) Privatinsolvenzrecht, Kommentar, 1. Aufl., Köln 2019 (zitiert: PrivatInsRK/*Bearbeiter*, 9. Aufl., 2019)

Schmidt, Andreas (Hrsg.) Hamburger Kommentar zum Insolvenzrecht, 9. Aufl., Köln 2022 (zitiert: HambK-InsO/*Bearbeiter*)

Schmidt, Andreas (Hrsg.) Privatinsolvenzrecht, Kommentar, 2. Aufl., Köln 2022 (zitiert: PrivatInsRK/*Bearbeiter*)

Schmidt, Karsten Der Einzelunternehmer – Herausforderung des Handels- und Wirtschaftsrechts, JuS 2017, S. 809–815

Schmidt, Karsten (Hrsg.) Insolvenzordnung, 20. Aufl., München 2023 (zitiert: K.Schmidt/*Bearbeiter*, InsO)

Schmidt, Karsten / Schulz, Wolf Konkursfreies Vermögen insolventer Handelsgesellschaften? – Systemfragen des Unternehmenskonkurses, ZIP 1982, S. 1015–1022

Schmittmann, Jens M. Wirtschaftlicher Neubeginn durch Restschuldbefreiung nur bei Einstellung verlustbringender Tätigkeit, VIA 2017, S. 7–8

Schmittmann, Jens M. Freigabe des Geschäftsbetriebs kein zwingender Grund für Wiedergestattung der Gewerbeausübung, VIA 2018, S. 95–96

Schmittmann, Jens M. Anmerkung zu AG Augsburg, Beschluss vom 03.02.2017 – IK 1118/16, VIA 2018, S. 13–14

Schmücker, Alexander Anmerkung zu BGH, Beschluss vom 09.06.2011 - IX ZB 175/10, jurisPR-InsR 20/2011 Anm. 1

Schönherr, Marc Wirksamkeit der Vorausabtretung nach Verfahrenseröffnung entstehender Forderungen, NZI 2013, S. 641–644

Schröder, Jan Zum Übergang inhaltlich variabler Verpflichtungen auf den Erben, JZ 1978, S. 379–385

Schulte, Robert K. Vorsätzliche Insolvenz und Flucht in das Verbraucherinsolvenzverfahren mit dem Ziel der Restschuldbefreiung, ZInsO 2002, S. 265–270

Sengl, Klaus Der vollstreckbare Tabellenauszug über eine Forderung aus vorsätzlicher unerlaubter Handlung als vollstreckbarer Schuldtitel nach § 184 II InsO, NZI 2009, S. 31–33

Sesemann, Richard Erwerbsobliegenheit und selbstständiger Schuldner in der Wohlverhaltensphase: Zugleich Besprechung BGH v. 19.5.2011-IX ZB 224/09, ZVI 2011, S. 289–291

Siebert, Volker Zeitpunkt der Entscheidung über einen Versagungsantrag, VIA 2018, S. 4–5

Sinz, Ralf / Hiebert, Olaf Verwertung der Betriebs- und Geschäftsausstattung eines selbstständig tätigen Insolvenzschuldners – zur Reichweite des § 811 Nr. 5 ZPO, ZInsO 2012, S. 63–68

Sinz, Ralf / Hiebert, Olaf / Wegener, Dirk Verbraucherinsolvenz und Insolvenz von Kleinunternehmern, 3. Aufl., Köln 2014

Smid, Stefan Freigabeerklärungen des Insolvenzverwalters/Treuhänders bei selbstständiger Tätigkeit des Insolvenzschuldners? Zugleich Bemerkungen zu den Änderungsvorschlägen zu § 35 InsO im Referentenentwurf eines Gesetzes zur Änderung der InsO, WM 2005, S. 625–633

Smid, Stefan Freigabe des Neuerwerbs in der Insolvenz selbstständig tätiger Schuldner, DZWIR 2008, S. 133–142

Spiekermann, Olaf Reichweite und Grenzen des Pfändungsschutzes nach § 811 I Nr. 5 ZPO in der Insolvenz, ZInsO 2019, S. 250–254

Statistisches Bundesamt Statistisches Jahrbuch 1998, Wiesbaden 1998

Statistisches Bundesamt Statistisches Jahrbuch 2019, Wiesbaden 2019

Staudinger, Julius von (Begr.) Kommentar zum Bürgerlichen Gesetzbuch mit Einführungsgesetz und Nebengesetzen, Buch 1, Buch 1, Allgemeiner Teil, Einleitung zum BGB, §§ 1-14, VerschG, Berlin 2018 (zitiert: Staudinger/*Bearbeiter*, (2018))

Staudinger, Julius von (Begr.) Kommentar zum Bürgerlichen Gesetzbuch mit Einführungsgesetz und Nebengesetzen, Buch 2, Recht der Schuldverhältnisse, §§ 241-243, Berlin 2019 (zitiert: Staudinger/*Bearbeiter*, (2019))

Staudinger, Julius von (Begr.) Kommentar zum Bürgerlichen Gesetzbuch mit Einführungsgesetz und Nebengesetzen, Buch 2, Recht der Schuldverhältnisse, §§ 397-432, Berlin 2022 (zitiert: Staudinger/*Bearbeiter*, (2022))

Steffan, Bernhard / Oberg, Sven / Poppe, Janina Die neuen Zugangsvoraussetzungen zur Eigenverwaltung im Abgleich mit den Anforderungen an die Schutzschirmbescheinigung – was ist wirklich neu?, ZInsO 2021, S. 1116–1127

Stephan, Guido Die Erwerbsobliegenheit des Schuldners ab Eröffnung des Insolvenzverfahrens, ZVI 2014, S. 214–218

Sternal, Werner Die Rechtsprechung zum Verbraucherinsolvenz- und Restschuldbefreiungsverfahren im Jahre 2017, NZI 2018, S. 241–249

Sternal, Werner Die Rechtsprechung zum Verbraucherinsolvenz- und Restschuldbefreiungsverfahren im Jahre 2018, NZI 2019, S. 313–320

Streck, Thilo Die Eingangsentscheidung gem. § 287a InsO – mehr Arbeit für Gerichte und Verwalter?, ZVI 2014, S. 205–210

Streeck, Marcel Selbständige Tätigkeit und Pfändbarkeit von Gegenständen, InsbürO 2022, S. 267–272

Streuber, Dirk Flucht des Schuldners und die Reaktionstechniken eines Gesamtvollstreckungsrechts: der fallitus fugitivus als Rechtsproblem, Berlin, Diss., 2013

Stürner, Rolf Verfahrensgrundsätze des Zivilprozesses und Verfassung, in: Festschrift für Fritz Baur, Tübingen 1981, S. 647–666.

Stürner, Rolf / Eidenmüller, Horst / Schoppmeyer, Heinrich (Hrsg.) Münchener Kommentar zur Insolvenzordnung, Band 1, §§ 1-79, 4. Aufl., München 2019 (zitiert: MüKoInsO/*Bearbeiter*)

Stürner, Rolf / Eidenmüller, Horst / Schoppmeyer, Heinrich (Hrsg.) Münchener Kommentar zur Insolvenzordnung, Band 2, §§ 80-216, 4. Aufl., München 2019 (zitiert: MüKoInsO/*Bearbeiter*)

Stürner, Rolf / Eidenmüller, Horst / Schoppmeyer, Heinrich (Hrsg.) Münchener Kommentar zur Insolvenzordnung, Band 3, §§ 217-359, 4. Aufl., München 2020 (zitiert: MüKoInsO/*Bearbeiter*)

Sußner, Christian Widerruf der Anwaltszulassung wegen Vermögensverfalls bei Eigenverwaltung, VIA 2011, S. 76–77

Tetzlaff, Christian Rechtliche Probleme in der Insolvenz des Selbstständigen – Ein Überblick über aktuelle Entwicklungen in der Rechtsprechung und in der Praxis diskutierter Probleme, ZInsO 2005, S. 393–403

Tetzlaff, Christian Zweites Insolvenzverfahren über freigegebenes Vermögen, WuB 2011, S. 675–678

Thönissen, Stefan F. Verbandsabhilfeklage und StaRUG, ZInsO 2023, S. 1570–1577

Thole, Christoph Die Insolvenzanfechtung in der Folgeinsolvenz, NZI 2017, S. 129–134

Thomas, Heinz / Putzo, Hans Zivilprozessordnung Kommentar, 44. Aufl., München 2023 (zitiert: Thomas/Putzo/*Bearbeiter*)

Thüning, David Die Zulässigkeit eines zweiten Restschuldbefreiungs- nebst Stundungsantrags nach neuem Recht, ZVI 2017, S. 377–382

Uhlenbruck, Wilhelm Die verfahrens- und kostenmäßige Behandlung mehrerer Konkursanträge gegen den gleichen Schuldner, KTS 1987, S. 561–567

Uhlenbruck, Wilhelm Die Verwertung einer freiberuflichen Praxis durch den Insolvenzverwalter, in: Festschrift für Wolfram Henckel, Berlin 1995, S. 877–894

Uhlenbruck, Wilhelm Die Freigabe von Massegegenständen durch den Insolvenzverwalter als Problem der Gläubigergleichbehandlung, KTS 2004, S. 275–290

Uhlenbruck, Wilhelm / Hirte, Heribert / Vallender, Heinz (Hrsg.) Insolvenzordnung, Kommentar, 15. Aufl., München 2019 (zitiert: Uhlenbruck/*Bearbeiter*)

Undritz, Sven-Holger Was kommt nach den Psychologinnen? – Brennpunkt § 35 Abs. 2 InsO, in: Festschrift für Hans Peter Runkel, Köln 2009, S. 449–472

Vallender, Heinz Allgemeine Anforderungen an Anträge im Insolvenzverfahren, MDR 1999, S. 280–284

Vallender, Heinz Rechtliche und tatsächliche Probleme bei der Abwicklung der Arztpraxis in der Insolvenz, NZI 2003, S. 530–532

Vallender, Heinz Doppelinsolvenz: Erben- und Nachlassinsolvenz, NZI 2005, S. 318–320

Vallender, Heinz / Rey, Andreas Zur Anwendbarkeit alten und neuen Rechts nach Art. 103, 104 EGInsO, NZI 1999, S. 1–6

Voigt, Joachim M.E. / Gerke, Lars Die insolvenzfreie selbstständige Arbeit – Ein Beitrag zur Anwendung der Pfändungsverbote, des Neuerwerbs und der Erfüllung von Verträgen bei selbstständigen natürlichen Personen, ZInsO 2002, S. 1054–1065

Vorwerk, Volkert / Wolf, Christian Beck'scher Online-Kommentar zur Zivilprozessordnung, 52. Edition, Stand: 01.03.2024, München (zitiert: BeckOK ZPO/ *Bearbeiter*)

Voß, Matthias Die Vorausabtretung in der Insolvenz: Zum Werthaltigmachen von Forderungen, Frankfurt am Main, Diss., 2010

Wegener, Burghard Der selbstständige Schuldner in der Insolvenz – Die andauernde Untätigkeit des Gesetzgebers, VIA 2017, S. 25–27

Wegener, Burghard Unzulässigkeit eines Insolvenzplans bei fehlendem Restschuldbefreiungsantrag, VIA 2017, S. 70–71

Weiß, Christian / Hillebrand, Christoph Wird der Insolvenzplan in IK-Verfahren gelebt? INDat Report 2017, S. 42–44

Weiß, Rüdiger / Rußwurm, Tobias Eröffnung eines zweiten Insolvenzverfahrens über freigegebenes Vermögen des Schuldners aus selbstständiger Tätigkeit, EWiR 2011, S. 751–752

Weßling, Johannes Das Insolvenzplanverfahren unter besonderer Berücksichtigung der Berufszulassung als Freiberufler, DStR 2019, S. 644–648

Wiedemann, Herbert Richterliche Rechtsfortbildung, NJW 2014, S. 2407–2412

Wiesmeier, Cornelia Privilegien des selbstständigen Schuldners nach einer "Freigabe" gem. § 35 II InsO/§ 295 II InsO analog – Hilfe oder eher Hindernis?, ZVI 2010, S. 376–380

Wilmer, Christian / Berner, Hans-Joachim Erledigung nach Zahlung auf einen Gläubigerantrag – Zulässigkeit und Kostentragung im Lichte neuerer Instanzrechtsprechung, NZI 2019, S. 255–259

Wimmer, Klaus (Hrsg.) Frankfurter Kommentar zur Insolvenzordnung, 8. Aufl., Köln 2015 (zitiert: FK-InsO/*Bearbeiter*, 8. Aufl., 2015)

Wimmer, Klaus (Hrsg.) Frankfurter Kommentar zur Insolvenzordnung, 9. Aufl., Köln 2018 (zitiert: FK-InsO/*Bearbeiter*, 9. Aufl. 2018)

Windel, Peter A. Sondermassen, ZIP 2019, S. 441–446

Wipperfürth, Sylvia La liberté de choisir: Freigabe, Freigabe oder Freigabe?!, ZInsO 2019, S. 977–990

Wipperfürth, Sylvia Freigabe, Surrogate und Pfändungsschutz, ZInsO 2020, S. 1359–1362

Wipperfürth, Sylvia Die Freigabe der selbstständigen Tätigkeit gem. § 35 Abs. 2 InsO im Lichte der Gesetzesänderungen, ZInsO 2021, S. 1148–1156

Wipperfürth, Sylvia / Schmittmann, Jens Insolvenzrechtliche Konsequenzen der Umwandlung einer gem. § 35 Abs. 2 InsO freigegebenen Selbstständigkeit in ein Nebengewerbe, ZInsO 2015, S. 2560–2565

Wischemeyer, Markus Zur Reichweite der Freigabeerklärung des Insolvenzverwalters nach § 35 Abs. 2 InsO bei bereits ausgeübter selbstständiger Tätigkeit des Schuldners, ZInsO 2007, S. 1240–1246

Wischemeyer, Markus Die Freigabe der selbstständigen Tätigkeit des Schuldners gem. § 35 Abs. 2 InsO – eine „kleine" Übertragende Sanierung?, ZInsO 2009, S. 937–944

Wischemeyer, Markus Freigabe einer selbstständigen Tätigkeit nach § 35 Abs. 2 InsO – Praxisfragen und Lösungswege, ZInsO 2009, S. 2121–2131

Wischemeyer, Markus Die Zahlungspflicht des selbstständig tätigen Schuldners im eröffneten Insolvenzverfahren gem. §§ 35 Abs. 2 Satz 2, 295 Abs. 2 InsO, ZInsO 2010, S. 2068–2072

Wischemeyer, Markus / Dimassi, Yassin Insolvenzanfechtungsansprüche im zweiten Insolvenzverfahren nach Scheitern der Sanierung durch Insolvenzplan, ZIP 2017, S. 593–601

Wolgast, Matthias Restschuldbefreiung im zweiten Anlauf?, ZVI 2016, S. 133–135

Zimmermann, Franc Freigabe gem. § 35 Abs. 2 InsO und/oder Betriebsstilllegung gem. §§ 157, 158 InsO? - Überlegungen zur Massegenerierung im Insolvenzverfahren von wirtschaftlich selbstständig tätigen Schuldnern, ZInsO 2011, S. 2057–2062

Zipperer, Helmut Die Insolvenz des freigegebenen selbstständigen Gemeinschuldners, ZVI 2007, S. 541–544

Zipperer, Helmut Die Entscheidung des Insolvenzgerichts zur Unwirksamkeit der Freigabeerklärung – und dann?, ZIP 2019, S. 1741–1748

Zipperer, Helmut Die Insolvenzordnung seit 1999 - ein Rück- und Ausblick, ZRI 2022, S. 885–890

Zöller, Richard (Begr.) Zivilprozessordnung, Kommentar, 34. Aufl., Köln 2022 (zitiert: Zöller/*Bearbeiter*)

www.ingramcontent.com/pod-product-compliance
Ingram Content Group UK Ltd.
Pitfield, Milton Keynes, MK11 3LW, UK
UKHW021831290926
8980IPUK00004B/382

9 783631 915134